U0663092

E · 吕丁格尔　主编

尼耳斯 · 玻尔集

第八卷

带电粒子在物质中的穿透

1912-1954

J · 陶尔森　编　　戈 革 译

华东师范大学出版社

The Penetration of Charged Particles Through Matter (1912 - 1954), Volume 8 (Niels Bohr Collected Works)

上海市版权局著作权合同登记　图字：09 - 2010 - 703 号

尼耳斯·玻尔在讲述穿透问题

译 者 说 明

1. 本书作者可以说是科学史上一位“大名垂宇宙”的人物;他的生平,见本书第一卷所载其得意门生雷昂·罗森菲耳德撰写的《传略》;他的科学-哲学思想,应该由科学史界和科学哲学界作出认真的研究和公正的评价,在此不以个人浅见妄加评论.

2. 本书所收的文章和书信,除英文文本外,有的附有丹麦文原文或德文原文,中译文主要据英文本译出(有些书信只有德、法文本的,也译出),其他文字的原文一律不排印,以节篇幅.德、法等文的翻译,得到其他师友协助的,都分别注出姓名,并在相应的地方,予以标明,以示感谢.

3. 人名译法:有通用译法者尽量采用通用译法,但也有少数例外;索引中已有者,正文中不再附注原文;索引中没有者,在初次出现时附注原文.

4. 中译本排列次序一依外文版原书。

5. 外文版原书中的个别印刷错误或明显笔误,中译本中都作了改正,一般不再附注说明.

6. 本书中的边码均为外文版原书中的页码.

7. 中译本的脚注格式参照外文版原书,少量中译者注另行标出。

8. 表示量、单位的符号一般照录原书,不强求与现行标准相合。

第八卷前言 V

本卷用于带电粒子在物质中的穿透这一课题. 早在 1912 年,当玻尔在卢瑟福原子模型的基础上处理 α 射线和 β 射线的吸收时,他就初次认识了这一课题,而且从那以后,他就对这一课题保持了一种终生的兴趣,多次用它来作为原子力学方法的一种重要的检验. 他的最后一篇关于穿透问题的论文(和因斯 · 林德哈德合撰),处理了电子的俘获和损失,是于 1954 年发表的. 因此,与其他各卷不同,本卷我们就必须涉及一个较长的时期,从而就发生了一些问题. 玻尔 1913 年和 1915 年的经典性的论文已经编入第二卷中,但是,为了明显的理由(和罗森菲耳德的早期决定相一致),我们也决定把它们重印在这一卷中. 另一方面,我们却决定,玻尔 1925 年的论文《论原子在碰撞中的表现》,则由于它和在第五卷中处理了的 1924 年玻尔-克喇摩斯-斯累特尔论文的密切关系而应该只印在第五卷中.

在第一编中,我们追随玻尔关于建立在经典力学上的穿透理论的工作. 如上所述,他的第一篇论文发表于 1913 年,而在 1915 年又发表了一篇作品,照顾到了离散现象和相对论改正项. 在那时,玻尔是很清楚地知道原子结构量子论在平均能量传递的经典解释方面所蕴涵的困难的. 当时他没有发表他的观点,但是根据未发表的稿本和札记,同时也根据他的通信,我们却能够追随他在这一问题上的思想发展. 第一编的《引言》是以关于玻尔 1925 年的碰撞论文的一种简短讨论而告结束的,这篇论文和玻尔、克喇摩斯、斯累特尔的很快被否证了的假设有联系. 关于这篇论文的更详细的论述,读者请参阅第五卷.

随着量子力学在 20 年代中期的被引入,一个新的局面出现了,从而第二编就将处理照顾到量子力学考虑的那种普遍的穿透理论. 在本世纪 30 年代中,玻尔没有发表任何关于穿透理论的论文,但是我们又可以根据稿本和他的通信来 VI
追随他的想法. 他集中注意了分别应用经典图景和量子力学图景的适用性问题. 于是,当裂变现象在 1938 年的年底被发现时,玻尔很快就意识到了裂变碎片的阻止可以用经典理论来处理. 这是在 1940 年和 1941 年的三篇论文中讨论了的,而在 1948 年,玻尔就发表了他那很著名的关于穿透问题的长篇论文. 如上所述,他那最后一篇和林德哈德合撰的关于碰撞问题的论文,是在 1954 年发表的,而且处理的是电子的俘获和损失.

本卷使我们有一个很好的机会来重温关于杰出威尔士物理学家伊万 · 杰姆斯 · 威廉斯的回忆,他的事业很不幸地由于他在 1945 年以 42 岁的年纪因癌症过早逝世而中断了. 当时的计划是,他在 30 年代期间和玻尔一起进行的关于碰撞问题的工作,要作为一篇合撰的作品而予以发表,但是,由于第二次世界大战的爆发,计划从来未能实现. 然而,关于这一工作的一篇精彩的综述,却由威廉斯在 1945 年发表了,因此他的论文也作为附录而被收入了第二编中.

正如在第五卷的《主编序》中已经提到的那样,翻译工作曾经带来了很大的问题. 我们很感谢瑞查德 · 斯提耳(Richard Steele)在提供丹麦文稿本和信件的忠实英译本方面做了大量的工作,也很感谢杰姆斯 · G · 奥哈拉(James G. O'Hara)在改善第一编和第二编的《引言》文字方面提出了许多宝贵的建议,并且翻译了德文信件中的一些引文. 正如在以前各卷中一样,我们曾经力图摹仿了玻尔的英文笔法. 在玻尔的稿本和信件中,我们只改正了一些笔误和明显的语法错误.

我想对阿格 · 玻尔和因斯 · 林德哈德表示衷心的感谢,他们提出了很宝贵的批评并在穿透现象方面给了我许多指教. 我也要感谢芬 · 奥瑟若德、汉斯 · 亨里克 · 安德森、克努德 · 汉森、托本 · 胡斯、卡尔斯腾 · 因森(Carsten Jensen)、尼耳斯 · 奥弗 · 拉森、克劳斯 · 斯陶耳岑堡和耶缇 · 陶尔森(Jytte Thorsen),他们用各种方式提供了帮助. 另外,希耳黛 · 列维(Hilde Levi)和克努德 · 马克斯 · 莫勒(Knud Max Møller)在选择和提供照片方面也帮助了我们.

也应特别感谢我们的秘书海丽 · 波拿巴(Helle Bonaparte)和丽丝 · 马德森(Lise Madsen)以及出版编辑耶恩 · 库尔曼(Jane Kuurman)的亲切协助. 海丽 · 波拿巴在译文的改善方面也提出了许多有用的建议.

我对 E · 吕丁格尔的感谢是难以言宣的. 正如鲁道耳夫 · 派尔斯在第九卷的《前言》中所说过的那样,吕丁格尔的贡献远远超出了主编的职责,他实际上在这一卷的定稿方面应该享有很大部分的荣誉.

J · 陶尔森

自从本卷完稿以后，尼耳斯·玻尔文献馆已经正式成为丹麦教育部属下的一个独立的、自主的机构. Ⅶ

在1962年玻尔逝世以后，本馆是作为尼耳斯·玻尔研究所的一个部门而逐步建立起来的. 在那些年月中，文献馆的工作，包括截至本卷为止的《尼耳斯·玻尔集》的出版在内，曾经主要依靠了卡尔斯伯基金会的持续的慷慨支持. 我们愿意借此机会，对卡尔斯伯基金会的这种支持表示最衷心的感谢；这种支持，对编辑工作的实现以及对编辑工作所依据的文献馆的工作，都曾经是有重要的决定性的. 以后的各卷将由尼耳斯·玻尔文献馆负责.

我们也愿意对来自丹麦王国科学院管理下的雷昂·罗森菲耳德奖学基金和尼耳斯·玻尔基金的宝贵拨款表示感谢.

E·吕丁格尔

尼耳斯·玻尔文献馆

目　　录

第一编　经典理论

第二编 穿透的普遍理论

第三编 通信选(1913—1950)

期刊名称缩写表

Akad. Wiss. Wien, Math.-naturw. Kl.	Sitzungsberichte der mathematisch-naturwissenschaftlichen Klasse der Kaiserlichen Akademie der Wissenschaften Wien
Ann. d. Ph. *Ann. d. Phys.* *Ann. d. Physik*	Annalen der Physik (Leipzig)
Arch. Hist. Exact Sci.	Archive for History of Exact Sciences (Berlin, Heidelberg, New York)
Ark. Mat. Astr. Fys.	Arkiv för Matematik, Astronomi och Fysik (Stockholm)
Bull. Soc. Roumaine Phys.	Bulletin de la Societé Roumaine de Physique (Bucuresti)
Comm. Copenhagen Academy	Matematisk-fysiske Meddelelser udgivet af Det Kongelige Danske Videnskabernes Selskab (København)
C.R. *C.R. Acad. Sci.* *Comptes Rendus*	Comptes rendus hebdomadaires des séances de l'Académie des sciences (Paris)
C.R. Acad. Sci. U.R.S.S. *Comptes Rendus Acad. Sci. U.R.S.S.*	Comptes Rendus de l'Académie des Sciences U. R. S. S. (Moscow, Leningrad)
Dan. Mat. Fys. Medd.	Matematisk-fysiske Meddelelser udgivet af Det Kongelige Danske Videnskabernes Selskab (København)
Fys. Tidsskr.	Fysisk Tidsskrift (København)
Hist. Stud. Phys. Sci.	Historical Studies in the Physical Sciences (Philadelphia)
J. de phys. et le radium *Journ. de Phys.* *Journ. de Physique*	Le Journal de physique et le radium (Paris)

J. Franklin Inst.	Journal of the Franklin Institute (Philadelphia)
Journ. Phys. URSS *Journ. of Phys. U. S. S. R.*	Journal of Physics, Academy of Sciences of the U. S. S. R. (Moscow)
Kgl. Danske Vid. Sels., Math-fys. Medd. *Mat.-Fys. Medd. Dan Vidensk. Selsk.* *Mat.-fys. Medd., Acad. Copenhagen* *Math-fys. Medd., Acad. Copenhagen* *Math.-phys. Comm., Acad. Sci. Copenhagen*	Matematisk-fysiske Meddelelser udgivet af Det Kongelige Danske Videnskabernes Selskab (København)
Nachr. Ges. Wiss. Göttingen Math.-Phys. Kl.	Nachrichten von der Gesellschaft der Wissenschaften zu Göttingen, Mathematisch-Physikalische Klasse
Naturwiss.	Die Naturwissenschaften (Berlin)
Overs. Dan. Vidensk. Selsk. Virks.	Oversigt over Det Kongelige Danske Videnskabernes Selskabs Virksomhed(København)
Phil. Mag.	Philosophical Magazine (London)
Phil. Trans. Roy. Soc.	Philosophical Transactions of the Royal Society (London)
Phys. Rev.	The Physical Review (New York)
Phys. Z. *Phys. Zs.* *Phys. Zeitschr.* *Physikal. Ztschr.*	Physikalische Zeitschrift (Leipzig)
Phys. Z. d. Sowjetunion	Physikalische Zeitschrift der Sowjetunion (Charkow)
Proc. Akad. Amsterdam	Proceedings, Koninklijke Nederlandse Akademie van Wetenschappen (Amsterdam)
Proc. Camb. Phil. Soc.	Proceedings of the Cambridge Philosophical Society

Proc. Cambr. Phil. Soc.	
Proc. Danish Acad.	Matematisk-fysiske Meddelelser udgivet af Det Kongelige Danske Videnskabernes Selskab (København)
Proc. Natl. Inst. Sci. India	Proceedings of the National Institute of Sciences of India (Calcutta)
Proc. Phys. Soc. London	Proceedings of the Physical Society of London XVI
Proc. Roy. Soc.	Proceedings of the Royal Society of London
Proc. Roy. Soc. London	
Rev. Mod. Phys.	Reviews of Modern Physics (New York)
Ric. sci. progr. tecn. econ. naz.	Ricerca scientifica ed il progresso tecnico nell' economia nazionale (Roma)
R. S. P.	Proceedings of the Royal Society of London
Sci. Progress	Science Progress (Oxford)
Sitzb. d. K. Akad. d. Wiss. Wien, Mat.-nat. Kl.	Sitzungsberichte der mathematisch-naturwissenschaftlichen Klasse der Kaiserlichen Akademie der Wissenschaften Wien
Sitzungsber. d. K. Akad. d. Wiss. Wien, Math.-nat. Kl.	
Sitzungsber. d. phys.-med. Ges. Würzburg	Sitzungsberichte der physikalisch-medizinischen Gesellschaft zu Würzburg
Sitzungsber. Preuss. Akad. Wiss.	Sitzungsberichte der Preussischen Akademie der Wissenschaften (Berlin)
Verh. d. Deutsch. Phys. Ges.	Verhandlungen der Deutschen Physikalischen Gesellschaft (Braunschweig)
Verh. Deutsch. Phys. Ges.	
Versl. K. Akad. van Wet.	Verslag, Koninklijke Nederlandse Akademie van Wetenschappen (Amsterdam)
Vidensk. Selskabs	Oversigt over Det Kongelige Danske

Aarbøger	Videnskabernes Selskabs Virksomhed (København)
Vidensk. Selsk. Math.-fys. Medd.	Matematisk-fysiske Meddelelser udgivet af Det Kongelige Danske Videnskabernes Selskab (København)
Z. f. anorg. u. allgem. Chemie	Zeitschrift für anorganische und allgemeine Chemie (Leipzig)
Z. Phys. Chem.	Zeitschrift für physikalische Chemie (Leipzig)
Z. Phys.	Zeitschrift für Physik (Braunschweig)
Zs. f. Phys.	
Zeit. f. Physik	
Zeits. f. Physik	

名词缩写表

AHQP	Archive for History of Quantum Physics(量子物理学史档案)
Bohr MSS	Bohr Manuscripts(玻尔文稿)
BSC	Bohr Scientific Correspondence(玻尔科学通信)
Mf	Microfilm(缩微胶片)
MS	Manuscript(底稿)

第一编　经典理论 >>>>>

引　言

J·陶尔森

带电粒子在通过物质时的散射现象和阻止现象，在原子物理学和量子物理学的发展中曾经起了很重大的作用，因为对这些现象的理解需要有关原子结构和原子动力学的知识. 例如，必须理解被穿透物质中各粒子的性质和运动，以及支配着它们和入射粒子之间的碰撞的那些规律. 这一领域中的较早工作者们曾经假设经典力学是成立的，而且也和实验结果达成了一种差强人意的符合. 然而，量子理论却在解释平均的能量传递方面带来了几种巨大的困难.

尼耳斯·玻尔在他 1948 年有关穿透问题的众所周知的论文①中对课题的历史发展作了一次简略的概述；他在文中强调了穿透现象的重大意义：

> ……这些现象的处理曾经是原子力学方法的重要检验，而且在有关经典力学概念在多大程度上可以适当应用以及在什么地方要用正式的量子力学分析的问题上也同样提供了发人深省的教益.

玻尔的经典阻止理论起源于 1912—1913 年并在 1915 年得到了扩充；他成功地对吸收现象，特别是 α 射线的吸收现象给出了一种很精致的定性表示，而在 β 射线方面的和实验结果的定量符合则只由于 β 射线的速度很高才是比较好的. 然而，在这些早期论文中给出的作为处理之基础的许多概念，却比经典理论的基础概念更加普遍，从而是可以引用到现象的量子分析中来的.

---

① N. Bohr, *The Penetration of Atomic Particles through Matter*, Mat. -Fys. Medd. Dan. Vidensk. Selsk. **18**, no. 8(1948). 中译本见本卷原第 423 页. 关于简单的历史概述，见该文第 63—73 页. 下面的引文见原第 487 页.

4 ## 1. 玻尔在曼彻斯特的第一次停留(1912)[②]

领域中的先驱者是约瑟夫·约翰·汤姆孙和欧内斯特·卢瑟福,而尼耳斯·玻尔在完成了有关金属电子论的学位论文以后而于1911年9月间去英国时,就曾分别在他们两人的指导下进行过工作.他的第一个目的地是J·J·汤姆孙领导下的剑桥开文迪许实验室,他希望和汤姆孙在电子论方面进行一些有成果的讨论.然而汤姆孙已经对那一课题不感兴趣,从而玻尔就开始考虑到别处去,而他的第二个目的地就是曼彻斯特的卢瑟福的实验室[③].玻尔曾在1911年11月初见到过卢瑟福,而当他在12月间又见到他时,就请求允许他在1912年的春季学期到曼彻斯特去在卢瑟福的实验室中工作.卢瑟福在1912年1月27日给玻尔写的信[④]中接受了他,于是玻尔就在3月中旬到达了曼彻斯特.他在那儿的停留极其富有成果,而且当他在7月底回到哥本哈根时,他已经差不多完成了一篇关于带电粒子在物质中的吸收的论文,而这篇论文则又使他的兴趣从金属电子论转向了原子构造理论.然而,玻尔在曼彻斯特也继续研究了电子论,正如他和他弟弟哈若德的通信[⑤]所证实的那样.但是,在1912年7月间,他的主要兴趣却已经转向了卢瑟福的原子模型及其可能引起的后果了[⑥].

当玻尔抵达曼彻斯特时,卢瑟福正在度假,而按照到实验室的访问者的习惯,玻尔就开始学了一门关于放射性的实验课程,这是由汉斯·盖革、厄恩耐斯特·马尔斯登和威廉·马考沃负责的.玻尔的实验室笔记本共有47页关于实验的全面纪录.这个笔记本被保存了下来,它表明玻尔当时从事的是量度放射源的活性的衰减、空气的电离和α射线及β射线在铝箔、锡箔及纸中的吸收[⑦].

当课程结束时,卢瑟福要求玻尔继续进行关于镭的活性的实验考察,但是玻
5 尔本人显然对这种工作没抱多大希望,因为他在1912年5月27日写信给他弟弟哈若德说(1912年5月27日尼耳斯·玻尔致哈若德·玻尔的信,丹麦文原文

② 参阅第一卷原第XXI—XXV页和第二卷原第3—7页.

③ 关于玻尔转赴曼彻斯特的全面论述见J. L. Heilbron and T. S. Kuhn, *The Genesis of the Bohr Atom*, Hist. Stud. Phys. Sci. **1**(1969)211—290,特别参阅pp. 232ff.

④ 已收入第二卷中,见该卷原第3页.

⑤ 1912年5月27日和28日尼耳斯·玻尔致哈若德·玻尔的信,见本书第一卷原第548页及以后.

⑥ 玻尔本人关于他在曼彻斯特时的回忆,见N. Bohr, *The Rutherford Memorial Lecture 1958. Reminiscences of the Founder of Nuclear Science and of Some Developments Based on his Work*, Proc. Phys. Soc. London **78**(1961)1083—1115.此文将收入本书第十卷中.

⑦ 稿本,*Physical Experiments*, *Manchester*, 1912.这些笔记的某些复制图片见本卷原第37页.并参阅本书第二卷原第12—14页.

见本书第一卷原第548页，英译本见该卷原第549页）：

> 你也问到实验室中的工作.那工作确实进行得很顺利.可惜我必须立即声明，我还不能肯定卢瑟福交给我的任务会有多大的结果.我这是指的出版方面，因为无论如何我在这里将得到很多的喜悦；因为卢瑟福是一个谁也不会把他看错的人；他按时来听取进展情况并谈论每一件小事.问题只是在真正经过检验以前很难断定他的想法是否适用.如果它竟然不适用，也还有处理同一问题的其他方式（也许是一些更直接的方式），我相信如果有时间我是被认为应该自己去试试这些方式的.但是，不管怎样，我每天都学到很多东西，因为这是真正的工作……⑧

弄清此处所提到的到底是什么“想法”，已经是不可能的了.

2. 达尔文的α射线吸收理论（1912）

在6月初，玻尔曾经不得不等待某些镭的到来，而在那时，他已经看到了发表在《哲学杂志》上的一篇查尔斯·加耳登·达尔文的论文，该文处理的是α射线的吸收和散射的理论⑨.此事的证据，可以从1912年6月4日玻尔致其未婚妻马格丽特·诺伦德的信⑩和1912年6月12日致其弟哈若德的信中看到.这个题目当然是玻尔感兴趣的，因为当时他在曼彻斯特正在对它进行实验的研究，而且他在剑桥也许听说过J·J·汤姆孙、杰姆斯·阿诺德·克若瑟和威廉·威耳孙所作的关于β粒子在物质中的穿透的实验⑪，而这一课题可以看成电子论的一个特例.

玻尔在1912年6月12日给哈若德的信中写道（1912年6月12日尼耳斯·玻尔致哈若德·玻尔的信，丹麦文原文见本书第一卷原第554页，英译本见该卷原第555页）：

> 我目前过得不坏；一两天前我在理解α射线的吸收方面得到了一点小

---

⑧ 此处和以后几处关于玻尔丹麦文信件的引文的英译本，和在第一卷中所给出的那些更加直译的译文略有出入.

⑨ C. G. Darwin, *A Theory of the Absorption and Scattering of the α Rays*, Phil. Mag. **23**(1912) 901—920.

⑩ 此信属于玻尔的私人通信，尚未公开发表.然而雷昂·罗森菲耳德却读过这封信，并且将此事告诉了Heilbron和Kuhn，见注③所引文献的p. 243.

⑪ 关于汤姆孙β粒子散射理论的全面讨论，参阅J. L. Heilbron, *The Scattering of α and β Particles and Rutherford's Atom*, Arch. Hist. Exact Sci. **4**(1967/1968)247—307.

> 小的想法(情况是这样的：这里的一位数学家C·G·达尔文(进化论创始
> 人达尔文的孙子)刚刚发表了关于这一问题的一种理论,但是我却觉得,这
> 理论不但在数学上不十分对(不过只是有点小错误),而且在基本概念上也
> 是很不令人满意的),于是我就得出了关于这一问题的一种小小的理论,这
> 种理论或许会在和原子结构有关的某些问题上带来某些光明,即使带来的
> 6 不是很多.我正在打算很快就发表一篇关于这一问题的小论文……我已经
> 两三天没到实验室中去工作了,因为我必须等候弄到一些镭……这次小小
> 的被迫延期对于作出我的小小理论是合适得妙不可言的.

卢瑟福1911年5月间的原子模型⑫,是根据单独一种现象即α射线的大角散射现象而得出的,从而卢瑟福就想要在别的现象中对它进行检验.因此他就要求C·G·达尔文对α射线在通过空气或薄金属箔时的能量损失进行理论的考查.达尔文的论文是在《哲学杂志》的6月号上发表的.他的目的是要确定速度曲线的一种表示式,也就是将α射线的速度写成离放射源距离的函数.

这一曲线的实验测定曾由卢瑟福在1906年作出⑬,而且汉斯·盖革也在1910年2月间利用更强的磁场和更好的计数装置来改进了这种研究⑭.盖革发现,公式$V_0^3-V^3=bx$可以在多数轨线上在2%的范围内重新给出α射线的速度V,式中V_0是初速而x是离源的距离,b是一个恒量.从那时起,这个公式就被称为"盖革定则",而且通常就被用作根据有关射程的知识来确定α射线的初始能量的一种良好的近似.

达尔文假设,α粒子是通过使被透入物质的原子中的电子运动起来而损失能量的,而且他在当原子受到α射线轰击时很容易被电离这一事实中找到了这种诠释的根据.由于α粒子的速度很高,达尔文就进一步假设可以认为原子中的电子在碰撞中是自由的,因为α粒子将在一个原子附近只度过一个很短的时间,于是他就作出结论说,当考虑α粒子的运动时,忽略作用在电子上的束缚力并不会引起很大的误差.当然,对于碰撞以后的电子运动来说,重要的正是原子的场.为了便于计算,达尔文还作出了另一个简化.他假设了原子中的负电荷是均匀分布的,而且他作出了两种平行的计算：一种利用的是球体分布而另一种利用的是球面分布,二者的球半径都等于原子半径.

---

⑫ E. Rutherford, *The Scattering of α and β Particles by Matter and the Structure of the Atom*, Phil. Mag. **21**(1911)669—688.

⑬ E. Rutherford, *Retardation of the α Particles from Radium in Passing through Matter*, Phil. Mag. **12**(1906)134—146.

⑭ H. Geiger, *The Ionisation produced by an α-Particle. Part Ⅱ.—Connection between Ionisation and Absorption*, Proc. Roy. Soc. London **A83**(1910)505—515.

有了这些假设,利用经典力学而针对相对于一个原子核而言的碰撞参量来 7
计算速度损失就很简单了.但是,当通过按碰撞参量求平均值亦即通过从零积分到无限大而计算平均能量损失时,达尔文却因为一个发散积分而碰到了麻烦.因此他不得不引用一个截止距离,在超过那个距离处是没有任何能量传递的,而且他采用了原子半径来作为这个距离,即假设 α 粒子只有当穿透一个原子时才会损失能量.

达尔文的结果是一个速度曲线公式,它和实验取得了很好的定性符合.他发现射程既依赖于原子半径也依赖于原子中的电子数,因此就得出结论说,吸收的测量应该能够提供有关这些量的信息.

定量的结果并不是很有说服力的:原子半径的数量级对较轻的元素来说比公认的值大若干倍,而对较重的元素来说则比公认的值小若干倍.此外,他发现了电子数和原子序数之间的正比关系,但是却不能确定比例常数.由于达尔文有鉴于核质量比电子质量大得多而忽略了对原子核的能量传递,而且他也忽略了作用在原子中电子上的束缚力,人们是几乎不能谈到什么对卢瑟福原子模型的有力证实的.

3. 玻尔的第一篇关于带电粒子的吸收的论文(1912—1913)

到了 1912 年的 6 月中旬,玻尔已经完成了他的吸收论文的大部分,但是最后一部分却用了相当长的时间.1912 年 7 月 17 日,他告诉哈若德说(1912 年 7 月 17 日尼耳斯·玻尔致哈若德·玻尔的信,丹麦文原文见本书第一卷原第 560 页,英译本见该卷原第 561 页):

> 我过得相当不错,因为我相信我已经发现了一些东西,但是为了弄清楚它们却肯定比我起初傻乎乎地设想的要费更多的时间.我希望在离开以前准备好一篇小论文给卢瑟福看,从而我就大忙特忙起来……

当玻尔在 7 月 24 日离开曼彻斯特时,他的关于吸收的论文还没有完成,但是一回到哥本哈根,他就在两个星期之内写完了它.8 月 12 日,玻尔在蜜月旅行中拜访了卢瑟福并把完稿的论文交给了卢瑟福,而卢瑟福就把论文推荐给了《哲学杂志》[15].然而论文直到 1913 年 1 月间才发表,因为玻尔想要利用最新测定的

---

⑮ N. Bohr, *On the Theory of the Decrease of Velocity of Moving Electrified Particles on passing through Matter*, Phil. Mag. **25**(1913)10—31.已收入本卷,见原第 47 页.

α 射线的初速值. 于是他就在 1912 年 11 月 4 日写信给卢瑟福说(1912 年 11 月 4 日玻尔致卢瑟福的信,全文见本书第二卷原第 577 页):

> 承你盛意代我推荐给 Phil. Mag. 的那篇小论文,我适才已经收到
> 8 校样. 在你的实验室中重新测定的从 Ra-C 放出的 α 射线的初速的结
> 果,不知何时发表[15a];若能告知,当甚感谢. 由于此值的误差对我的计算结果影响甚大,若能利用这一速度的精确值,对我的论文将是很重要的.

在玻尔对带电粒子之吸收的处理中,本质上新的一点就在于引用了远距碰撞的微扰处理. 这种微扰处理使他能够把原子中的电子看成一些谐振子,而这就又意味着束缚力的一种很容易的处理. 这些束缚力在大的碰撞参量下限制了能量的传递,而且,通过和原子对光的色散的经典理论相对比,他就能够确定一个自然的截止距离,这是和达尔文把原子半径当作过路粒子和原子中电子之间的相互作用界限的作法大不相同的.

这恰恰就是达尔文的"基本观念"中最不能令人满意的一点,而玻尔在 1912 年 6 月 12 日致哈若德的信中所提到的正是这个问题. 达尔文的选择是根据的这样一条假设: 当一个带电粒子并未透入一个原子中时,来自原子核的力和来自电子的力是近似地互相抵消的. 正如玻尔所指出的那样,对于依赖于原子作用在粒子上的总力的散射计算来说,这种论点是对的,但是对于吸收[计算]来说却不然[16]. 对于带电粒子之速度损失来说是很重要的,正是原子中各电子在碰撞过程中的运动.

玻尔是这样论证的: 正如在光的散射理论中一样,原子中的一个电子被假设为在原子中有一个平衡位置,而一个和距离成正比的力则把电子吸向这个位置. 于是他就引用了一个自然频率 ν 和一个自然周期 T,此处 $\nu=1/T$. 当原子受到频率为 ν' 的光的照射而 ν' 比 ν 大得多时,由经典的色散理论就可推知原子中的电子将像自由电子那样地起作用.

现在让我们考虑一次碰撞,在碰撞中有一个质量为 M 而电荷为 E 的带电粒子和一个质量为 m 而电荷为 e 的电子发生相互作用. 设粒子有一个初速 V 和一个对电子而言的碰撞参量 p.

[15a] 参阅本卷原第 751 页,1913 年 4 月 8 日玻尔致马尔斯登的信.

[16] 参阅注⑮所引文献的 p. 12.

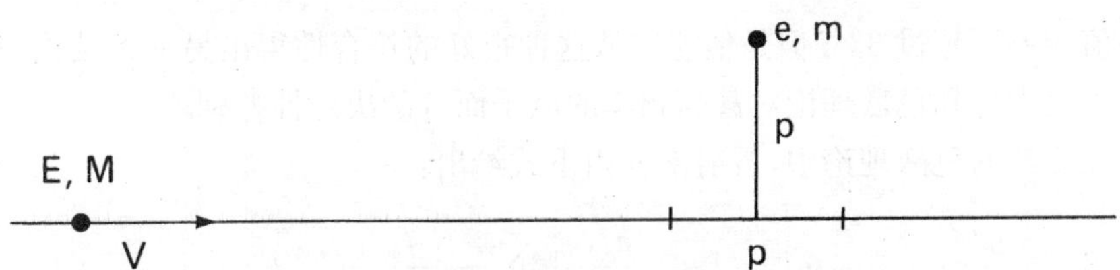

玻尔所理解的碰撞时间，是指粒子和电子之间的力与最接近时刻的力具有 9
相同数量级的那段时间. 作为这一时间的一种量度，他采用了 $\tau \approx p/V$ 这个量. 现在，如果 τ 比 T 小得多，则由和色散理论的类比可知，在碰撞过程中把电子看成自由电子是允许的.

然而，如果 τ 和自然周期 T 相比是很大的，则当粒子缓缓地经过时电子将来得及调整自己的运动，而束缚力就会使能量传递减小成自由电子之能量损失的一个很小的分数，从而就对阻止本领只有微不足道的贡献. 换句话说，远距离碰撞具有浸渐过程的性质，而原子束缚力则将引入一个浸渐截止参量，其数量级和使碰撞时间等于自然周期的那段距离的数量级相同：

$$\frac{p(\text{截止})}{V} \approx T = \frac{1}{\nu} \Rightarrow p(\text{截止}) \approx \frac{V}{\nu}.$$

通过把一个原子比拟为一个谐振子系综，其中每一谐振子是一个束缚在准弹性力场中的电子[⑰]，玻尔就能够对能量损失作出一种定量的分析. 这就导致了他那众所周知的关于每单位长度上的能量损失的经典公式：

$$\frac{\mathrm{d}T}{\mathrm{d}x} = \frac{4\pi e^2 E^2 N}{mV^2} \sum_{s=1}^{n} \log \frac{V^3 kMm}{2\pi\nu_s eE(M+m)},$$

式中 N 是单位体积中的原子数，ν_s 是第 s 个电子的自然频率，而 n 是每一个原子中的电子数. 出现在玻尔的更精确计算中的常数 $k = 1.123$ 和定性的论证符合得很好[⑱].

当和实验结果相对比时，玻尔必须选择原子中各电子的自然频率的值，而且，由于吸收和色散之间的密切关系，他用了实验上测定出来的色散频率. 对于
速度约为 0.05 c 的一个和氢相碰撞的粒子来说，玻尔在理论上确定的吸收值和 10

---

⑰ 关于玻尔把原子取作一个各向同性谐振子的这种选择的讨论，请参阅 U. Hoyer, *Über die Rolle der Stabilitätsbetrachtungen in der Entwicklung der Bohrschen Atomtheorie*, Arch. Hist. Exact Sci. **10** (1973)177—206.

⑱ 在本书第二卷的原第 42 页上，给出了玻尔的常数 k 的计算的一张图片；k 等于 $2\mathrm{e}^{-C}$，此处 C 是欧勒常数＝0.577 21. 在 1912 年 6 月 12 日写给哈若德的信中，玻尔描述了他在 k 的计算中遇到的困难. 该信的丹麦文原文重印于本书第一卷的原第 554 页，英译本见该卷原第 555 页. 公式对远大于电子速度 v_e 的速度成立. 一级改正项由 $-\langle v_\mathrm{e}^2 \rangle / V^2$ 给出.

实验值相差不超过 3%. 但是他能够从这种很好的符合性得出另一条结论. 这起源于吸收理论和色散理论对甚高频率的电子而言的决定性差别.

在经典的色散理论中,折射率 μ 由下式给出:

$$\mu^2 = 1 + \frac{4\pi Ne^2}{m} \sum \frac{f_s}{\nu_s^2 - \nu'^2},$$

式中的符号和以前的相同,f_s 等于原子中第 s 个电子的振子强度,而按照玻尔的公式,能量损失却正比于 $\sum \log(1/\nu_s)$. 这就意味着,频率很高的电子对色散没有多大贡献,而对能量损失则仍有相当的贡献⑲. 由于这一事实,玻尔就能够作出结论说,氢中必然有一个而且只有一个电子,而氦中必然有两个而且只有两个电子.

在玻尔关于通过氧的 α 粒子的能量损失的考查中还可以看到另一个有趣的方面,因为我们在这儿会看到玻尔最初发表的对马科斯 · 普朗克的量子假说的应用. 实验曾经提供了关于氧分子的 16 个电子中的 4 个电子的色散频率的信息,但是,由于内部电子的频率很高,由色散理论没有得出有关这些频率的任何信息.

然而,通过针对 α 粒子的两个不同的初速度来应用他的能量损失公式,玻尔却能够定出这些高频率的对数之和的一个值. 假设了这其余 12 个电子具有相同的频率,玻尔得到了一个值 $\nu = 0.6 \times 10^{18}$ 秒$^{-1}$. 根据有关特征 X 射线的实验,玻尔就能够对所应预期的量值作出一种估计. 里查德 · 惠丁顿⑳曾经发现,刚刚足以在一种元素中激发特征 X 射线的那个电子的速度,等于 $A \times 10^8$ 厘米/秒,此处 A 是所涉及的那种元素的原子量;因此,电子所具有的能量就等于 $\frac{1}{2}mA^2 \times 10^{16}$ 克 · 厘米^2/秒^2. 玻尔论证说㉑:

11 按照普朗克的辐射理论,我们进一步就有,可以从一个原子振子中辐射出去的最小能量等于 νk,此处 ν 是每秒的振动次数而 $k = 6.55 \times 10^{-27}$. 这个量必须被预期为等于具有恰好足以激发辐射的速度的一个电子的能量(或至少二者有相同的数量级);令二者相等,我们就得到 $\nu k = \frac{m}{2} A^2 \times 10^{16}$,

⑲ 关于玻尔对色散理论的研究的更多信息,参阅本书第二卷原第 7—8 页. 也请参阅本卷原第 665 页上 1913 年 3 月 23 日科茨伯孙致玻尔的信和原第 666 页上 1913 年 4 月 4 日玻尔致科茨伯孙的信.

⑳ R. Whiddington, *The Velocity of the Cathode Particles ejected by Characteristic Röntgen Radiations*, Proc. Camb. Phil. Soc. **16**(1910—1912)326—330.

㉑ 注⑮所引文献, p. 26.

而由此就得到$\nu = A^2 \times 6.7 \times 10^{14}$.

当时还没人作过关于氧的特征X射线的任何实验，但是玻尔假设惠丁顿定律是成立的，而这就给了他一个值，即$\nu' = 2\pi\nu = 1.1 \times 10^{18}$秒$^{-1}$；于是他就得出结论说㉒：

> 这个值和上面根据α射线的吸收算出的ν'值$[0.6 \times 10^{18}]$在数量级上的符合，是引人注意的.

在理论和有关阴极射线及β射线之吸收的实验之间的对比方面，符合性并不像在α射线情况下那样地令人满意. 当我们论及波尔的第二篇关于吸收的论文时，我们将再来讨论这一问题.

1912年6月19日，玻尔写信给哈若德说(1912年6月19日尼耳斯·玻尔致哈若德·玻尔的信，丹麦文原文见本书第一卷原第558页，英译本见该卷原第559页)：

> 我或许已经发现了有关原子结构的一点东西. 此事不要和任何人谈起，因为不然的话我是不可能这么快地就此事给你写信的. 假如这竟然是对的，它就将是一种有着可能性(即一种不可能性，像J·J·汤姆孙的理论那样)本性的建议，但它也许有一点真实性. 这是作为我从α射线的吸收(我上次提到过的那种小小的理论)得来的一点儿信息而出现的. 你了解，我还可能是搞错了的，因为这还没有充分地弄好(但我不认为会错)；……

情况使我们很想提出，所谓“一点儿信息”可能是指惠丁顿定律，这一定律使玻尔能够得到有关内部电子的频率的信息并将这些频率和普朗克的量子理论互相比较.

这种提法的进一步根据可以在玻尔的一篇演讲中找到；他在1912年9月26日向丹麦物理学会发表了这篇演讲，处理了他的吸收理论㉓. 在这篇演讲中，玻尔对他的论文所依据的那些想法进行了简明而确切的阐述，而且他也强调了吸收现象的重要性，这时他指出了和原子中很高频率的电子有关的色散和吸收

㉒ 注⑮所引文献，p. 27.

㉓ 稿本，*Om Absorption af α - og β - Straaler*，1912. 重印于本卷原第73页，英译本见原第90页.

之间的差别㉔：

> 12 因此，这种吸收的研究将比光学现象的研究向我们提供更多的关于原子内部各电子之高频率的信息，并从而也许会向我们提供有关原子内部结构的信息.

玻尔也强调了散射现象和吸收现象之间的重要差别㉕：

> 不妨说，借助于它们在路过时所遭受的变化，α 粒子和 β 粒子将告诉我们它们在穿透各元素的路上遇到了什么情况.
>
> ……
>
> 最后，如果我将力图用几句话来描述我们分别从 α 射线的散射的研究和从 α 射线的吸收的研究得来的那些信息之间的特征区别，我就或许可以说，第一种现象（射线的散射）通过指示原子内部力场的强度和本性亦即存在的粒子的数目和电荷，来告诉我们原子的静力学行为，而第二种现象则告诉我们原子的动力学行为，因为（依赖于电子运动的）吸收系数将提供有关电子频率的信息.

汉斯·马瑞乌斯·汉森

被轰击原子的电离问题，是由玻尔的朋友卡尔·威廉·奥席恩㉖在 1913 年 2 月 10 日的一封来信㉗中提出的. 玻尔在 1913 年 2 月 13 日回了信㉘，并且解释了他在自己的吸收计算中怎样回避了把电离考虑在内. 他提到了 J·J·汤姆孙 1912 年 4 月间的一篇关于电离的论文㉙，而我们在本卷原第 43 页上将重印一篇笔记，玻尔在这篇笔记中评论了上述论文.

㉔ 注㉓所引文稿，p. 16.

㉕ 注㉓所引文稿，p. 1 及 p. 28.

㉖ 关于 C·W·奥席恩的传记性小注，见本书第一卷原第 101 页.

㉗ 19[13]年 2 月 10 日奥席恩致玻尔的信，瑞典文原文见本卷原第 757 页，英译本见原第 758 页.

㉘ 1913 年 2 月 13 日玻尔致奥席恩的信，丹麦文原文见本卷原第 757 页，英译本见原第 758 页.

㉙ J. J. Thomson, *Ionization by Moving Electrified Particles*, Phil. Mag. **23**(1912)449—457.

汤姆孙曾经估计了快速粒子的电离效应，所根据的假设是：只有在传递给电子的能量超过电离势能的那些碰撞中，电离才会发生. 但是玻尔却论证说，在传递的能量超过电离势能的那些碰撞中，入射粒子将到达离电子很近的地方，以致可以在碰撞过程中认为电子是自由的，而且根据吸收计算的观点，电子在碰撞以后的运动是不会带来任何问题的. 玻尔在他的下一篇关于吸收的论文中再次讨论了这一点.

4. 玻尔的第二篇关于带电粒子的 13
吸收的论文(1915)

在他于 1912 年 7 月间回到哥本哈根以后，玻尔随即当了马丁・努德森教授[30]的助教，但是在 1914 年 10 月间他就又回到了曼彻斯特，而这一去就在那里待了两年. 很快地，他就重新提起了他在上一次停留期间对吸收问题发生了的老兴趣，而且在 1914 年 11 月 8 日，他就给汉斯・马瑞乌斯・汉森[31]写信说(1914 年 11 月 8 日玻尔致汉森的信，丹麦文原文见本卷原第 695 页，英译本见原第 696 页)：

> 我已经又开始熟悉了关于 α 射线之散射和阻止的旧算法，而且在以后几天内我将和马考沃博士一起开始作几个关于 α 射线的实验.

1915 年 2 月 23 日，他写信给否勒说(1915 年 2 月 23 日玻尔致 A・否勒的 14
信，全文见本书第二卷原第 508 页)：

> 近来我曾经忙于研究 α 射线和 β 射线，从而没有时间考虑光谱现象……

而且在 1915 年 3 月 2 日，他就给哈若德・玻尔写信说(1915 年 3 月 2 日尼耳斯・玻尔致哈若德・玻尔的信，丹麦文原文见本书第一卷原第 570 页，英译本见该卷原第 571 页)：

> 我仍然在为了关于 α 射线和 β 射线的吸收的论文而忙着. 在把问题弄

[30] 关于 M・努德森的传记性小注，见本书第一卷原第 109 页.

[31] 关于 H・M・汉森的传记性小注，见本书第一卷原第 XXVII 页.

> 出个头绪来时曾经有过许多困难；我发现了一些相当有趣的东西，但是它们全都很零散和很难表述.

在5月里，玻尔作到了完成他的论文，于是他就在1915年5月12日告诉H·M·汉森说(1915年5月12日玻尔致汉森的信，丹麦文原文见本书第二卷原第515页，英译本见该卷原第516页)[31a]：

> 我已经写了一篇关于α射线和β射线的阻滞作用以及关于它们所引起的电离的理论论文. 这是我上次在这儿时所写的那篇论文的直接继续. 但是，为了使计算和关于β射线的实验相符，却发现不但必须(像在我的上一篇论文中那样)确定β射线的能量损失的平均值，而且必须将个体射线的能量损失的几率分布考虑在内. 如果你这么干，符合性就是十分好的，从而我就想，通过用β射线所作的实验，人们可以按照这种方式为适用于快速电子的能量和动量(横质量和纵质量)的公式求得一种容易的而同时又是精确的检验. 整个问题并不是很激动人心的，但是计算确实提示了各式各样的实验，其中有些实验已经在进行中了.

玻尔所标日期为1915年7月的第二篇关于吸收的论文，是在1915年10月间在《哲学杂志》上发表的[32]. 前曾提到，玻尔论文中的一个新要素就是计算了离散，即计算了个体粒子的射程和能量损失方面的统计涨落，这是由汉斯·盖革在1910年首先观察到的一种现象[33]. 离散的发生很容易根据一个事实来加以理解，那就是，粒子是通过和靶电子的相互作用来损失它们的能量的. 而既然各原子被假设为无规分布着，那就并不是所有的粒子都经历同样数目的碰撞，从而它们就有不同的能量损失.

玻尔在1912年已经计算了α粒子和β粒子在通过物质时的平均能量损失，而且当时发现，对α粒子来说，理论和实验之间的符合是令人满意的，而对β粒子来说则不然. 现在，通过引入β粒子的离散并利用它们的吸收的更新和更好的
15 测量结果，玻尔就作到了和实验值达成较好的符合. 由于质量很小，β粒子代表了一个特殊的问题. 小质量意味着，当β粒子通过物质时，它们会受到多次的散射，从而实际的射程和测量到的射程并不重合.

[31a] 并参阅玻尔致努德森的信，[1915年5月]，丹麦文原文见本卷原第717页，英译本见原第718页.

[32] N. Bohr, *On the Decrease of Velocity of Swiftly Moving Electrified Particles in passing through Matter*, Phil. Mag. **30**(1915)581—612. 见本卷原第127页.

[33] 注[14]所引文献.

如果 ΔT 是许多次单独能量损失的总结果，则由几率理论可知应该预期一种高斯分布，如果 $\Omega_0 > T_{\mathrm{m}}$ 的话；此处 Ω_0^2 是能量损失的平均平方偏差，而 T_{m} 是在一次碰撞中的能量传递的最大值. 对于穿透着并不太稀薄的物质的 α 粒子来说，这一条件将是满足的，而 ΔT 的最可几值，也就是通常在实验中测得的那个量，就将和平均能量损失近似地重合.

然而，在 T_{m} 等于 β 粒子的动能的情况下，也就是当 β 粒子可以在单独一次碰撞中损失其全部能量（从而和 α 粒子的碰撞相反）时，上述的条件就不能被指望是成立的了. 因此玻尔就把碰撞分成了两组：在一组中，所有的 β 粒子都经历一些碰撞，其能量损失和 T_{m} 相比是很小的；在另一组中，β 粒子经历一次或少数几次很猛烈的碰撞. 大多数的粒子都属于第一组.

结果就是，穿透以后的 β 粒子的能量分布是带有指向低能量方面的尾部的一种高斯分布. 而这又意味着，平均能量损失可以显著地大于最可几能量损失，而这种差值就可以解释理论和实验之间的早期分歧[33a].

玻尔也把他的平均能量损失公式推广到了相对论性的事例. 当考虑了靶电子被假设为自由电子的那种碰撞时，他证明了能量传递是和非相对论性事例中的相同的. 这是由于这样一件事实：尽管垂直于运动方向的电场分量增大了一个倍数 $\gamma=(1-V^2/c^2)^{-1/2}$，相互作用区的长度却减小了一个相应的倍数. 然而，当考虑原子束缚力能起作用的那种更远距的碰撞时，碰撞时间的改变量却将影响浸渐截止参量，它将增大一个倍数 γ，此外，平行于运动的电场分量也将对能量损失有所贡献. 最后的结果[34]就是，按照玻尔的理论，相对论性事例中的平均能量损失由下式给出：

$$\frac{\mathrm{d}T}{\mathrm{d}x}=\frac{4\pi e^2E^2N}{mV^2}\sum_{s=1}^{n}\left\{\log\frac{kMmV^3}{2\pi\nu_s eE(M+m)}-\log(1-V^2/c^2)-V^2/c^2\right\}.$$

在他的论文的最后部分中，玻尔推广了J·J·汤姆孙关于由 α 粒子和 β 粒 16
子所引起的电离的理论[34a]. 前已提及，汤姆孙曾经假设产生的离子数等于那样一些碰撞的数目，在各该碰撞中，从粒子传递到一个原子中电子的能量大于把该电子从原子中取走时所需要的能量. 然而，电离的汤姆孙计算值和实验值的比较却表明，观察到的数字比预期的数字大若干倍. 玻尔通过照顾到次级电离而改进了汤姆孙理论，并从而和实验达到了更好的符合——完全脱离了原子并具有足够

[33a] 后来，玻尔对 β 粒子之离散的处理的一种继续，曾由E·J·威廉斯给出（参阅本卷第二编《引言》的第4节），而且曾由玻尔自己在1948年给出（注①所引文献）.

[34] 同样的相对论改正量也出现在贝忒的阻止公式中，见第二编《引言》的第3节.

[34a] 见注㉙.

的动能的电子,可以引起次级电离.

1915 年 2 月 19 日,玻尔在曼彻斯特发表了一篇演讲,他在演讲中举出了他的最新吸收论文中的结果. 这篇演讲的讲稿见本卷原第 107 页.

玻尔在物质对粒子的散射理论方面也曾做过工作. 他集中注意了 α 粒子的多次散射,这是可以沿着射程和能量损失的离散理论的同样思路来加以处理的. 在 1916 年的夏末,玻尔回到了哥本哈根,那里已经在大学中为他设置了教授职位. 他在 1916 年 11 月 29 日写信给卢瑟福说(1916 年 11 月 29 日玻尔致卢瑟福的信,全文见本书第二卷原第 595 页):

> 我也在 α 射线的复合散射问题方面做了一点工作,而且得到了一个和盖革的实验符合得很好的相当简单的解. 我多么希望能够和你谈谈这一问题,并听取你对这一问题和许多其他问题的意见啊;但是我不久就将写一篇短文并把它寄给你,并且希望那时也能够谈到关于氦光谱的最后结果.

在本卷原第 161 页上,我们重印了一篇题为《关于 α 射线的散射的札记》的稿子中的几页,玻尔在那里考查了 α 粒子的小角度散射[35].

在 1916 年的秋天,玻尔就有关原子理论的晚近工作发表了一系列的演讲,在演讲中也彻底地处理了带电粒子在通过物质时的散射和吸收[36].

17

5. 量子化能量传递问题(1913—1916)

当玻尔在 1913 年在他的原子模型中引入了定态时[37],他就意识到了这种定态将在自由粒子和束缚电子的碰撞的描述方面导致一些困难. 束缚电子被迫在定态之间发生跃迁,而这就意味着只有某些数量的能量才能从自由粒子传递过来,这是和利用连续能量传递的经典描述相反的. 玻尔在他的论文《论原子构造和分子构造》[38]的第一部分中评述了这一问题.

㉟ 并请参阅本书第二卷原第 95 页,那里部分地重印了一篇题为《关于物质对 α 粒子的散射的札记》的稿子. 那篇稿子处理了有关散射的量纲计算.

㊱ 稿本,*Nyere Arbejder over Atomteorien*,1916. 这篇稿子的一部分重印于本卷原第 167 页,英译本见原第 172 页.

㊲ N. Bohr, *On the Constitution of Atoms and Molecules*, Phil. Mag. **26**(1913)1—25,476—502,857—875. 重印于本书第二卷原第 159 页.

㊳ 注㊲所引文献,p. 19.

18

杰姆斯·弗兰克和古斯塔夫·赫兹以及他们的夫人们在斯德哥尔摩,1926 年 12 月.
(E. Lisco 夫人提供的照片)

在 1912 年的 10 月份[39]和 12 月份[40],卢瑟福发表了关于从放射性物质 RaB 17
和 RaC 发出的 β 粒子的能量的一些实验结果,这些物质在表观上发射将近 30 组均匀 β 射线. 卢瑟福的计算已经证明,可以根据一条假设来重新算出这些观察到的能量;其假设就是,一个高速电子,当通过原子并和束缚电子相碰撞时,将按明确的有限的量子而损失能量. 按照玻尔的看法,这样一个结果是和当假如碰撞结果由普通的力学定律来支配时所应预期的结果很不相同的[41]:

> 经典力学在这样一种问题中的失效,也可以根据自由电子和原子中的束缚电子之间不存在任何类似于动能均分的现象而事先预料到. 但是,我们从"力学态"的观点可以看到,下述的假设——它和上述的类比是相容的——或许能够说明卢瑟福的计算结果,并说明动能均分的不存在;这一假设就是:两个互相碰撞的电子,不论是束缚电子还是自由电子,在碰撞之前和之后都将处于力学态中. 显然,这样一条假设的引入,不会使两个自由粒

㊴ E. Rutherford, *The Origin of β and γ Rays from Radioactive Substances*, Phil. Mag. **24**(1912) 453—462.

㊵ E. Rutherford, *On the Energy of the Groups of β rays from Radium*, Phil. Mag. **24**(1912) 893—894.

㊶ 注㊲所引文献,p. 19.

> 子的碰撞的经典处理发生任何必要的改动. 但是,当考虑一个自由电子和一个束缚电子的碰撞时,那就可以推知,束缚电子通过碰撞而得到的能量不可能小于和相邻定态相对应的能量差,而且由此可知,和它碰撞的那个自由电子也不能损失那么小的能量.
>
> 以上这些考虑的初步性和假说性,是用不着强调的.

18 如所周知,这一点在 1914 年被著名的弗兰克-赫兹实验所证实了[42];在那种实验中,汞原子受到了缓慢电子的轰击. 但是很有趣的是,弗兰克和赫兹并没有征引玻尔 1913 年关于原子构造和分子构造的论文,而是直到 1919 年他们才意识到了自己的实验对玻尔理论的重要性.

杰姆斯·弗兰克和古斯塔夫·赫兹之间的合作开始于 1911 年[43],他们的目的是气体电离电势的测定. 玻尔对弗兰克和赫兹的工作的最初征引出现在他的关于原子构造的论著的第二部分,在那里,他把自己的氦电离电势的计算值同弗兰克和赫兹测量到的值进行了比较[44].

弗兰克和赫兹证实玻尔原子模型中的定态的决定性实验是在 1914 年 5 月
19 份发表的[45]. 他们证明了,当能量小于 4.9 电子伏特的电子和汞原子相碰时,没有任何能量传递会出现,而当电子能量达到了 4.9 电子伏特时,所有的能量就会[在碰撞中]损失掉,而且他们与此同时就在汞的共振光谱中注意到一条显著的谱线,其波长是 2 536 Å,而按照方程 $eU=h\nu$,这就对应于一个电势 4.84 伏特. 由于他们把 4.9 伏特错误地诠释成了电离电势,而且由于按照玻尔的理论共振必须在电离以前就出现,因此他们就得出结论说他们的实验并没有支持玻尔的理论. 由于同样的原因,他们就没有征引玻尔的论文.

弗兰克和赫兹确实知道玻尔 1913 年的论文;这一点由弗兰克在 1963 年发表的一篇文章[46]就可看出:

> 我们确实有一切理由来仔细读它,因为我们那时刚刚完成了我们用电子碰撞来激发汞谱线 2 537 Å 的工作. 我们在把自己的稿子交付印行以前

㊷ J. Franck and G. Hertz, *Über Zusammenstösse zwischen Elektronen und den Molekülen des Quecksilberdampfes und die Ionisierungsspannung desselben*, Verh. Deutsch. Phys. Ges. **16**(1914) 457—467.

㊸ 关于他们的工作的一次历史叙述,见 G. Hertz, *James Franck † 21. 5. 1964*, Ann. d. Phys. **15** (1965)1—4.

㊹ 注㊲所引文献,p. 489.

㊺ 注㊷所引文献,以及 J. Franck and G. Hertz, *Über die Erregung der Quecksilberresonanzlinie 253, 6μμ durch Elektronenstösse*, Verh. Deutsch. Phys. Ges. **16**(1914)512—517.

㊻ J. Franck, *Niels Bohrs Persönlichkeit*, Naturwiss. **50**(1963)341—343.

读了玻尔的论文，但是却决定把稿子径行寄出而不提玻尔的论文，因为，如果像玻尔所断言的那样，电离所需要的能量比激发势能大得多的话，我们就会在理解汞电弧中的强电离方面遇到一种表观上的困难.

赫兹的回忆稍有不同[47]：

因此我们认为我们的结果是普朗克量子假说的一种证实. 那时我们还没有想到沿着玻尔理论的思路的一种诠释，该理论是不久以前才出现的.

玻尔在 1914 年 7 月间访问了德国. 在 1914 年 9 月 28 日写给 C · W · 奥席恩的一封信中，他谈到了他的德国之行，当时他第一次见到了一些德国物理学家，例如威廉 · 维恩和阿诺德 · 索末菲，以及荷兰人彼得 · 德拜. 他也谈到(1914 年 9 月 28 日玻尔致奥席恩的信，丹麦文原文见本书第二卷原第 557 页，英译本见该卷原第 560 页)：

对于不止含有两个粒子的体系，不存在能量和绕转次数之间的任何简单关系，而且正因如此，我以前所用的那些考虑就不能用来确定体系的"定态". 我倾向于相信这一问题中埋藏着一些很大的困难，它们只能通过在比迄今为止所必须的更大的程度上背离通常的考虑来予以避免，而以前的初步成功只是由于所考虑体系的简单性.

…… 20

除了纯理论的处理以外，或许在实验上深入到各式各样的问题中去也是可能的. 例如也许能够通过实验来看出关系式 $E_1 - E_2 = h\nu$ 是否正确，就是说通过求出为使一个体系发射某一谱线而必须供给该体系的能量. 这样的实验是由喇乌博士在维恩的实验室中完成的，而且迄今得到的结果和计算结果符合得很好. 我相信，弗兰克和赫兹所作的关于汞蒸气的电离的美好实验，是可以按照相同的路线来加以诠释的.

玻尔在 1915 年 8 月间就能够给出正确的解释了[48]. 正如海因里希 · 喇乌在一篇 1914 年的论文[49]中所强调的那样，按照玻尔的理论，对一个原子中电子的

㊼ 注㊸所引文献，p. 3.

㊽ N. Bohr, *On the Quantum Theory of Radiation and the Structure of the Atom*, Phil. Mag. **30** (1915)394—415. 重印于本书第二卷原第 389 页.

㊾ H. Rau, *Über die Lichterregung durch langsame Kathodenstrahlen*, Sitzungsber. d. phys.-med. Ges. Würzburg, 1914, pp. 20—27.

最小的可能能量传递等于第一个定态和第二个定态之间的能量差,如果该电子是处于基态的话. 这就将意味着,所发射的共振谱线的频率要由 $\frac{1}{2}mv^2 = h\nu_{12} = E_2 - E_1$ 来给出. 对应于电离的共振谱线的频率 ν_∞,必然要相应地由等式 $h\nu_\infty = I$ 来给出,式中 I 是要从原子中取走电子时所需要的能量,根据汞的共振线光谱的测量结果,喇乌能够确定了极限波长是 1 188 Å(对应于一个电势 10.4 伏特),而不是弗兰克和赫兹所得到的 2 536 Å,利用了类似的考虑,玻尔就能够得出了这样的结论[50]:

> 弗兰克和赫兹认为 4.9 伏特对应于从汞原子取走电子时所需的能量,但是看来他们的实验结果或许和下述假设相一致:这一电压只对应于从中性原子的正常态到某一另外定态的跃迁.……如果以上的考虑是正确的,那么就可以看到,弗兰克和赫兹的测量对本论文中所考虑的理论给予了很有力的支持.

玻尔也解释了,弗兰克和赫兹所相信为电离的事物,事实上是仪器中的一种光电效应的结果. 这一点,在 1917 年 8 月间由柏尔根·戴维斯和 F·S·高舍尔在实验上作出了证实[51].

21 弗兰克和赫兹继续进行了他们的研究,而且在 1916 年的一篇论文[52]中对他们的较早结果作出了总结,但是他们不能接受玻尔的解释[53],而且,正如前面所提到的那样,他们直到 1919 年才终于接受了玻尔理论[54].

玻尔本打算在曼彻斯特沿着弗兰克和赫兹的路线来进行自己的研究,但是这种研究很快就停止了. 这一情况的原因由玻尔在他 1958 年 11 月间的《卢瑟福纪念演讲》中进行了幽默的描述[55]:

---

[50] 注[48]所引文献,p. 410.

[51] B. Davis and F. S. Goucher, *Ionization and Excitation of Radiation by Electron Impact in Mercury Vapor and Hydrogen*, Phys. Rev. **10**(1917)101—115; *Ionization and Excitation of Radiation by Electron Impact in Nitrogen*, Phys. Rev. **13**(1919)1—5.

[52] J. Franck and G. Hertz, *Über Kinetik von Elektronen und Ionen in Gasen*, Phys. Z. **17**(1916) 409—416, 430—440.

[53] 注[52]所引文献,p. 438.

[54] J. Franck and G. Hertz, *Die Bestätigung der Bohrschen Atomtheorie im optischen Spektrum durch Untersuchungen der unelastischen Zusammenstöße langsamer Elektronen mit Gasmolekülen*, Phys. Z. **20**(1919)132—143.

[55] N. Bohr, *The Rutherford Memorial Lecture 1958. Reminiscences of the Founder of Nuclear Science and of Some Developments Based on his Work*, Proc. Phys. Soc. London **78**(1961)1083—1115; 此处引文见 p. 1096,全文见本书第十卷.

> 在原子构造问题方面,弗兰克和赫兹用电子撞击来激发原子的著名实验在1914年的发表也提供了新的冲击.
>
> ……因此,这就引导我们猜想,所观察到的电离并不是直接和电子碰撞相联系着,而是由电极上一种伴随的光电效应所引起的,而那种效应是由汞原子当从第一受激态回到基态时所发射的辐射引起的.在卢瑟福的鼓励下,马考沃和我计划了一些实验来探索这一问题,而且在本实验室有能耐的德籍玻璃工的协助下制成了一套有着各式电极和各式栅栏的石英仪器;这个玻璃工从前曾经替卢瑟福吹制了研究氦的形成的很精细的α射线管.
>
> 卢瑟福曾按照他的宽宏的人道态度力图为这个玻璃工争取获准在战争期间继续留在英国工作,但是这个人的脾气在他们那一行业中也并不少见,他发表了一些激烈的高度爱国的言论,后来终于被英国官方拘留了.于是,当我们的精致仪器在一次事故中因支架起火而损坏时,就没有人帮我们再制造一套了,而且,当马考沃不久也自愿参了军以后,这种实验就放弃了.我几乎不用再说,这一问题已由戴维斯和高舍尔于1918年在纽约作的精辟实验用其预料中的结果来完全独立地解决了,而我提到我们那些毫无结果的尝试,只是为了说明当时曼彻斯特实验室的工作所面临的是些什么样的困难……

在他1915年2月19日在曼彻斯特发表的演讲[56]中,玻尔曾经联系着碰撞问 22
题而提到了量子化能量传递的问题.在他的讲稿的末尾,他写道:

> 量子论困难.希望只是表观的困难.

这一问题的进一步阐述见于一篇题为《关于α射线和β射线的吸收的普遍论述(在1915年7月份的论文中被删去的部分)》的稿子[57]中;这一标题表明曾经打算发表关于量子化能量传递的论述,但是后来又放弃了.这可以从1916年2月14日给A·D·佛克尔的一封信中明显看出[58];玻尔在信中写道,他曾经略去了这一问题的讨论,以免把发表的论文弄得太长.

在他的稿子中,玻尔提到了弗兰克和赫兹用慢电子作子弹的那些实验,并且说,预料同样的关系也适用于快电子乃是一种自然的假设,甚至是量子论的一种

---

[56] 见本卷原第107页.

[57] 稿本,*Remarks on Absorption*,1915.见本卷原第115页.

[58] 1916年2月14日玻尔致A·D·佛克尔的信,见本卷原第670页.

必然推论. 于是他就试着通过假设能量传递的下限等于电离势能来计算平均能量损失. 然而，由此得出的平均能量损失的值，却大约只是实验值的一半；关于这一点，我们以后还要讨论. 玻尔的结论是，关于 α 射线的实验使连续能量传递的假设成为必要的了. 量子化能量传递的问题，也在一篇题为《α 射线和 β 射线的速度减低的计算. 未发表的论述》的稿子[59]中被提到了，该稿和他 1915 年的吸收论文有关.

安德雷安·丹尼耳·佛克尔（由荷兰王国艺术和科学研究院提供的照片）

莱顿的 A·D·佛克尔曾经对玻尔有关原子结构的概念表现了很大的兴趣，而且他在 1915 年曾经在莱顿的一次保罗·艾伦菲斯特讨论会上讲述了玻尔的理论[59a]. 佛克尔曾经答应在 1916 年 4 月份的一次 H·A·洛伦兹讨论会上介绍玻尔第二篇论吸收的论文的结果，于是他就在 1916 年 2 月 3 日给玻尔来信请教更多的一些问题[60]. 佛克尔在这封信中提出，入射的粒子既可以损失能量也可以获得能量，并且论证说基元散射过程是完全可逆的. 玻尔不同意，并在 1916 年 2 月 14 日给佛克尔写了复信（1916 年 2 月 14 日玻尔致佛克尔的信，信的全文见本卷原第 670 页）：

我也并不认为碰撞可以被看成是可逆的. 在我看来，由量子论的原理可
23 以推知，电子并不能传给 α 粒子以能量，因为各电子的能量在正常态中已经是最小的了. 这就把我引到了另一个问题，这是我打算在论文中详加论述但为了不把论文弄得太长而略去了的. 这就是所用的整个计算原理和量子论原理之间的表观对立问题. 初看起来似乎可以预料，按照量子论，能量不能被传给一个束缚电子，除非是以量子的形式，而该量子和把电子从原子中完全取走时所需的能量具有相同的数量级. 然而，这却并不能导致和有关 α 射

---

[59] 稿本，*Decrease of Velocity*，[1915]. 见本卷原第 119 页.
[59a] 1916 年 1 月 1 日佛克尔致玻尔的信，见本卷原第 667 页.
[60] 1916 年 2 月 3 日佛克尔致玻尔的信，见本卷原第 668 页.

线阻止本领的实验相符合……

在他于 1912 年 9 月间在哥本哈根对物理学会所作的演讲中，玻尔曾经提到 24
α 粒子的能量损失可以用一件事实来解释，那就是，电子将被吸向 α 粒子的路径，从而在碰撞以后将比以前靠 α 粒子更近. 这就意味着，电子将聚集于 α 粒子的路径周围，并从而通过作用一个阻滞力来使 α 粒子减速[61]；这样一种描述方式已经成为碰撞现象的现代介电描述的起点[62]. 在他于 1917 年 1 月 2 日致玻尔的信[63]中，佛克尔曾经触及了这一点.

6. 哥本哈根的实验工作(1918—1920)

在他第二次在曼彻斯特停留以后的那些年，玻尔并没有很多地致力于碰撞问题. 他的所有时间都用到了他的原子模型的发展和根据原子结构来对周期表作出的解释方面. 在他的演讲中，他常常提到碰撞现象，特别是提到弗兰克和赫兹的实验. 例如，在 1917 年 2 月 22 日，他在哥本哈根对物理学会作了一次演讲，演讲中谈到了有关气体电离理论的晚近论文[64]，强调了弗兰克-赫兹实验由于它的“特征不连续性”而具有的重要性.

在 1918 年 5 月 11 日的一封给卢瑟福的信[64a]中，玻尔解释说他已经从一位朋友那里收到了 20 毫克镭，并且打算研究 α 粒子在物质中的通过. 他和他的一个学生约翰·奥耳森[65]一起开始了一些简单的实验，以便熟悉实验的条件，但是不久他就顾不过来了. 因此，玻尔在 1919 年 11 月 30 日的一封信[66]中就建议由即将到哥本哈根停留较长时间的乔治·希维思来接手此事. 希维思在 1919 年 12 月 17 日回了信(1919 年 12 月 17 日希维思致玻尔的信，信的全文见本卷原第 707 页)：

轻元素的阻止本领的研究是一种很有前途的研究，尽管除了你或许已经给了他的指引以外我恐怕不能给奥耳森先生以任何重要的指引……

---

[61] 并参阅注①所引文献，p. 71.

[62] 例如参阅 J. Lindhard, *On the Properties of a Gas of Charged Particles*, Mat.-Fys. Medd. Dan. Vidensk. Selsk. **28**, no. 8(1954).

[63] 1917 年 1 月 2 日佛克尔致玻尔的信，见本卷原第 673 页.

[64] 稿本，*Luftarters Ionisation*［气体的电离］，1917. Bohr MSS，缩微胶片第 6 号.

[64a] BSC，缩微胶片第 6 号.

[65] 约翰·奥耳森(Johannes Olsen, 1894 年生)，丹麦物理学家，在获得了硕士学位(cand. mag., 1917)以后，奥耳森从 1918 年到 1925 年在哥本哈根的技术大学工作. 从那以后，他转向了气象学和地球物理学. 他在这两个领域中作了杰出的工作，直到 1964 年退休为止.

[66] 1919 年 11 月 30 日玻尔致希维思的信，见本卷原第 706 页.

25 然而,这种合作很快就结束了,于是奥耳森就开始和另一个学生雅科布·克瑞斯先·雅科布森[67]一起工作了,而且他们在 1922 年发表了一篇关于锂对 α 粒子的阻止本领的论文[68].

1920 年 9 月初,在哥本哈根召开了第一届北海地区物理学家会议,而玻尔在 9 月 3 日作了题为《论原子体系和自由带电粒子之间的碰撞效应》[69]的演讲.讲稿只有演讲的前半部分,但是在《会议报告》中却有一篇简单摘要[70],由此可以看出演讲的其余部分的内容.

关于 α 粒子的吸收的实验工作进行得如何,可以从玻尔和海因里希·若什·封·特若本伯的通信中看出.1920 年 10 月 9 日,若什·封·特若本伯[71]寄

26

斯外恩·罗西兰和仁科芳雄

---

[67] 关于雅科布·克瑞斯先·雅科布森的传记性小注,见本书第五卷原第 95 页.在 20 年代中,J·C·雅科布森的工作集中在 $RaC'(Po^{214})$ 半衰期的量度和 α 粒子对电子的俘获方面.关于后一工作,参阅本卷第二编《引言》的第 1 节.

[68] J. C. Jacobsen and J. Olsen, *On the Stopping Power of Lithium for α - Rays*, Mat. -Fys. Medd. Dan. Vidensk, Selsk. **4**, no. 2(1922).

[69] 稿本,*Om Virkningen af Sammenstød mellem Atomsystemer og fri elektriske Partikler*,编目归入[约 1919 年].见本卷原第 181 页,英译本见原第 188 页.译者按:在本卷《目录》中和原第 188 页上的正文中,"Virkningen"都译为"结果"而未译为"效应".

[70] N. Bohr, *Om Virkningen of Sammenstød mellem Atomsystemer og fri elektriske Partikler*,载于 *Det nordiske H. C. Ørsted Møde i København* 1920, Copenhagen 1921, pp. 120—121.见本卷原第 195 页,英译本见原第 199 页.亦见 Fys. Tidsskr. **19**(1920—1921)57—59.

[71] 1920 年 10 月 9 日若什·封·特若本伯致玻尔的信,德文原文见本卷原第 766 页.

奥斯卡·克莱恩和玻尔

给玻尔一篇关于 α 粒子在不同元素中的射程的论文抽印本[72]，并征求玻尔的意 25
见. 玻尔在 10 月 20 日写了回信[73].

那时，哥本哈根漂布塘路上的研究所正在兴建[74]，而玻尔就在 1920 年 10 月 18 日的一封信[75]中邀请了他在 1920 年 4 月间的德国之行中曾经见过的杰姆斯·弗兰克到哥本哈根来待两个月，以协助建立实验室的一部分，特别是在即将用于碰撞研究的仪器方面. 弗兰克在 1920 年 11 月 22 日接受了邀请[76]，并于 1921 年 1 月底到达了哥本哈根.

7. 第二种碰撞(1921—1922) 27

1920 年夏，一位年轻的挪威大学生斯外恩·罗西兰[77]来到哥本哈根以便在

[72] H. Rausch von Traubenberg, *Über eine Methode zur direkten Bestimmung der Reichweite von α-Strahlen in festen Körpern*, Z. Phys. **2**(1920)268—276.

[73] 1920 年 10 月 20 日劳什·封·特若本伯致玻尔的信，德文原文见本卷原第 767 页.

[74] 历史的论述见 P. Robertson, *The Early Years, The Niels Bohr Institute* 1921—1930, Akademisk Forlag, Copenhagen 1979.

[75] 1920 年 10 月 18 日玻尔致弗兰克的信，德文原文见本书第三卷原第 644 页.

[76] 1920 年 11 月 22 日弗兰克致玻尔的信，德文原文见本卷原第 680 页.

[77] 关于斯外恩·罗西兰的传记性小注，见本书第四卷原第 411 页.

研究所中学习. 他对碰撞现象很感兴趣. 这一点,由他在 1921 年 2 月 15 日写给克瑞斯先尼亚(现名奥斯陆)的大学评议会的信就可看出. 那封信是要向大学申请资助,而玻尔为此出具了推荐书[78].

和奥斯卡·克莱恩一起,罗西兰提出了一个新概念. 他们把这个概念叫做"第二种碰撞",并把它第一次发表在 1921 年的 Zeitschrift für Physik 上[79]. 弗兰克和赫兹已经证明了原子和自由电子之间的碰撞可以怎样引起原子的激发,这时涉及的是[原子中的]一个电子从一个定态到另一能量较高的定态的跃迁,二定态之能量差等于自由电子的能量损失. 克莱恩和罗西兰考虑的问题是,当应用了爱因斯坦在 1917 年关于黑体辐射和原子之间的统计平衡的那些考虑[80]时,这种激发将如何影响原子体系和自由电子之间的热平衡.

这些碰撞将对总体系的态造成扰动,因为,在碰撞已经发生以后,总体系将比以前包括更多的具有较低能量的自由电子和更多的处于受激态的原子. 克莱恩和罗西兰得出结论说,这样的扰动将是和热力学第二定律不相容的,从而必然会有这种或那种的补偿现象出现. 他们的解答是允许一种可能性存在,即一个处于受激态的电子可以跳到一个较低的态而并不发出辐射,这时放出的能量将作为动能而传给一个自由电子. 他们把这样的碰撞叫做"第二种碰撞",以别于弗兰克-赫兹的碰撞即"第一种碰撞". 这两种类型的碰撞的类例可以在经典碰撞模型中找到,在那种模型中,自由电子既可以损失能量也可以获得能量.

尼耳斯·玻尔对克莱恩和罗西兰的论文感到了很大的兴趣,而且他和杰姆斯·弗兰克的通信[81]显示了他对第二种碰撞这一概念的应用所抱的期望.

28

8. 关于碰撞问题的通信(1921—1922)

为了服兵役,斯外恩·罗西兰离开了哥本哈根,而在 1921 年 7 月 1 日,他就写信告诉玻尔说他已经抽出时间来做碰撞理论方面的工作了. 罗西兰把玻尔的 1913 年和 1915 年的论文当作了出发点,但是他通过把靶原子中

---

[78] 1921 年 2 月 15 日罗西兰致克瑞斯先尼亚大学评议会的信. 挪威文和丹麦文的原文见本卷原第 769 页,英译本见原第 770 页.

[79] O. Klein and S. Rosseland, *Über Zusammenstöße zwischen Atomen und freien Elektronen*, Z. Phys. **4**(1921)46—51.

[80] A. Einstein, *Zur Quantentheorie Strahlung*, Phys. Z. **18**(1917)121—128.

[81] 这种通信包括下列信件:玻尔致弗兰克的是 1921 年 6 月 28 日、1921 年 7 月 18 日、1921 年 9 月 16 日(见本书第四卷原第 693 页)、1921 年 9 月 27 日的信,而弗兰克致玻尔的是 1921 年 7 月 12 日、1921 年 9 月 25 日、1921 年 9 月 29 日和 1922 年 12 月 23 日(见本书第四卷原第 698 页)的信. 这些信的德文原文见本卷原第 682 页及以后.

电子的轨道速度考虑在内而扩充了理论[82]. 他于 1921 年秋天回到了哥本哈根，在那里做了碰撞问题方面的工作，正如从他在 1922 年 2 月 26 日写给克瑞斯先尼亚（即奥斯陆）大学评议会的信中可以看到的那样；在这封信中，玻尔又附了一封推荐信[83]. 玻尔在信中写道，他正打算和罗西兰一起撰写一篇关于 α 粒子对物质的穿透的论文，但是这篇论文一直没有写成，而且现在也找不到任何底稿.

比较一下 1921 年 7 月 1 日和 1922 年 2 月 26 日这两封罗西兰的信件，就可以看出玻尔对罗西兰的想法发生了什么影响. 玻尔意识到，把靶电子的速度引入到碰撞的经典描述中来，不论对于现象的较深理解来说还是特别对于说明当考虑低速子弹时经典力学的失效来说，都是不够的；当考虑低速子弹时，量子理论的考虑是必须被引用的.

1922 年 3 月，玻尔访问了英国. 他在剑桥见到了乔治 · H · 亨德孙并和亨德孙讨论了碰撞理论问题. 尽管在对 α 粒子的离散和电离的处理方面玻尔同意亨德孙的观点[84]，但是当考虑到量子化能量传递的问题时他们却发生了严重的分歧. 当时亨德孙正在准备一篇有关这一问题的论文. 他在论文中假设，α 粒子损失的能量，或是等于两个定态的能量之差，或是等于或大于靶原子的电离能量. 亨德孙的论文是在 1922 年 10 月间发表的[85].

亨德孙的假说涉及了原子中电子从一个定态到另一个定态的转移. 在他们的讨论中，玻尔曾经发现这种想法在快速运动粒子的情况下是几乎不能接受的，正如从他 1922 年 5 月 22 日致亨德孙的信中可看出的那样[86]. 然而，从英国回来以后，玻尔却改变了他的想法，于是他写信给亨德孙说："我现在倾向于采取那
样一种量子论的观点，它使我对任何这种'老式的'物理论点都甚感怀疑."在日 29
期相同的一封给卢瑟福的信中，他说："原子和快速运动粒子之间的能量传递这一整个的问题，倒是一个悬而未决的问题."[87]

亨德孙在剑桥的同事喇耳夫 · 霍瓦尔德 · 否勒在 1923 年 2 月间发表了一

---

[82] 1921 年 7 月 1 日罗西兰致玻尔的信，挪威文原文见本卷原第 771 页，英译本见原第 775 页. 并参阅 1921 年 10 月 24 日（见本卷原第 783 页）和 1921 年 10 月 26 日（见本卷原第 784 页）玻尔致卢瑟福的信.

[83] 1922 年 2 月 26 日罗西兰致克瑞斯先尼亚大学评议会的信，挪威文和丹麦文原文见本卷原第 779 页，英译本见原第 781 页.

[84] G. H. Henderson, *The Range and Ionization of the α Particles from Radium C and Thorium C*, Phil. Mag. **42**(1921)538—551; *The Straggling of α Particles by Matter*, Phil. Mag. **44**(1922)42—52.

[85] G. H. Henderson, *The Decrease of Energy of α Particles on passing through Matter*, Phil. Mag. **44**(1922)680—688.

[86] 1922 年 5 月 22 日玻尔致亨德孙的信，见本卷原第 706 页.

[87] 1922 年 5 月 22 日玻尔致卢瑟福的信，见本卷原第 785 页.

篇论文[88]，他在文中宣称，尽管初看起来亨德孙的理论是很吸引人的，但它作为有关原子对 α 粒子的阻止的一种解释却不是可以充分接受的. 亨德孙只和实验结果即关于空气的实验结果进行了一次比较，而按照否勒的看法，只是通过对有关电离电势的事实的一种很无把握的滥用，理论才能够被弄得和实验相符了[89]. 照否勒看来，亨德孙的理论只能大约说明观察到的 He 的和空气的阻止本领的一半，从而他的结果是和玻尔在 1915 年求得的结果相似的[89a].

在玻尔和杰姆斯 · 弗兰克的通信中也处理了另一种有趣的现象，那就是喇姆造尔效应. 弗兰克从 1921 年 9 月 18 日到 24 日在耶拿参加了"德国物理学家节"(deutsche Physikertage)，他在那里听到了有关卡尔 · 喇姆造尔所做的某些有趣的实验的情况，正如他在 1921 年 9 月 25 日的一封信[90]中告诉玻尔的那样. 喇姆造尔曾经测量了慢电子(对应于几电子伏特的能量)在氩气中的平均自由程并得到了出人意料的结果：随着速度的减低，平均自由程将大大地增大；喇姆造尔不久就证实了，这种情况对氪和氙也成立[91]. 这就意味着，慢电子能够几乎没有任何吸收或偏转地穿透惰性气体，或者，用截面的概念来说：和原子的几何截面相比，慢电子在惰性气体中的有效碰撞截面是微乎其微的.

玻尔大感兴趣，并且在 1921 年 9 月 27 日致弗兰克的信[92]中要求更多的信息. 1921 年 9 月 29 日，弗兰克通知玻尔说他已经开始做实验来检验喇姆造尔的结果[93]，而从经典描述的观点来看这种结果是完全无法理解的. 首先给出一种可能的解释的是弗利德里希 · 洪德[94]，他是哥廷根的一个大学生，而当时杰姆斯 · 弗兰克和马科斯 · 玻恩正在那里. 在弗兰克的启发下，洪德在 1922 年 5 月间开始了他的理论工作[95]，而在 1922 年 12 月 23 日的一封信[96]中，弗兰克把这一工作通知了玻尔.

洪德把他的论文分成了两部分. 在第一部分中，他试图引用靶原子中的一个

---

[88] R. H. Fowler, *Contributions to the Theory of the Motion of α-particles through Matter. Part Ⅰ, Ranges; Part Ⅱ, Ionizations*, Proc. Camb. Phil. Soc. **21**(1922—1923)521—540.

[89] 注[88]所引文献，p. 521.

[89a] 参阅本卷原第 22 页.

[90] 1921 年 9 月 25 日弗兰克致玻尔的信，德文原文见本卷原第 687 页.

[91] C. Ramsauer, *Über den Wirkungsquerschnitt der Edelgase gegenüber langsamen Elektronen*, Phys. Z. **22**(1921)613—615.

[92] 1921 年 9 月 27 日玻尔致弗兰克的信，德文原文见本卷原第 690 页.

[93] 1921 年 9 月 29 日弗兰克致玻尔的信，德文原文见本卷原第 691 页. 并参阅 1922 年 2 月 21 日弗兰克致玻尔的信，德文原文见本卷原第 692 页.

[94] F. Hund, *Theoretische Betrachtungen über die Ablenkung von freien langsamen Elektronen in Atomen*, Z. Phys. **13**(1923)241—263.

[95] 在 T · S · 库恩于 1962 年 10 月 17 日对马科斯 · 玻恩进行的一次采访中(AHQP)，洪德也在座并谈到了这一工作，见采访转录本 p. 14.

[96] 1922 年 12 月 23 日弗兰克致玻尔的信，德文原文见本书第四卷原第 698 页.

特殊力场和一种连续的球形负电荷分布来对喇姆造尔效应作出一种经典的解释，然而这只能解释氩中的效应而却不能解释氪中的效应. 因此，洪德就在论文的第二部分中转向了量子论的解释，他利用了玻尔的对应原理并引用了从一个态到另一个态的跃迁几率，其做法和亨德瑞克·安东尼·克喇摩斯在 1923 年关于连续 X 射线谱的发射的论文中的做法大致相同[97]. 洪德假设了所有不经历跃迁的电子在碰撞以后都不受扰动. 通过作出这一基本假设，洪德就能够对喇姆造尔效应给出一种可取的解释了.

玻尔在 1922 年 12 月 29 日致弗兰克的一封信中评论了洪德的理论；他在信中写道(1922 年 12 月 29 日玻尔致弗兰克的信，德文原文见原第 693 页)：

> ……在他的作品中发展起来的那种新想法，引向还算和量子论的精神并无矛盾的一种理解. 这当然蕴涵了一个假设，而这个假设和物理现象之通常空间-时间描述比较起来是奇怪的，然而它却属于那样一种假设，即人们必须对它有所准备，而且人们在其他领域中也同样将不得不引用它. 简明地说来事情似乎是这样：我看不出喇姆造尔现象的任何别的简单解释，而且我对物理学中那些确立了的原理甚表怀疑，从而我觉得我没有理由把你们的想法看成毫无意义的而不予考虑.

然而，洪德的理论却是并不正确的. 正如瓦耳特·艾耳萨塞在 1925 年 8 月间所提出的那样，喇姆造尔效应被证明为一种波动力学的现象[98].

9.《论原子在碰撞中的表现》(1925)

玻尔的关于碰撞问题的另一篇论文，出现在 1925 年，而且是 1924 年 5 月间 31
玻尔、克喇摩斯和斯累特尔关于辐射的量子理论的那篇论文的继续[99].

玻尔、克喇摩斯和斯累特尔曾经在他们的论文中引入了三个新的基本特点. 首先是斯累特尔的虚辐射场的概念，其次是发射过程和吸收过程的统计独立性，其三就是原子过程中能量和动量的缺乏守恒性——能量和动量只有在统计的意

---

[97] H. A. Kramers, *On the Theory of X-Ray Absorption and of the Continuous X-Ray Spectrum*, Phil. Mag. **46**(1923)836—871.

[98] W. Elsasser, *Bemerkungen zur Quantenmechanik freier Elektronen*, Naturwiss. **13**(1925)711.

[99] N. Bohr, H. A. Kramers and J. C. Slater, *The Quantum Theory of Radiation*, Phil. Mag. **47**(1924)785—802; *Über die Quantentheorie der Strahlung*, Z. Phys. **24**(1924)69—87. 英文本重印于本书第五卷原第 99 页，而且 K·斯陶耳岑堡在第五卷第一编的《引言》(原第 19 页)中也讨论了这篇论文. 那里也讨论了斯累特尔对玻尔和克喇摩斯在他的创见中引入的改变的那种不满态度.

义上才是守恒的.最后这条假设当然在物理学家们中间引起了很大反响.玻尔也认识到了这条假设将在例如弗兰克-赫兹碰撞那样的原子和带电粒子之间的碰撞的理论中带来的后果,因为在那种理论中守恒原理曾被证实为很成功,那时使用的是和原子光谱的解释中的能量值相同的能量值.然而,与此同时,这条假设却为高速碰撞提供了一种可能的解释.

玻尔对这种局面的看法,可以从 1924 年春季的一篇未完成的稿子中看出;该稿题为《原子理论的问题》[100],玻尔在文中写道:

> 这一观点绝对不意味着放弃能量对原子现象的描述来说的有用性.相反地,上述这种电子碰撞实验对由谱项算出的能量值的确证就表明,每当我们考虑的是两个原子体系的直接相互作用时,一个可以叫做能量的量的守恒就是适用于原子过程的那些定律的一个本质特色.在这方面,我们在这儿遇到的是比在以辐射为中介的那种相互作用中遇到的更加简单的条件;当我们记得一点时,这一事实就是很自然的;那就是,在前一事例中,两个体系在整个过程的进行中都是直接耦合着的,而作为辐射现象之特征的则是在两个体系的态改变的进行之间通常会有一个时差.

在 1924 年的秋季,玻尔作了碰撞问题方面的工作,这时他是从有关原子和辐射之间的相互作用的新观点来研究这些问题了.例如,他在 1924 年 12 月 1 日写信给玻恩说(1924 年 12 月 1 日玻尔致玻恩的信,德文原文见本卷原第 656 页):

> 我准备一篇短文已经有些时候了,在这篇短文中,碰撞问题应该按上面
> 32 叙述了的观点来加以处理.由于在和辐射问题有关的行为方面很难作出最后的结论,这一短文现在还没有完成.

论文是在 1925 年初写完的,1925 年 3 月 30 日有一份德文本寄给了 Zeitschrift für Physik[101].由 1925 年 4 月 21 日致否勒的信[102]可知,也曾给《哲学杂志》准备了一份英文本,但是后来又撤回了,而现在也找不到副本了.

---

[100] 稿本,*Atomteoretiske Problemer*,编目归入[1923 年].Bohr MSS,缩微胶片第 11 号.该稿的英译本见本书第三卷原第 569 页,此处引文见原第 572 页.此处译文略有改动.

[101] N. Bohr, *Über die Wirkung von Atomen bei Stößen*, Z. Phys. **34**(1925)142—157.见本书第五卷原第 175 页,英译本见该卷原第 194 页,并参阅 K·斯陶耳岑堡为该卷第一编写的《引言》,原第 69 页.

[102] 1925 年 4 月 21 日玻尔致否勒的信,见本书第五卷原第 81 页.

在他的 1913 年和 1915 年的吸收论文中，玻尔曾经用了经典电动力学定律来计算快速运动粒子和物质之间的碰撞中的阻止本领，但是这些定律却没有能够解释慢电子和物质之间的碰撞，即弗兰克-赫兹碰撞；在这种碰撞中，为了对现象作出一种令人满意的解释，曾经有必要引用和各定态相对应的分立能量值. 另一方面，如果企图利用量子论来解释快粒子（例如 α 粒子）和物质之间的碰撞，那就会遇到很大的困难，因为一种简单的计算表明，大约有一半左右的能量损失应该被认为起源于能量传递小于最低电离势能的一些碰撞. 现在玻尔把这两种类型的碰撞看成了两种极限情况，在这两个极限之间，应该预期有一整个范围的碰撞，而对于这些碰撞来说，既不能预期一种简单的经典解释又不能预期一种简单的量子论解释是足以说明问题的.

玻尔在他的论文中并没有明确指出一种仅仅是统计的能量和动量的守恒这一假设是怎样在碰撞问题中起作用的. 他写道："……我们可以暂时只要求支配着在原子中引起对阻止负责的各变化的那些规律并不违反能量平衡和动量平衡的统计诠释."[103]但是我们从他 1924 年 12 月 1 日致玻恩的信中却可以得到一些进一步的信息（1924 年 12 月 1 日玻尔致玻恩的信，德文原文见本卷原第 656 页）：

> 在按照经典计算得出的能量传递不足以引起一次量子跳跃的条件下在原子中发生了什么情况，这在理论的现状下被认为是一个悬而未决的问题. 按照光量子理论，一个人无疑会说多余的能量将作为一个光量子 $h\nu$ 而被放出. 按照我们关于辐射问题的更晚近的观念，我们却倾向于说，或许会有辐射，但是既然它是在碰撞以后才从自由原子发出的，它就将是由所考虑物质
> 的一些通常的谱线组成的. 在碰撞本身的过程中，辐射是可以忽略的，但是 33
> 作为碰撞的直接后果，却将在原子中诱发一个使原子处于较高定态中的有限几率.
>
> 这样一种观点在能量守恒和动量守恒这些力学原理对原子间相互作用的有限应用方面给我们打开的眼界，应该给所处理的问题带来特殊的兴趣.

玻恩并不愿意放弃能量守恒. 于是他在 1924 年 12 月 6 日写信给玻尔说（1924 年 12 月 6 日玻恩致玻尔的信，德文原文见本卷原第 660 页）：

---

[103] 注[101]所引文献，p. 148.

> 现在，谈到您关于物理学的那些说法，我们[玻恩和弗兰克]在此期间也考虑了其中和我们的工作有关的几点[104]. 我们同意你的见解，即只有对于和周期相比足够长的时间，才能预期由碰撞造成的量子化. 但是关于在其他情况下发生的是什么事情，关于我们遇到的是能量定理的失效呢还是存在什么别的出路，我们却还是不十分明确的.

在他论文中的一些颇长的小注中，玻尔评述了以不同方式对碰撞问题的更佳理解作出了贡献的那些晚近的论文. 其中的一篇就是恩利科·费米 1924 年的论文[105]，这是玻尔在 1924 年 12 月 1 日致玻恩的信中曾经提到的(1924 年 12 月 1 日玻尔致玻恩的信，德文原文见本卷原第 656 页)：

> 再启者：最近一期《物理学报》上刚刚发表了一篇费米的论文，从量子理论的观点处理了碰撞问题. 在 α 射线的阻止中，他假设了原子的反应可以直接联系到量子规则来加以描述. 和亨德孙及否勒的更加简略的处理相反，他借助于几率定律来计算了碰撞的进程. 这里的计算又是在一个没有明言的条件下进行的，那就是，有效碰撞时间是足够地长，以致受到不同频率辐射场作用的原子对 α 粒子的选择作用可以被照顾在内；尽管如此，至少在我看来，这些考虑却是和亨德孙及否勒的处理一样会受到相同的反驳的. 由于有了费米的作品，我现在打算完成我的短文并希望能在不多几天内寄给您一份稿本.

费米的出发点就是由辐射及慢电子碰撞所分别引起的激发和电离之间的类
34 似性，换句话说就是色散现象和碰撞现象之间的类似性. 例如，根据有关高频辐射吸收的经验资料，通过把带电粒子的微扰电场作为时间的函数而分解成谐和分量，费米估算了对快粒子而言的阻止本领. 这时，其中每一个分量，都被比拟为具有相应频率的电磁波的吸收，同时作出了这样一条假设：由过路粒子所引起的激发和电离的几率，等于由等效辐射场引起的相应几率.

费米利用他的关于汞谱线 $\lambda = 2\,536\ \text{Å}$ 之激发的结果计算了氦中的 α 粒子所引起的电离和 α 粒子的射程，而且他在一切事例中都和实验结果得到了令人满意的符合. 然而玻尔却指出[106]，被快速粒子打出的那些电子的理论速度分布，将

---

[104] M. Born and J. Franck, *Quantentheorie und Molekelbildung*, Z. Phys. **31**(1925)411—429.

[105] E. Fermi, *Über die Theorie des Stoßes zwischen Atomen und elektrisch geladenen Teilchen*, Z. Phys. **29**(1924)315—327.

[106] 注[101]所引文献，p. 150. 并参阅注①所引文献，p. 75.

显著地不同于C·T·R·威耳孙所求得的实验结果[106a]. 另一种本质性的反驳是由玻恩和弗兰克提出的,在 1924 年 12 月 6 日玻恩致玻尔的信中也有所提及(1924 年 12 月 6 日玻恩致玻尔的信,德文原文见本卷原第 660 页):

> 弗兰克和我从头到尾阅读了费米的文章. 我们首先对它有这样一种反对意见:在这种做法中,碰撞激发的几率和光激发的几率之间的差别没被考虑在内. 费米借助于光学吸收系数来计算了碰撞激发. 然而,一次禁戒跃迁的吸收系数可以是零,而一次电子碰撞却确实可以引起同样的跃迁. 然而,归根结蒂,这只是一种定量的反驳. 您的反对无疑是更加根本的,因为它们也可以应用于量子规则的适用性本身.

另一篇论文是由否勒当他在 1925 年的 2 月间和 3 月间停留在哥本哈根时撰写的[107],而且,正如我们所曾看到的那样,他对碰撞问题是早已熟悉了的. 因此玻尔就建议否勒考查氢对 α 粒子的阻止本领,因为在这个问题中,由于 α 粒子的速度比电子的轨道速度大得多,经典的计算仍能保持其适用性. 否勒在他这篇论文的引言中写道[108]:

喇耳夫·H·否勒

> 从这种观点看来,更妥当的办法是计算对位于所设轨道上的电子的力学能量传递,而不是计算对受到弹性束缚的静止电子的力学能量传递. 因此玻尔教授就向我建议说,我应该计算从一个 α 粒子到一个电子的力学能量传递,而该电子是在一个类氢原子中的正常态圆形轨道上运动着的.

借助于二级微扰理论,否勒求得了一个能量损失的表示式,在形式上和玻尔 35

[106a] C. T. R. Wilson, *The Acceleration of β-particles in Strong Electric Fields such as those of Thunderclouds*, Proc. Camb. Phil. Soc. **22**(1923—1925)534—538.

[107] R. H. Fowler, *A theoretical study of the stopping power of hydrogen atoms for α-particles*, Proc. Camb. Phil. Soc. **22**(1923—1925)793—803.

[108] 注[107]所引文献,p. 793.

1912 年的结果相同[109]；然而，按照否勒的理论，玻尔的常数 $k = 1.123$ 却应该换成 $k = 2.42$ 这个值，而现在 ν_s 则等于原子中电子的绕转频率. 当提到否勒的论文时，玻尔作出结论说："有鉴于问题的拟力学性，这种计算方式在某些方面可能是可取的."[110]

玻尔也提到了[111]亨德孙在 1922 年 7 月间[112]发现的 α 粒子的俘获电子和损失电子的现象. 亨德孙曾经注意到，一个 α 射线束中含有一定比例的单倍带电的粒
36 子，其数目随着速度的减低而迅速地增大，而这当然会影响 α 粒子的能量损失的量值. 1924 年，否勒[113]试图通过考虑和 H^{++} 及 H^{+} 间的热力学平衡的一种类比来对这种电子的俘获和损失作出一种理论的解释. 如果认为电子的损失起源于电离，则其频次可以用经典力学加以满意的描述，但是电子俘获的力学计算却会给出一个俘获几率，而当和实验结果相比较时这几率是小得太多的. 玻尔得出结论说："因此，俘获现象的细致描述将显得恰恰是和电离过程的那样一些特色相联系着的，各该特色的描述要求一种对力学处理的本质背离."[114]另外，在 1924 年 12 月 5 日给否勒的信中，他也写道（1924 年 12 月 5 日玻尔致否勒的信，信的全文见本书第五卷原第 334 页）：

> 我们最近正在讨论各式各样的问题，这使我们觉得您若已经来到我们中间就最好了. 例如我们对您那关于 α 粒子对电子的俘获的美好理论感到了很大的兴趣. 虽然几乎毫无疑问您已打中了要害，但是我们并不十分确信这一重要问题就不会再隐藏着一些出人意料的情况了.

当玻尔、克喇摩斯和斯累特尔的那些想法被 1925 年 4 月间的玻特-盖革实验的结果所否证时（那种结果表明了能量和动量在个体碰撞过程中是守恒的），玻尔曾有一段时间觉得他的关于碰撞问题的论文不应该发表了. 然而，他终于决定不加改动地按其原有形状发表了这篇论文，但是他却加上了一篇"后记"，并在"后记"中反复强调了原先的空间-时间图景的应用现在将会怎样带来一些很大

---

[109] 参阅原第 9 页.

[110] 注[101]所引文献，p. 145 上的小注.

[111] 注[101]所引文献，p. 145 和 p. 148. 并参阅注[1]所引文献，p. 105.

[112] 注[85]所引文献及 G. H. Henderson, *Changes in the Charge of an α-Particle passing through Matter*, Proc. Roy. Soc. London **A102**(1923)496—506.

[113] R. H. Fowler, *A Tentative Theory of the Capture and Loss of Electrons by Swift Nuclei*, Phil. Mag. **47**(1924)416—430; *The Statistical Theory of Dissociation and Ionization by Collision, with applications to the capture and loss of electrons by α-particles*, Proc. Camb. Phil. Soc. **22**(1923—1925)253—272.

[114] 注[101]所引文献，p. 149 上的小注.

的困难[115].

当玻尔在 1932 年再次转向穿透问题时,随着量子力学的出现,随着玻恩的薛定谔波函数的统计诠释和贝忒根据玻恩的处理所作的量子力学计算,局势已经完全改变了.

[115] 关于这种发展,见本书第五卷第一编《引言》,原第 75 页以及后.

37 # Ⅰ. 物理实验,曼彻斯特

据玻尔的实验室笔记本摘录

1912

图片

见第一编《引言》,第1节.

玻尔在曼彻斯特时的实验室笔记本包括一些编了号的纸页，其对面是曲线 39
作图.在总共28页上，玻尔写了数据，有时附有实验装置的草图.各页注有日期，从1912年的3月16日到4月25日.用的是英文.在19页的对应作图页上绘有曲线图.另外还有一个曲线图是画在散页上的.

我们在这里复制了一页数据和对应的作图.这本笔记本上的另外3页重印在本书第二卷的原第12—14页上.

这本笔记本已拍摄在缩微胶片 Bohr MSS no.3 上.

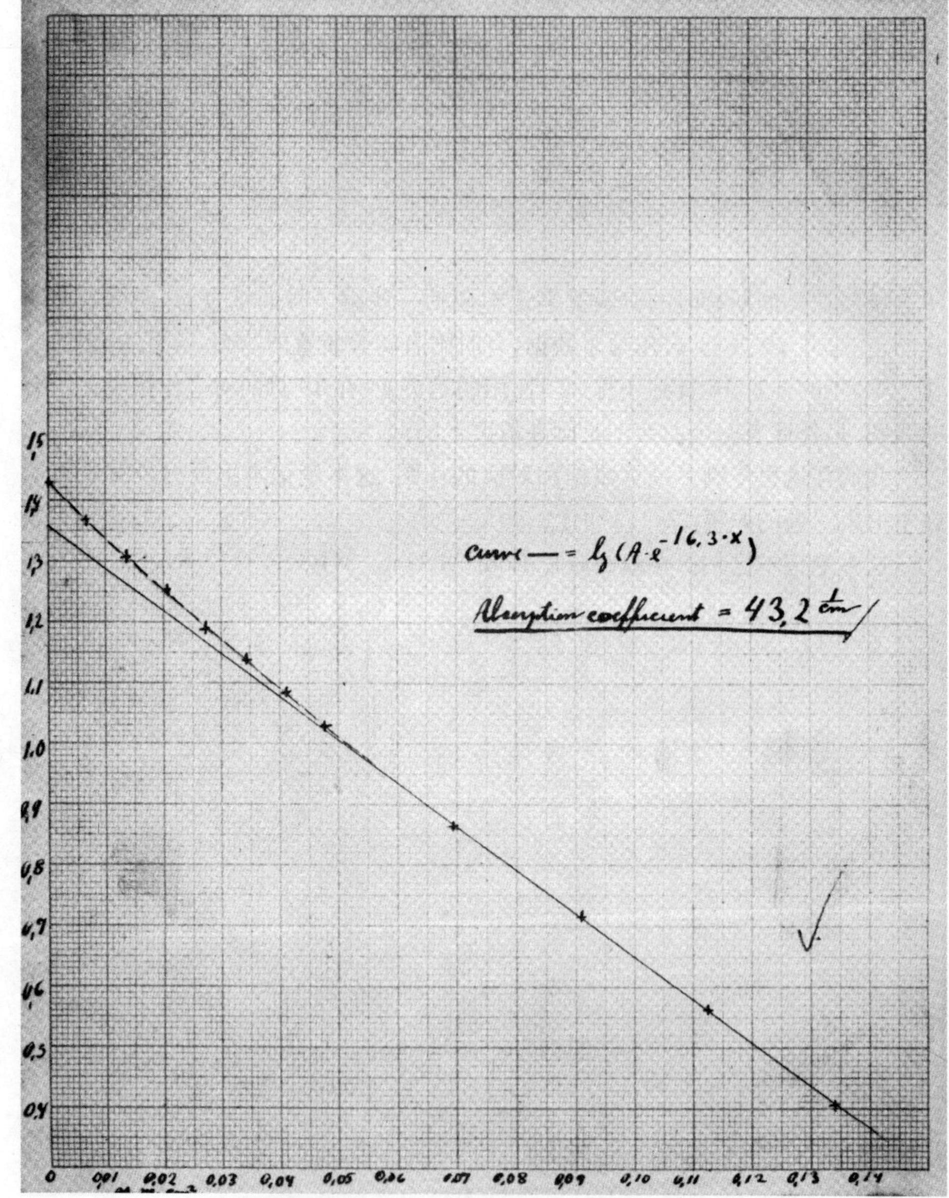

curve — = lg (A·e^-16,3·x)
Absorption coefficient = 43,2 1/cm
1,5
1,4
1,3
1,2
1,1
1,0
0,9
0,8
0,7
0,6
0,5
0,4
0
0,01
0,02
0,03
0,04
0,05
0,06
0,07
0,08
0,09
0,10
0,11
0,12
0,13
0,14

25-3-12. **12**

Absorption of β-rays from Radium-E by Aluminium.

β-ray-electroscope

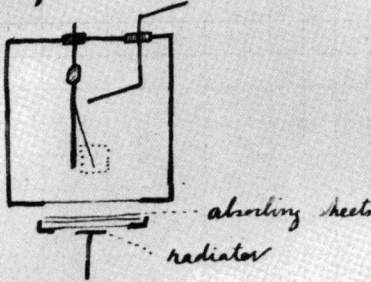

absorbing sheets

radiator

2 sorts of Aluminium-foils a) $366{,}5^{cm^2}$ $1{,}2548^{gr}$

0,003421 gr. in cm²

Thickness = 0,0129 mm. ✓

b) $169{,}4^{cm^2}$ $3{,}645^{gr}$

0,02152 gr. in cm²

Thickness = 0,0812 mm. ✓

Nat. leak + γ-rays (Radiator screened by 2mm lead) 0,65 Div. per Min

	Div. per Min.	J. p. M. (corr.)	log
0 foils	27,59	26,94	1,4305
2 a-foils	23,95	23,30	1,3674
4 "	20,89	20,24	1,3062
6 "	18,40	17,85	1,2516
8 "	16,17	15,52	1,1909
10 "	14,44	13,79	1,1395
12 "	12,81	12,16	1,0849
14 "	11,37	10,72	1,0302
14 a-foils + 1 b-foil	8,01	7,36	0,8669
" 2 "	5,83	5,18	0,7143
" 3 "	4,30	3,65	0,5623
" 4 "	3,20	2,55	0,4065

43

Ⅱ．运动带电粒子

未发表稿

[1912]

正文和图片

见第一编《引言》,第 3 节.

本稿共一页,用钢笔写成,为玻尔的手迹.用的是英文.所涉及的是 J. J. 44
Thomson, *Ionization by Moving Electrified Particles*, Phil. Mag. **23**(1912) 449—457 一文.玻尔的公式中的明显差错以及若干笔误已经改正.

此稿已拍摄在缩微胶片 Bohr MSS no. 3 上.

45

$$Q = \frac{4M_1M_2}{(M_1+M_2)^2}T\sin^2\vartheta$$

$$\sin^2\vartheta = \frac{1}{1+\frac{d^2V^4}{e^2E^2}\left(\frac{M_1M_2}{M_1+M_2}\right)^2}$$ phil. Mag. p. 450

i. e. $Q = T\sin^2\vartheta \qquad \sin^2\vartheta = \frac{1}{1+\frac{d^2}{e^4}T^2}$

$$Q = \frac{T}{1+\frac{d^2}{e^4}T^2}$$

运动带电粒子

J·J·汤姆孙爵士在解释电离[补笔,不可辨认]时所用的电子数稍大于原子量.这一结果和本论文结果之间的差值①(原因)可能起源于这样一件事实:按照J·J·汤姆孙的计算,粒子和一个电子的每一次碰撞最多只导致一个离子的形成,但是在某些碰撞中释放的电子将以相当大的速度离开,并在被气体吸收以前本身也能造成更多的离子.

① 当我们记起一件事时,这一差值就会更大一些.那事实就是,按照我们的计算,原子只包含少数[模糊不清]几个很松地束缚着的电子,也就是说,使它电离(一个电子的[释放?])所需要的能量并不是对原子中所有的电子都相同.

$$Q = \frac{4 M_1 M_2}{(M_1 + M_2)^2} T^0 \sin^2\vartheta$$

$$\sin^2\vartheta = \frac{1}{1 + \frac{a^2 V^4}{e^2 E^4}\left(\frac{M M_2}{M_1 + M_2}\right)}$$ Phil Mag p 450

$$Q = T^0 \sin^2\vartheta$$

$$\sin^2\vartheta = \frac{1}{1 + \frac{a^2}{e^4} T^2}$$

$$Q = \frac{T^0}{1 + \frac{a^2}{e^4 T^0}}$$

Moving electrified particles

The number of electrons used by Sir J J Thomson in explaining the ... is greater than the atomic weight; the difference between this result and the result in this paper may be due to the fact that according to J J Thomson's theory each collision of the particle with an atom gives rise to at most one ion, but since in some collisions the electron liberated will have a considerable speed and produce more ions already before absorbed in the gas.

... which is still greater when we remember that according to our calculation the atoms will only contain a very few number of loosely bound electrons i.e. the energy necessary to ... will not be the same for all electrons in the atom.

47

Ⅲ. 论运动带电粒子在通过物质时的减速理论

Phil. Mag. **25**(1913)10—31

见第一编《引言》,第 3 节.

ON THE THEORY OF THE DECREASE OF VELOCITY OF MOVING ELECTRIFIED PARTICLES ON PASSING THROUGH MATTER. 49

BY

N. BOHR, *Dr. phil. Copenhagen.*

50

论运动带电粒子在通过物质时的减速理论

哥本哈根哲学博士 N·玻尔撰[*]

当阴极射线或 α 射线和 β 射线穿过物质时，它们的速度会减低. 这种现象的理论，最初是由 J·J·汤姆孙爵士提出的[†]. 在这位作者的计算中，阴极射线和 β 射线被假设为通过和物质原子中所含的电子相碰撞而损失其速度. 这种计算所求得的联系着粒子速度和所穿透物质厚度的那一规律的形式，近来已由惠丁顿证实为和实验符合得很好[‡]. 在 J·J·汤姆孙爵士关于 α 射线的吸收的计算中，用了稍许不同的概念，因为 α 粒子由于线度较大而被假设为不是通过和单个电子的碰撞而是通过和看成整体的物质原子的碰撞来损失它们的速度的.

按照卢瑟福教授[§]所提出的关于物质对 α 射线的散射的理论，物质原子被假设含有一团电子，由来自核的引力保持在一起. 这个具有等于各电子负电荷之和的正电荷的核，又被假设为原子质量的主要部分的所在，并被假设为具有比原子线度小得多的线度. 按照这种理论，一个 α 粒子简单地就是一个氦原子的核. 我们看到，按照这一理论，根本没有理由来从本质上区分原子和 α 粒子的碰撞或和 β 粒子的碰撞——由它们的电荷差别和质量差别引起的不同当然除外.

建筑在卢瑟福教授有关原子构造的观念上的一种关于 α 射线的吸收和散射的精密理论，近来已由 C·G·达尔文发表[‖]. 在这位作者的理论中，α 粒子简单
51 地透入原子内，并以反比于距离平方的力作用在原子中所含的单个电子上[**]. 借助于有关电子在原子中的分布以及作用在电子上的力的效应的某些简单假设，达尔文得到了关于 α 射线的散射和吸收的结果，这些结果和实验近似地符合.

但是，上述这些理论用到某些特殊假设，这些假设在我看来是有着很大的可商榷之处的，从而我在本论文中试图用一种多少不同的方式来处理问题. 这里的

---

* 由皇家学会会员 E·卢瑟福教授推荐.

† J. J. Thomson, "Conduction of Electricity through Gases", pp. 370—382.

‡ R. Whiddington, Proc. Roy. Soc. A. lxxxvi, p. 360(1912).

§ E. Rutherford, Phil. Mag. xxi, p. 669(1911).

‖ C. G. Darwin, Phil. Mag. xxiii, p. 907(1912).

** 相应的假设也被 J·J·汤姆孙爵士应用于近来一篇关于运动带电粒子的电离的论文中，见 Phil. Mag. xxiii, p. 449(1912).

理论认为，运动带电粒子在通过物质时的速度损失，是由对原子中和它碰撞的各电子的动能传递引起的. 如果我们假设，将各电子保持在它们的位置——或它们的轨道——上的那些力的效应在电子和粒子的很短碰撞时间内可以忽略不计，我们就能够很简单地算出各电子在碰撞过程中的轨道，并从而算出传递给它们的能量以及粒子的速度损失. 但是，如果我们把由物质中所有电子所引起的总的能量损失累加起来，由此就得到吸收系数的一个无限大的值. J·J·汤姆孙爵士在上述他那阴极射线的减速理论中，通过引用了一个距离来避免这一困难；该距离的作用是作为电子对粒子速度的一个有效作用界限，其大小和原子中各单个电子之间的距离可以相比. 这一界限是根据一种考虑来选定的，那就是，对于比这一界限更大的距离来说，不同电子对运动粒子的效应将互相干扰掉. 可以看出，不同电子对粒子的同时作用，高度影响着各粒子在上述这种距离处的偏转，从而上述的界限就将适用于射线散射的计算. 但是，该界限并不适用于各粒子的速度减低的计算；因为，由于速度很大，各粒子的运动受到的那样一些碰撞的影响将是很小的，在各该碰撞中电子离开粒子路径的距离和所假设的原子中各电子之间的距离同数量级. 因此，一个粒子对一个电子的作用力，从而还有通过碰撞而传递给电子的能量，就将很近似地不依赖于其他电子对粒 52
子的同时作用.

在达尔文的 α 射线的吸收理论中，他是按照另一种方式来进行计算的，并且通过下述假设来避免困难：来自原子方面的作用在电子上的力，在电子和 α 粒子之间的很短促和很激烈的碰撞期间可以忽略不计，这些碰撞是当粒子穿过电子所属的同一原子时发生的；此外还假设，如果各 α 粒子在其路径上并不进入原子内部，则粒子的速度将不变. 利用这些假设并把理论和实验相比较，达尔文求得了原子直径的一些值；这些值是随着原子量的增大而减小的；对于那些最轻的元素，它们比此量的公认值大若干倍，而对于那些最重的元素则比公认值小若干倍. 但是，在我看来，把原子的表面看成原子中各电子对粒子的作用界限是没有道理的. 在原子外面，各电子对粒子的作用力和中央正电荷对粒子的作用力肯定将很近似地互相抵消，但是各粒子的速度减量只依赖于各电子在碰撞中的运动，而不依赖于整个原子作用在粒子上的合力；该合力只引起射线的散射而已.

但是，通过照顾到把各电子保持在原子中它们的位置上的那些力，我们却能得到各电子对运动粒子速度的影响的一个自然界限. 在这些力的影响下，如果各电子受到来自外界的一种冲击的扰动，它们就将进行一种振动. 我们直接可以看到，所谈的这些力将在碰撞期间使电子的运动发生重大的改变，从而也使粒子的能量损失发生重大的改变，如果各电子的振动时间是和碰撞时间同数量级的话；

而碰撞时间就是粒子通过那样一段距离时所需的时间,该距离和电子到粒子路径的最短距离同数量级*. 此外我们还看到,电子对粒子速度的影响将随电子到粒子的距离的增大而很快地减小,如果该距离足够大,以致碰撞时间远大于振动
53 时间的话. 我们用这种办法得到的电子对粒子速度的作用的有效界限(从而还有射线的吸收系数的值),将单纯地依赖于电子的频率和粒子的速度,而且,对于相同的粒子速度来说,按照电子频率的不同,这个量对于同一原子中的不同电子可以是很不相同的. 所谈的界限,至少对于大原子量元素中的某些电子将比对于小原子量元素中的电子来说要小得多;在大原子量的元素中,曾经观察到很高频率的振动的存在. 以后即将指明,这一情况似乎能够说明这些元素对相同的每平方厘米物质重量来说的小得多的吸收量.

可以注意到,这种形式下的运动带电粒子通过物质时的减速理论,和色散的普通电磁理论颇为类似;在这里,色散理论中所考虑的适用于不同波长的不同振动时间,被换成了不同速度的粒子在离开电子的不同距离处的不同碰撞时间. 事实上可以证明,我们由色散理论得来的关于原子中电子的数目和频率的信息,将使我们能够针对一些最轻的元素算出 α 射线的吸收值,这些值是和观测值符合得很好的. 但是,既然对应于电子频率的增大来说,电子的效应对于色散比对于运动粒子的速度损失要减小得快得多,看来就有可能通过考虑运动粒子的速度损失来得出更多的关于原子中较高频率的信息,并由此而得出一些更多的关于原子内部结构的信息.

在考虑电子和粒子之间的碰撞时,我们起初将忽略来自原子方面的力. 设 E 和 M 为粒子的电荷和质量,而 e 和 m 为电子的电荷和质量. 让我们进一步假设,
54 在碰撞以前,电子是静止的而粒子有一个速度 V,设在碰撞前电子离开粒子路径的距离是 p,于是,轨道的计算就给出**

$$\sin^2\theta = \frac{1}{1+\dfrac{p^2V^4}{e^2E^2}\left(\dfrac{mM}{M+m}\right)^2},$$

式中 2θ 是碰撞所引起的相对运动方向的偏转角. 为了简单,我们在下文将使用一个符号

---

* 参阅 J. J. Thomson, *loc. cit.* Phil. Mag. xxiii, p. 454(1912).

** 参阅 J. J. Thomson, "Conduction of Electricity through Gases", p. 376 及 Phil. Mag. xxiii, p. 449 (1912); C. G. Darwin, *loc. cit.*, p. 903.

$$\lambda = \frac{eE(M+m)}{V^2 mM}.$$

碰撞后的电子速度将和碰撞前的粒子路径成一个等于 $\frac{\pi}{2} - \theta$ 的角，而速度值则由下式给出：

$$v = V \frac{M}{M+m} 2 \sin\theta.$$

从而通过碰撞而传给电子的能量就等于

$$Q_0 = \frac{2mM^2V^2}{(m+M)^2}\sin^2\theta. \tag{1}$$

此外我们很容易求得，在电子和粒子彼此相距最近的时刻，电子沿垂直于粒子路径的方向的位移等于 $\frac{eE}{mV^2}\cos\theta$. 我们看到，如果 p 远大于 λ，则 θ 将很小，而碰撞后的电子速度将很接近于和粒子的路径相垂直；在这一情况下，电子在碰撞期间的位移将更加远小于 p.

接下来考虑来自原子方面的作用在电子上的那些力的效应，我们将暂时假设电子的频率足够小，以致对于 p 和 λ 为同数量级的那些碰撞来说，振动时间和碰撞时间相比是很长的；事实上，我们以后即将看到，这在那些最轻元素的情况中将得到满足. 因此，在这一情况下，我们将只 55
需要在 p 远大于 λ 的那些碰撞中考虑所谈的这些力的影响. 这就大大简化了计算，因为这样我们就可以假设碰撞期间的位移比起 p 来将是微不足道的. 在以下的计算中，我们将分别考虑垂直于和平行于粒子路径的电子运动；碰撞期间传给电子的总能量将是对应于这两种运动的能量之和.

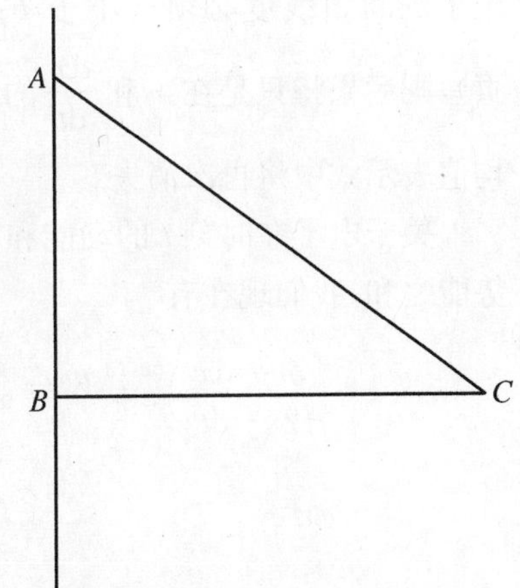

在图中，直线 AB 代表粒子的路径，这一路径在这里所考虑的碰撞(即 p 远大于 λ 的碰撞)中将很近似地是一条直线. 此外，A 是粒子在时刻 t 的位置，而 C 是电子的平均位置. BC 垂直于 AB. 按照上述的符号，$\overline{BC} = p$；而且，假设当时间为 0 时粒子将位于 B，我们就有

$\overline{AB}=Vt.$

现在,关于沿方向 CB 作用在电子上的力,我们就得到

$$F_1=eE\,\frac{\overline{BC}}{\overline{AC}^3}=\frac{eEp}{(V^2t^2+p^2)^{3/2}}=m\cdot\phi(t).$$

关于垂直于粒子路径的电子运动的方程,我们得到

$$\frac{\mathrm{d}^2x}{\mathrm{d}t^2}+n^2x=\phi(t),$$

式中 n 是和所谈的力相对应的频率.

56 满足条件式

$$\text{当 } t=-\infty \text{ 时}, \qquad x=0 \text{ 和} \frac{\mathrm{d}x}{\mathrm{d}t}=0$$

的这一方程的解是*

$$x=\frac{1}{n}\int_{-\infty}^{t}\sin n(t-z)\cdot\phi(z)\,\mathrm{d}z;$$

$$\frac{\mathrm{d}x}{\mathrm{d}t}=\int_{-\infty}^{t}\cos n(t-z)\cdot\phi(z)\,\mathrm{d}z.$$

在上述表示式中,我们曾经假设电子在和粒子碰撞以前是静止的;如果我们假设各电子在碰撞以前是在原子中运动着的(但是,为了使以上的计算合乎道理,各电子的轨道线度必须远小于 p;关于这一条件的满足,请参阅后面的原第 60 页),则后果将只是在 x 和 $\frac{\mathrm{d}x}{\mathrm{d}t}$ 的表示式中引入某些项,它们在被传递能量的平均值表示式中将再次消失.

关于电子在时刻 t 的动能和由于电子相对于原子其余部分的位移而引起的势能之和,我们现在有

$$\frac{m}{2}\left(\frac{\mathrm{d}x}{\mathrm{d}t}\right)^2+\frac{mn^2}{2}x^2=\frac{m}{2}\left[\int_{-\infty}^{t}\cos nz\cdot\phi(z)\,\mathrm{d}z\right]^2+\frac{m}{2}\left[\int_{-\infty}^{t}\sin nz\cdot\phi(z)\,\mathrm{d}z\right]^2.$$

关于由垂直于粒子路径的运动而通过碰撞传递给电子的能量,考虑到在此情况

---

* 见 Lord Rayleigh,“Theory of Sound”, i, p. 75. 关于以下的分析,也请参阅 J. H. Jeans,“Kinetic Theory of Gases”, p. 198.

下 $\phi(z)$ 是 z 的偶函数，我们现在就得到

$$Q_1=\frac{m}{2}\left[\int_{-\infty}^{+\infty}\cos nz\cdot\phi(z)\,\mathrm{d}z\right]^2,$$

而且，将 $\phi(z)$ 的表示式代入，就有

$$Q_1=\frac{1}{2}\,\frac{e^2}{m}E^2p^2\left[\int_{-\infty}^{+\infty}\frac{2\cos nz}{(V^2z^2+p^2)^{3/2}}\mathrm{d}z\right]^2,$$

$$Q_1=\frac{e^2E^2}{mV^2p^2}\cdot f^2\left(\frac{np}{V}\right),$$

式中 57

$$f(x)=\frac{1}{2}\int_{-\infty}^{+\infty}\frac{\cos xz}{(z^2+1)^{3/2}}\mathrm{d}z$$

这个函数对于一切 x 值都可以表示成下列的收敛级数：

$$\begin{aligned}f(x)=1&-\frac{1}{1\cdot1\cdot2}\,\frac{3}{1\cdot2}\left(\frac{x}{2}\right)^4-\frac{1}{1\cdot2\cdot1\cdot2\cdot3}\left(\frac{3}{1\cdot2}+\frac{5}{2\cdot3}\right)\left(\frac{x}{2}\right)^6\cdots\\&-\frac{1}{(n-1)!n!}\begin{bmatrix}\frac{3}{1\cdot2}+\frac{5}{2\cdot3}+\cdots\\\frac{2n-1}{(n-1)n}\end{bmatrix}\left(\frac{x}{2}\right)^{2n}\cdots+\left(2\gamma+2\log\frac{x}{2}\right.\\&\left.-1\right)\left[\left(\frac{x}{2}\right)^2+\frac{1}{1\cdot1\cdot2}\left(\frac{x}{2}\right)^4+\frac{1}{1\cdot2\cdot1\cdot2\cdot3}\left(\frac{x}{2}\right)^6\cdots\right.\\&\left.+\frac{1}{(n-1)!n!}\left(\frac{x}{2}\right)^{2n}\cdots\right],\end{aligned}$$

式中 γ 是欧勒常数，$\gamma=0.577\,2$.

当 x 很大时，$f(x)$ 可以用渐近级数来表示：

$$\begin{aligned}f(x)\sim\sqrt{\frac{\pi}{2}}\cdot e^{-x}\sqrt{x}\Big(1&+\frac{1\cdot3}{8x}-\frac{1\cdot3\cdot5}{1\cdot2}\left(\frac{1}{8x}\right)^2\\&+\frac{1\cdot3\cdot1\cdot3\cdot5}{1\cdot2\cdot3}\left(\frac{1}{8x}\right)^3-\cdots\\&(-1)^{n+1}\frac{1\cdot3\cdot5\cdots(2n-3)\cdot1\cdot3\cdots(2n-1)}{n!(8x)^n}\cdots\Big).\end{aligned}$$

关于沿平行于粒子路径的方向作用在电子上的力，我们现在有（参阅前面的图）

$$F_2 = eE\frac{\overline{AB}}{\overline{AC}^3} = \frac{eEVt}{(V^2t^2+p^2)^{3/2}} = m\cdot\psi(t).$$

关于在碰撞期间传给电子的能量,我们按照和以上相同的方式得到($\psi(t)$是 t 的奇函数)

$$Q_2 = \frac{m}{2}\left[\int_{-\infty}^{+\infty}\sin nz\cdot\psi(z)\,\mathrm{d}z\right]^2,$$

将 $\psi(z)$的表示式代入,就有

$$Q_2 = \frac{1}{2}\frac{e^2}{m}E^2V^2\left[\int_{-\infty}^{+\infty}\frac{z\sin nz}{(V^2z^2+p^2)^{3/2}}\mathrm{d}z\right]^2,$$

$$Q_2 = \frac{2e^2E^2}{mV^2p^2}\cdot g^2\left(\frac{np}{V}\right),$$

58 式中

$$g(x) = -\frac{1}{2}\int_{-\infty}^{+\infty}\frac{z\sin xz}{(z^2+1)^{3/2}}\mathrm{d}z = \frac{x}{2}\int_{-\infty}^{+\infty}\frac{\cos xz}{(z^2+1)^{1/2}}\mathrm{d}z = f'(x),$$

这里的 $f(x)$是前面那同一个函数.

对于和粒子运动方向相垂直的运动来说,传给电子的能量永远小于把电子看成自由电子时算出的能量,而对于和粒子路径相平行的运动来说情况却并非如此.

现在,关于通过碰撞而传给电子的总能量,我们就有

$$Q = Q_1 + Q_2 = \frac{2e^2E^2}{mV^2p^2}\cdot P\left(\frac{np}{V}\right), \tag{2}$$

式中的 $P(x) = f^2(x) + g^2(x)$ 当 $x = 0$ 时等于 1,并且当 x 很大时随着 x 值的增大而很快地减小;对于 $x = 0$, 我们注意到 $P'(x) = 0$.

现在让我们考虑一个正在通过物质的粒子. 让我们假设,单位体积中的原子数是 N,而每一原子含有 r 个频率为 n 的电子. 此外再设 a 是一个远大于 λ 而却远小于 V/n 的恒量(见前文原第 55 页),于是,关于当粒子通过一段距离 $\mathrm{d}x$ 时传给各电子的总能量 $\mathrm{d}T$,我们就得到

$$\mathrm{d}T = \mathrm{N}r\left[\int_0^a Q_0 2\pi p\,\mathrm{d}p + \int_a^\infty Q 2\pi p\,\mathrm{d}p\right]\mathrm{d}x;$$

借助于(1)和(2),我们得到

$$\mathrm{d}T = \frac{4\pi e^2 E^2 Nr}{mV^2}\left[\int_0^a \frac{p\mathrm{d}p}{p^2+\lambda^2} + \int_a^\infty \frac{1}{p}P\left(\frac{np}{V}\right)\mathrm{d}p\right]\mathrm{d}x.$$

略去$(\lambda/a)^2$(见上文),我们就得到

$$\mathrm{d}T = \frac{4\pi e^2 E^2 Nr}{mV^2}\left[\log\left(\frac{a}{\lambda}\right) + \int_{\frac{an}{V}}^\infty \frac{1}{z}P(z)\mathrm{d}z\right]\mathrm{d}x,$$

$$\mathrm{d}T = \frac{4\pi e^2 E^2 Nr}{mV^2}\left[\log\left(\frac{a}{\lambda}\right) - \log\left(\frac{an}{V}\right)\cdot P\left(\frac{an}{V}\right) - \int_{\frac{an}{V}}^\infty \log z\cdot P'(z)\mathrm{d}z\right]\mathrm{d}x.$$

按照我们的假设,$\frac{an}{V}$是很小的,从而我们可以令 $P\left(\frac{an}{V}\right)=1$ 并进一步把积分 59
限取成 0 和∞($P'(0)=0$).

于是,令

$$\int_0^\infty \log z P'(z)\mathrm{d}z = -\log k,$$

我们就得到

$$\mathrm{d}T = \frac{4\pi e^2 E^2 Nr}{mV^2}\log\left(\frac{V^3 kMm}{neE(M+m)}\right)\mathrm{d}x.$$

我已经借助于以上关于 $f(x)$的公式计算了 k,并且已经求出

$$k = 1.123.$$

如果我们假设各原子含有对应于不同频率的一些电子,并且用 $n_1, n_2, \cdots, n_r$ 来代表每一原子中那 r 个电子的频率,我们就得到

$$\mathrm{d}T = \frac{4\pi e^2 E^2 N}{mV^2}\mathrm{d}x\sum_{s=1}^{s=r}\log\left(\frac{V^3 kMm}{n_s eE(M+m)}\right) \tag{3}$$

既然 $\mathrm{d}T$ 等于粒子动能的减量,即$\frac{1}{2}MV^2$ 的减量,那么我们就有

$$\frac{\mathrm{d}V}{\mathrm{d}x} = -\frac{4\pi e^2 E^2 N}{mMV^3}\sum_{s=1}^{s=r}\log\left(\frac{V^3 kMm}{n_s eE(M+m)}\right) \tag{4}$$

在建立公式(4)时,我们只考虑了粒子和各电子之间的相互作用,而没有考虑粒子和各原子中的中央电荷之间的相互作用;但是,正如达尔文* 已经指明的,和前一种相互作用相比,后一种相互作用的效应将是微不足道的:这一结论

* Darwin,前引论文 p. 905.

在此处所给这种形式的理论中将照样成立.

公式(4)将运动带电粒子的速度减少率表示成了粒子的速度和电子的数目及频率的函数.

如果 V 是很大的,我们就可以忽略对数项的变化而得出 V 和粒子在物质中所通过的距离之间的关系式;用 V_0 代表 $x=0$ 处的速度,我们就有

$$V_0^4 - V_x^4 = ax, \tag{5}$$

式中

$$a = \frac{16\pi e^2 E^2 N}{mM} \sum_{s=1}^{s=r} \log\left(\frac{V_0^3 kMm}{n_s eE(M+m)}\right).$$

60 这一关系式和由 J·J·汤姆孙爵士导出并由惠丁顿证实为近似适用于阴极射线的那一关系式(见上文原第 58 页)具有相同的形式.对于和最快的 β 射线相对应的更大的速度,V 和 x 之间的关系式的形式将有所改变,因为如果各粒子的速度很接近于光速,则其质量将很快地增大(见下文原第 69 页).

对于粒子速度的较小的值,对数项将对 V 和 x 之间的关系发生重要影响,其效果就是使方程(5)右端 V 的乘幂趋于减小.这是和有关 α 射线的实验相符的.

如果我们假设原子中的电子数正比于原子量,而且如果我们认为原子量递增的各元素的原子含有频率递增的电子,那么我们就能立即看到,公式(4)能够说明不同元素对 α 射线的吸收的某些主要特点.它能够说明一件事实,即对于原子量递增的各元素来说,相等的每平方厘米重量的物质的吸收量是递减的*.此外它还能够说明这一事实:不同元素的相对吸收量是随 α 射线的速度而变的,较重元素的吸收量对于较大的 α 射线速度是较大的†.

但是,关于理论和实验之间的更密切的数字比较,我们必须指出,在公式(4)的推导中,我们曾经用到某些有关电子频率和电子速度的量值的假设,而对于所考虑的粒子速度来说,这些假设不一定对于一切有关的电子都能满足.这些假设是:

(1) 频率 n 远小于 V/λ;

(2) 各电子在其未受扰轨道上的速度 τ 远小于各粒子的速度;

(3) 所考虑的那些轨道的线度 ρ 远小于 $\frac{V}{n}$(见原第 60 页);

至于由关系式 $\tau = n\rho$ 来联系着的 τ 和 ρ 的数量级,我们看到条件式(2)是和(3)同时得到满足的.计算还涉及下一条假设.

---

* W. H. Bragg and R. Kleeman, Phil. Mag. x, p. 318(1905).

† T. S. Taylor, Phil. Mag. xviii, p. 604(1909).

(4) 对于我们必须把来自原子方面的力考虑在内的碰撞来说，由来自粒子的力所引起的各电子的位移远小于各电子的未受扰轨道的线度；或者换句话说，对于这样的碰撞来说，不会发生任何类似于电离的现象. 但是，由于粒子和某电子之间的力对于相同的距离来说是和来自中央电荷及另一些电子的作用在该电子上的力同数量级的，我们由此就看到，如果条件式(3)是满足的则条件式(4)也是满足的. 61

如果上述各假设不被满足，看来就很难说明结果方面的变化；但是很容易看出，如果比值$\frac{n\lambda}{V}$和$\frac{n\rho}{V}$是一些小量，则结果中的改正量将和这些比值的平方成正比*.

和实验的比较

Ⅰ. α 射线

我们将首先考虑 α 射线的吸收，因为这些射线的表现由于散射很小而比关于 β 射线或阴极射线的对应事实要知道得精确得多.

近来盖革†已针对空气作了 α 射线速度随穿透的物质厚度的变化的绝对测量. 这位作者发现，对于射线路径的很大部分来说，关系式

$$V^3 = KR \tag{6}$$

是在很大的精确度下得到满足的，此处 V 是 α 射线的速度而 R 是射线在空气中的对应射程. 在确定 K 时，我们有：来自镭 C 的 α 射线在空气中的射程是 7.06 厘米(在 76 厘米汞高和 20℃下)‡，而这些射线的初速§是 1.98×10^9 厘米/秒；由此得到 $K = 1.10\times10^{27}$.

对应于空气中的不同射程，泰勒‖作了不同元素对 α 射线的相对吸收系数的精细测量. 当进入吸收片时，α 射线在空气中的射程在这些实验中约变化于 5 到 2 厘米之间. 下表所列相对于空气的吸收的数字，是通过泰勒的表Ⅱ和表Ⅲ(前引论文 pp. 608—610)的内插而求得的；表中所列的射程是进入并透过吸收 62

---

* 参阅 Darwin，前引论文 p. 902.

† H. Geiger, Proc. Roy. Soc. A. lxxxiii, p. 505(1910).

‡ Bragg and Kleeman, *loc. cit.* p. 318.

§ E. Rutherford, Phil. Mag. xii, p. 358(1906). (上述的 V 值是用卢瑟福的 V · M/E 乘以 4.87×10^3 即乘以适用于氦的 E/M 值后所得的值.)

‖ T. S. Taylor, Phil. Mag. xviii, p. 604(1909).

片的 α 射线的射程的平均值，而所列的吸收值则是根据利用相同吸收材料的不同实验序列算出的平均值.

空气中的射程 …………………………	2.24	4.87
氢 …………………………………	0.267	0.224
空气 ………………………………	1.00	1.00
铝 …………………………………	$1.69 \cdot 10^3$	$1.75 \cdot 10^3$
锡 …………………………………	$2.33 \cdot 10^3$	$2.56 \cdot 10^3$
金 …………………………………	$4.71 \cdot 10^3$	$5.57 \cdot 10^3$
铅 …………………………………	$3.06 \cdot 10^3$	$3.53 \cdot 10^3$

射程 2.24 及 4.87 是所选的按照公式(5)而和速度 1.35×10^9 及 1.75×10^9 相对应的那些射程. 按照相同的公式我们又得到，对于这些速度来说，$\frac{dV}{dx}$ 在空气中分别等于 -2.01×10^8 和 -1.20×10^8. 由此，我们借助于上面的表就得到下列的 $-\frac{dV}{dx}$ 值：

速度 …………………………………	$1.35 \cdot 10^9$	$1.75 \cdot 10^9$
氢 …………………………………	$5.4 \cdot 10^7$	$2.7 \cdot 10^7$
空气 ………………………………	$2.01 \cdot 10^8$	$1.20 \cdot 10^8$
铝 …………………………………	$3.4 \cdot 10^{11}$	$2.1 \cdot 10^{11}$
锡 …………………………………	$4.7 \cdot 10^{11}$	$3.1 \cdot 10^{11}$
金 …………………………………	$9.5 \cdot 10^{11}$	$6.7 \cdot 10^{11}$
铅 …………………………………	$6.1 \cdot 10^{11}$	$4.2 \cdot 10^{11}$

当把以上各值和理论值相比较时，我们将从氢开始，并把氢看成这样的物质，对于它来说，原第 60 页上提出的那些假设是在最高的程度上得到满足的.

63 令

$$e = 4.65 \cdot 10^{-10}, \quad E = 2e, \quad e/m = 5.31 \cdot 10^{17},$$
$$E/M = 1.46 \cdot 10^{14},$$

以及 $N = 2.59 \times 10^{19}$（在 76 厘米汞高和 20℃下），我们由原第 59 页上的公式(4)，对于 $V = 1.35 \times 10^9$ 就得到

$$\frac{dV}{dx} = 4.42 \cdot 10^6 \sum_{s=1}^{s=r} (\log(n_s \cdot 10^{-19}) + 0.59),$$

而对于 $V = 1.75 \times 10^9$ 就得到 (7)

$$\frac{dV}{dx} = 2.03 \cdot 10^6 \sum_{s=1}^{s=r} (\log(n_s \cdot 10^{-19}) - 0.18).$$

根据关于氢中的折射和散射的实验,以及按照诸德理论对这些实验所作的讨论,C · 科茨伯孙和 M · 科茨伯孙发现一个氢原子在其正常态中含有 2 个频率为 $n = 2.21 \times 10^{16}$ 的电子*.

在上述公式中令 $r = 2$ 和 $n_1 = n_2 = 2.21 \times 10^{16}$,我们就针对 $V = 1.35 \times 10^9$ 得到

$$\frac{\mathrm{d}V}{\mathrm{d}x} = -4.9 \times 10^7,$$

并针对 $V = 1.75 \times 10^9$ 得到

$$\frac{\mathrm{d}V}{\mathrm{d}x} = -2.6 \times 10^7.$$

这些值是和原第 62 页上的$\frac{\mathrm{d}V}{\mathrm{d}x}$值密切符合的;那些值分别是

$$\frac{\mathrm{d}V}{\mathrm{d}x} = -5.4 \times 10^7$$

和

$$\frac{\mathrm{d}V}{\mathrm{d}x} = -2.7 \times 10^7.$$

计算值和观测值之间的微小差别不超过可以预料的差别,因为计算值由于所用各恒量的可能实验误差而可以有约 10%的出入. 我们在这儿还将进一步检查,在所讨论的情况中,原第 60 页上那些条件在多大程度上得到满足. 对于 $V =$ 64
1.75×10^9,我们有

$$\lambda = \frac{eE(M+m)}{V^2 Mm} = 1.6 \times 10^{-10}$$

和

$$V/n = 0.8 \times 10^{-7}.$$

我们看到,第一个条件是大大地得到满足的. 此外我们还有,关于原第 60 页上的

* C. and M. Cuthbertson, Proc. Roy. Soc. A. lxxxiii, p. 166(1909);并参阅 Drude, *Ann. d. Phys.* xiv, p. 713(1904). (但是,和诸德理论的符合是不十分令人满意的,因为求得的电子数稍小于 2. 这一事实的可能解释似乎是,对于沿一切方向的位移来说,电子的频率并不是相同的;这在最多只有一个对称轴(即双原子分子的轴)的体系中是一种不应该被预期的情况. 这一问题将在以后的一篇论文中加以讨论;在当前,我们将使用上述的 n 值,因为即将由上述讨论得出的对这个值的改正量对结果的影响将不会大于由计算中引用的其他实验恒量的不准度所引起的不可避免的误差.)

ρ,即一个氢分子的"半径",应该假设的最大值约是 10^{-8};于是我们得到应该假设的 $\frac{\rho n}{V}$ 的最大值约等于 0.1. 既然正如在原第 60 页上所提到的,由 $\frac{\rho n}{V}$ 的有限值所引起的改正量和这个量的平方成正比,那么在所考虑的情况中我们就必须预期这些改正量是很小的.

在这儿可以指出,上述的 V/n 值表明,原第 52 页上提到的关于电子对粒子速度的作用的有效界限,对于氢和具有所考虑的速度的粒子来说约为分子半径的 8 倍;对于速度接近光速的 β 射线来说,所谈的界限将超过分子半径的 100 倍.

我们看到,α 射线在氢中的吸收,可以通过假设每分子的电子数和电子的频率来加以说明,而这个电子数和这些频率是和为了解释此种气体中的折射及色散而必须假设的那些值相同的. 在这儿可以提到,如果我们假设氢分子含有多于两个的电子,则理论证明其他电子的频率必然是极高的,因为按照上述理论,由这些电子引起的吸收不可能超过由考虑了的那两个电子引起的吸收的 10%. 例如,当假设分子含有另外两个电子时,我们求得它们的 n 值最少要具有 10^{18} 的数量级;这是看来无法和关于特征伦琴射线的实验相容的一种 n 值(参见下文原第 66 页). 如果我们采用卢瑟福的原子构造观念,我们就看到,关于 α 射线的吸收的实验很有力地提示我们,一个氢原子在其带正电的核外只含有一个电子.

氦

对于氦,不存在任何针对不同速度的吸收系数的测量结果;利用这种气体作过的唯一实验,是由亚当斯* 进行的关于从钋发出的 α 射线在氦中的射程的测
65 定. 亚当斯发现氦中的吸收稍大于氢中的吸收,二者之比为 1.15.

按照科茨伯孙的实验** 和诺德的理论,氦中的色散可以通过假设每原子含有频率为 $n = 3.72 \times 10^{16}$ 的两个(计算值为 2.3 个)电子来加以解释.

将 r 和 n 的这些值代入原第 59 页上的公式(4)中,我们就得到氦中的 $\frac{\mathrm{d}V}{\mathrm{d}x}$ 值;这些值比以上针对氢求得的那些值稍小一些,二者之比对于 $V = 1.75 \times 10^9$ 为 0.92,对于 $V = 1.35 \times 10^9$ 为 0.90.

如果这种分歧是实在的(亚当斯谈到(前引论文第 111 页),所用气体的纯度并不是很有效地得到保证的;少量较重气体在氦中的混入将可解释所谈的不符合性),它就会使我们想到,即使是对于氦,略去的改正量也将是有着可觉察的影响的. 但是,既然应该假设 $\frac{\rho n}{V}$ 这个量对于氦约比对于氢大一倍,我们在另一方面

* E. P. Adams, Physical Review, xxiv, p. 113(1907).

** C. & M. Cuthbertson, Proc. Roy. Soc. A. lxxxiv, p. 13(1910).

就看到，对于氦约为 30%的改正量，对于氢将不会超过约 10%. 但是，关于氧和铝的下列结果却似乎表明，所考虑的改正量是小得多的.

由色散实验和 α 射线吸收实验所指示出来的关于氦原子中电子数 $r=2$ 这个值，是我们当采用卢瑟福的原子理论时由 α 射线的表现所必将推得的；按照这种理论，由 α 粒子形成的氦原子将在中央核外只含有 2 个电子.

氧

关于氧中和空气中的吸收之比，亚当斯(前引论文 p. 113)求得了 1.03；因此，对于氧来说，我们按照原第 62 页上的表就得到：

对于 $V=1.35\times10^{9}$，有

$$\frac{\mathrm{d}V}{\mathrm{d}x}=-2.07\times10^{8},$$

对于 $V=1.75\times10^{9}$，有

$$\frac{\mathrm{d}V}{\mathrm{d}x}=-1.24\times10^{8}.$$

通过和原第 63 页上的公式(7)相比较，我们现在就得到 66

$$\sum_{s=1}^{s=r}(\log(n_s\cdot10^{-19})+0.59)=-47,$$

$$\sum_{s=1}^{s=r}(\log(n_s\cdot10^{-19}-0.18)=-61.$$

由此，我们通过相减就首先得到

$$r\times0.77=14,\text{或者说 } r=18.$$

按照卢瑟福的原子理论，我们应该预期氧分子中有 16 个电子. 这个 r 值和上一 r 值之间的符合程度是很令人满意的.

由以上我们进一步得到

$$\sum_{s=1}^{s=r}\log(n_s\cdot10^{-19})=-58.$$

我们由关于色散的实验* 得到，一个氧分子含有 4 个频率为 2.25×10^{16} 的电子；因此我们得到

* C. & M. Cuthbertson, *loc. cit.* p. 166.

$$\sum_{s=5}^{s=r}\log(n_s \cdot 10^{-19}) = -58 + 4 \times 6.1 = -34.$$

如果我们暂时认为被假设为包含在氧分子中的另外 12 个电子具有相等的频率 n'，我们就得到

$$\log(n' \times 10^{-19}) = -2.8, \qquad 从而\ n' = 0.6 \times 10^{18}.$$

关于氧中的较高频率，我们现在知道得很少，但是，根据关于特征伦琴射线的实验，我们可以得到关于所应预期的东西的某种估计. 惠丁顿†已经发现，恰好足以在一种元素中激发特征伦琴射线的电子速度，等于 $A \times 10^8$ 厘米/秒，此处 A 是所考虑的元素的原子量. 这样一个电子所具有的能量是 $\frac{m}{2}A^2 \times 10^{16}$. 按照普朗克的辐射理论，我们进一步就有，可以从一个原子振子辐射出去的最小能量等
67 于 νk，此处 ν 是每秒的振动次数而 $k = 6.55 \times 10^{-27}$. 这个量必须被预期为等于具有恰好足以激发辐射的速度的一个电子的能量(或至少二者具有相同的数量级)；令二者相等，我们就得到 $\nu k = \frac{m}{2}A^2 \times 10^{16}$，而由此就得到 $\nu = A^2 \times 6.7 \times 10^{14}$. 对于氧，还没有作过任何关于特征伦琴射线的实验，但是，如果我们假设惠丁顿定律适用于这一元素并在上述 ν 的表示式中令 $A = 16$，我们就得到 $\nu = 1.7 \times 10^{17}$，从而关于频率就得到 $n = 2\pi\nu = 1.1 \times 10^{18}$. 这个值和上面根据 α 射线的吸收算出的 n 值在数量级上的符合，是引人注意的.

要估计在氧的情况必须在公式(4)中引入的改正量的最值，就要涉及关于原子内部各电子的频率和轨道线度之间的关系的讨论，从而必须推迟到在原第 63 页底注中提到的较晚一些的论文中去进行.

对于铝、锡、金和铅，通过把原第 62 页上的表中各值和原第 62 页的公式(4)相比较，我们就按照和关于氧的相同方式得到 r 和 $\sum\log(n_s \times 10^{-19})$ 的值如下：

物质	r	$-\sum_{s=1}^{s=r}(\log n_s \cdot 10^{-19})$	原子量
铝 ……………………………	14	41	27
锡 ……………………………	38	94	119
金 ……………………………	61	126	197
铅 ……………………………	65	132	207

† R. Whiddington, Proc. Roy. Soc. A. lxxxv, p. 328(1911).

按照卢瑟福的理论,我们将预期约等于原子量的一半的 r 值;我们看到,对于铝来说情况就是如此,但是对于原子量更高的元素来说 r 值却低得多. 如果各原子含有一些频率不同的电子,而其频率从通过透明物体中的色散观察到的频率数量级变到特征伦琴射线的频率数量级,则求得的 $\sum \log n_s$ 的值是具有预期的大小的. 但是,在这儿必须指出,应该引入公式(4)中的改正量的大小,必须被预期为随着所考虑物质的原子量的增大而增大,从而对于较高原子量的元素来 68
说,计算出来的 r 值就是特别不准确的,因为这些 r 值是通过考虑不同速度 α 射线的吸收之差来确定的,而对于这些速度来说所忽略的各改正量之差可能是相当大的.

Ⅱ. 阴极射线和 β 射线

关于阴极射线在通过物质时的速度减低,最细致的测量已由惠丁顿作出*. 这位作者利用速度约介于 5×10^9 和 9×10^9 之间的阴极射线求得,射线速度的改变和所经过的物质厚度,是由一个其形式由原第 59 页上的公式(5)给出的关系式联系着的. 所用恒量 α 的测定结果是:

对于铝,$\alpha = 7.32\times10^{42}$;对于金,$\alpha = 2.54\times10^{43}$;对于 760 毫米汞高和 15℃下的空气,$\alpha = 2.0\times10^{40}$.

根据原第 59 页上的 α 表示式,令 $\nu = 7\times10^9$ 并引入以上在考虑 α 射线的吸收时求得的 r 和 $\sum \log n_s$ 的值,我们就得到:

对于铝,$\alpha = 1.9\times10^{43}$;对于金,$\alpha = 7.3\times10^{43}$;而对于空气,$\alpha = 1.1\times10^{40}$.

我们看到,观测值和计算值在数量级上是符合的,但是二者之差是颇大的,对于铝和金,计算值约为观测值的三倍,而对于空气则约为观测值的一半. 如果这种不符合性不能用这种或那种的办法归因于异常困难的实验条件,看来它就是难以说明的. 例如可以指出,经发现,铝中和空气中的速度减小率之比,在惠丁顿的实验中约为用 α 射线作的实验中的比值的 1/5,这种情况似乎既不能和通过用不同速度的 α 射线作的实验而求得的事实相调和,也不能和通过比较关于 β 射线的实验结果及关于 α 射线的实验结果而求得的事实相调和;那事实就是,按 69
每个原子计算的不同物质中的速度减小率,对于较高原子量的物质是较大的,而且各减少率之比是随着射线速度的增大而增大的.

β 射线的速度减低的测量,是由 W·威耳孙**针对很硬的 β 射线作出,而近

---

* R. Whiddington, Proc. Roy. Soc. A. lxxxvi, p. 360(1912).

** W. Wilson, Proc. Roy. Soc. A. lxxxiv, p. 141(1910).

来又由 O·v·贝义尔[†]针对较慢的射线作出的. 利用了速度介于 1×10^{10} 和 2×10^{10} 厘米/秒之间的 β 射线，后一作者通过用铝作的实验发现，速度的改变量近似地满足一个关系式，其形式和惠丁顿求得的关系式相同. 对于 1.5×10^{10} 的速度，他发现恒量 α 约等于 1.1×10^{42}.

由原第 59 页上 α 的表示式，引入针对 α 射线求得的 r 和 $\sum\log n_s$ 的值并令 $M=1.54\,m$（即以等于光速之一半的速度运动的电子的纵质量；在这种速度下，粒子质量的改变对恒量 α 的影响已经相当可观，但是质量随速度的变化仍然太小，不足以显著地改变联系着 V 和 x 的那一关系式的形式），我们针对所考虑的速度就得到

$$\alpha=1.7\times10^{42}.$$

我们看到，对于这些较快的射线来说，这种符合是比上面针对阴极射线求得的符合更好的.

O·v·贝义尔也对 β 射线在锡、铜和铂中的速度减低作了一些测量. 这些实验的结果是，对于相同的速度来说，减少率近似地正比于所通过物质的密度而变化；但是，较高原子量的元素在同样的每平方厘米的重量下似乎吸收得略少一些. 这些结果和我们按照理论所应预期的是一致的.

威耳孙发现，他的关于很硬 β 射线在铝中的速度减低的实验结果，和一个形如 $E_s-E_x=kx$ 的方程比和方程(4)符合得更好，式中 E 是 β 粒子的能量. 但是，这正是按照理论所应预料的. 因为，由于当速度接近光速时 β 粒子[的质量]将随其速度而迅速增大，从而对于这样的速度来说，V^2 的改变将比粒子能量的改变
70 为小. 因此，通过考虑原第 59 页上的方程(3)，我们就得到，对于所考虑的那些速度来说，粒子能量和所通过物质厚度之间的关系式就将和威耳孙所求得的关系式形式相同. 我们由威耳孙的表Ⅱ（前引论文 p. 147）得到

对于 $V=2.8\times10^{10}$，　　有 $\dfrac{\mathrm{d}E_x}{\mathrm{d}x}=-8.0\times10^{-6}$.

对于这一速度，利用和以上相同的 r 及 $\sum\log n_s$ 的值，我们由原第 59 页上的方程(3)得到

$$\frac{\mathrm{d}E_x}{\mathrm{d}x}=-8.8\times10^{-6},$$

这是和威耳孙的值令人满意地符合的一个值. 理论和实验之间的符合程度，对快

† O. v. Baeyer, *Physikalische Zeitschrift*, xiii, p. 485(1912).

速β射线比对较慢β射线或阴极射线更好，这或许和对快速射线的比较简单的实验条件有关，因为比起较慢射线的情况来，快速射线在通过物质时将在大得多的程度上保持它们原有的速度均匀性.

结　论

在这篇论文中，在一种形式下给出了运动带电粒子在通过物质时的减速理论，这种形式使得速度的减小率依赖于吸收物质的原子中各电子的振动频率.

文中证明，α射线在各种最轻元素中的吸收，可以根据我们由色散理论得来的关于原子中各电子的数目和频率的信息来计算，而且所得的值是和实验符合得很好的. 对于较高原子量的元素已经证明，我们为了解释α射线的吸收而必须按照理论假设的电子的数目及频率，具有所应预期的数量级.

此外也已证明，理论能够说明根据阴极射线实验和β射线实验求得的射线速度和所通过物质厚度之间的关系式的形式. 关于上述各关系式中所含各恒量的大小方面的绝对符合性，对于最快的β射线是很好的，但对于较慢的β射线和阴极射线却不那么好；这可能是由关于后几种射线的很困难的实验条件所造成的一件事实.

采用了卢瑟福教授的原子构造理论，看来就可以根据α射线的吸收而很肯
定地得出结论：一个氢原子在其带正电的核外只含有 1 个电子，而氦原子则在 71
核外只含有 2 个电子；后者是根据卢瑟福理论所必须预期的.

这些问题以及由α射线的吸收实验可能得出的关于原子构造的某些进一步的信息，将在一篇稍后的论文中更细致地加以讨论.

为了他对这一工作所表示的亲切兴趣和向我提出的很有帮助的建议，我愿意对卢瑟福教授表示衷心的感谢.

1912 年 8 月

于曼彻斯特大学物理实验室

73

Ⅳ. 论α射线和β射线的吸收

OM ABSORPTION AF α - OG β - STRAALER

1912年9月26日对丹麦物理学会发表的演讲

未发表稿

（原书载丹麦文本及英译本，中译本据英译本）

见第一编《引言》，第3节.

本稿共 28 页，为手写稿，编有页码，用钢笔书写，为马格丽特·玻尔、爱伦· 74
玻尔和哈若德·玻尔的笔迹. 公式和少数几处改动是玻尔写上去的. 有几处增补也是玻尔的笔迹. 有一个标题页，玻尔在上面写了他的名字和演讲的题目. 在下部，马格丽特·玻尔加上了"Foredrag holdt i Fysisk Forening September 1912"[1912 年 9 月在物理学会发表的演讲]的字样. 稿子用的是丹麦文.

正如在本稿的情况下一样，玻尔常常用铅笔在关键字句下面划一些线，以便在演讲时加强语气. 在重印此稿时已将这些横线略去. 为了便于阅读，在少数几个地方补上了遗失的逗点.

关于稿中提到的论文，请参阅文Ⅲ.

演讲的最末部分也已经重印于本书第二卷原第 43 页. 此处的译文作了少数几处改动.

本稿已拍摄在缩微胶片 Bohr MSS no. 3 上.

90 ## 论 α 射线和 β 射线的吸收

如所周知，放射性物质发射一些射线，而这些射线有一种能力，即可以穿透一定厚度的它们在路径上遇到的那些物质.

这些射线已经按照它们的不同性质而被分成三类：α 射线、β 射线和 γ 射线. 也已众所周知的一个事实是，在这些射线中，α 射线和 β 射线已经被证实为以很高速度运动着的带电粒子.

一个单一的 α 粒子有一个等于氦原子质量的质量，并带有两倍于电子负电荷的正电荷. 另一方面，β 粒子简单地就是快速运动的电子；因此它们的质量比 α 粒子的质量小得多(约差 6 000 倍).

当一束这样的射线穿透一种物质时，个体粒子在运动方向和速度方面都会遭受*变化.

91 这些变化的研究曾经导致了极其重要的结果，因为它们曾经提供了关于各元素之内部结构的信息，这是人们很难希望用迄今已知的任何其他办法来获得的一种信息. 不妨说，借助于它们在路过时所遭受的变化，α 粒子和 β 粒子将告诉我们它们在穿透各元素的路上遇到了什么情况.

然而，由于粒子质量方面的巨大差异，不同类型的射线束所遭受的变化是有着很不相同的特点的.

因此，由于 α 粒子的质量比较大，它们的速度变化是比它们的方向变化要显著得多的. 几乎在所有的事例中，[稿第 2 页]一个 α 粒子从它被发射时到它几乎失去了全部初速时所取的路径，都将很近似地是一条直线. 由于这一情况，α 射线当通过一种物质时的速度损失的测量就是比较简单的，从而这种现象就已经在实验上很精确地研究过了，特别是通过盖革和泰勒的工作而被精确地研究过了.

然而，由于个体粒子的偏转，一个平行 α 射线束当通过一种物质时会有一点小小的散射. 这种现象直到最近几年才得到仔细的研究，我们很快就会谈到已经得到的那些很重要的结果.

相反地，方向的变化对 β 射线来说却是一种重要得多的现象，而对于更慢得多的阴极射线来说则甚至更加重要. 由于这些射线的广角散射，个体粒子的速度损失的测量就是很困难的. 尽管如此，近来这些现象却已经由惠丁顿针对阴极射线进行了测量，并由威耳孙和封·白耶尔针对 β 射线进行了测量.

---

* [玻尔在这儿用了一个很不寻常的——也许只不过是老式的——字眼儿“lider”，我们把它直译为“遭受”.]

在目前，看来α射线和β射线的散射理论似乎已经令人满意地弄得头头是道了，但是当涉及射线的速度变化时情况却没有达到同样的程度. 这就是今天晚上我们所要讨论的问题，而且我将力图说明，通过所述现象的研究所可能得到或可望得到的信息，和通过射线散射的研究所已经得到或可能得到的信息是如何属于不同的类型. [稿第 3 页]这种现象(粒子的速度变化)的一种理论解释的最初尝试，是由 J·J·汤姆孙在他那众所周知的《气体中的导电》一书中提出的. 这位作者在分别处理α射线和β射线时利用了完全不同的假设.

例如，书中假设，由于α粒子的质量较大，从而它们的尺寸也可能较大，因此它们将实际地和它们所通过的物质中的个体粒子互相碰撞，其方式和气体中的分子按照气体分子运动论而互相碰撞的那种方式颇为相似.

然而，这种α射线理论并没有导致和实验值的满意对比.

相反地，在汤姆孙理论中却假设β粒子甚至能够穿透位于其路径上的那些 92
原子.

按照汤姆孙的假设，每一个原子都包含一些电子，它们被一些吸引力保持在一个球体之内，而在整个球的体积中则均匀地分布着一个正电荷；球的总正电荷等于各电子的总负电荷.

在它们通过原子的路径上，β粒子将和个体的电子相碰撞，并从而在它们的速度和运动方向方面都会遭受变化.

汤姆孙关于粒子速度损失的计算，导致了粒子速度和粒子在物质中已经走过的距离之间的一个方程，其形式如下：

$$V_0^4 - V_x^4 = ax,$$

式中V_0是粒子的初速度，而V_x是它们在已经走了一段距离x时的速度，a是一个恒量. 在那以后，已经证实这种形式的一个方程是和惠丁顿用阴极射线作的实验符合的.

[稿第 4 页]然而，上述这种α射线散射的一种更仔细的研究，最近以来却已经导致了一种和 J·J·汤姆孙所提出的概念不同的原子结构概念.

例如卢瑟福的计算已经证明，盖革关于α射线散射的实验结果是不能用汤姆孙的原子模型来解释的.

实验证明，少数α粒子遭受了很大角度的偏转，而且不同角度的偏转分布并不是人们在认为α射线的偏转乃是许多次小偏转的结果时所将预期的那种分布，而假如原子结构是汤姆孙所假设的那种，则分布本应是那样的.

相反地，观察到的分布却和人们所将预期的分布相像，如果每一次单一大角偏转只是α粒子和另一个粒子之间的碰撞结果的话；这后一粒子具有和原子的线度相比是很小的线度，具有和原子质量同数量级的质量，并具有和颇大数目的电子相等价的电荷. 该粒子的线度和原子线度相比必然很小这一情况，起源于这样一件事实：按照卢瑟福的计算，一个 α 粒子在造成大角偏转的碰撞过程中将到达离这些粒子比大约 10^{-12} 厘米还要近的地方，而如所周知，原子半径的数量级则是 10^{-8} 厘米.

这里谈到的由卢瑟福的计算求得的结论，显然是极其重要的，因为上述这种粒子的存在似乎已经高度肯定地被确立了. 当人们考虑到迄今为止人们关于原子的内部结构了解得是多么少时，此事的重大意义就是几乎不可能被估计过高的了.

93 [稿第 5 页]在这种基础上，卢瑟福已经提出了一种理论；按照这种理论，每一个原子包含一个核，其线度和整个原子的线度相比是极其微小的. 人们假设，这个核就是原子质量之绝大部分的所在之处；这个核带有一个正电荷，和其数目约为原子量之半的那么多个电子的电荷相当. 核由一组电子包围着，电子的数目使得它们的总负电荷适足以中和核的正电荷. 各个电子被假设为是在来自核的吸引力影响之下沿着闭合的轨道而运动的.

按照卢瑟福的这种理论，一个 α 粒子干脆就是一个氦原子的核. 因此它就将具有比原子线度小得多的线度，从而人们必须设想它也将简单地穿透它沿途遇到的原子，正如上述 J・J・汤姆孙理论中的 β 粒子一样. 这些假设已被证实为和有关射线电离本领的实验符合得非常好. 这个问题最近已由 J・J・汤姆孙处理过，他利用了此处提到的一些假设，也利用了有关射线吸收的实验，这是我们今晚即将谈到的.

几个月以前，C・G・达尔文发表了一种关于 α 射线吸收的理论，这是建筑在卢瑟福的原子理论上的. 通过引用有关电子在原子中的分布以及作用在电子上的力的一些更加特殊的假设，这位作者得到了和实验值近似符合的一些结果.

[稿第 6 页]然而，且不谈那些看来很有根据的基本假设，不论是汤姆孙的 β 射线理论还是达尔文的 α 射线理论，却都有一些严重的弱点. 为了阐明此事，我们将更仔细一些地看看 α 粒子及 β 粒子和它们所穿透物质的原子之间的碰撞.

如上所述，人们假设各粒子是直接通过原子的，从而我们必须一方面讨论各粒子和原子中个体电子的碰撞，而另一方面讨论它们和原子核的碰撞. 联系到我们今晚所要讨论的问题，即一个粒子在通过一种物质时的动能损失问题，可以证明，由于原子核的质量很大，从而比起和电子的碰撞来，和核的碰撞是不重要的，从而我们将暂时不考虑它们.

当一个粒子通过一个原子时，它就会使各电子运动起来，从而在各电子由此而得到动能的同时，粒子本身就将损失速度.

既然所考虑的粒子的速度是很高的(α射线的速度约为1/20倍的光速,β射线的速度接近于光速),电子和各粒子之间的碰撞就将有极短的持续时间.

现在我们将暂时假设,在这些短暂碰撞的过程中,我们可以不考虑把电子保 94
持在原子中的轨道上的那些力的影响.这些力当然对电子在碰撞以后的运动会有很强的影响.例如,按照各力的强度的不同,电子在碰撞以后可以保持在原子内或离开原子.在后一情况下,[稿第7页]人们就说出现了电离,但是这时粒子将已经远远离开了,从而对粒子来说由碰撞造成的效应将早已结束了.

如果我们现在认为电子在和一个粒子碰撞的过程中是自由的,那么计算在碰撞过程中传给电子的能量并从而计算粒子所损失的能量就是一个简单的任务了.然而,如果人们企图在这种计算的基础上求出一个粒子传给它所通过的物质中的各个电子的总能量,人们就会得到一个吸收值,它比在实验上得出的吸收值大许多倍.确实,由这样的计算得出的关于吸收的形式表示式实际上是无限大.

这就进而表明,电子对粒子速度的效应,必然随着距离的增大而很快地减小,比在所用的这些简单假设的基础上算出的结果减小得还要快.

这种困难已由J·J·汤姆孙和达尔文用不同的方式加以处理.

在汤姆孙的理论中,个体电子对粒子的影响的积分限被取为从粒子路径到一个距离,该距离和电子及原子之间的距离同数量级,而不是取为从粒子路径到一个很大的(无限大的)距离.这个上限之被使用是根据的这样一个理由:在大于或等于上述距离的距离处,不同电子对α粒子的影响将在很大程度上互相扰乱.

显而易见,当谈到粒子的散射时,这种看法[稿第8页]是完全正确的(例如,如果一个粒子从两个电子的正中间通过,它就根本不会受到散射),从而它对α射线散射的计算来说就将是适用的.然而,同一看法对粒子能量损失的计算来说却是不适用的;在此处所考虑的碰撞中,粒子并不会到达离任何电子很近的地方,对这种碰撞来说,粒子路径的变化将是很小的.因此,粒子作用在个体电子上的力以及粒子传给电子并从而失去的能量,都将在很好的近似下不依赖于其他电子的存在.

正如我们早先已经提到的那样,我们在这儿是忽略了原子内部各电子互相作用的力的;我们很快就会回到这些力的影响问题上来.

在他的α射线吸收理论中,达尔文用了原子的表面作为一种界限,在这一界 95
限之外电子就不再会影响粒子了.他所根据的是这样一种想法:在原子的外面,来自各电子的力和来自核的力将近似地互相抵消.

通过把这一理论和实验结果相比较,达尔文得出了原子半径的一些值,它们和利用气体分子运动论求得的值具有接近相同的数量级. 然而,按照达尔文的计算,原子半径的值是随着原子量的增大而迅速减小的,从而对于所考查过的最轻元素即氢来说,半径近似地比这样求得的金和铅之类元素的原子半径大 50 倍(氢的半径约为 5×10^{-8} 厘米,而金的半径约为 10^{-9} 厘米). 然而这和在其他领域中已知的结果是不一致的;特别说来,重原子半径的小值是很难理解的.

根据气体分子运动论,人们将预料各原子的半径大约有相同的大小,并近似地等于 10^{-8} 厘米. 此外,如所周知[稿第 9 页],不同元素的原子体积是原子量的一个周期函数,而且对不同的元素来说出入并不很大.

而且也没有充分的理由来利用原子的表面作为那种界限,即在该界限之外各电子就不再对粒子有什么影响. 确实,在原子外面,来自正核的力和来自负电子的力将近似地互相抵消;因此,原子作用在粒子上的总力将很小,从而粒子的偏转也将很小. 因此,如果计算的是射线的散射,原子的表面就将是那个界限,即在该界限以外各电子不再影响粒子. 但是,不论是在原子表面的以外或以内——除了在第一种事例中距离稍大这一事实以外,粒子将同样能够影响原子中的电子并使它们运动起来. 既然这样一来电子会收到动能,粒子本身就必将损失速度.

粒子的速度损失只依赖于传给各电子的运动. 假如元素中的电子是稳定的,粒子就只会偏转而不会遭受速度的变化. 所谓粒子的速度损失只依赖于电子的运动,可以根据能量的考虑而清楚地看出: 当电子并不收到能量时粒子不可能损失能量. 然而,粒子的速度损失也可以简单地解释如下: 由于来自粒子的吸引力,各电子将向粒子的路径靠拢,从而平均说来在刚刚碰撞以后就比在刚刚碰撞以前离路径更近一些;形象地说来,电子将聚集在粒子的脚印一带并从而用它们的吸引力使粒子的运动减慢.

96 [稿第 10 页]有了这样的基础,我们现在就可以得出这样的结论: 除非我们把来自原子的那些作用在电子上的力考虑在内,我们是不可能按照我们的考虑来计算射线的吸收的.

然而我现在却将指明,通过照顾到把各电子保持在原子中的位置上的那些力,人们可以怎样求出一个自然的界限,而在那个界限之外电子就不再影响粒子的速度了.

在上述这种力的影响下,如果各电子被某种外来的影响弄得离开了它们的平衡位置(或它们的轨道),它们就会被纳入某种振动之中. 这种振动将对应于一个确定的振动周期,然而这个周期在不同原子中的电子那儿可以大不相同,而且在同一原子中的不同电子那儿也可以大不相同.

在粒子将到达离电子很近处的那种粒子和电子之间的碰撞中,碰撞时间将是很短的. 所谓碰撞时间,应该理解为那样一段时间,即在该时间内,作用在粒子和电子之间的力,和当粒子和电子相互最接近时的力具有相同的数量级.

如果碰撞时间和那个特定电子的振动周期相比是很短的,则从粒子到电子的能量传递将和电子是自由电子时的能量传递颇为相同,正如一次锤击传给一个摆的动能,可以把摆看成自由的来加以计算一样. 把摆拉向它的平衡状态的那些力,在短促的冲击结束以前干脆就来不及起作用.

[稿第 11 页]在粒子并不到达离电子这么近处的那些碰撞中,碰撞时间将是较长的. 如果粒子在离电子足够远的地方掠过,以致碰撞时间和电子的振动周期具有相同的数量级,则碰撞的结果将和电子为自由时的结果很不相同.

最后,如果我们考虑粒子离电子更远的那些碰撞,以致碰撞时间和振动周期相比是很长的,则从粒子到电子的能量传递将极其微小. 这就对应于一件事实,即不可能用手指的压力使一个音叉振动起来,不论用多大的劲去压它.

如果现在我们在计算中把这一点考虑在内,则所得结果将和另一情况下的结果具有相同的特点;那情况就是: 针对电子对粒子有一种可以测量到的影响的那些距离,我们引入一个极限,而该极限与电子和粒子路径之间的一个距离具有相同的数量级,在那个距离下,碰撞时间等于电子的振动周期.

这样我们就可以看到,粒子和电子之间的能量传递,从而还有射线的吸收,都只依赖于电子的振动周期而可以按照人们的想象是很大或很小的,因为它对很快的振动来说是 0 而对很慢的振动来说则是无限地大.

[稿第 12 页]在这一基础上,我曾经计算了粒子的速度损失. 当时我引用了 97
有关电子振动周期的某些极限假设,这些假设可以被证实为成立,至少对那些具有很低原子量的元素是成立的. 我现在没有时间论述这些计算是怎么进行的,但是我可以请大家参考一篇很快就将发表在《哲学杂志》上的论文,诸位可以在那篇论文中找到整个问题的全面讨论.

计算给出了粒子速度减小率的下列表示式:

$$\frac{\mathrm{d}V}{\mathrm{d}x}=-\frac{4\pi e^2E^2N}{mMV^3}\sum_{S=1}^{S=n}\lg\left(\frac{mV^3k}{\nu_s\cdot e\cdot E}\right),$$

式中 V 是粒子的速度,M 和 E 是粒子的质量和电荷,m 和 e 是电子的质量和电荷,N 是粒子所通过的那种物质的每立方厘米中的分子数,n 是每个分子中的电子数,$\nu_1,\cdots,\nu_n$ 是各电子的频率,而最后,k 是一个常数;我用数字积分法算出了这个常数的值,它等于 0.178.

假如人们曾经试图计算粒子和原子核之间的碰撞的影响,人们就必须在上一公式中把 m 和 e 代成核的质量和电荷的值. 然而,既然核的质量比电子的质量大了那么多倍，人们就会发现，正如我在前面说过的那样，这一部分吸收和由电子造成的吸收相比将是不重要的.

[稿第 13 页]在我们把这一公式和实验结果进行更仔细的对比以前，我愿意提到这一公式可以怎样定性地解释 α 射线吸收的某些最重要的方面.

可以假设，高原子量的元素比低原子量的元素含有一些振动周期更短的电子. 例如，这是可以从一件事实看出的，那就是，不同元素的特征 X 射线的频率是随着原子量而增大的. 如所周知，所谓特征 X 射线是指一种元素当受到其他 X 射线的轰击时在某些条件下发射的那些均匀的 X 射线，于是，既然高原子量的元素比低原子量的元素含有较高频率的电子，按公式算出的吸收对同样数目的电子来说就将对较高原子量的元素为较小. 再者，既然每个原子的电子数按照迄今所提出的各种理论都是近似地和原子量成正比的，公式于是就能说明一件事
98 实：对相同重量的吸收元素来说，每单位表面的吸收对较高原子量的元素比对较低原子量的元素要小. 如所周知，这种情况甚至达到如此大的程度，以致对同样重量而言的 α 射线吸收近似地和原子量的平方根成反比.

通常称为布喇格定律的这一定律，是很难利用和汤姆孙或达尔文的理论同类型的理论来加以解释的，因为，按照那样一种理论，人们将预料吸收会近似地和电子数成正比，从而和单位表面的吸收元素的重量成正比. [稿第 14 页]公式也解释了一件事实：不同元素对 α 射线的吸收值之比是随着 α 射线的速度而变化的，因为射线越快，高原子量元素中的吸收也越大.

这起源于一个事实，即各电子振动周期之差的影响对慢射线要比对快射线强得多.

这样，慢射线就将不再能够使短振动周期的电子运动起来，即使它还能够使较长振动周期的电子运动起来.

看一看公式，就可以知道不同元素的吸收之比是随着射线的速度而变的，因为符号 $\sum$ 后面的各项将按照 n 值的不同来以不同方式随 V 而变化.

在 V 很大从而对数符号后面的整个项也很大的那种特例中，这一项的变化和连加号前面因子的变化相比将是很小的，因此，当 V 的变化不是太大时，对数项就可以看成一个恒量. 于是，在这种特殊情况下，我们通过求积分就得到

$$V_0^4 - V_x^4 = ax,$$

也就是说得到一个方程和由 J · J · 汤姆孙针对阴极射线推出的方程形式相同.

对于射线速度 V 的较小值，正如人们针对 α 射线所发现的那样，积分出来的 x 和 V 之间的方程将取大不相同的形式，而其变化的方向则将是使等号左端的 V 的乘幂变小. 在这方面指出一点是值得的，那就是，针对 α 射线在空气中的吸

收，盖革曾经求得了和上述方程相对应的一个方程，式中的乘幂不是 4 而是 3.

[稿第 15 页]在我们进而把理论和实验结果进行定量的对比以前，我们将简略地谈谈此处所论述的这种形式的 α 粒子吸收理论和光学色散理论之间的关系.

如所周知，色散是按照光的电磁理论来加以解释的，所用的假设是：当光通
过物质时，电子就被弄得振动起来，这种振动的较强或较弱，取决于两种振动周 99
期的关系，一种是光的振动周期，另一种是电子所将具有的振动周期，如果它们在被外来影响推得离开了平衡状态以后就自行运动的话. 我们看到，这在某种程度上是和 α 射线的吸收相对应的，因为速度不同并离电子远近不同的粒子是和振动周期不同的光线相对应的.

现在确已发现，能够在理论上计算 α 粒子的吸收，而且对于原子量最低的那些元素，即氢和氦，可以和实验结果很好地符合；这时用的是色散理论所提供的关于原子中的电子数和电子振动周期的资料.

至于这样的符合在较高原子量的物质那儿并不存在，则是由于这样一件事实：表示着色散对振动周期之依赖关系的方程和表示着粒子速度损失对振动周期之依赖关系的方程是很不相同的，因为现象的特征在许多方面有很大的差别. 尽管电子对(普通光的)折射的影响以及对 α 射线的吸收的影响都是随着频率*的增大而减小的，但是只要考虑的是折射，这种影响就减小得要快得多. 因此，高频电子[稿第 16 页]将对折射只有很小的影响或毫无影响，从而实验只能提供给我们以关于每一原子中少数几个振动得最慢的电子的频率的信息.

然而，只要谈的是 α 射线，频率高得多的电子就将仍对射线的吸收有其显著的影响. 因此，这种吸收的研究将比光学现象的研究向我们提供更多的关于原子内部各电子之高频率的信息，并从而也许会向我们提供有关原子内部结构的信息.

当我们现在进而讨论和实验结果的更仔细的对比时，我们将首先考虑 α 射线，而如上所述，α 射线表示的是最简单的实验条件.

很可惜，现在没有时间讨论实验步骤，从而我将满足于给大家看看针对两个速度即 1.35×10^9 厘米/秒和 1.75×10^9 厘米/秒得出的下面这个 dV/dx 表；这个表是我计算出来的，根据的是盖革关于 α 粒子在通过空气时的速度变化的实验，以及泰勒针对不同的射线速度值测量出来的射线在空气中的吸收和在不同物质中的吸收之间的比值.

---

* [在这儿和以后，玻尔都把“Svingningstal”=“频率”误写成了“Svingningstid”=“振动周期”. 英译者已对此作了改正.]

100	$V=1.35\times10^9$	$V=1.75\times10^9$
氢	5.27×10^7	2.69×10^7
空气	2.01×10^8	1.20×10^8
铝	3.40×10^{11}	2.10×10^{11}
金	9.47×10^{11}	6.65×10^{11}

为了不使大家感到厌烦,我只写出了 4 种物质的值. 诸位可以看到吸收是怎样随着射线速度的增大而减小的,因为左边一栏中的值是较高的*.

[稿第 17 页]

氢

我们现在首先将更仔细地看看氢,即把它看作是可以指望将表现最简单条件的一种元素,而且也是理论计算所依据的上述那些假设在它那儿可以得到最高程度的满足的一种元素.

按照科茨伯孙关于氢中的折射和色散的最近实验,以及随后按照诸德的理论进行的计算,我们发现一个氢分子含有两个电子,其频率为 3.5×10^{15}**.

然而,在这儿我们必须立即注意,科茨伯孙实验和诸德理论之间的符合并不是绝对令人满意的,因为求得的电子数并不是确切地等于 2 而是略小于 2. 完全可能,除了别的原因以外,这种分歧是起源于下述事实: 各电子的频率并不像诸德理论所假设的那样对一切方向上的振动都有相同的大小;例如,在一个氢分子中,分子的轴线(亦即分子中两个原子的连线)将具有特别的意义,从而人们就不会预料平行于轴线的振动和垂直于轴线的振动将具有相同的频率.

我的关于 α 射线吸收的理论启发我想到了这个问题和另一些问题;它们曾经引导我去探索原子和分子的结构. 我希望不久就能在这儿向我们的学会提出某些结果.

[稿第 18 页]今天时间不允许我进一步讨论这一问题. 而且它对现在这个课题也并不十分重要,因为我刚刚提到的那些可能对色散的计算值会有严重影响
101 的条件,将对 α 射线的吸收的计算只有很微小的影响.

如果我们现在把 $n=2$ 和科茨伯孙求得的电子频率的值代入 $\mathrm{d}V/\mathrm{d}x$ 的公式中,并且把 M、E、m、e 和 N 的值也代进去,我们就针对 $V=1.35\times10^9$ 得到 $\mathrm{d}V/\mathrm{d}x=-5.31\times10^7$,并针对 $V=1.75\times10^9$ 得到 $\mathrm{d}V/\mathrm{d}x=-2.78\times10^7$.

可以看到,这些值和表中的值是符合得极好的. 小的出入(对 $V=1.35\times10^9$

* [这一段是玻尔用铅笔加上去的.]

** [玻尔在这里加上了"(紫外)"的字样.]

约为 1%，对 $V = 1.75 \times 10^9$ 约为 3%）事实上比所将预期的还要小，因为，由于包含在公式中的各个恒量的实验测定方面的误差，计算值并不能被预期为准确到大约 10%的程度*.

于是我们看到，在很好的近似下，α 射线在氢中的吸收，可以依据人们通过色散实验求得的那个电子数和那些频率来加以解释.

尽管仅仅根据色散实验并不能确定一个氢原子中[稿第 19 页]是否含有多于一个的电子，因为频率稍高一点儿的电子不会对色散有任何可注意到的效应，从而在研究中不会被注意到，但是，由上述这种依据 α 射线的散射进行的计算却可以很肯定地得出结论说，一个氢原子在带正电的核的外面不可能含有多于一个的电子.

相反地，假如我们竟然假设原子还含有另一个电子，则正如我们已经看到的那样，可以指定给该电子的那一部分 α 射线吸收将是很小的；它最多只大约是可以指定给其频率由色散确定的那第一个电子的一部分吸收的 10%. 因此，第二个电子的频率就将比第一个电子的频率高许多倍. 事实上，计算证明这个频率将必须高得无法和有关 X 射线的实验结果相容. 通过 α 射线吸收的研究而得来的结果，也就是一个氢原子只含有一个电子这件事，却很有趣地和 J · J · 汤姆孙关于阳射线的实验相符. 事实就是，按照这些实验，氢是唯一的那样一种元素，即它的原子永远不会带着多于一倍的正电荷而出现. 如果假设氢原子中只存在一个 102
电子，这一事实也就是一种显而易见的必然性，因为原子当然不可能失去比它所含有的电子为数更多的电子.

[稿第 20 页]

氦

对氦来说，科茨伯孙发现他的色散实验可以通过假设氦原子中存在两个频率为 5.9×10^{15} 的电子来近似地加以解释.

如果把这个频率值代入我们的公式中，我们就得到一个 dV/dx 的值，它和氢的这个值相差不大. 然而，把电子的稍高一点儿的频率考虑在内，这个值按照理论应该比氢的值稍小一点（约小 10%）.

关于 α 射线在氦中的吸收，还找不到任何令人满意的实验结果. 已经发表的只有亚当斯关于由钋发出的 α 射线在氦中的射程的一次测定，而且正如作者本

---

* [为了得到有关玻尔的值的优劣的一个印象，我们曾经把这些值和能量损失的现代值进行了对比. 对于 $V = 1.35 \times 10^9$ 厘米/秒，差值从 Al 中的 2%变到 H_2 中的 15%，而对于 $V = 1.75 \times 10^9$ 厘米/秒，差值则从 Sn 中的 1.6%变到 Pb 中的 20%. 然而必须提到，玻尔的 κ 值[参阅原第 253 页]在两种事例中都小于 1；另外，旧的实验中所用的箔片可能不够均匀，这也会在玻尔的值中引起很大的误差. 我们感谢 H · H · 安德森向我们提供了有关现代值的信息.]

人所说的那样，为了保证氦的纯度而采取的措施并不是很令人满意的.

根据这些实验看来，氦中的吸收似乎和氢中的吸收差不多相同. 亚当斯发现，吸收在氦中是稍大一点儿的，而如上所述，按照我们的计算，我们却将预期它应该稍小一些. 然而，理论和实验之间的相对不大的分歧却不足以保证一种有关分歧原因的讨论.

[稿第 21 页]我们在这儿必须提到，正如我们所看到的那样，关于一个氦原子应该含有两个电子的这一假设是受到色散理论的支持的，特别说来也是受到 α 射线吸收理论的支持的；这一假设也是卢瑟福原子理论的一条必然的推论，而这一理论则又是建筑在他的 α 射线散射理论上的. 正如我们在前面已经提到的那样，按照这种[散射]理论，一个 α 粒子简单地就是一个氦原子的核，而既然一个 α 粒子带有和两个电子相等价的正电荷，一个中性的氦原子就既不能含有多于两个的电子也不能含有少于两个的电子.

[稿第 22 页]

氧

当我们来到氧时，我们就发现这已经是那样一种元素，即对它来说，当利用了在色散实验中求得的电子的数目和频率时，α 射线的吸收就不再能和实验结果相一致地加以计算了. 事实就是，这样的计算将给出一个结论：α 射线在氧中的吸收，应该是同温、同压的氢中吸收的两倍. 然而，利用了具有此处讨论过的那

103 些速度的 α 射线，实验却证明吸收约为氢中的 4 倍，正如从数字可以看出的那样. 这可以用频率较高的较内电子在氧原子中的存在来加以解释，这样的电子当然不会在色散实验中明显地表现自己.

在这一事例中，当比较理论和实验时，我们必须如下进行：导出的 $\mathrm{d}V/\mathrm{d}x$ 公式可以写成下列形式：

$$\frac{\mathrm{d}V}{\mathrm{d}x} = A \cdot n + B \sum_{s=1}^{s=n} \lg \nu_s,$$

式中 A 和 B 是 V 的函数. 因此，通过针对两个不同的 V 值来比较计算值和观测值，我们就得到足够多的方程来既确定 n 又确定 $\sum \lg \nu_s$. 于是，利用表中给出的空气中的 $\mathrm{d}V/\mathrm{d}x$ 并引入大约 3%的[稿第 23 页]关于氧中和空气中的吸收差值的小改正项，我们就针对氧得到

$$n = 16.8, \qquad \sum \lg \nu_s = 617.$$

第一，我们看到，定出的数 n 的值和按照卢瑟福理论所将预期的电子数很接近. 按照这种理论，正如已经提到的那样，每个原子中的电子数近似地等于原子

量的一半,而这个数对氧原子来说就是 8,而对于氧分子来说就是 16.((在这儿,我们必须请大家注意一件事实:我们在这儿算出的 n 值并不是很准确地确定下来的,因为它是作为两个较大的数目之差而出现的.因此,小的改正,不论是起源于实验上测定的 $\mathrm{d}V/\mathrm{d}x$ 值还是起源于计算值——后一种值是我在以前提到的计算所依据的那些假设的结果,都可能在 n 的计算值中造成较大的改正.然而,对 $\sum \lg \nu_s$ 的计算值来说,情况却并非如此,因此这个值可以认为是更加精确地确定了的.*))由色散实验,我们现在知道一个氧分子含有 4 个频率为 3.6×10^{15} 的电子.如果我们现在从总和中减去起源于这些电子的那一部分 $\sum \lg \nu_s$,我们就得到其余那些电子的 $\sum \lg \nu_s = 474$.如果暂时假设分子中其余 12 个电子(每一原子中各有 6 个)具有相同的频率,[稿第 24 页]那就可以立即算出这一频率并发现它是 $\nu = 1.5 \times 10^{17}$.根据直接的观测,我们实际上不知道有关氧中较内电子的较高频率的任何事情,不过,我们还是可以作出有关频率的某些结论,这是我们根据关于其他元素所发射的特征 X 射线的实验即将预期的. 104

例如,惠丁顿曾经发现,为了在和原子量为 A 的某种元素的一个分子相碰时产生上述这种 X 射线,一个电子所必须具有的最小速度等于 $A \times 10^8$ 厘米/秒.这样一个电子所具有的动能,等于 $\frac{1}{2}m \cdot A^2 \times 10^{16}$,此处 m 是电子的质量.按照普朗克和爱因斯坦的辐射理论,我们又得到,可以从一个原子辐射出去的和频率为 ν 的振动相对应的最小能量,等于 $k\nu$,此处 k 是众所周知的普朗克恒量,即 6.55×10^{-27},于是我们可以假设,这个能量和一个电子为了在碰撞中造成辐射而必须具有的最小能量,或是相等或是至少具有相同的数量级.如果我们假设二者相等,我们就得到 $k\nu = \frac{1}{2}mA^2 \times 10^{16}$,而由此就得到 $\nu = A^2 \times 6.7 \times 10^{14}$.

也许可以很有兴趣地指出,如果用这种办法来进行铂的特征 X 射线频率的计算,就可以得到一个值,它和劳厄在他最近发表的革命性论文中算出的最高频率是很密切地符合的;那篇论文所论述的是当利用晶体结构作为射线的衍射光栅时 X 射线的干涉现象.

在此期间,还不曾作过关于氧的特征 X 射线的任何实验,[稿第 25 页]但是如果我们假设惠丁顿的定律对于这一元素也适用并从而令 $A = 16$,我们就得到 $\nu = 1.7 \times 10^{17}$.我们看到,这是和上面求得的 ν 值符合得很好的.考虑到计算的一般性,我们不能指望更高一个数量级的符合.然而,密切的符合却支持了我们

* [双括号中的这一段话在原稿中已经划掉.]

已经提出的假设,那就是,氧原子中的 6 个内部电子具有相同的频率;例如,假如这些电子是等距地分布在一个圆周上而绕原子核转动的,它们就会有相同的频率.

[稿第 26 页]对于原子量高于氧的元素,情况甚至将更加复杂,因为不能再假设这些原子中的内部电子全都具有相同的频率了. 这一点,可以从原子量最高的那些元素那儿得到最明显的证明,因为我们知道,这些元素将辐射不止一种的特征 X 射线.

通过把理论和表中所列的实验结果相比较,我们可以像已经对氧作过的那样计算 n 和 $\sum \lg \nu_s$ 的值. 对于铝,n 值和根据卢瑟福理论所将预期的值很接近;对于其他的元素,它稍小一些,但是分歧并不超过人们准备接受的数量,因为随着原子量的增大 n 的测定中的误差也会增大. $\sum \lg \nu_s$ 的值是人们所将预期的,如果各元素具有一些频率不同的电子,而各该频率从在数量级上等于在透明物
105 体的色散中观察到的那些频率而一直变到所考虑元素的特征 X 射线的频率的话.

[稿第 27 页]　**阴极射线和 β 射线**

讲到这里,我们将简单谈谈阴极射线和 β 射线的情况. 正如前面已经提到的那样,研究阴极射线和 β 射线在穿透物质时的速度损失的那些实验条件,是比用 α 射线来进行研究时的条件困难得多的,因为射线将有很大的散射.

当一束具有均匀速度的平行的 β 射线或阴极射线穿过一层物质时,从另一侧射出的射线将不再具有均匀的速度,因为,由于散射,射线将在物质内部走过不同的距离. 于是,为了研究射线的速度损失,就必须通过使它们在一个磁场中发生偏转来分解射出的射线并且更仔细地研究所得到的射线谱.

由于这种情况,关于这些射线的实验结果是相当不确切的.

现在我们没有时间进行更仔细的理论和实验结果之间的比较. 我们只将提到,只要考虑的是最快的 β 射线,观测到的速度损失的值就和可以在通过研究 α 射线求得的 n 值和 $\sum \lg \nu_s$ 值的基础上由理论算出的值很好地符合,而在最快的 β 射线的情况下,实验条件也是最简单的和可以预期给出最可靠的结果的. 对于阴极射线来说,符合不是这么好,但是分歧却属于那样一种,它使得人们可以根据其他确定了的事实来作出结论说,其中很大的一部分分歧可以认为起源于实验结果,以致联系到这些射线来对理论进行真正的检验是不可能的.

[稿第 28 页]这主要就是今晚我在这儿所要讲的. 演讲的有限时间肯定不曾允许我谈及细节;但我希望已经做到说出作为研究基础的那些观点,并已指明理论如何不但允许我们定性地解释现象的特点,而且它在定量的方面也是令人满

意地和实验符合的，至少从我们目前的观点来看是如此.

即使我不过是略为接触了问题，但是我也曾进一步希望指明，我们可以希望怎样通过所述问题的一种较深入的研究，既有理论研究也有实验研究，来扩充我们有关物质内在结构的知识.

最后，如果我应该试着用少数几句话来描述我们分别从 α 射线的散射的研
究和吸收的研究得来的信息之间的典型区别，我就或许可以这样说：第一种现 106
象(射线的散射)通过指示原子内部力场的强度和本性，亦即通过指示存在的粒子的数目和电荷，来告诉我们原子的静力学行为，而第二种现象(射线的吸收)则告诉我们原子的动力学行为，因为依赖于电子运动的吸收率能向我们提供有关电子频率的信息.

107 # V. 论 α 射线和 β 射线在通过物质时的速度减低

1915 年 2 月 19 日在曼彻斯特发表的谈话

未发表稿

正文和图片

108 此稿共二页,用钢笔写成,是玻尔的笔迹,用的是英文.

所用的符号和发表的论文即本卷文Ⅷ中的符号相同.

按照玻尔手稿上的指示(在复制图片上勉强可以看到),有一段曾经移动过.

本稿已经拍摄在缩微胶片 Bohr MSS no. 5 上.

见第一编《引言》,第 4 节.

物理讨论会,1915 年 2 月 19 日于曼彻斯特

论 α 射线和 β 射线在通过物质时的速度减低

引言. 历史. 汤姆孙. 达尔文.

卢瑟福的原子理论. 散射和吸收的机制.

核在这些现象中所起的作用.

α 或 β 粒子和电子之间的碰撞.

$$Q=\frac{2e^2E^2}{mV^2}\frac{1}{p^2+\alpha^2},\quad \alpha=\frac{eE(M+m)}{mMV^2}.$$

公式的推导方式.

碰撞次数

$$\mathrm{d}A=Nn2\pi p\,\mathrm{d}p\Delta x$$

总的能量损失,若电子是自由的.

$$\begin{aligned}\Delta T=\int Q\mathrm{d}A&=\frac{4\pi e^2E^2Nn\Delta x}{mV^2}\int\frac{p\mathrm{d}p}{p^2+\alpha^2}\\&=\frac{2\pi e^2E^2Nn\Delta x}{mV^2}\left[\lg(p^2+\alpha^2)\right]_1^2\end{aligned}$$

积分为无限大. 内在原子力. 振动的特征频率.

原子内力的效应,如果"碰撞时间"和振动时间相比是小的或大的.

力学例子(摆,音叉). 积分中 p 的有效界限.

$p_\nu=\dfrac{V}{2\nu}$. 条件: $p_\nu\gg\alpha$, $Q_\nu\ll W$.

$$\begin{aligned}\Delta T&=\frac{2\pi e^2E^2N\Delta x}{mV^2}\sum_1^n\lg\left(\frac{p_\nu^2+\alpha^2}{\alpha^2}\right)=\frac{4\pi e^2E^2N\Delta x}{mV^2}\sum_1^n\lg\frac{p_\nu}{\alpha}\\&=\frac{4\pi e^2E^2N\Delta x}{mV^2}\sum_1^n\lg\left(\frac{V^3mM}{2\nu eE(M+m)}\right)\end{aligned}$$

通过考虑电子在 α 粒子背后的“聚集”而对粒子的减速作出的阐明. 电子动率的效应.

吸收和散射的典型区别. 由散射和吸收得出的有关原子构造的不同种类的信息. [补笔不可辨识,显然提到了汤姆孙和达尔文.]

110 不同物质的不同阻止本领的解释[1] α 射线. 布喇格定律 [2] β 射线. 和质量成正比 [3] 泰勒的结果. (表.)

	$V=1.3$	$V=1.7$	
氢	3.84	3.22	1
空气	1.00	1.00	14.5
铝	0.48	0.81	27
锡	0.39	0.43	119
金	0.30	0.35	197

卢瑟福的原子模型,绕转的电子. 附加条件 $\alpha \ll p_\nu$, $V_s \ll V$.

量子论 $W=h\nu$. 条件得到满足,对 α 射线,若 $n<10$,对 β 射线,若 $n<100$.

[稿第 2 页]

α 射线

		$\frac{dV}{dx}_{\text{cal.}}$	$\frac{dV}{dx}_{\text{obs.}}$
	$V=1.3\cdot10^9$	$n\cdot2.8\cdot10^7$	$5.6\cdot10^7$
H_2 $\nu=3.5\cdot10^{15}$	$V=1.7\cdot10^9$	$n\cdot1.4\cdot10^7$	$2.7\cdot10^7$

射程计算值 26.5　　泰勒 30

He

$\nu=5.9\cdot10^{15}$　　$\frac{R_{H_2}}{R_{He}}=0.92_{\text{cal.}}$　　泰勒观测值 0.95.

其他物质

和电子数及频率的符合.

射程尾部的困难.

马尔斯登和泰勒观测 $V<0.4V_0$ 的不可能性.

计数闪灼的实验

射程尾部之奇特性的解释.

$0.4^3=\frac{1}{16}$.

α 粒子的摄影径迹. 颗粒的数目. 111

β 射线

丹尼斯实验. 不满意的符合.

$\frac{\mathrm{d}T}{\mathrm{d}x}$ 中和射程中的几率改变

赫兹菲耳德的简单理论

更复杂理论的大意

$$W(\Delta T)\mathrm{d}T=(2\pi P\Delta x)^{-1/2}\exp\left[-\frac{(\Delta T-\Delta_0 T)^{[2]}}{2P\Delta x}\right]\mathrm{d}T$$

$$P\Delta x= \qquad\qquad P=\frac{4\pi e^2E^2M^2}{(M+m)^2}Nn.$$

对 α 射线得到满足但对 β 射线则不满足的条件.

α 射线射程的变化.

$$W(R)\mathrm{d}R=(2\pi U)^{-1/2}\exp\left[-\frac{(R-R_0)^2}{2U}\right]\mathrm{d}R.$$

$$U=P\int_0^T\left(\frac{\mathrm{d}T}{\mathrm{d}x}\right)_0^{-3}\mathrm{d}T.$$

β 射线

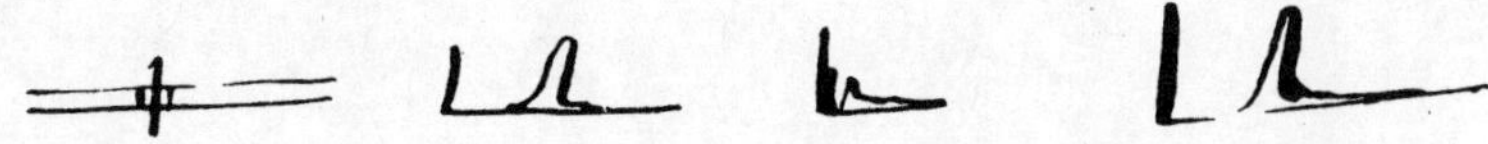

平均值和可几值之差

劳林孙符合

对相对论的支持的讨论

$$m''=m'=m_0 \qquad\qquad m''=m'=\frac{m}{(1-\beta^2)^{1/2}}$$

计算值太小	计算值太大
40(25)	15(10)

$\delta(H\rho)$	$H\rho$	β	$\beta^3\delta(H\rho)$
124	1 391	0.635	31
95	1 681	0.704	33
90	1 748	0.718	33
66	1 918	0.750	28
61	1 983	0.760	27
56	2 047	0.770	26
57	2 224	0.795	28
48	2 275	0.802	25
37	2 939	0.867	24
48	3 227	0.885	33
49*	4 789	0.942	32
32	5 830	0.960	28

* [此值在玻尔的论文中是 39，见本卷原第 149 页.]

112 结论.

略去一些问题. 电离. 量子论困难. 希望只是表观的困难.

Physical Colloquium. Manchester 19-2-1915.

On the decrease in velocity of α and β rays in passing through matter.

Introduction. Kirby. Thomson. Darwin.

Rutherford's theory of atoms. Mechanisms of scattering and absorption.

Part played of nucleus in these phenomena.

Collision between α- or β-particle and an electron.

$Q = \frac{2e^2E^2}{mV^2}\frac{1}{p^2+a^2}$, $a = \frac{eE(M+m)}{mMV^2}$. Way of deduction of formula.

Number of collisions

$$dA = Nn\, 2\pi p\, dp\, \Delta x$$

Total loss of energy if electrons be free.

$$\Delta T = \int Q\,dA = \frac{4\pi e^2E^2Nn\Delta x}{mV^2}\int\frac{p\,dp}{p^2+a^2} = \frac{2\pi e^2E^2Nn\Delta x}{mV^2}\left[\log(p^2+a^2)\right]_1^2$$

Integral infinite. Intraatomic forces. Characteristic frequency of vibration

Effect of intraatomic forces if "time of collision" is small or big compared with time of vibration. Mechanical examples (pendulum, tuning fork).

Effective limit for p in integral. Order of [illegible]

$p_r = \frac{V}{2\nu}$. Conditions $p_r \gg a$, $Q_r \ll W$.

$$\Delta T = \frac{2\pi e^2E^2Nn\Delta x}{mV^2}\sum_1^n \log\left(\frac{p_r^2+a^2}{a^2}\right) = \frac{4\pi e^2E^2N\Delta x}{mV^2}\sum_1^n \log\frac{p_r}{a} = \frac{4\pi e^2E^2N\Delta x}{mV^2}\sum_1^n \log\left(\frac{V^3mM}{2\nu eE(M+m)}\right)$$

Illustration of decrease of particles by considering "accumulation" of electrons in trail of α-particle. Effect of mobility of electrons.

Characteristic difference between absorption and scattering. Different kind of information about constitution of atoms obtained from scattering and absorption.

[illegible]

Explanation of different stopping power of different substances

1/ α-rays. Bragg's law 2/ β-rays. proportional to mass 3/ Taylor's result. (Table.)

Rutherford's atom-model, rotating electrons. Additional conditions $a \ll p_r$, $\nu \ll V$.

Quantum theory $W = h\nu$. Conditions fulfilled for α-rays if $n < 10$, β-rays if $n < 100$.

	V=1.3	V=1.7	
H	3.84	3.22	1
Air	1.00	1.00	14.5
Al	0,[illegible]	0,81	27
Sn	0,39	0,43	119
Au	0,30	0,35	197

α-rays.

			$\frac{dV}{dx}$ cal	$\frac{dV}{dx}$ obs.
		$V = 1.3\cdot10^{9}$	$2{,}8\cdot10^{7}$	$5{,}6\cdot10^{7}$
H_2	$\nu = 3.5\cdot10^{15}$	$V = 1.7\cdot10^{9}$	$1{,}4\cdot10^{7}$	$2{,}7\cdot10^{7}$

Range cal. 26,5 Taylor 30

He

$\nu = 5{,}9\cdot10^{15}$ $\frac{R_{He}}{R_{H_2}} = 0{,}92$ cal. obs Taylor 0,95.

Other substances

Agreement with number of electrons and frequencies.

Difficulties at end of range.

Marsden and Taylor impossibility of observing $V < 0{,}4\,V_0$.

β-rays. Danysz experiments, unsatisfactory agreement

Probability Variation in $\frac{dT}{dx}$ and Range.

Herzfelds simple theory

Outlines of more complicated theory

$W(\Delta T)\,dT = (2\pi P\Delta x)^{-\frac{1}{2}} e^{-\frac{(\Delta T-\overline{\Delta T})^2}{2P\Delta x}}\,dT$ $P\Delta x =$ $P = \frac{4\pi e^2 E^2 M^2}{(M+m)^2} Nm.$

Conditions fulfilled for α rays but not for β-rays.

Variation in Range of α-rays.

$W(R)\,dR = (2\pi U)^{-\frac{1}{2}} e^{-\frac{(R-R_0)^2}{2U}}\,dR.$ $U = P\int_0^{T}\left(\frac{dT}{dx}\right)_0^{-3} dT.$

Experiment of counting of scintillation.

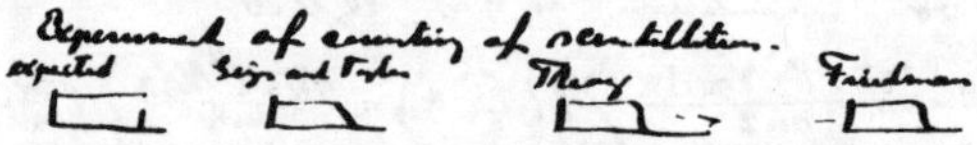

expected Geiger and Taylor Theory Friedmann

Explanation of peculiarity at end of range.

small chance of altering end of range.

$0{,}4^3 = \frac{1}{16}.$

Photographic tracks of α-particles. Number of grains.

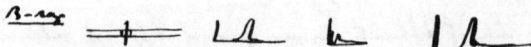

$R(r_0)$	$H\rho$	β	$\beta^3 \int H\rho$
124	1391	0,635	31
95	1686	0,704	33
90	[illegible]	0,718	33
66	1918	0,750	28
61	1983	0,760	27
56	2047	0,770	26
57	2224	0,795	28
48	2275	0,802	25
39	2939	0,867	24
43	3227	0,896	13
39	4700	0,952	32
32	5830	0,960	28

β-rays

Difference between mean value and probable value.

Agreement Rosseland

Discussion of support of theory of relativity $m = m_0$ calculated to Bignell 40 (25) $m = \frac{m_0}{(1-\beta^2)^{\frac{1}{2}}}$ calculated to [illegible] 15 (60)

Conclusion.

Leaving points out. Penetration. Quantum theory difficulty. Difficulties beyond to be apparent only.

Ⅵ. 关于α射线和β射线的吸收的普遍论述(在1915年7月份的论文中被略去的部分) 115

未发表稿

此稿共5页零散笔记,用钢笔和铅笔写成,为马格丽特·玻尔夫人的笔迹, 116
有玻尔写上的几处改正和补充. 在一页的背面,玻尔写了"关于α射线和β射线的吸收的普遍论述(在1915年7月份的论文中被略去的部分)". 稿子用的是英文.

各页未编号,但是我们已经按照看来是自然的次序安排了它们. 少数笔误已经改正.

所用的符号和发表的论文即本卷文Ⅷ中的符号相同.

本稿已拍摄在缩微胶片 Bohr MSS no. 5 上.

见第一编《引言》,第5节.

117 关于α射线和β射线的吸收的普遍论述

（在1915年7月份的论文中被略去的部分）

在以上各节中，我们曾经考虑了α粒子和β粒子所损失的能量而没有考虑这一能量最后以什么形式出现的问题. 按照本文所采取的有关吸收机制的看法，我们必须假设，在多数的碰撞中，粒子损失的能量将在原子降落到第一轨道上去的同时作为以太辐射而被发射出去；但是，在某些碰撞中，传递的能量将足以把电子从原子中完全逐出.

[稿第[2]页]按照本节中的考虑，α粒子和β粒子的吸收——正如折射和色散的光学现象一样——本质地依赖于电子振动的自然频率，或者换句话说，本质地依赖于电子在外力影响下的动率. 指出一点也许是有趣的，那就是，这也可以通过一种很简单的考虑而直接看出. 例如当一个α粒子穿透一层某种物质时，各电子将由于吸引力而向着粒子的路径运动过去. 这就会暂时地在α粒子后面的空间中造成一种负电荷的聚集，而这就又引起一种作用在粒子上的阻滞力. 物质的阻止本领将完全依赖于电子在快速运动粒子后面的这种聚集率，而且可以简单地看到，这种聚集率是本质地依赖于电子的动率的. 在β射线的事例中，推斥力将造成一个对应的 dv.

$$\lg\left(\frac{p_\nu}{\alpha}\right)=\lg$$

[稿第[3]页]有一个和本节的计算有关的问题，在这儿提一下或许是有趣的. 上面提到的弗兰克和赫兹的实验表明，对于缓慢运动的电子来说，不会有任何能量从一个自由电子传递到原子中的一个束缚电子，除非所传递的能量等于或大于使原子电离所需要的能量. 现在我们可以问，这一结论是否也适用于高速电子和α粒子；而初看起来，甚至会认为这一假设乃是量子论的一条必然推论. 假如这一假设是正确的，α粒子或β粒子在通过一层物质时所损失的能量就将不是由第1节中的公式(5)来给出而是由下列公式来给出：

118
$$\Delta_W T=\int_W^{Q_0} Q\mathrm{d}A=\frac{2\pi e^2E^2N\Delta x}{mV^2}\sum_1^n\lg\left(\frac{Q_0}{W}\right)$$

然而，如果我们在这个公式中把W的值代成作为电离势能被观测到的[实验值*]，我们就得到α射线在氢中和氦中的吸收值，而这些值只是在第4节中由公

* [此处玻尔的补笔很难辨认，这是我们的推测.]

式(5)算出的值的一半,而且后一种值被发现是和测量结果近似地符合的*.[稿第[4]页]因此,α射线的实验似乎要求一个假设,即在某些事例中是可能把能量传给一个束缚电子的,除非以整个量子$h\nu$的形式**,而那就是当碰撞时间和电子的振动时间相比为很短时†.可以提到,为了解释有关光的选择吸收的实验,一条类似的假设看来是必要的①.笔者希望在以后的论文中再来讨论这个问题††.

[稿第[5]页](结论的末尾)可以注意,关于α射线和β射线的吸收的实验,显然给出有关电子的数目及其特征频率的信息而几乎并不给出有关原子中的电荷分布的信息,这和关于散射的实验相反,该实验给出有关电子的数目以及正负电荷分布的信息而几乎并不给出有关把电子保持在原子中的位置上的那些力的信息.这是和一件事实有联系的,那就是,我们在前一种事例中关心的是能量的传递,而在后一种事例中则关心的是动量的传递.

---

* [玻尔在页边上加了很难辨认的一段,这可能是说:"喏,对于来自RaC的α粒子,理论将给出$Q_\nu =$,$W =$,和$Q_0 =$ 因此,公式(1)只给出由公式(5)算出的值的一半并(og)被发现给出 ."]

** [这显然是一句丹麦式的英文,其意为"可能把能量传给束缚电子,而该能量并不是整个的量子$h\nu$."]

† [玻尔亲笔,补充语.]

① Phil. Mag. **26**, p. 16(1913).

†† [这一句被划掉了.]

119 # Ⅶ. α 射线和 β 射线的速度减低的计算

未发表稿

[1915]

正文和图片

120 此稿共 2 页,用钢笔写成,是玻尔的笔迹.玻尔在封套上注明:“未发表的论述”.稿子用的是英文.

有些段落被划掉并改成了不同的文句.我们这里重印的是最后的文本.

本稿已拍摄在缩微胶片 Bohr MSS no.5 上.

见第一编《引言》,第 5 节.

从 $W(\Delta x,\Delta T)$到 $W(\Delta T,\Delta x)$的过渡 121

以上曾用 $W(\Delta T,\Delta x)\mathrm{d}T$ 来代表一个粒子在穿透一个厚度为 Δx 的物质层时即将损失一个介于 ΔT 和 $\Delta T+\mathrm{d}T$ 之间的能量的几率;与此类似,我们将用 $W(\Delta x,\Delta T)\mathrm{d}x$ 来代表一个粒子为了损失能量 ΔT 而将穿透厚度介于 Δx 和 $\Delta x+\mathrm{d}x$ 之间的物质的几率. 仿照在穿透厚度为 Δx 的层时的平均能量损失 $\Delta_0 T$ 的表示式,我们也将用 $\Delta_0 x$ 来代表和给定的能量损失 ΔT 相对应的被穿透的平均厚度.

如果用 φ 来代表比值 $\Delta T/\Delta x$ 的平均值,我们就有

$$\Delta_0 T=\varphi\Delta x\,,\qquad \Delta_0 x=\Delta T\,\frac{1}{\varphi} \tag{1''}$$

现在,如果 $\mathrm{d}T$ 和 $\mathrm{d}x$ 选得满足 $\mathrm{d}T=\varphi\mathrm{d}x$
我们就进一步得到

$$W(\Delta T,\Delta x)\mathrm{d}T=W(\Delta x,\Delta T)\mathrm{d}x \tag{2''}$$

这一点可以最简单地通过在一个(xT)图上考虑一个粒子的"路径"来看出. 设有为数甚大的 N 个粒子从一点$(0,T)$出发. 越过线元 $(\Delta x,T-\Delta T)(\Delta x+\mathrm{d}x,T-\Delta T)$ 的粒子数将是 $N(W(\Delta x,\Delta T)\mathrm{d}x)$,而再进一步,将越过线元 $(\Delta x+\mathrm{d}x,T-\Delta T)(\Delta x+\mathrm{d}x,T-(\Delta T+\mathrm{d}T))$ 的粒子数是 $N(\Delta T,\Delta x+\mathrm{d}x)\mathrm{d}T$,或者,既然 $\mathrm{d}x$ 被假设为很小,此数即为 $N(\Delta T,\Delta x)\mathrm{d}T$. 这两个数的差显然必须等于越过线 $(x,T+\Delta T)(x+\Delta x,T-(\Delta T+\mathrm{d}T))$ 的粒子数,但是既然 $\mathrm{d}T=\varphi\mathrm{d}x$,后一个数平均来说就将是零(必须记得进一步损失能量的几率是不依赖于粒子的过去历史的).

[稿第[2]页]人们或许会预期应该把辐射的量子论考虑在内,例如按照一种方式即假设不可能向束缚电子传递能量除非传递的数量大于电离所需要的能量. 这就将导致应该引用 Q_I 来代替 Q_M,并将给出一个小了一半的 $\mathrm{d}T/\mathrm{d}x$ 值.

然而显然这是不对的,因为必须假设能量可以按小于整个量子的数量而被原子所吸收,只要频率高于特征频率就行了,但是按照现在这种理论也只须假设这样一些频率的吸收*.

1) 简化的理论

2) 条件

3) 和实验的比较

* [以下几行是写在纸页的顶部的.]

4) 离散

讨论 0.4?

122 假设*

1) $Q_n[<]Q_M$

2) $Q_n > Q_1$

$$Q_n = \frac{2e^2E^2}{mV^4}n^2$$

$$Q_M = 2mV^2\left(\frac{M}{M+m}\right)^2$$

$$Q_0 = hn$$

1) $n < \frac{V^3}{eE}\frac{mM}{M+m} = n_1$

2) $n[>]\frac{hmV^4}{2e^2E^2} = n_2 = \left(n_1 \cdot \frac{V\pi}{2v_0}\right)$

$$n = \frac{2\pi^2e^4N^2m}{h^3} \qquad v = \frac{2\pi e^2}{h}N$$

1) $N^2 < \frac{V^3h^3}{4\pi^2e^6}$

$$V > \frac{e^2}{h}(2\pi N)^{2/3}$$

$$\frac{e^2}{h} = 3 \cdot 10^7 \qquad V = 2 \cdot 10^9$$

$(2\pi N)^{2/3} < 60$	$\frac{N^2}{2\pi} < \left(\frac{V}{v_0}\right)^3 = 1\,000$
$(2\pi N) < 500$	$N^2 < 2\pi \cdot 1\,000$
$N < 100$	$N < 80$

对一切元素都满足.

123 2) a) $N^2 < \frac{V^4h^4}{4\pi^2e^6E^2}$

$$N < \frac{V^2h^2}{2\pi e^3E} \qquad E = A[e]$$

* [以下的公式写在左侧页边上,n 对应于玻尔发表的论文(文Ⅷ)中的 ν. N 是靶原子的原子序数而 A 是入射粒子的原子序数[?]. Q_I 是电离能量,Q_M 是最大能量传递,而 Q_n 是对应于截止参量 $p_n = V/2\pi n$ 的能量传递.]

$$\frac{N}{\pi} < \frac{V^2}{v_0^2} < 100$$

对一切元素都满足

$$n = n_2 \qquad V = v_0 \cdot \frac{NA}{2\pi}$$

Passing from $W(\Delta x, \Delta T)$ to $W(\Delta T, \Delta x)$.

In analogy with the notation $W(\Delta T, \Delta x)dT$ used above for the probability that a particle in penetrating a sheet of thickness Δx will lose an amount of energy between ΔT and $\Delta T + dT$, we shall by $W(\Delta x, \Delta T)dx$ denote the probability that a particle in order to lose the energy ΔT will penetrate through a thickness of matter between Δx and $\Delta x + dx$. In analogy to the expression $\Delta_0 T$ for the mean loss of energy in penetrating the sheet of thickness Δx, we shall further by $\Delta_0 x$ understand the mean thickness penetrated corresponding to a given loss of energy ΔT.

If the mean value of the ratio $\frac{\Delta T}{\Delta x}$ is denoted by φ, we have

$$\Delta_0 T = \varphi \Delta x \quad \text{and} \quad \Delta_0 x = \Delta T \frac{1}{\varphi} \qquad (1')$$

~~It will further be seen that $W(\Delta T, \Delta x)dT = W(\Delta T$~~

If now dT and dx is chosen such that $dT = \varphi dx$

we will further have $W(\Delta T, \Delta x)dT = W(\Delta x, \Delta T)dx$, (2')

~~this follows from the fact that~~ As dT is supposed to be very small, the expression [illegible] the probability that a particle [illegible] the distance Δx has lost an amount of energy between $\Delta T + dT$ and ΔT, and remembering that the probability for a further loss of energy is independent of the past history of the particle, it will be seen that this is the same as the [illegible]

This may be simplest seen by considering the "paths" ~~of a particle~~ of a particle in a $(x\,T)$ diagram. ~~The [illegible]~~ [illegible] Let a great number of particles start from the point $(0, T)$. The number of particles crossing the line element from $(\Delta x, T-\Delta T)$ $(\Delta x + dx, T-\Delta T)$ will be $N(W(\Delta x, \Delta T)dx)$, as further ~~$dT$ is supposed to be very small~~ the number which will cross the line $(\Delta x + dx, T)$ $(\Delta x + dx, T-(\Delta T+dT))$ will be $N(\Delta T, \Delta x + dx)dT$ or as dx is supposed to be very small $N(\Delta T, \Delta x)dT$. The difference between these two numbers must evidently be equal to the number of particles crossing the line $(x, T-\Delta T)$ $(x+\Delta x, T-(\Delta T+dT))$ but as the $dT = \varphi dx$ the latter number will ~~evidently~~ in mean be zero (it must be remembered that the probability for further loss of energy is independent on the past history of a particle).–

1) Simplified Theory
2) Conditions
3) Comparison with Ex-per[illegible]
4) Straggling
Discussion 9,41.

Assumptions

1) $Q_n > Q_M$

2) $Q_n > Q_g$

$$Q_n = \frac{2e^2E^2}{mV^4}n^2$$

$$Q_M = 2mV^2\left(\frac{M}{M+m}\right)^2$$

$$Q_g = hn$$

1) $n < \frac{V^3}{eE}\frac{mM}{M+m} = n_1$

2) $n < h\frac{mV^4}{2eE^2} = n_2 = \left(M_1 \cdot \frac{V\pi}{2N_0}\right)$

$n = \frac{2\pi^2 e^4 N^2 m}{h^3}$ $\quad v = \frac{2\pi e^2}{h}N$

1) $N^2 < \frac{V^3 h^3}{4\pi^2 e^6}$

$v > \frac{e^2}{h}(2\pi N)^{\frac{2}{3}}$

$\frac{e^2}{h} = 3\cdot 10^7 \qquad V = 2\cdot 10^9$

$(2\pi N)^{\frac{2}{3}} < 60$ | $\frac{N^2}{2\pi} < \left(\frac{V}{v_0}\right)^3 = 1000$

$(2\pi N) < 500$ | $N^2 < 2\pi \cdot 1000$

$N < 100$ | $N < 80$

is satisfied for all element.

2) a) $N^2 < \frac{mV^4 h^4}{[illegible]eE^2}$

$N < \frac{V^2h^2}{2\pi eE} \qquad E = Ae$

$\frac{N}{\pi} < \frac{V^2}{v_0^2} < 100$

is satisfied for all element

$n = n_2 \qquad V = v_0 \cdot \frac{N \cdot A}{2\pi}$

It might be expected that the quantum theory of radiation should be taken into account f. inst. in the way that it was assumed that it was impossible to transfered energy to the bound electron unless the amount transfered to it is greater than that necessary for Ionisation. This would involve that Q_g should be introduced in stead of Q_n, and would give a value f. $\frac{dT}{dx}$ which were 2 times too small.

It is however clearly that this is not correct for it must be assumed that energy can be absorbed by atoms in less amount than entire quanta if only the frequency is higher than the charateristic frequency n, but according to the present theory it is also only necessary to assume an absorption of such frequencies.

127

Ⅷ. 论快速运动带电粒子在通过物质时的减速理论

Phil. Mag. **30**(1915)581—612

见第一编《引言》,第 4 节.

ON THE DECREASE OF VELOCITY OF SWIFTLY MOVING ELECTRIFIED PARTICLES IN PASSING THROUGH MATTER.

BY

N. BOHR.

DR. PHIL. COPENHAGEN; P. T. READER IN MATHEMATICAL PHYSICS UNIVERSITY OF MANCHESTER

129 # 论快速运动带电粒子在通过物质时的减速理论*

这篇论文的目的，是继续进行关于 α 射线和 β 射线的速度减低的某些计算，那些计算发表在由作者撰写的一篇载在本刊的较早论文中†. 那篇论文只关心了快速运动粒子的速度减小率的平均值，但是，通过和实验的更仔细的对比，已经显得有必要考虑各单个粒子所遭受到的速度损失的几率分布，特别对于 β 射线来说是如此. 这个问题曾经由 K·赫兹菲耳德‡简略地讨论过，但他所根据的关于减速机制的假设却和下文所用的假设大不相同**. 在这篇论文中即将更充分
130 地加以考虑的另一个问题，就是当 β 射线的速度可以和光速相比时的效应问题. 这些计算包含在头三节中. 在随后的两节中，将把理论和测量结果进行比较. 我们即将证明，在前篇论文中得到的近似符合性，得到了更精密理论讨论的改进，也得到了应用近来更精确的测量结果的改进. 第 6 节包括有关由 α 射线和 β 射线引起的电离的某些考虑. 关于这一现象的一种理论曾由 J·J·汤姆孙§给出.

§1. 速度减小率的平均值

为了清楚起见，有必要对上篇论文中的计算作一个简短的总结. 以前有关这一课题的参考文献可以在那篇论文中找到.

遵循着厄恩耐斯特·卢瑟斯爵士的想法，我们将假设原子包括一个带正电荷的中央核，其周围有由来自核的吸引力保持在一起的一团电子. 核在实际上可以认为是全部原子质量的所在之处，其线度和周围电子团的线度相比是极其微小的. 如果一个 α 粒子或 β 粒子穿过一片物质，它就将穿透原子，而且将在和电

* 本文系皇家学会会员欧内斯特·卢瑟福爵士所推荐.

† Phil. Mag. xxv, p.10(1913),(此文以后将简称文 I.)

‡ *Phys. Zeitschr.* 1912, p.547.

** 加在校样上的注. 我现在只有机会看到近来由 L·弗拉姆写的一篇有趣的论文(*Sitzungsber. d. K. Akad. d. Wiss. Wien, Mat. -nat. Kl.* cxxiii. Ⅱa, 1914),他曾经依据和本文所用的那些假设相对应的假设讨论了 α 粒子在空气中的射程的几率改变量问题，并得到了第 2 节中所推得的某些结果(参阅原第 147 页的注).

§ Phil. Mag. xxiii, p.449(1912).

子及核的碰撞中偏离原来的路径并损失其原有动能的一部分. 偏转将引起射线的散射,而第二种效应则引起粒子速度的减小. 核和电子相比的相对重要性,在这两种现象中是很不相同的. 由于核周围的场很强,散射的主要部分将是由 α 粒子或 β 粒子和核的碰撞所引起的;但是,由于核的质量很大,粒子在这种碰撞中损失的总的动能比起在和电子的碰撞中所损失的来将是微不足道的. 因此,当计算速度的减量时,我们将只考虑后一种碰撞的效应.

试考虑一个以速度 V 而运动的带电粒子和一个起初处于静止的电子之间 131
的碰撞. 设 M、E、m 和 e 分别是粒子和电子的质量和电荷,并设碰撞以前从电子到粒子路径的垂直距离是 p. 如果电子是自由的,碰撞期间传给电子的动能 Q 就可以很简单地证明为

$$\mathrm{Q}=\frac{2\mathrm{E}^2e^2}{m\mathrm{V}^2}\,\frac{1}{p^2+a^2}, \tag{1}$$

式中

$$a=\frac{e\mathrm{E}(\mathrm{M}+m)}{\mathrm{M}m\mathrm{V}^2}. \tag{2}$$

其次考虑穿透厚度为 Δx 的某种物质层的一个 α 粒子或 β 粒子,并设单位体积中的原子数是 N,每一原子含有 n 个电子. p 值介于 p 和 $p+\mathrm{d}p$ 之间的碰撞数的平均值由下式给出:

$$\mathrm{dA}=2\pi\mathrm{N}n\Delta x p\,\mathrm{d}p. \tag{3}$$

如果我们现在可以忽略原子内部力对电子的效应,那么,快速运动粒子在穿透物质层时的动能损失平均值就将是

$$\Delta\mathrm{T}=\frac{4\pi e^2\mathrm{E}^2\mathrm{N}n\Delta x}{m\mathrm{V}^2}\int\frac{p\mathrm{d}p}{p^2+a^2},\cdots \tag{4}$$

式中的积分应该是对从 $p=0$ 到 $p=\infty$ 的一切 p 值求的. 但是,这个积分的值是无限大. 因此我们看到,为了和实验取得一致,必须把原子内部力考虑在内.

正如在色散的电子论中那样,让我们假设,各电子在正常情况下是被保持在一些稳定平衡位置上的,而且,如果被稍微移开一点,它们就将以不同电子所特有的频率 ν 在这些位置附近进行振动. 在估计原子内部力的效应时,引入"碰撞时间"的概念是合适的,这就是一段时间,它和 α 粒子或 β 粒子走过长度为 p 的一段距离所需的时间同数量级. 如果这段时间远小于电子的振动时间,则原子内
部力在 α 粒子或 β 粒子从原子中再次逸出之前将来不及发生作用,从而传给电 132

子的能量将非常近似地和电子为自由的时传给它的能量相同. 另一方面,如果碰撞时间远大于振动时间,则电子将表现得有如受到刚性束缚那样,从而传给它的能量将是非常小的. 因此,原子内部力的效应就和在积分(4)中引入一个和 V/ν 同数量级的 p 的上限相等价. 普遍情况的严格考虑将涉及很繁复的数学计算,而且将几乎是不妥当的,因为我们对于把电子保持在原子中各个位置上的那些力的机制所知甚少. 但是,却有可能在相当大的实验应用的范围内引入巨大的简化,并得到在很高近似程度上不以有关原子内部力作用的那些特殊假设为转移的一些结果.

如果我们假设,对于原子内部力对能量传递有着不可忽略的影响的所有那些碰撞来说,电子在碰撞期间的位移都既远小于 p 也远小于它从那里即将回到原有位置的那个最大位移,那么,α 粒子或 β 粒子所遭受的总能量损失的计算就会大为简化. 可以很简单地证明,假若电子是自由的,则它在碰撞期间的位移将和上面的 a 这个量同数量级. 因此,第一条假设就和 V/ν 远大于 a 这一条件相等价. 第二条假设和下述条件相等价: 我们通过在(1)中令 $p=V/\nu$ 而所将得到的 Q 值,远小于把电子从原子中取走时所需的能量 W. 在这些条件下,我们通过简单的计算(计算的细节已在前一篇论文中给出)就得到,积分(4)中 p 的有效上限 p_ν 等于

$$p_\nu=\frac{k}{2\pi}\frac{V}{\nu},$$

式中 $k=1.123$. 将这一结果引入(4)的积分中,从 $p=0$ 积分到 $p=p_\nu$ 并相对于 p_ν^2 而略去 a^2,我们就得到

$$\log\left(\frac{p_\nu}{a}\right)=\log\left(\frac{kV^3Mm}{2\pi\nu Ee(M+m)}\right).$$

133 现在,注意到原子中的不同电子具有不同的 ν 值 $\nu_1\nu_2\cdots\nu_n$,我们由(4)就得到*

$$\Delta T=\frac{4\pi e^2E^2N\Delta x}{mV^2}\sum_1^n\log\left(\frac{kV^3Mm}{2\pi\nu Ee(M+m)}\right). \tag{5}$$

以上我们曾经像在普通的色散理论中那样假设,原子中的电子在正常情况下是处于静止的. 但是,按照有核原子的理论却似乎必须假设,电子在正常情况下是围绕中央核而沿着闭合轨道在转动的. 在这种情况下,要使以上的计算能够

* I, p. 19.

成立,就还有另一个条件:电子在它们的轨道上的转动速度远小于α粒子或β粒子的速度,而且各轨道的线度远小于 V/ν. 作者[†]在早先的一篇论文中曾经试图将辐射的量子论应用于有核原子的理论. 那时曾经指出,似乎存在一种有力的证据使我们可以假设,对于原子中的每一个电子来说,能量 W 将和 $h\nu$ 同数量级,此处 h 是普朗克恒量. 当时按照这一假设推得,在含有 n 个电子的原子中,电子的最高特征频率将和

$$\nu = \frac{2\pi^2 e^4 m}{h^3} n^2$$

同数量级;对应的转动速度值、轨道直径值以及 W 的值,将分别和

$$V = \frac{2\pi e^2}{h} n, \qquad d = \frac{h^2}{2\pi^2 e^2 m} \frac{1}{n} \qquad \text{以及}$$

$$W = \frac{2\pi^2 e^4 m}{h^2} n^2$$

同数量级. 由这些表示式可以看出,原子中的电子数 n 越小,作为上述计算的基础的那些条件就满足得越好. 引用 e、m 和 h 的数值就可以证明,如果 $n < 10$,则在α粒子 ($V = 2 \times 10^9, E = 2e, M = 10^4 m$) 的情况下一切条件都将得到满足;如果 $n < 100$,则在β粒子 ($V = 2 \times 10^{10}, E = e, M = m$) 的情况下一切条件都将得到满足. 喏,按照卢瑟福的理论,原子中的电子数近似地等于以氢原子量为单位的原子量的一半. 因此,如果关于从α粒子或β粒子向电子传递能量的机制的 134
那些主要假设是正确的,我们就应该预期,公式(5)将可适用于各种最轻元素中的α射线的吸收,并且也适用于较重元素中的β射线的吸收. 但是,在β射线的情况中必须记得,公式(1)是在 V 远小于光速的假设下推得的. 当我们已经考虑了单个粒子所遭受的能量损失的几率变化以后,我们将在第 3 节中回到这一问题上来.

§2. 单个α粒子或β粒子所遭受的能量损失的几率分布

在本节中即将讨论的问题,是和在给定时刻在一个大空间中的很小有限部分中出现给定数目粒子的几率密切地联系着的;在该空间中,无规地分布着很大数目的粒子. 这个问题曾由 M·v·斯莫鲁乔夫斯基研究过[*];他曾经证明,出现 n 个粒子的几率是

---

† Phil. Mag. xxvi, p. 476(1913).

* Boltzmann-Festschrift, 1904, p. 626;并参阅 H. Bateman, Phil. Mag. xxi, p. 746(1911).

$$W(n)=\frac{\omega^{n}}{n!}\epsilon^{-\omega},\tag{6}$$

式中 ϵ 是自然对数的底,而 ω 是预期出现在所考虑的空间部分中的粒子数的平均值. 如果 ω 是很大的,这一几率分布就在很高的近似程度下由下列公式来表示:

$$W(s)\mathrm{d}s=\sqrt{\frac{\omega}{2\pi}}\epsilon^{-\frac{1}{2}\omega s^{2}}\mathrm{d}s,\tag{7}$$

式中 s 由 $n=\omega(1+s)$ 来定义,而 $W(s)\mathrm{d}s$ 则代表 s 的值介于 s 和 $s+\mathrm{d}s$ 之间的几率.

在前面引用过的论文中,K·赫兹菲尔德在计算距离 R 的几率分布时应用了公式(7),R 就是一个具有给定初速的粒子在停下来以前在一种气体中即将穿透的距离. 赫兹菲耳德作出了一条简单的假设:为了使粒子停下来,和气体分子的一定次数的碰撞是必要的,而且他把这个数目 A 取作等于粒子在气体中产生的总离子数. 喏,一个 α 粒子在气体中穿透一个给定距离时所遭受的碰撞次数,
135 和出现在包围着粒子路径的一个管状空间中的分子数相同. 因此,如果我们引入碰撞数的平均值来作为 ω,则碰撞数的几率分布可以由上述公式求得. 既然 R 被假设为很大,单个粒子射程 R 的改变量就将是很小的. 因此,按照赫兹菲耳德的假设,如果我们令 $\omega=A$,则 R 具有介于 $R_0(1+s)$ 和 $R_0(1+s+\mathrm{d}s)$ 之间的值的几率将简单地由(7)给出,此处 R_0 是各射程的平均值. 按照现在的理论,计算并不能这么简单地进行. 碰撞的总数并没有被假设为截然有限度,而所假设的却是,α 粒子或 β 粒子在和电子碰撞时所损失的能量,将依赖于电子离开粒子路径的距离,而且将是随着这一距离的增大而连续减小的. 因此,为了应用和赫兹菲耳德的考虑相似的考虑,就必须将碰撞适当分组,使得对于每一组中的一切碰撞来说,粒子所损失的能量都接近相等.

试考虑穿透着厚度为 Δx 的某种物质薄层的一个 α 粒子或 β 粒子,并且让我们对粒子和电子的碰撞数适当进行划分,使得在第 r 组中距离 p 具有介于 p_r 和 p_{r+1} 之间的值.

现在,让我们暂时假设,可以对碰撞适当进行分组,使得每组中的数目都很大,而同时通过同组中的碰撞所损失的能量 Q 的任何两个值之间的差又很小. 设对应于第 r 组的 Q 值是 Q_r,并设该组中的碰撞数的平均值是 A_r,而所给 α 粒子或 β 粒子在本组中所遭受的实际碰撞次数则是 $A_r(1+s_r)$. 于是,粒子在通过这一薄层时所损失的总能量就由

$$\Delta T = \sum Q_r A_r (1 + s_r)$$

给出. 由此，用 $\Delta_0 T$ 代表 ΔT 的平均值，我们就得到

$$\Delta T - \Delta_0 T = \sum Q_r A_r s_r.$$

既然各个 A_r 是一些大数，我们由(7)就得到 s_r 具有介于 s_r 和 $s_r + ds_r$ 之间的值的几率

$$W(s_r) ds_r = \sqrt{\frac{A_r}{2\pi}} \epsilon^{-\frac{1}{2} A_r s_r^2} ds_r.$$

现在，照样用 $W(\Delta T) dT$ 代表 ΔT 的值介于 ΔT 和 $\Delta T + dT$ 之间的几率，我们就借助于几率论中的一条基本定理得到 136

$$W(\Delta T) dT = (2\pi P \Delta x)^{-\frac{1}{2}} \exp\left[-\frac{(\Delta T - \Delta_0 T)^2}{2P\Delta x}\right] dT, \tag{8}$$

式中

$$P\Delta x = \sum \frac{1}{A_r} (Q_r A_r)^2 = \sum A_r Q_r^2.$$

按照前面的假设，此式可以简单地写成

$$P\Delta x = \int Q^2 dA.$$

将由(1)和(3)给出的 Q 和 dA 的值代入这一表示式中，并从 $p = 0$ 到 $p = p_\nu$ 对各种电子求积分，我们就得到

$$P = \frac{4\pi e^4 E^4 N}{m^2 V^4} \sum_1^n \left(\frac{1}{a^2} - \frac{1}{p_\nu^2 + a^2}\right).$$

像在上节中一样假设 p_ν 远大于 a，在 $\sum$ 后略去最后一项并按照(2)把 a 的值代入第一项中，我们就得到

$$P = \frac{4\pi e^2 E^2 M^2}{(M + m)^2} Nn \tag{9}$$

可以注意，这一表示式是很简单的. 它只依赖于单位体积中的总电子数，而既不依赖于 α 粒子或 β 粒子的速度，也不依赖于原子内部力.

由(8)和(9)，我们可以很简单地推得具有给定初速的粒子在损失其全部能量以前所将穿透的物质层厚度的几率分布. 令 $\Delta T = \Delta_0 T(1 + s)$，我们就得到 s

具有介于 s 和 $s+\mathrm{d}s$ 之间的值的几率

$$\mathrm{W}(s)\mathrm{d}s=\sqrt{\frac{u}{2\pi}}\epsilon^{-us^{2}/2}\mathrm{d}s, \tag{10}$$

式中

$$u=\frac{(\Delta_{0}\mathrm{T})^{2}}{\mathrm{P}\Delta x}=\frac{\phi}{\mathrm{P}}\Delta_{0}\mathrm{T}, \tag{11}$$

而 ϕ 是 $\dfrac{\Delta\mathrm{T}}{\Delta x}$ 的平均值.

137 如果我们现在假设射线的散乱性是很小的[在推导(8)时所用的那些假设中,已经间接地包括了这一假设],公式(10)就将也表示一个粒子为了损失能量 $\Delta_{0}\mathrm{T}$ 而将穿透厚度介于 $\Delta x=\Delta_{0}x(1+s)$ 和 $\Delta x+\mathrm{d}x=\Delta_{0}x(1+s+\mathrm{d}s)$ 之间的物质层的几率,此处 $\Delta_{0}x=\Delta_{0}\mathrm{T}/\phi$. 为了求得粒子为要损失其全部能量而将穿透厚度介于 R 和 $\mathrm{R}+\mathrm{dR}$ 之间的层的几率,让我们现在把从 0 到 T 的区间分成许多小的段落 $\Delta_{1}\mathrm{T}$、$\Delta_{2}\mathrm{T}$、……并且用 $\Delta_{r}x$、u_{r}、ϕ_{r} 和 s_{r} 代表第 r 段中对应于 Δx、u、ϕ 和 s 的那些量. 一个给定粒子所将穿过的距离等于

$$\mathrm{R}=\sum\Delta_{r}x=\sum\frac{\Delta_{r}\mathrm{T}}{\phi_{r}}(1+s_{r}).$$

由此,用 R_{0} 代表各粒子射程的平均值,我们就得到

$$\mathrm{R}-\mathrm{R}_{0}=\sum\frac{\Delta_{r}\mathrm{T}}{\phi_{r}}s_{r}.$$

按照和求得(8)时所用的完全同样的方式,我们现在得到

$$\mathrm{W}(\mathrm{R})\mathrm{dR}=(2\pi\mathrm{U})^{-\frac{1}{2}}\exp\left[-\frac{(\mathrm{R}-\mathrm{R}_{0})^{2}}{2\mathrm{U}}\right]\mathrm{dR}, \tag{12}$$

式中

$$\mathrm{U}=\sum\left(\frac{\Delta_{r}\mathrm{T}}{\phi_{r}}\right)^{2}\frac{1}{u_{r}}=\mathrm{P}\sum\frac{\Delta_{r}\mathrm{T}}{\phi_{r}^{3}};$$

或者简单地写成

$$\mathrm{U}=\mathrm{P}\int_{0}^{\mathrm{T}}\left(\frac{\mathrm{dT}}{\mathrm{d}x}\right)^{-3}\mathrm{dT}, \tag{13}$$

式中的微分系数代表 $\dfrac{\Delta\mathrm{T}}{\Delta x}$ 的平均值.

方程(8)和(9)从而还有(12)和(13),是在一条假设下推得的,那就是,快速运动粒子在穿透一个薄层时所遭受到的碰撞可以适当地分组,使得对于每一组来说Q的改变量都很小,而同时组中的碰撞数又很大. 这一假设成立的条件是,$\lambda = \mathrm{dA}\Big/\dfrac{\mathrm{dQ}}{\mathrm{Q}}$ 这个量远大于1. 将(1)和(3)代入,我们就得到

$$\lambda = \pi \mathrm{N} n \Delta x (p^2 + a^2). \tag{14}$$

我们看到,λ 等于包含在半径为 $\sqrt{p^2+a^2}$ 的一个圆柱中的电子数. 既然 λ 随着 p 138
的减小而减小,我们就只需要针对 $p = 0$ 来考虑它的值了. 将 a 的表示式代入,我们就得到

$$\lambda_0 = \frac{\pi e^2 \mathrm{E}^2 (\mathrm{M}+m)^2 \mathrm{N} n \Delta x}{\mathrm{M}^2 m^2 \mathrm{V}^4}.$$

如果我们考虑一种常温、常压下的气体,并将 e、m、E、M 和 N 的数值代入,我们就对于 α 射线和 β 射线都会近似地得到

$$\lambda_0 = 2.3 \times 10^{37} \cdot \frac{n \Delta x}{\mathrm{V}^4}.$$

这一表示式随V而很快地变化,从而对于 α 粒子和 β 粒子将给出很不相同的结果.

对于从镭C发出的 α 射线,我们有 $\mathrm{V} = 1.9 \times 10^9$,由此可得 $\lambda_0 = 1.7 n \Delta x$. 喏,从镭C发出的 α 射线,在氢中和氦中的射程约为30厘米,而且按照卢瑟福理论,这两种气体的一个分子中的电子数 n 等于2. 因此我们看到,如果物质层和射程相比不是非常薄的,λ_0 就将远大于1. 对于其他气体,λ_0 甚至会更大,因为分子中电子数和射线射程的乘积将比对氢和氦来说更大一些. 因此,在 α 射线的情况,我们将预期上面推得的公式应该给出一种密切的近似. 例如,为了对所应预期的 α 粒子所遭受能量损失的变化的数量级得到一种概念,试考虑穿透着厚度为5厘米的氢气层的一束 α 射线. 利用各恒量的实验值,我们由(11)就近似地得到 $u = 3 \times 10^3$. 将此值代入(10)中,我们就看到几率变化是很小的. 例如,大约半数的粒子将遭受和平均值相差不到百分之一的能量损失,而只有为数不到百分之一的粒子将遭受和平均值之差超过5%的能量损失. 在第4节中,我们将回到这一问题上来,并把公式(12)和测量结果进行比较.

对于速度约为 2×10^{10} 的 β 射线,我们针对每平方厘米为0.01克的铝片(其厚度和在第5节讨论的实验中所用的铝片相对应)得到 $\lambda_0 = 1.6\times10^{-2}$. 既然此值远小于1,那么就很清楚,推导公式(8)和(12)时所用的那些假设是根本没得

139 到满足的. 不过,看来也还可以通过计算来得出对于理论和测量的比较具有重要性的一些结论.

试考虑穿透着一个物质层的 β 粒子,并且让我们暂时假设,λ 小于某值 τ 的任何碰撞都并不发生. 设通过在(14)中令 $\lambda=\tau$ 而求得的 p 值是 p_τ. 如果 τ 并非远小于 1,能量损失的几率分布就将颇为近似地由(8)给出,如果 P 的表示式中的积分是从 $p=p_\tau$ 算起而不是从 $p=0$ 算起的话. 按照前面的论述,p_τ 将远大于 a,从而我们就不是得到关于 P 的表示式(9),而是得到

$$\mathrm{P}_\tau=\frac{1}{\tau}\,\frac{4\pi^2e^4\mathrm{E}^4\mathrm{N}^2n^2\Delta x}{m^2\mathrm{V}^4}. \tag{15}$$

将此式代入(11)中,对于 0.01 克/平方厘米的铝片,我们就近似地得到 u 的值为 $u_\tau=250\tau$. 因此,如果 τ 并不远小于 1,我们就看到,我们将得到能量损失的一种几率分布,它和适用于 α 射线的几率分布具有相同的特点. 对于所讨论的碰撞来说,能量损失的平均值可以通过在上节的公式(5)中用 p_τ 来代替 a 而简单地得到. 这样就得到

$$\Delta_\tau\mathrm{T}=\frac{4\pi e^2\mathrm{E}^2\mathrm{N}\Delta x}{m\mathrm{V}^2}\sum_1^n\log\left(\frac{p_\nu}{p_\tau}\right). \tag{16}$$

在应用中,公式中的对数项将是很大的,从而 $\Delta_\tau\mathrm{T}$ 将和 τ 的确切值关系很小. 例如,对于铝片来说,如果 τ 从 1 变到 2,$\Delta_\tau\mathrm{T}$ 只将改变 4%.

现在让我们考虑由 p 小于 p_τ 的碰撞所引起的能量损失的几率分布. 既然 p_τ 远大于 a,由(14)就可看出这些碰撞的平均数很近似地等于 τ. 如果现在 τ 是一个较小的数,例如 $\tau=1$,那么就很显然,各碰撞所引起的能量损失的几率是和以上所考虑的分布属于完全不同的类型的. 首先,存在着完全没有能量损失的一定几率;我们由(6)得到,这一几率等于 $\epsilon^{-\tau}$. 其次,如果 Q_τ 是当我们令 $p=p_\tau$ 时
140 由(1)给出的值,则大于零而小于 Q_τ 的任何能量损失都是不可能的. 在 Q_τ 处,几率曲线随着 Q 值的增加而近似地像 Q^{-2} 那样突然升高而又下降,对于上面考虑的铝片来说,我们近似地有 $\Delta_\tau\mathrm{T}/\mathrm{Q}_\tau=16\tau$.

由这些考虑可以看到,如果 $\tau=1$,则具有给定初速的 β 粒子当穿透物质薄层时所遭受的能量损失的几率分布,将在很靠近 $\Delta_\tau\mathrm{T}$ 处显示一个尖锐的极大值,并在其两侧迅速地下降. 实验中测得的能量减少值显然就是这个极大值,而并不是像在我的前一篇论文中所假设的那样是由公式(5)给出的 $\Delta\mathrm{T}$ 的平均值. 两个值之间颇大的差值是由为数甚小但很强烈的一些碰撞所引起的,这些碰撞在推导公式(16)时没有考虑,但却包括在公式(5)中了. 令 $\tau=1$ 并将 p_ν 和 p_τ 代

入，我们由(16)就得到

$$\Delta_1 \mathrm{T} = \frac{2\pi e^2 \mathrm{E}^2 \mathrm{N}\Delta x}{m\mathrm{V}^2} \sum_1^n \log\left(\frac{k^2 \mathrm{V}^2 \mathrm{N} n \Delta x}{4\pi\nu^2}\right). \tag{17}$$

在第 5 节中，我们将考虑一束 β 射线当穿透厚度较大的物质层时所遭受到的能量损失问题.

§3. 可以和光速相比的 β 粒子速度的效应

以上各节的计算是建筑在关于通过和 α 粒子或 β 粒子的碰撞而传递给电子的能量的公式(1)上的. 在这一公式的推导中，曾经假设速度 V 远小于光速 c. 这一条件对于高速 β 粒子的情况是并不满足的. 如果 V 和 c 同数量级，则对于普遍情况来说，一次碰撞所传递的能量的计算会涉及一些很复杂的考虑. 但是，我们所关心的问题却由于上节所考虑的情况而大为简化，那就是，实验中测得的 β 粒子能量损失的值，将只依赖于那样一些碰撞：在这些碰撞中，传递的能量比 β 粒子的总能量小得多，即在这些碰撞中 a 远小于 p. 当考虑这样的碰撞并计算 β 粒子作用在电子上的力时，我们既可以忽略电子对 β 粒子的反作用也可以忽略它在碰撞期间的位移. 因此，我们只需要考虑 β 粒子本身的速度对这个力发生影响的那种方式就行了.

在电子论中已经证明，由一个具有电荷 E 和均匀速度 $\mathrm{V} = \beta c$ 的粒子作用在 141
一个处于静止的电子上的电力，将沿着从粒子到电子的矢径并由下式给出*：

$$\mathrm{F} = \frac{e\mathrm{E}}{r^2} \frac{1-\beta^2}{(1-\beta^2 \sin^2\omega)^{3/2}},$$

式中 r 是距离而 ω 是矢径和粒子路径之间的夹角. 设从路径到电子的最短距离为 r，并设当 $t=0$ 时 $\omega = \frac{\pi}{2}$. 于是我们就有 $\sin\omega = \frac{p}{r}$ 和 $r^2 = (\mathrm{V}t)^2 + p^2$. 现在，关于垂直于和平行于快速运动粒子的路径的分力，我们就分别有

$$\mathrm{F}_1 = \frac{p}{r}\mathrm{F}, \qquad \mathrm{F}_2 = \frac{\mathrm{V}t}{r}\mathrm{F}.$$

将 r 的表示式代入并令 $(1-\beta^2)^{-\frac{1}{2}} = \gamma$，我们就得到

$$\mathrm{F}_1 = \frac{pe\gamma\mathrm{E}}{((\gamma\mathrm{V}t)^2 + p^2)^{3/2}}, \qquad \mathrm{F}_2 = \frac{\gamma\mathrm{V}te\mathrm{E}}{((\gamma\mathrm{V}t)^2 + p^2)^{3/2}}.$$

---

* 例如，参阅 O. W. Richardson, "The Electron Theory of Matter", p. 249, Cambridge 1914.

我们由这些表示式看出，任一时刻的力都等于按简单静电学算出的力，如果我们到处都把快速运动粒子的速度 V 换成 γV，并在计算垂直于路径的分力时把粒子的电荷 E 换成 γE，而在计算平行于路径的分力时保持 E 不变. 因此，在计算由 β 射线的高速率引起的改正量时，我们必须分别考虑这两个分力的效应.

如果电子是自由的，那就可以简单地看出，在一次 a 远小于 p 的碰撞之后，电子的速度将很近似地和 β 粒子的路径相垂直. 因此，当计算在这一情况下传递的能量时，我们只要考虑垂直于路径的分力就行了. 如果 V 远小于 c，那么和 p 相比略去 a，我们就由(1)得到

$$\mathrm{Q}=\frac{2e^2\mathrm{E}^2}{m\mathrm{V}^2p^2}.$$

142 如果我们在这一表示式中把 V 换成 γV 并把 E 换成 γE，我们就看到这一表示式并不改变. 因此，假若电子是自由的，就没有必要引入由 β 粒子的速度和 c 同数量级这一效应所引起的改正量. 但是如果我们照顾到原子内部力的效应，问题就会稍微复杂一些. 在这种情况下，必须在 p_ν 的表示式中引入一种改正. 此外，原子内部力的效应还将导致由平行于 β 粒子路径的分力所引起的一定的能量传递；这是由一种共振效应引起的，这种效应当"碰撞时间"和电子的振动时间同数量级时就会起作用.

在前一篇论文中曾经证明，垂直于 β 粒子路径的分力对 $\Delta\mathrm{T}_1$ 的贡献由下式给出*：

$$\mathrm{Z}=\frac{2\pi e^2\mathrm{E}^2\mathrm{N}n\Delta x}{m\mathrm{V}^2}.$$

---

* I. p. 17. 该文中推得的表示式是

$$\mathrm{Z}=\frac{4\pi e^2\mathrm{E}^2\mathrm{N}n\Delta x}{m\mathrm{V}^2}\mathrm{L},$$

式中

$$\mathrm{L}=\int_0^\infty\frac{1}{x}(f'(x))^2\mathrm{d}x\qquad \text{而 } f(x)=\int_0^\infty\frac{\cos xz}{(1+z^2)^{3/2}}\mathrm{d}z.$$

L 构成在确定 p_ν 时用到的并且用数字方法算出其值的一个复杂表示式的一部分. 但是，L 的值却可以通过注意到

$$f''(x)-\frac{1}{x}f'(x)-f(x)=0$$

来简单地求得. 由此得到

$$\mathrm{L}=\int_0^\infty f'(x)(f''(x)-f(x))\mathrm{d}x=\frac{1}{2}[(f'(x))^2-(f(x))^2]_0^\infty.$$

现在，$f(0)=1$ 而 $f'(0)=f(\infty)=f'(\infty)=0$，由此即得 $\mathrm{L}=\frac{1}{2}$.

因此，由(17)就能得到，垂直于β粒子路径的分力对ΔT_1的贡献由下式给出：

$$Y=\Delta_1 T-Z=\frac{2\pi e^2 E^2 N\Delta x}{mV^2}\sum_1^n\left(\log\left(\frac{k^2V^2Nn\Delta x}{4\pi\nu^2}\right)-1\right).$$

现在，如果我们在Y的表示式中把V和E换成γV和γE，并在Z的表示式中把V换成γV但使E保持不变，那么，通过把这两个表示式相加并将γ代入，我们就得到改正了的$\Delta_1 T$的公式如下：

$$\Delta_1 T=\frac{2\pi e^2 E^2 N\Delta x}{mV^2}\sum_1^n\left[\log\left(\frac{k^2V^2Nn\Delta x}{4\pi\nu^2}\right)-\log\left(1-\frac{V^2}{c^2}\right)-\frac{V^2}{c^2}\right]. \quad (18)$$

可以看到，除非V和光速很接近，改正量总是很小的，因为在别的情况下后两项 143
将近似地互相抵消.

§4. 和关于α射线的实验相比较

在前一篇论文中曾经证明，第1节中的公式(5)给出一些值：如果我们假设最轻的元素氢和氦的原子中分别含有1个和2个电子，并且引用通过色散实验测定的那些频率来作为特征频率，这些值就是和针对这些元素进行的α射线吸收的测量密切符合的. 文中也曾证明，和较重元素中的吸收测量的一种近似的符合，可以通过一条假设来得到，那就是，这些元素除了含有少数几个具有光学频率的电子以外，还含有一些电子，它们束缚得更加牢固并具有和在特征伦琴射线实验中测定出来的频率同数量级的频率；推导出来的电子数的值和根据E·卢瑟福爵士的α射线散射理论计算出来的值近似地符合. 因此，在本节中，我们将只考虑通过后来的更精确的测量所得到的新证据.

既然α粒子的速度远小于光速，我们就有$T=\frac{1}{2}MV^2$. 因此，我们由(5)得到

$$\frac{dV}{dx}=K_1\frac{n}{V^3}\left(\log V^3-\frac{1}{n}\sum\log\nu+K_2\right), \quad (19)$$

式中

$$K_1=\frac{4\pi e^2 E^2 N}{mM}\quad 而\quad K_2=\log\left(\frac{kMm}{2\pi e E(M+m)}\right).$$

这一表示式依赖于作为不同物质之特征的两个量，那就是分子中的电子数n和电子特征频率的对数平均值$\frac{1}{n}\sum\log\nu$. 后一个量确定着“速度曲线”的特征

差别，该曲线就是连接着(x, V)图上各对应点的曲线. 在前一篇论文中，把公式(19)和根据测量推得的$\mathrm{d}\mathrm{V}/\mathrm{d}x$值进行了比较. 既然直接观察到的量是对应
144 于不同x值的V值，首先把公式(14)积分一下就是更简单一些的. 这样就得到

$$x = \frac{\mathrm{V}_0^4 - \mathrm{V}^4}{3n\mathrm{K}_1} \frac{1}{z_0 - z} \int_z^{z_0} \frac{\mathrm{d}z}{\log z}, \tag{20}$$

式中

$$\log z = \frac{4}{3}\left(\log \mathrm{V}^3 - \frac{1}{n}\sum \log \nu + \mathrm{K}_2\right).$$

关于(20)中的对数积分的一个表曾由格来舍尔[*]给出.

考虑15℃和760毫米汞高下的一种气体，我们得到$\mathrm{N}e = 1.224 \times 10^{10}$. 令$e = 4.78 \times 10^{-10}$，$\mathrm{E} = 2e$，$\frac{e}{m} = 5.31 \times 10^{17}$及$\mathrm{E/M} = 1.448 \times 10^{14}$，我们就得到$\mathrm{K}_1 = 1.131 \times 10^{34}$和$\mathrm{K}_2 = -21.80$. 在大多数测量中，用的是从镭C发出的射线. 这对应于$\mathrm{V}_0 = 1.922 \times 10^9$[†].

假设氢原子含有一个电子，我们对于氢分子就得到$n = 2$. 如果我们进一步假设氢分子中两个电子的特征频率都等于通过氢中的色散实验测定出来的频率，我们就得到[‡]

$$\nu_1 = \nu_2 = 3.52 \cdot 10^{15} \qquad 和 \qquad \frac{1}{n}\sum \log \nu = 35.78.$$

利用这些值和以上的V_0、K_1和K_2的值，我们得到$\log z_0 = 8.75$. 将此值代入公式(20)中，我们就得到从镭C发出的α射线在其速度降低到原值的一半以前在氢气中走过的距离，$x_1 = 24.0$厘米. 下表中的第一竖行包括的是对应于不同V/V_0值的x/x_1值. 还没人对氢中的速度曲线进行过任何精确的测量. 这样的测量将形成对理论的很合乎要求的检验，因为作为计算的依据的那些假设在这种气体的情况中可被预期为很近似地得到满足. T·G·泰勒[§]近来已经确定了从镭C发出的α射线在氢中的射程. 他在15°和760毫米下求得了30.9厘米. 利用理论值$x_1 = 24.0$厘米，我们由附表将预期射程会接近于27厘米. 这和观测

---

* Phil. Trans. Roy. Soc. clx, p. 367(1870).

† E. Rutherford and H. Robinson, Phil. Mag. xxviii, p. 552(1914).

‡ C. & M. Cuthbertson, Proc. Roy. Soc. A. lxxxviii, p. 166(1909).

§ Phil. Mag. xxvi, p. 402(1913).

到的射程相去不远. 在目前，还难以确定小的分歧是否可以归因于所涉及的各恒量的实验误差.

145

V/V_0.	Ⅰ.	Ⅱ.	Ⅲ.	Ⅳ.	Ⅴ.
1.0	0	0	0	0	0
0.9	0.338	0.315	0.300	0.318	0.289
0.8	0.592	0.561	0.539	0.560	0.520
0.7	0.780	0.751	0.730	0.750	0.729
0.6	0.911	0.894	0.879	0.889	0.882
0.5	1.000	1.000	1.000	1.000	1.000
0.4	1.055	1.080			
0.3	1.087				
0.2	1.104				

按照卢瑟福理论，氦原子含有两个电子. 既然氦是一种单原子气体，由此就和在氢中一样得到 $n=2$. 氦中的色散实验给出 $\nu=5.92\times10^{15}$. 将 n 和 ν 的这些值引入(20)中，我们就得到比在氢中稍大的一些 x 值. 氦中和氢中的射程之间的理论比值是 1.09. 在前一篇论文中讨论了的 E · P · 亚当斯* 的测量和理论计算不符合，因为氦中的射程比氢中的射程要短，观察到的射程比只等于0.87. 但是，泰勒的近期测量所给出的这一比值是 1.05，这是和理论值密切符合的.

马尔斯登和泰勒† 近来针对空气作了速度曲线的精确测定. 他们发现，从镭 C 发出的 α 射线在它们的速度减小为 $\frac{1}{2}V_0$ 以前将在 15° 和 760 mm 压强下的空气中走过 5.95 厘米. 如果我们假设氮原子含有 7 个电子而氧原子含有 8 个电子，我们针对空气就平均地得到 $n=14.4$. 将这一结果代入公式(20)中并针对

$$V=\frac{1}{2}V_0 \qquad 令 \qquad x_1=5.95,$$

我们就得到 $\log z_0=5.37$ 和 $\frac{1}{n}\sum\log\nu=38.32$. 和这一 $\log z_0$ 值相对应的 x/x_1 的值，在附表的第Ⅱ栏中给出. 给出的值不像在氢中时那么多，因为，由于频率较高，在第 1 节中提到的那些条件的满足对于空气就比对于氢要求更大的 V 值. 第Ⅳ栏包括的是由马尔斯登和泰勒观测到的 x/x_1 值. 计算值和观测值之间的符合是很密切的. 同时可以看到，第Ⅳ栏中的值和第Ⅰ栏及第Ⅲ栏中那些值相差颇

* Physical Review, xxiv, p. 113(1907).

† Proc. Roy. Soc. A. lxxxviii, p. 443(1913).

146 大.这两栏中的值分别是通过令 $\log z_0 = 8.75$（见上文）和令 $\log z_0 = 4.44$（见下文）而算出的.如果我们没有用 $\log z_0 = 5.37$，而是用了后两个值中的一个，那么，为了得出观测到的 x_1 值，就应该不用 14.4 这个值而分别用 $n = 8.1$ 或 $n = 22.5$. 因此可以看到，第Ⅰ、Ⅱ、Ⅲ栏中那些值之间的颇大差值就提供着一种确定 n 的方法，即使在 $\frac{1}{n}\sum \log \nu$ 并非事先已知的情况下也是如此.

马尔斯登和泰勒没能观察到速度小于 $0.42V_0$ 的任何 α 粒子.当速度降低到这个值时，粒子就在表观上突然消失了.这一奇特效应是和理论所应预期的明确相反的.但是，看来这可以通过由所用 α 射线束的稍欠均匀而引起的一种统计效应来加以解释.在速度曲线的起始部分，曲率是逐渐变化的，从而可能出现的稍欠均匀性将对速度平均值只有很小的影响.但是，在接近射程终点处，曲线的斜率是很陡的，因此，如果射线束因某种原因而不十分均匀，则其效应将是这样的：当我们从射线源后退时，越来越多的粒子就可以说会突然脱离开射线束.就这样，速度将不会开始很快地减小，直到所有的粒子都停下来为止；但是那时射线束含有的粒子太少，以致最后的减速将很难探测到.

第Ⅴ栏中的值对应于马尔斯登和泰勒关于从镭 C 发出的射线在铝中的速度曲线.以克/厘米^2 为单位的对应于 $V = \frac{1}{2}V_0$ 的 x_1 值是 6.94×10^{-3}. 如果 x 以克/厘米^2 为单位，则铝中的 K_1 值是 9.81×10^{36}. 如果我们针对铝假设 $n = 13$，并在(20)中引用对应于 $V = \frac{1}{2}V_0$ 的 $x_1 = 9.64 \times 10^{-3}$，我们就得到 $\log z_0 = 4.44$ 和 $\frac{1}{n}\sum \log \nu = 39.02$. 正如上面提到的，这就和第Ⅲ栏中的值相对应.可以看到，第Ⅴ栏中的值和第Ⅲ栏中的值相近，比和第Ⅰ栏及第Ⅱ栏中的值接近得多，但是这种符合性并不像在空气中那样好.这可能是部分地由于难以得到均匀的铝片，但也可能是由于这样一件事实：作为计算的基础的那些假设不能指望对铝原子中的所有电子都严格地得到满足（参阅原第 134 页）.对于原子量更高
147 的元素，计算中所用的假设比对于铝来说满足得更要差一些，从而和测量的精确符合是不能得到的，尽管理论对一种元素的阻止本领和速度曲线的形状随渐增原子量而变的那种方式提供了一种近似的解释.

在第 2 节中，我们考虑了初始均匀 α 射线束中各单个粒子的射程的几率变化.用 R_0 代表射程的平均值，我们由(12)和(13)就得到射程 R 具有介于 $R_0(1+s)$ 和 $R_0(1+s+ds)$ 之间的值的几率

$$W(s)\,ds = \frac{1}{\rho\sqrt{\pi}}\epsilon^{-(s/\rho)^2}\,ds, \tag{21}$$

式中

$$\rho^2 = \frac{2U}{R_0^2} = \frac{2P}{R_0^2}\int_0^T \left(\frac{dT}{dx}\right)^{-3} dT. \tag{22}$$

如果我们应用一个近似的 dT/dx 公式，这一表示式就会大为简化. 令 $x = CT^r$，我们就得到

$$\int_0^T \left(\frac{dT}{dx}\right)^{-3} dT = \frac{r^3}{3r-2}C^3 T^{3r-2} = \frac{r^2}{3r-2}\,\frac{x^2}{T}\left(\frac{dT}{dx}\right)^{-1}.$$

将此式代入(22)中，我们就得到*

$$\frac{1}{\rho^2} = \frac{3r-2}{r^2}\,\frac{T}{2P}\,\frac{dT}{dx}. \tag{23}$$

盖革曾经证明，如果令 $r = \frac{3}{2}$，我们就得到和空气中的速度曲线的密切近 148
似. 对于氢，我们通过令 $r = \frac{5}{3}$ 来得到类似的近似. 但是，r 的确切值却是没有多大重要性的，因为 $\frac{3r-2}{r^2}$ 对于 1 和 2 之间的 r 值是近似等于常数的. 令 $T = \frac{1}{2}MV^2$ 并引用 dT/dx 和 P 的理论表示式(5)和(9)，我们就得到

$$\frac{1}{\rho^2}\,\frac{r^2}{3r-2} = \frac{M}{4m}\,\frac{1}{n}\sum_1^n \log\left(\frac{kV^3Mm}{2\pi\nu eE(M+m)}\right) = \frac{3}{16}\,\frac{M}{m}\log z_0.$$

对于从镭 C 发出的 α 射线来说，引用和上文相同的 $\log z_0$ 值，我们就分别针对氢和空气得出 $\rho = 0.86\times10^{-2}$ 和 $\rho = 1.16\times10^{-2}$. 对于从钋发出的 α 射线，假设其初速等于从镭 C 发出的射线的速度的 0.82 倍，我们就分别针对氢和空气得出 $\rho = 0.91\times10^{-2}$ 和 $\rho = 1.20\times10^{-2}$.

---

* 加在校样上的注. 对于 $r = \frac{3}{2}$，这一表示式和 L · 弗拉姆[前引论文，公式(25)]推得的关于通过和电子的碰撞而引起的 α 粒子射程的变化的表示式相等价. 这位作者也考虑了和中央核的碰撞，并且得到了这样的结论：虽然这些碰撞对 α 粒子速度减小率的平均值的影响远小于由和电子的碰撞所引起的影响，但是它们对射程的改变的影响却不是可忽视的，而是将由一个(21)类型的表示式来给出的，式中的 ρ 值和(23)所给出的同数量级. 但是，按照和第 2 节中在 β 射线的情况下所用的考虑相类似的考虑，看来 α 粒子和核的碰撞将引起一种和(21)类型不同的射程变化. 在这些碰撞中，只有很少的粒子将遭受颇大的射程减缩，而大部分粒子所遭受到的射程减缩却即使比起由和电子碰撞所引起的射程的平均差值来也是很小的. 因此，看来和核碰撞的效应在和测量相比较时是可以忽略不计的.

盖革[*]和稍后的泰勒[†]都做过实验，为的是量度从钋和镭C发出的α射线在氢中和空气中的射程分布. 他们数了和放射源保持固定距离的硫化锌屏上的闪烁数，并改变了屏和源之间的气体的压强. 实验结果和根据理论所应预期的并不符合. 观察到的散乱性比预期的大若干倍，而且并不显示公式(21)所要求的那种对称性. 这些结果如果正确，它们就将构成理论的严重困难；但是，它们似乎是和F·弗瑞德曼[‡]的某些晚近实验的结果不一致的. 后一些实验是为了检验赫兹菲耳德的理论而作出的，这种理论也给出一种比盖革和泰勒所观测到的要小得多的散乱性. 弗瑞德曼求得了从钋发出的α射线在空气中的射程分布，这种分布和(21)所给出的近似重合，如果$\rho=1.0\times10^{-2}$的话. 可以看到，这个值甚至比由理论算出的值还要小一些. 关于这一点的更进一步的实验将是很有必要的.

§5. 和关于β射线的实验相比较

由于测量方面的巨大困难，关于β粒子在通过物质时的能量损失率的实验
149 资料，直到最近都是很有限的. 但是，通过研究从某些放射性物质发出的β射线的各个均匀组，却给这一问题带来了不少的光明. O·v·贝义尔[**]观察到，当射线在一个磁场中弯曲时所形成的"β射线谱"中的那些谱线，当放射源被一个金属薄片盖住时就会向速度较小的一侧移动. 这个问题近来曾由丹尼兹[†]更仔细地研究过，他把研究扩大到了从镭B和镭C发出的更多的均匀射线组. 下表中标有$H\rho$和$\Delta(H\rho)$的前两栏，包括了由丹尼兹针对若干组均匀射线给出的磁场强度H和曲率半径ρ的乘积，以及当射线已经通过了一个0.01克/厘米^{2}的铝片时所观察到的这一乘积的对应改变量. $\Delta(H\rho)$值的误差界限据说约为15%.

$H\rho$.	$\Delta(H\rho)$.	β.	$\beta^3\Delta(H\rho)$.
1 391	124	0.635	31
1 681	95	0.704	33
1 748	90	0.718	33
1 918	66	0.750	28
1 983	61	0.760	27
2 047	56	0.770	26
2 224	57	0.795	28
2 275	48	0.802	25
2 939	37	0.867	24
3 227	48	0.885	33
4 789	39	0.942	32
5 830	32	0.960	28

* Proc. Roy. Soc. lxxxiii, p. 505(1910).

† Phil. Mag. xxvi, p. 402(1913).

‡ *Sitzb. d. K. Akad. d. Wiss. Wien, Mat. -nat. Kl.* cxxii, Ⅱa, p. 1269(1913).

** *Phys. Zeitschr.* xiii, p. 485(1912).

† *Journ. de Physique*, iii, p. 949(1913).

$H\rho$ 的值通过方程

$$\frac{eV}{c}H = \frac{V^2}{\rho}m\left(1-\frac{V^2}{c^2}\right)^{-1/2}$$

来和 β 粒子的速度相联系；这一方程是根据由相对论得来的电子动量表示式推出的. 用 β 代表 V/c，我们就得到

$$H\rho = \frac{c^2 m}{e}\beta(1-\beta^2)^{-1/2}. \tag{24}$$

由此可得 150

$$\Delta(H\rho) = \frac{c^2 m}{e}(1-\beta^2)^{-3/2}\Delta\beta.$$

按照相对论，我们还有

$$T = c^2 m((1-\beta^2)^{-1/2}-1);$$

由此即得

$$\Delta T = c^2 m\beta(1-\beta^2)^{-3/2}\Delta\beta. \tag{25}$$

从而我们就有

$$\Delta T = e\beta\Delta(H\rho). \tag{26}$$

于是，令 $E = e$ 和 $V/c = \beta$，我们由(18)就得到

$$\Delta(H\rho) = \frac{2\pi e^3 N\Delta x}{mc^2\beta^3}\sum_1^n\left[\log\left(\frac{k^2c^2Nn\Delta x}{4\pi\nu^2}\right)-\log\left(\frac{1-\beta^2}{\beta^2}\right)-\beta^2\right]. \tag{27}$$

除了对于很高的速度以外，后一因子的改变量将是很小的，从而我们按照理论将预期 $\Delta(H\rho)$ 和 β^{-3} 近似地成正比. 表中的第三栏包括的是 β 值，而第四栏则包括的是 $\beta^3\Delta(H\rho)$ 的值. 可以看到，这一栏的各个值在实验误差的范围内是恒量.

令 $n = 13$ 并且利用根据 α 射线的实验算出的值

$$\frac{1}{n}\sum\log\nu = 39.0,$$

对于 0.01 克/厘米^2 的铝片，我们由(27)就得到

$\beta = 0.6$	0.7	0.8	0.9	0.95
$\beta^3\Delta(H\rho) = 40$	41	42	44	46

考虑到实验中的巨大困难以及 α 射线和 β 射线的质量之间和速度之间的巨大差

别，看来这种近似的符合可以认为是令人满意的. 按照第 1 节中的公式(5)算出的 Δ(Hρ)的平均值，对于最低的速度将大 1.3 倍左右，而且将快得多地随 β 射线速度的增大而增大.

测量 β 射线在原子量较高的金属片中的速度减低，是比在铝中的情况更加困难的，因为这时射线的散射效应较大. 丹尼兹发现，速度的减小率近似地正比
151 于吸收片的每平方厘米的克数. 既然任一物质中的电子数近似地正比于重量，而且特征频率的差对于快速 β 射线将比对于 α 射线具有小得多的影响，这样一种结果就应该是可以按照理论而预期得到的.

如果我们假设公式(18)也适用于 β 射线在穿透较大厚度的物质层时所遭受的能量损失，我们就得到关于 β 粒子的“射程”的表示式

$$\mathrm{R}=\int_0^{\mathrm{R}}\Delta x=\int_0^{\mathrm{T}}\frac{mc^2\beta^2\Delta\mathrm{T}}{2\pi e^4\mathrm{N}\Sigma},$$

式中 Σ 表示(18)和(27)中的最后因子. 把 Σ 看成恒量并利用前面关于 ΔT 的公式，我们就得到

$$\mathrm{R}=\frac{m^2c^4}{2\pi e^4\mathrm{N}\Sigma}\int_0^{\beta}\frac{\beta^3\mathrm{d}\beta}{(1-\beta^2)^{\frac{3}{2}}}=\frac{m^2c^4}{2\pi e^4\mathrm{N}\Sigma}\cdot\left[(1-\beta^2)^{1/2}+(1-\beta^2)^{-1/2}-2\right].\tag{28}$$

近来 R · W · 瓦尔德尔 * 曾经做了一些关于均匀 β 射线的吸收的有趣实验. 他在射线射入一个浅的电离室以前把不同厚度的物质片引入射线束中，并量度了该射线在该室中所引起的电离. 利用一些铝片，他发现电离很近似地随层厚而线性地变化，而且他的作图对于 β 粒子的“射程”的存在提供了一种强有力的指示. 瓦尔德尔把观测到的射程和公式(28)中最后一个因子 S 进行了比较，并且发现，射程和 S 之间的比值虽然近似地不依赖于射线的初速，但却是随这一速度的增大而缓慢地减小的. 这一点应该可以根据以上的计算预期得到，因为 Σ 将随速度的增大而缓慢地增大. 按克/厘米^2 来量度 R，瓦尔德尔针对 $\beta=0.8$ 求得了 R/S = 0.35，并针对 $\beta=0.95$ 求得了 R/S = 0.30. 理论公式中的第一个因子对于 $\beta=0.8$ 等于 0.42，而对于 $\beta=0.95$ 则等于 0.38. 我们看到，符合程度可以认为是很满意的.

初始均匀的 β 射线束中个体粒子在穿透颇大厚度的物质层时所遭受的能量损失的分布，并不能用上节所用的公式(12)来表示，因为(参阅第 2 节)在穿透薄

---

* Phil. Mag. xxix, p. 725(1915).

层时所遭受的能量损失的分布就已经和公式(8)所给出的大不相同了. 而且,由于在和电子的碰撞以及和正核的碰撞中遭受偏转而引起的横向散射也必须予以 152
考虑. 这种散射将使粒子在物质中所经过的实际距离的平均值大于层的厚度. 但是,如果我们暂时忽略使粒子遭受异常巨大的能量损失或异常巨大的偏转的一切碰撞,我们就可以像在第 2 节中那样预期射线的其余部分将表现得有如一束 α 射线,从而它们将显示一个相同明锐度的射程. 因此,从厚物质层中穿出的一个初始均匀的 β 射线束的能量分布,也必须像对薄层那样被预期为显示一个明确定义的极峰,这个极峰在较大速度的一侧是明确地受到限定的,而在较小速度的方面则更加缓慢地下降. 射线在物质中前进得越远,粒子受到激烈碰撞的机会就越大,从而出现在分布极峰处的粒子数也就越小. 简单的计算证明,这一效应的绝大部分是由在和正核的碰撞中遭受的偏转引起的. 这些碰撞的效应的一种估计,可以用下述方式得到.

和正核碰撞的高速 β 粒子的轨道,曾经由 C · G · 达尔文*讨论过. 由他的计算可以得出,速度为 $V = \beta c$ 的 β 粒子的偏转角 ϕ 由下式给出:

$$\cot\left(\frac{\pi-\phi}{2}(1-\beta^2\psi^2)^{1/2}\right)=\psi(1-\beta^2\psi^2)^{-1/2},$$

式中

$$\psi=\frac{ne^2(1-\beta^2)^{1/2}}{p\beta^2c^2m}.$$

ne 就是核上的电荷,而 p 就是从核到碰撞前的 β 粒子路径的垂线长度. 设 p_τ 是和 $\psi=\tau$ 相对应的 p 值. 一个 β 粒子通过一个厚度为 Δx 的物质层而不遭受一次 $\psi>\tau$ 的碰撞的几率,等于 $1-\omega\Delta x$, 此处

$$\omega=\pi p_\tau^2\mathrm{N}=\frac{\pi n^2e^4(1-\beta^2)\mathrm{N}}{\tau^2\beta^4c^4m^2}.$$

既然 $\omega\Delta x$ 是一个小量,这个几率就可以写成 $\epsilon^{-\omega\Delta x}$,从而 β 粒子穿透更厚的层而不遭受单独一次 $\psi>\tau$ 的偏转的几率就由 $\mathrm{W}=e^{-\lambda}$ 给出,式中 $\lambda=\int\omega\Delta x$. 按照公 153
式(18)将 Δx 代入并利用和上文相同的符号,我们就得到

$$\lambda=\int\frac{n^2(1-\beta^2)\Delta\mathrm{T}}{2\tau^2\beta^2c^2m\Sigma}.$$

---

* Phil. Mag. xxv, p. 201(1913).

把 Σ 看成恒量并利用 ΔT 的表示式(25),我们由此就得到

$$-\lambda = \frac{n^2}{2\tau^2\Sigma}\int\frac{d\beta}{\beta(1-\beta^2)^{1/2}}$$
$$= \frac{n^2}{4\tau^2\Sigma}\log\left(\frac{1-(1-\beta^2)^{1/2}}{1+(1-\beta^2)^{1/2}}\right)$$
$$= \frac{n^2}{8\tau^2\Sigma}\log\left(\frac{S}{S+4}\right),$$

式中 S 和上文一样代表射程 R 的表示式(28)中的最后一个因子.因此我们就有

$$W = K\left(\frac{S}{S+4}\right)^{n^2/(8\tau^2\Sigma)}, \tag{29}$$

式中 S 近似地和透过的射线的射程成正比,而 K 是一个恒量.

公式(29)给出了关于存留在透过射线的速度分布极峰中的 β 粒子数的一种估计,从而可以和在瓦尔德尔实验中测得的电离进行比较.可以看到,W 在很高的程度上依赖于 n,从而也在很高的程度上依赖于吸收物质的原子量.前面提到过,对于这些快速射线来说,Σ 近似地和 n 成正比,从而(29)中的指数就和 n 成正比.如果用铝作为吸收物质,瓦尔德尔就发现电离是和透过射线的射程近似地成正比的,而对于纸来说,它却减弱得较慢,而对于银和铂来说则减弱得快得多.对于铝,我们有 $n = 13$,而且在 $\beta = 0.9$ 时有 $\frac{1}{n}\Sigma = 18$.令 W 表示式中的指数等于 1,我们在这一情况下就得到 $\tau = 0.30$ 和 ϕ 近似地等于 30°,这是一个具有正确数量级的角度.对于相同的 τ 值和 ϕ 值来说,(29)中的指数对于纸将减小一半,而对于铂则约为对于铝的 5 倍以上.

联系到本节中的计算,指出一点或许是令人感兴趣的,那就是:在理论和测
154 量之间取得的近似符合,看来对所用的高速电子的动量表示式和能量表示式提供了强有力的支持.让我们暂时假设,缓慢运动电子的动量和能量的普通表示式可以不加改动地应用.这不应该改变方程(26)和(27),但是由 $H\rho$ 的值推得的 V 值却将增大为 $(1-\beta^2)^{-1/2}$ 倍.将此值引入公式(27)中,我们就将求得一个 $\Delta(H\rho)$ 值,此值对于最快的射线来说将比丹尼兹所观察到的约小 30 倍,而原第 149 页上的表的最后一栏中的各个值就将不是近似恒定,而是对于最慢的射线将比对于最快的射线小 20 多倍.另一方面,假如我们曾经假设动量表示式是正确的,但是电子的"纵"质量等于它的"横"质量,我们就会得到和表中相同的 V 值,但是方程(26)和(27)却将改变一个因子 $(1-\beta^2)^{-1}$.在这种情况下,针对最快的射线

算出的 $\Delta(\mathrm{H}\rho)$ 值就将比观测值约大 15 倍，而最后一栏中的那些值就将不是近似恒定而是应被预期对于最快的射线将比对于最慢的射线大 10 倍. 这样就能看到，关于 β 射线在通过物质时的速度减低的测量，可以提供一种检验高速电子的动量公式和能量公式的很有效的手段.

§6. α 射线和 β 射线所引起的电离

关于 α 射线和 β 射线在气体中引起的电离的一种理论，曾由 J · J · 汤姆孙爵士* 给出. 在这种理论中曾经假设，快速运动的粒子穿透气体的原子并和各原子所包含的电子发生碰撞. 所产生的离子对的数目，被假设为等于那样一些碰撞的数目，在那种碰撞中从粒子向电子传递的能量大于将电子从原子中取走时所需的某一能量 W. 如果我们忽略原子内部力，这个数目就可以很简单地推得. 通过把(1)式对 p 求微分并把 $p\mathrm{d}p$ 的表示式代入(3)中，我们就得到

$$\mathrm{dA}=\frac{2\pi e^{2}\mathrm{E}^{2}\mathrm{N}n\Delta x}{m\mathrm{V}^{2}}\frac{\mathrm{dQ}}{\mathrm{Q}^{2}}. \tag{30}$$

用 Q_0 代表通过在(1)中令 $p=0$ 而得到的 Q 值，把(30)从 $\mathrm{Q}=\mathrm{W}$ 积分到 $\mathrm{Q}=$ 155
Q_0，我们就得到

$$\mathrm{A_W}=\frac{2\pi e^{2}\mathrm{E}^{2}\mathrm{N}n\Delta x}{m\mathrm{V}^{2}}\left(\frac{1}{\mathrm{W}}-\frac{1}{\mathrm{Q}_0}\right), \tag{31}$$

式中

$$\mathrm{Q}_0=\frac{2m\mathrm{M}^{2}\mathrm{V}^{2}}{(m+\mathrm{M})^{2}}. \tag{32}$$

如果我们考虑一种物质，它里边的不同电子和不同的 W 值相对应，那么，代替了(31)，我们就简单地得到

$$\mathrm{A_W}=\frac{2\pi e^{2}\mathrm{E}^{2}\mathrm{N}\Delta x}{m\mathrm{V}^{2}}\sum_{1}^{n}\left(\frac{1}{\mathrm{W}}-\frac{1}{\mathrm{Q}_0}\right). \tag{33}$$

J · J · 汤姆孙爵士已经证明，公式(31)可以在很好的近似下解释由 α 射线和 β 射线所造成的离子的相对数目. 但是，如果我们把根据观察到的电离电势算出的 W 值以及经发现和第 4 节中算得的数目相符的原子中的电子数代入(31)中，我们就得到 $\mathrm{A_W}$ 的一些绝对值，它们是比观察到的电离小若干倍的. 但是，这

---

* Phil. Mag. xxiii, p. 449(1912).

种分歧看来可以通过考虑次级电离来加以说明,这种次级电离是由在和 α 粒子或 β 粒子的直接碰撞中从原子中放出的电子所引起的. 在 J·J·汤姆孙爵士的论文中曾经论证,和直接电离相比,这种次级电离看来是很小的,因为 α 粒子和 β 粒子在 C·T·R·威耳孙照片上的径迹只显示很少的分岔. 但是,计算表明,能够引起电离的大多数次级射线的射程很短,以致它们可能是没被观察到的. 所谈的射线将是以大于 W 的能量被放出的电子,而且将是由那样一些碰撞所引起的,在那些碰撞中 α 粒子或 β 粒子损失一个大于 2W 的能量. 如果将 W 换成 2W,这种碰撞的数目就由(31)给出. 设这个数目为 A_{2W}. 粒子在所谈的各次碰撞中损失的总能量,近似地等于

$$\int_{2W}^{Q_0} Q dA = \frac{2\pi e^2 E^2 N n \Delta x}{m V^2} \log \frac{Q_0}{2W} = 2W \log \frac{Q_0}{2W} A_{2W}.$$

156 因此,放出的电子的能量平均值就是 $P = W(2\log(Q_0/2W) - 1)$,对于氢和从镭 C 发出的 α 射线来说,此式近似地给出 $P = 10W$; 它对应于一个速度 6×10^8,并对应于一个在常压下的氢中的约为 10^{-4} 厘米的射程.

由次级射线造成的离子数,不能像由和 α 粒子或 β 粒子的直接碰撞所造成的离子数那样用简单的方式来计算,因为在次级射线的情况下我们不能忽略原子内部力的效应,由第 1 节中的考虑可以看出,忽略原子内部力的条件是,对应于 $Q = W$ 的 p 值要比 V/ν 小很多. 借助于 Q 的表示式(1)以及原第 133 页上的 W 和 ν 的表示式就可以简单地证明,这一条件和下述条件相等价: 射线的能量 $\frac{1}{2}mV^2$ 要比 W 大很多. 这一条件在轻的气体中对于 α 射线和 β 射线是满足的,而对于像次级射线那样缓慢的射线则是不满足的.

近来 J·弗兰克和 G·赫兹* 已经做了一些很有兴趣的实验,它们给由缓慢运动电子所引起的电离问题带来了很大的光明. 利用汞蒸气和氦气来进行实验,他们发现一个电子将从原子弹回而不损失其能量,如果它的速度小于某一个值的话. 但是,速度一经超过这个值,电子就将能够使原子电离,而且已经证明,在第一次撞击下就将发生电离的几率是相当大的. 对于其他的气体,结果稍有不同,但是,在一切情况下都观察到了致电离电子的一个明确规定的速度极限值. 这些实验表明,缓慢运动的电子是很有效的致电离粒子. 因此,如果我们简单地假设这些射线中的每一个粒子将造成 s 个离子(如果它们的能量具有介于 sW 和 $(s+1)W$ 之间的值的话),我们就可以对于次级射线所造成的离子数得到一

* *Verh. d. Deutsch. Phys. Ges.* xvi, p. 457(1914).

个近似的估计. 由此将得到所形成的离子总数如下：

$$I = A_W + A_{2W} + \cdots = \frac{2\pi e^2 E^2 N n \Delta x}{m V^2}\Big[\Big(\frac{1}{W} - \frac{1}{Q_0}\Big) + \Big(\frac{1}{2W} - \frac{1}{Q_0}\Big) + \cdots\Big].$$

如果 Q_0 比 W 大很多，此式就近似地给出

$$I = \frac{2\pi e^2 E^2 N n \Delta x}{m V^2}\frac{1}{W}\log\frac{Q_0}{W} = A_W \log\frac{Q_0}{W}. \tag{34}$$

这一公式只适用于原子中一切电子都具有相同的 W 值的那种物质. 对于其他的物质来说，我们必须考虑到这样一个事实：放出的电子不但在和对应于相 157
同 W 值的电子的碰撞中，而且在和原子中其他电子的碰撞中也可以产生离子. 但是，考虑到电离的机会随 W 的增大而迅速地减小，如果假设由次级射线引起的电离都起源于和对应于最小 W 值的电子的碰撞，我们就能用一种简单方式得到一种近似的估计. 这个最小的 W 值就将是在关于电离电势的实验中确定下来的那个值，设用 W_r 来代表它. 按照和上文相同的办法，我们现在就得到

$$I = \sum_1^n (A_W + A_{W+W_1} + A_{W+2W_1} + \cdots)$$
$$= \frac{2\pi e^2 E^2 N \Delta x}{m V^2}\sum_1^n\Big[\Big(\frac{1}{W} - \frac{1}{Q_0}\Big) + \Big(\frac{1}{W+W_1} - \frac{1}{Q_0}\Big) + \cdots\Big].$$

如果 Q_0 远大于所有的 W，我们就近似地得到

$$I = \frac{2\pi e^2 E^2 N \Delta x}{m V^2}\frac{1}{W_1}\sum_1^n \log\Big(\frac{Q_0}{W}\Big). \tag{35}$$

由于应用了简化的假设，公式(34)和(35)只能被预期指示一个电离的上限.

在氢、氦、氮、氧中引起电离所必需的最小电势降 P，是由弗兰克和赫兹* 测量了的. 他们得到的分别是 11、20.5、7.5 和 9 伏特. 借助于关系式 $W = \frac{Pe}{300}$，我们由此得到 W 分别等于 1.75×10^{-11}、3.25×10^{-11}、1.20×10^{-11} 和 1.45×10^{-11}.

---

* *Verh. d. Deutsch. Phys. Ges.* xv, p. 34(1913).

由 α 射线在空气中造成的绝对离子数是由 H·盖革[†]测定的. 他发现，从镭 C 发出的每一个 α 粒子在通过常温常压下的 1 厘米厚的空气时产生了 2.25×10^4 对离子. 由此，利用 T·S·泰勒[‡]测定的空气、氢和氦中的相对电离，我们就得到：从镭 C 发出的一个 α 粒子在通过 1 厘米的后两种气体之一种时所产生的离子对的数目是很近似地相同的，而且是等于 4.6×10^3 的.

现在，如果我们把上述关于氢的 W 值代入(31)中并利用和第 4 节中相同的
158 N、n、e、E、m 及 V 的值，那么，对于从镭 C 发出的 α 射线来说，我们就在氢中得到 $A_W = 1.15\times 10^3$. 由(34)给出的值是 $5.9A_W$. 前一个值只有观察到的电离值的四分之一. 后一个值的数量级是对的，但比实验值稍大一些.

氦的 W 值比氢的 W 值将近大一倍. 因此，我们将由(31)和(34)预期一个电离值，它只是氢中的电离值的一半. 但是，泰勒在氢中和氦中求得了相同的电离. 既然在这一情况下观测值大于由(34)算出的值，这种分歧就是难以解释的，除非泰勒所观察到的较高的值有可能起源于所用氦气中少量杂质的存在. 这一点，似乎得到 W·考塞耳[*]关于由阴极射线所引起的电离的实验的支持. 这位作者发现，氦中的电离只有氢中的电离的一半大小——这是和理论符合的. 所用的阴极射线具有等于 1.88×10^9 的速度，这对应于 1 000 伏特的电势降，而且在通过 1 毫米的处于 1 毫米汞高压强下的氢时所产生的离子数等于 0.882. 这就对应于大气压强下的 670 对离子. 令 $V = 1.88\times 10^9$ 而令 $E = e$，并利用和上文相同的 W、e、m、N 及 n 的值，我们就由(31)得到 $A_W = 300$. 由(34)，我们得到 $T = 4.5A_W$.

如果我们考虑一种物质，例如空气，它的原子含有很多个电子，那么我们就不知道适用于不同电子的 W 值. 但是，如果我们在(35)的对数项中令 $W = h\nu$，此处 h 是普朗克恒量，那么就可以得到一种足够好的近似. 如果我们同时按照(32)式引入 Q_0 的值，那么由此就得到

$$I = \frac{2\pi e^2 E^2 N\Delta x}{mV^2 W_1}\sum_1^n \log\left(\frac{2V^2 mM^2}{h\nu(M+m)^2}\right). \tag{36}$$

如果现在我们在这一公式中引用在第 4 节中计算 α 射线在空气中的吸收时所用的 n 值和 $\frac{1}{n}\sum\log\nu$ 值，并令 $W_1 = 1.25\times 10^{-11}$，我们就得到 $I = 3.6\times 10^4$. 这和盖革观察到的 2.25×10^4 这个值具有相同的数量级，但是稍大一些；这

† Proc. Roy. Soc. A. lxxxii, p. 486(1909).

‡ Phil. Mag. xxvi, p. 402(1913).

* *Ann. d. Physik*, xxxvii, p. 393(1912).

是可以根据计算的性质预料到的. 由于各个 W 的量值方面的不确定性，由公式(33)所预期的值是不能很准确地说出来的，但是一种估计表明它将小于观测值
的五分之一. 公式(31)和(33)给出一些简单地反比于速度平方而变化的值，而公 159
式(36)却给出 I 随 V 的一种变化，它是和由公式(5)给出的 ΔT 的变化相似的. 于是，利用和以上相同的 $\frac{1}{n}\sum\log\nu$ 的值，我们就针对空气中的 α 射线得到，对于 $V=1.8\times10^9$ 和 $V=1.2\times10^9$ 而言，由(36)给出的 I 值之比等于 1.65. 由(5)给出的对应的 ΔT 之比是 1.54. 这是和盖革[*]的测量相符合的；这种测量给出，一个 α 粒子在空气中产生的电离，在其路径的任一点上都近似地正比于粒子所遭受的能量损失；这两个量都近似地和速度的一次方成反比.

阴极射线在空气中产生的离子数，曾由 W · 考塞耳[†]和 J · L · 格拉孙[‡]测量过. 针对 1.88×10^9 的速度，考塞耳在 1 毫米汞高的压强下得到了每厘米 3.28 对离子. 在同样的条件下，格拉孙分别针对 4.08×10^9 和 6.12×10^9 的速度得到了 2.01 对和 0.99 对离子. 在大气压强下，由此分别针对相同的三种速度得出的是 2.49×10^3 对、1.53×10^3 对和 0.75×10^3 对离子，或者说比盖革关于从镭 C 发出的 α 射线得出的值小 9.0、14.7 和 30.0 倍. 针对具有所讨论的三种速度的阴极射线按照(36)算出的值，比针对从镭 C 发出的 α 射线算出的值小 7.1、17.4 和 31.2 倍.

这一节中的计算，不能和由高速 β 射线引起的电离的测量结果直接比较，因为我们曾经用了公式(1)，此公式只有当 V 远小于光速时才是正确的. 但是，按照和第 3 节中的考虑相类似的一种方式，却可以简单地证明必须在公式(36)中引入的改正量是很小的，而且是只影响对数项的. 对于高速 β 射线来说，这一项随速度 V 的变化和第一个因子的变化相比又将是很小的——正如在第 5 节的计算中一样. 因此，由(36)我们就将预期，由这些射线引起的电离将近似地和速度的平方成反比. 这是和 W · 威耳孙[§]的测量相符合的.

总　结 160

按照在这篇论文中讨论了的理论，α 射线和 β 射线在通过物质时的速度减低主要依赖于原子中各电子的特征频率，其依赖方式和折射现象及色散现象的依赖方式相似.

---

* Proc. Roy. Soc. A. lxxxiii, p. 505(1910).

† 前引论文.

‡ Phil. Mag. xxii, p. 647(1911).

§ Proc. Roy. Soc. A. lxxxv, p. 240(1911).

在一篇较早的论文中已经证明，理论导致一些结果，它们是和关于 α 射线在氢及氦中的吸收的实验密切符合的，如果我们假设这些元素的原子分别含有 1 个和 2 个电子，并且令这些电子的频率等于由色散实验算出的频率的话. 文中也已证明，如果我们假设较重元素的原子除了含有少数的具有光学频率的电子以外，还包含一些束缚得更加牢固、而其频率和特征伦琴射线的频率同数量级的电子，那么就也能得到 α 射线在较重元素中的吸收的一种近似解释. 所推得的电子数和在 E・卢瑟福爵士的 α 射线散射理论中算出的电子数近似地相符. 这些结论已经利用较晚近的更准确的测量结果进行了验证.

在我的前一篇论文中，关于 β 射线在穿过物质时的速度减低的可用数据还很少，而且理论和实验之间的符合也不很密切. 一方面通过应用新的测量结果，另一方面通过把个体 β 粒子所遭受的能量损失方面的几率变化考虑在内，理论和实验之间的符合得到了很大的改善. 在这方面已经指出，看来关于 β 射线速度减低的测量，可以对由相对论推得的高速电子的能量公式和动量的公式提出一种有效的检验.

联系到 α 射线和 β 射线的吸收的计算，考虑了由这些射线引起的电离. 已经证明，J・J・汤姆孙爵士的理论能够给出和测量结果近似符合的结果，如果把由被 α 射线和 β 射线的直接撞击打出的电子所引起的次级电离考虑在内的话.

我愿意对欧内斯特・卢瑟福爵士表示我最深切的谢意，他对这一工作给予了亲切的关怀.

1915 年 7 月于曼彻斯特大学

Ⅸ. 关于 α 射线的散射的札记 161

未发表稿

［1916］

见第一编《引言》,第 4 节.

162 此稿原编入 1914—1915 年,共 14 张纸,其中一张的背面有一条小注,总共成为写有字迹的 15 页.稿子用钢笔和铅笔写成,是玻尔和马格丽特·玻尔的笔迹,用的是英文.

稿子是草稿,包括一些页的计算和草图.稿中有若干处改笔,有的段落无法辨认.

我们在这里重印了 4 页,这似乎是一篇从未发表的论文的引言.不关紧要的语法错误和拼法错误已经改正,而且为了便于阅读,我们增加了少数几个逗点.稿中不能确定的地方用方括号和问号标出.

本稿已拍摄在缩微胶片 Bohr MSS no.5 上.

[关于α射线的散射的札记] 163

关于一束α射线在穿透不同物质的薄层时的散射的最初详细研究是由H·盖革作出的.根据关于他的小角度散射测量结果的讨论,他得出结论说,结果是和按照由J·J·汤姆孙爵士作出的α射线和β射线的散射理论所应预期的结果定性地符合的.按照这种理论,一束这种射线在通过一个物质薄层时的散射,是由于射线和物质原子相碰撞而造成的许许多多很小的偏转的复合效应.然而,盖革和马尔斯登的较晚的观察却证明,束中为数并不十分小的一部分α射线在通过一个物质薄层时会受到角度相当大的偏转,而且这种大角度偏转的数目太大,无法和复合散射的理论相容.因此欧内斯特·卢瑟福爵士就作出结论说,射线的大角偏转并不是许许多多小角偏转[的]总效果,而是[起源]于α射线和被穿透物质的一个原子之间的一次特别猛烈的碰撞的单独一次大角偏转.这一结论已经多么突出地被C·T·R·威耳孙的单独α射线径迹的美好照片所证实,现在是众所周知的了.

[稿第[2]页]为了解释这种猛烈碰撞的说明[出现],卢瑟福作出结论说原子有一个中心核,而它是原子的几乎全部质量的所在之处,而且带有一个正电荷.其线度比整个原子的线度小得多的这个核被一些电子包围着,各电子是沿着闭合轨道绕转的,而在中性原子中,电子的数目被推断为近似地正比于原子量的一半.后来证实,卢瑟福根据这一假设推得的关于大角偏转的定律,是和马尔斯登及盖革的重复详细测量符合得很好的.

然而,在卢瑟福理论中,却没有很详细地讨论α粒子的小角散射的问题,尽管唤起人们注意到了核在这一部分散射中也起着的重要作用.特别是一个问题仍然没有解决:小角散射中有多大的一部分是起源于"单次"散射或"复合"散射?这个问题后来由C·G·达尔文进行了研究.他使用了J·J·汤姆孙爵士在β射线的散射计算中所使用的同样方法,和盖革的测量结果取得了近似的符合.所用的方法就在于求出一个α射线在单独一次和原子相碰中所受到的偏转的平均值,并令射线的总偏转的平均值等于上面这个值乘以每一个α粒子所穿透的原子数的均方根.按照下面即将考虑的瑞利勋爵关于矢量和的数值的几率分布理论,该矢量和是位于同一平面上而在其他方面则具有任意方向的许多个 164
小矢量之和*.[稿第[3]页]这一计算必须被预期给出近似正确的结果,如果而且只须对最终结果有适当[贡献]的各次小偏转的绝对值彼此相差并不太大.然

* [这一句没有写完.]

而,正如从下面的计算即将看出的那样,这一条件是根本得不到满足的*.

[稿第[5]页]按照以上提到的瑞利勋爵的理论,分布式

$$\bar{\psi}_1 \exp\left[-\frac{\varphi^{[2]}}{\psi_1^{[2]}}\right]\mathrm{d}\varphi \qquad [1]$$

式中

$$\psi_1^2 = n\varphi^2 \qquad [2]$$

如果我们考虑相等偏转[?]的每一角度一个数 n 而各自[?]具有偏转角 $\varphi_1\varphi_2$ 大数 $n_1\cdots n_i$ 我们就恰好得到所求到的和是(1)但是代替(2)[?]却是

$$\psi^2 = (n_1\varphi_1^2 + n_2\varphi_2^2 + \cdots)$$

如果各个 φ 是不连续地变化的话;(而且,)如果其值介于 φ 和 $\varphi+\mathrm{d}\varphi$ 之间的偏转数由 $P(\varphi)\mathrm{d}\varphi$ 给出,我们就同样地得到

$$\psi^2 = \int \varphi^2 P(\varphi)\mathrm{d}\varphi.$$

在这儿的关系式中必须指出,公式(1)将只给出近似正确的结果,如果对积分值有显著[贡献]的所有的偏转 φ 可以[分成]一些[组],[组]中各个偏转彼此只有很小[?]的不同而同时[每组中的?]数目又比 1 大得多的话. 条件的总表示式就[$\varphi P(\varphi)$?]必须是一个小量.

试考虑一个 α 射线和一个点状核之间的一次碰撞. 设 α 粒子在碰撞以前的速度是 V,而核是静止的,并设两个粒子的电荷和质量分别是 E_1,M_1 和 E_2,M_2. 另外,如果从核到 α 粒子的[?]路径的距离是 p,我们就得到 α 粒子所遭受**的偏转满足下式

$$\tan\psi = p\cdot\frac{2E_1E_2}{M_1V^2}\left(p^2 + \frac{M_1^2 - M_2^2}{M_1^2M_2^2}\,\frac{E_1^2E_2^2}{V^4}\right)^{-1}$$

165 在现在的讨论中,我们将只考虑少数几度的总偏转,于是就可以把 tan 用角度来代替,而这一代换在[考虑?]单次偏转时当然更是可行的. 但是,如果 ψ 很小而 M_2 较大或至少和 M_1 具有相同的数量级,那就可以看出括号中的第二项和第一项相比是很小的,从而我们就可以令

---

* [我们在此略去了稿中的第[4]页,它是第[2]—[3]页的一种稍许不同的文本.]

** [参阅本卷原第 90 页上的注.]

$$\psi = \frac{2E_1E_2}{pM_1V^2}$$

如果我们现在考虑一个 α 粒子穿透一个厚度为 Δt 而每[厘米]^3 中含有 N 个原子的物质层,则 p 值介于 p 和 $p+\mathrm{d}p$ 之间的和中心核的碰撞数由下式给出:

$$\mathrm{d}N = 2\pi p\,\mathrm{d}pN\Delta t.$$

现在让我们试图用瑞利的公式来求出总偏转的分布,并且让我们根据以后即将看到的理由来从 p_1 积分到 p_2. 于是我们就得到

$$\psi^2 = \int \varphi^2 \mathrm{d}N = \qquad \int \frac{\mathrm{d}p}{p} \qquad \ln \frac{p_1}{p_2}$$

[此稿的其次两页处理的是确定 p 的积分限的问题. 它们是相当不完全的,从而在此从略.]

167 # X. 关于原子理论的晚近工作

NYERE ARBEJDER OVER ATOMTEORIEN

1916 年秋在哥本哈根大学发表的演讲的讲稿

摘　录

(原书载丹麦文原文、英译本和图片,中译本据英译本)

见第一编《引言》,第 4 节.

此稿共 25 页，用钢笔写成，是玻尔的笔迹，在一页纸的背面有一个草图. 这 168
其实是从 1916 年 10 月 6 日到 12 月 15 日发表的 10 次演讲的相当详细的讲稿. 稿子用的是丹麦文.

我们在这儿重印了第 3 次演讲的 2 页讲稿和第 4 次演讲的 2 页讲稿中的第一页. 某些不关紧要的笔误已经改正.

有关吸收的一节中所用的多数符号都和发表的论文（本卷文Ⅷ）中的相同.

本稿已拍摄在缩微胶片 Bohr MSS no. 6 上.

172 Ⅲ　21 - 10 - 1916

关于原子理论的晚近工作

上次演讲：

电子论的某些推论. 塞曼现象以及和磁化相伴随的力学转动. 由此可以得出的关于光谱的起源和关于物质的磁性的普遍结论. 沿定态轨道绕转而并不辐射的可能性.

汤姆孙的原子模型. 解释元素周期系的一种尝试. 稳定性问题对原子理论而言的重要意义. 确定每原子的电子数的方法.

173 X 射线的散射

现象的描述. 汤姆孙的理论. 拉摩尔公式

$$\frac{2}{3}\frac{e^2}{c^3}f^2\mathrm{d}t.$$

$$mf=Ee \qquad A=\frac{2}{3}\frac{e^4}{m^2c^3}\int_{t_1}^{t_2}E^2\mathrm{d}t=\frac{2}{3}\frac{e^4}{m^2c^4}\int_{x_1}^{x_2}E^2\mathrm{d}x=\frac{8\pi}{3}\frac{e^4}{m^2c^4}S.$$

$$\alpha=\frac{A\cdot Nnb}{S}=\frac{8\pi}{3}\frac{e^4nNb}{m^2c^4}.$$ 巴克拉的结果. 所用各假设的讨论.

1) X 射线的频率相对于电子在其平衡位置附近的振动频率而言是很大的. X 射线的波长相对于电子之间的相互距离而言是很小的.

来自放射性物质的射线的散射.

射线的描述；α 射线和 β 射线. 在原子中的通过.（空气分子的平均自由程 $\lambda=10^{-5}$ 厘米. 原子半径 $a=10^{-8}$. α 射线的射程约为 $10^6\lambda$. 通过 10^6 个原子. 平均说来原子的中心达到小于 $a\times10^{-3}=10^{-11}$ 厘米的地方.）质量为 M_1 和 M_2 而电荷为 E_1 和 E_2 的两个带电粒子之间的碰撞，设第一个粒子具有速度 V 而第二个粒子则为静止.

$$\Delta T=\frac{2E_1^2E_2^2}{M_2V^{[2]}}\frac{1}{p^2+a^2},$$

$$\lg\psi=\frac{2M_2ap}{(M_1+M_2)p^2+(M_1-M_2)a^2},$$

$$a=\frac{E_1E_2(M_1+M_2)}{M_1M_2V^2}$$

汤姆孙的理论. 瑞利的公式 $E(\varphi)\mathrm{d}\varphi = \frac{2\varphi}{\varphi_1^2}\exp\left[-\frac{\varphi^2}{\varphi_1^2}\right]\mathrm{d}\varphi$. $\varphi_1^2 = (n\psi^2) \backsimeq \sum\psi^2$.

$$\bar{\varphi} = \varphi_1 \frac{\sqrt{\pi}}{2}$$

[依据]实验结果对 β 射线的散射进行的计算和通过 X 射线的散射求得的电子数近似地相符. 盖革的 α 射线散射实验. 汤姆孙理论的不能成立. 卢瑟福关于单次大角偏转的结论. C · T · R · 威耳孙的实验. 卢瑟福关于正电和质量的分布的结论. 原子核. 卢瑟福的计算* 174
$\alpha = \frac{NbE_2^2E_1^2}{4\sin^{[4]}\frac{\varphi}{2}r^2M_1^2V^4}$. 盖革的和马尔斯登的实验. 由氢核的逐出得来的对理论的证实. 最大速度: $\frac{2M_1}{M_2+M_1} = \frac{8}{5}$. 射程约为 α 粒子射程的 4 倍. 马尔斯登的实验.

α 粒子的阻止.

散射和阻止的典型区别. 核的相对影响. 计算.

$$\Delta T = \frac{2e^2E^2}{mV^2}\frac{1}{p^2+\alpha^2}. \qquad \Delta A = 2\pi p\,\mathrm{d}p\Delta x \cdot nN$$

$$\Delta T = \frac{4\pi^2e^2E^2Nn\Delta x}{mV^2}\int\frac{p\,\mathrm{d}p}{p^2+\alpha^2} = \frac{2\pi e^2E^2Nn\Delta x}{mV^2} \times \ln(p^2+\alpha^2).$$

积分限. 引入内力的必要性. 碰撞时间.

$$\tau = \frac{2p}{V} \gtrless \frac{1}{\nu} \qquad p = \frac{V}{2\nu}.$$

$$\Delta T = \frac{4\pi e^2E^2N\Delta x}{mV^2}\sum\log\left(\frac{kV^3Mm}{2\pi\nu Ee(M+m)}\right).$$

$$\frac{\mathrm{d}V}{\mathrm{d}x} = \frac{\Delta T}{\Delta x}\frac{1}{MV} = \frac{4\pi e^2E^2N}{mMV^3}\sum\log\left(\qquad\right).$$

* [此处 α 代表由靶的单位面积散射一个角度 φ 而到达离射线在致散物质上的入射点 r 处的一个单位面积上的那些粒子在入射粒子中所占的分数, b 是致散物质的厚度.]

对于氢和氦而言的符合性. 氢核射程的计算.

Ⅳ　3-11-16　关于原子理论的晚近工作.

上次演讲：卢瑟福原子模型的实验基础.

总结：由 X 射线的散射得出的每原子中电子数的确定. α 射线的散射. 汤姆孙的理论. 作为多次小偏转之结果的典型高斯定律. 和较小偏转实验的近似符合. 理论对较大偏转的彻底失败. 卢瑟福由此得到的关于原子结构的结论. 理论和实验之间的密切符合. 每原子中的电子数. α 射线逐出氢核的直接观
175 察. α 射线的阻止理论. 阻止理论和散射理论的典型区别. 核和电子的相对影响. 把电子保持在它们的平衡位置上的那些力的影响. 下列公式的推导的概述

$$\frac{\mathrm{d}V}{\mathrm{d}x}=\frac{4\pi e^{2}E^{2}N}{mMV^{3}}\sum\log\left(\frac{kV^{3}Mm}{2\pi\nu Ee(M+m)}\right).$$

和氢中及氦中的 α 射线阻止实验(以及被逐氢核的阻止实验)的符合. 这种符合对每原子中电子数的确定而言的意义(和色散相比较).

卢瑟福原子模型的详细讨论.

每原子中的电子数. 氢,氦;范・德・布若克的假说. 特征 X 射线谱.

建筑在这种基础上的一种详细理论的困难.

理论在和放射性元素有关的问题上的一般推论.

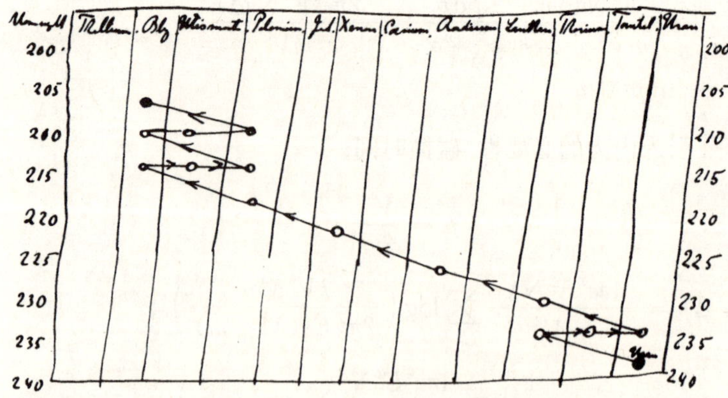

放射现象的描述. 和元素的化学变化相伴随的 α 射线和 β 射线的发射.

蜕变定律 $\mathrm{d}N=\lambda N\mathrm{d}t$. λ 和外界条件无关. α 射线的起源. 可以预期和 α 射线相伴随的对化学性质的影响. 索迪法则. β 射线的起源. 它们对化学性质的

影响.同位素的存在.

索迪的表.

同位素之存在的意义.卢瑟福理论的必然推论和同时“证明”. 176

这一理论所引向的把物理性质和化学性质分成两组的程序.一方面是放射性质和原子量,另一方面是所有其他的物理性质和化学性质.

III 21-10-1916. 4

Nyere Anskuelser om Atomteorien

Forrige Forelæsning:

Vogts Kendsgerninger af Elektronteorien. Zeeman Fænomenet og den naturlig Rotation der ledsager Magnetisering. Umiddelbar Slutning, der kunde drages deraf om Oprindelsen af Spektrene og Stoffernes Magnetisme. Muligheden af Rotation i stationære Baner uden Udstraaling.
Thomsons Atommodel. Forsøg paa Forklaring af Grundstoffernes periodisk System. Belysningen af Stabilitetsspørgsmaalet for Atomteorien. Metoder til Bestemmelse af Antal Elektroner pr. Atom.

Spredning af Röntgenstraaler

Fænomenets Beskrivelse. Thomsons Teori. Larmors Formel $\frac{2}{3}\frac{e^2}{c^3}\int f^2 dt$.

$mf = Ee$ $\quad A = \frac{2}{3}\frac{e^4}{m^2c^3}\int_{t_1}^{t_2} E^2 dt = \frac{2}{3}\frac{e^4}{m^2c^4}\int_{x_1}^{x_2} E^2 dx = \frac{8\pi}{3}\frac{e^4}{m^2c^4} S$.

$\alpha = \frac{A \cdot N n l}{S} = \frac{8\pi}{3}\frac{e^4 n N l}{m^2c^4}$. Barklas Resultater. Diskussion af de benyttede Antagelser: 1) Röntgenstraalernes Svingningstal stort i Forhold til Svingningstallet for Elektronernes Svingninger om deres Ligevægtsstillinger. Röntgenstraalernes Bølgelængde lille i Forhold til Elektronernes indbyrdes Afstande.

Spredning af Straaler fra radioaktive Stoffer.

Beskrivelse af Straalerne; α og β Straaler. Gennemgang gennem Atomerne.
(Middelvejlængde for Luftmolekyler $\approx 10^{-5}$ cm, Atomradius $\approx 10^{-8}$, α Straalers Bane c. 10^{6} ?. Gennemgang gennem 10^6 Atomer. Sandsynlighed for at komme et Atoms Midte nærmere end $a\, 10^{-3} = 10^{-11}$ cm.) Sammenstød mellem 2 elektrisk ladede Partikler af Masserne M_1 og M_2 og Ladninger E_1 E_2, naar den første Partikel har Hastighed V og den anden er i Hvile.

(1) $V \rightarrow$ p (2) $\quad \Delta T = \frac{2E_1^2E_2^2}{M_2V^2}\frac{1}{p^2+a^2}$, $\quad tg\,\psi = \frac{2M_2 a p}{(M_1+M_2)p^2+(M_1-M_2)a^2}$ $\quad a = \frac{E_1E_2(M_1+M_2)}{M_1M_2V^2}$.

Thomsons Teori. Rayleighs Formel $\quad E(\varphi)d\varphi = \frac{2\varphi}{\varphi_1^2}e^{-\frac{\varphi^2}{\varphi_1^2}}d\varphi$. $\varphi_1^2 = (n\overline{\psi^2}) = \sum\psi^2$.

$$\bar{\varphi} = \varphi_1 \cdot \frac{\sqrt{\pi}}{2}$$

Beregning af Forsøg med β Straalers Spredning, væsentlig Overensstemmelse med Antal for Elektroner bestemt med Röntgenstraalernes Spredning.

Geigers Forsøg med Spredning af α-Straaler. Utilstrækkelighed af Thomsons Teori.

Rutherfords Slutning om enkelte store Afbøjninger. C.T.R. Wilsons Forsøg.

Rutherfords Slutning om den positive Elektricitets og Massens Fordeling. Atomkerne.

21-10-1916. a2

III

Rutherfords Beregning $\alpha = \frac{Nb\, n^2 e^2 E_1^2}{4 \sin^4\frac{\theta}{2}\, n^2 M_1^2 V^4}$ Geigers og Marsdens Forsøg.

Betragtelse af Teorien ved Udregning af Brintkerner. Maximal Hastighed $\frac{2M_1}{M_2+M_1} = \frac{8}{5}$.

Ra C. 4 Lange α-partikler. Marsdens Forsøg.

Standsning af α partikler.

Karakteristisk Forskel paa Spredningen og Standsningen. Relative Indflydelse af Kernerne.

Beregning. $\Delta T = \frac{2e^2E^2}{mV^2}\frac{1}{p^2+a^2}$. $\Delta A = 2\pi p\, dp\, \Delta x \cdot n N$

$$\Delta T = \frac{4\pi e^2 E^2 N n \Delta x}{mV^2}\int \frac{p\,dp}{p^2+a^2} = \frac{2\pi e^2 E^2 N n \Delta x}{mV^2}\ln(p^2+a^2).$$

Grænser for Integrationen. Nødvendighed af Indførelse af indre Kræfter. Svingningstiden

$\tau = \frac{2p}{V} \gtrless \frac{1}{\nu}$ $p = \frac{V}{\nu}$.

$$\Delta T = \frac{4\pi e^2 E^2 N \Delta x}{mV^2}\sum \log\left(\frac{kV^3 Mm}{2\pi\nu E e (M+m)}\right).$$

$$\frac{dV}{dx} = \frac{\Delta T}{\Delta x}\frac{1}{MV} = \frac{4\pi e^2 E^2 N \Delta x}{mMV^3}\sum \log(\qquad)$$

Overensstemmelse for Brint og Helium. Beregning af Brintkerner Ra C.

IV 3-11-16 Nyere Anskuelser over Atomteorien. C

Forrige Forelæsning: Experimentelle Grundlag for Rutherfords Atommodel.

Resumé: Bestemmelse af Antallet af Elektroner pr. Atom ved Spredningen af Röntgenstraaler. α-Straalers Spredning. Thomsons Teori. Typisk Fejlen som Resultat af mange smaa Afbøjninger. Omtrentlig Overensstemmelse med Forsøgene for mindre Afbøjninger. Teoriens fuldkomne Svigten for større Afbøjninger. Rutherfords Slutninger deraf med Hensyn til Atomets Bygning. Teoriens nøje Overensstemmelse med Forsøgene. Antal af Elektroner pr. Atom. Direkte Observation af Udslyngning af Brintkerner ved α-Straaler. Teorien for α-Straalers Standsning. Karakteristisk Forskel mellem Teorien for Standsningen og Spredningen. Relative Indflydelse af Kernen og Elektronerne. Indflydelsen af de Kræfter hvormed Elektronerne fastholdes i deres Ligevægtsstillinger. Metode af Udledning af Formlen

$$\frac{dV}{dx} = \frac{4\pi e^2 E^2 N}{m M V^3} \sum \log\left(\frac{k V^3 M m}{2\pi \nu E e (M+m)}\right).$$

Overensstemmelse med Forsøg over α-Straalers Standsning i Brint og Helium (samt udstødte Brintkerners Standsning). Betydning af denne Overensstemmelse for Bestemmelse af Antallet af Elektroner pr. Atom (Sammenligning med Dispersion).

Nærmere Diskussion af den Rutherfordske Atommodel

Antallet af Elektroner pr. Atom. Brint, Helium; Van d. Broeks Hypotese. Karakteristiske Röntgenstraaleresultater.

Vanskeligheder ved en detailleret Teori paa dette Standpunkt

Teoriens almindelige Konsekvenser for de radioaktive Stoffer Vedkommende.
Beskrivelse af de radioaktive Fænomener. Udsendelse af α og β Straaler ledsaget af Stoffernes kemiske Forvandling. Desintegrationsloven $dN = \lambda N dt$. λ's Uafhængighed af ydre Forhold. α-Straalernes Oprindelse. Diskussion af den Virkning paa de kemiske Egenskaber der maa ventes at følge med α-Straalernes Udsendelse. Soddys Regel. β-Straalernes Oprindelse. Deres Virkning paa de kemiske Egenskaber. Existensen af Isotoper. Soddys Tavle.

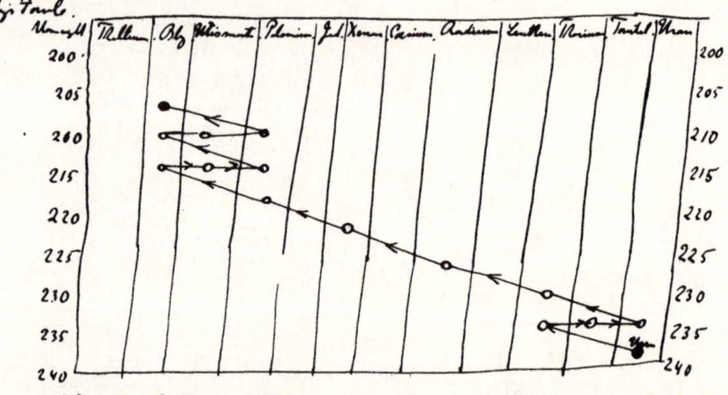

Betydning af Isotopernes Existens. Nødvendig Konsekvens og samtidig "Bevis" for den Rutherfordske Teori

Dette Program som denne Teori fører til med Hensyn til Opdeling af de fysiske og kemiske Egenskaber i 2 Grupper. Radioaktive Egenskaber og Atomvægten paa den ene Side og alle andre "~~[illegible]~~" fysiske og kemiske Egenskaber paa den anden.

XI. 论原子体系和自由带电粒子之间的碰撞结果[1]

OM VIRKNINGEN AF SAMMENSTØD MELLEM ATOMSYSTEMER OG FRI ELEKTRISKE PARTIKLER

1920 年 9 月 3 日在第一届北海地区物理学家会议上的演讲

未发表稿

(原书载丹麦文原文和英译本,中译本据英译本)

见第一编《引言》,第 6 节.

182 本卷宗在编目时归入[约1919年?].它共有20页,其中一页的背面有算草.稿子用的是丹麦文.

有3页是用钢笔和铅笔写成的,是玻尔和舒耳兹夫人的笔迹,这是演讲的提纲.另外还有5页编了号的打字稿,上有一处玻尔的手写补笔,这是演讲的开头部分.公式只有一部分已经填好.这8页重印在这里.

所用的符号和发表的论文即文Ⅷ中的相同.

其余的12页用钢笔和铅笔写成,是玻尔的笔迹.它们包括算草和草图.

这份资料已拍摄在缩微胶片Bohr MSS no.7上.

论原子体系和带电粒子之间的碰撞结果 188

引言. 信息的特点. 演讲的目的.

α 射线和 β 射线的散射和阻止.

J · J · 汤姆孙. 每原子中的电子数

卢瑟福. 原子中正电的分布.

原子模型. α 粒子和核的碰撞结果. 元素的嬗变.

两个自由粒子之间的碰撞.

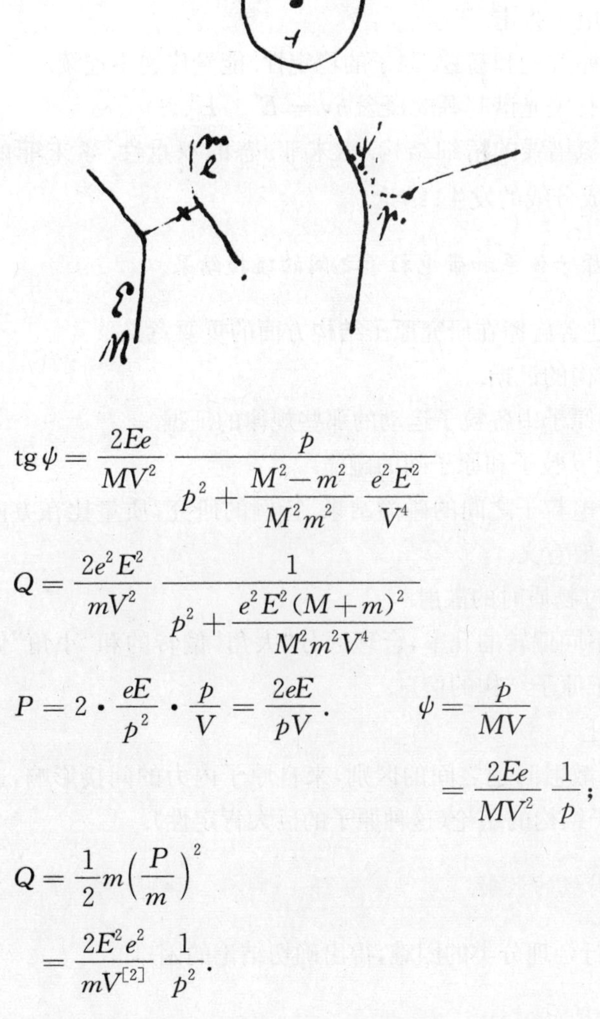

$$\operatorname{tg}\psi = \frac{2Ee}{MV^2} \frac{p}{p^2 + \frac{M^2 - m^2}{M^2 m^2} \frac{e^2 E^2}{V^4}}$$

$$Q = \frac{2e^2 E^2}{mV^2} \frac{1}{p^2 + \frac{e^2 E^2 (M+m)^2}{M^2 m^2 V^4}}$$

$$P = 2 \cdot \frac{eE}{p^2} \cdot \frac{p}{V} = \frac{2eE}{pV}. \qquad \psi = \frac{p}{MV}$$

$$= \frac{2Ee}{MV^2} \frac{1}{p};$$

$$Q = \frac{1}{2} m \left(\frac{P}{m} \right)^2$$

$$= \frac{2E^2 e^2}{mV^{[2]}} \frac{1}{p^2}.$$

189 a) 引起散射的原子核

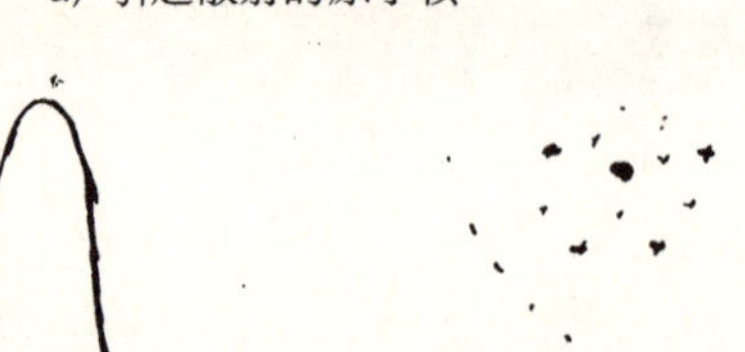

b) 能量传递 碰撞时间

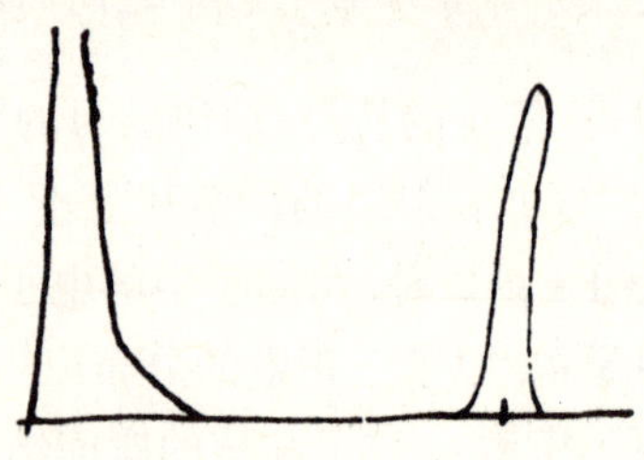

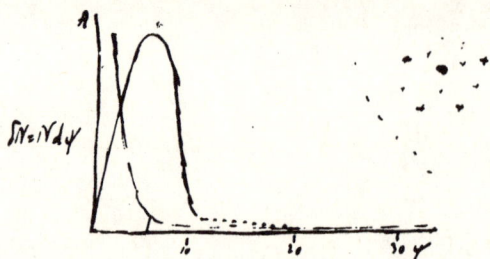

由和快速运动粒子的碰撞得来的信息.

和慢粒子的碰撞.

阴射线. 粒子电荷的改变. 光谱的起源.

电子轰击.

弗兰克和赫兹. 原子的稳定性. 能量传递不连续.

有关光谱起源的概念 $h\nu = E' - E''$.

氢谱线的精细结构. 索末菲. 态的双重性. 索末菲的精细结构理论. 轨道作图. 成分线的发生. 结论.

[稿另一页]论原子体系和带电粒子之间的碰撞结果.

引言：探索所述各碰撞在研究原子结构方面的重要意义.

1) 有关原子结构的证据.

2) 有关适用于原子中各粒子运动的那些规律的证据.

第一部分：α 及 β 粒子和原子间的碰撞.

a) 两个自由带电粒子之间的碰撞结果. 特例的研究；质量比在方向和速度的改变方面的重要意义.

b) α 射线在通过物质时的散射.

一般问题，不同偏转的几率，合理区分“大角”偏转的和“小角”偏转的分布的可能性，关于原子结构的信息.

190 *c*) α 射线的阻止.

这一问题和散射问题之间的区别，来自原子内力的间接影响，速度的几率分布. 关于原子结构的结论(这种原子的巨大肯定性).

[稿另一页]β 射线的散射.

对偏转进行合理分类的困难，得出确切结论的困难.

β 射线的阻止.

速度几率分布和在 α 射线事例中所得分布的典型差别. 针对高速电子得出有关运动规律的结论的可能性.

第二部分：原子和低速电子之间的碰撞.

a）弗兰克和赫兹的实验. 对力学的背离，分立定态. 电离和辐射的产生的问题.

第三部分：辐射的产生. 单谱线的产生，关于强度在不同谱线中间的分布问题，因为这是依赖于碰撞结果的.

第四部分：电离.

原子的电离和分子的电离之间的典型区别.

［稿第 1 页］自由带电粒子和原子体系之间的碰撞结果的研究，对于我们有关原子结构的观念的发展曾经是有最大的重要性的，而且这表现在一些不同的方面. 通过快速运动带电粒子之间的碰撞的研究，曾经不但能作出有关构成原子的基本单位的重要结论，亦即作出有关构成原子的那些带电粒子的质量及电荷的本性的重要结论；而且，通过原子和低速带电粒子之间的碰撞的仔细研究，也已经能够得到有关适用于粒子在原子中的运动的那些规律的重要信息，而这些规律是和人们在自由带电粒子在普通的电场和磁场中的运动中观察到的那些规律极不相同的. 下面我将试图对联系着这些问题而兴起的某些观点以及某些最重要的结果作一综述，同样也将提到关于这一领域中的未来工作的一些前景*. 191
为了便于综述，我将把演讲适当地分成段落；也就是说，我将首先讨论那样一些现象，它们直接依赖于我们关于带电粒子在原子中的存在的那些观念，而最多只是间接地依赖于适用于这些粒子在原子中的运动的那些特殊类型的规律. 在此以后，我将进而讨论按最直接的方式依赖于这些规律之本性的那些现象. 在第一组现象中，我们特别将看到 α 射线和 β 射线在通过物质时的散射和阻止，而在第二组中，则是通过用具有可变低速的电子去轰击原子和分子而造成的辐射和电离的问题.

［稿第 2 页］第一位强调了研究 α 及 β 射线和原子之间的碰撞的重大意义的物理学家是 J·J·汤姆孙爵士. 他曾经在现代物理学中开辟了那么多的门径. 汤

* ［最后半句曾由玻尔亲笔修改.］

姆孙证明了，如何通过观察一束 α 射线或 β 射线在通过物质时所遭受[*]的散射和吸收，就能作出有关原子中的电子数的结论. 他得出结论说，电子数必然比人们以前所公认的要小得多，而且他求得了和我们现在所设想的电子数具有相同数量级的电子数. 然而，这一领域中的决定性突破却是由欧内斯特·卢瑟福爵士作出的. 我们知道他证明了，不但能够作出有关原子中的电子数的结论，而且也能够求得有关正电荷在原子中的分布的决定性证据，因为 α 射线散射的一种更仔细的考察，给出了和汤姆孙的观点不能相容的结果；那观点就是，正电荷是均匀地分布在整个原子体积中的. 这就允许[卢瑟福]非常肯定地作出了这样的结论：正电集中在一个远远小于整个原子体积的体积中，这就是所谓原子核，从而必须假设原子核包含了几乎全部的原子质量. 于是，按照卢瑟福的这一概念，一个原子的结构就变得和我们的太阳系很相像了，因为一个原子包含一些轻粒子，即电子，而它们是绕着重得多的核在转动的. 如果我们现在要问，作为一个原子和一个 α 粒子或 β 粒子[稿第 3 页]之间的碰撞结果，我们将预期会有什么现象发生，我们就立刻会看到，有一定的可能性会使粒子在碰撞中直接打中原子中的一个粒子，尽管相反的可能性是大得多的. 虽然我们还没有看到来源于这样一个粒子
192 和原子中电子之间的碰撞的任何特别有趣的结果，但是我们却已经在一个粒子和原子核之间的碰撞中找到了具有最大意义的结果，因为卢瑟福近来已经证明了这样一次碰撞可以怎样导致原子核的分裂，而通过这种分裂，原来的核就将变成一些和其他元素相对应的核，因此人们已经涉及了一种现象，我们可以大胆地称之为从一种元素到另一种元素的转化的任意产生. 然而，我不想详细讨论这些结果，它们显然将开辟一种新的、很有前途的科学发展. 但是我在下面将只考虑那样一些碰撞，在碰撞中各粒子一直互相离得够远，以致可以把它们看成点电荷，而归根结蒂，这样的碰撞才是占大多数的.

按照这一假设，就很容易理解一个 α 或 β 粒子和原子中一个粒子之间的碰撞结果，至少当我们在我们的计算中可以忽略所考虑的粒子和原子中其他粒子之间的相互作用时是这样. 按照牛顿的结果我们知道，以反比于相互距离的平方的力相互作用并起初相距为无限远的两个粒子，其轨线是两个相似的[双曲线]，而以质心为其公共焦点，如图所示[**]；至少当相对于质心来进行描述时是这样. 在我们现正讨论的问题中，[稿第 4 页]中心问题不在于相对于公共质心而言的运动，而在于求出各粒子的运动在一次碰撞中的改变，而在那次碰撞中，其中一个粒子在碰撞以前是静止的. 然而，这却可以通过在所谈的运动上叠加一个和其

---

* [参阅原第 90 页上的小注.]

** [图原缺.]

中一个粒子在碰撞以前的运动恰好反向的直线运动而简单地做到，于是就得到画在黑板上的这种类型的运动. 对于我们的目的来说，问题首先就在于了解碰过来的那个粒子的方向和速度上的改变；简单的计算表明，这些改变由下列公式来描述：

$$\operatorname{tg}\psi=\left[\frac{2Ee}{MV^2}\,\frac{p}{p^2+\dfrac{M^2-m^2}{M^2m^2}\,\dfrac{e^2E^2}{V^4}}\right]$$

$$Q=\left[\frac{2e^2E^2}{mV^2}\,\frac{1}{p^2+\dfrac{e^2E^2(M+m)^2}{M^2m^2V^4}}\right]$$

式中 ψ 是粒子偏转的角度，而 Q 是粒子速度[能量]的改变. 此外，E 和 e 是两个粒子的电荷，M 和 m 是它们的质量，[V]是它们在碰撞以前的相对速度*，而 p 是在碰撞以前从静止离子到入射粒子轨线的距离. 使问题复杂化的只是分母上的最后一项，而在多数事例中这一项和第一项相比可以忽略不计. 更仔细地看看 193
就不难看出，最后一项是和二粒子在碰撞本身过程中由于作用在它们之间的力而遭受到的相对位移的平方同数量级的，而就绝大多数的碰撞来说，这个位移和 p 相比将是很小的. 当这个条件得到满足时，碰撞结果也是容易理解的：在碰撞本身的过程中，我们可以认为一个粒子的轨线是直线而另一个粒子则处于静止，从而我们只要考察从第一个粒子传到第二个粒子的动量就可以了. 人们可以立即得到[稿第 5 页]动量的数量级，因为很容易看出力是和 eE/p^2 同数量级的，而碰撞时间是和 $p/[V]$ 同数量级的. 因此，传递的动量就是和 $eE/p[V]$ 同数量级的，而一次很简单的计算就证明传递的动量的确切表示式恰好是上述表示式的两倍. 现在就很容易作为所传递动量和原始动量 $M[V]$ 的比值来求出入射粒子的偏转角度，而该粒子所损失的速度则可以通过考虑起初处于静止的粒子所获得的动能而最容易地求出. 这个动能等于 $\frac{1}{2}m$ 乘以该粒子通过碰撞而获得的速度的平方，而这个速度又等于所传递的动量除以 m. 因此，所传递的动能就等于

$$\left[\frac{2E^2e^2}{mV^2}\,\frac{1}{p^2}\right].$$

* [中译者按：方括号表明原稿中遗落了 V 这个字母.]

195 # Ⅻ. 论原子体系和自由带电粒子之间的碰撞结果[2]

OM VIRKNINGEN AF SAMMENSTØD MELLEM ATOMSYSTEMER OG FRI ELEKTRISKE PARTIKLER

Det nordiske H.C. Ørsted Møde i København 1920，
H.C. Ørsted Komiteen，Copenhagen
1921，pp. 120—121

1920年9月3日在第一届北海地区物理学家会议上的演讲摘要

未发表稿

（原书载丹麦文原文和英译本，中译本据英译本）

见第一编《引言》，第6节.

此摘要亦见 Fys. Tidsskr. **19**(1920—1921)57—59,内容相同. 196

199 1920 年 9 月 3 日，星期五，下午 2:00

主席：V · 杰尔克内斯教授

N · 玻尔，哥本哈根：论原子体系和自由带电粒子之间的碰撞结果.

在演讲中，作出了一种努力，来对有关原子结构的不同信息作一综述，这种信息是通过考察原子体系和自由带电粒子之间的碰撞所应得出的.

首先讨论了用什么方式可以在卢瑟福“有核原子”观念的基础上详细说明 α 射线和 β 射线在通过物质时所遭受* 的散射和吸收，以及如何用这种办法不但能够得到所用的有关原子的基本构成单位的本性和数目的那些假设的一种证实，而且也能够作出关于各粒子在原子中的距离及速度的一些更加准确的结论. 在这些考虑中，碰撞的结果是借助于通常的力学定律来计算的，而且这也受到了一件事实的支持，那就是，入射粒子的运动在其间发生显著变化的那些碰撞是进行得很快的，从而在碰撞本身的过程中，原子中各粒子之位形的变化和这些粒子的相互距离相比就是微不足道的. 于是，利用有关原子在碰撞以前的态的某些假设，就能够在这种局面下计算自由粒子的运动在碰撞过程中遭受到的改变，而不必引入有关另外一些改变的任何假设，那些改变是由于碰撞所造成的运动改变而事后发生在原子的态中的. 因此，上述这些改变之不能借助于通常的力学定律来计算就是无关紧要的；要知道，这些改变必然和一些条件密切有关，各该条件确定着原子中各粒子的各种可能的力学运动的物理稳定性.

当研究为了用自由电子去轰击气体分子而产生电离和辐射所需要的最小能量时，必须涉及那样一些碰撞，在碰撞中，粒子间可觉察的效应将持续一段和原子中各粒子的绕转周期同数量级的时间，这是和以上提到的那些现象很不相同的. 因此可以预期，在这些碰撞中，支配着原子稳定性的那些偏离了力学的规律将起一定的作用. 这些预期，在众所周知的弗兰克和赫兹的实验中也十分令人信
200 服地得到了证实. 在那些实验中，汞蒸气受到了具有可变速度的电子的轰击. 这些实验以及最近几年用其他物质做的许多类似的实验都证明，在所考虑的这种碰撞中，只可能向原子传递确定数量的能量. 这是和我们通过元素光谱的量子论解释而被引导到的那些观念完全对应的. 按照这种理论，一个原子只能长时间地存在于某些和体系能量的一系列不连续值相对应的“定态”中，而和一条特定谱线相对应的那种辐射则是通过两个这种态之间的跃迁来发射的. 事实上，现在已经证实，通过上述这种碰撞的直接考察，我们就得到和通过建筑在光谱上的计算而得到的那些值恰好相同的定态间的能量差. 另外，在演讲的末尾也提到，如何

* ［参阅原第 90 页上的小注.］

通过原子和缓慢运动电子之间的碰撞的上述考察,看来就不但能够得出关于原子之可能能量值的结论,而且也能够通过由这些碰撞所造成的各谱线的相对强度的观测来更进一步地检验那些关于原子[电子]在定态中的运动的基本量子论假设.

L·韦伽德参加了讨论.

第二编　穿透的普遍理论

引　　言

因斯·陶耳森

1. 电子在原子碰撞中的俘获和损失(1925—1926)

电子在原子碰撞中的俘获和损失问题,在1925年仍然是研究所中的一个研究对象,而在哥本哈根度过了1925—26这一学年的留维林·希莱茨·汤马斯就继续进行了他在剑桥时的研究.在1925年11月26日的一封信中,玻尔向喇耳夫·霍瓦尔德·否勒通报了进展的情况(1925年11月26日玻尔致R·H·否勒的信,全信见本书第五卷原第337页):

有汤马斯和我们在一起,我们这里的人们都很高兴;他近来正在努力研究和碰撞结果有关的一些量子力学问题,这在目前可能是很难成功地加以处理的.等到和研究所有关的工作结束以后,我就会有一点自己的时间了,我盼望和他一起来加紧研究这些问题.然而,在此期间,他已经开始进行他在剑桥就已感兴趣的某些计算,而且我们在最近几天内一直在讨论α粒子对电子的俘获这一整个的问题.他在经典理论的基础上对这一俘获作出了估计,得出了并非不熟悉的结果,就是说,这种理论将不能说明您的论文中根据卢瑟福的实验而假设了的氢中的俘获频次.然而他现在提出了这种频次是否果真和观测相一致的问题.他的论点是,卢瑟福在氢中进行的直接实验只涉及了α射线的很低的速度,而且他在卢瑟福的论文中也找不到在氢中外推到较高速度的根据.对于低速度,和经典估计的符合并不是十分不满意的,从而问题将肯定是和在我的近期论文[①]中所假设的很不相同的,如果氢中的俘获频次对较高的速度来说比你的和我的论文中所假设的小得多的

① N. Bohr, *Über die Wirkung von Atomen bei Stößen*, Z. Phys. **34**(1925)142—157.这篇论文重印于本书第五卷原第175页上.并参阅斯陶耳岑堡给第五卷第一编写的《引言》,该卷原第69页.

> 话.我谈到这一点是为了问问你,你是否认为实验资料比汤马斯所假设的更
> 204 加完全.当然我们是知道卢瑟福关于俘获和损失之比在一切物质中近似相等的那种优美论证的,但是我们不能肯定这是不是也适用于氢这一极端事例.我记得几年前和卢瑟福讨论过,当时我问过他证据对氢中俘获而言的肯定性,但是那时我还不知道汤马斯所强调的那种区分高速度和低速度的可能性.

否勒在1925年12月4日答复了玻尔[1a],他证实,当时还没有关于电子在氢中在较高速度下的俘获的实验资料.玻尔在1926年1月27日写信给卢瑟福说(1926年1月27日玻尔致卢瑟福的信,全信见本书第六卷原第457页):

> 否勒可能已经告诉你,我们近来在哥本哈根曾对电子被α粒子所俘获的问题很感兴趣.否勒的一个学生,正在这里工作的汤马斯先生曾经对这一问题作了一些计算,计算的结果表明有必要在比你的独创性工作中所曾研究过的速度更高的速度下测量氢中的俘获.如果你现在并没有考虑在卡文迪许实验室中进行这样的测量,雅科布森可能愿意试做这样的实验,而他的有关反冲粒子寿命的工作你可能是记得的.我们完全知道困难的所在,但是却也已经讨论了一些克服它们的方法.

卢瑟福在1926年2月8日通知玻尔说,如果J·C·雅科布森将承担这些实验,那将会使他非常高兴,因为当时他忙于别的工作,顾不上考察这样一些问题.因此,雅科布森就开始测量α粒子在氢中俘获电子的截面,而在1926年5月15日,玻尔就写信给卢瑟福说(1926年5月15日玻尔致卢瑟福的信,见本卷原第787页):

> 至于实验工作,雅科布森已经在有关α粒子对电子的俘获的考察方面取得了很好的进展;关于这种考察,我在某些时候以前是给你写过信的.看来他已经得到了结论性的证据,表明高速α粒子的俘获和损失之比对氢来说要比对空气来说小得多.现寄上打算在《自然》上发表的一篇短文[2]的副本,在此文中,雅科布森已经对他的结果作了初步的说明.他已经得到了一套工作得很好的实验装置,他现在正用这套装置来把测量扩大到其他气体中去.

[1a] 信见本卷原第677页.

[2] J. C. Jacobsen, *Capture of electrons by α-particles in hydrogen*, Nature **117**(1926)858.

205

雅科布·克瑞斯先·雅科布森、玻尔和埃贝·喇斯姆森

玻尔在他 1925 年的碰撞论文中已经指出，电子的俘获和损失之间的平衡，在最轻 204
的元素和最重的元素中应该是大不相同的[3]，而这一点确实由雅科布森证实了.
就氢中的高速 α 粒子来说，俘获截面和空气中的截面相比是微乎其微的. 205

汤马斯在 1927 年发表了他的建筑在经典力学上的电子俘获理论[4]，罗伯特·奥本海默在 1928 年考虑了一种量子力学的微扰处理方法[5]，而亨德瑞克·C·布林克曼和亨德瑞克·K·克喇摩斯在 1930 年又考虑了这种方法[6]. 卢瑟福

---

③ 见注①所引文献的 p. 149.

④ L. H. Thomas, *On the Capture of Electrons by Swiftly Moving Electrified Particles*, Proc. Roy. Soc. London **A114**(1927)561—576.

⑤ J. R. Oppenheimer, *Three notes on the quantum theory of aperiodic effects*, Phys. Rev. **31** (1928)66—81; *On the quantum theory of the capture of electrons*, *ibid*, pp. 349—356.

⑥ H. C. Brinkman and H. A. Kramers, *Zur Theorie der Einfangung von Elektronen durch α-Teilchen*, Proc, Akad. Amsterdam **33**(1930)973—984.

曾经发现电子俘获的截面近似地正比于 v^{-6}；汤马斯发现，对高速度来说，电子
206 俘获的截面正比于 v^{-11}，而布林克曼和克喇摩斯针对氢中的高速粒子发现它正比于 v^{-12}，这将可以解释雅科布森的结果.

在 1962 年 5 月 10 日由汤马斯 · S · 库恩和乔治 · 乌冷贝克主持的一次《量子物理学史料》采访中，汤马斯谈到了 1925—26 年他在哥本哈根的岁月(AHQP，1962 年 5 月 10 日对汤马斯的采访，转录本 p. 7，英文)[6a]：

> 当时我正在……考察 α 粒子在通过物质时对电子的俘获和损失. 而且有关此事的一篇论文……也发表了. 那里的主要之点就是，实验数据曾被诠释错了. 当时人们相信，氢对电子的俘获和损失比实际的值要大得多. 当我发现无论如何也看不出你会得到一种较大的效应时，我就和玻尔教授讨论了这一点. 某些人相信，量子理论将解释一切种类的这种问题. 但是在这一事例中，却发现观测结果是被诠释错了的. 在氢的事例中，它们并不具有在其他东西中所具有的那些大值. ……而当我在那儿时，我就仔细阅读了实验论文，从而就得出了结论，即实验确实是支持了理论结果的，而那结果就是，效应在较重的东西那儿要大得多.
>
> 库恩：当你回到数据上去时，你是正在这一问题上和玻尔亲密地一起工作的吗？……
>
> ……现在我不知道了. 玻尔永远是启发别人的，但是在我在那儿的头两个月中，我却很少见到他. 我想他当时是很忙的.

在他 1948 年的论文中，玻尔讨论了俘获和损失的问题，以后我们将联系到该论文的讨论再回到这个问题上来.

2. 碰撞现象的量子力学处理(1926—1930)

正如在他于 1925 年 11 月 26 日给否勒的信中所提到的那样，当时玻尔正在希望把新量子力学引入到原子碰撞的领域中来. 旧量子论已经辉煌地解释了弗兰克-赫兹碰撞，而玻尔那种沿着玻尔-克喇摩斯-斯累特尔的路线来解释碰撞时间和原子的自然周期相比是很短的那些碰撞的企图，却由于玻特-盖革实验的结果而必须放弃(参阅本书第五卷). 在他于 1925 年 12 月 5 日发表在《自然》上的

[6a] 正文曾由汤马斯教授稍加修改.

《原子理论和力学》[7]一文中，玻尔明确地叙述道：

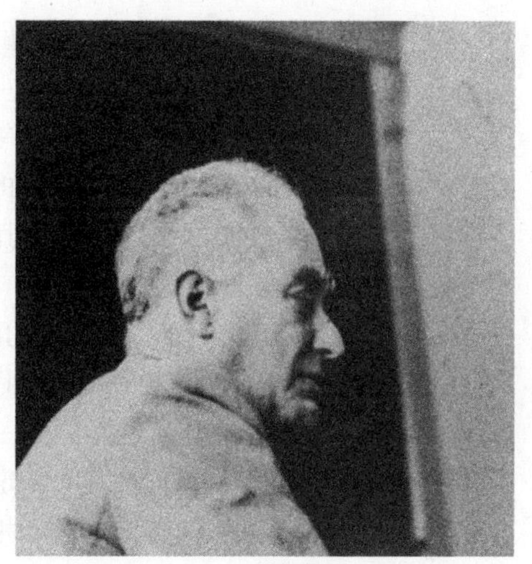
马科斯·玻恩

> ［对于］……可以按照通常的 207
> 力学概念来预期具有很简单的结果的［那种碰撞来说］，定态的公设将显得和根据公认的原子结构概念而在空间和时间中对碰撞作出的任何描述都是不可调和的.

但是，按照玻尔的看法，正是这样一种困难，就似乎恰恰要求作为由海森伯、玻恩和约尔丹发展起来的新量子力学之典型特点的那种对空间和时间中的力学模型的废弃.

然而，在原子碰撞现象的解释方面为一次新的发展铺平了道路的，却是玻恩那种众所周知的对薛定谔波函数的统计诠释. 玻恩在 1926 年的 6 月和 7 月间发表了他的关于碰撞过程之量子力学处理的论文[8]，而通过应用玻恩关于带电粒子在带电致散中心上的散射的近似方法，格列高尔·温采耳在 1926 年 11 月间在波动力学的基础上成功地导出了卢瑟福的经典性的散射公式[9]. 玻恩在 1926
年 12 月 18 日的一封信中把这种情况告诉了玻尔（1926 年 12 月 18 日玻恩致玻 208
尔的信，德文原文见本卷原第 662 页）：

> 首先，温采耳已经用一种很简单的方式证明，我的碰撞理论将作为初级近似而给出卢瑟福的 α 射线散射公式. 我自己在近几天来做到了系统地得出关于中性氢原子的碰撞公式. 在那儿，人们得到一个公式，它同时也概括了 α 射线的和电子的碰撞. 按照同样的方式，也可以计算激发几率和受激电子的散射，我现在正忙着做这件事.

---

⑦ N. Bohr, *Atomic Theory and Mechanics*, Nature (Suppl.) **116**(1925)845—852，此处所引见 p. 848. 此文重印于本书第五卷原第 269 页.

⑧ M. Born, *Zur Quantenmechanik der Stoßvorgänge*, Z. Phys. **37** (1926) 863—867; *Quantenmechanik der Stoßvorgänge*, Z. Phys. **38** (1926) 803—827; *Zur Wellenmechanik der Stossvorgänge*, Nachr. Ges. Wiss. Göttingen Math. -Phys. K1. 1926, pp. 146—160.

⑨ G. Wentzel, *Zwei Bemerkungen über die Zerstreuung korpuskularer Strahlen als Beugungserscheinung*, Z. Phys. **40**(1926)590—593.

碰撞的量子力学描述的另一次尝试是由J·A·刚特在1927年作出的[10]. 刚特首先考虑了远距碰撞;在这种碰撞中,运动粒子可以假设为沿着一条直线而不受干扰地运动着,并对所遇到的原子有一个确定的碰撞参量. 于是,问题就是:给定若干个具有已知能量分布的等价的动力学体系(在这里是氢原子),则当由 α 粒子引起的一个很小的、依赖于时间的势已经在一段短时间内作用在每一个原子上以后,能量分布将是什么样的? 假设了各原子起初是处于它们的正常态中的,刚特通过求解适用于一个电子的薛定谔波动方程,就做到了求得远距碰撞中的平均能量损失的一个表示式. 然而,对于近距碰撞,刚特却采用了经典结果,于是关于总的能量损失,他就求得了一个和玻尔的经典公式几乎完全相同的公式. 唯一要做的改动,就是把按具有特定振动周期的各个原子内电子求的和式换成一些和引起原子共振的各个虚振子相对应的项的和式. 刚特的计算似乎表明,新量子理论中的和经典理论中的能量传递是几乎相等的;于是他得出结论说,α 粒子的阻止理论中的困难,不再像在旧量子论中一样是一些根本性的困难,而只是一些代数学上的复杂性了!

在1930年,汉斯·A·贝忒发表了碰撞问题的一种建筑在玻恩平面波近似上的全面的量子力学处理[11],这种处理把入射粒子和电子之间的相互作用看成了一种微扰. 利用和第一编《引言》中的符号相同的符号,我们可以把贝忒的平均能量损失公式写成

$$\frac{\mathrm{d}T}{\mathrm{d}x}=\frac{4\pi e^2\ E^2 N}{mV^2}\sum_n f_n \log\frac{2mV^2}{h\omega_n}.$$

209 连加符号遍及各个偶极强度为 f_n 而频率为 ω_n 的原子振子. 在频率为 ω 的谐振子的事例中,贝忒公式可以简化成表示式

$$\frac{\mathrm{d}T}{\mathrm{d}x}=\frac{4\pi e^2\ E^2 NZ}{mV^2}\log\frac{2mV^2}{h\omega},$$

这是和玻尔的经典公式

$$\frac{\mathrm{d}T}{\mathrm{d}x}=\frac{4\pi e^2\ E^2 NZ}{mV^2}\log\frac{kmV^2}{\omega eE}$$

稍有不同的.

---

[10] J. A. Gaunt, *The Stopping Power of Hydrogen Atoms for α-Particles according to the New Quantum Theory*, Proc. Camb. Phil, Soc. **23**(1925—1927)732—754.

[11] H. Bethe, *Zur Theorie des Durchgangs schneller Korpuskularstrahlen durch Materie*, Ann. d. Phys. **5**(1930)325—400.

正如他自己所强调的那样⑫,贝忒的表示式给出的能量损失,将近是乔治·H·亨德孙在1922年求得的值的两倍.亨德孙曾经经典地计算了能量损失,所依据的假设是,只有可以引起激发能量的那些能量传递才需要包括在内,其结果就是,他只能说明 α 粒子能量损失的实验值的一半.以后我们将联系到玻尔1948年的论文再回到这个因数2上来;那篇论文包括了这一问题的讨论.我们指出,作为微扰方法的一种直接后果,因子 E 并不出现在贝忒公式的对数项中,于是就得到一个正比于 E^2 的能量损失.也应该指出,贝忒公式假设了入射粒子的速度和原子中各电子的轨道速度相比是很大的⑬.

玻尔在本世纪20年代的后半期没有写任何有关阻止理论的文章,但是我们从他的通信中却可以看到他是怎样追随了事态发展的.奥地利的弗里茨·考耳若什当时正在为维恩-哈姆斯《物理手册》写一章关于 β 粒子在物质中的穿透的内容,而关于此事他在1927年6月23日给玻尔写了一封信⑭,信中问了有关玻尔1915年的阻止论文⑮的几个问题.玻尔在1927年8月11日写了复信(1927年8月11日玻尔致考耳若什的信,德文原文见本卷原第723页):

> 虽然您的问题触及了一些我曾经很关心的事物,但是我在能够对这些问题发表意见以前还是不得不重翻那些旧论文.
>
> 整个的问题现在还处于一种很不明朗的状态,因为以前那些计算所依 210
> 据的原理当然必须换成近几年发展起来的那种量子理论的新方法.但是,由于经典理论和量子理论之间的普遍对应关系,这种情况或许只会对结果有很小的影响.⑯

1928年秋,内维耳·弗朗西斯·莫特到达了哥本哈根,而按照1928年5月19日给否勒的一封信⑰,玻尔当时正在盼望和莫特讨论高速粒子的问题,这是玻尔从来没有失去兴趣的一个问题.莫特所做的第一件工作,就是证明适用于库仑场的卢瑟福散射公式可以由波动力学推导出来.温采耳只给出了一种近似解,因

---

⑫ 注⑪所引文献的 p. 360.

⑬ 1931年10月E·J·威廉斯对实验证据作了一次彻底的讨论,这显然是有利于贝忒公式的.玻尔的经典公式、建筑在旧量子论上的亨德孙理论以及刚特理论得出的结果都和氢对 β 粒子的阻止本领的实验值相差40%以上,而贝忒公式则在百分之几的误差范围内给出了观测值.E. J. Williams, *The Passage of α-and β-Particles through Matter and Born's Theory of Collisions*, Proc. Roy. Soc. London **A135** (1932)108—131.

⑭ 1927年6月23日考耳若什致玻尔的信,德文原文见本卷原第719页.

⑮ 见第一编《引言》注㉜.

⑯ 1927年8月25日考耳若什的复信见本卷原第724页.

⑰ BSC, microfilm no. 10.

为他曾利用了玻恩的近似方法,但是莫特却做到了给出一个精确解[18],这是仅仅在瓦尔特·高尔顿得出一种更简练得多的解的几个月以前[19].

在他交给《量子物理学史料》的一些笔记中[20],莫特谈到了他在量子物理学发展方面的个人经验,而且在那里谈到了他在哥本哈根的停留:

> 1928 年我正在哥本哈根,当时伽莫夫正在完成他的 α 衰变理论,而我们就都责备自己说“我们怎么没想到这个”. 我当时正在做双散射实验方面的工作,我使用了狄喇克方程,并和玻尔讨论了能否观察自由电子的自旋的问题[21]. 在奥本海默论文[22]的激励下,我也算出了自由电子对电子的散射和 He 核对 α 粒子的散射[23]. 我记得当我回到剑桥时的激动心情,当时查德威克和布拉开特都插手了验证预期效应——即在 45°处两倍于卢瑟福的散射——的实验,而卢瑟福则感到意外,他说:“喏,莫特,如果你想到了任何这一类的东西,就来告诉我吧.”我想这就是在实验上发现任何迹象以前就由量子力学预言了的少数几件完全没有想到的事物之一,而且这也给卢瑟福留下了深刻的印象.

211　等同粒子间的碰撞就这样揭示了一种纯量子力学的现象——由粒子在相互作用时的不可分辨性造成的交换效应. 莫特的结果就是,在这样的事例中,关于到达立体角 $d\omega = 2\pi\sin\theta d\theta$ 中的微分散射截面的卢瑟福公式变成了

$$d\sigma = \left(\frac{e^2}{mv^2}\right)^2\left(\operatorname{cosec}^4\frac{\theta}{2} + \sec^4\frac{\theta}{2} + \left[\begin{smallmatrix}+2\\-1\end{smallmatrix}\right]\operatorname{cosec}^2\frac{\theta}{2}\sec^2\frac{\theta}{2}\times\cos\left\{\frac{2e^2}{\hbar v}\log\operatorname{tg}\frac{\theta}{2}\right\}\right)d\omega.$$

方括号中上面和下面的因子,分别适用于服从玻色-爱因斯坦统计法和费米-狄

⑱ N. F. Mott, *The Solution of the Wave Equation for the Scattering of Particles by a Coulombian Centre of Force*, Proc. Roy. Soc. London **A118**(1928)542—549.

⑲ W. Gordon, *Über den Stoß zweier Punktladungen nach der Wellenmechanik*, Z. Phys. **48** (1928)180—191.

⑳ AHQP, microfilm no. 66, sect. 12, p. 2.

㉑ 关于这个问题,参阅本书第六卷原第 305 页.

㉒ J. R. Oppenheimer, *On the Quantum Theory of Electronic Impacts*, Phys. Rev. **32**(1928)361—376.

㉓ N. F. Mott, *The Scattering of Fast Electrons by Atomic Nuclei*, Proc. Roy. Soc. London **A124** (1929) 425—442; *The Exclusion Principle and Aperiodic Systems*, Proc. Roy. Soc. London **A125** (1929)222—230; *The Collision between Two Electrons*, Proc. Roy. Soc. London **A126**(1930)259—267.

喇克统计法的自旋为 0 和$\frac{1}{2}$的粒子，第三项表示了交换效应.

正如否勒在 1929 年 3 月 30 日给玻尔的信[24]中所提到的那样，莫特在该年 3 月间把他关于电子碰撞的第一篇论文[25]的稿子寄给了玻尔，而玻尔则在 1929 年 10 月 1 日写信给莫特说(1929 年 10 月 1 日玻尔致莫特的信，信的全文见本卷原第 754 页)：

> 没能及早写信感谢你的亲切来信和你的关于电子碰撞的美好论文的稿子，甚歉. 在他最近一次来访问哥本哈根时，泡利和我讨论了这个问题，而且我们两个确实都很欣赏你那有趣的论证. 在春天的时候，我确实太匆忙地否认了在小速度碰撞事例中对经典理论的一种偏差……在当前，我又对这一课题很感兴趣，而且正在准备一篇关于量子力学中的统计法和守恒性的说明；在这篇说明中，我也希望对一个观点作出令人信服的论证，那就是，β 射线的放出问题是超出于经典的能量和动量的守恒原理之外的.[26]

正如在莫特的信中提到的那样，交换效应的后果曾由查德威克考察过[27]，而在 1930 年 2 月 3 日的一封信中，否勒就把结果通知了玻尔(1930 年 2 月 3 日否勒致玻尔的信，信的全文见本卷原第 678 页)：

> 这儿的最美妙的东西就是查德威克关于 He 对 α 粒子的散射的新实
> 验. 我想莫特当和你在一起时就已经在计算反对称性对电子-电子散射的效　212
> 应了. 这就导致二分之一的经典散射，例如在 45°处对 20 000 伏特的电子来说；这也由威廉斯[28]通过威耳孙照片上的分支的粗略说明而近似地证实了. 从那以后，莫特已经应用对称函数而把计算很显然地推广到了 α-He 散射，而且在 45°处求得了两倍的经典散射. 利用从一个强钋源发出的 α 粒子，他恰好就能在一段射程之外检验这一点，而在该段射程内则占主导地位的将是由结构引起的对平方反比定律的偏差. 查德威克已经做了这件事，而且得

㉔ BSC, microfilm no. 10.

㉕ 见注㉓.

㉖ 关于后一问题的进一步讨论，请参阅本书第九卷，但是可以提到，这是玻尔最后一次试图放弃能量的严格守恒(关于这一点，请参阅本书第五卷).

㉗ J. Chadwick, *The Scattering of α-Particles in Helium*, Proc. Roy. Soc. London **A128**(1930) 114—122.

㉘ E. J. Williams, *Passage of Slow β-Particles through Matter——Production of Branches*, Proc. Roy. Soc. London **A128**(1930)459—468.

到了一条曲线如下，而当结构效应逐渐减退时，这条曲线显然给出一个比值 2.

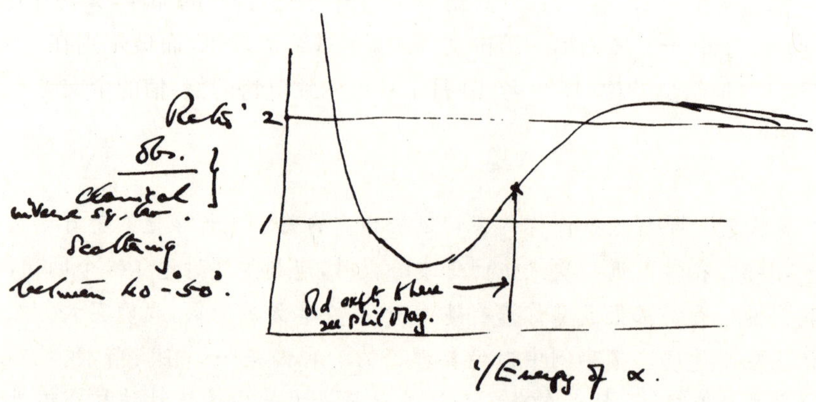

这似乎是对称函数事例甚至在一个碰撞问题中也有其正确性的一种令人高兴的直接证实.

莫特在 1930 年 4 月 6 日也把这些结果告诉了玻尔[29].

否勒在信中提到过的伊万·杰姆斯·威廉斯也在原子碰撞领域中做了工作.他在 1933 年到了哥本哈根，后来他在那里通过协助发展碰撞现象的理论基础而对玻尔产生了一种激励.威廉斯对两种领域之间的分界线特别感兴趣：一种是经典力学仍能适用的领域，而另一种是量子力学开始起作用的领域.在 1929 年 11 月 25 日威廉斯致玻尔的第一封信中，就提起了玻尔在曼彻斯特时的
213 一个旧课题(1929 年 11 月 25 日威廉斯致玻尔的信，英文)：

曼彻斯特，11 月 25 日，1929

亲爱的玻尔教授：

我很高兴能把我关于 β 粒子离散的论文[30]的一份抽印本寄给你.我所作的计算是你在 1915 年就此课题所作计算的一种继续，从而这有可能唤起你关于曼彻斯特的回忆.

近来我曾经考虑了对 β 粒子的平均阻止本领($0.25 < v/c < 0.96$)，而且我发现阻止本领近似地对应于你的“经典”公式所要求的值，但是能量损

㉙ 1930 年 4 月 6 日莫特致玻尔的信，见本卷原第 755 页.在 1947 年 1 月间，奥托·斯特恩和阿格·玻尔也在两封通信中处理了相同的问题，见 BSC，microfilm no. 32.

㉚ E. J. Williams, *The Straggling of β-Particles*, Proc. Roy. Soc. London **A125**(1929)420—445. 玻尔在 1931 年 6 月 10 日致 M·居里的一封信中也讨论了离散，该信见本卷原第 664 页.

失的分布却和经典值大不相同——几乎所有的能量都是在电离碰撞中损失掉的.这大致地就是刚特考虑了的那种量子理论所要求的(Proc. Camb. Phil. Soc. **23**,732).

你的忠实的

E·J·威廉斯

克瑞斯先·摩勒

内维耳·F·莫特

1930 年 5 月,玻尔访问了曼彻斯特.他在那里会见了威廉斯并和他讨论 214
了和柏尔根·戴维斯及 A·H·巴恩斯所做的某些 α 粒子对电子的俘获实验有关的问题[31].回到哥本哈根以后,玻尔在 1930 年 6 月 5 日写信给道格拉斯·R·哈特瑞说(1930 年 6 月 5 日玻尔致哈特瑞的信,信的全文见本卷原第 698 页):

我和雅科布森又讨论了 α 粒子对自由电子的俘获问题.虽然我们完全同意威廉斯的看法,即我所提出的关于柏尔根·戴维斯和巴恩斯的实验中的速度定义的说法是建筑在一个错误上的,但是我们仍然认为,他们的结果

㉛ B. Davis and A. H. Barnes, *The Capture of Electrons by Swiftly Moving Alpha-particles*, Phys. Rev. **34**(1929)152—156.

在许多方面包含了那么一些伴谬，以致很难同意他们的结论[32]. 但是人们当然必须对意外的发现有所准备，而且我一直和威廉斯的态度很有同感，而……和他的会晤也是我的一大快事.

威廉斯 1945 年的最后一篇论文[33]，是原子碰撞问题之处理方法的一次彻底的分析，我们以后还要回到这篇论文上来. 威廉斯在这论文中解释说，不论是他对碰撞理论的兴趣还是他在这方面的入门，都起源于对玻尔 1913 年和 1915 年的经典式的阻止论文的研读.

3. 在哥本哈根对碰撞问题的处理(1931—1932)

贝忒的阻止本领公式是非相对论式的，从而求出对应的相对论式的公式就是很自然的事. 这是由克瑞斯先・摩勒作出的[34]，他是在 1926 年在[哥本哈根]研究所中开始学习的[35]；而且这也曾由贝忒自己在 1936 年作出[36]，其结果是，所应引入的改正和在玻尔 1915 年的经典公式中已经引入的改正恰恰相同. 在 1931 年，人们还没有一种系统化的相对论式量子电动力学. 摩勒的关于两个电
215 子的散射的公式代表了前进的一步，它直接适用于阻止公式. 按照摩勒的说法，给了他这种想法的并不是玻尔，而是当 1930 年正在哥本哈根的列夫・朗道. 在 1963 年 7 月 29 日接受的《量子物理学史料》的一次采访中，摩勒回答了汤马斯・库恩的下列问题(AHQP，1963 年 7 月 29 日对摩勒的采访，转录本，p. 15，英文)：

库恩：你是怎么得到你的学位论文[37]题目的？那个题目是从哪里来的？

---

[32] 事实上，正如作者们自己在一条更正中所提到的那样，实验是错的，见 Phys, Rev. **37**(1931) 1368.

[33] 见注[72].

[34] C. Møller, *Zur Theorie der anomalen Zerstreuung von α-Teilchen beim Durchgang durch leichtere Elemente*, Z. Phys. **62** (1930) 54—70; *Über die höheren Näherungen der Bornschen Stoßmethode*, Z. Phys. **66**(1930)513—532; *Über den Stoß zweier Teilchen unter Berücksichtigung der Retardation der Kräfte*, Z. Phys, **70**(1931)786—795; *Zur Theorie des Durchgangs schneller Elektronen durch Materie*, Ann. d. Phys. **14**(1932)531—585.

[35] 例如参阅 C. Møller, *Nogle Erindringer fra Livet på Bohrs Institut i sidste Halvdel af Tyverne* [关于 20 年代后期在玻尔的研究所中的生活的一些回忆], Fys. Tidsskr. **60**(1962)54—64.

[36] H. Bethe, *Bremsformel für Elektronen relativistischer Geschwindigkeit*, Z. Phys. **76**(1932) 293—299.

[37] C. Møller, *Zur Theorie des Durchgangs schneller Elektronen durch Materie*, 博士论文, Bianco Luno, Copenhagen 1932.

摩勒：喏，实际上朗道提到了也许可以通过一种纯对应原理的处理来进行这样一种计算.他也提到了贝忒的非相对论式事例的处理.贝忒曾经在非相对论的情况下处理了碰撞现象和阻止现象.他曾经用一种适当方式写出了跃迁的矩阵元，以致看来就好像一个粒子在跃迁时会产生一种电荷分布，然后这个电荷分布就通过一个库仑势而作用到另一个粒子上.于是就出现一个相当明显的想法来相对论式地做这件事：不是引用静电库仑势，而是引用一个和电荷以及电流相对应的推迟势，而那些电荷及电流是和这样一个跃迁相对应的.这是和克莱恩对辐射的处理很相近的——一个原子从这儿跃迁到那儿时所辐射的对应原理处理.这种跃迁对应于某种电荷和电流的分布，然后人们就通过经典的麦克斯韦方程来计算和这种分布相对应的辐射.因此，这里只有更多的一步，那就是使这种辐射作用在另一个粒子上.使我对这样做有了一个概念的并不是玻尔，而实际上是朗道的这种说法.于是，当人们发现跃迁表示式事实上对两个粒子为对称时，这就非常可能会给出正确的结果了.然后，在一年以后，我想是由贝忒和费米证明了：利用海森伯-泡利量子电动力学，将正好得出同样的结果.

也应该很自然的是，刚特对远距碰撞的处理在研究所中受到了讨论.于是摩勒就在1931年12月9日给莫特写信说（1931年12月9日摩勒致莫特的信，AHQP，mf 59，英文）：

非常感谢惠寄有关用重粒子碰撞造成激发的理论的论文抽印本[38].很有趣的是，刚特应该能够和贝忒那样得出粒子阻止的同一公式.

你在你的论文中说，刚特在求积分时犯了一些错误.你能否告诉我刚特具体错在何处呢？我懒得仔细阅读他的论文，因为那计算太复杂了，但是贝 216
忒公式和刚特公式之间的差别是那样地突出，从而我将很高兴，如果你能告诉我这种差别的原因的话.

我现在已完成了两个电子的完备散射公式的计算.

大约一个星期以后，他收到了莫特的下列惊人的复信（[1931年]12月15日莫特致摩勒的信，AHQP，mf 59，英文）：

㊳ N. F. Mott, *On the Theory of Excitation by Collision with Heavy Particles*, Proc. Camb. Phil. Soc. **27**(1930—1931)553—560.

> 恐怕我也懒得阅读刚特的论文！我所知道的读过此文的唯一的一个人是E·J·威廉斯(曼彻斯特).我或许在圣诞节前的什么时候会见到他.如果见到他，我将问问他.我想错误就在于，刚特对远距碰撞采用了一个量子力学公式而对近距碰撞采用了一个经典公式，然后把二者用一种奇怪的方式凑合到一起.他当然应该对所有的碰撞都采用量子理论的公式.

情况确实就是这样.

菲利克斯·布劳赫在1930年春天曾经短期访问了哥本哈根，而在1931年10月间他又回来待了半年.他和玻尔讨论了碰撞问题，玻尔对当时形势的看法可以从1931年12月23日给海森伯的一封信中看出(1931年12月23日玻尔致海森伯的信，丹麦文原文见本卷原第699页，英译本见原第700页)：

> 在当前，我们全都对碰撞问题很感兴趣.在这个问题上，意见是相当混乱的.一方面，从一种简单的对应关系的考虑看来，α射线和β射线的阻止本领似乎能够在经典力学的基础上计算出来，只要设想原子被换成一组谐振子，正如在色散问题中的做法一样就行了.只要把阻止本领看成吸引力或推斥力使得电子密度在α粒子或β粒子的后面增大或减小的结果，这一点就会显得是特别清楚的.从这种观点看来，阻止本领可以说是起源于原子的极化，正如光线的吸收起源于由极化引起的光的散射一样.另一方面，我们在贝忒的推理中却还没能找出任何特定的错误.然而我觉得整个的玻恩近似方法在碰撞问题中是极其危险的.它在二体问题中作为初级近似而给出正确结果，那不过是巧合而已，因为分别考虑起来，每一种较高的近似也会引起数量级完全相同的贡献.因此，在一个更复杂的问题中，例如在现在所谈到的问题中，人们就必须对一切种类的意外情况有所准备.除非你在此期间自己彻底解决了问题，否则当你到来时咱们就将必须大家出主意了.

菲利克斯·布劳赫

……

再启者：我已经极其高兴地和布劳赫讨论了所有这些问题，而且附带 217
提到，在假期中他也要去挪威. 他刚刚已经告诉我，他不相信贝忒的结果来自近似方法，它是来自计算中的某种隐蔽的地方的.

当布劳赫来到哥本哈根时[39]，带电粒子在穿透物质时的阻止本领和能量损失的问题实际上还是他未之前闻的一个问题，但是当他离开时情况却不然了. 按照布劳赫的叙述，玻尔当时很高兴，因为布劳赫已经能够得到了一个能量损失公式，这
个公式作为相反的极限事例而包括了玻尔的结果和贝忒的结果：前者对应于经典 218
力学的迅速周相变化，而后者对应于玻恩近似所蕴涵的可忽略的周相变化.

在1964年5月15日T·S·库恩对他的采访中，布劳赫谈到了玻尔对他的影响（AHQP，1964年5月15日对布劳赫的采访，转录本，p. 34，英文）：

［对我来说，玻尔的影响就在于］我变得对作为某些问题之基础的基本现象更加有兴趣，而不只对得出结果有兴趣了. 我想，这一点在我在哥本哈根写的那篇论文中是相当清楚的. 在那里，又是通过他的鞭策，我拿起了玻尔的一个老题目，即粒子的阻止本领问题. 在早先，我是不会处理这样一个问题的，因为我觉得答案基本上已经有了. 在经典力学中，玻尔得到了答案；在量子力学中，贝忒得到了答案. 通过和玻尔讨论，我觉得还有些问题基本上没有被解释. 我对你说得简单点. 我要说，像那样一篇论文，我说过它在实质上只有教学意义，我不认为我在早先是会写它的. 我正在抱着很大的兴趣回忆它，而且我因为写了它而甚感高兴. 但是这却是玻尔的影响.

当布劳赫在1932年4月27日离开哥本哈根时，他的论文还没有写完，而且在1932年5月14日给玻尔的信中，他也为论文还没写完而表示了遗憾（1932年5月14日布劳赫致玻尔的信，德文原文见本卷原第650页）：

但是在开始时我有许多事情要做，讲课的事情和烦人的行政事务，而其次是一种数学的清晰阐述并不像我起初所想的那么简单，尽管在原理上我已经对全部问题有了一个整体的看法. 另一方面，这却使我有了一个希望：

---

[39] 布劳赫曾经述说了1931年他在哥本哈根的岁月，以及他在碰撞问题方面的工作，见 *Reminiscences of Niels Bohr*, Physics Today **16**(1963年10月)32—34.

所有的东西确实并不像我起初所担心的那样浅显.

然而,到了 1932 年 7 月 12 日,布劳赫就能够把稿子寄给玻尔了(1932 年 7 月 12 日布劳赫致玻尔的信,德文原文见本卷原第 651 页):

> 现在我——终于!——把我的碰撞论文[40]的稿子随信寄上,"这曾经由于没有想到的情况而被拖延了".尽管我并不认为文中有什么东西对您来说是新的,但是我将十分感谢,如果您有一天能够看看它的话.

论文于 1932 年 11 月 25 日寄给了《物理纪事》.布劳赫的处理方法是一种广义的碰撞参量处理.在这种处理中,碰撞是用从原子核到粒子路径的距离来表征的.对远距碰撞来说,忽略了场在靶原子直径上的变化.所有的碰撞都通过广义
219 碰撞参量方法而简化成了单电子问题.按照莫特在 1931 年发表的论文[41],这种方法等价于位形空间中的普通量子力学处理,如果动量传递比起入射粒子的总动量来是很小的话.用这种办法,布劳赫就得到了一个平均能量损失公式,它对参量 $2Z_1e^2/\hbar v$ 的一切值都能成立,此处 Z_1 等于入射粒子的电荷数.这个参量后来被玻尔称为 κ;而对于 $\kappa \ll 1$,布劳赫得到了贝忒的公式;对于 $\kappa \gg 1$,就得到了玻尔的经典公式.

布劳赫曾经在一条小注中征引了即将问世的玻尔论文[42].小注中说:

> 经典阻止公式或贝忒公式的适用性问题,导致了和尼耳斯·玻尔的有趣讨论,而这种讨论促使我写了这篇论文.在一篇不久即将问世的论文中,玻尔教授将进一步阐明碰撞问题中的根本问题.

正如布劳赫所强调的那样[43],在这一特定的情况下,"不久"竟意味着十五年.

玻尔这篇关于碰撞问题的论文的进行情况,可以从他的来往信件中看出.1932 年 6 月 15 日,玻尔给布劳赫写信说(1932 年 6 月 15 日玻尔致布劳赫的信,BSC, mf 17,丹麦文):

---

[40] F. Bloch, *Zur Bremsung rasch bewegter Teilchen beim Durchgang durch Materie*, Ann. d. Phys. **16**(1933)285—320.

[41] 见注[38].

[42] 注[40]所引文献的 p. 288.

[43] 注[39]所引文献的 p. 34.

> 我自己在碰撞问题方面已经进行了许多思考，特别是在由质子引起的原子嬗变问题上，这为量子力学处理和经典处理之间的分歧提供了一个美好的实例.

对海森伯，玻尔在1932年6月27日写道(1932年6月27日玻尔致海森伯的信，丹麦文原文见本卷原第701页，英译本见原第703页)：

> 我目前很忙，部分地忙于写几篇关于超导性的小短文㊹和关于角动量及辐射问题的小短文㊺，而部分地忙于联系到中子碰撞和质子的核散射来写一篇关于碰撞问题的文章. 在这方面，确实已经能够全面地理解关于一些佯谬的问题，那些佯谬包括在α射线和β射线的阻止和电离的量子力学处理之中，而且已经讨论了很久了.

经典处理和量子力学处理之间的对应关系问题，在1932年6月28日给奥斯卡·克莱恩的一封信中也提到了(1932年6月28日玻尔致克莱恩的信，丹麦 220
文原文见本卷原第711页，英译本见原第712页)：

> 罗森菲耳德和我也都和摩勒进行过一些很长的讨论. 摩勒了解得很清楚，可以在经典处理和量子力学处理之间的相互关系问题方面进行很多的工作，而且他将在他的学位论文㊻的丹麦文总结中比较详细地论述这一点. 他刚刚寄出了德文论文的校样，并将在他的假期中进行重写丹麦文总结的工作. 到了那时，我希望我的文章也应该已经发表了，如果一切情况顺利的话. 目前我正和罗森菲耳德一起做这方面的工作，但是我怀疑我在必须动身去布鲁塞尔以前能够完成它，因此，如果当我航海出游回来以后可以不揣冒昧地带着这篇文章来麻烦你，那将是对我的一大帮助.

玻尔在1932年7月7日写信给海森伯说(1932年7月7日玻尔致海森伯的信，丹麦文原文见本卷原第704页，英译本见原第705页)：

> 到了那时[当玻尔从挪威回来时]，布劳赫也将到梯斯维耳德来住一段

㊹ 稿本，*Supraleitung*，1932. Bohr MSS，microfilm no. 13.

㊺ 稿本，*Angular Momentum in Radiation Theory*，1932—1939. Bohr MSS，microfilm no. 13. 见本书第七卷.

㊻ 见注㊲.

时间，在那里，我们两个都希望写完我们关于碰撞问题的论文. 既然我在自己的论文中触及了一般的核问题，如果你能立即来封短信，谈谈你关于 γ 射线散射的想法的目前状况，我将很欣慰.

布劳赫直到 1932 年 9 月 26 日才到达哥本哈根，而且当他在 10 月 27 日离开时，玻尔的论文仍然没有写完. 第二天，玻尔写信给克莱恩说(1932 年 10 月 28 日玻尔致克莱恩的信，丹麦文原文见本卷原第 713 页，英译本见原第 715 页)：

在上一星期中，我曾经和布劳赫很有兴趣地而又很有收获地讨论了几次碰撞问题. 布劳赫在昨天走掉了，因此当前我是加倍急切地想完成有关这些问题的小论文，而在这篇论文方面，你在今年夏天是帮了我那么多忙的.

然而，布劳赫却已经完成了他的关于碰撞问题的论文的一个续篇[47]，而且他在 11 月 5 日把此事通知了玻尔(1932 年 11 月 5 日布劳赫致玻尔的信，德文原文见本卷原第 653 页)：

近来我已经按照汤马斯-费米方法再一次计算了多电子原子的阻止本领. 这很简单，而且进一步给出了阻止本领随原子序数的变化情况；这种变化情况比贝忒通过按各个电子的复杂求和而得到的值和实验符合得好得多.

在贝忒的能量损失公式中，因子 $I=\hbar\omega$ 是出现在对数的宗量中的. 现在布劳
221 赫通过利用动力学汤马斯-费米模型来进行处理，已经发现这个平均激发能量近似地正比于靶原子的原子序数. 布劳赫论文的校样是在 1932 年 11 月 14 日寄给玻尔的[48]，而玻尔在 11 月 21 日回信致谢并对他自己关于碰撞的论文的进展作了说明(1932 年 11 月 21 日玻尔致布劳赫的信，丹麦文原文见本卷原第 655 页，英译本见原第 656 页)：

我自己还没能抽出时间来进行关于碰撞问题的任何工作，因为罗森菲

---

[47] F. Bloch, *Bremsvermögen von Atomen mit mehreren Elektronen*, Z. Phys. **81**(1933)363—376.

[48] 1932 年 11 月 14 日布劳赫致玻尔的信，德文原文见本卷原第 654 页.

耳德和我不得不在电动力学方面紧张地进行工作[49]，这种问题恰恰在现在已经给我们带来了新的惊奇……克莱恩在12月份的第一个星期内将留在这里，而如果在此以后您有可能到这里来短期访问，那就将对我是很合适的．那样我们就可以在圣诞假期以前结束关于碰撞问题的论文了．

论文根本没有写完和发表，但是计划的论文内容可以根据文献馆中的笔记看出[50]．标题又拟为“原子碰撞问题及其和有关核蜕变的晚近发现的关系”或“原子碰撞问题和有关核蜕变的晚近发现”．关于碰撞问题，要点就在于有关判据的讨论，那就是包含在布劳赫的结果中的分别关于经典轨道图景和量子力学处理之适用性的判据．文稿针对玻尔在1915年处理了的现象，即能量损失公式的相对论改正、离散和电离，讨论了量子力学性的改动．

4. 和E·J·威廉斯一起进行的关于碰撞问题的工作

1933年春天，E·J·威廉斯曾经申请一笔洛克菲勒奖学金，以便能够到柏林的丽丝·迈特纳的实验室中去工作一年，但是德国的政治局势使他改变了主意．1933年5月17日，威廉斯把他的计划的改变告诉了玻尔(1933年5月17日威廉斯致玻尔的信，信的全文见本卷原第791页)：

伊万·杰姆斯·威廉斯

然而，有鉴于德国当前的政治局势，洛克菲勒委员会无论如何是不太可能选派任何学者去德国学习的，从而他们曾经要求我建议德国以外的一个求学的地方．我曾经考虑了这个问题，而且确信我没有比哥本哈根的你的研究所更好的选择，因此，如果你能 222

[49] N. Bohr and L. Rosenfeld, *Zur Frage der Messbarkeit der elektromagnetischen Feldgrössen*, Mat.-Fys. Medd. Dan. Vidensk. Selsk. **12**, no. 8(1933). 重印于本书第七卷中.

[50] 稿本，*Atomic collision problems and the recent discoveries regarding nuclear disintegrations*, 1932. 见本卷原第267页，英译本见原第278页.

> 允许我到你那里去，我将确实是很高兴的.
>
> 我的工作主要是在实验方面，从而在我留学的一年中，如果可能我也愿意做些实验的研究. 我打算到迈特纳教授的实验室中去研究的实验问题是"β粒子在穿透箔片时所遭受的能量损失的分布".

威廉斯也向玻尔报道了他所发表的论文和计划中的研究所需要的仪器. 5 月 24
223 日，玻尔回复了威廉斯(1933 年 5 月 24 日玻尔致威廉斯的信，信的全文见本卷原第 794 页)：

> 我刚刚在帕萨迪纳这儿收到了你的和布喇格教授[51]的来信. 我们确实很欢迎你在下一年到哥本哈根来和我们一起工作. 对我以及对摩勒博士来说，讨论我们全都很感兴趣的碰撞问题将是一大快事. 我也确信我们能够向你提供继续进行你的实验研究所需要的设备. 你愿意进行研究的并在来信中提到的那些问题看来确实是令人很感兴趣的. 然而我想，最好等你到了哥本哈根而且我们已经有机会对这一领域中目前发展得如此迅速的整个形势进行了讨论以后，再来作出任何确定的安排.

在同一天，玻尔在寄给哈瑞 · 密耳顿 · 密勒[52]的一封推荐信中写道(1933 年 5 月 24 日玻尔致密勒的信，信的全文见本卷原第 753 页)：

> ……威廉斯先生曾经在原子碰撞领域中做了优秀的工作，而近几年来我们在哥本哈根曾对这一领域特别感兴趣. 因此，他来参加我们的研究就将受到很大的重视，而且我希望这对他本人也会很有好处.

从 1927 年到 1929 年，威廉斯曾经在剑桥卡文迪许的欧内斯特 · 卢瑟福爵士手下工作过，但是他在 1930 年回到了曼彻斯特，在那里担任副教授(Assistant Lecturer)直到 1937 年. 在那里，他对原子碰撞理论作出了重要的贡献，特别是在相对论式的领域中. 帕垂克 · M · S · 布拉开特曾经描述过威廉斯研究问题的方法的力量到底是什么[53]：

---

[51] 1933 年 5 月 16 日威廉 · L. 布喇格致玻尔的信，见本卷原第 664 页.

[52] 密勒是洛克菲勒基金会巴黎办事处的职员.

[53] P. M. S. Blackett, *Evan James Williams*, 1903—1945, Obituary Notices of Fellows of the Royal Society, No. 15. Vol. 5. February 1947, pp. 387—406. 此处引文见 p. 388.

224

1933年的哥本哈根会议

> ……威廉斯持有一种很强的经典观点,就是说,他不能满足于不经分析地接受量子理论的一切惊人的预言,而是不懈地试图用一种半经典的方式去理解现象的细节机制,特别是原子级粒子的碰撞的细节机制.按照这种办法,他不但得到了一些重要的新结果,而且也能够对量子理论的预言作出一种物理的理解,而那些预言常常是被它们的确切解所要求的那种繁重的数学工具所掩盖了的.在玻尔主要用于原子结构问题上的那种分析和威廉斯对碰撞问题的分析之间,是有一种密切的类似性的……

225 我们已经提到过威廉斯关于 β 粒子之离散的论文[54]和他的 1930 年的工作[55],当时他第一次在实验上证实了电子之间的碰撞的交换效应的正确性. 1931 年,出现了两篇关于 β 粒子之能量损失的论文[56],而在第二篇论文中,威廉斯用半经典的方法对碰撞问题作出了详细的理论分析.他的结果是,第一,虽然经典理论和量子理论近似地给出相同的平均能量损失,但是在初级电离、离散和分支产生之类的不同碰撞现象中的能量损失分布方面,二者却是完全不同的.第二,实验证据显然是有利于量子理论的.

在他的其次一篇论文[57]中,威廉斯考察了贝忒的碰撞理论,而且他发现,这种理论比刚特的半经典理论要和能量损失方面的实验数据符合得好得多.然而威廉斯也注意到,还是存在一些分歧,而这种分歧现在更严重了,因为没有多少余地可以把它们归因于理论计算的不完备性或近似性了.

威廉斯在到达哥本哈根以前所发表的最新论文是在 1932 年 11 月间完成的,处理的是碰撞参量方法在碰撞中的应用[58].在这篇论文中,他考查了运动粒子的场对远距原子的干扰和由辐射引起的干扰之间的关系,这就是应用于远距碰撞中的激发和电离等现象上的和 1924 年费米的办法[59]相类似的处理.也特别重要的是威廉斯对相对论式能量损失公式中的 $\ln(1-v^2/c^2)$ 一项的讨论,他发现这一项导致电离随入射粒子能量的一种对数递增.

很显然,当他于 1933 年 9 月 4 日到达哥本哈根时,威廉斯在和玻尔讨论碰

---

[54] 见注[30].

[55] 见注[28].

[56] E. J. Williams, *The Rate of Loss of Energy by β-Particles in Passing through Matter*, Proc. Roy. Soc. London **A130**(1931)310—327; *The Loss of Energy by β-Particles and its Distribution between Different Kinds of Collisions*, *ibid.*, pp. 328—346.

[57] 见注[13].

[58] E. J. Williams, *Application of the Method of Impact Parameter in Collisions*, Proc. Roy. Soc. London **A139**(1933)163—186.

[59] 见第一编《引言》的注[105].

撞问题方面是准备得很好的；他在哥本哈根待到了 1934 年 11 月 2 日[60]. 玻尔和威廉斯打算合写一篇关于碰撞问题的论文，正如从玻尔在威廉斯离开以后和他 226
的通信以及威廉斯自己起草的一份草稿[61]中可以看出的那样. 计划论文的内容如下：

> §1. 两个自由粒子之间的碰撞. 轨道处理和波动处理的条件，以及两种形式的处理在库仑相互作用下的汇合. 有界场问题，其中包括喇姆造尔效应和由中子引起的次级电子的产生.
>
> §2. 运动带电粒子和束缚电子的碰撞. 经典处理和波动处理的各别界限，以及从阻止本领的经典公式到贝忒公式的过渡.
>
> §3. 相对论式事例中类似于§1 和§2 的考虑.
>
> §4. 有辐射的碰撞. 轨道处理的条件以及测量辐射反作用的极限.

论文根本没有写完，底稿只处理了头两节. 然而，我们从丹麦王国科学院的会议报告可知，玻尔在 1934 年 11 月 2 日提出了一篇学术报告，题为《论经典物理学方法在描述原子理论中的碰撞过程和辐射过程方面的适用性》[62].

从 1934 年 12 月 30 日到 1935 年 1 月 15 日，威廉斯又回到了哥本哈根. 在 1934 年 12 月 18 日，玻尔曾经写信去说(1934 年 12 月 18 日玻尔致威廉斯的信，信的全文见本卷原第 795 页)：

> 我们都在盼望的你到这里的来访，肯定将是一段忙碌的时间，但是我们大家都将力图使它尽可能地有益处，而且，即使在你留在这儿时咱们做不到完成咱们的合撰论文，咱们至少可以走得够远，以致我可以在卡耳卡尔的协助下很容易地完成它；我近来已经开始和卡耳卡尔讨论一些更加复杂得多的碰撞问题，例如人们在试图解释某些斯塔克效应图样中的有趣不对称性时所遇到的那种碰撞问题.

---

[60] J·A·惠勒在 R. H. Stuewer(ed.), *Nuclear Physics in Retrospect*, University of Minnesota Press, 1979 一书的 pp. 217—306 上谈到了威廉斯在哥本哈根时的情况，见该书 pp. 236—254. 当提到威廉斯时，惠勒说当时他和罗森菲耳德是玻尔的“左右手”.

[61] 稿本，*Collision Problems*，编目归入[1932—1933?]，见本卷原第 287 页. 并参阅 1934 年 11 月 16 日威廉斯致玻尔的信，见原第 794 页.

[62] N. Bohr, *Om Rækkevidden af den klassiske Fysiks Metoder ved Beskrivelsen af Sammenstøds- og Straalingsprocesser indenfor Atomteorien*, Overs. Dan. Vidensk. Selsk. Virks. Juni 1934— Maj 1935, p. 30. 只给出了标题. Nature **135**(1935) 447 给出的标题是 *On the applicability and limitation of the methods of classical physics in the description of collision and radiation processes*.

1935年1月21日,威廉斯写信回来说(1935年1月21日威廉斯致玻尔的信,英文):

曼彻斯特,1月21日,1935

亲爱的玻尔教授:

我于上星期二平安地回到这里.我在哥本哈根度过了很愉快的两个星期,而且我愿意为了研究所的热情接待而向你特别致谢.

227 现随信寄上我的关于"辐射理论的结果对碰撞的应用"[63]一文的摘要.我很遗憾地告诉你,我没能找到去年10月间我为关于碰撞的合撰论文所写成的稿子.然而稿子并不多,我再写一遍也费不了很长的时间.那时我将把它寄给你.我也将力图尽可能快地写成关于散射的实验论文.

你的忠实的

E·J·威廉斯

1935年1月1日,奥本海默发表了一篇论文[64],他在文中讨论了威廉斯关于高能电子之辐射公式和电离公式的工作.在1935年2月9日给玻尔的一封信[65]中,威廉斯谈到了这篇论文,而玻尔在1935年2月11日给威廉斯的信中也评论了它(1935年2月11日玻尔致威廉斯的信,信的全文见本卷原第798页):

在最近一次科学院的会议上,正式批准了在我们的院报上发表你关于碰撞问题和辐射理论的相互关系的论文,因此现在在开始排印该文方面不再有任何阻力了.在此期间,我们已经在研究所中仔细通读了你的论文,而且有许多问题我们愿意在把论文付印以前听听你的意见.

关于你的论文的头两部分,这些问题只是纯形式性的……

然而,正如我们在哥本哈根已经谈到过的那样,更加严重得多的事情却涉及这样一个问题:按现有的形式发表你的论文的第三部分[论高能公式]是否妥当?在《物理学评论》上出现了奥本海默的论文以后,这方面的困难也更大一些了;奥本海默这篇论文可能你已经见到了,而关于它的内容,我们在这里已经进行了详细的讨论……

---

[63] E. J. Williams, *Correlation of Certain Collision Problems with Radiation Theory*, Mat.-Fys. Medd. Dan. Vidensk. Selsk. **13** no. 4(1935).摘要见本卷原第796页.

[64] J. R. Oppenheimer, *Are the Formulae for the Absorption of High Energy Radiations Valid*?, Phys. Rev. **47**(1935) 44—52.

[65] 1935年2月9日威廉斯致玻尔的信,见本卷原第797页.

……

我希望你在撰写有关你的实验的论文方面进行顺利，我正在切盼着见
到它[66]. 当我回来时，我也希望以新的精力在卡耳卡尔的合作下重新拣起关
于普遍碰撞问题的工作来，而且那时我将再写信告诉你关于和这一工作的 228
完成有关的你到这里访问的最好安排.[67]

显然威廉斯曾经答应玻尔说，他将完全按照他们在哥本哈根的讨论来写一份关于碰撞问题的说明. 于是，在 1935 年 4 月 26 日，威廉斯就写道(1935 年 4 月 26 日威廉斯致玻尔的信，信的全文见本卷原第 804 页)：

我要很抱歉地告诉你，由于我和布喇格教授一起进行的关于合金中的原子排列的工作，最近两个月来我还没有抽出任何时间来用在关于碰撞的论文和我的关于 γ 射线散射的实验论文上……关于合金的论文现在实际上已经写完了，下星期就将推荐出去发表[68]. 然后我就将写出一篇关于我们联系到碰撞的普遍处理而讨论了的所有那些问题的说明来. 事实上我已经开始了，而且我将在 5 月底以前把所有的稿子寄给你.

然而，在 1935 年 7 月 23 日，弗瑞兹 · 卡耳卡尔[69]却能够从剑桥报道说(1935 年 7 月 23 日卡耳卡尔致玻尔的信，丹麦文原文见本卷原第 709 页，英译本见原第 710 页)：

威廉斯上星期六曾到剑桥，这和物理学俱乐部的会议有关；他刚刚写成了关于碰撞的文章，现在正在打字，他将寄给您一份，并寄给我一份. 有他的稿子作为进一步加工的基础，我想这实在是很好的.

最后，在 1935 年 8 月 5 日，威廉斯就把论文和下列的便函寄给了玻尔(1935 年 8 月 5 日威廉斯致玻尔的信，信的全文见本卷原第 805 页)：

---

[66] E. J. Williams, *General Survey of Theory and Experiment for High-energy Electrons*，载于 *Kernphysik*, Springer Verlag, Zurich 1936.

[67] 威廉斯的复信见本卷原第 800 页，而所标日期为 1935 年 3 月 16 日的一封玻尔致威廉斯的信见本卷原第 803 页.

[68] W. L. Bragg and E. J. Williams, *The Effect of Thermal Agitation on Atomic Arrangement in Alloys. Ⅱ*, Proc. Roy. Soc. London **A151** (1935) 540—566. E. J. Williams, *The Effect of Thermal Agitation on Atomic Arrangement in Alloys. Ⅲ*, Proc. Roy. Soc. London **A152** (1935) 231—252.

[69] 关于弗瑞兹 · 卡耳卡尔的传记性小注，见本书第一卷原第 XLⅢ 页.

我现在终于要把关于碰撞的论文寄去了.

我已经相当全面地写了关于咱们去年讨论了的所有问题的一份说明,为的是最后的论文只要通过对我所写的东西进行改正、修订和删节,而不必再增加什么很新的东西就可以准备就绪.此稿的范围,可以相当好地用它的标题来代表,那就是《空间-时间考虑在碰撞中的应用和局限》.

我起初认为,关于散射问题的"简单波动处理"的详细讨论将有点离题太远.然而我现在却认为这并不是很不合适的.第一,因为应用简单波动处
229 理的条件在很多事例中和应用轨道方法的条件是互补的,所以前者确实显现为轨道处理的相反选择.这就使得赋予简单波动处理以比其他形式的量子力学处理更大的重要性成为很合适的了.第二,在讨论快电子向原子中电子的能量损失时,其能量损失是和非浸渐碰撞中向自由电子的能量损失统计地相同的.为了针对 $Ze^2/hv \ll 1$ 来计算向自由电子的能量损失,必须涉及简单波动处理,因此,联系到散射来较早地讨论它是有用处的.

关于扩充论文使它除轨道方法和简单波动处理以外还包括其他量子力学处理模式(对慢粒子而言)的普遍讨论,恐怕那将用一段很长的时间,从而那也许可以在一篇后继的论文中加以讨论,而那篇论文当然将和我无关了.我觉得,我暂时写出的这篇论文具有一种相当紧凑而确定的范围,而且,如果这个范围不必扩充,论文在可付排印以前就可能用不着再作任何激烈的修订了.它的现有范围在效果上就是从测不准原理的立场来对碰撞问题进行的讨论.我想,假如要介绍处理碰撞问题的一切不同的量子力学方法的普遍讨论,这一目的恐怕就不会再明显地突现出来,而且论文恐怕也会变得很长了,然而我只是发表一种意见,而且不论你为论文选择什么样的范围,我总是希望我所写的东西会证实为有点用处.我几乎用不着说,能够和所建议论文的准备工作发生一点关系,我是很感荣幸的.(70)

玻尔没有抽出时间来做碰撞问题的工作,正如他在1936年6月27日向威廉斯解释的那样(1936年6月27日玻尔致威廉斯的信,信的全文见本卷原第807页):

我们大家确实都将很高兴地在秋天在这里见到你,而且我整个9月份都将留在哥本哈根.我为了我们在碰撞方面的工作而甚感惭愧,但是由于我

(70) 威廉斯写的这篇论文没被找到,但是提到的问题都由威廉斯在他1945年的论文(注(72))中进行了处理.

去年的害病和以后其他工作的压力，不论是卡耳卡尔还是我都没有能够进行那方面的工作. 然而我们都将非常欢迎有一个机会来再和你彻底讨论一下，并力图付出充沛的精力去完成它.

威廉斯没能在 9 月间到哥本哈根来，正如他在 1936 年 8 月 24 日通知玻尔的那样，但是他说（1936 年 8 月 24 日威廉斯致玻尔的信，信的全文见本卷原第 808 页）：

然而我希望我现在不能去哥本哈根并不意味着所建议的关于碰撞的普遍论文将被放弃掉.

……现在另外寄去我近来在《科学进展》(Science Progress) 上发表的关于碰撞的一篇一般论述的抽印本. (71) 230

1937 年威廉斯正在哥本哈根发表演讲

1938 年，威廉斯打算写一本关于碰撞问题的书，其中一部分将涉及他在 1933—1934 年和玻尔讨论过的问题. 他在 1938 年 2 月 15 日的一封信中写道

(71) E. J. Williams, *Passage of Electrical Particles through Matter*, Science Progress no. 121 (1936) 14—28.

(1938年2月15日威廉斯致玻尔的信,信的全文见本卷原第810页):

关于我和牛津出版社安排好出版的《电子粒子*在物质中的通过》(国际物理学专著丛书)一书,我还没写多少.然而我希望到夏末就将写完其大部分.正如我告诉了卡耳卡尔的那样,我打算用一章来处理从测不准原理的立场来对碰撞作出的普遍讨论,以及经典概念可以适用的范围,等等.然而有一些问题是我非常希望和你再讨论讨论的.例如,立方反比或更高次幂的吸引力场所引起的散射就似乎很有趣.上学期我在这些问题上花了许多时间.在某些条件下,波函数在原点上变为无限大.我发现,这是和通过原点(这些场的原点)的经典轨道相对应的.另外,在初级近似下,散射区域一般可以分成两个部分——一个部分是在某一半径譬如r'以内,那里的场足够强,以致可以适用经典轨道处理;另一个部分是在r'以外,那里的场足够弱,可以用简单波动方法(即玻恩的初级近似法)来处理.

231 至于发表关于从普遍原理的立场来对碰撞进行的处理的一篇阐述,我当然很愿意尽我的全力,如果你认为我在你撰写有关这一课题的论文方面能助一臂之力的话.我和许多人讨论过这些问题,例如和布拉开特教授就讨论过.他们都希望这些东西能够发表.然而我觉得,既然它们无论如何主要应归功于你,当发表以后,它们应该带有作者的标志.

由于战争,威廉斯没能写完他所计划写的书,但是他在1945年又回到了原子碰撞的领域并发表了一篇论文[72],后来这就成了他最后的一篇论文.他在1945年9月29日死于癌症,享年42岁.他在1945年8月25日曾经写信给玻尔说(1945年8月25日威廉斯致玻尔的信,信的全文见本卷原第812页):

现寄上《经典概念在碰撞中的应用》一文的打字本,这个课题是当我1933—1934年在哥本哈根你的研究所中时曾经有幸和你讨论过的.这是一篇论文的副本,该文我近来已作为投稿寄给了由泡利教授主编的和你的60岁寿辰有关的文集.

---

* [“电子粒子”或系“带电粒子”之误,但原信如此,故原书编者未改正.——中译者]

[72] E. J. Williams, *Application of Ordinary Space-Time Concepts in Collision Problems and Relation of Classical Theory to Born's Approximation*, Rev. Mod. Phys. **17**(1945)217—226(这一期由泡利主编,为庆祝尼耳斯·玻尔60寿辰的专号).因为这篇论文对威廉斯和玻尔在一起时所做的工作提供了一个精彩的概述,我们已把它编入本卷中,见原第627页.

这篇论文对原子碰撞现象的处理方法进行了综述和分析，而且显示了威廉斯对所涉及的各主要问题的深刻理解.

1945 年 11 月 22 日，布拉开特把威廉斯的死讯通知了玻尔[73]，而玻尔在 1945 年 12 月 9 日复了信(1945 年 12 月 9 日玻尔致布拉开特的信，信的全文见本卷原第 649 页)：

> 不多几天以前，我从雅科布森那里得悉了威廉斯去世的可悲噩耗，这真的是一个非常令人惋惜的损失. 您说得完全对，他在本研究所中完成了最可赞许的工作，而我从他在这儿的停留中感到了对他那惊人能力和清晰头脑的深深赏识. 当然，他在较早的研究中已经显示了很大的天赋，但是我们确实通过对互补性之基本问题和基本佯谬的简单阐明的共同兴趣而达到了很密切的接触. 事实上，威廉斯和我曾经计划一起沿着这种思路写一本有关碰撞现象的论著，但是由于战争造成的阻隔，这一计划竟从未实现.[74]

5. 裂变碎片的散射和阻止(1940) 232

正如我们已经看到的那样，玻尔在 30 年代中没能抽出时间来就碰撞问题撰写任何著作，但是他在演讲时却处理了这个课题. 他在 1937 年访问了美国、日本、中国和苏联，而我们从他在旅行中所作的某些简单笔记的一页上，可以看出他讨论了经典的和量子力学的阻止公式[75]. 在 1938 年 11 月间，这个题目也在三篇在哥本哈根发表的演讲中进行了讨论，那些演讲处理了射在势阱上的粒子或在库仑场中运动着的粒子的量子力学描述以及有关的问题[76].

然后，到了 1940 年，玻尔提出了不下三篇关于碰撞问题的论文[77]，全都处理的是裂变碎片在通过物质时的行为. 在 1938 年底被发现的裂变现象，在第九卷中进行处理，而玻尔对于作为一种核现象的裂变所做的工作，也在那里进行评述.

玻尔很早就意识到，由于电子的俘获和损失过程的重要性以及核碰撞所占的地位，裂变碎片提供了一种研究原子阻止和碰撞现象之全新方面的机会. 此外，高电荷就意味着能量损失的经典公式的成立. 玻尔对后一事实的提及，可以

---

[73] 1945 年 11 月 22 日布拉开特致玻尔的信，见本卷原第 649 页.

[74] 我们在本卷原第 806 和 809 页上重印了两封为威廉斯写的推荐信. 第一封是玻尔写给伦敦皇家学会的，日期为 1935 年 11 月 20 日. 第二封是写给伦敦大学的，日期是 1937 年 11 月 4 日.

[75] 卷宗 *Journey to U. S. A. and Japan*, 1937. Bohr MSS micrfilm no. 14.

[76] 稿本 *Forelæsningsnoter*[演讲稿], 1938. Bohr MSS microfilm no. 15.

[77] 参阅注[83]、[88]和[89]所引文献.

在约翰·阿奇巴耳德·惠勒在1939年作的一些笔记中看到. 从1939年1月17日开始,玻尔在美国普林斯顿度过了三个月,而且在这次停留中发表了关于量子力学中的观察问题的演讲. 3月4日,他描述了α粒子的阻止问题并讨论了经典理论和量子力学理论由参量Ze^2/hv来支配的适用性. 笔记的最后一句是:"经典公式应能适用于裂变碎片."[78]

关于裂变碎片之阻止的实验研究,直到1940年3月间才在研究所中开始,
233 但是随后很快地就得出了有趣的结果[79]. 玻尔在1940年5月27日给惠勒的信中提到了这一点,并评论了由战争引起的困难(1940年5月27日玻尔致惠勒的信,信的全文见本卷原第790页):

> 在这儿,我们近来正忙于讨论在实验室中摄得的裂变碎片云室径迹的一些美好的照片,这些照片已经显示了一些对阻止本领理论来说是很有兴趣的特点. 然而,在目前,我们深深感到和世界隔绝了,而且很缺乏美国刊物. 例如,我们没有看到2月1日以后的任何一期《物理学评论》……

他在1940年9月14日给仁科芳雄的信中也谈到(1940年9月14日玻尔致仁科芳雄的信,BSC,mf 24):

> 正是在今年夏天,我们已经做了关于裂变碎片在气体中的径迹的各种研究,而对我来说曾是一大快事的是重新唤起了我对原子级粒子在物质中的穿透的旧时兴趣,而您或许记得,这就是我在卢瑟福的实验室中的最初工作课题. 这样一些兴趣确实就是有时忘记那些巨大焦虑的唯一方法,而欧洲的一切人现在正生活在那些焦虑中呢.

---

[78] J. A. Wheeler, *Niels Bohr's Lectures on the Observation Problem in Quantum Mechanics*, given during his visit to Princeton, January 17, 1939, to late April or early May. 惠勒文件,现存费城的美国哲学会图书馆. 这些笔记的一份副本存在尼耳斯·玻尔文献馆中(尚未摄制缩微胶片). 惠勒所作关于3月4日和3月27日的演讲的笔记的一部分,重印于本卷原第301页.

[79] 关于这段时间内哥本哈根的实验工作的一次彻底的论述,见N. O. Lassen, *Lidt af historien om cyklotronen på Niels Bohr Instituttet*[尼耳斯·玻尔研究所中的回旋加速器小史], Fys. Tidsskr. **60** (1962)90—119. 在1940年10月间写给洛克菲勒基金会的一篇短报告中,汤姆·劳瑞特森描述了用高电压设备进行的实验研究如何由于一个高压变压器被烧坏而推迟了几乎半年之久. 这个变压器要送到欧登塞去修理,但是"大带"(The Great Belt,即丹麦西兰岛和芬恩岛之间的水域)冻住了,从而渡船有很长时间没有开行. 这篇报告的一份副本现藏尼耳斯·玻尔文献馆(尚未摄制缩微胶片).

234

约尔根·克鲁斯·伯吉耳德

卡尔·雅科布·布若斯特罗

汤马斯·劳瑞特森

235 1940 年夏天，约尔根 · K · 伯吉耳德[80]、卡尔 · J · 布若斯特罗[81]和汤姆 · 劳
236 瑞特森发表了关于裂变碎片径迹之云室研究的一篇报告[82]. 这些径迹是和由 α 粒子造成的径迹截然不同的. α 粒子的径迹几乎是直线，只有在粒子已经失去其几乎全部的速度时才在终点处有一点儿弯曲. 然而裂变碎片的径迹却是或多或少弯曲的，而当云室中的气体由重原子构成时弯曲得尤其厉害. 另外，它们也显示从径迹的各个部分射出的一些分支，这起源于和气体原子的核的近距碰撞. 作者们发现，根据径迹分支的研究，就能够得到关于这些重粒子对物质的穿透的粗略的定量信息. 例如，氩中的分支测量，证明了速度-射程曲线和由较轻粒子得出的曲线显示一种很大的差别；这种曲线的特征是在射程的开头处有一个几乎线

---

[80] 约尔根 · 克鲁斯 · 伯吉耳德(Jørgen Kruse Bøggild, 1903 年 7 月 30 日—1982 年 9 月 28 日)于 1927 年在哥本哈根大学获得物理学硕士学位(cand. mag.). 甚至在完成学业以前，他就已经作为 H · M · 汉森(见本书第一卷原第 XXⅦ 页)的助教而工作了，他和汉森一起参加了 1928 年的大学生物理学实验室的建立. 1930 年，他以关于短波段连续 X 射线谱的一篇论文获得了大学的金奖章.

在 30 年代中，除了负责医院中的 X 射线设备以外，伯吉耳德也对宇宙射线的研究发生了兴趣. 他 1930 年关于宇宙辐射之次级效应的博士论文，可能在高能碰撞过程的研究方面是第一篇丹麦文的实验论文.

在这一工作期间，伯吉耳德意识到了这些现象的云室研究的可能性. 他于 1838—1939 年到帕萨迪纳进修，和安德孙及奈德梅耶一起工作，然后，在 1940 年，他在玻尔的研究所中被任命为研究助教. 他利用云室研究了裂变过程和裂变碎片的阻止，用他拍得的许多精彩的照片(见本卷原第 316 页)显示了他的伟大实验技巧. 当玻尔的研究所在 1943 年秋季被德国人强占时，住在研究所附近的伯吉耳德正负责这个研究所.

战后，伯吉耳德的行政任务加重了，而且他在战后的研究所扩建期间是和玻尔密切合作的. 他在 1954 年当选为丹麦王国科学-文学院的院士，在 1955 年被任命为哥本哈根大学教授. 欧洲核研究中心(CERN)建立以后，他很快就成了理事会中两位丹麦代表中的一位；他担任此职从 1956 年直到 1972 年. 从 1960 年到 1969 年，他是丹麦原子能委员会的委员.

在此期间，伯吉耳德继续进行了高能物理学中的实验研究工作，起初用照相乳胶，后来用气泡室. 他在 1973 年退休. [1982 年在街上走路时因车祸身故.]讣告见 Niels Ove Lassen, Overs. Dan. Vidensk. Selsk. Virks. 1983—1984, pp. 170—177; Knud Hansen and Niels Ove Lassen, Fys. Tidsskr. **82**(1984) 97—112; Knud Hansen, Københavns Universitets, Årbog 1982, pp. 10—13.

[81] 卡尔 · 雅科布 · 布若斯特罗(Karl Jacob Brostrøm, 1905 年 11 月 30 日—1965 年 9 月 30 日)获得了哥本哈根大学的物理学硕士学位(cand. mag., 1935). 自从他的事业开始时起，他就是属于玻尔的研究所的，他在那里作为一个实验物理学家而工作，直到 1959 年被任命为奥尔胡斯大学的教授时为止.

布若斯特罗的事业的开端，和研究所中实验设备的一个新的发展阶段的开始相重合. 例如，他的最早任务之一就是参加 1 MV 的高电压仪器的安装和附属设备的建造. 他参与了用这一仪器对裂变过程进行的某些早期研究.

当人们要求更高的能量时，他的任务就变成了和来自帕萨迪纳的汤姆 · 劳瑞特森一起建造和安装一部 2 MV 的范 · 德 · 格喇夫起电机，而在战后则是建造一部 4 MV 的加速器. 他参加了用这一设备进行的实验研究，例如轻核中共振反应的研究. 他所建造的两部加速器后来变成了对丹麦的重核实验研究具有决定重要性的东西.

当布若斯特罗被任命为奥尔胡斯大学的教授时，他是该大学唯一的实验物理学教授，但是，由于他的健康越来越差，大学并没能从他在这一领域中的丰富经验获得充分的裨益. 1960 年，布若斯特罗当选为丹麦技术科学院的院士. 讣告见 Torben Huus, Fys. Tidsskr. **64**(1966) 49—55; Torkild Bjerge and Karl Ove Nielsen, Aarhus Universitets Årsskrift 1965—1966, pp. 7—9.

[82] J. K. Bøggild, K. J. Brostrøm and T. Lauritsen, *Cloud Chamber Studies of Fission Fragment Tracks*, Mat.-Fys. Medd. Dan. Vidensk. Selsk. **18**, no. 4 (1940).

性的斜率，在射程的尾部显著地变平，而最后在端点处突然下降. 径迹的弯曲起源于一些核碰撞，它们不够近距，不足以造成可观察的分支.

在由《物理学评论》于 1940 年 7 月 9 日收到的他的第一篇论文[83]中，玻尔解释了可以怎样把这些效应理解为各碎片的高核电荷和大质量的后果；这些就意味着，核碰撞比在普通轻粒子的事例中要起大得多的作用. 也很重要的是，电子对阻止的贡献由于一个事实而大大减弱了，那就是，裂变碎片带有多个束缚电子，它们在电子碰撞中将中和碎片的有效电荷.

正如玻尔所强调的那样，高速碎片对电子的不断俘获和损失，是一个相当复杂的问题. 因此，作为一种初级近似，他引用了一个有效电荷 $Z^{*}=V/V_0$，式中 V 是碎片的速度而 V_0 是中性原子中束缚得最松的那个电子的轨道速度，因为原子中任何壳层上的轨道速度，大致地正比于该壳层内部的有效电荷. 于是，利用经典力学，玻尔就能求出一个平均速度损失的公式，这时忽略了轨道速度大于 V 的电子，因为这些电子在碰撞过程中只会浸渐地受到影响. 设 μ 和 ε 是电子的质量和电荷，M 是碎片的质量而 Z 是它的电荷数，考虑单位体积中有 N 个原子的一种气体，设每个原子的核质量为 m 而电荷数为 z，于是就得到如下公式：

$$\frac{\mathrm{d}V}{\mathrm{d}x}=\frac{4\pi\varepsilon^{2}N}{M\mu V_0^{3}}\left(\ln\left(\frac{V}{V_0}\right)^{2}+\frac{Z^{2}z^{2}\mu(M+m)}{Mm}\left(\frac{V}{V_0}\right)^{3}\cdot\ln\left\{\frac{Mm(Z+z)}{\mu(M+m)Z^{2}z^{2}}\left(\frac{V}{V_0}\right)^{2}\right\}\right).$$

括号中的第一项起源于电子相互作用，而第二项则起源于核碰撞；在射程的终点 237
附近，第二项占主导地位. 因此，射程-速度曲线就将在射程的起点附近和终点附近具有大不相同的特点.

玻尔也对径迹的特征性的弯曲作出了一种解释，给出了角偏差的平均平方的表示式. 论文中没有给出计算，但是在一份所标日期为 1940 年 1 月 6 日的笔记[84]中却找到了计算；这就表明，玻尔还在研究所中的实验开始以前就开始计算了. 和这份笔记一起，还有一份 3 页的论文初稿.

玻尔在论文的末尾写道："这里提到的这些计算，将在一篇论文中更详细地给出，该文将发表在哥本哈根科学院的院报上. "而且伯吉耳德、布若斯特罗和劳瑞特森甚至引用了这篇论文，说是在排印中[85]. 然而，正如我们即将在下一节中看到的那样，论文直到 1948 年才发表，但是，因为玻尔曾经保留了发表的篇幅，所以院报第 18 卷上标明的时间是 1940—1948 年，而第 19 卷则标明时间为

---

[83] N. Bohr, *Scattering and Stopping of Fission Fragments*, Phys. Rev. **58**(1940)654—655. 见本卷原第 319 页.

[84] 稿本，*Scattering and Stopping of fission fragments*，1940，见本卷原第 307 页.

[85] 注[82]所引文献的 p. 30.

1941—1942 年.

1940 年 5 月 10 日,玻尔曾经对丹麦王国科学院作了一篇关于裂变碎片之径迹的演讲,但是后来印行的只有一篇摘要[86]. 当时出示过的一些幻灯片的清单,现藏文献馆中[87].

玻尔的第二篇论文是和伯吉耳德、布若斯特罗以及劳瑞特森合写的[88],该文于 1940 年 9 月 3 日由《物理学评论》收到. 玻尔在他的第一篇论文中曾经证明,碎片总电荷沿射程的迅速减小,意味着甚至质量和电荷上的颇大差别也将对碎片的总射程只有比较小的效应,但是大量新实验数据的进一步分析却证明了裂变碎片的两个主要组的存在. 另外,也能够通过分支沿径迹的分布的统计分析来求出碎片的平均的射程-速度关系,如果引起分支的粒子的射程-能量关系为已知的话. 所得结果有力地支持了以前根据一些较大分支的直接测量得出的结论.

238 1940 年 11 月 28 日由《物理学评论》收到的玻尔的第三篇论文[89],是前两篇论文的加工. 特别说来,对电子碰撞中的有效电荷和核碰撞中的屏蔽距离作出了更细致的估计;前者决定射程的第一部分上的阻止效应,而后者则对最后的阻止负责[90].

在他的第一篇论文中,玻尔曾经用了碎片的有效电荷的一个表示式 $Z^* = V/V_0$,但是在汤马斯-费米模型的基础上对重原子中的电子分布进行的更仔细的分析却导致了值 $Z^* = Z^{1/3}V/V_0$. 同样,在他关于核碰撞对速度损失的贡献的推导中,玻尔曾经用了近似值 $a^{屏} = a_0(Z^{-1} + z^{-1})$ 来作为屏蔽距离,也就是当电子屏蔽对核电荷在近距碰撞中的作用加上一个有效界限时的那个核间距离. 现在这个值换成了更准确的值[91] $a^{屏} = a_0(Z^{2/3} + z^{2/3})^{-1/2}$,而所得结果是和关于裂变碎片之射程-速度曲线的精确实验数据符合得很好的. 玻尔也引用了布劳赫和威廉斯的工作,证明了经典轨道图景的适用判据是满足的.

论文的末尾也像在第一篇论文中那样预告了一篇即将问世的论文,但是现在给出了正确的出处,只除了年份 1940 以外,而如上所述,这个年份后来实际上

---

[86] N. Bohr, *Om de ved Urankernernes Sønderdeling udslyngede Fragmenter*, Overs. Dan. Vidensk. Selsk. Virks. Juni 1939—Maj 1940, pp. 49—50. 此摘要及英译本见本卷原第 317 页. 这里也宣布了将在科学院的院报上发表一篇论文.

[87] 稿本,*Om de ved Urankerners Sønderdeling udslyngede Fragmenter*,1940. 和英译本同见本卷原第 313 页,并附若干幻灯片.

[88] N. Bohr, J. K. Bøggild, K. J. Brostrøm and T. Lauritsen, *Velocity-Range Relation for Fission Fragments*, Phys. Rev. **58**(1940)839—840. 见本卷原第 323 页.

[89] N. Bohr, *Velocity-Range Relation of Fission Fragments*, Phys. Rev. **59**(1941)270—275. 见本卷原第 327 页.

[90] 注[89]所引文献的 p. 270.

[91] $V_0 = 2\pi e^2/h$ 和 $a_0 = h^2/4\pi^2 me^2$ 是指氢原子基态中电子轨道的速度和半径.

变成了 1948[92]：

> 这儿提及的各种考虑，在一篇不久即将在哥本哈根科学院的院报上发表的论文中进行了更详细的处理. 特别说来，那里将更进一步地讨论简单的力学论点在处理重的高度带电原子级粒子的阻止和散射时的适用性，以及由这种粒子引起的电离和电子俘获.

论文是在 1940 年的 10 月和 11 月初撰写的，正如尼耳斯・玻尔文献馆收藏的笔记和草稿所证实的那样. 最早的日期是 10 月 3 日，出现在一篇处理裂变碎片的阻止公式的稿子上和另一篇处理裂变碎片对电子的俘获和损失的平衡的稿子上[93]. 在一份标题为《裂变碎片的速度-射程关系》的卷宗中，共有 161 页为论文准备的笔记和草稿，其中除了少数几页以外，所标的日期是从 10 月 12 日到 11 月 6 日[94].

论文的一个早期标题是《裂变碎片对物质的穿透》，而且一份 10 月 23 日的 239
笔记给出了一份论文内容的提纲，和最后的论文内容大致相同. 同一天写的另一份笔记确定了即将问世的论文的目录，该文将用标题《快速带电粒子的阻止本领和原子电离》. 目录如下：

> 经典处理(J・J・汤姆孙，玻尔).
> 贝忒的处理.
> 经典碰撞图景的条件.
> $\kappa > 1$ 时和 $\kappa < 1$ 时的屏蔽结果.
> 对 $\kappa = 1$ 来说，经典的和量子力学的阻止本领公式是等同的.
> 公式之间的简单关系(参考布劳赫的和威廉斯的工作).
> 对 $\kappa > 1$ 而言的电离的处理.
> 关于屏蔽核的论述；在屏蔽核那儿，公式和经典公式相等同.
> 雅科布森的结果的描述.

1940 年 11 月 2 日，威利斯・E・兰姆写信给玻尔[95]说，他已经寄了他写的一

---

[92] 注[89]所引文献的 p. 275.
[93] 这些稿子放在卷宗(a)中，属于注[100]所提到的文卷，见本书原第 336 页上的编者注.
[94] 卷宗，*Velocity-Range Relation for Fission Fragments*，1940. Bohr MSS，microfilm no. 16.
[95] 1940 年 11 月 2 日兰姆致玻尔的信，见本卷原第 739 页.

篇关于铀裂变碎片在物质中的通过的论文抽印本[96]给玻尔. 12 月 10 日，玻尔写信给汤姆 · 劳瑞特森说(1940 年 12 月 10 日玻尔致劳瑞特森的信，信的全文见本卷原第 748 页)：

> 不多几天以前，我收到了 10 月 15 日一期的《物理学评论》，而你或许已经看到，那里登载了兰姆的一篇论文，他独立地得出了许多在哥本哈根已经得到的结果. 因此我想，也许最好在我最近的《物理学评论》上的论文中加上一小段附记，例如……在兰姆的论文中，我也看到了许多关于裂变碎片之实验研究的文献，这些文献是我们在哥本哈根忽视了的或还不知道的. 正如在附记中所论述的那样，我很高兴在我在哥本哈根科学院发表的那篇更充实的论文中有机会评论所有这些问题. 这篇论文正在顺利撰写中，我希望在不久的将来就能寄一份校样给你.

1941 年 3 月 5 日，汤姆 · 劳瑞特森写道(1941 年 3 月 5 日劳瑞特森致玻尔的信，信的全文见本卷原第 749 页)：

> 我正在盼望当你的大论文完成以后听到关于它的更多的消息. 在你的短论文在 Phys. Rev. 上问世以后不久，我曾经和泰勒谈了很多，看来他和——我想是——[理查德 · 大卫 ·]普赖森特也正在做相同的工作，即求
> 240 汤马斯-费米分布的积分，并得到了结果；他们按照和你的方法相似的方法，利用了由 α 粒子得来的实验数据来求出氮核的速-射曲线……当我和他谈话时，他还不知道他在看到你的论文以后是否继续做下去并发表结果，但是我鼓励他继续做下去.

然后，在 1941 年 4 月 2 日，劳瑞特森寄来了另一封信(1941 年 4 月 2 日劳瑞特森致玻尔的信，BSC，mf 23，英文)：

> 我写信告诉过你，泰勒和克尼普不久就要发表一篇关于裂变碎片之阻止的论文[97]. 现在它已排出了校样. 泰勒说，他不相信这将和你的著作严重地重复，而在看了它的内容以后，我同意了他的说法. 他们费了很多的事来

[96] W. E. Lamb, Jr., *Passage of Uranium Fission Fragments Through Matter*, Phys. Rev. **58** (1940) 696—702. 此文的评论见注[130]所引文献的 p. 69.

[97] J. Knipp and E. Teller, *On the Energy Loss of Heavy Ions*, Phys. Rev. **59** (1941) 659—669.

计算一个他们称之为伽玛的量,这个量涉及的是原子心中最后一个电子的速度和碎片速度之比.为了和两种射程相适应,他们不得不为两个碎片假设了很不相同的值,而当我最近和泰勒交谈时,他正在为我们认为轻碎片有长射程一事而大伤脑筋.他得到了相反的情况,但是当我指出你的函数在两个伽玛都等于一的假设下互相一致时,他终于决定他在数字积分中想必出了差错.

在1940到1943年间,穿透问题的长篇论文的撰写工作有了进展.斯忒藩·罗森塔耳参加了这一工作并描写了它是怎样进行的:一些东西被写下来,然后又抹掉,又修改,然后又重写;作出计算,然后又用简单明了的论点来代替它[98];然后,突然间,1943年9月间的一些戏剧性的事件阻碍了论文的完成.

6.《原子级粒子对物质的穿透》(1940—1948)

玻尔在1948年下半年发表的长篇论文[99],是多年工作的结果,从而有大量的和这篇论文有关的资料存在文献馆中[100].罗森塔耳曾经描述了整理这些文件如何成了难事;它们被分门别类地放在许多封袋中,其中最厚的一袋上标有"救援运动"的字样,这是暗指一种战时现象[101].在这些资料中,我们将重印一些小的选段,它们表明了论文如何进展.

工作是和关于裂变碎片之阻止的那些论文一起开始的,它的最初的一份内 241
容提纲可以在所标日期为1940年7月21—22日的6页稿子[102]上看到,那里有如下的标题:

Ⅰ. 卢瑟福公式的量纲推导.
Ⅱ. 卢氏公式的量子力学推导.
Ⅲ. 经典力学的适用条件.

---

[98] S. Rozental, *The Forties and the Fifties*, 见 S. Rozental (ed.), *Niels Bohr. His life and work as seen by his friends and colleagues*, North-Holland Publ. Go., Amsterdam 1967 (1985年重印), pp. 149—190. 此处所引见 p. 166.

[99] 见注[130].

[100] 文卷, *Penetration of Atomic Particles*, 编目时归入[1948年]. Bohr MSS, microfilm no. 18. 除了这份几乎有500页的资料以外,还有大约1 500页尚未摄制缩微胶片的资料.这些资料分装在11个卷宗中,而在本卷原第358页上,我们加了一个编者注,那里描写了这些资料.

[101] 见注[98]所引文献的 p. 166.

[102] 稿本,[*First Outline of Contents of 1948 Paper*], 1940. 见本卷原第335页.

Ⅳ. 量子力学的适用条件.

Ⅴ. 能量损失关系式中的极限的确定.

Ⅵ. 论偶的产生.

这些稿页是很简略的,但是在 6 页没有日期的稿子上找到了第Ⅲ点和第Ⅳ点的更充分的论述,这份稿子的标题是“Sammenstød mellem elektriske Partikler”[带电粒子之间的碰撞][103]. 这份稿子或许是在 9 月间撰写的,那时玻尔显然召开了一个讨论会,这可以从另外所标日期为 9 月 10 日的稿子上看到,该稿标有“讨论会摘要”的字样,他在那里通过引用上下截止碰撞参量来讨论了他自己的经典阻止公式、刚特的和亨德孙的半经典公式以及贝忒的量子力学公式[104].

正如我们在第一编的《引言》中已经看到的那样,量子化的能量传递问题曾经造成了很大的困难[105],而且亨德孙的处理曾经给出了太小的阻止本领值. 玻尔在 1940 年 10 月 7 日的两页稿子中回到了这一问题,并证明了量子力学的处理可以怎样解释分歧;该稿的标题是《经典理论及量子理论中的阻止本领和电离》[106].

从 1940 年 10 月份的稿子中,我们也找到 20 条和阻止本领有关的短笔记,讨论了所涉及的现象的各个方面. 作为举例,我们重印了这些笔记的目录和两条笔记的全文,即 2.11,“电荷为 Z_1e 而速度为 V 的核从电荷为 Z_2e 的核俘获一个电子的几率”和 2.15,“快速运动带电粒子所引起的电离”[107].

在 1940 年 11 月 2 日的稿子上,我们第一次见到缩写字 PHA,这代表“重原子级粒子对物质的穿透”. 在这儿,玻尔写出了后来在 1948 年的论文中以不同的表述重复了的下列引言[108]:

243 所谓核蜕变是指一个重的高度受激的核分裂成两个具有相近质量和相近电荷并以大约 100 MeV 的动能而被发射的碎片的过程;这种过程的发现已经提供了研究一些高速粒子对物质的穿透的可能性,而这些粒子的质量和电荷都比以前可供作这种研究用的粒子的质量和电荷大若干倍.

---

[103] 稿本,*Sammenstød mellem elektriske Partikler*(带电粒子之间的碰撞),[1940]. 见本卷原第 341 页,英译本见原第 347 页.

[104] 这几页装在卷宗(a)中,属于注[100]所提到的文卷,参阅本卷原第 336 页的编者注.

[105] 见第一编《引言》,第 5 节.

[106] 见本卷原第 353 页.

[107] 丹麦文原文和英译本见本卷原第 357 页. 注 2.2 所标日期为 9 月 19 日.

[108] 选自注[100]所引文献中的第 3 号卷宗.

243

玻尔在40年代中发表关于穿透现象的演讲

这就表明，原子级重粒子的穿透现象，将在玻尔的未来论文中占有重要的地位，而很有趣的是，1940年11月写的另一份早期的论文内容提纲表明，玻尔打算加进关于一般核物理学的一章. 那样，第二章就将处理高速粒子的穿透而第三章就将处理阻止本领理论[109]. 然而，最后的论文却没有包括关于核物理学的任何章节.

244 1941年2月26日写的一份10页的稿子给出了PHA论文的引言，该文现在打算写成5章了[110]. 头四页是一篇引言，随后的四页代表第二章的起头部分，该章处理的是阻止理论的经典方面和量子力学方面；第三章应该处理核碰撞对阻止和散射的贡献；第四章应该处理电子俘获，而在第9页上有这方面的一幅草图. 最后，在第五章中，各种结果将应用于裂变碎片之射程-速度关系的讨论中.

玻尔在1941年2月间也写了一些和阻止理论有关的短笔记[111]，其中一篇处理了多次散射现象.

裂变现象也在演讲中处理过，而从丹麦物理学会的那本小书可以看出，伯吉

---

[109] 稿本，[*Early Outlines of Contents of 1948 Paper*]，1940. 重印于本卷原第369页. 第2、3节的详细说明所标日期为11月13—15日. 第3节的一份更详细的说明是在1941年2月22日作出的. 玻尔在这里写道："两篇论文在某种方式下是一个整体"，这或许是指核物理学一节和阻止理论一节.

[110] 稿本，*The Penetration of Heavy Atomic Particles Through Matter*，1941. 见本卷原第373页.

[111] 关于笔记的完备目录，见文XVI.

耳德在 1940 年 12 月 16 日发表了一篇关于铀中裂变的研究的演讲，N·O·拉森[112]在 1941 年 2 月 17 日发表了关于回旋加速器在研究裂变过程中的应用的演讲，而最后玻尔本人在 1941 年 3 月 3 日发表了关于原子级重粒子的阻止和散射的演讲. 没有找到玻尔演讲的讲稿，但它可能是沿着 PHA 稿子的思路的.

关于从 1941 年 3 月到 1942 年 5 月这段时期，在文献馆中没有找到有关阻止理论的笔记. 使得玻尔很忙的许多事情之一，就是给一部八卷本的《丹麦的文化在 1940 年》写一篇前言[113]，但是在此以后，论文工作的一个新时期就又开始了，它一直持续到 1943 年 9 月. 所看到的第一个日期是 1942 年 5 月 6 日，当时玻尔给出了 § 5 的一份提纲，该节是“重粒子在和中性原子的碰撞中引起的电子俘获和电子损失”. 从 5 月 22 日到 6 月 23 日，我们有 16 段小笔记，它们和裂变碎片的电子俘获及速度-射程关系有关，而作为举例，我们重印了笔记的目录以 245
及 1942 年 6 月 6 日的一份笔记，其标题是“电子俘获的汤马斯表示式和克喇摩斯表示式的比较”[114].

俘获的问题是在 1942 年 6 月和 8 月份处理的，而在 9 月 9 日，玻尔就开始了一系列关于原子级粒子之散射和阻止的演讲. 最后的一篇即第九篇演讲是在 12 月 2 日作的，而作为举例，我们重印了 9 月 23 日作的第三篇演讲的讲稿，在这篇演讲中，讨论了截止参量的引用和电离[115].

1942 年 12 月 2 日，写了阻止论文的引言的一份新稿. 现在它正在接近 1948 年的最后文本，并且要包含重粒子在物质中的穿透的一种普遍的讨论以及和一切既有的实验证据的比较；1941 年 2 月间的五章划分法被保留了下来[116].

玻尔这一期间的关于阻止的工作只在少数几封信中被触及过. 1941 年 7 月 6 日，汤姆·劳瑞特森写信给玻尔说（1941 年 7 月 6 日劳瑞特森致玻尔的信，BSC，mf 23，英文）：

---

[112] 尼耳斯·奥维·拉森（Niels Ove Lassen，1914 年 5 月 18 日生）获得了哥本哈根大学的物理学硕士学位（cand. mag.，1938）. 从就业开始，他就属于玻尔的研究所，他在那里作为一位实验物理学家而工作，直到 1984 年退休时为止. 他参加了回旋加速器的建造以及用这一仪器进行的关于由氘核诱发的裂变的一些最初的实验研究.

拉森后来转向了裂变碎片的研究. 在他的博士论文《论裂变碎片的总电荷和电离本领》中，对 1952 年的这种研究的状况进行了综述. 后来他的大部分工作都是处理的带电粒子的阻止和散射或核反应. 从 1956 年起，拉森负责了研究所的回旋加速器分部，并于 1959 年被任命为哥本哈根大学的教授. 他于 1958 年当选为丹麦王国科学-文学院的院士.

[113] 例如，参阅注[98]所引文献的 p. 163. 这篇前言重印于本书第十卷中.

[114] 见重印于本卷原第 383 页的文 XVI.

[115] 稿本，*Forelæsninger over Spredning og Stopning*，1942. 第 3 篇演讲的丹麦文原文和英译本见本卷原第 391 页.

[116] 稿本，*The Penetration of Heavy Atomic Particles through Matter. Introduction*，1942. 见本卷原第 403 页.

> ……我希望你将有许多时间来做阻止和穿透的文章. 就我所知,除了你那篇短文以外,还没人在这个课题方面发表过任何有意思的东西……

1941 年 11 月 15 日,玻尔回答说他希望不久就发表关于穿透问题的"老论文"[117].

玻尔曾经把他那些关于裂变碎片之阻止的论文寄给了克喇摩斯,而后者则于 1942 年 3 月 29 日来信说(1942 年 3 月 29 日和 31 日克喇摩斯致玻尔的信,丹麦文原文见本卷原第 726 页,英译本见原第 728 页):

> 雅科布森及其合作者们得到的裂变碎片径迹的精彩威耳孙照片,对我来说也是一大快事,而你的理论处理则给我带回了关于你的 1912 年工作的,或者——我应该说——你在 1916 年告诉我的有关此事的一切情况的最美妙的回忆.

玻尔在 1942 年 4 月 27 日给克喇摩斯写了复信,并解释了研究所在战争期间的工作情况(1942 年 4 月 27 日玻尔致克喇摩斯的信,丹麦文原文见本卷原第 730 页,英译本见原第 731 页):

> 你可以想象,对我来说,联系到裂变实验而重新唤起我对碰撞问题以及与此有关的量子力学佯谬的旧兴趣,这曾经是很好的. 在目前,我正在为一
> 246 篇有关整个问题的大论文而工作,但是早就开始了的论文以及其他计划的完成却进行得很慢,因为局势不断带来新的任务……
>
> 尽管这种年月带来了一些问题,在研究所中进行实验工作也还算可能. 在希维思和某些杰出的丹麦生物学家的合作方面,情况更是如此. 在彻底改建了回旋加速器以后,雅科布森和拉森已经重新开始了有关裂变问题的工作,而伯吉耳德则继续从他的裂变粒子径迹的研究中得到新的和有趣的结果.

1943 年初,玻尔被许多不同的任务占住了,而这就推迟了他的论文的完成. 他在 1943 年 3 月 13 日写信给克喇摩斯说(1943 年 3 月 13 日玻尔致克喇摩斯的信,丹麦文原文见本卷原第 733 页,英译本见原第 735 页):

---

[117] 1941 年 11 月 15 日玻尔致劳瑞特森的信,BSC, microfilm no. 23.

> 伯吉耳德也曾经很忙，正在做改进云室技术的工作并继续他那裂变粒子径迹的研究. 由于和我的各种任务有关的一些频繁的干扰，我很遗憾地要说我还没有时间来完成我以前写信告诉过你的那篇关于穿透问题的论文. 但是我希望很快就能写完它，以便我能真正进行我在很久以前就开始了的有关核问题的其他计划. 近来我得到了奥格的许多协助，我相信他很快就会熟悉理论问题了.

我们也发现了 1943 年 3 月 6 日的一份关于能量守恒定律的短稿，稿中处理了量子化能量传递这一老问题[118]. 在 3 月份稍晚些的日子里，重粒子对电子的俘获和损失的问题成了讨论的课题，而到了 5 月初，关于重粒子之射程-速度关系的第五章就开始了. 9 月中旬，论文几乎已经写完了，正如玻尔在 1943 年 9 月 16 日给克喇摩斯的信中所透露的那样(1943 年 9 月 16 日玻尔致克喇摩斯的信，BSC，mf 31，丹麦文)：

> 至于研究所中的工作，我们仍然忙那些大仪器. 按照它们的本性，它们常常造成麻烦，不过还是在出成果. 由于许多的干扰，我仍然没有写完我以前写信告诉过您的那篇关于穿透问题的论文. 然而它几乎已经完成了，而且我将很乐于和您更仔细地讨论讨论它所处理的问题. 我不知道您是否记得，这一类问题就是当您来到哥本哈根时咱们最早讨论过的问题的一部分；然而，在那时，不得不为了当时更盛行的问题而把这些问题暂时搁置起来.

最后论文的头四章的一份稿子可以在文献馆中找到，总共 104 页上都标有日期，所缺的只是第四章中的 5 页和关于射程-速度关系的第五章，后者据称共17 页. 许多段落几乎和 1948 年的最后文本相同，但是我们还是重印了它的目 247
录[119]. 第一章，"经典力学中和量子力学中带电粒子之间的碰撞效应"，于 6 月 4 日至 10 日完稿；第二章，"核碰撞对阻止效应和散射效应的贡献"，所标日期为 8 月 25 日；第三章，"电子碰撞中的电离效应和阻止效应"，所标日期为 7 月 20 日至 9 月 20 日；第四章，"重粒子在和中性原子碰撞时对电子的俘获和损失"，所标日期为 7 月 21 日至 9 月 16 日.

然后，到了 1943 年的 9 月间，局势的激变打乱了论文的完成. 罗森塔耳曾经

---

[118] 稿本，*Note om Energisætningen*，1943. 见本卷原第 409 页，英译本见原第 412 页.

[119] 见本卷原第 415 页.

描述了被占领的丹麦的局势怎样恶化以及玻尔及其家庭被捕的可能性怎样已经迫在眉睫[120]. 9月中旬，罗森塔耳得到报警说他有被德国人拘捕的危险；然而抵抗运动组织了他到瑞典的出逃. 此事发生在9月22日的夜间. 罗森塔耳拿到了一份到那时为止已经完成的论文部分的定稿，他应该把稿子带到瑞典. 然而，罗森塔耳回忆说，在夜间的黑暗和当小船离开哥本哈根以北不远处的海滩时的那种普遍的忙乱中，装有玻尔的稿子和另外一些东西的手提包被遗落在海岸上了. 第二天，抵抗运动的人员们在清除夜渡的痕迹时发现了这个手提包，而且在几天以后把它交给另一位出逃者带到了瑞典，但是后来却连影子也没有了. 一星期以后，在9月29日夜间，轮到玻尔越过"海峡"(Øresund，一般简称 Sund)逃往瑞典了. 几天以后，他在斯德哥尔摩见到了罗森塔耳. 按照罗森塔耳的叙述，玻尔的第一句话就是问他的稿子！如所周知，尼耳斯·玻尔和奥格·玻尔去了美国，在那里，通过斯德哥尔摩的奥斯卡·克莱恩的帮忙，他们从哥本哈根收到了一份新的文稿，所不同的只是稿中没有填写公式.

研究所中的生活在没有主管人的情况下继续进行，但是在1943年12月的一个早晨，研究所被德国人占领了，而伯吉耳德和主要机械师霍耳格·奥耳森被送进了监狱. 然而，通过海森伯的干预，德国人于1944年的2月初退出了研究所，研究所没受什么损失. 研究继续下去. 1944年7月1日，伯吉耳德向丹麦物理学会发表了关于带电粒子之间的碰撞的演讲；1944年10月16日，N·O·拉森发表了关于裂变碎片之晚近研究的演讲.

罗伯特·L·普拉兹曼

玻尔在美国的工作使他没有能够完成
248 他的关于穿透现象的论文[121]. 但是，当他在1945年8月底回到丹麦以后，他就重新开始了完成他的论文的工作. 按照罗森塔耳的说法，玻尔曾经对这些问题考虑了很多，而且希望进一步阐发理论的某些方面并重写论文[122]. 1945年11月21日，罗伯特·普

---

[120] 参阅注[98]以及 Aage Bohr, *The War Years and the Prospects Raised by the Atomic Weapons*, *ibid.*, pp. 191—214.

[121] 1944年12月24日，麦·纳德·萨哈给玻尔写了一封信，信中说他正在研究带电粒子在太阳大气中的通过的问题，并且希望和玻尔谈谈这方面的问题. 此信见本卷原第788页.

[122] 见注[98]所引文献的 p. 177.

拉兹曼给玻尔写信[123]说他打算到哥本哈根来，因为他计划写一本关于碰撞问题的书. 玻尔在 12 月 9 日复了信(1945 年 12 月 9 日玻尔致普拉兹曼的信，信的全文见本卷原第 762 页)：

> 你也许已经从泰勒教授处得悉，联系到在本研究所中进行的关于高速裂变碎片之行为的实验研究，我自己在最近几年内已经重新提起了对阻止
> 问题和散射问题的旧兴趣. 不久我们将寄给你一些有关这一工作的论文抽 249
> 印本. 你或许已经发现，我们曾经宣布要写一篇更完全和更彻底的探索论文；这篇东西在我于 1943 年离开丹麦以前已经接近完成了，但是由于我在英国和美国的停留而不得不拖延了下来. 然而我希望在不久的将来发表此文，而且当然会寄给你一份抽印本.

出现在文献馆所藏笔记上的最早的战后日期是 1946 年 1 月 2 日，那时在 1942 年 12 月 2 日的引言稿上加进了改笔. 两天以后，一篇新的引言已经写成了. 当提到在哥本哈根理论物理学研究所的圈子中进行的关于这一课题的许多有趣的讨论时，不得不很伤心地加上了一段重要的修改[124]：

> ……在这方面，首先应该追念 E·J·威廉斯的鼓励；他的近期逝世成了科学界很可惋惜的损失. 大约早在十年以前，就订出了由威廉斯和本文作者对课题进行普遍处理的计划，但是，由于战争带来的阻隔，这些计划最终不得不放弃了.

另一方面，出版的延期却提供了把种种晚近的实验贡献考虑在内的机会.

原定的五章划分法没有改变，而且在 3 月间，第一章，“经典力学中和量子力学中带电粒子之间的碰撞”被改写了并得到了定稿的形式. 4 月初，处理了第二章，“核碰撞对阻止效应和散射效应的贡献”，但是直到 9 月间才完成. 从 4 月中旬到 5 月中旬，注意力转到了第三章，“从穿透性粒子到原子中电子的能量传递”，而该章的一部分也取得了最后的形式，但是在达到 1948 年的文本以前还有许多地方要改动.

玻尔在论文的完成方面是很乐观的，正如从他在 1946 年 4 月 29 日给普拉兹曼的信中可以看出的那样(1946 年 4 月 29 日玻尔致普拉兹曼的信，BSC，mf

[123] 1945 年 11 月 21 日普拉兹曼致玻尔的信，见本卷原第 759 页.

[124] 选自注[100]所引资料中的第 8 号卷宗.

31,英文):

……我们正在寄给你关于裂变碎片的论文抽印本,而且我很高兴地告诉你,我自己关于穿透问题的论文也很快就可以交付发表了.

6月8日,普拉兹曼通知玻尔说[125]他将于9月到达(实际上是10月3日到的),于是玻尔就于7月2日复信说(1946年7月2日玻尔致普拉兹曼的信,BSC,mf 31,英文):

到了那时,我自己的关于这一课题的论著将写完了,而且或许已能排出了校样.这一论著的出版曾经由于我的行政任务太重而延了期;现在我们正在计划研究所的扩建,所以行政任务是很重的.

250 9月间,继续进行了关于第二章和第三章的工作,而在10月11日,罗森塔耳就向正在赴美途中的玻尔报告了事态的状况(1946年10月11日罗森塔耳致玻尔的信,BSC,mf 32,丹麦文):

今天奥格和我去了丹麦科学院和边科·鲁诺公司的印刷事务所,去商谈了印刷论文的事.也许正好在您回来时校样就会印好了.缺少铅字的问题也解决了,少数的铅字可以在国内制造.我们已经仔细地又看了一遍第一章和第二章,而且在最近几天之内就会把它寄给印刷事务所.

到了11月2日,罗森塔耳通知玻尔说(1946年11月2日罗森塔耳致玻尔的信,BSC,mf 32,丹麦文):

您的论文的第一章和第二章已由劳姆霍耳带到印刷事务所.他希望立即拿到插图,因制版需要许多时间,而且也必须知道插图在正文中要占多大地方.奥格已经安排好,让排印者估计插图所需要的地方并暂缓制版,这样等您回来时就可以再看一看那些图.

然而,正如在给普拉兹曼的信中提到的那样,玻尔当时很忙,而这就阻止了他完

[125] 1946年6月8日普拉兹曼致玻尔的信.BSC,microfilm no. 31.

成自己的论文.但是,在 1947 年 1 月 17 日,他就告诉惠勒说:"我现在重新拣起了我的关于穿透问题的论著,我希望这很快就会完成了."[126]

到了 3 月 3 日,关于穿透问题的一系列新的演讲开始了.奥格在 1947 年 3 月 4 日给阿伯拉罕・派斯的信中谈到了此事(1947 年 3 月 4 日奥格・玻尔致派

251

奥格・玻尔和尼耳斯・玻尔

阿伯拉罕・派斯和玻尔(阿伯拉罕・派斯提供)

[126] 1947 年 1 月 17 日玻尔致惠勒的信,BSC,microfilm no. 33.

250 斯的信,BSC,mf 30,丹麦文)[127]:

> 然而,既然爸爸已经从休假中回来了,我们就把精力完全集中到穿透问题上,以便完成那篇大论文了.顺便提到,该文的头几章已经印成了校样.与此有关,关于这些问题的一系列演讲将在本学期中作出.爸爸已经开始讲了,而以后我也许有必要负担几讲;普拉兹曼从9月间起就在这里写一本关于穿透理论的厚书了,而我们打算也请他参加演讲.论文肯定很快就要结束了,因此当您来到时,我们将能腾出时间真正坐下来谈谈那些更加悬而未决的问题了.

最后一次演讲是在1947年6月23日发表的;这些演讲的讲稿现藏文献馆[128],而从这些讲稿可以看出,演讲涵盖了在1948年论文中处理过的大多数问题.

252 从3月15日到6月26日,第三章结束了,而在9月间开始了第五章中剩下来的几节的工作.然后,到了1947年12月27日,玻尔终于能够告诉爱德华·泰勒说工作结束了(1947年12月27日玻尔致泰勒的信,信的全文见本卷原第789页):

> 我现在已经结束了关于穿透问题的论著.一旦我拿到校样,你就会收到一份完整的论文.但是我今天只寄去两节的副本,这也许会使你和克尼普感兴趣.整个的讨论当然是很一般化的,而且常常是定性的,但是你将看到还是取得了某种进展,特别是在和由拉森作出的关于裂变碎片的电荷以及碎片沿路径产生的电离的那些测量结果的对比方面.

1948年春天,玻尔访问了普林斯顿,并在那里发表了一篇关于穿透现象的演讲[129].拍摄了有着图形和公式的黑板的照片,我们已经把这些照片重印在本卷原第419页上,作为举例.

论文上所标的时间是1948年12月17日.换句话说,在印出以前已经过了整整一年.论文分五章,共144页[130],玻尔在论文的引言中强调说,课题是用一种宽阔的方式加以处理的,所重视的是能够阐明更普遍的原理的那些问题,特别是

---

[127] 并参阅[1947年11月17日]派斯致奥格·玻尔的信和1947年11月28日奥格·玻尔致派斯的信,BSC,microfilm no. 30.这里给出了关于由C·G·达尔文处理了的电子和质子之间的碰撞的一种讨论.

[128] 稿本,*Lectures on Penetration Phenomena*, 1947. Bohr MSS, microfilm no. 17.

[129] 稿本,*Lecture in Princeton on Penetration Phenomena*, 1948. Bohr MSS, microfilm no. 17.

[130] N. Bohr, *The Penetration of Atomic Particles through Matter*, Mat.-Fys. Medd. Dan. Vidensk. Selsk. **18**, no. 8(1948).见本卷原第423页.

在方法的适用范围方面. 至于有关某些问题的更充分的信息，玻尔让人们参考即将问世的普拉兹曼的专著[131]，而普拉兹曼则于1949年3月16日通知玻尔说他仍在写那本书（1949年3月16日普拉兹曼致玻尔的信，信的全文见本卷原第763页）：

> 而且当然我继续在为我的书而工作——这永远是吸引人的，然而有时却显得是一种无限期的劳动. 下一年，我将讲六个月的有关穿透现象的课，而说来也巧，那时您的大论文将是无比宝贵的，对我和对学生们都是无比宝贵的.

玻尔1948年的论文已经变成了穿透理论这一领域中的标准文献，而它的力量就在于对整个领域中的基本问题都作了彻底的分析. 除此以外，它也因为玻尔对历史发展的描述而很有价值；在这种发展中，他本人曾经起了那么主导的作用，而且他对这种发展也是了解得很清楚的. 自从玻尔1913年的第一篇论文以来，这个领域曾经是持续增长的，而且裂变过程的发现已经使研究其质量和电荷比以前可用的粒子的质量和电荷大许多倍的那些高速粒子对物质的穿透成为可能. 因此，玻尔就既概括了轻粒子也概括了重粒子，从而他必须涉及一个很大的能量范围，尽管他主要把自己限制到了非相对论式的事例中.

在第一章"带电粒子在原子场中的散射"中，玻尔分析了量子理论给轨道图 253
景在穿透现象中的应用加上的限制. 他曾经在1932年和布劳赫[132]一起研究过这个问题，但是现在他的分析进行得更远了. 首先他总结了按库仑定律而互相吸引或互相推斥的两个粒子之间的碰撞问题，并导出了卢瑟福散射定律的经典表示式. 如所周知，一种波动力学的分析表明，只要不把作用在电子上的原子束缚力考虑在内，卢瑟福散射定律就是十分普遍地适用于相对偏转角的统计分布的[133]，从而在穿透理论中用经典方法得到的若干结果是远远超出轨道图景的范围而能够成立的.

在讨论的第一部分中，玻尔曾经认为电子是自由的，但是原子束缚力的引入却使得引入屏蔽效应成为必要的了，这种效应可以有一种静力学的或动力学的品格. 而这就又意味着，所考虑的现象在经典力学中和在量子力学中可以完全不同，从而应用测不准概念和互补性概念的典型例证也就被提了出来.

---

[131] 参阅注[123]. 然而专著却一直没有出版.

[132] 参阅第3节.

[133] 见原第210页.

在引入屏蔽效应以前，玻尔推导了轨道图景在库仑散射中的适用性的条件. 他使用了和 1932 年的办法相仿的办法，引用了带有小孔的壁障. 按照量子力学，壁障将造成通过小孔的粒子的衍射，而问题就是，衍射和由场引起的粒子偏转相比是很小呢？还是大得足以完全盖过了任何轨道偏转. 设 e_1、m_1 和 e_2、m_2 分别是两个粒子的电荷和质量，设 m_0 是约化质量而 v 是入射粒子的速度. 现在引用碰撞参量 $b = 2 \mid e_1 e_2 \mid / m_0 v^2$；对于推斥力来说，这个参量就是对心碰撞中互相接近到的最小距离. 于是显而易见，德布罗意波长 $\lambda = \hbar / m_0 v \ll b$ 就是经典力学在大偏转角计算中的适用性的必要条件. 然而玻尔却能够证明，对于小偏角的计算来说，这也是一个充分条件. 于是，不等式

$$\kappa = \frac{b}{\lambda} = \frac{2 \mid e_1 e_2 \mid}{\hbar v} \gg 1$$

就成了导致卢瑟福公式的那些经典考虑的合理性的必要而又充分的条件.

254 为了分析一个致散场的屏蔽的效应，玻尔引用了入射粒子在距中心为 r 处的一个势能表示式

$$P_a = \frac{e_1 e_2}{r} e^{-r/a}$$

这里的 a 叫做"屏蔽参量". 于是，表征着屏蔽的一个无量纲的量就是 $\zeta = b/a$. 对于多数的穿透现象来说，$\zeta \ll 1$，从而卢瑟福散射定律就将在一个颇大的角度范围内普遍地成立. 玻尔用一个图解[134]结束了讨论；这个图解针对小的 ζ 和不同的 κ 值给出了实际的角散射分布和卢瑟福定律的比较.

然而，对于 $\zeta \gg 1$，我们就有过度屏蔽的事例，这时针对 κ 的一切值我们都必须预期一和无屏蔽场中的散射大不相同的角度分布，而特别说来小角度偏转的大频次将远远不是那么突出. 玻尔发现，对于 $\sqrt{\zeta} < \kappa < \zeta$，我们有一个区域，在那里不论是轨道衍射还是简单波动衍射都不能适用. 当考虑吸引力时，玻尔的结果就是散射截面随入射粒子速度的一种强烈的变化. 由于共振效应，它在原理上可以从零变到 $4\pi \lambda^2$. 这种共振效应的一个例子，就是早先曾经困惑过玻尔的喇姆造尔效应[135]. 最后，玻尔把他整个的讨论总结成了一个著名的图解[136]，它表示了受屏蔽的库仑场中的散射，图中的每一个点都表示 κ 和 ζ 的一组值.

---

[134] 见注[130]所引文献的 p. 24，fig. 3.

[135] 见第一编《引言》，原第 29 页.

[136] 见注[130]所引文献的 p. 35，fig. 4.

在他1913年和1915年的阻止论文[137]中，玻尔曾经忽略了靶原子的核对阻止本领的贡献，因为它和原子中电子的贡献相比是很小的，但是裂变碎片的径迹却已经证明，在重粒子的事例中，是有必要把这一贡献考虑在内的. 玻尔曾经在他1940年和1941年的三篇关于裂变碎片之阻止和散射的论文[138]中讨论了这个方面，但是现在他在标题为“依赖于核碰撞的穿透现象”的第二章中作出了更加详细得多的讨论.

核质量和电子的质量相比是很大的，从而就可能在很高的近似下区分“核碰撞”和“电子碰撞”；在“核碰撞”中，动量和动能是传递给作为一个整体的阻止原子的平移运动的；在“电子碰撞”中，能量被传递给原子中的个体电子，而这就又 255
引起原子的激发过程和电离过程. 核碰撞是特别简单的，因为原子中的电子主要只引起核力场的一种静电屏蔽. 在他的计算中，玻尔利用了原子的汤马斯-费米模型，并引用了屏蔽参量为 $a = a_0 z^{-1/3}$ 的屏蔽势 $P_a(r)$，此处 a_0 是氢原子基态中的电子轨道半径而 z 是原子的原子序数.

在§2.2中，玻尔考查了分支形成现象；当阻止物质中的一个原子接受到足以在云室中造成可见径迹的能量时，就出现这种现象. 正如他在1940年已经强调过的那样，分支的频次和分布是不同类型的穿透粒子的一种典型的特征，而且伯吉耳德、布若斯特罗和劳瑞特森也已经能够根据这些效应的分析来作出重要的结论[139].

玻尔在1915年曾经处理了能量损失的离散现象，而且曾经证明了可以怎样利用带有指向大能量损失的尾部的一个高斯分布来解释测量到的能量损失和计算出来的平均能量损失之间的差值[140]. 现在，沿着相同的思路并照顾到1929年威廉斯的工作[141]，作出了一种更详细的分析. 第二章是用关于复合散射的一节来结束的. 这种散射玻尔在1915年也曾处理过，但是没有得到最后的结果[142]. 从那以后，瓦耳特·玻特在1921年[143]以及威廉斯在1939年和1940年[144]，都曾作出重要的贡献，而这些贡献也都被考虑在内了.

---

[137] 见第一编《引言》的注[15]和注[32].

[138] 见注[83]、注[88]和注[89].

[139] 见原第235—236页.

[140] 见第一编《引言》，原第15页.

[141] 见注[30].

[142] 见第一编《引言》，原第16页.

[143] W. Bothe, *Theorie der Zerstreuung der α-Strahlen über kleine Winkel*, Z. Phys **4**(1921) 300—314.

[144] E. J. Williams, *Concerning the scattering of fast electrons and of cosmic-ray particles*, Proc. Roy. Soc. London **A169**(1939) 531—572; *Multiple Scattering of Fast Electrons and Alpha-Particles, and "Curvature" of Cloud Tracks due to Scattering*, Phys. Rev. **58**(1940) 292—306.

标题为“穿透现象中的原子激发和原子电离”的第三章是以那样一节开始的，在这一节中，玻尔描述了经典阻止理论的历史发展，从J·J·汤姆孙1906年的早期工作[145]开始，并特别重视了玻尔自己的1913年工作[146]所引入的关于自由碰撞的浸渐极限.他也提到了一个粒子在通过物质时的阻止机制，可以怎样通过电场的直接估计来进一步加以阐明，该电场起源于电子在粒子通过时的移动；这是在他1912年9月间的演讲中第一次提到的一种解释[147].

256 在§3.2中，玻尔讨论了阻止和电离的量子理论，对亨德孙、否勒、费米、刚特、贝忒和布劳赫的工作进行了介绍.在关于电子碰撞的统计法的§3.3中，我们看到和量子化能量传递的经典计算有关的因子2的讨论，那种计算只能解释观察到的能量损失的一半[148].当考虑快粒子和原子中电子的碰撞时，玻尔把碰撞分成了简单的两类：“自由碰撞”和“共振碰撞”.在前一事例中，我们基本上遇到的是一种二体问题，而在后一事例中，我们则有一种微扰问题，和在色散理论中遇到的问题相类似.

在$\kappa>1$的情况下，来自共振碰撞的贡献永远小于来自自由碰撞的贡献.然而，在$\kappa<1$的情况下，两种贡献却基本上相等.这就和一件事实相一致，那就是，没有把共振效应考虑在内的亨德孙公式，只大约给出由贝忒求得的能量损失的一半.玻尔给出了一个图解，它针对不同的κ值表示了个体能量损失之统计分布的典型特征；这个图解是经常被引用的[149].第三章中的其余两节分别处理了高速粒子在轻物质和重物质中的穿透，包括了关于自由碰撞和共振碰撞对平均能量损失的贡献的一种估计.

在第四章“原子碰撞中电子的俘获和损失”中，玻尔是从关于亨德孙、卢瑟福和否勒的工作[150]的历史叙述开始的，然后就对穿透性粒子对电子的俘获和损失进行了一般性的综述，并特别注意了现象对粒子的电荷和速度的依赖关系.

玻尔首先估计了轻核对电子的损失的截面，并且得到了一个表示式，和经验数据例如雅科布森对氢中α粒子的测量结果符合得令人满意[151].当过渡到α粒子的电子俘获截面时，我们就遇到能量和动量在至少三个粒子之间进行交换的一种现象.在这儿，玻尔采用了布林克曼和克喇摩斯的1930年的表示式[152]作为出

---

[145] J. J. Thomson, *Conduction of Electricity through Gases*, 2nd ed., Camb. Univ. Press, 1906.

[146] 见第一编《引言》的注⑮.

[147] 见第一编《引言》的注㉓.

[148] 例如参阅原第22和209页.

[149] 见注[130]所引文献的p. 89, fig. 7.

[150] 见第一编《引言》，原第34页及以后.

[151] 见注②.

[152] 见注⑥.

发点,并且证明了简单的统计考虑如何导致俘获率的一种和实验资料相一致的定性估计.

第四章的最后一节处理了裂变碎片之类高度带电粒子所造成的电子俘获和电子损失之间的平衡;和质子及 α 粒子相反,这种粒子是带着许多束缚电子而沿路径运动的. 在他 1940—1941 年的那些论文[153]中,玻尔曾经作为初级近似而估 257
计到入射粒子的有效电荷 z_1^* 等于 $z_1^{1/3}v/v_0$,所用的符号和以前的相同. 从那以后,两组裂变碎片的电荷的测量实验已经由拉森在研究所中做成[154],而他的结果定性地和由玻尔理论预期的值相符合.

最后一章,即第五章"射程-速度关系",处理了一个有着特别的重要意义的问题,因为射程测量常常被用在高速粒子的初速测定中. 事实上,在许多事例中,多数粒子都将逐渐被阻止而并不遭受较大的偏转,因此,一个均匀速度的粒子注就将达到一个相当确定的离源的距离. 然而,在电子之类的高速粒子的事例中,我们却遇到一个由频繁的大角散射所造成的不同局面;这种散射再加上能量损失的离散,就使得射程的确定成为困难的了.

在 $v > v_0$ 的速度下,来自电子碰撞的贡献占主导地位,但是在较小的速度下,这些碰撞就几乎是浸渐的,而电子阻止效应的简单理论也就不再成立了. 然而,当 $v < v_0$ 时,来自核碰撞的贡献将变成主导效应,从而电子的贡献在初级近似下可以忽略不计.

在 §5.2 中,玻尔考查了高速轻核的射程关系,在这方面利翁斯顿和贝忒曾经对质子和 α 射线作过彻底的处理[155]. 因此玻尔就只概述了建筑在第二章和第三章中的考虑上的某些原理性问题. 在 §5.3 中,他转向了快速重离子的射程关系,这里的速度损失率近似地是恒量,这和 α 射线的射程-速度关系恰好相反,那种关系是以 $\mathrm{d}v/\mathrm{d}R$ 随速度的降低而迅速增高为其特征的. 在 §5.4 这最后一节中,玻尔讨论了例如核蜕变中的反冲原子那样的初速较小的粒子的阻止问题.

第八届索尔威会议是在 1948 年 9 月 27 日到 10 月 2 日在布鲁塞尔召开的,处理的是基本粒子;玻尔在会上谈到了例如各种介子之类的快粒子的阻止,而我们也已经把他的发言重印在本卷原第 569 页上了.

克喇摩斯在 1949 年 5 月 11 日已经收到了一份阻止论文. 他寄了一封信给玻尔,信中评论了若干问题[156].

---

[153] 见注[83]、注[88]和注[89].

[154] N. O. Lassen, *On the Effective Charge of Fission Fragments*, Mat.-Fys. Medd. Dan. Vidensk. Selsk. **23**, no. 2(1945).

[155] M. S. Livingston and H. Bethe, *Nuclear Physics. C. Nuclear Dynamics, Experimental*, Rev. Mod. Phys. **9**(1937) 245—390.

[156] 1949 年 5 月 11 日克喇摩斯致玻尔的信,见本卷原第 736 页,英译本见原第 738 页.

258

国王弗烈德里克九世及王后茵格里德和玻尔及尼耳斯·奥维·拉森在一起

7. 重离子对电子的俘获和损失(1950—1954)

玻尔关于阻止理论的最后一篇论文是在1954年和因斯·林德哈德合写的,处理的是重离子在穿透物质时对电子的俘获和损失[157].在他的1948年论文中,玻尔曾经对问题作了一般性的考察,所根据的假设是,一个具有给定核电荷的裂变碎片所带的电子数,简单地和它的速度有关而和它所通过的物质无关,因此这也就能够近似地说明当时既有的实验资料[158].

从1954年以后,拉森曾经做了关于裂变离子在穿透物质时的行为的研究工作,而且他的研究得出了许多重要的结果[159].特别说来,有两种效应是有趣
259 的,而且是由玻尔和林德哈德处理了的.拉森曾经证明,各离子的平均电荷依赖于气体的压强,且随着压强的增加而略有增大;第二,在从固体逸出的裂变离子的平均电荷和通过气体的同速度离子的电荷之间,存在一个大的和出人

---

[157] N. Bohr and J. Lindhard, *Electron Capture and Loss by Heavy Ions Penetrating through Matter*, Mat.-Fys. Medd. Dan. Vidensk. Selsk. **28**, no. 7(1954). 见本卷原第593页.

[158] 见注[130]所引文献的第四章.

[159] 关于拉森结果的一种综述,见他的博士论文 *On the Total Charges and the Ionizing Power of Fission Fragments*, Ejnar Munksgaards Forlag, Copenhagen 1952. 并参阅注[112].

意料的差值[160].

我们在文献馆中找到了 166 页和玻尔及林德哈德的论文有关的材料，其中包括笔记和草稿，所标日期是从 1950 年 1 月 5 日到 1953 年 9 月 9 日，而我们从这些材料就能对工作的进行情况得到一个印象[161].

玻尔和林德哈德的合作是从 1949 年的夏天开始的. 奥格已经在春天去了美国，于是玻尔就请了林德哈德来代替奥格而对玻尔的工作给予普遍的协助. 这时，拉森关于离子电荷随气体压强而变的结果出现了. 在夏天的过程中，玻尔和林德哈德进行过频繁的讨论，但是林德哈德在 9 月间去了伯明翰并且在那里停留到 1950 年 8 月. 然而他在哥本哈根度过了他的圣诞假期，并且在那里和玻尔讨论了俘获和损失的问题. 据林德哈德说，俘获和损失的若干问题是当他在伯明翰时搞清楚的. 整体性的问题就是要找出离子电荷随压强而变的一种解释. 这样的一种解释曾在一份只有一页的打字稿上被提到；该稿的标题是“裂变碎片的总电荷和有效电荷”，日期是 1950 年 1 月 5 日[162]；稿中写道：

> 总电荷对气体压强的依赖性是由下述情况引起的：在很低的压强下，由碰撞引起的碎片中电子束缚状况的任何激发都将继之以一个辐射过程，通过这个过程，正常态将在下一次碰撞发生以前就得到恢复，因此，通过要求较小的逐次能量传递的一种阶梯式过程来取走电子的可能性就被排除了. 然而，在较高的压强下，这样的阶梯式过程当接近了取走电子的极限时将占主导地位，从而这种极限就对应于较高的原子电荷.

事实上，辐射过程和俘获及损失之间的竞争，就是工作在 1949 年夏天所由开始的主要概念. 林德哈德在 1950 年 1 月 10 日前后返回了伯明翰. 1 月 17 日，他从那里给玻尔发了一封信[163]，信中附有需要处理的特定问题的一份清单[164].

除了主要问题即离子电荷随压强的变化问题以外，当从固体中和从气体中 260
逸出时离子电荷的差值问题也在拉森给当时正在普林斯顿的玻尔的两封信[165]中

---

[160] N. O. Lassen, *Total Charges of Fission Fragments in Gaseous and Solid Media*, Phys. Rev. **79**(1950)1016—1017; *The Total Charges of Fission Fragments in Gaseous and Solid Stopping Media*, Mat.-Fys. Medd. Dan. Vidensk. Selsk. **26**, no. 5(1951).

[161] 文卷，*Electron Capture and Loss*，编目归入[1954]. Bohr Mss, microfilm no. 20.

[162] 见注[161].

[163] 1950 年 1 月 17 日林德哈德致玻尔的信. BSC，尚未摄制缩微胶片.

[164] 这份清单连同附加的说明共有 6 页，所标日期为 14.1—16.1.1950；现藏文献馆；见注[161].

[165] 1950 年 3 月 13 日拉森致玻尔的信，见本卷原 740 页，英译本见原第 742 页；又 1950 年 4 月 1 日的信见原第 745 页，英译本见原第 746 页.

因斯·林德哈德

进行了讨论；拉森在这两封信中提到了他的最新研究结果. 为了获得有关碎片电荷的资料，拉森使用了两种根本不同的方法：比较间接的方法建筑在离子在穿透不同气体时所产生的电离上，这种电离被在一个很宽的速度范围内进行了测量，通过应用玻尔的阻止本领公式，就能够推出有效电荷的值. 然后，有效电荷随碎片的原子电荷和速度的变化就通过和同速度质子的阻止本领的测量结果相比较来求得. 在另一种方法中，总电荷是通过碎片在磁场中的偏转来测量的. 这种方法也可以测定从固体中逸出的离子的电荷.

我们遇到的关于俘获和损失的第二个工作阶段是从 1950 年 6 月 4 日到 7 月 7 日的一段工作. 在 6 月间，林德哈德曾经写了一篇论文的 10 页提纲，该文的标题是《裂变碎片的有效电荷和总电荷》[165a]；提纲上标有“初步论述”的字样，共分
261 三段：1) 引言，2) 辐射寿命的影响，3) 对阻止公式的改正. 在 6 月 20 日，主要的计划如下：拉森应该寄一篇通信给《物理学评论》，信中应包括他的主要实验结果，而且他也要准备一篇详细的论文，发表在丹麦王国科学院的院报上(见注⑯)，而玻尔和林德哈德则将准备一篇理论的论文，发表在同一刊物上(注⑰).

慢慢地，论文开始成形了，但是在它于 1953 年 9 月间接近完成以前，以及它终于在 1954 年 1 月 4 日被寄出时为止，却还有一段很长的时间要度过. 正如在

[165a]　林德哈德在 6 月间到过哥本哈根. 据他自己说，这份提纲既可能是他自己写的，也同样可能是和玻尔讨论的结果.

1948 年的论文的情况下一样，许多份草稿被写出了，进行了修改，有的部分被删去了；这些都发生在从 1952 年 2 月 16 日到 1952 年 11 月 1 日和从 1953 年 4 月 8 日到 1953 年 9 月 9 日这两段时间之内.

所发表的论文的引言中写道：

> 这篇论文的发表因为各种情况而拖延了下来，但是它的一些部分曾在最近几年的各种会议上报告过. 在发表这篇论文时，我们必须向 N·O·拉森博士致以谢意，他在他的实验研究和我们的理论考虑的一些进展阶段中和我们进行了许多益人心智的讨论.[166]

课题曾经在 1952 年 3 月 21 日作的一篇题为《高核电荷的快速运动离子对电子的俘获》的演讲中进行过处理，但是后来这篇演讲只印行了一份摘要[167]. 当时出示的幻灯片，有一份清单存在文献馆中[168].

玻尔在 1952 年 6 月 26 日拉森的博士论文[169]答辩会上也讨论了俘获和损失，当时他是两位答辩委员之一. 第一位答辩委员 J·C·雅科布森谈论了实验的一面，而玻尔则回顾了理论基础，而我们根据他的发言稿就可以看出他和林德哈德的工作结果是怎样表达出来的[170].

林德哈德在 1952 年 6 月 3 日到 17 日在哥本哈根召开的国际物理学会议上也描述了这一工作；该会议是由欧洲各国代表组成的理事会主办的，目的是要“计划核研究方面的一个国际实验室并组织其他合作形式”[171]. 在第一天，发表了关于裂变碎片之电荷的两篇演讲；第一篇是由拉森发表的，第二篇是由林德哈德发表的[172]，而且提到了即将问世的玻尔和林德哈德的论文. 263

正如 1948 年的论文一样，玻尔和林德哈德的论文也曾被人们广泛阅读，从而我们用它的一份内容总结来告一结束. 正如作者们所说的那样，论文尝试了在简单论点的基础上对和高电荷粒子在物质中的通过有关的各现象作一综合的诠释. 于是，在 § 2 中，对损失过程和俘获过程之间的平衡的一般概貌作了一次综述，特别重视了离子电荷的涨落，以及由固体进入气体的离子的平均电荷的逐

---

[166] 见注[157]所引文献的 p. 5.

[167] N. Bohr, *Elektronindfangning af hurtigt bevægede ioner med høj kerneladning*, Overs. Dan. Vidensk. Selsk. Virks. Juni 1951 – Maj 1952, p. 49. 原文及英译本见本卷原第 579 页.

[168] 稿本，*Elektronindfangning af hurtigt bevægede ioner med høj kerneladning*, 1952. 原文见本卷原第 573 页，英译本见原第 576 页.

[169] 见注[159]. “答辩委员”的意义见本卷原第 584 页上的编者注.

[170] 稿本，*Kommentarer til Lassens disputats*, 1952. 原文见本卷原第 583 页，英译本见原第 586 页.

[171] International Physics Conference, Copenhagen, 3—17 June 1952；见本卷原第 590 页上的编者注.

[172] 参阅注[171]所引文献的 pp. 7—8. 见本卷原第 589 页.

262

1958年度的NORDITA理事会

前排(由左向右)：约翰·霍耳茨玛克，艾瓦·瓦勒，格斯塔·冯克，斯外恩·罗西兰，哈若德·外尔格兰和尼耳斯·玻尔.

后排：奥斯卡·克莱恩，阿格·玻尔，因斯·林德哈德，伊盖耳·海勒喇斯，约尔根·伯吉耳德，雷奥·尼耳森，克瑞斯先·摩勒，斯忒藩·罗森塔耳和派卡·约豪.

渐调整. 利用简单的计算证明了,当气体媒质的密度很低,以致实际上所有的离 263
子都会在两次碰撞之间返回它们的基态时,电子数的平衡分布将近似地是高斯分布. 然而,尽管正如可以预料的那样,推广到有相当一部分离子在碰撞之间停留在受激态的那种情况是需要进一步考虑的,但是事实证明,用一种简单的方式来处理这一问题也还是可能的.

在§3中,对带有多个电子的离子作出了一种简化的统计描述,而且根据这种描述,对拉森在固体物质和低压气体中路径开头部分的裂变离子电荷的测量结果作出了解释. 正如以上提到过的那样,从固体逸出的离子的平均电荷稍大于从气体逸出的离子的平均电荷,二者的值分别近似地是22和15. 然而,在这两种事例中,离子电荷都近似地和物质的原子序数无关.

在§4中,玻尔和林德哈德讨论了电子损失和电子俘获的机制的主要特点,并且通过应用简单的力学考虑而推导了这些过程的截面的近似估计值. 关于损失截面,他们求得了

$$\sigma_l = \pi a_0^2 z^{*2} Z^{1/3} \left(\frac{v_0}{v^*}\right)^3,$$

式中 a_0 和 v_0 是氢原子基态中电子的[轨道]半径和速度, Z 是碎片的原子序数, z^* 分别代表轻气体和重气体的原子序数或心电荷数,而离子基态中束缚得最松的电子的束缚情况用和离子速度 V 相近的速度 v^* 来表征.

俘获截面的推导稍为麻烦一些,而且必须分别考虑重气体和轻气体的俘获事例,因为在后一事例中一个束缚得很松的电子有一个有限的几率会留在原子
中,一直留到和离子的距离小得使逸出不能发生的时候. 对于轻气体中的俘获, 264
玻尔和林德哈德利用简单的力学概念得出了表示式

$$\sigma_c = \pi a_0^2 Z^{*3} \left(\frac{v_0}{V}\right)^7 \frac{n'^2}{\nu'^3}$$

来作为原子中束缚得很松的一个电子的俘获截面的粗略估计,该电子的束缚程度用一个屏蔽的核电荷 $n'e$ 和一个有效量子数 ν' 来表征. 这个表示式和实验资料符合得很好,从而表明玻尔和林德哈德的关于问题的简单图景是相当好的. 在重气体的事例中,对于其相当多的电子具有可以和 V 相比的速度的那种原子,他们求得了下列的俘获截面表示式:

$$\sigma_c = \pi a_0^2 Z^{*2} z^{1/3} \left(\frac{v_0}{V}\right)^3.$$

在§5中,应用这些损失截面和俘获截面的公式,分析了和低压气体中的裂

变离子电荷有关的实验资料，而且得到了令人满意的符合. 最后，在§6中，考虑了平均离子电荷对物质密度的依赖关系. 在低压气体中，假设了一个离子的激发能量将在相继的碰撞之间通过辐射而耗散掉，因此当估计离子的平均电荷时只要考虑处于基态的离子就可以了. 然而，在较高压的气体中和在固态物质中，却有必要照顾到激发能量，而这就解释了从固体逸出的和从气体逸出的离子之间的分歧，以及离子电荷随压强的变化.

最后我们可以指出，玻尔和林德哈德是能够用一种满意的方式说明拉森的实验结果的，但是困难也还存在. 对高度带电快离子的阻止本领的理论没有进行任何详细处理，因为玻尔和林德哈德觉得这种理论还处于一种不能令人满意的状态，而且它在以后的几十年中一直处于这种状态. 在该文 p. 13 上的一条小注
265 中，强调了可以怎样引入改正，而且给出了一篇近期的参考论文[173]；文章是由林德哈德和摩尔顿·沙尔夫[174]在 1953 年发表的，文中的一种原子结构的统计处理，使人们能够在原子序数和速度的广阔范围内确定低电荷快离子的阻止本领. 同样，高电荷宇宙射线在照相乳胶中的径迹也开辟了一个新领域. 这就涉及了一个比裂变离子的能量更宽广得多的能量范围，但这却是超出了玻尔和林德哈德的论文的讨论范围的.

---

[173] J. Lindhard and M. Scharff, *Energy Loss in Matter by Fast Particles of Low Charge*, Mat.-Fys. Medd. Dan. Vidensk. Selsk. **27**, no. 15(1953). 并参阅 J. Lindhard, *On the Passage through Matter of Swift Charged Particles*, 见 *Niels Bohr and the Development of Physics* (ed. W. Pauli), McGrall-Hill Book Co. and Pergamon Press, New York and London 1955, pp. 185—195.

[174] 摩尔顿·沙尔夫(Morten Scharff, 1926 年 6 月 19 日—1961 年 4 月 15 日)获得了哥本哈根大学的物理学硕士学位(mag. scient., 1951). 他在玻尔的研究所中工作，在那里既参加了实验工作又参加了理论工作. 他的主要兴趣在于和伯吉耳德(见本卷原第 235 页)密切合作来用照相乳胶进行高能物理学的研究，以及和林德哈德一起进行穿透现象的研究. 1956 年，他用一篇关于根据原子级粒子在照相乳胶中的径迹来测定其质量的方法的论文获得了大学的金奖章. 沙尔夫在 50 年代中期也积极参加了大学部课程的改造工作. 在沙尔夫 1961 年过早逝世以后，因斯·林德哈德完成了他们的论文的不同部分，并且按照计划在他们的联合署名下发表了论文. 因斯·林德哈德撰写的讣文见 Fys. Tidsskr. **59**(1961)97—101.

I. 原子碰撞问题和有关核蜕变的晚近发现

未发表稿

1932

(原书载丹麦文原文和英译本,中译本据英译本)

见第二编《引言》,第3节.

卷宗“原子碰撞问题”,[1932],包括一些草稿和提纲,共 43 页. 多数是铅笔和钢笔的手写本,是玻尔、马格丽特·玻尔、克莱恩、罗森菲耳德和摩勒的笔迹. 有少数几页打字稿和一页复写纸打字稿. 用的是丹麦文和英文. 有一页上标有日期 1932 年 5 月 18 日.《中子及其性质》和《论中子的性质》二稿和第九卷所处理的材料有关.

我们这里编入了用丹麦文写的两页目录,编号为 1A 和 2A 的两页英文稿,标题为《原子碰撞问题和有关核蜕变的晚近发现》,以及用丹麦文写的 11 页后续部分,编号为 1B 到 11B. 另外我们还编入了标题为“Bemærkninger til Bremseformlen for β-Straaler”(关于 β 射线之阻止公式的论述)的一份丹麦文的稿子,共 5 页,编有页码,以及两页未编码的丹麦文稿的一些部分,其中第一页上写有标题“Efter α-Straalers Bremsning”(在 α 射线被阻止以后).

第 1A 页是打字稿,有克莱恩用铅笔写上的一点补充;除此以外,所有的材料都是克莱恩用铅笔或钢笔写成的,有玻尔的少量补充. 我们在这儿重印的是最终(修改过的)定稿. 为了便于阅读,我们曾经增加了一些逗点,并改正了公式中的一些小错.

在正文中和编者注中未经解释的那些符号,基本上和玻尔 1915 年的论文(第一编,文Ⅷ)中的符号相同.

这些材料见缩微胶片 Bohr Mss no. 13.

目　　录 278

碰撞问题的普遍重要性.

经典理论,硬球.

卢瑟福公式,物质的电构造.

力学定律的局限性和原子稳定性.

个体过程和统计法.

弗兰克-赫兹实验、喇姆造尔效应和查德威克-莫特[结果]的量子力学处理.

这种处理显示了通过泡利原理的应用来定位的困难的一种典型表现.

卢瑟福公式在量子力学中的普遍适用(除了所举的特例以外),量子力学在α粒子或β粒子的散射或阻止中都不起作用.

开普勒问题和简单干涉方法.

麦耳比斯特兰(Mellbystrand)*那样的经典阻止理论.

贝忒的结果和表观佯谬. 布劳赫. 新旧公式的适用界限. 对相对论来说的和麦耳比斯特兰理论相同的理论. 摩勒、贝忒和布劳赫.

开普勒问题和原子嬗变. 伽莫夫和考克若夫特.

[另一页]中子问题. 碰撞问题的某些其他方面. 经典结果和干涉方法根本不同. 一种用于质子,而另一种则用于电子.

核结构问题完全超出于量子力学之外,而且或许也超出于能量守恒[概念]之外. 不过还是存在一个很大的区域,不但像伽莫夫那样通过α粒子的应用,而且也可以通过作为单位的中子的应用来把分类推行很远. 佩兰和海森伯.

[稿第1A页]** 18/5,1932

原子碰撞问题和有关核蜕变的晚近发现

如所周知,原子碰撞的研究曾经是有关原子构造的资料的主要来源. 事实上,原子线度的最初的近似估计,就是从有关气体分子在碰撞之间的平均自由程的资料中推得的,而按照气体分子运动论,碰撞就是黏滞性和热传导之类的现象的起因. 然而,在这样的问题中,却只能谈到近似的估计,因为在缺乏有关在碰撞 279
过程中作用于分子之间的那种力场的较详细资料的情况下,人们必须引用适当的假说,例如像硬弹性球之间的相互作用一样的相互作用***. 然而,在这方面,在

* [这是指的瑞典的一个地方,玻尔和克莱恩在1932年初夏在那里工作过;并参阅1932年6月28日玻尔致克莱恩的信,见本卷原第711页,英译本见原第712页.]

** [稿第1A和2A页是用英文写的.]

*** [以上一句是克莱恩手写补入的.]

基本带电粒子之间的碰撞事例中情况却简单得多;在这里,相互作用力是以一种很简单的方式依赖于各粒子的电荷的. 只要经典力学还可以应用,我们在这里遇到的就是开普勒问题之牛顿解的一种直接应用.

[稿第 2A 页]这种解已经由 J. J. 汤姆孙爵士在讨论和高速带电粒子在物质中的通过相伴随的那些效应时广泛地应用过了,而最重要的是,这种解形成了卢瑟福勋爵关于 α 射线的散射现象的研究的基础,而这种研究导致了原子核的重要发现. 按照卢瑟福的理论,一个电荷为 E 而质量为 M 的 α 粒子在和电荷为 Ne 而其质量为了简单可以看成无限大的核相碰撞时被偏转到介于 θ 和 $\theta+\mathrm{d}\theta$ 的角度中去的几率,由下式给出

$$W(\theta)\mathrm{d}\theta = N_1 N_2 \frac{E^2(Ne)^2}{2M^2v^4}\frac{1}{\sin^4\dfrac{\theta}{2}}\mathrm{d}\theta \tag{1}$$

式中 N_1 是源束中通过单位截面的 α 粒子数,N_2 是暴露在源束前面的原子核数. 如所周知,这个公式得到了实验的很好的支持,从而使得测量核电荷成为可能,而核电荷已被等同于所考虑原子的原子序数乘以基元电荷了.

[稿第 1B 页]然而,为了评价这一局势,必须考察量子理论在基础方面引入的改变;按照量子理论,轨道概念局限到那样一个程度,即小于普朗克恒量的作用量没有任何物理意义,原子之间的一切相互作用必须被设想成一种个体的过程,而过程的几率则是一个计算的问题. 如所周知,普遍的合理的方法在这里已由海森伯和薛定谔弄好了,但是联系到碰撞问题,玻恩所发展出来的近似方法却是头等重要的. 按照这种方法,进入一个固定力场中的粒子的散射几率,可以通过研究一个波[所受到的]散射来加以计算,那个波的波长 λ 由德布罗意关系式给出

280

$$\lambda = \frac{h}{mv} \tag{2}$$

这种散射起源于下述事实:力场的每一个小区域都辐射一种波长相同的次级波,其振幅由[稿第 2B 页] $\frac{a}{R}\cdot\frac{m}{h^2}V\mathrm{d}z$ 给出,式中 V 是势,R 是矢径,而 a 是初级波的振幅. 既然波函数振幅的平方正比于反冲粒子的出现几率,进入任一立体角的散射就将正比于 $E_1^2E_2^2/m^2v^4$. 现在,一个异常有趣的结果就是,正如温采耳首次证明了的那样,这种计算直接导致了卢瑟福在经典力学的基础上导出的同一公式(1)*. 这种和惠更斯原理在光学中的应用相类似的方法是有局限范围的,

* [这一句显然是要用来代替一个较早的表述,而该表述在原稿上却没有被抹掉.]

那就是它包括了一个假设，即入射波仅仅由于散射而略有减弱. 对于来自势为 E_1E_2/r 的原子核的散射来说，这个条件意味着 $\frac{m}{h}\cdot\frac{E_1E_2}{\lambda}\cdot\lambda^{[2]}<1$，而当把公式(2)考虑在内时，这个不等式就给出 $E_1E_2<hv$.

这一条件的基础就在于，只有相位差小于它们的波长的那些波才会互相加强. 现在重要的就是，在这一条件得不到满足，或者正确地说是在 $hv[<]E_1E_2$ 的事例中，[稿第 3B 页]一次轨道计算就将导致物理上正确的结果，因为在这种情况下一个波群将沿着经典地算出的轨道而传播. 这是由一件事实得来的，那就是，在这种事例中，波群的散射相对于轨道的偏转来说将是很小的. 如果波群的线度是 a，则散射将具有 λ/a 的数量级，正如在光学中已经知道的那样；而按照经典的计算，偏转却是[*]

$$\frac{Xt}{p}=\frac{E_1E_2}{pa^2}\cdot\frac{a}{v}=\frac{E_1E_2}{apv}.$$

因此，散射和偏转之比将具有 hv/E_1E_2 的数量级.

[稿第 4B 页]

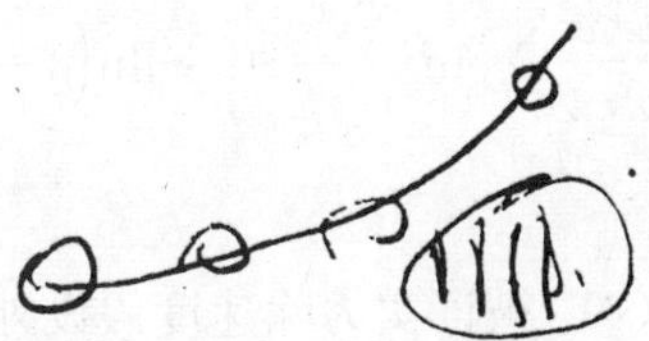

一个普遍的结果就是，经典力学的轨道计算和波动力学的干涉方法是互补 281
的，它们在两个绝不重叠的边界区域中有其合法的用途，从而它们永远将给出在过渡区域中在数量级上互相符合的结果[**]，在这两个区域中，它们通常将导致对所涉及的动力学量的完全不同的函数依赖关系. 这是一个事实的后果，那就是，非经典区域中的结果一般将根本地依赖于普朗克恒量. 卢瑟福的公式在这方面是一个例外，它的量子力学的推导已由高尔顿和莫特独立地得出.

另外，这也和下述事实有关：公式给出的散射几率[稿第 5B 页]正比于相互作用力，即 $E_1^2E_2^2$. 正如可以直接看出的那样，这样一种依赖关系将永远出现在用干涉方法求得的结果中，因为，如上所述，过程发生的几率是正比于次级波振幅的平方的. 另外，我们也已经看到，两种极限事例在那里有其合法用处的那些边

---

* [X 是相碰粒子之间的相互作用力，而 p 是入射粒子的动量.]

** [这句话不正确. 事实上玻尔在页边上注了“falsk”(否)的字样，他显然曾经打算删掉这句话.]

界区域,在这儿是如何互相接壤的.

在α粒子和β粒子在通过物质时的阻止问题中,可以找到用这两种方法得到的结果的一种发人深思的差别*.

[稿第 6B 页]和这些射线的散射相反,这种现象并不直接依赖于很重的原子核的存在,而是只依赖于从过路的粒子到束缚在原子的核场中的电子的能量传递.现在,在粒子速度远大于原子中的电子速度的事例中,就可以用一种简单的方式来说明场的影响.事实上,在碰撞时间远小于原子自然频率[应作"周期"——中译者]的近距碰撞中,在能量传递的计算中可以忽略核作用力而把电子看成自由的,而对碰撞时间近于或大于原子周期的碰撞来说,在碰撞过程中相互作用力和核的吸引力相比将是很小的,从而这种效应可以看成加在正常电子运动上的一种微扰.[稿第 7B 页]这一问题和原子对电磁辐射的色散问题是有密切关系的,而且在用这种办法导出的阻止本领公式中,除了电子数以外,出现的
282 原子特征只是色散公式中的那些恒量.为了简单,假设可以给原子中的每一个电子都指定上同一个色散频率ν,则用这种办法导出的α射线的能量损失公式将近似地由下式给出:

$$\frac{\mathrm{d}T}{\mathrm{d}x}=\frac{N2\pi E^{2}e^{2}}{mv^{2}}\sum\ln\frac{k[\nu^{3}m]}{\nu[eE]}[-]\ln\left(1-\frac{v^{2}}{c^{2}}\right)-\frac{v^{2}}{c^{2}},\qquad(3)$$

式中m是电子的质量.

和公式(1)相反,公式(2)**被证实为除速度假设外是有局限性的,而我们现在就来考虑这一点.

---

* [按照玻尔在稿上的标明,我们在这里插入用英文写成的第 6B 和 7B 页.]

** [这里的公式(2)是指玻尔的经典的、非相对论式的能量损失公式.]

[稿第 5B 页,续]和色散问题相对照,已经证实,用干涉[方法]进行的[问题的]处理在这里给出了完全不同的结果. [稿第 8B 页]例如贝忒曾经求出了一个公式,而在上述的简化条件下,该公式可以写成

$$\frac{\mathrm{d}E}{\mathrm{d}x}=\frac{N2\pi E_1^2E_2^2}{mv^2}\left\{\ln\left(\frac{2mv^2}{h\nu}\right)\left[-\ln\left(1-\frac{v^2}{c^2}\right)-\frac{v^2}{c^2}\right]\right\}, \tag{4}$$

式中也曾由摩勒[算出的?]依赖于光速的最后那几项,是用摩勒所给出的玻恩方法的相对论性修正导出的*. 可以看到,和那一[公式]不同,对数符号下的表示式和公式Ⅲ[3]中的表示式不同而包含 h. 另外,一个特征性的情况就是,作为所用方法的后果,贝忒公式是正比于 $(E_1E_2)^2$ 的,这又和也包含 E_1 及 E_2 的公式(3)相反. 初看起来,两个公式之间的分歧可能显得是一个佯谬,因为经典的处理部分地是可以看成自由粒子的一些粒子之间的碰撞,部分地是一个色散问题,而 283
两个问题的量子力学处理将和经典处理给出相同的结论,至少统计地说来是这样. 然而,差别却在于这样一个事实: 干涉方法的条件和轨道计算的条件并不是在同一个区域中得到满足的,而且,[稿第 9B 页]例如在经典计算中引入的那种区分,是只在一个区域中具有物理实在性的. 于是,成立的是公式(3)还是公式(4),就取决于是否有 $Ee \gtrless hv$. 对于 α 粒子和 β 粒子,后一条件得到满足,从而贝忒公式成立. 但是,如果要研究和 α 粒子具有同数量级速度的原子序数很高的核的阻止,就应该预期公式(3)是成立的了. 可以看到,两个公式在 $Ee=hv$ 时是重合的,而这一符合以及和 $(Ee)^2$ 成正比这一关系,至少就使我们可以在经典计算的基础上对公式(4)作出近似的论证.

通过 β 粒子之阻止的研究,出现了和这种讨论有关的一种有趣现象. 实验不允许我们轻易地测量由公式(3)和(4)给出的平均速度损失[稿第 10B 页]而只能测量其最可几值. 对于 α 粒子来说,这两个值互相重合,因为所有的 α 粒子都或多或少地遭受相同的速度损失,但是对于 β 粒子来说,却出现了差别,因为一部分 β 粒子将遭受大得**反常的**速度损失. 速度损失的最可几值可以通过从[总体]平均值中减去反常大速度损失的平均值来求出,这给出**

$$\Delta T=\frac{N2\pi E_1\ E_2\Delta x}{mv^2}\ln(\quad)$$

因此,运用公式(4),就得到

---

* [这一句写在页边上,是玻尔的笔迹.]

** [下列各公式是不完全的,而玻尔得出的结论也是不正确的. 但是这在下一份文本中得到了改正(见本卷原第 285 页).]

$$\Delta T=\frac{N2\pi E\cdots}{mv^2}\ln\cdots$$

而威廉斯已经证明，此式可以在很高的精确度下重新给出有关β粒子之阻止的实验结果. 有趣的是，上一公式并不显示和$(Ee)^2$的比例关系，而这种比例关系正是波动力学公式的特征，[稿第 11B 页]但是这却起源于下述事实：现在这已经不再是正比于基元过程之频次的那种结果的问题，而是这些几率的一种更复杂的应用了.

284 [稿第 1 页]　关于β射线之阻止公式的论述

a) **滞后效应**并不引起经典理论和量子理论之间的任何差别，因为在后一理论中也可以把来自β粒子的电力看成可用经典方法描述的外力. 在这里，滞后表现为由洛伦兹收缩引起力场的改变；这就表明，不论是垂直于轨线的分力还是分力的时间变化率，都将和在非相对论性的处理中所用的相同，如果在β粒子的电荷和速度上都乘上一个因子$\gamma=1/\sqrt{1-v^2/c^2}$的话. 至于平行于轨线的分量，电荷将保持不变而速度则应乘以γ.

经典的、非相对论性的能量传递公式是

$$(\text{I})\ \frac{\Delta T}{\Delta x_{\perp}}\ \frac{2\pi e^2\,E^2\,N}{mv^2}\Big(\ln\Big(\frac{mv^2\,S}{8\pi^2\nu^2e^2E^2}\Big)-1\Big)$$

和

$$\frac{\Delta T}{\Delta x_{\parallel}}=\frac{2\pi e^2\,E^2\,N}{mv^2},$$

如果单次过程的能量传递小于或等于S的话.

因此，相对论性的公式就是（Ⅰ　$E=\gamma E$，$v=\gamma v$；Ⅱ　$v=\gamma v$）

$$(\text{I}')\ \frac{\Delta T}{\Delta x_{\perp}}+\frac{\Delta T}{\Delta x_{\parallel}}=\frac{2\pi e^2\,E^2\,N}{mv^2}\Big(\ln\Big(\frac{mv^4\,S}{8\pi^2\nu^2e^2E^2}\Big)-\ln\Big(1-\frac{v^2}{c^2}\Big)-\frac{v^2}{c^2}\Big).$$

[稿第 2 页]贝忒的非相对论性的量子力学公式是

$$(\text{II})\ \frac{\Delta T}{\Delta x_{\perp}}=\frac{2\pi e^2\,E^2\,N}{mv^2}\Big(\ln\Big(\frac{2mv^2S}{\nu^2\,h^2}\Big)-1\Big)$$

$$\frac{\Delta T}{\Delta x_{\parallel}}=\frac{2\pi e^2\,E^2\,N}{mv^2}.$$

因此，相对论性的量子力学公式就是

$$(\text{II}')\ \frac{\Delta T}{\Delta x_{\perp}}+\frac{\Delta T}{\Delta x_{\parallel}}=\frac{2\pi e^2\,E^2\,N}{mv^2}\Big(\ln\Big(\frac{2mv^2S}{\nu^2\,h^2}\Big)-\ln\Big(1-\frac{v^2}{c^2}\Big)-\frac{v^2}{c^2}\Big).$$

这恰好就是摩勒所导出的公式.

b) 量子力学处理和经典处理之间的关系

按照量子力学的计算,我们要求的是单次过程的几率,而只要微扰方法是可以应用的,几率就将永远和外力的平方成正比. 这也可以通过比较公式(Ⅰ)和 285
(Ⅱ)来看出. 尽管后者是正[稿第 3 页]比于 E^2 的,前者却也在对数式中含有 E. 不论是波动力学的微扰方法还是经典的轨道计算,都代表处理它们各自的极限事例的一种自洽的方法. 在"波参量"($\lambda/2\pi$)和在经典处理中起一定作用的线度具有相同数量级的区域中,两种方法的结果必须互相接近. 对于电子和一个粒子之间的碰撞来说,临界的经典线度 a 由下式给出:

$$\frac{Ee}{a}=mv^2;\qquad \text{另外,波长是}\frac{\lambda}{2\pi}=\frac{h}{2\pi mv}.$$

因此我们就看到,可以在 $2\pi Ee=hv$ 的事例中期望两种处理之间的吻合. 如果把此式代入公式(Ⅰ)中,我们就恰好得到公式(Ⅱ). 这就不仅在便于理解公式之间的差别方面是使人满意的,而且也可以看成公式(Ⅱ)的一种近似验证,一种由于包括对数式而是很准确的近似验证.

电离本领

汤姆孙理论和贝忒理论中的电离本领表示式之间的差别就在于这样一件事实:按照后一理论,确定着阻止本领的一种对原子的干扰,也会对[稿第 4 页]跃迁过程有所贡献,而且有可能也会对电离过程有所贡献,即使按照经典计算每一次碰撞中的能量传递是小于电离能量 I 的. 因此,初级电离的表示式就近似地等于经典表示式和下列表示式之和:

$$\left(\frac{\mathrm{d}T}{\mathrm{d}x}\right)_{I=S}\cdot\frac{1}{I}=\frac{2\pi e^2}{mv^2}\frac{E^2}{I}\ln\frac{2mv^2I}{\nu^2h^2}$$
$$=\frac{2\pi e^2}{mv^2}\frac{E^2}{I}\ln\frac{2mv^2}{I}.$$

然而这里假设了一切激发都导致电离,因此这一表示式给出的是差值的上限. (贝忒的表示式也较小,差一个因子 0.285.)

4) β 射线的几率分布和速度损失

当采用最可几速度损失的完备公式时,并不能通过在经典[公式]中令 $Ee=hv$ 来得到量子力学公式,因为这一表示式并不像它是个体跃迁几率的线性式那样是 E^2 的线性式. 正如前面已经指出的那样,在这一事例中,必须首先写出关于 286

一个恒定的 S 的公式，然后把本身就依赖于 E 的 S 值代进去. 然而，更简单得多的[办法]就是先取关于一切碰撞可能性的完备公式

$$\Delta T=\frac{4\pi N\Delta xe^4}{mv^2}\left\{\ln\left(\frac{kv^3m}{4\pi\nu Ee}\right)-\ln\left(1-\frac{v^2}{c^2}\right)-\frac{v^2}{c^2}\right\},$$

然后在把 $Ee=hv$ 代入对数式中以后，再减去[稿第 5 页]在计算最可几损失时可以不予考虑的那些碰撞，即

$$\Delta' T=\frac{2\pi N\Delta xE^2e^2}{mv^2}\cdot\ln\frac{2\pi N\Delta xE^2e^2}{mv^2},$$

此式在量子理论中和在经典理论中是恰好相同的，因为我们在这儿只涉及那些可以不考虑其原子力的原子碰撞，而对于这些碰撞卢瑟福公式是仍能成立的.

[未编号的一页]……

在 α 射线被阻止以后

即使轨道计算在极限下是可以接受的，但是按照量子理论看来它却从来不是准确的；通过质子轰击而引起的原子核的蜕变就是这方面的一个有趣事例. 在这儿，$Ee/hv\gg 1$，从而轨道概念在偏转[的计算]中可以广泛地应用.

例如，经典最小距离就是一个质子接近原子核所能达到的距离的实际极限. 不过，质子向核靠近而达到小于 a 的距离，却也有一个由 $a^2(eE/hv)^2$ 给出的有限几率.

[未编号的一页]粒子在一个有限范围的力场例如半径为 a 的球内的力场中的偏转.

设已知波长大于 a，那就根本谈不到轨道计算的问题；相反地，在 $\varepsilon=(m/h^2)\cdot Va^2<1$ 的情况下*，人们必须处理一种简单干涉方法，因为在这种情况下总散射<射在球上的那一部分波. 在这种情况下，当 $\lambda<a$ 时也根本谈不到什么经典计算，因为这种计算的条件是 $h/a<\frac{V}{a}\cdot\frac{a}{v}$ 或 $\varepsilon\cdot\frac{h}{mva}>1\Rightarrow\varepsilon\frac{\lambda}{a}>1$. 如果 $\varepsilon>1$，干涉现象就对 $\lambda>a$ 不能适用，而经典方法当然也不能适用. 另一方面，如果 $\lambda<a$，就可以应用经典的轨道计算了.

---

* [参阅稿第 2B 页(见本卷原第 280 页).]

Ⅱ. 和威廉斯一起进行的关于碰撞问题的工作

未发表稿

1933—1934

见第二编《引言》,第 4 节.

288 稿本“碰撞问题”，编目时归入[1932—1933 年?]，有 23 页是由威廉斯用钢笔写成的，在其中 3 页的背面，有一些用铅笔和钢笔写的笔记，有的部分已经划掉，故全稿共 26 页. 稿子用的是英文.

除了背面的笔记以外，我们重印了全稿，计有引言 3 页，有页码；§1 共 13 页，有页码；§2 共 7 页，其中一页未编页码. 我们重印的是最后的文本，并作了几处不关紧要的改正.

在稿子的最后一部分，方程号数(1)到(5)原缺.

并请参阅 E·J·威廉斯，《普通的空间-时间概念的应用以及经典理论和玻恩近似的关系》，原载 Rev. Mod. Phys. **17**(1945)217—226. 此文已作为附录重印于本卷原第 627 页.

此稿亦见缩微胶片 Bohr MSS no. 13.

引言 289

当两个碰撞粒子之间的力很强时，普遍的量子力学解就趋近于经典解，这时我们就可以描绘碰撞粒子的轨道，并在时间中追踪碰撞过程. 在相互作用力很弱的另一极端，普遍量子力学解的玻恩初级近似就成为适用的了. 在这种处理中，受扰的粒子用波来表示，这种波受到干扰场的散射，但是散射量很小，以致在初级近似下可以认为初级波直接通过干扰场而强度不减. 这种条件下的解可以看成普遍量子力学解的极端“波动”形式，和另一极端处的经典轨道解成为对照. 我们曾经想到，或许很有兴趣的是对普遍量子力学解的这些极限形式作出某些初等的考虑，而特别是考虑一下当碰撞粒子之间的力是库仑力时这二者如何合而为一. 在这一特例下，当两个粒子是自由粒子时，处理方法的两种极限形式将导致完全相同的结果，即卢瑟福散射公式. 如果其中一个粒子是束缚粒子，就像在阻止本领问题中那样，结果就并不相同. 我们将证明，在这种情况下，当条件从一个极端变到另一个极端时，为什么经典的阻止本领公式必须过渡到由贝忒导出的[稿第 2 页]波动力学公式. 即使在这一事例中，经典公式的定量失败也并不严重，而且同样的说法也适用于运动带电粒子的其他效应，例如电离和 X 射线的产生. 当力是库仑力时经典结果这种在一切条件下的近似正确性，在一段长时间内掩盖了碰撞的经典处理方法的真实局限性，尽管这对原子结构理论的早期发展无疑是很有帮助的. 在这方面，它得到了一件事实的帮助，那就是，在有效力并不属于库仑类型的那些事例中，条件通常也能允许一种近似的经典轨道处理. 这方面的一个突出的例外就是喇姆造尔效应. 在发现晶体对电子的衍射以前，这事实上就是在统计方面以及在个体碰撞方面和经典理论相矛盾的唯一的碰撞现象. 在这种效应中，条件甚至不允许一种近似的经典处理，而力的规律则给出一个在经典上完全无法理解的量子力学解. 在这方面或许可以和喇姆造尔效应一起提到的另一个例子，就是中子引起次级电子之产生的那种小截面. 在这儿，条件又排除了经典处理，而且在力的规律中也没有使波动力学解类似于经典解的任何偶然情况.

我们的论述将安排如下：

§1. 两个自由粒子之间的碰撞. 轨道处理的和波动处理的条件，以及两种 290
处理形式在库仑相互作用下的汇合. [稿第 3 页]有界场问题，其中包括喇姆造尔效应和由中子引起的次级电子的产生.

§2. 运动带电粒子和束缚电子的碰撞. 经典处理和波动处理的各别界限，以及从阻止本领的经典公式到贝忒公式的过渡.

§3. 相对论性事例中类似于§1 和§2 的考虑.

§4. 有辐射的碰撞. 轨道处理的条件以及测量辐射反作用的界限.

[稿第 1 页] §1

在经典力学中，一次碰撞的进行可以无限准确地加以追踪，碰撞体系中每一个粒子的位置和速度在每一时刻都是准确地确定的. 这种情况在量子力学中是不可能的. 在量子力学中，作用量子为同时确定这些量的精确度规定了一个有限的界限. 然而，当作用量子在碰撞的描述方面带来的不准量和由相互作用力引起的改变量相比是很小的时，它在实际上就没有任何基本重要性. 在这种条件下，我们就可以充分运用经典力学，因为这些条件不但允许我们描绘碰撞粒子的轨道，而且这些轨道也就是经典轨道. 和这些条件相去稍远的[稿第 2 页]是那样一些条件，它们虽然仍旧在颇大的程度上允许普通的空间-时间概念的应用，但是却不允许牛顿力学的应用. 可以叫做赝经典碰撞的这种碰撞，包括了一个广阔范围的原子现象. 其次我们就遇到那样一些碰撞，它们的进行在任何程度上都是不能经典地加以描述的. 作用量子已经完全禁绝了普通的力学概念，而我们对这些碰撞的理解是纯形式性的. 然而，在某些极限事例中，这种表述形式却可以和很简单的波动现象的理论相比拟，而通过我们关于这种现象的直接经验，我们就又能构成碰撞的一种图景. 然而，这种图景却和我们在另一些极限条件下得出的轨道的经典图景有着完全不同的身份. 波动图景是一种数学类比[稿第 3 页]的结果，和最终必须用以描述碰撞的那些相互作用着的粒子并无任何合理的联系. 另一方面，经典轨道图景却直接涉及碰撞粒子的行为. 不过，虽然波动图景在这方面完全是牵强的，但它却是有用的，它指示了另一种图景即轨道图景在碰撞体系之间的相互作用很弱的极限事例中将多么完全地消声匿迹. 在这种极限下，波动
291 计算是很简单的，它对应于玻恩的普遍量子力学解的"初级近似". 我们在下面的讨论中将把普遍解的这一极限形式叫做**波动解**.

在这一节中，我们将考虑应用普遍量子力学碰撞理论之不同近似形式的那些普遍条件，并且举出一些简单的例子来加以阐明. 在这些例子中，我们将假设一个严格有界限的相互作用场，而更加普遍的例如库仑场那样的扩展场则将在下一节中加以考虑.

[稿第 4 页] i. **和经典理论的相关性的基础**

(a) 用波包作为轨道的近似描述.

$$\delta p_x \delta x \sim h.$$

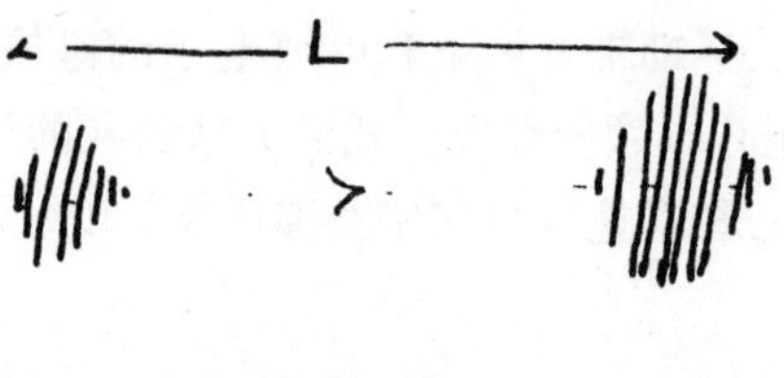

为了在一个距离 L 上最好地确定 p 和 x，取线度为 $\sim\sqrt{\frac{h}{mv}\cdot L}$ 的波包. 于是在距离 L 上，线度就保持为这种数量级. 因此，如果 $h/mv \ll L$，运动就可以近似地和一个轨道[运动]相比拟. 在实际的碰撞中，L 将是干扰场的线度而 v 将是相对速度.

(b) 一个波包在一个在该波包范围内为均匀的场中平均运动的艾伦菲斯特定理.

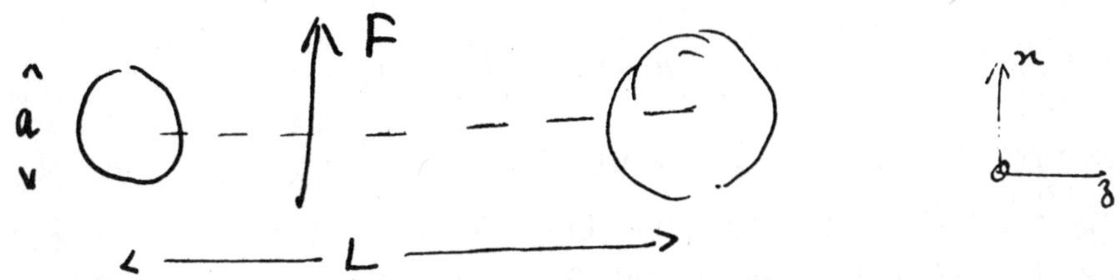

在距离 L 上，平均动量传递=经典值= $\frac{L}{v}\frac{\partial\phi}{\partial x}$. 不准量至少等于 h/a.

∴ 每次碰撞中的经典动量传递，如果

$$\frac{h}{a} \ll \frac{\partial\phi}{\partial x}\cdot\frac{L}{v}$$

$$\frac{L}{v}\delta\phi \gg h \qquad \text{或} \qquad T\delta\phi \gg h. \qquad T=\text{相互作用时间}.$$

[稿第 5 页] ii . 赝经典 292

$$h/mv \ll L,\text{但是}\ T\delta\phi < h.$$

在这种情况下，分别和距离 L 及干扰粒子和干扰场的平均相对速度 v 相比，位置和速度是明确确定的.

然而，动量传递≪动量的不准量；也就是说，按照艾伦菲斯特定理，波包的漂移≪由不准量引起的展布.

人们或许会想，电子在进入这样一个场中时的平均散射是可以计算的，即通过考虑穿过场的不同部分的波包来计算. 然而事实并非如此，因为对径由场的不同部分的波包的动量传递，由于大的展布而成为小得不能在碰撞以后被区分出来，而且不同波包之间的干涉也起一定的作用.

参阅 § 3 中关于碰撞参量的讨论和 § 4 中关于辐射性的[?]讨论.

[稿第 6 页] iii . 波动处理

根据由量子力学导出的定理，表示着给定力场对一个粒子的散射的那个波函数，是一些次级波的叠加，而那些次级波是这样得出的：假设每一个体积元 δV

都散射出次级波，其振幅在离 δV 为 r 处由下式给出：

$$\delta A_s = \frac{A}{r} \cdot \frac{2\pi m}{h^2} \cdot \phi \cdot \delta V$$

$\phi = \delta V$ 的势，波长 $= h/mv$，$v =$ 势为 0 的区域中的经典速度，$A = \delta V$ 处的合振幅.

和艾伦菲斯特定理的关系

这种散射定律导致折射率

$$\mu^2 = 1 + \frac{2\phi}{mv^2}$$

[稿第 7 页]* 因此，如果我们有一个在均匀场中的波包，它就将按完全确定的方式而被折射，如果波长已明确规定的话. 几何光学和经典力学之间的形式关系表明，这种折射是这样的：波包中心沿经典路径而传播，所得到的动量就是经典动量.

艾伦菲斯特定理涉及的是任何波包，和波长的定义不相干. 然而这样一个波
293 包可分解成一些具有确定波长的无限波列. 由于波动方程是线性的，波包的受扰运动就是它的成分波列的受扰运动之和. 其中每一波列的干扰都对应于经典运动. 因此，合波包的扰动必然对应于未受扰波包的一种和经典运动相一致的漂移.

玻恩的初级近似

[稿第 8 页]如果干扰场不是足够地强和均匀，以致可以构成其运动接近于经典运动的波包的话，由(　　)表示的次级波和表示着未受扰粒子的初级波之间的干涉就是没有多大重要性的，从而折射的概念也是没有用的. 在这种情况下，发生在初级波上的效应就是由散射引起的强度的减小. 当散射足够弱，以致初级波将通过整个干扰场而强度减小得很少时，我们就有已经提到过的那种极限条件，而这种条件就允许问题有一个很简单的解. 这就是玻恩的普遍量子力学解的初级近似.

这一近似的适用性所应满足的条件，不能用一个普遍公式来适当地表出，从而最好是根据以上给出的基本条件而针对每一具体事例来加以考虑.

[稿第 9 页]**举例**　二体碰撞，其中物体 B 和物体 A 相比足够重，以致问题在效果上是单体问题，这时物体 B 就确定物体 A 所受到的干扰场.

弹性球(斥力场)

(a) $\overline{\hbar/mv \ll C}$

* [此处划掉了四行.]

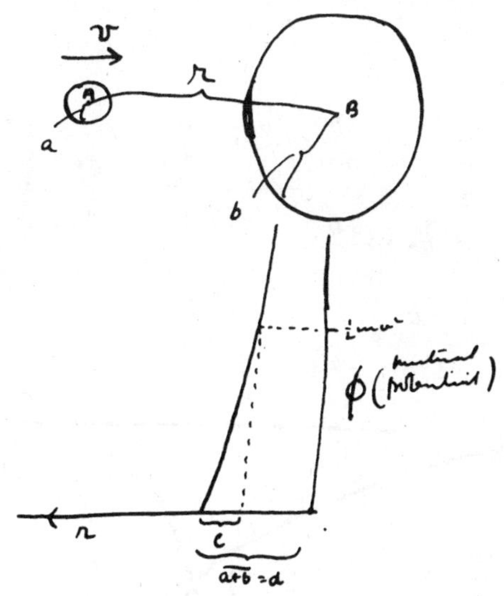

FGH＝经典轨道. 294

如果 $\hbar/(mv) \ll C$，则经典处理的条件得到满足.

[稿第 10 页]因为经典动量传递～ mv

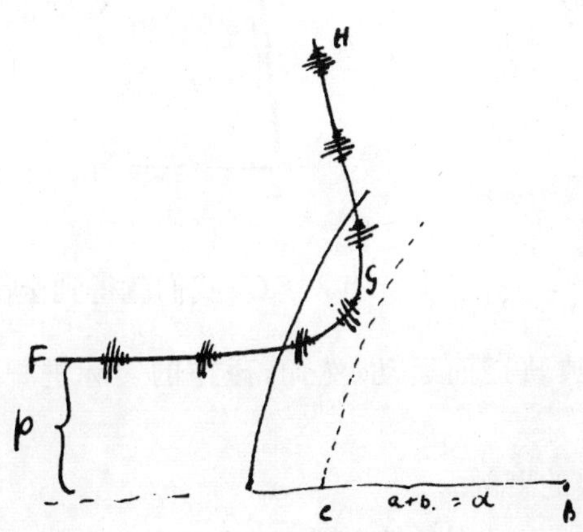

动量的不准量～ $\hbar/C$

$\therefore$ 当 $h/mv \ll C$ 时传递≫不准量

另外，当 $h/mv \ll C$ 时又有碰撞过程中的展布≪C.

注意：我们曾经假设了 $p \sim d$.

碰撞过程中的最小经典速度＝ $v \cdot \dfrac{p}{a+b}$，而且，为使速度得到精确的描述，波包必须大得使动量不准量 $\ll mv \cdot \dfrac{p}{a+b}$ · 既然波包也必须远小于 C，条件就是

$$\frac{\hbar}{mv(p/\overline{a+b})} \ll C$$

$$\frac{\hbar}{mv} \ll C \cdot \frac{p}{a+b}$$

或者说角动量 $= mvp \gg \hbar \cdot \frac{a+b}{C}$

295 (b) $C \ll \hbar/mv \ll a+b$

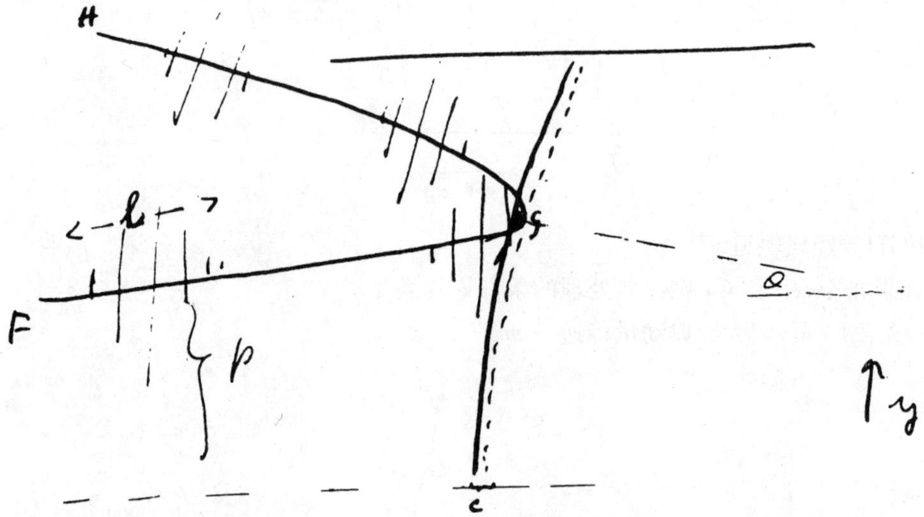

既然在 $r=d-C$ 处 $\phi=\frac{1}{2}mv^2$，并有 $\lambda \gg C$，我们就得到全反射. 另外，既然 $d \gg \hbar/mv$，波包就沿经典轨道而运动. 然而，碰撞的实际进程却**不能**经典地加以追踪.

这是一个赝经典的事例.

[稿第 11 页]若 $p \ll d$ 则条件更严

y 方向上的经典动量传递 $\sim mv\vartheta \sim mvp/d$.

不准量 $\sim \hbar/l$

$\therefore$ 我们必有 $\hbar/l \ll mvp/d$

$$h/mv \ll l \cdot \frac{p}{d} = p \cdot \frac{l}{d}$$

另外，$l \ll d$

$$\therefore \hbar/mv \ll p$$

$$即\ \underline{mvp \gg \hbar}.$$

(c) $\underline{\hbar/mv \gg a+b}$

在这一事例中，即使 $\phi_{r=d-C}=\frac{1}{2}mv^2$，初级波也可透入到散射场内的 $r=d-C$ 处.

假设初级波在整个场中的散射很小，并设 ϕ 在 $r=d$ 的范围内为恒定. 于是散射截面=

$$\frac{散射波的总强度\times 4\pi r^2}{入射波的强度\times \pi d^2}\approx\frac{\left(\frac{A_0}{r}\cdot\frac{m}{h^2}\phi d^3\right)4\pi r^2}{A_0\pi a^2}\sim\frac{m^2\ \phi^2\ d^4}{h^4}$$ 296

如果这个截面* ≫1，则初级波一经进入到 $r=d$ 处就会被完全散射. 同样的情况也适用于散射波，而既然散射波是沿一切方向的，那就显然没有任何穿透. 问题是一个散射衍射问题，而截面则 $=4\pi a^2$.

[稿第 12 页]对于简单波动处理(玻恩初级近似)，有

$$\frac{m^2\phi^2 d^4}{h^4}\ll 1$$

在这种情况下，截面 $=\frac{m^2\phi^2 d^6}{h^4}$

在经典上完全无法理解，特别是和 m^2 的比例关系.(经典截面 $\sim d^2$.)

实际的例子就是电子和中子之间的碰撞.

$$\phi\sim mc^2,\qquad d\sim e^2/mc^2$$

$$\frac{m\phi d^2}{h^2}\sim\frac{m}{h^2}\cdot mc^2\cdot\frac{e^4}{m^2\ c^4}\sim\left(\frac{e^2}{hc}\right)^2\sim\frac{1}{137^2}\ll 1$$

因此波动处理成立.

$$截面=\left(\frac{m\phi d^2}{h^2}\right)d^2\sim\left(\frac{e^2}{hc}\right)^4 d^2\sim 10^{-8}d^2.$$

注意：对于质子，条件是临界性的，但还是充分满足的，从而我们可以取

$$\frac{\sigma_{电子—中子}}{\sigma_{质子—中子}}\sim\left(\frac{m_{电子}}{m_{质子}}\right)^2\sim 10^{-8}.$$

* [在页边上，这一条件曾被写成：$m^2\phi^2 d^4/h^4\gg 1$.]

$$\sigma_{\text{质子}} \sim d^2.$$

[稿第 13 页]吸引力场,在 $r = \lambda \ll a+b$　如果场在距离 λ 上是恒定的,则趋近完全经典的处理.

297

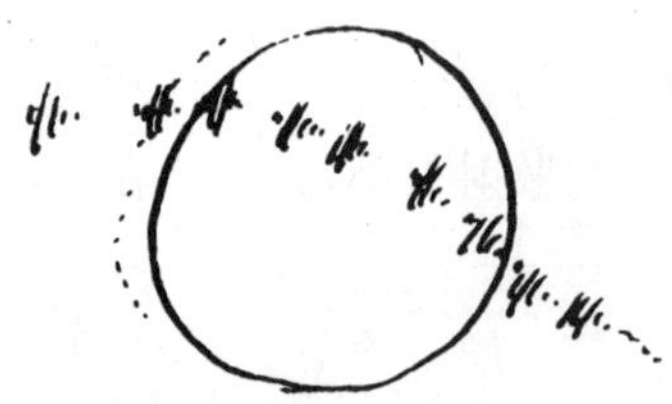

$\lambda > a+b$　和以前相同,如果玻恩近似成立的话.

即如果 $m\phi d^2/h^2 \ll 1$

如果 $m\phi d^2/h^2 \gg 1$,则初级波在小部分体积中完全散射,而截面 $= d^2$. 然而,如果$\lambda \gg a+b$,我们就又得到不散射的情况——喇姆造尔效应.

[稿第 1 页]§2.　展布场

ⅰ. 库仑力定律.

首先考虑关于经典轨道的条件.

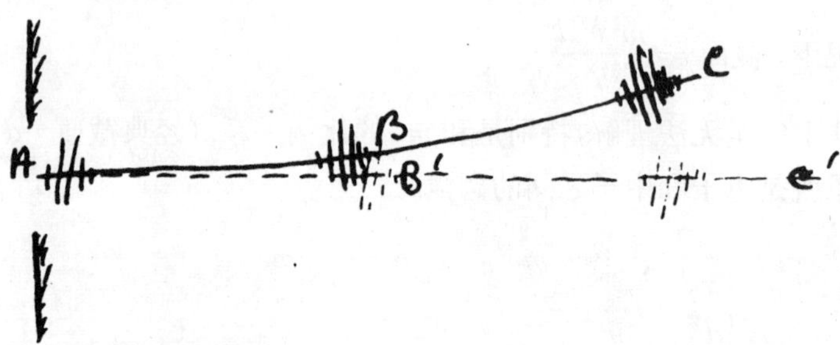

$A'B'C$ =未受扰的经典轨道.

要想能够构成一个波包,用它的未受扰运动来表示一个相对于力心而言的明确确定的轨道,它在碰撞过程中的线度就必须比 p 小得多. 这一点可以满足,如果

$\hbar/mv \ll p$,　　即角动量$= mvp \gg \hbar$的话.

波包的受扰运动对应于一个平均动量传递=经典值 $= Ze^2/pv$. 因此,经典的轨道方法可以成立,如果这个动量远大于电子动量的不准量的话. 后者至少具有$\hbar/p$ 的数量级,因此条件就是

$$Ze^2 pv \gg \hbar/p$$
$$Ze^2/hv \gg 1.$$

这个条件也可以写成 298

$$m v \vartheta \gg \hbar / p \qquad \text{即}\ m v p \gg \hbar / \vartheta$$

因此,当这一条件得到满足时,明确确定的未受扰轨道的条件就自然而然地得到满足.

[稿第 2 页]可以看到,应用经典轨道的条件并不依赖于 p,因此,如果 $Ze^2/hv \gg 1$,由场的一切部分所引起的散射,即具有任意角度的散射就都可以经典地加以计算.因此解就是卢瑟福公式

$$A_{\vartheta R}^2 = \frac{A_0^2}{R^2} \frac{Z^2 e^4}{m^2 \ v^4 \sin^4 \vartheta/2}$$

简单波动处理的条件

这种处理的普遍条件是,对表示着入射粒子的入射波(或初级波)来说,由干扰场所引起的散射而造成的强度的减弱应该很小.

让我们首先考虑由一个半径为 r 的球内的散射所造成的初级波的强度的减弱.

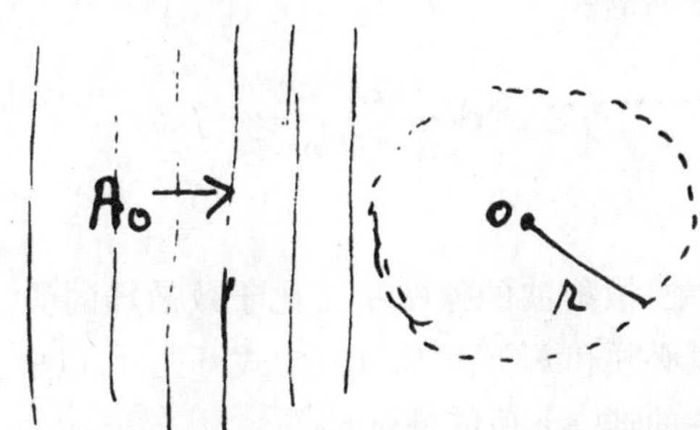

在一个离 O 的距离为 R 的点上($R \gg r$),沿着方向 θ,来自这一区域①的散射波的强度当在初级波强度并不减弱的**假设**下进行计算时就是

$$A_{R\vartheta}^2 \approx \frac{A_0^2}{R^2} \cdot \frac{Z^2 e^4}{m^2 \ v^4 \ \vartheta^4} \frac{1}{1+(\lambda/r\vartheta)^2}$$

散射的总数是

[稿第 3 页]

$$\sim \int A_{R\vartheta}^2 R^2 \ \vartheta d\vartheta$$

$$\sim A_0^2 \cdot \frac{Z^2 \ e^4}{m^2 \ v^4 (\lambda/r)^2} \sim A_0^2 \left(\frac{Ze^2}{hv}\right)^2 r^2$$

① 我们并不假设这一区域是定义到一个波长的精确度.因此这里不存在关于干涉图样的多余复杂性.

射在球 r 上的粒子数是

$$\sim A_0^2 r^2$$

299 因此，由于在半径为 r 的一个球内受到散射而引起的初级波的强度减弱就是可以忽略的，如果

$$A_0^2 (Ze^2/hv)^2 r^2 \ll A_0^2\, r^2$$

$$\text{i. e.} \qquad \underline{Ze^2/hv \ll 1}$$

注意：这种条件不依赖于 r，而且和经典轨道的条件互补. 于是，随着 Ze^2/hv 从远小于 1 增大到远大于 1，简单波动处理就会失效而经典轨道处理就会成为可以适用的.

按照简单波动处理而求得的散射公式，是和经典公式[稿第 4 页]相等同的. 由量纲推理很容易推知，这只有对一种平方反比的力定律来说才是可能的. 因为，如果我们假设碰撞粒子之间的一种力定律 $F = k/r^n$，则在任意方向 ϑ 上的经典散射截面将有下列形式：

$$\sigma_{经典} = A\,\frac{k^{2/(n-1)}}{v^{4/(n-1)}\,m^{2/(n-1)}} f(\vartheta) \tag{6}$$

$A =$ 数字系数.

喏，在简单波动理论中，散射波的振幅是正比于致散场的势的，因此，散射的强度，(或散射截面)，就必须和 k^2 成正比. 由(6)式可见，可以根据经典理论来给出一种类似的比例关系的唯一 n 值就是 $n = 2$.

对于 $n = 2$ 的情况，同样的推理表明经典公式和简单波动公式确实必须在一切方面都互相等同. $\sigma_{波动} \propto k^2$，因此，对于 $n = 2$，量纲就要求

$$\sigma_{波动} = A'\,\frac{k^2}{v^4\,m^2} f'(\vartheta) \tag{7}$$

因此，普遍的量子力学解就有如下形式：

$$\sigma_{\text{q.m.}} = A'\,\frac{k^2}{v^4\,m^2} f'(\vartheta) \times F(k/hv) \tag{8}$$

$$F(k/hv) = 1 \qquad 若\ k = 0.$$

[稿第 5 页]对于大的 k/hv，有

$$\sigma_{\text{q.m.}} = \sigma_{经典} = A\,\frac{k^2}{v^4\,m^2} f(\vartheta) \tag{9}$$

$$\therefore F(k/hv) = \text{恒量},\text{不依赖于 } k/hv.$$

因此它必须对一切的 k/hv 都为 1.

由此可见,(7)式对一切 k/hv 值都成立,从而在常数 A 和函数 $f(\vartheta)$ 方面必然和 300
经典公式相一致.

普遍的力定律,k/r^n

正如在 $n=2$ 的事例中一样,经典轨道的条件就是动量传递≫动量不准量即 $mv\vartheta \gg \hbar/p$

对于 $F=k/r^n$, $mv\vartheta = \dfrac{k}{p^{n-1}v}$

$\therefore$ 条件是 $\dfrac{k}{p^{n-2}v} \gg h$.

(比较库仑事例 $\dfrac{Ze^2}{v} \gg h$.)可以写成 $p^{n-2} \ll \dfrac{k}{hv}$

因此,如果 $n>2$, p 就永远可以大得足以违反这一条件. 然而这在一个实际的解中却可能不关紧要,因为对这样的 p 来说偏转可能是不大的.

(比较台球的碰撞.)

[稿第 6 页]用 ϑ 表示出来,条件就表明经典理论对

$$\vartheta \lesssim \frac{h^{\frac{1}{n-2}}}{k^{\frac{1}{n-2}} m v^{\frac{n-3}{n-2}}} = \vartheta_{\text{临界}}$$

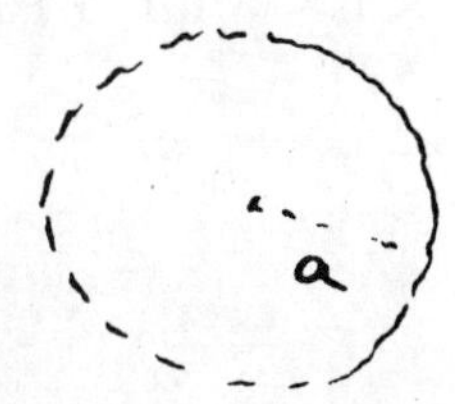

将不适用.

于是,如果 $\vartheta_{\text{临界}} \sim 1$, 则问题的任何部分都不能经典地加以处理. $F=k/r^n$ **时波动处理的条件**

从半径为 $r[a]$ 的球散射出去的波的振幅

$$\sim A_0 \cdot \frac{m}{h^2} k \int_0^a \sin \overline{\mu r} r^{2-n} \, \mathrm{d}r$$

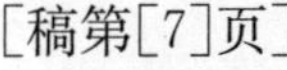
[稿第[7]页]

波动处理. 普遍事例.

$n>3$, 永远有小区域的全散射.

$n>2$, 来自散射中心附近第一个半波带的效应.

$n<2$, 来自半径为 a 的球的效应~球的边界附近的第一个半波带.

301

Ⅲ. 玻尔在普林斯顿发表的演讲的笔记

1939

约翰·A·惠勒的笔记

摘　　录

302 此稿是当1939年3月间玻尔在普林斯顿发表演讲时由约翰·A·惠勒记的演讲笔记. 共14页,由惠勒用钢笔和铅笔记录,英文.

我们在这里重印的是3月4日所作第一篇演讲的笔记,写在一张纸的两面上,以及3月27日玻尔演讲的第一页笔记的一部分.

也请参阅卷宗"玻尔在普林斯顿停留期间的笔记",[1939]. 缩微胶片 Bohr MSS no. 16. 它的一部分重印于本书第九卷中.

本稿属于约翰·A·惠勒的文件,现藏费城的美国哲学会图书馆. 尼耳斯·玻尔文献馆中有本稿的复印本,尚未摄制缩微胶片.

303 玻尔论述中的定性论点

在论证 Q. M. [量子力学]时有用.

1939年3月4日,星期五

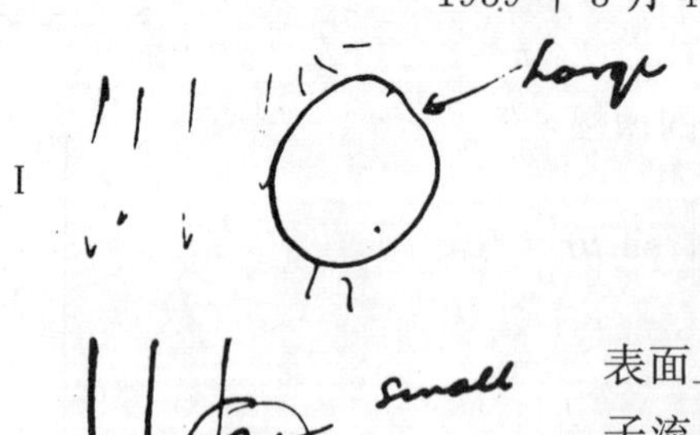

截面为几何值的两倍. ∵

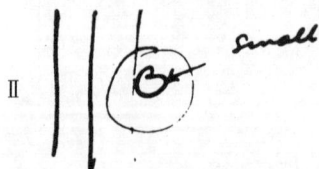

表面上每点的(外向)粒子流等于入射波的强度. 既然表面是 $4\pi r^2$, 截面就是 $4\pi r^2$.

见第二编《引言》,第5节.

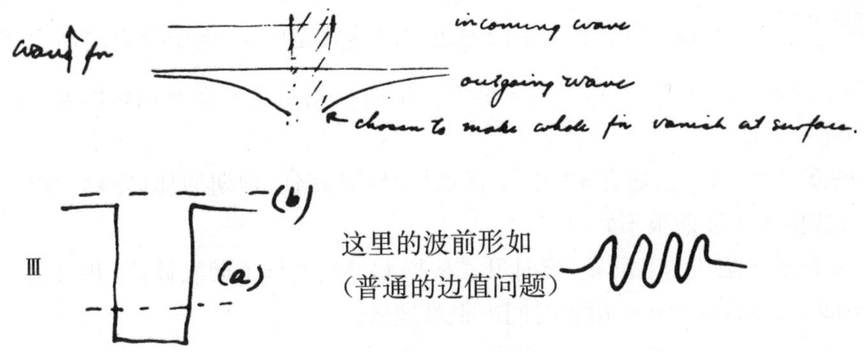

这里的波前形如
（普通的边值问题）

事例(b) 两个这一类的波应在外面缀合在一起.

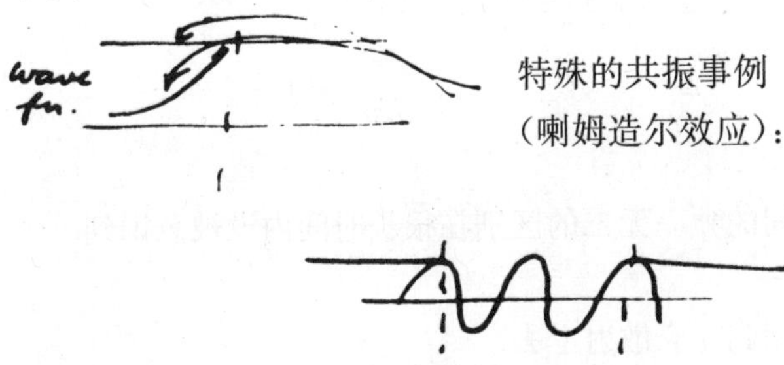

特殊的共振事例
（喇姆造尔效应）：

另一事例：

实际的无限共振. 并非无限，因为事实上在外面只是有限波长（截面永不大于 $\pi\lambda^2$ ）.

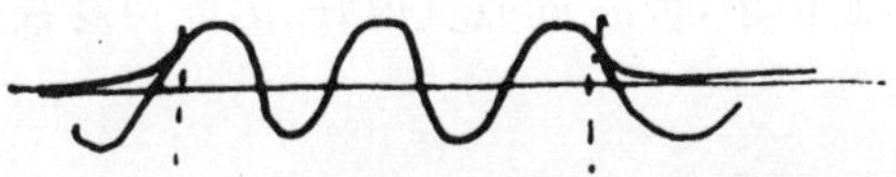

（法克森和霍耳茨玛克对哥本哈根的访问，喇姆造尔效应的讨论，他们关于 304
缀合波的[计算].）

喇姆造尔效应的早期——每人都认为是由波长引起的——但是泡利实际上针对刚体球进行了计算，求得的是 $4\pi r^2$ 而不是实验上得到的小值.

考虑两个相等的充有不同气体的气球将是有趣的.

Ⅳ 向普通力学的过渡，e^{ikz}

$m|$ $|o$ 小势——玻恩方法 $\dfrac{e^{ikr}}{r}$ $\dfrac{U\mathrm{d}\tau m}{\hbar^2}$ 有效到什么程度? $\sigma =$

$4\pi\left(\frac{U\,\mathrm{d}\tau m}{\hbar^2}\right)^2$. 佯谬：质量越大则散射越大.（这就是中子-电子散射之所以很小的原因.）例如 $\mathrm{d}\tau\sim a^3$. 然后考虑 $\lambda/2\pi\sim a$，而 U 恰恰具有经典偏转所要求的势的数量级的情况.

[稿的新一页]这时正好有 $\sigma\sim a^2$，正如按经典思路所预期的那样. 对于更大的 m，公式由于干涉而很不好*.

V　α 粒子之阻止的老问题. 当时贝忒根据 Q. M. 进行了彻底计算，并得出了稍许不同的结果，这曾在一段长时间内很难理解.

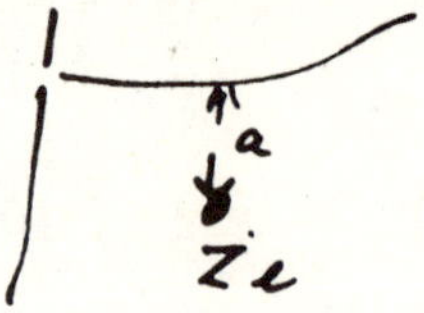

力×时间＝动量

$$\frac{Ze^{[2]}}{a^2}\frac{a}{v}>\frac{h}{\Delta a}>\frac{h}{a};$$

$$\Delta a<a;\qquad \frac{Ze^2}{hv}\gg 1$$

（经典偏振条件）

库仑场和其他场之间的独一无二的区别在很长时间内没被意识到.

现在把玻恩公式应用到库仑散射上去.

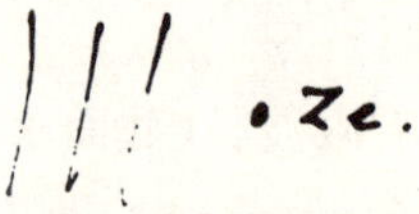

$$\left.\begin{aligned}\mathrm{d}\tau&\sim\left(\frac{\lambda}{2\pi}\right)^3=\lambda^3\\ \psi&\sim\frac{Ze}{\lambda}\end{aligned}\right\}\text{于是}\ \sigma=\left(\frac{Ze^2}{hv}\right)^2\lambda^2.$$

305 如果此量和 1 相比很小，玻恩近似就很好. 因此卢瑟福公式既适用于经典力学又适用于量子力学**

散射在波动处理中正比于 Z^2（势平方）.

但是在经典处理中也正比于 Z^2.（一般说来，在经典力学中，对于力公式 a/r^n 来说散射正比于 $a^{\frac{2}{n-1}}$，这只有在 $n=2$ 时才和 Q. M. 相一致.）

求 α 粒子之散射的简法. 电荷 Ze.

$$\frac{Z^2e^4}{mv^2}\ln\frac{Ze^2}{hv}\cdot\frac{h\nu}{mv^2}$$

---

* [纸页顶部写有 $\frac{15}{137}^{30}$ 的字样.]

** [页边上写了：$100\,mMU=$[删去的字样]. $\frac{1}{10}Mc^2=\frac{1}{2}100\,Mv^2$；$\frac{2}{1\,000}=\frac{v^2}{c^2}$；$\frac{1}{24}=\frac{v}{c}$.]

旧公式.

一直很好，但是 h 不能进入经典公式中.

因此我们在经典理论中必须放入 $h\nu/mv^2$(非浸渐条件). 贝忒公式

$$\frac{Z^2e^4}{mv^2}\ln\frac{h\nu}{mv^2}$$

二者适用范围清楚. 若 $Ze^2/hv \gg 1$ 则很好.

但在波动力学中肯定是波恩近似，从而只在外面才有 Z.(整个局势由布劳赫处理得很精彩，从他访问哥本哈根时开始.)

经典公式应能适用于裂变碎片.

演讲结束.

……

[新页] 玻尔 1939 年 3 月 27 日，星期一 306

……

定态的表示问题. 这些态的运用和电子运动的空间时间标定互补. 由本征函数构成的波包. 电荷为 Ze 的核和电子之间的碰撞事例. 经典描述的条件——动量改变必大于动量不准量: $Ze^2 \mid hv \gg 1$. (对轨道为必要.)泡利原理. 如此奇特. 电子和原子之间的碰撞. 似乎它们曾有秘密协定. 波包若相距甚远则无干涉——无泡利原理. 但是若在同一空间域中，则颇奇特，但非逻辑佯谬. 莫特，当时在哥本哈根. 粒子系之间的碰撞. 由卢瑟福公式发展，α 对 α. 我们起初认为，若 $Ze^2/hv \gg 1$ 则应得经典公式. 许多极大值. 只当速度确切定义时才得到.(这时泡利原理就表明各个波函数在无限空间中互相重叠.)但若速度有不准量，则角度分布变为平滑.

……

Ⅳ. 裂变碎片的散射和阻止[1]

未发表稿

1940

见第二编《引言》,第5节.

卷宗“裂变碎片的散射和阻止”,[1940],包括两份稿子.重印在这里的第一 308
份稿子,“裂变粒子的能量损失”,共7页,编有页码,由汤姆·劳瑞特森用钢笔写成.第一页上标有日期1940年1月6日.稿子用的是英文.

没有印在这里的第二份稿子,“论裂变碎片的散射和阻止”是3页打字稿,其符号和一个公式是用铅笔填写的.稿子用的是英文.在第一页的顶端写有“未用”的字样.

我们曾经改正了公式中的几个小差错.所用的符号和发表的论文(本编,文Ⅶ)中的符号相对应.

本稿亦见缩微胶片 Bohr MSS no. 16.

309　裂变碎片的能量损失　　玻尔　　6－1－40

在单独一次碰撞中：

$$\delta p = F\delta t = \int_{-\infty}^{\infty} \frac{zZe^2\, a}{(x^2 + a^2)^{3/2}} \frac{\mathrm{d}x}{V}$$

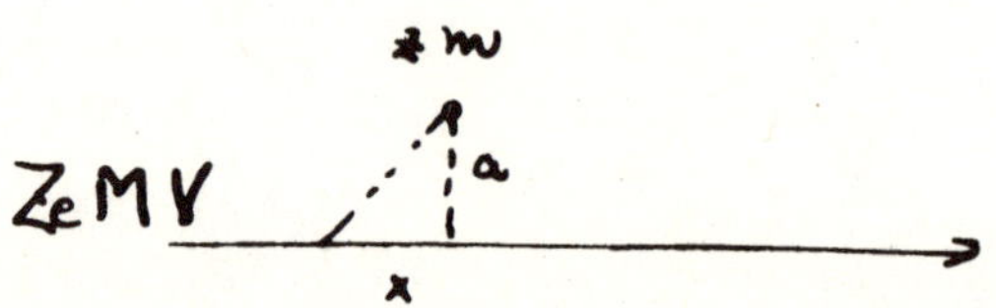

Ⅰ　$\delta p = 2\,\dfrac{zZe^2}{aV}$

Ⅱ　$\delta E = \dfrac{(\delta p)^2}{2M} = \dfrac{4(zZe^2)^2}{a^2\, MV^2 2}$

碰撞数.

Ⅲ　$n = \int_{a_1}^{a_2} \mathrm{d}n = \int_{a_1}^{a_2} 2\pi a\, \mathrm{d}a N \mathrm{d}x$　　　N = 散射中心数 / 厘米^3

此处 a_1＝电子或其他致散粒子接受不到可以和运动粒子速度相比的速度的最小接近距离.

Ⅳ　$mV \cong \dfrac{1}{2}\,\dfrac{2Zze^2}{a_1\, V}$　　　$a_1 = \dfrac{zZe^2}{mV^2}$

a_2 受到屏蔽作用的限制：当起作用的净电荷被 MZ 所携带的或存在于 mz 中的电子削减到零时，就没有任何相互作用出现.

Ⅳa　$a_2 \sim a_0 Z^*$　　　a_0 = 第一氢轨道 $\sim 0.5 \times 10^{-8}$ 厘米

$= \dfrac{\hbar^2}{e\mu}$　　　μ = 电子质量

在重气体中的裂变碎片的事例中，只有其轨道速度小于 V 的那些电子才有相互作用：那些束缚得更紧的电子［稿第 2 页］在碰撞中只是浸渐地受到影响. 裂变粒子将携带所有这些束缚得很松［应作"紧"］的轨道电子，从而有一个(对电子阻止来说)有效的电荷 $Z^* = Z - \sigma$，式中 σ 是轨道速度大于 V 的电子的数目. 既然原子中任一壳层上的轨道速度大致地正比于壳层内的有效电荷，即 $V = V_0\, Z^*$，我们就可以取 $Z^* = V/V_0$. ($V_0 = e^2/h = 10^8$ 厘米/秒.) 于是

Ⅴ　$a_2 = a_0\, \dfrac{V}{V_0}$

于是

Ⅴ$_a$ $$\frac{\delta E}{\delta x}=\frac{8\pi(zZe^2)^2N}{2mV^2}\int_{a_1}^{a_2}\frac{\mathrm{d}a}{a}=\frac{8\pi N(zZe^2)^2}{2mV^2}\ln\frac{a_0\,Z^*mV^2}{zZe^2}$$ 310

对于电子阻止：

$$\frac{\Delta E}{\Delta x}=\frac{8\pi N(zZ^*e^2)^2Z^*}{2\mu V^2}\ln\frac{\hbar^2Z^*\mu V^2}{e^2\,\mu Z^*e^2}$$

Ⅵ $$\frac{\Delta E_{\mathrm{e}}}{\Delta x}=\frac{4\pi Ne^4\,V}{\mu V_0^3}\ln\left(\frac{V}{V_0}\right)^2$$

对于核阻止，(Ⅳ$_a$)中的 a_2 由 $a_2\sim\dfrac{Z+z}{Zz}a_0$ 给出，[稿第 3 页]即 a_0 是电子体系大约互相重叠一半时的距离.

Ⅶ $$\frac{\Delta E_{\mathrm{n}}}{\Delta x}=\frac{4\pi(zZ)^2e^4\,N}{mV^2}\ln\left\{\frac{Z+z}{Z^2z^2}\,\frac{m}{\mu}\left(\frac{V}{V_0}\right)^2\right\}$$

于是，由Ⅵ和Ⅶ，总的阻止效应就是

Ⅷ $$\frac{\Delta E}{\Delta x}=\frac{4\pi Ne^4\,V}{\mu V_0^3}\left(\ln\left(\frac{V}{V_0}\right)^2+Z^2z^2\,\frac{\mu}{m}\,\frac{(M+m)}{M}\left(\frac{V_0}{V}\right)^3\right.$$
$$\left.\times\ln\left\{\frac{(Z+z)}{Z^2z^2}\,\frac{mM}{\mu(M+m)}\left(\frac{V}{V_0}\right)^2\right\}\right)$$

式中引入了 $\dfrac{M+m}{M}$ 的项，为了照顾到 m 和 M 相比的有限性.

有鉴于 $\Delta E=\Delta\dfrac{MV^2}{2}=MV\Delta V$，Ⅷ可以写成

Ⅸ $$\frac{\Delta V}{\Delta x}=\frac{4\pi Ne^4}{M\mu V_0^3}\left(\ln\left(\frac{V}{V_0}\right)^2+\frac{Z^2z^2\,\mu(M+m)}{mM}\left(\frac{V_0}{V}\right)^3\right.$$
$$\left.\times\ln\left\{\frac{(Z+z)mM}{Z^2z^2\,\mu(M+m)}\left(\frac{V}{V_0}\right)^2\right\}\right)$$

系数的数值： $$=\frac{4\pi\cdot 6.06\times10^{23}\times(4.8)^4\,10^{-40}}{120\cdot\dfrac{1}{2\,000}\cdot(1.7)^2\times10^{-48}\times10^{24}\times22\,400}$$
$$=1.1\times10^8\ \text{秒}^{-1}$$

取 $Z=46, z=18\quad M=120\quad m=40$，则第二个对数式的系数

$$= \frac{(46 \cdot 18)^2 \cdot \frac{1}{2\,000} 160}{40 \times 120} = 11.5 \left(\frac{V_0}{V}\right)^3$$

311　第二个对数式的宗量

$$= \frac{(46 + 18) 40 \cdot 120 \cdot 2\,000}{(46 \cdot 18)^2 160} = 5.6 \left(\frac{V_0}{V}\right)^2$$

[稿第 4 页]于是表示式(Ⅸ)可以写成

Ⅹ　$$\frac{\Delta V}{\Delta x} = 1.1 \times 10^8 \left\{ 2\ln \frac{V}{V_0} + 23 \left(\frac{V_0}{V}\right)^3 \ln\left(\sqrt{5.6}\,\frac{V}{V_0}\right) \right\}$$

$\frac{V}{V_0}$：	$\ln \frac{V}{V_0}$	$\left(\frac{V_0}{V}\right)^3$：	$\ln 2.37 \frac{V}{V_0}$：	$23\left(\frac{V_0}{V}\right)^3 \ln\left(\frac{2.4V}{V_0}\right)$
1	0	1	0.86	20
10	2.3	10^{-3}	3.18	0.074
2.7	1	0.05	1.86	2.1
0.5	—	8	0.18	33
2.0	0.69	$\frac{1}{8}$	1.56	4.5
4.0	1.4	$\frac{1}{64}$	2.25	0.8
$\frac{1}{2.4}$	—	—	0	0
0.6		4.6	0.33	59
0.45		11	0.06	15
0.8		1.9	0.64	28
0.7		2.9	0.5	33

[稿第 5 页]关于裂变径迹的曲率：

由Ⅰ，$\delta p = 2zZe^2/aV$，角 ϕ 是裂变粒子路径的偏转角：

Ⅺ　$$\phi = \frac{\delta p}{MV} = \frac{2zZe^2}{aMV^2}$$

由Ⅺ和Ⅲ，平均平方偏转角为

Ⅻ　$$\delta\phi^2 = \int \phi \mathrm{d}n = 4\left(\frac{zZe^2}{MV^2}\right)^2 \cdot 2\pi N \mathrm{d}x \int_{a_1}^{a_2} \frac{\mathrm{d}a}{a}$$

$$= 4\left(\frac{zZe^2}{MV^2}\right)^2 2\pi N \mathrm{d}x \ln \frac{a_2}{a_1}$$

或者，据Ⅳ和Ⅳa 将 a_2、a_1 代入，就有

Ⅻ a $\delta\phi^2 = 8\pi N\mathrm{d}x\left(\frac{zZ^* e^2}{MV^2}\right)^2 Z^* \ln\left(\frac{V}{V_0}\right)^2$ 适用于电子碰撞

b $8\pi N\mathrm{d}x\left(\frac{zZe^2}{MV^2}\right)^2 \times \ln\left\{\frac{Z+z}{Zz}\frac{m}{\mu}\frac{M}{M+m}\left(\frac{V}{V_0}\right)^2\right\}$

适用于核碰撞

我们由Ⅻ中对碰撞参量 a 的依赖形式看到,近距碰撞对 ϕ^2 的贡献根本不大于在单位 $\mathrm{d}x$ 上损失的能量甚少的那些碰撞的贡献.

312

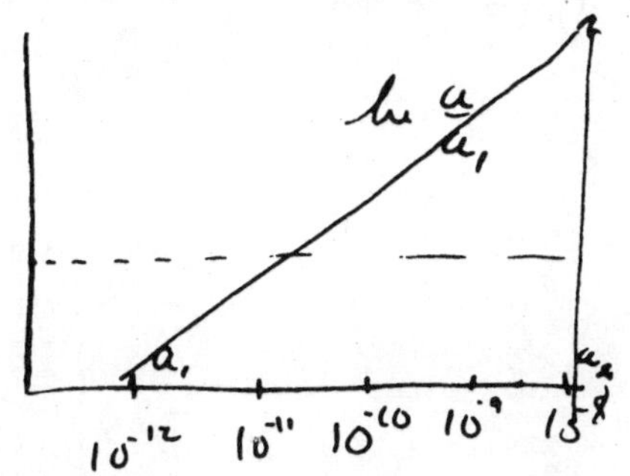

[稿第 6 页]为了确定Ⅻ中 $N\mathrm{d}x$ 的值,我们注意Ⅻ和Ⅴa之间的相似性:

$$\delta\phi^2 = 8\pi N\mathrm{d}x\left(\frac{zZe^2}{MV^2}\right)^2 \ln\left(\frac{a_2}{a_1}\right)_{\mathrm{n}} + 8\pi N\mathrm{d}x\left(\frac{Z^* e^2}{MV^2}\right)^2 Z^* \ln\left(\frac{a_2}{a_1}\right)_{\mathrm{e}}$$

$$\Delta E = 4\pi N\mathrm{d}x\,\frac{(zZe^2)^2}{mV^2}\ln\left(\frac{a_2}{a_1}\right)_{\mathrm{n}} + 4\pi N\mathrm{d}x\,\frac{Z^{*3}e^4}{\mu V^2}\ln\left(\frac{a_2}{a_1}\right)_{\mathrm{e}}$$

$$= \Delta E_{\mathrm{n}} \qquad\qquad + \Delta E_{\mathrm{e}}$$

于是

$$\delta\phi^2 = \frac{2\Delta E_{\mathrm{n}} m}{M^2 V^2} + \frac{2\Delta E_{\mathrm{e}}\mu}{M^2 V^2}$$

ⅪⅤ $$\Delta\phi^2 = \frac{2}{M^2V^2}(m\Delta E_{\mathrm{n}} + \mu\Delta E_{\mathrm{e}}) \cong \frac{m}{M}\frac{\Delta E_{\mathrm{n}}}{E}$$

$$= \frac{m}{M}\frac{\Delta E}{E}\frac{\Delta E_{\mathrm{n}}}{\Delta E}$$

大分支的几率

ⅩⅤ $\delta P = N\Delta x\sigma_\theta\,\delta\theta$

=距离 Δx 上角度 $\theta - \theta + \mathrm{d}\theta$ 中的分支几率

$$\sigma_\theta \mathrm{d}\theta = \frac{\pi}{2}\left(\frac{Zze^2}{mV^2\left(\frac{M}{M+m}\right)}\right)^2 \frac{\sin\theta}{\cos^3\theta}\mathrm{d}\theta$$

角度 $0-\theta_{\max}$ 中的分支几率是

XVI
$$\Delta P = \int \frac{\pi}{2}\left[\frac{Zze^2}{mV^2}\right]^2 \frac{\sin\theta}{\cos^3\theta}\mathrm{d}\theta \cdot N\Delta x$$

$$= \frac{\pi}{4}N\Delta x\left(\frac{Zze^2}{mV^2}\right)^2 \mathrm{tg}^2\theta_{\max}$$

V. 论铀核蜕变中发射的碎片[1]

OM DE VED URANKERNERS SØNDERDELING UDSLYNGEDE FRAGMENTER

1940 年 5 月 10 日向丹麦王国科学院所作报告的提纲

（原书载丹麦文原文和英译本，中译本据英译本）

见第二编《引言》，第 5 节.

314 稿本“Urans Fissionsfragmenter”(铀裂变碎片),[1940],是一页打字稿,列举了玻尔在 1940 年 5 月 10 日向丹麦王国科学院发表研究报告(本卷本编文Ⅵ)时出示的幻灯片.原系丹麦文.

本稿亦见缩微胶片 Bohr MSS no. 16.

所用的幻灯片选自玻尔所藏的幻灯片.

315

论铀核蜕变中发射的碎片

[幻灯片编号] 关于在研究所进行的研究的一次叙述.

对劳瑞特森表示欢迎.

提到研究所中的高电压装置.

云室的原理.

1 从钍发出的 α 射线束.

2 α 射线径迹的细节.

3 氦中和氧中的核碰撞.

4 氢 (15 cm) + C_2H_6O + H_2O(3 cm) 中的核碎片径迹.

5 氢 (15 cm) + H_2O(15 cm) 中碎片径迹的最后部分.

6 氩 (8 cm) + C_2H_6O + H_2O(3 cm) 中的碎片径迹.

7 氩 (8 cm) + C_2H_6O + H_2O(3 cm) 中碎片的两条独立径迹.

8 氩 (31 cm) + C_2H_6O + H_2O(3 cm) 中碎片的两条成对径迹.

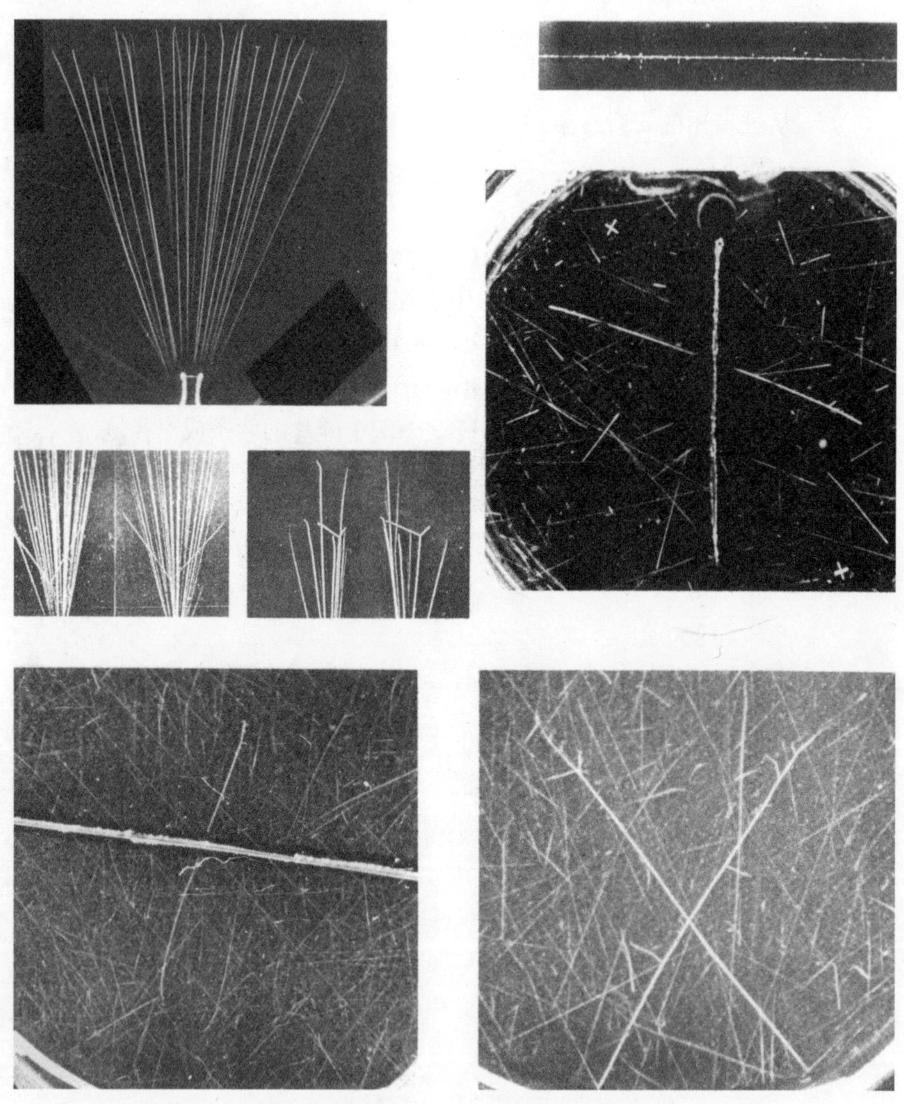

在玻尔的演讲中可能出示过的几张幻灯片

Ⅵ. 论铀核蜕变中发射的碎片[2]

OM DE VED URANKERNERNES
SØNDERDELING UDSLYNGEDE FRAGMENTER

Overs. Dan. Vidensk. Selsk. Virks. Juni
1939—Maj 1940, pp. 49—50

1940 年 5 月 10 日对丹麦王国科学院所作的报告

摘　要

（原书载丹麦文原文和英译本，中译本据英译本）

见第二编《引言》，第 5 节.

318 尼耳斯·玻尔提交了一篇报告：论铀核蜕变中发射的碎片.

根据K·J·布若斯特罗、J·K·伯吉耳德和T·劳瑞特森在大学理论物理学研究所中得到的核碎片径迹的云室照片，对确定这些碎片在通过气体时的散射和阻止的条件进行了论述.

即将在Mat.-fys. Medd.上发表.

Ⅶ. 裂变碎片的散射和阻止[2]

Phys. Rev. **58**(1940)654—655

见第二编《引言》,第 5 节.

裂变碎片的散射和阻止

(1940 年 7 月 9 日收到)

布若斯特罗、伯吉耳德和劳瑞特森①所得到的气体中铀裂变碎片径迹的云室照片,揭示了这种径迹和质子及 α 粒子的径迹之间的一些有趣的差别. 可以简单地证明,这些差别是由裂变碎片的较高的电荷和质量引起的,这就意味着,核碰撞在这种现象中比在普通的轻粒子事例中起了更大得多的作用.

对于质子和 α 粒子之类的粒子来说,核碰撞中可测到的散射是比较少见的,而在实际上所有的阻止都起源于粒子和气体原子中的电子之间的相互作用. 对于裂变径迹来说,不但由近距核碰撞引起的分支是常例而非例外,而且许多较弱碰撞的散射效应和阻止效应也清楚地显示在径迹的不规则的逐渐弯曲中,并显示在射程-速度曲线的特殊形式中. 另外,电子对阻止的贡献也被一个事实所大大削弱,那就是,裂变碎片在它们的整个射程中将携带着许多束缚电子,这些电子不会大大地影响核碰撞而却会在电子碰撞中把碎片的很大一部分有效电荷中和掉.

高速碎片对电子的不断俘获和不断损失是一种相当复杂的现象,但是,在初级近似下我们却可以假设碎片将具有一个平均有效电荷,等于它的速度 V 和中性原子中束缚得最松的电子的"轨道"速度 $V_0 \sim 10^8$ 厘米/秒之比. 事实上,既然任一电子的轨道速度大致地正比于原子中所涉及的区域中的有效核电荷,上述情况就很显然,如果我们假设碎片所携带的所有电子都具有大于或等于 V 的轨道速度的话.

在碎片和有着束缚得很松的电子以及速度大于 V 的电子的重原子的碰撞中,我们可以进一步假设只有其数目约为 V/V_0 的前一种电子才会在阻止中起作用. 这是对的,因为正如被碎片所携带的电子一样,那些较快的电子在碰撞过程中只能浸渐地受到影响,从而不会有任何阻挡效应.

在这样一些条件下计算阻止本领是特别简单的,因为,由于有效电荷比较高,经典力学是直接适用于碰撞中的能量传递和动量传递的计算的. 利用上面有

---

① K. J. Brostrøm, J. K. Bøggild, T. Lauritsen,前面的论文[指发表在同刊上的前面的论文].

关有效电荷的估计，用 μ 和 ϵ 代表电子的质量和电荷，我们就得到质量为 M 而电荷数为 Z 的碎片在单位体积中有 N 个核质量为 m 而电荷数为 z 的原子的气体中的平均速度损失率：

$$
\begin{aligned}
\frac{\mathrm{d}V}{\mathrm{d}x} = \frac{4\pi\epsilon^4 N}{M\mu V_0^3}\Big\{ &\ln\Big(\frac{V}{V_0}\Big)^2 + \frac{Z^2 z^2\ \mu(M+m)}{Mm}\Big(\frac{V}{V_0}\Big)^2 \\
&\times \ln\Big[\frac{Mm(Z+z)}{\mu(M+m)Z^2 z^2}\Big(\frac{V}{V_0}\Big)^2\Big]\Big\},
\end{aligned}
\tag{1}
$$

此处括号中的第一项起源于电子相互作用，而第二项则起源于直接的核碰撞.

在质量数和电荷数为 140 和 50 的裂变碎片通过质量数和电荷数为 40 和 18 的氩气的事例中，第二项中对数式前面的恒定系数约为 10. 这一项在速度约为 $20V_0$ 的射程起始部分是比第一项小得多的，而在速度已经下降到约为 $2V_0$ 的射程结尾部分则将较大. 因此，我们由(1)式就将预期射程-速度曲线在射程的起始 321
部分和结尾部分会有大不相同的特征. 事实上，忽略了对数式的缓慢变化，我们将预期速度减小率在射程起始部分实际上是线性的，而在射程的结尾部分则按立方反比的规律随速度而变化.

一条恰恰具有这种特点的曲线将显得是和实验数据相一致的，而且这种符合似乎在定量的方面也十分令人满意. 为了正好在射程结尾处进行理论和实验之间的比较，很重要的是要注意到，作为所考虑的近似的一个条件，两项中对数式的宗量都应大于 1. 同时这就意味着，第一项只能适用于 $V > V_0$ 的情况，而第二项则甚至对于 $V < V_0$ 的情况也会在某种近似程度上可以适用，因为对数宗量中的恒定因子约为 10.

既然按照(1)式速度损失率在大部分射程上不依赖于 Z 而反比于 M，于是就可以进一步推知，具有相同初动量的两个高度带电的核将具有近似相等的射程. 这是和实验结果相当符合的. 实验上发现，从一个薄片铀靶中单独一次裂变过程得出的两个碎片的径迹，具有接近相同的长度，尽管它们的质量和电荷一般将是有相当的差别的. 在这方面也可以指出，由于核碰撞在射程结尾部分更占优势的效应，人们应该预期一种离散，比质子和 α 粒子的离散要大得多. 对于轻粒子来说，射程上的分数离散的平方平均值和阻挡电子及运动粒子的质量比具有相同的数量级②，而我们事实上却将预期，这个值对裂变粒子的相当一部分射程来说将具有 m/M 的数量级.

再者，云室照片显示出来的那种作为碎片径迹之特征的弯曲性，可以被证实

② N. Bohr, Phil. Mag. **30**, 581(1915).

为许多核碰撞之散射效应的简单后果；这些效应太小，不足以引起分支现象. 事实上很容易证明，在能量改变为 ΔE 的一部分射程之内，偏转角的平均值由下式给出：

$$\Phi^2 = \frac{m}{M} \cdot \frac{\Delta E}{E}\left[\frac{\Delta_N E}{\Delta_N E + \Delta_e E}\right], \tag{2}$$

式中 $\Delta_N E$ 和 $\Delta_e E$ 分别是核碰撞和电子碰撞对 ΔE 的部分贡献. 尽管括号中的项在射程的起始部分是很小的，在射程的终点附近它却几乎等于 1，而在这儿，弯曲性很容易测量，而且公式(2)是和实验结果符合得颇为令人满意的.

这里提到的这些计算，将在一篇论文中更详细地给出，该文将发表在哥本哈根科学院的院报上.

Ⅷ. 裂变碎片的速度-射程关系[1]

(和J·K·伯吉耳德、K·J·布若斯特罗及T·劳瑞特森合撰)

Phys. Rev. **58**(1940)839—840

见第二编《引言》,第5节.

325

裂变碎片的速度-射程关系

（1940 年 9 月 3 日收到）

在近日的两篇短文[①]、[②]中，讨论了云室照片所显示的铀裂变碎片对物质的穿透的若干特点. 特别说来曾经指出，我们在这儿遇到的是一种有着新颖特点的速度-射程关系，这种特点依赖于碎片在整个射程上对电子的俘获和最后被核碰撞的阻止之间的互为消长. 在这方面也已证明，碎片总电荷随速度的减低而迅速减小就意味着，甚至核碎片的质量和电荷方面的一种相当大的差值，也将只对以相同动量发射出来的碎片的总射程有较小的影响. 由于这一事实，云室径迹的初步研究并没有立即指明两个主要碎片组的存在，而这两个组是如此清楚地既显示在关于由个体碎片所造成的总电离的测量中又显示在裂变产物的化学分析中的[③]. 然而，一大批新资料的较仔细的分析却为两组径迹的存在提供了肯定的证据，同时也给出了有关射程-速度关系的某些进一步的信息.

这种证据的获得部分地是依据对少数几条来自薄铀层的所选径迹的总射程的测量，部分地是依据对许多条从厚铀靶开始的射程的不同部分上的分支的计数. 测量了十二条径迹的射程，其中有八条是沿着相反方向射出的成对径迹，而另外的四条是单径迹；这些测量大致给出两个组，在正常空气中具有 22 厘米和 29 厘米的射程. 然而，由于每一组中的离散都很大，在这么少的几次测量的基础上也就很难作出十分确切的结论. 因此，很幸运的就是，根据分支数（这是径迹的一种如此突出的特点）的统计分析可以得出有关分组现象的更肯定的证据. 当然，由于分支的完全偶然的分布，并不能依据各径迹的分支来作出任何这样的分组，但是，根据给定射程段上的分支数在许多径迹上的分布方式，分组现象却是相当明显的.

假如在离射程终端一定距离处分支的几率对所有径迹来说都是相同的，则某一射程段上长度介于给定界限之内的分支数应该按照众所周知的定律来

---

① K. J. Brostrøm, J. K. Bøggild and T. Lauritsen, Phys. Rev. **58**, 651(1940).

② N. Bohr, Phys. Rev. **58**, 654(1940).

③ 参阅 L. Turner, Rev. Mod. Phys. **12**, 22(1940).

分布④

$$P(n) = \omega^n e^{-\omega}/n!,$$

式中 ω 是所考虑的区间中的分支数的平均值，而 $P(n)$ 是恰恰有几个分支出现在这一区间中的几率. 氩气中几百条径迹的实际测量给出了这样的结果：在离射程终点为 0.3 厘米到 1.15 厘米（正常空气）的径迹段中，分支数的平均值约为 2.2，而且具有 0 个、1 个、2 个和 3 个分支的径迹所占的比例分别是 0.17、0.25、0.20 和 0.15，而公式则给出 0.11、0.24、0.27 和 0.20. 由这些数字清楚地看出，不同径迹的分支几率并不是相同的. 然而，如果我们假设径迹分成两组，其平均分支数相差两倍，那就能和实验值达到一种几乎完美的符合. 在射程终点附近的最后 0.3 厘米内的一种类似的分支分布的分析，和适用于单独一个组的公式得到了较好的符合；这就表明，在这儿，两组径迹的[分支数]平均值之比和 1 相去不远. 326

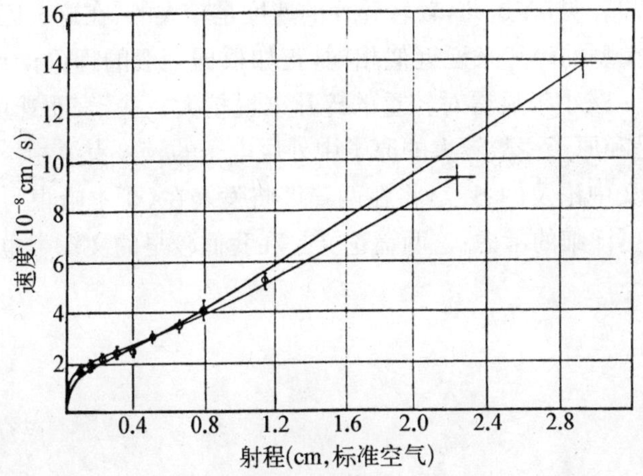

图 1　裂变碎片的射程-速度关系

既然核碰撞中的能量传递几率除了依赖于速度以外还简单地依赖于所涉及的核的电荷和质量，分支沿径迹的分布的统计分析就提供了求得裂变碎片之平均射程-速度关系的一种直接手段，如果引起分支的那些粒子的射程-能量关系是已知的话. 由于对所涉及的低能量来说这些关系的不准量很大，也由于在照片上识别分支很困难，这样得出的速度测定并不是在绝对意义上可靠的，但是它们的相对值却能给出有关射程-速度关系之一般趋势的很有用的资料，而且它们也有力地支持了以前根据各个大分支的直接测量而得出的结论①.

---

④　参阅 N. Bohr, Phil. Mag. **30**, 581(1915).

由所讨论的资料推出的关于裂变碎片之射程-速度关系的证据，总结在图 1 中. 两条曲线对应于有着不同射程和不同初速的两个主要组. 这些速度的计算[5]，假设了以 160 MeV 的总动能被射出的两个核碎片的质量比为 2∶3. 较短的射程属于较重的粒子，这一点可以直接从曲线在较高速度处的一般特征看出，在那里，曲线几乎是直线，而且对两组碎片而言的斜率不应该相差太大. 曲线在较低速度处的形状是按分支的计数确定的. 图中画出的那些点，在适当的比例尺下给出这一区域中的平均速度，这是根据不同射程段上长度介于给定界限中的分支数推得的.

既然射程结尾处的很陡的下降必须归因于许多核碰撞的效应[2]，重碎片在这一区域中的速度就应该较高，正如由分支分布的研究也可以指明的那样. 事实上，由核碰撞引起的分支几率是和(Z^2/V^2)成正比的，此处 Z 是电荷数而 V 是速度. 因此，两个组的平均分支数在这一区域中的接近相等就意味着，电荷差的效应部分地被速度差所中和了. 另一方面，两个组的平均分支数在离射程终点更远处的很大差值却表明，在这儿，较轻碎片的速度是较大的. 在这一区域中，动量的减小率对两种类型的碎片来说近似相同，正如根据一般的理论论点也将预料的那样. 不过，这一减小率显得对较重的碎片来说稍大一些，表明速度相同时净电荷稍大，这也是和原子序数较大的原子中外层电子的较松束缚相一致的.

在这篇短文中论及的各点，将在两篇即将发表在《哥本哈根科学院院报》上的论文中加以更详细的考虑；这两篇论文是在我们较早的文章中也已提到过的.

---

⑤　由于在碎片平均初速的估算中出现了一个算术差错，较早短文中的图 3 中的曲线画得太高了. 然而这方面的改正并不会改变关于曲线之一般特征的结论.

Ⅸ．裂变碎片的速度-射程关系[2]

Phys. Rev. **59**(1941)270—275

见第二编《引言》，第 5 节.

328

裂变碎片的速度-射程关系

（1940 年 11 月 28 日收到）

本文更详细地展开在一篇更早的短文中指出的关于裂变碎片沿射程的速度损失率的考虑，并把计算和更新的实验作了比较. 特别说来，文中对在电子碰撞中起作用的电荷作了更准确的估计，而电子碰撞是在射程的最初部分决定着阻止效应的，此外也对核碰撞中的屏蔽距离作了更准确的估计，而核碰撞就是最终阻止的起因. 在估计电子相互作用的效应时，利用了和同速度 α 粒子的阻止的对比. 然而，在这方面，某种改正是必要的，因为适用于这两种事例的阻止公式是有根本差别的. 另外，和 α 射线相反，裂变碎片的径迹显示一种相当大的射程离散现象，其根源在于射程的结尾部分. 文中指明，在这一方面，计算结果也是和实验数据密切符合的.

在一篇较早的短文①中，简短地讨论了裂变碎片径迹的云室研究②所显示的各碎片的奇特速度-射程关系. 特别说来曾经指出，在射程的不同部分，我们遇到的是两种本质上不同的阻止机制. 在射程开始处，碎片的总电荷还很大，阻止现象实际上只起源于对所穿透气体的原子中各电子的能量传递. 然而，随着速度的减低，在电子相互作用中有效果的碎片电荷将迅速地减小，从而通过近距核碰撞而从碎片到气体原子的直接动量传递将逐渐变得更重要起来. 在射程的结尾部分，这种碰撞事实上将几乎成为阻止效应的全部起因. 在上述短文中曾经指明，根据有关碎片电荷随速度而变的方式的一些很简单的理论考虑，就能够至少是
329 定性地说明实验上的速度-射程关系的典型特点. 然而，进一步的工作却导致了计算中所用的各种估计的重大改进，从而在这里对问题作一次更仔细一些的讨论就可能是有兴趣的了.

在讨论中特别重要的问题就是对碎片核在通过气体时所携带的电子数的估计. 这个数目取决于碎片在和气体原子相遇时对电子的不断俘获和不断损失之

---

① N. Bohr, Phys. Rev. **58**, 654(1940).

② K. J. Brostrøm, J. K. Bøggild and T. Lauritsen, Phys. Rev. **58**, 651(1940).

间的平衡. 我们在这儿立即遇到一种行为，这和质子及 α 射线之类小核电荷高速粒子的行为是本质地不同的. 事实上，在后一种事例中，任一俘获电子都将具有远小于粒子本身速度的“轨道速度”，从而电子俘获几率将远小于随后的电子损失几率，结果粒子在几乎是整个的射程上就都是被剥夺了电子的. 然而，在裂变碎片的事例中，中性原子中为数颇多的电子将具有大于碎片初速的轨道速度，而正如在早先的短文中所强调的那样，这种电子的俘获和损失将在一些条件下发生，而这些条件是和适用于束缚得更松的电子的条件很不相同的.

为了简单，我们在以后将把在中性碎片中具有大于碎片即时速度 V 的轨道速度的那些电子的总体叫做碎片的“电子心”. 首先，电子被俘获到通常由这种心所占据的态中的几率，将比被俘获到束缚得更松的态中的几率大得多. 事实上，在和重得足以自己具有一个对应的心的气体原子的碰撞中，前一种俘获的几率甚至在单独一次碰撞中也将相当大，如果原子心互相穿透的话. 再者，尽管心外的电子在和气体原子的电子及核相遇时将很容易地被取走，属于心的电子在这种相遇中却显然不会被取走，至少当气体核的电荷小于碎片的核电荷时是如此. 因此，我们可以在很高的近似程度下假设，碎片在路径上的任一时刻都携带着恰恰构成这个心的那么多个电子.

在这方面指出一点是有趣的，那就是，甚至在原始的裂变过程中我们都可以预料两个碎片将携带着它们的实际上可以认为原封不动的电子心而逸去. 尽管原有重核的破坏是很猛烈的，碎片的初速却事实上将远小于原有原子中大部分电子的轨道速度. 因此，作为核碎片平移运动对这种电子的几乎是浸渐的影响的一种后果，以上描述的那种平衡就将在碎片分离到可以和原子线度相比的距离以前建立起来，至少是部分地建立起来③.

前一短文关于碎片在单位路程上的速度损失的计算是依据下列公式(在该文中并未明白给出)：

$$\frac{1}{N}\frac{\mathrm{d}V}{\mathrm{d}x}=\frac{4\pi e^4}{M_1 mV^3}(Z_1^{\mathrm{eff}})^2\sum_s \ln\frac{mV^3}{2\pi\nu_s e^2 Z_1^{\mathrm{eff}}}$$

---

③ 在估计电子俘获对裂变碎片之射程-速度关系的影响的一次较早尝试中，G·白克和 P·哈瓦斯[Comptes rendus **208**, 1643(1939)]曾经假设，在裂变过程刚完时，碎片核是几乎被剥夺了电子的，而当它通过气体时，它就以适当的速率俘获电子，以致碎片电荷就按照指数规律随时间而减小. 另外，再假设俘获率大得使碎片在它的速度降低到初值的一半以前就变成中性的，并忽略直接核碰撞的阻止效应和电离效应，他们就得出了碎片的一切电离效应远在碎片停止以前就将消失的结论. 特别说来，他们在这儿看到了一种表观分歧的可能解释，那种分歧存在于一方面是依据碎片电离本领的射程测量结果和另一方面是依据碎片的放射性传递的射程测量结果之间. 然而，根据碎片路径在云室照片上的径迹终点附近的很大偏转可以看清楚，这样的分歧却应该归因于碎片在放射性衰变周期内在气体中的普通热扩散，而衰变周期和碎片失去其初速所需的时间相比是非常之长的.

$$+\frac{4\pi e^4\ Z_1^2 Z_2^2}{M_1\ M_2\ V^3}\ln\left(\frac{M_1\ M_2}{M_1+M_2}\ \frac{V^2 a_{12}^{\mathrm{scr}}}{Z_1\ Z_2\ e^2}\right), \tag{1}$$

式中 N 是单位体积中的气体原子数，e 和 m 是电子的电荷和质量，$Z_1 e$、$Z_2 e$ 和
330 M_1、M_2 分别是碎片核和气体原子核的电荷和质量，Z_1^{eff} 是碎片核在电子碰撞中的有效电荷，而 a_{12}^{scr} 是电子屏蔽作用给核电荷在近距碰撞中的作用规定一个有效界限时的核间距离. 第一项中的连加号应该遍及于气体原子中的各个电子，或者倒不如说遍及于加了相应权重的频率为 ν_s 的不同的虚原子振子.

第一项说明了由对原子中个体电子的能量传递而来的对速度损失的贡献，它对应于建筑在经典力学的简单考虑上的高速粒子的原始阻止公式④. 它和贝忒用玻恩近似方法导出的量子力学公式⑤的不同在于对数式宗量中的一个因子

$$\kappa = hV/4\pi E_1\ E_2, \tag{2}$$

式中 h 是普朗克恒量，而 E_1 和 E_2 是所考虑的两个粒子的电荷，因此在这儿就有 $E_1=Z_1^{\mathrm{eff}}e$ 和 $E_2=e$. 在我们的事例中之所以应用经典公式而不是应用贝忒公式的原因就在于，正如我们在以后即将看到的那样，和 1 相比，κ 在电子碰撞给出主要阻止效应的整个射程段中都是很小的. 事实上，只有当 $\kappa\gg 1$ 时，一种简单的波动力学衍射处理才能严格地适用于两个带电粒子之间的碰撞，而当 $\kappa\ll 1$ 时，经典的轨道图景却至少是在高度的近似下适用于这样的碰撞⑥.

(1)中的第二项，说明通过近距核碰撞而从碎片到气体原子的直接动量传递对速度损失的贡献. 尽管少数的这种碰撞将引起碎片径迹的分支，对射程结尾部分的阻止效应的主要贡献却是由许多那样的碰撞引起的，其中单个的碰撞不够猛烈，不能造成可见的分支而只能增大径迹的电离. 在这种事例中，κ 是很小的(数量级为 10^{-3})，从而我们遇到的是经典图景在极高的近似程度下可以适用的一个问题. 在电子碰撞中，能量传递的界限由原子振子的动力学性质来确定，而这种性质则是通过对数式宗量对 ν_s 的依赖关系来表示的. 与此相反，现在这里由参量 a_{12}^{scr} 来表示的界限则是由束缚电子的静电荷分布对碰撞原子的核电荷的屏蔽来确定的.

上一篇短文所给出的碎片速度损失率的公式，是通过在(1)式中代入下列的粗略估计值来得出的：

$$Z_1^{\mathrm{eff}}=V/V_0, \qquad a_{12}^{\mathrm{scr}}=a_0(1/Z_1+1/Z_2), \tag{3}$$

---

④ N. Bohr, Phil. Mag. **25**, 10 (1913) and **30**, 581(1915).

⑤ H. A. Bethe, Ann. d. Physik **5**,325(1930).

⑥ 参阅 F. Bloch, Ann. d. Physik **16**, 285(1933)及 E. J. Williams, Sci. Progress, **121** (1936). 更进一步的讨论见文献 11.

式中的习见符号

$$V_0 = 2\pi e^2/h \qquad \text{和} \qquad a_0 = h^2/4\pi^2 me^2 \tag{4}$$

是指氢原子中电子的速度和轨道半径. 然而,根据用汤马斯和费米的统计方法求得的结果来对重原子中的电子分布进行的一种更仔细的考查却导致了更精确的估计值:

$$Z_1^{\text{eff}} = Z_1^{1/3} V/V_0, \qquad a_{12}^{\text{scr}} = a_0 (Z_1^{2/3} + Z_2^{2/3})^{-1/2}. \tag{5}$$

表示式(5)中的第一式,代表速度不太接近于 V_0 时的碎片核和电子心的合电荷;第二式代表在核碰撞中起作用的屏蔽距离,该距离在实际上可以认为在所考虑的整个区间中都不依赖于碎片速度.

将(5)式中的 Z_1^{eff} 值代入(2)式中,我们就得到:

$$\kappa = 1/2Z_1^{1/3}, \tag{6}$$

这就给出一个和 1 相比是很小的 κ 值,因为对于裂变碎片来说 $Z_1^{1/3}$ 介于 3 和 4 之间. 因此,经典力学在推导公式(1)时的应用,在这儿是大有道理的. 对于以下即将提到的和 α 射线阻止本领的比较来说,指出一点是有趣的,那就是,这个 κ 值甚至比适用于同一速度区间中的质子和 α 射线的 κ^{-1} 值还要小得多. 联系到公式(1)中第一项对裂变碎片之电子阻止的应用依据问题,也可以进一步指出,关于
碎片心的线度,我们可以近似地把它的半径写成 331

$$r_c = a_0\, Z_1^{1/3} V_0/V, \tag{7}$$

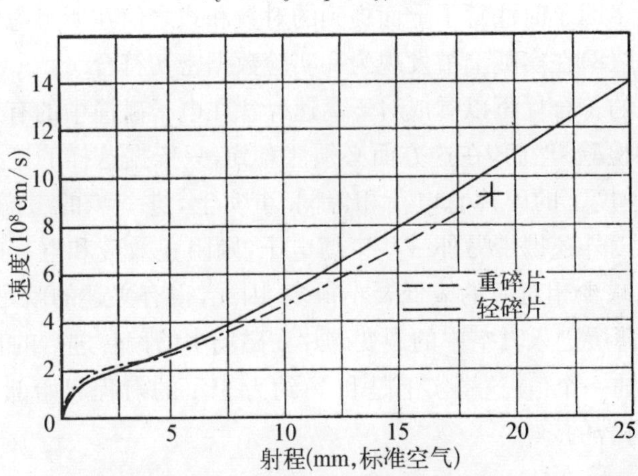

图 1　氩中的速度-射程经验曲线

从而碎片电子心的线度当然是和一个距离同数量级的,那就是按照经典力学一个速度为 V 的电子在靠近一个电荷为 Z_1^{eff} 的粒子时所能达到的最小距离.

正如在上一篇短文中指出的那样，公式(1)给出一个在射程的起始部分上几乎不依赖于速度的速度损失率的值，这就对应于实验上的速度-射程曲线在这一区域中几乎是恒定的斜率. 这一结果是由于 Z_1^{eff} 对 V 的线性依赖关系，而且也是由于这样一个事实：式(1)第一项中各对数之和在所考虑的速度区间中近似地和 V 成正比. 当通过和有关同速度 α 射线之阻止的实验数据相比较来估计上述和式的绝对值时，必须照顾到这样一个情况：由于(1)式的对数式宗量中有一个因子 κ，而在必须应用于这种轻粒子情况的贝忒公式中则不出现这个因子，从而在比较时必须引入不是很小的改正量. 事实上，依据重原子中振子频率 ν_s 的统计分布所作出的估计给出，正如在 α 射线的事例中一样，对数和式近似地正比于 $Z_2^{1/2}$，但是它的数值只大约是同速度 α 射线的数值的 3/5.

既然对数和式对 Z_1 的小变化是很不敏感的，电荷不同、质量不同的裂变碎片的速度损失率在射程的起始部分就应该正比于 $Z_1^{2/3}/M_1$. 因此，和在图 1 中给出的氩中速度-射程的经验曲线⑦、⑧相一致，在质量比和电荷比约为 2∶3 的裂变碎片的两个主要组中，我们将预期较轻组的曲线斜率只会比较重组的曲线斜率大一点点. 另外，正如由图可以看出的那样，通过把初始线性斜率外推到零速度，我们就能对实际的总射程得出一种近似的估计. 在计算总射程时利用这一事实并对 α 射线应用众所周知的盖革射程公式，我们就借助于(1)式中的第一项求出了裂变碎片的射程 R_F 和具有相同初速 V_i 的 α 粒子的射程 R_α 之比：

$$R_F/R_\alpha = 5(M_1/Z_1^{2/3})(V_0/V_i)^2, \tag{8}$$

此处在确定数字因子时注意了上面提到的对数和式之值在所考虑的两种事例中的不同. 关系式(8)在实际上被发现为和实验数据密切符合.

这种普遍的符合性可以看成对于高速碎片在电子碰撞中的有效电荷估计值的一种灵敏的检验. 然而，在这方面必须注意到，只依据这样的论点并不能假设 Z_1^{eff} 和所考虑速度下的碎片总电荷相等同. 事实上，进一步的考虑表明，如果碎片除了电子心以外还携带另外一些束缚电子，则阻止效应和电离效应的减低将比和总电荷的减少相对应的减低要小得多. 因此，很有兴趣的就是，波尔菲洛夫利用从 U_3O_8 薄层进入真空中的裂变碎片在磁场中的偏转进行的直接测量⑨，给出了约为 $20e$ 的一个值. 这事实上是和 V 约为 $5V_0$ 的射程起始部分上的 Z_1^{eff} 表示式(5)密切符合的.

---

⑦ N. Bohr, K. J. Brostrøm, J. K. Bøggild and T. Lauritsen, Phys. Rev. **58**, 839(1940).

⑧ J. K. Bøggild, K. J. Brostrøm and T. Lauritsen, Kgl. Danske Vid. Sels. Math.-fys. Medd. (Math.-phys. Comm., Acad. Sci. Copenhagen), **18**, 4(1940).

⑨ N. A. Perfilov, Comptes rendus Acad. Sci. U. R. R. S. **28**, 5(1940).

当我们过渡到速度接近 V_0 而经验的速度-射程曲线显示一个几乎平坦的平台的射程段时，在应用公式(1)时就必须照顾到另外一些情况了. 首先，正如已经 332
提到的那样，碎片电荷估计式(5)只有对比 V_0 大得多的 V 值才是成立的. 对于更小的速度，电荷事实上将更快地减小，并在速度接近 V_0 时趋于 1，因为重原子中束缚得最松的电子是几乎束缚得像氢原子中的电子一样地紧的. 其次，在推导公式(1)的计算中所用的基本假设就是，运动粒子的速度比原子中电子的轨道速度大得多，而粒子的大小比轨道线度小得多；当 V 趋近于 V_0 时，这些假设就不再成立了. 由于这些情况，这里的速度损失率将比在大速度下几乎是恒定的值小得多，这是和速度-射程曲线的斜率的逐渐减小相一致的.

正如在前一篇短文中解释过的那样，正是在速度和 V_0 具有相同的数量级的那一部分射程上，在射程起始部分和电子相互作用的效应相比是很小的核碰撞的阻止效应将变成主导性的，而最后则正好在射程的终端造成速度-射程曲线的陡然下降. 曲线的这种特点，事实上就对应于公式(1)第二项中对数式前面那个因子随着速度的减低而表现的迅速增大. 既然在 $V = V_0$ 处这一项中的对数式宗量仍然远大于 1(约为 15)，核碰撞之阻止效应的表示式就将比(1)式中的第一项适用于更小得多的速度，而且将一直到速度是 V_0 的一个小分数时仍然近似地成立. 尽管对数式对 a_{12}^{scr} 的微小变化是很不敏感的，从而对较重的和较轻的碎片组具有几乎相同的值，但是对数式前面的因子却对较重的碎片组具有大得多的值，从而就在这个组的速度-射程曲线上引起一个和实验数据相一致的更陡的下降.

在定量的方面，速度-射程曲线在射程终点附近的趋势也是和公式(1)中的第二项密切相符的. 事实上，如果我们把通过在(1)式中完全略去第一项而导出的速度为 V_0 的裂变碎片的射程 R_0 和按照上述方式由这一项估计出来的初速为 V_i 的碎片的总射程 R_F 相比较，我们就得到

$$R_0/R_F = k(M_2/m)Z_1^{-4/3}Z_2^{-3/2}(V_0/V_i), \tag{9}$$

式中 k 是依赖于(1)式中两项对数式的一个常数，其值约为 0.07. 令 $V_i = 5V_0$，我们就由(9)式得到氩中的值为 $R_0 = R_F/10$，这是和图 1 中曲线的趋势符合得很好的.

正如前面提到的那样，和 α 射线的总射程相比，裂变碎片的总射程在轻气体和重气体中应该实际上是相同的. 然而，我们由(9)式看到，我们应该预期射程结尾部分(那里的阻止效应只依赖于核碰撞)和整个射程之比应该和 $Z_2^{1/2}$ 成反比(M_2/Z_2 值特别低的氢的事例除外). 这一结论也得到了关于裂变碎片在氦中的射程的最近测量⑩的支持，这种测量给出了一个相对于 α 射线射程而言的射程，

⑩ J. K. Bøggild, K. J. Brostrøm and T. Lauritsen, Phys. Rev. **59**, 275(1941)(本文后面的论文).

比氩中的对应射程约长 20%. 这样的差值事实上将恰好得到解释，如果 R_0 和 R_F 之比在氦中是在氩中的三倍，即对应于它们的核电荷的平方根倒数之比.

裂变碎片的射程测量显示了很大的离散，而正如在前一篇短文中指出的那样，这种离散必须归因于射程的结尾部分. 事实上，在阻止效应起源于电子碰撞的射程初始部分，正如在 α 射线的事例中一样，我们将预期很小程度的离散，但是在阻止效应起源于和重得多的粒子的碰撞的那种结尾部分，离散效应却会大得多. 利用原先应用于 α 射线离散的估算[④]的相同计算，关于由核碰撞引起的离散，我们将预期射程按下列公式而统计地分布：

$$W(R)=\frac{1}{(2\pi)^{1/2}\rho R_0}\exp\left[-\frac{(R-R_0)^2}{2\rho^2 R_0^2}\right], \tag{10}$$

333 式中 $W(R)\mathrm{d}R$ 是射程具有介于 R 和 $R+\mathrm{d}R$ 之间的值的几率，R_0 是射程的平均值，而 ρ 是一个常数，近似地由下式给出：

$$\rho^2=3M_1M_2/4(M_1+M_2)^2. \tag{11}$$

对于氦和氩，(11)式给出的 ρ 值分别等于 0.16 和 0.37. 尽管这样一来氩中的相对离散就是氦中的相对离散的两倍多，射程的绝对离散却应该是接近相同的，因为敏感的射程结尾部分的 R_0 值在氦中应该大约是氩中的三倍. 按照以上这种关于核碰撞引起主导阻止效应的那一部分射程的估计，我们应该预期对两种气体来说，$R_0\rho$ 都应该大约是总射程的 5%，这是和实验结果符合得很好的；对于氩，正如对于氦那样，实验给出了具有这种数量级的离散[⑧、⑩].

这儿提及的各种考虑，将在一篇不久就会发表在哥本哈根科学院院报上的论文中进行更详细的处理. 特别说来，那里将更进一步地讨论简单的力学论点在处理重的高速带电原子级粒子的阻止和散射时的适用性，以及由这种粒子引起的电离和电子俘获.

加在校样上的注——在这篇论文已从哥本哈根寄出以后，我们收到了 1940 年 10 月 15 日的一期《物理学评论》，上面刊载了 W·E·兰姆关于铀裂变碎片在物质中的通过的文章. 在主要特点方面，该文的考虑和这里发展起来的论证相对应，而且也得到了相似的结果. 然而处理方法却在许多地方是不同的；这些不同之点将在上面提到的更全面的论文[⑪]中予以评论，在那里，也将讨论当本研究所中的最近论文完稿时人们在哥本哈根还不知道的各种实验研究的结果.

---

⑪ N. Bohr, Kgl. Danske Vid. Sels. Math.-fys. Medd. (Math.-phys. Comm., Acad. Sci. Copenhagen), **18**, 8(1940).

X. 1948年论文的第一份内容提纲

未发表稿

选自卷宗"原子级粒子的穿透"

1940年7月

见第二编《引言》,第6节.

336 文卷"原子级粒子的穿透",编目归入[1948],包括为数很多的稿本、笔记、算草、曲线和作图,共约 500 页,这是玻尔 1948 年论文(本卷本编的文 XXII)的备用材料.这里有打字稿、复写纸打字稿和手写稿,手写稿是玻尔、奥格·玻尔、艾瑞克·玻尔、索菲·海耳曼、劳瑞特森、罗森菲耳德和罗森塔耳的笔迹.稿中用的是英文和丹麦文.

材料分别归入三份卷宗中,分别标有

(a) 1940,1942

(b) 1943

(c) 1946,1947.

我们在这里重印了取自卷宗(a)的 6 页编了页码的稿子,稿上标有日期 1940 年 7 月 21—22 日.稿子是劳瑞特森用铅笔写成的,用的是英文.

所用的符号是标准符号.读者应该注意,符号 V 曾被用来既代表速度又代表势能,然而这不太可能造成混淆.公式中的少数小错已经改正.

关于这份文卷中的材料,也请参阅加在文XIII上的编者注中关于材料的描述,见本卷原第 358 页.并请参阅文XI和文XII.

这份资料也见缩微胶片 Bohr MSS no. 18.

Ⅰ. 卢瑟福公式的量纲推导 [稿第 1 页,[40 年]7 月 21 日] 337

力定律　　$F = Kr^{-n}$

$\sigma = \mathrm{fn}(K, m, V)$

现在 K 的量纲是 $\mathrm{ML}^{1+n}\mathrm{T}^{-2}$

而 σ 的量纲是 L^2

因此,为了从 σ 中消去 M 和 T,K 就必须作为 $\frac{K}{mV^2}$ 而出现

于是　　$f = f\left(\frac{K}{MV^2}\right) = f(\mathrm{L}^{n-1})$

若 $n = 2$,则 f 必为 $\left(\frac{K}{MV^2}\right)^2$ 的线性式

$\sigma = \left(\frac{K}{mV^2}\right)^2$:对于库仑力,$K = Zze^2$

$$\sigma = \left(\frac{Zze^2}{mV^2}\right)^2 f(\theta) \qquad [1)]$$

Ⅱ. 卢氏公式的量子力学推导

入射波 $\psi_i = ae^{-ikx}$ 在势能 $V \neq 0$ 的任何地方都会遭受散射,因为那里的波动方程不是 ψ_i 所能满足的. 必须加上一个函数 $\psi_s = \psi_i \frac{m}{\hbar} V \mathrm{d}\omega \frac{e^{-ikr}}{r}$,它给出来自势能为 V 处的一个体积元 $\mathrm{d}\omega$ 的散射波. 卢瑟福公式通过按一切 $V \neq 0$ 处的 $\mathrm{d}\omega$ 来对散射波求积分而求出.

卢氏公式的量子力学推导,引用. [稿第 2 页]

通过把同周相的部分加起来,我们就得到角度分布. 我们注意,恒定因子必将包含势能系数的平方:

$$\sigma^2 \propto \left(\frac{\psi_s\psi_s^*}{\psi_i\psi_i^*}\right) \propto (Zze^2)^2 (\qquad) \qquad 2)$$

于是,卢氏公式在经典力学和量子力学中具有相同的形式这一巧合,依赖于力有平方反比形式这一事实.

Ⅲ. 经典力学的适用条件

如果可能把被散射的粒子定位到我们可以说它有一个轨道的程度,经典的 338

分析就可以应用. 这种定位可以用一个针孔来完成, 针孔的线度 $\Delta x \ll$ 最近靠拢距离 p.

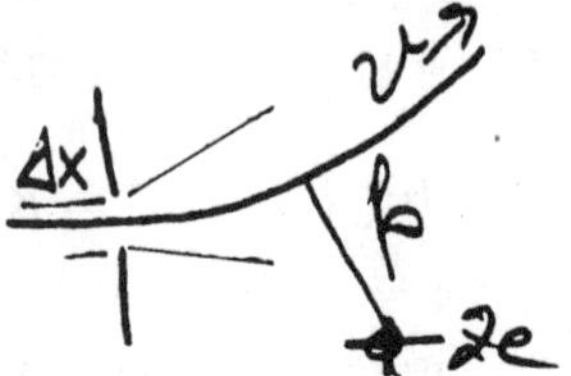

这样引入的动量不准量必须≪碰撞中的动量改变量 $\mathrm{d}P$

$$\mathrm{d}P = \frac{E_1\,E_2}{pV} \gg \Delta p = \frac{\hbar}{\Delta x} = \frac{\hbar}{p} \quad \text{i. e.} \quad \underline{\frac{E_1\,E_2}{\hbar V} \gg 1} \tag{3)}$$

我们注意,3)式是不依赖于 p 的. 这种独立性是我们应用了库仑力这一事实的一个偶然的后果.

Ⅳ. 量子力学的适用条件　[稿第 3 页]

量子力学处理要求散射流≪入射流. 如果我们考虑来自核附近的一个体积元 $\mathrm{d}\omega$ 的散射流,我们就得到

$$\frac{\psi_s\psi_s^*}{\psi_i\psi_i^*} = \frac{1}{r_2}\left(\frac{m}{\hbar^2}\right)^2 V^2\,\mathrm{d}\omega^2 \cdot \frac{1}{\lambda^2} \cdot r^2$$

$$= \frac{\text{从 } \mathrm{d}\omega \text{ 发出的散射流}}{\text{射在面积 } \lambda^2 \text{ 上的入射流}}$$

如果 $\mathrm{d}\omega \sim \lambda^3, V \sim E_1\,E_2/\lambda$, 我们就得到

$$\left(\frac{m^2}{\hbar^4}\right)\frac{E_1^2 E_2^2}{\lambda^2}\lambda^6\,\frac{1}{\lambda^2} \ll 1 \qquad \text{或者,既然 } \lambda = \frac{\hbar}{mV},$$

$$\left(\frac{E_1E_2}{\hbar V}\right)^2 \ll 1 \qquad \text{即和 3)式相同的表示式} \tag{4)}$$

Ⅴ. 能量损失关系式中的极限的确定

$$\frac{\mathrm{d}E}{\mathrm{d}x} = \frac{4\pi(E_1\,E_2)^2}{mV^2}\ln\frac{\alpha_2}{\alpha_1}$$

$$= \left[\frac{4\pi(E_1\,E_2)^2}{mV^2}\right]\ln\left(\frac{\hbar V}{E_1\,E_2} \cdot \frac{mV^2}{\hbar\omega}\right) \tag{5)}$$

——如果 ln 中的第一个因子<1,我们就有经典条件,而公式 5)成立.

——如果第一个因子>1,我们就有量子力学,但是,既然正如在恒定系数中所表示的那样(见 § Ⅱ),表示式除了按 V^2 外不能依赖于势能,ln 在量子力学区域中就不能包含这一项. 于是就有

$$\frac{\mathrm{d}E}{\mathrm{d}x}=\frac{4\pi E_1^2\ E_2^2}{mV^2}\ln\frac{mV^2}{\hbar\omega}\ (=\text{贝忒}) \qquad 6)$$ 339

［稿第 4 页］——现在问题是如何修订 $\alpha_1\alpha_2$ 以得到表示式 6)?

a) 在经典处理中，$\alpha_1=\frac{E_1\ E_2}{mV^2}$，$\alpha_2=\frac{V}{\omega}$($\omega=$ 电子的周期)

b) 亨德孙提出，极限 α_2 是当相互作用小得使能量传递≪一个量子时被给定的，即

$$\frac{E_1^2E_2^2}{m\alpha_2^2\ V^2}<h\omega \qquad \frac{\alpha_1}{\alpha_2}=\sqrt{\frac{mV^2}{h\omega}}$$

但是这个表示式只是 1/2 的正确表示式．困难在于，即使在很大的距离处，当单独一次相互作用中的能量传递 $<h\omega$ 时，我们也还有一个有限的传递能量的几率．

c) 因此我们必须修改 α_1．在近距离处，我们谈不到在小于$(1/2\pi)$入射粒子波长λ的距离上的相互作用；$\alpha_1=\lambda$

$$\frac{\alpha_2}{\alpha_1}=\frac{V}{\omega\lambda}=\frac{mV^2}{\hbar\omega}$$

Ⅵ．论偶的产生

［稿第 5 页］

试考虑一个波包，其中的电矢 $=X_0$，而频率 $=\nu=c/\lambda$，位于线度为λ^3 的空间域内．在这个域中，存在 $\frac{(mc)^3}{h^3}\lambda^3=1$ 个"潜在的"狄喇克电子，在负能态中约为 mc^2．

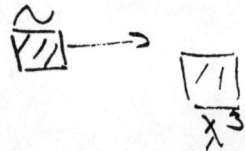

a) 我们选择强度 X_0 适当的波包，以致它可以向产生的偶传递动量 $2mc$．

$$X_0\ e\ \frac{\lambda}{c}=(\text{力}\times\text{时间})=2mc \qquad 7)$$

b) 为了保持动量和能量的守恒，我们必须有一个带着适当电荷 Z_0 的粒子，以便它能够向偶提供所要求的差额

$$\begin{cases}\text{偶的能量}=h\nu=\dfrac{2mc^2}{\sqrt{1-\beta^2}}\\[2ex]\text{偶的动量}=\dfrac{h\nu}{c}=\dfrac{2mv}{\sqrt{1-\beta^2}}\end{cases}$$

340 波的动量和偶的动量之差*

$$= \frac{2m(c-v)}{\sqrt{1-\beta^2}} = 2m\frac{c-v}{c+v} \sim mc$$

于是

$$\frac{Z_0 e^2}{\lambda^2} \times \frac{\lambda}{c} = mc \qquad 8)$$

c) 在条件 7)和 8)下由波包 $\sigma = \lambda^2$ 形成一个偶的截面.

d) 为了求得每量子的截面,必须除以 n[稿第 6 页,[40]7 月 22 日]

$$n\hbar\frac{c}{\lambda} = X_0^2\lambda^3 \qquad (\text{坡印亭能量}) \qquad 9)$$

e) 对于电荷 Z 的邻域中的截面,有

$$\sigma = \lambda^2 \cdot \frac{1}{n}\left(\frac{Z}{Z_0}\right)^2, \qquad 10)$$

因为给定动量传递的几率依赖于力的平方. 于是,

$$\sigma = \lambda^2 \times \frac{\hbar c}{X_0^2\lambda^4} \times \frac{Z^2}{Z_0^2} = \frac{\hbar c Z^2}{\lambda^2} \times \frac{e^2}{m^2c^4}\lambda^2 \times \frac{e^4}{m^2\ c^4\lambda^2}$$

$$\sigma = Z^2\left(\frac{e}{mc^2}\right)^2\left(\frac{e^2}{mc^2}\right)\frac{\hbar c}{\lambda^2} \qquad \lambda = \frac{\hbar}{mc}$$

$$= Z^2\left(\frac{e^2}{mc^2}\right)^2\frac{e^2}{m^2\ c^4}\frac{\hbar c m^2 c^2}{\hbar^2}$$

$$\underline{\sigma = Z^2\left(\frac{e^2}{mc^2}\right)^2\frac{e^2}{\hbar c}}$$

---

* [下面的公式中显然有些无足轻重的错误. 然而,根据下列形式的守恒定律:

$$h\nu = -\frac{Z_0\ e^2}{\lambda} + \frac{2mc^2}{\sqrt{1-\beta^2}}$$

$$\frac{h\nu}{c} = \frac{Z_0\ e^2}{\lambda^2}\cdot\frac{\lambda}{c} + \frac{2mv}{\sqrt{1-\beta^2}}$$

很容易在 v/c 的零级近似下求得结果 8).]

Ⅺ. 带电粒子之间的碰撞

SAMMENSTØD MELLEM ELEKTRISKE PARTIKLER

未发表稿

选自卷宗“原子级粒子的穿透”

[1940]

(原书载丹麦文原文和英译本,中译本据英译本)

见第二编《引言》,第 6 节.

342 此稿属于在原第 336 页上描述了的文卷中的卷宗(a),共 6 页,编有页码. 稿子用钢笔写成,是罗森菲耳德的笔迹,少数公式是玻尔用铅笔填写的. 稿子用的是丹麦文. 有些次要的笔误已经改正.

本稿亦见缩微胶片 Bohr MSS no. 18.

347

带电粒子之间的碰撞

问题是经典的开普勒问题，而电子和核之间或核和核之间的相互作用公式是汤姆孙和卢瑟福常常使用的.

量子力学出现以来，问题已被置于新的形势之下. 一个主要的结果是，从统 348
计的观点看来，相互作用公式是完全没有改变的. 然而问题本身却以一种最彻底的方式改变了，从而关于现象之细节特点的任何结论，以及关于现象随力的最微小变化而变化的任何结论，都不是不经过进一步的考察就能接受的了.

$$N\left(\frac{e^2 zZ}{2Mv^2}\right)^2 \frac{1}{\sin^4\theta/2}$$

上述注意事项不但当利用一种经典的轨道计算（它要求一切的线度相对于波长来说都很小，从而人们可以建立明确定义的波群）时是必要的，而且当应用在光学中被称为惠更斯原理的那种众所周知的波动理论方法时也是必要的，而这种方法自从玻恩关于碰撞问题的工作以来已经在量子力学中得到了广泛的应用. 按照这种方法，进入一个力场中的粒子的效应，是作为由一些次级波所引起的干涉现象来加以计算的，而这些次级波是从相互作用势有一个有限值的每一个空间点上发出的. 这种程序的条件，当然就是这些次级波在任何空间点上都不会引起入射波的重大改变. 然而，这一条件在上述那种经典轨道计算[稿第 2 页]的适用条件可以实现的碰撞问题中却是得不到满足的. 这两种方法是互不相容的，而且是只有在两种极限事例中才可以应用的，那些极限事例就是我们可以谈到一种明确定义的轨道时的事例，以及波动理论中的叠加原理以一种完全非经典的方式而起决定性作用的事例.（结果证明了这两种事例的不相容性，因为粒子的质量可以说会有相反的效应. 在经典理论中，运动的改变是和质量成反比的，而在一个给定的力场中次级波的振幅却和质量成正比.）

因此，从一种统计观点看来利用经典力学和玻恩方法得到的以及利用量子力学的严密理论得到的开普勒问题的解都会给出相同的结果，这就是一种纯数学的巧合了. 先验地说，我们只能期望经典方法和玻恩方法在他们各自的极限事例中能够成立，现在我们将更仔细地看看这些事例.

---

1. 经典力学在开普勒问题中的适用条件是，由

$$\frac{nNe^2}{r_m} = E = \frac{1}{2}mv^2$$ 349

给出的所谓最小距离(为了简单,我们采用非相对论式的计算)相对于波长 $\lambda = h/mv$ 来说是很大的,或者,更准确的是用 $\lambda/2\pi = \hbar/mv$.

如果我们现在引用 $v_0 = \dfrac{nNe^2}{\hbar}$, [稿第 3 页]

我们就看到

$$\frac{\lambda}{\pi r_m} = \frac{v}{v_0}.$$

因此,只有当 v 相对于 v_0 来说是很小时,经典理论才能适用,v_0 则可以被看成由两个电荷数值相同而互相吸引的粒子形成的原子的正常态中的速度.

即使经典力学在这种事例中给出近似正确的结果,意义重大的小的量子力学效应还是会出现的,特别说来,即使对于小的 v 值,入射粒子也永远有一个一定的、有限的几率可以达到离固定粒子很近的地方.正是由于波长相对于临界最小距离来说是很小的,这个几率就可以通过考虑一个一维事例并利用伽莫夫势垒穿透公式来简单地算出

$$W = \exp\left[-\frac{2\sqrt{2m}}{\hbar}\int_{x_1}^{x_2}\sqrt{V-E}\,\mathrm{d}x\right], \qquad \frac{1}{2m}p'^2 = V$$

$$\Delta p\Delta x \sim \hbar$$

此式对 $V = \dfrac{nNe^2}{x}$, $x_1 = 0$, $x_2 = r_m$ 给出

$$p' = \sqrt{2m}\sqrt{V}$$

$$W = \exp\left[-\frac{2nNe^2}{hv}\right] = \exp\left[-2\frac{v_0}{v}\right] \qquad \Delta p = \frac{\hbar}{\Delta x}$$

例如,如果我们考虑能量为 10^5 伏特的和锂核相碰撞的质子,并想求出穿透到距离 a 处的几率,我们就会得到下列的值:

[稿第 4 页] $$X = lN\pi a^2 W.$$

350 然而,当考虑相对于 K 电子来说是很慢的质子时,我们就有在锂中的射程 l 的近似公式如下:

$$l = v^4 \frac{mM}{16\pi e^2 E^2 N}\cdot\frac{1}{\ln V} \qquad V = \frac{mv^3}{4\pi e^2 r}.$$

于是,对于 $a = e^2/mc^2$,我们就得到

$$X=\left(\frac{v}{c}\right)^{4}\cdot\frac{M}{m}\cdot\frac{1}{16\cdot 9\ln V}W.$$

对于能量为 10^{5} 伏特的质子,我们有

$$\left(\frac{v}{c}\right)^{2}=2\cdot 10^{-4}.$$

而且,既然

$$\frac{2v_0}{v}=\frac{2\cdot 3}{137}\left(\frac{c}{v}\right)\sim 3,$$

我们就得到

$$\mathrm{X}=4\cdot 10^{-8}\cdot 2\cdot 10^{3}\cdot\frac{1}{16\cdot 9}\mathrm{e}^{-3}$$

$$=\frac{10^{-5}\cdot 3\cdot 10^{-2}}{18}=\frac{1}{6}\cdot 10^{-7}$$

---

2. 在另一种极限事例中,$\lambda\gg r_m$,力学观念是完全不能用的. 事实上,入射波将只受到散射波的很小的干扰. 让我们考虑从核附近发出的次级波;在核的附近,相互作用势是最高的,而次级波之间的周相差是很小的. 于是,来自半径为 a 的一个球体的整个波的振幅就将是

[稿第 5 页]
$$\psi=\frac{\psi_0}{\psi}\frac{2m}{\hbar^2}\cdot\frac{1}{4\pi}\int V\mathrm{d}\sigma,$$

式中 ψ_0 是入射波的振幅. 如果我们令 351

$$V=\frac{e^2\,nN}{r}$$

我们就得到

$$\psi=\frac{\psi_0}{r}\cdot\frac{m}{\hbar^2}\cdot e^2\,nNa^2.$$

我们看到,对于 $r=a$, 就有

$$\frac{\psi}{\psi_0}=\frac{me^2\,nNa}{\hbar^2}$$

如果令 $a=r_m$, 我们就得到

$$\frac{\psi}{\psi_0} = 2 \cdot \left(\frac{v_0}{v}\right)^2$$

从而我们看到，只有波的很小一部分会在一个区域中受到散射，而按照经典理论，实际上可以认为所有的散射都将发生在该区域中.

再者，我们看到所用的方法确实是有根据的，因为，如果和次级波的周相差并无重要表现的最大范围相对应而令 $a = \lambda/2\pi$，我们就得到

$$\frac{\psi}{\psi_0} = \frac{v_0}{v},$$

当 v 趋于 c 时这个值是很小的，至少当 N 不是过分地大时是如此.

于是我们就看到，散射是在相对于 r_m 来说是很大的一个离核距离处发生的，[稿第 6 页]而且，它将只受到很小的改变，如果在核的一个范围中并不存在任何力场，而该范围对应于经典地算出的截面

$$A = \pi r_m^2$$

的话. 如果令 $a = \lambda/2\pi$，波动方法就恰恰给出这一截面：

$$4\pi r^2 \frac{\psi^2}{\psi_0^2} = \pi \frac{4m^2}{\hbar^4}(e^2\, nN)^2 \left(\frac{\hbar}{mv}\right)^4 = \pi r_m^2 = A.$$

352　由两种如此不同的方法得出相同结果的数学原因就是，每一种方法都必将给出一种和 e^4 成正比的散射结果，而且，每一种方法都必须针对 e 值的某一区间给出和量子力学相一致的正确结果.

瑞利公式是

$$S = \frac{24\pi^3}{\lambda^4}\sigma^2 \frac{(\varepsilon^2 - 1)^2}{9}$$

对于电子

$$\varepsilon^2 - 1 = \frac{V}{\frac{1}{2}mv^2},$$

我们得到

$$S = 4\pi\left(\frac{2m}{\hbar^2}\right)^2 \frac{1}{(4\pi)^2}\left(\frac{1}{2}mv^2\right)^2 \sigma^2(\varepsilon^2 - 1)^2 = 4\pi^3\left(\frac{mv}{2\pi\hbar}\right)^4 \sigma^2(\varepsilon^2 - 1)^2.$$

Ⅻ. 经典理论及量子理论中的阻止本领和电离

未发表稿

选自卷宗"原子级粒子的穿透"

1940 年 10 月

见第二编《引言》,第 6 节.

354 此稿属于在原第336页上描述了的文卷的卷宗(a),共2页,编有页码.稿子是打字稿,有一些补充和修改,其笔迹还不知谁属.稿上标有日期1940年10月7日,英文.

此稿亦见缩微胶片 Bohr MSS no. 18.

[稿第1页,40年10月7日] 355

经典理论及量子理论中的阻止本领和电离

在旧的经典理论中,阻止本领根据在近距碰撞和远距碰撞中所传递的能量来计算,而不管这个能量是大于还是小于电离能量.另一方面,电离则根据所传递的能量大于电离能量的那些碰撞的数目来计算.

既然在量子理论中小于电离(或激发)能量的任何能量传递都是不可能的,改正阻止本领和电离之处理的最简单的方法似乎就是在阻止本领的计算中简单地略去小于电离能量的能量传递.然而,这种(亨德孙的)处理办法却给出了太小的阻止本领的值,而且,正如更新的实验已经证明的那样,也给出了太小的初级电离的值.

对于更仔细的考虑来说也很清楚的是,远距碰撞对阻止本领和初级电离的贡献是绝不能被排除在外的.问题事实上和原子与辐射之间的能量传递密切类似.在这儿,典型的量子效应就在于,能量是只以量子 $h\nu$ 的形式来进行交换的,但是这种交换的几率却不能根据由辐射场力的强度算出的经典能量传递来推出,除非这个场很强,以致我们可以忽略涨落现象.

对于较小的平均场来说,几率必须根据对应关系的想法来推求.按照这种想法,交换几率将永远正比于场的强度,正如按照经典想法能量传递将永远正比于场的强度一样.最后的结果事实上将是相同的,如果按照[稿第2页]经典理论算出的传给原子的能量将积存在原子中,直到它达到了电离能量或激发能量时为止.

因此,对于远距碰撞来说,我们恰好和根据经典理论一样得到对阻止本领的相同贡献,而想求电离量则只要用电离能量简单地除一下这个能量就行了.当然,这种考虑可能显得很粗略,因为我们没有考虑激发几率或远距碰撞中传递的能量大于电离能量的几率.然而后一几率是很小的,因为只有对于和电离很接近的激发,我们才有共振,而且,建筑在远距碰撞中的场分解上的确切处理(威廉斯)事实上证明结果是精确的,至少当我们把激发加在实际的电离上时是如此.

如果我们考虑近距碰撞对阻止本领和电离的贡献,那就很清楚地知道经典结果将保持不变,如果在碰撞过程中交换的能量可以经典地加以处理(即如果 $\kappa>1$)的话.如果 $\kappa<1$,经典的普通图景就不能应用,但是与此同时我们却有
另一种简化,即碰撞可以根据最初等的波动力学想法来加以处理.这种处理给 356
出,对于两个带电粒子来说,一切传递效应的几率都恰恰和经典理论中的相同,如果力是从零延伸到无限远的话.然而,如果场在某一距离上受到屏蔽,则屏蔽作用将引入一个和经典理论中的距离有所不同的距离.事实上,一个屏蔽距离"a"的效应将和距离 $\kappa\cdot a$ 在经典理论中的效应相同.

357

XIII. 有关阻止本领的两篇札记

未发表稿

选自卷宗"穿透"

1940 年 10 月

(原书载丹麦文原文和英译本,中译本据英译本)

见第二编《引言》,第 6 节.

收集在标题为"穿透"的文卷中的材料包括为了玻尔 1948 年关于穿透的论文(本卷本编的文 XXII)而准备的大量的笔记、提纲、插图和草稿. 总共大约有 1 500 页. 其中有打字稿、复写纸打字稿、图解页和手写页. 手写页主要是玻尔、奥格·玻尔和罗森塔耳的笔迹. 用的是英文和丹麦文. 材料分装 11 份卷宗如下(我们的编号): 358

卷宗 1 "Afhandlinger om Stopping Power of Fission Fragments"(关于裂变碎片之阻止本领的论文).
1940 年到 1941 年研究所中的关于裂变碎片之阻止本领的论文的底稿和校样.

卷宗 2 "Optegnelser ang. Stopping Power. 2"(关于阻止本领的笔记 2).
从 1940 年 9 月到 10 月的 20 份和阻止现象有关的短笔记.

卷宗 3 "Mskr. til den store Afhandling. Kladder"(大论文的草稿).
主要是从 1940 年 11 月到 1941 年 2 月和 3 月间写的头几章的草稿.

卷宗 4 "Optegnelser 3"(笔记 3).
1940 年 11 月、1941 年 2 月和 3 月以及 1942 年 5—6 月写的 16 篇短笔记,主要和第四、五章有关.

卷宗 5 "穿透. 第 4 节. 俘获和损失".
1942 年 5 月到 8 月以及 1943 年 3 月和 8—9 月写的和第四章有关的材料.

卷宗 6 "Spild til V"(V 的作废稿).
1943 年 4 月到 5 月写的和第五章有关的材料.

卷宗 7 "罗森塔耳".
1943 年 9 月间那样的几乎完成了的稿子.

卷宗 8 "Penetration. Ny Udgave. Introduction"(穿透. 新本. 引言).
和《引言》有关的材料,主要写于 1946 年 1 月和 3 月.

卷宗 9 "Nyt Spild til 2"(2 的新废稿).
和第二章有关的材料,主要写于 1943 年的春季和夏季以及 1946 年 3—4 月. 几乎有 300 页.

卷宗 10 "Nyeste Spild til Chapter 3. lndviet 3/9—43"(第三章的最新废稿,开始于 3/9—43).
1943 年、1946 年和 1947 年写的材料,和第三、四章有关. 超过 500 页.

卷宗 11 装有论文第三稿的封袋,所标日期为 1948 年 11 月,另有手写的公 359
式页.

关于这一文卷的更多资料,请参阅本卷本编的文 XIV、文 XV、文 XVI、文

XⅧ、文XIX和文XX，并请参阅本卷原第336页的编者注中所描述的资料.

这里重印的札记包括在卷宗2中.我们重印了该卷宗的内容目录以及编号为2.11和2.15的札记.前者共2页，日期为1940年10月21日；后者共3页，日期为1940年10月23日.材料是用钢笔写成的，是罗森塔耳的笔迹.除了内容目录中有少数几行是英文外，其余都是丹麦文.

所用的符号基本上和玻尔1915年的论文（本卷第一编，文Ⅷ）中的符号相同.

361

［内容目录］

363 [稿第 1 页 40 年 10 月 21 日]

电荷为 $Z_1 e$ 而速度为 V 的核从电荷为 $Z_2 e$ 的核俘获一个电子的几率

电子在碰撞中获得一个和 V 同数量级的速度改变量的那种碰撞的截面,等于

$$\sigma_V = \frac{Z_1^2 e^4}{(mV^2)^2} = a_0\, Z_1^2 \left(\frac{V_0}{V}\right)^4.$$

要使俘获发生,碰撞必须在离 Z_2 的距离为 λ 处发生. 这种事件的几率是

$$\varepsilon_1 = \left(\frac{\lambda}{a_{Z_2}}\right)^3 \sim Z_2^3 \left(\frac{V_0}{V}\right)^3.$$

这样一种导致电子和 Z_2 之间的动量交换的碰撞的几率是

$$\varepsilon_2 = \left(\frac{Z_2}{Z_2^{(0)}}\right)^2,$$

364 式中

$$Z_2^{(0)} = \frac{mV^2\lambda}{e^2} \sim \frac{V}{V_0};$$

由此即得

$$\varepsilon_2 = Z_2^2 \left(\frac{V_0}{V}\right)^2.$$

最后,在 Z_1 和电子之间的双碰 * 以后,相对速度 $\leqslant V_0\, Z_1$ 的几率是

$$\varepsilon_3 \sim \left(\frac{V_0}{V}\right)^3 Z_1^3.$$

因此,俘获截面的数量级就是

$$\sigma_1^* = \sigma_V \cdot \varepsilon_1\, \varepsilon_2\, \varepsilon_3 = Z_1^5 Z_2^5 \left(\frac{V_0}{V}\right)^{12},$$

这是和克喇摩斯根据玻恩近似进行的直接计算相一致的.

这样一种计算的条件是,

---

* [见本卷本编的文 XXII,原第 535 页.]

[稿第 2 页]

$$\kappa_1 = \frac{4\pi Z_1 e^2}{hV} = 2\,\frac{V_0}{V}\cdot Z_1$$

和

$$\kappa_2 = 2\,\frac{V_0}{V}\cdot Z_2$$

都小于 1.

通过一种经典计算，汤马斯发现（Proc. Roy. Soc. London **A114**（1927）561—576）

$$\sigma_1 \propto a_0^2\, Z_1^{7/2} Z_2^{11/2}\left(\frac{V_0}{V}\right)^{11} = \sigma_1^*\,(\kappa_1)^{-3/2}(\kappa_2)^{1/2}.$$

366 [稿第 1 页 40 年 10 月 23 日]

快速运动带电粒子所引起的电离

按照经典处理(J·J·汤姆孙),问题是极其简单的.电离发生在碰撞参量 p 小于 p_I 的和电子的碰撞中,并由下式来确定

367
$$I=\frac{2Z_1^2e^4}{mV^2(p_I^2+\alpha^2)},$$

式中

$$\alpha=\frac{Z_1e^2}{mV^2}.$$

因此我们就有

$$p_I=\frac{2Z_1e^4}{mV^2}\left(\frac{1}{I}-\frac{1}{2mV^2}\right).$$

电离截面简单地就是

$$\sigma_I^{(1)}=\pi p_I^2.$$

当

$$\kappa=\frac{4\pi Z_1e^2}{hV}>1$$

时,这种计算就是建筑在稳固的基础上的,但是即使在这种情况下我们也必须照顾到一个事实,即电离也可以在 $p>p_I$ 的碰撞中发生.在这种事例中,按照量子理论的原理,我们并不能计算个体碰撞的后果;不过我们还是可以通过设想所传递的能量被积存到足以引起电离或激发时为止,来求出统计的效应.为了简单,忽略激发并认为所有允许的能量传递都等于 I,我们就得到

$$\sigma_I=\sigma_I^{(1)}+\frac{1}{I}\frac{4\pi Z_1^2e^4}{mV^2}\ln\frac{p_\nu}{p_I},$$

式中 p_ν 等于浸渐截止参量

$$p_\nu=\frac{V}{2\pi\nu}=\frac{hV}{2\pi I}$$

即

368
$$\sigma_I=2\pi\frac{Z_1^2e^4}{mV^2}\frac{1}{I}\left(1+\ln\frac{p_\nu^2}{p_I^2}\right)=2\pi\frac{Z_1^2e^4}{mV^2}\frac{1}{I}\left(1+\ln\frac{2mV^2}{I}\kappa^{-2}\right)\qquad(\text{I})$$

[稿第 2 页]如果 $\kappa < 1$，经典计算就是站不住脚的，但是我们根据一种简单的考虑可以知道，在一个电子和场在 $p > p_s$ 处消失的被屏蔽核之间的碰撞中，一切的效应在统计上都恰恰和当屏蔽距离 $p = p_s \kappa$ 时的经典理论中的效应相同. 因此，关于 σ_I，我们现在就得到

$$\begin{aligned}\sigma_I &= \sigma_I^{(1)} + \frac{1}{I} \cdot \frac{4\pi Z_1^2 e^4}{mV^2} \ln\left(\frac{p_\nu}{p_I}\kappa\right) \\ &= 2\pi \frac{Z_1^2 e^4}{mV^2}\left(1 + \ln \frac{2mV^2}{I}\right). \qquad (\text{II})\end{aligned}$$

这种计算受到了下述事实的启示：

$$\left(\frac{p_I}{\kappa}\right)^2 = \frac{h^2}{8\pi^2 mI} = \frac{h}{2\pi m V_I} = \frac{\lambda_I}{2\pi}.$$

因此，在所考虑的碰撞中，电子和核之间的距离是大于电子在原子中的位置的不准量的. 在正常态中，原子半径 a_0 准确地等于

$$a_0 = \frac{h}{2\pi m V_0}.$$

诚然，对于较高的量子态来说原子半径是更大的，但是位置的确定却是在统计上可以允许的.

369

XIV. 1948 年论文的早期内容提纲

未发表稿

选自卷宗"穿透"

1940 年 11 月

370 此稿属于在原第 358 页上描述了的材料中的卷宗 3. 它有 1 页未编号,5 页已编号,所标日期是 1940 年 11 月 13 日,其中 p. 4 原缺. 稿子用铅笔和钢笔写成,是罗森塔耳的笔迹. 除了少数标题是由丹麦文译出的以外,其余部分原系英文.

在第一页的顶端,有玻尔手写的一个约会日程表.

见第二编《引言》,第 6 节.

1）一般的核物理学 [稿，无页码][1940 年 11 月] 371

对势垒的穿透

中子的穿透

嬗变的一般图景

热学类比

裂变问题

逐次嬗变和裂变

氘反应

2）高速粒子的穿透

α 射线和裂变碎片的径迹

碎片径迹的典型特征（分支，偏转，离散）

电子相互作用和核相互作用

俘获和损失

碰撞的一般特色

3）阻止本领的理论

力学的和量子力学的考虑

阻止的定量处理

第 2 节的计划 [稿第 1 页，1940 年 11 月 13 日]

A）经典理论中的阻止和电离*

1. 自由粒子之间的个体碰撞中的能量传递
2. 平均能量传递问题
3. 束缚力的影响
4. 碰撞分为两类：自由碰撞和色散问题
5. 阻止公式
6. 也许：离散
7. 和实验的初步比较

B）量子理论中的阻止和电离

1. 亨德孙

---

* ［下列小标题 1—6 是据丹麦文原文译成英文的.］

a）电离不变但阻止变化

b）和实验不符

2. 刚特

a）阻止没有变化但电离有变化（威廉斯）

［b）已划掉］

372 3. 贝忒

a）用玻恩近似在动量空间中进行的计算

b）和 α 粒子阻止及电离的满意符合

4. 关于力学处理和量子力［稿第 2 页］学处理之间的区别的原因的讨论（布劳赫，威廉斯）

5*. 布劳赫的普遍公式

6. 轨道图景和波动图景的初等问题

7. 条件 $\kappa \ll 1$ 或 $\kappa \gg 1$

8. 被屏蔽原子的电离问题. $\kappa \ll 1$ 时的电离问题

C）电子的俘获和损失问题

1. 否勒、汤马斯、奥本海默、克喇摩斯

2. 小的和大的核电荷下的俘获

3. 电子心

4. 心外电子的阻止效应

D）核阻止和核偏转　［稿第 3 页］

E）离散理论

1）赫兹菲耳德、弗拉姆、玻尔

2）β 射线和 α 射线

F）穿透问题的一般概述

1）轻粒子和重粒子

2）高速度和小速度（由 α 和 β 射线衰变引起的反冲粒子）

［稿中缺第 4 页］

---

* ［原稿上画了一个箭头，表示此节应放在第 7 节之后.］

第 2 节的另一计划 [稿第 5 页]

A）经典力学和量子力学中带电粒子之间的碰撞效应

B）阻止理论的逐渐发展

C）由高速粒子引起的电离的理论

D）快速运动粒子对电子的俘获和损失

E）核碰撞的阻止效应

F）离散问题

373

XV. 原子级重粒子对物质的穿透

未发表稿

选自卷宗“穿透”

[1941年2月]

见第二编《引言》,第6节.

此稿属于在原第 358 页上描述了的材料中的卷宗 3. 它应有 10 页打字稿， 374
编有页码. 打字稿只有第 1—7 页(包括一个 p. 4a)，但是第 8 页是从一份包括第
4—8 页的复写纸打字稿中重印的，而更加简略的第 9 页则是一张散页. 公式和
少数补笔是由奥格·玻尔用铅笔添上去的. 稿子用的是英文. 日期是根据另一份
稍许不同的稿子来推断的，那份稿子上有手写的日期 1941 年 2 月 26 日.

少数不关紧要的笔误已经改正.

375

原子级重粒子对物质的穿透

当受到高度的激发时，重原子核在所谓的裂变过程中可以分裂成质量和电荷都相差不大并以大约 100 MeV 的动能而被射出的两个核. 这种发现已经提供了研究一些高速粒子对物质的穿透的可能性，而这些粒子的质量和电荷比以前能够用来进行这种研究的那些粒子的质量和电荷大若干倍. 由于裂变碎片的这些性质，在较轻粒子的行为方面只有很小重要性的一些特点，在这里就将对整个现象发生决定性的影响了. 尽管对于高速的质子和 α 射线来说，阻止几乎是完全取决于粒子和它们所遇到的原子中电子之间的相互作用的，对于裂变碎片的阻止和散射来说，和这些原子的核的碰撞却将有其相对说来大得多的影响. 同样，在轻粒子的事例中，除了在接近射程终点处的很低速度下以外，电子的俘获是并不重要的，而裂变碎片的高电荷却意味着，它们所携带的束缚电子的平均数甚至在很高的初速下也是很大的，而且是通过不断的俘获而沿着整个的射程逐渐增大的.

这些效应是由裂变碎片在气体中的径迹的云室照片很清楚地显示了的，而特别说来，由伯吉耳德、布若斯特罗和劳瑞特森在本研究所中获得的照片，已经显示了若干很有兴趣的细节①. 这些照片不但显示了裂变碎片径迹上的许多分支，而且尤其是在重气体中显示了径迹的不断弯曲；[稿第 2 页]这种弯曲起源于许多核碰撞，碰撞中的能量传递还不足以引起可以看出的分支. 另外，资料分析的结果是裂变碎片的一条有着新颖特点的速度-射程曲线，它在很大一段射程上表现线性的趋势而在最终部分则陡然下降. 在曲线的这两个部分之间，有一个速度减小率取极小值的区域，这里出现曲线的一次显著的平坦化.

沿着某些思路可以理解散射现象和阻止现象的一般特点；这些思路已在一篇初步的短文②中简短地讨论过了. 在那篇短文中也给出了射程-速度关系的一种近似公式，表示了电子俘获和核碰撞这两种效应的相互关系. 作为估计电子相
376 互作用的一种基础，曾经假设运动碎片的总电荷大致地由一个条件来确定，就是说，在束缚态中其轨道速度大于碎片速度或和碎片速度同数量级的一切电子，都会被碎片携带着一起运动. 假设所遇到的原子中的这些电子或具有相似速度的电子在碰撞中只受到浸渐的影响，我们就得到一个简单的结果：在重气体中，在初级近似下，由电子相互作用引起的碎片的动量损失将既不依赖于核电荷也不

① J. K. Bøggild, K. J. Brostrøm, and T. Lauritsen, [*Cloud-Chamber Studies of Fission Fragment Tracks*,] Phy. Rev. [**58**] (1940) [651—653]，特别参阅 Comm. Copenhagen Academy（印刷中），此文以后简称为 BBL[见本卷第二编《引言》，注 82].

② [参阅本卷本编的文Ⅶ.]

依赖于速度. 于是，对于净电荷还高得足以对阻止有决定性影响的那种速度来说，我们将预期速度和剩余射程之间的一种几乎是线性的关系. 在很低的速度下，碎片几乎是中性的；对于那种速度来说，随着速度的降低而迅速增大的核碰撞的效应将占主导地位，而射程-速度曲线在这一区域中就由一种很陡的下降来表征，这种下降主要取决于碎片和阻挡原子的核电荷和核质量.

[稿第 3 页]到此为止，还没有试图区分裂变碎片的两个主要组的行为；这些组的存在是由其他方面的实验证实了的，那些实验表明，一个铀核的最可几分裂方式是放出两个粒子，其质量之比约为二到三. 然而，对这些不同碎片的射程-速度曲线进行区分的可能性，却在一篇近日的短文③中讨论过了；文中证明，云室照片的研究给出的数据，除了显示了两个不同的射程以外还给出了存在两种径迹的直接证据，这两种径迹的区别在于分支沿射程的不同分布. 事实上，分支分布的一种统计分析允许我们在离射程终点的不同距离处确定相应粒子的速度. 和一般的论点相一致，已经发现两种射程-速度曲线是具有相似的特点的，但是较重粒子的曲线的线性部分的斜率较小，而其最终的下降也较陡. 不过，对应于较短的射程，重粒子速度的初始减低却比根据质量比所将预期的还要稍大一些. 这一差值指示着速度已定的重粒子的较大净电荷，正如根据较重原子的外围电子的轨道速度较小这一事例也应预料得到的那样.

在现在这篇论文中，将试图对重粒子在物质中的穿透的普遍问题作出更充分的讨论. 特别说来，将特别重视简单力学论点的适用范围问题. 事实上，正如在以前的短文中已经指出的那样，对重粒子来说，问题恰恰是在这一方面比在轻粒子事例中具有较大的简单性，而对轻粒子来说，量子力学论证方法的引用已经使 377
原始力学处理的重大改善成为可能. 问题的这一方面将在第 2 节中加以考虑. 在随后的一节中，将讨论近距核碰撞对阻止和散射的贡献问题. 在第 4 节中，[讨论]电子相互作用的阻止效应，而在这方面，[稿第 4 页]电子俘获的问题是特别重要的. 在第 5 节中，各种结果将在裂变碎片之射程-速度关系的讨论中得到应用.

第 2 节 [稿第 4a 页]

当考虑电荷为 E_1, E_2 质量为 M_1, M_2 而相对速度为 V 的两个带电粒子的相互碰撞的经典问题时，关于偏转角，我们得到

$$\text{I} \quad \sin^2\frac{\theta}{2} = \frac{\alpha^2}{p^2+\alpha^2}, \qquad \alpha \equiv \frac{E_1\,E_2}{V^2}\,\frac{m_1+m_2}{m_1\,m_2}$$

---

③ [参阅本卷本编的文Ⅸ.]

式中 p 是碰撞参量.

当过渡到粒子 1 是以速度 V 而运动，而粒子 2 处于静止的一个体系时，关于动量传递；我们得到

$$\text{Ⅱ}\qquad \delta P = 2m_2 V\sin\frac{\theta}{2}$$

而关于能量传递，则得到

$$\text{Ⅲ}\qquad \delta T = 2m_2 V^2\sin^2\frac{\theta}{2} = 2\frac{(E_1 E_2)^2}{m_2 V^2}\frac{1}{p^2+\alpha^2}$$

再者，关于入射粒子的末速度，我们得到

$$\text{Ⅳ}\qquad V_{\mathrm{f}}^2 = V^2\left(1-4\sin^2\frac{\theta}{2}\frac{m_2 m_1}{(m_1+m_2)^2}\right)$$

而关于它的偏转角，则得到

$$\text{Ⅴ}\qquad \sin\phi = \sin\theta\frac{V}{V_{\mathrm{f}}}\frac{m_2}{m_1+m_2}$$

碰撞参量给定时的碰撞截面是

378 $$\text{Ⅵ}\qquad \sigma(p)\mathrm{d}p = 2\pi p\mathrm{d}p$$

或者，用能量传递表示出来，就是

$$\text{Ⅶ}\qquad \sigma(\delta T)\mathrm{d}(\delta T) = 2\pi\frac{(E_1 E_2)^2}{m_2 V^2}\mathrm{d}\frac{1}{\delta T}$$

这些公式导致一个粒子在通过一种物质时的能量损失的简单表示式；该物质在每立方厘米中含有质量为 M_2 而电荷为 E_2 的 N 个粒子. 表示式如下：

$$\text{Ⅷ}\qquad \Delta T = 2\pi N\mathrm{d}x\frac{(E_1 E_2)^2}{m_2 V^2}\ln\left(\frac{T_0}{T_1}\right)$$

我们在这儿遇到的第一个困难就是，如果我们对应于所有粒子都为自由的假设而令 $T_1=0$，则表示式Ⅷ变为无限大. 在实际的物质中，这一假设是不能允许的，因为所有的粒子都是在中性的原子或分子中被束缚在一起的，而且我们在这儿也遇到重的核和轻的电子之间的差别. 对于重的核来说，能量传递的界限是由电子的屏蔽效应来给定的；在大距离处，这些电子恰好会把入射粒子和整个原子之间的总力中和掉. 对于轻的电子来说，我们必须照顾到一个事实，即从运动粒子能量[稿第 5 页]到内在原子能量的能量传递是受到束缚力的限制的. 事实

上,在碰撞时间和在束缚力影响下的振动周期相比是很短的近距碰撞中,能量传递和电子是自由电子时的能量传递相同,但是在碰撞时间和这些频率[周期]相比是很长的较远距的碰撞中,能量传递却将为零,因为电子将只受到浸渐的影响. 整个的这种远距碰撞的问题,事实上是和普通的光学色散理论很相像的. 把这些事实考虑在内,关于在质量为 M_2 和电荷为 E_2 的原子构成的气体中运动的粒子的总能量损失,我们就得到

[Ⅸ]*

通常,例如在 α 射线的事例中,第一个表示式是远小于第二个表示式的,但是对于裂变碎片来说,由于电荷很大,问题却是不同的. 这里还有一种情况,即电子俘获在核碰撞和电子相互作用中的作用也很不相同,因为,在核碰撞中,主要的效应来自很近距的碰撞,而且被俘获的电子对屏蔽距离只有很小的
影响. 然而,对于电子相互作用来说,被俘获的电子却将大大减小运动碎片的 379
有效电荷. 这些问题将在下一节中加以更仔细的讨论. 然而在这儿我们将首先讨论由于一切考虑都建筑在经典概念上这一事实而带来的整个处理方法的局限性.

在量子力学中,我们和轨道图景毫不相干,而只处理一些个体过程的几率,而那些过程是不能用经典力学概念来进行细节的分析的. 一个众所周知的结果就是,对于二体问题来说,这些过程的几率在量子力学中和在经典力学中是恰好相同的. 既然我们在穿透问题中主要处理的是[稿第 6 页]粒子应该被看成自由粒子的那些碰撞,而且,至少是当我们暂不考虑核碰撞的效应时,我们处理的是和色散问题密切相似的对束缚电子的一种传递,而根据对应论点可以弄清楚,这种情况下的平均能量传递在量子力学中和在经典力学中也是相同的. 因此,人们在一段时间内曾经设想,经典处理无论如何可以在一种很好的近似下得到保持,但是,利用众所周知的量子力学近似方法进行的彻底计算,却在实际上给出了一个大大改变了的能量传递公式;这种近似方法是由玻恩引入的,而如果相互作用很小,以致我们在初级近似下可以假设入射粒子的态(此处是一个简单波)在碰撞中只受到很小的改变,这种方法就是适用的. 例如,贝忒求出了电子相互作用中的能量传递的一个表示式

[Ⅹ] $$\Delta T = \left[2\pi \frac{(E_1\, E_2)^2}{m_2 V^2} N \mathrm{d}x\right] \ln \frac{2m_2 V^2}{h\nu}$$

这个公式和表示式(Ⅸ)的区别在于用 $h/2\pi\mu V$ 或 $\lambda/2\pi$ 来代替了 α 这个量,此处

---

* [公式原缺,但应对应于原第 310 页上的公式Ⅷ.]

λ 是速度为 V 的电子的德布罗意波长. 对具有普通速度的 α 粒子来说，这两个量大约相差一个因子 4，这在结果中造成的差值约为 30%，而人们发现这正是经典公式所需要的改正量. 这种表观佯谬可以消除，如果人们意识到在量子力学的正式范围内恰好是不能简单地区分近距碰撞和远距碰撞的. 这种事实可以清楚地得到阐明，如果我们考虑这样一个事例的话：场并不是在任何地方都为库仑场，而是例如通过一个势函数

[XI]　$$\frac{E_1 E_2}{r}\exp\left[-\frac{r}{a}\right]$$

的引入而受到限制的；这种情况可以用玻恩方法来特别简单地加以计算(见莫特). 这种计算事实上针对截面给出了

380 [XII]　$$\sigma(\Delta T)\mathrm{d}(\Delta T)=2\pi\frac{(E_1 E_2)^2}{MV^2}\frac{\mathrm{d}\left(\dfrac{1}{\Delta T}\right)}{1+\dfrac{1}{\Delta T}\left(\dfrac{\hbar^2}{2a^2 M}\right)}$$

[稿第 7 页]而关于平均能量损失，则有

XIII　$$\int \Delta T\sigma(\Delta T)\mathrm{d}\Delta T=2\pi\frac{(E_1 E_2)^2}{m_2 V^2}\cdot\ln\left\{\frac{\Delta T_0+\dfrac{\lambda^2}{a^2}\dfrac{m^* V^2}{2}}{\dfrac{\lambda^2}{a^2}\dfrac{m^* V^2}{2}}\right.$$

如果 a 和 λ 相比是很大的，则取 $\Delta T_0=2m^* V^2$ (在经典事例中不宜直接代入 ΔE 内，用 p)，对数式的宗量就近似地是 $(2a/\lambda)^2$. 我们由公式XII看到，屏蔽事例中的能量传递几率在大能量下实际上可以说和库仑事例中的几率相同，但是对较小的能量来说几率却较小，正如将和一个只会显著影响大距离碰撞的屏蔽场的经典处理相对应的那样. 然而，由公式XIII可见，平均能量损失是和经典事例中的情况不同的，经典事例将给出对数式的宗量为 a/α. 这事实上就是当把 α 换成 λ 时的结果，然而这在经典事例中却将意味着场除了在距离 a 处的屏蔽作用以外还会在 $p<\lambda$ 时为零，而这就又将意味着一种完全不同的能量分布，其中将不包括一切大的个别能量传递. 这两种情况只有当 α 大于 λ 时才是可以相容的，而这就表示 $E_1 E_2/\hbar V>1$. 在这种情况下，也很显然的是轨道概念可以近似地得到保持. 库仑场的一个特点就是我们有这样一种不依赖于碰撞参量的简单条件. 再者，相反地我们就有，如果 $E_1 E_2/\hbar V<1$，则玻恩近似成立，正如我们可以

立即看出的那样，因为 $E_1 E_2/\hbar V$ 这个量正好就是和不太小的散射角相对应的入射波和散射波的最大强度之比.（当涉及玻恩方法时，应该从一开始就提到屏蔽的必要性.）

如果令 $a = p(\nu)$，我们就从公式XIII立即得出贝忒表示式. 布劳赫曾经给出一个在一切 α/λ 值下都适用的表示式. 然而，关于这一公式的推导，必须指出所谓近距碰撞和远距碰撞的区分是不能严格地实行的，而且，最后结果的正确性只起源于分划的碰撞参量的不复存在. 威廉斯对碰撞参量的使用. 然而，从考虑方 381
法的本性来看，[稿第 8 页]这些参量只涉及现象的那些完全依赖于远距碰撞的方面（电离问题）.

量子力学的考虑

量子理论的一个要求就是，一个原子的态不能连续地发生变化，而只能按照和定态之间的跃迁相对应的有限跨度而发生变化. 然而，初看起来，似乎只有那些关于远距碰撞的考虑才有必要通过把作用限制在大于电离能量的能量传递方面来加以改变.

量子力学的碰撞参量方法

由于它的质量很大，重粒子的经典描述是可能的. 这一事实就使得在空间和时间中描述电子受其作用的场成为可能. 这个场的作用，可以根据场可分解成的那些谐和分量（电磁波）的效应来确定，而且这儿的数据可以从对应的光学问题中直接取得. 这种处理方法的局限性在于一个条件：个体分量的效应可以相加，而不必考虑他们的周相关系.

电子俘获 [稿第 9 页]

a) α 粒子或质子在通过物质时对电子的俘获问题.

俘获的条件是，电子除了它在基态中的轨道速度以外还具有一个等于质子速度的平移速度. 在考虑俘获时我们不是处理的两个自由粒子（电子和运动粒子）之间的碰撞，因为在那种碰撞中两个粒子的相对速度是不变的.

为了使相对速度在碰撞以后成为足够地小，某一第三个粒子即电子所在原子的核的影响是起着基本作用的. 因此，俘获几率是很小的，除非电子在原子中的轨道速度和入射粒子的速度具有相同的数量级，而且随这一速度比的高次幂而变化，如果后一速度大于前一速度的话.

如果我们有的是一个慢核和带有一个束缚电子的核之间的碰撞，则过程是纯浸渐的，而且电子在两个核间进行交换的几率将具有 1 的数量级，如果两个核靠拢到很近的距离的话；几率将为零，如果最近靠拢距离比电子的轨道半 382
径大得多的话. 因此，在这一事例中，俘获截面将和半径的平方具有相同的数量级.

如果我们考虑两个核的碰撞，而其中每一个核都带有一些束缚电子，而且电子的轨道速度大于二核的相对速度，则过程也将是浸渐性的，而且除了纯粹核碰撞的效应以外，发生任何别的事情的几率都是很小的.

XVI. 汤马斯的和克喇摩斯的电子俘获表示式的比较

SAMMENLIGNING MELLEM THOMAS' OG KRAMERS' UDTRYK FOR INDFANGNING AF ELEKTRONER

未发表稿

选自卷宗"穿透"

1942 年 7 月

(原书载丹麦文原文和英译本,中译本据英译本)

见第二编《引言》,第 6 节.

384 此稿属于在原第 358 页上描述了的材料中的卷宗 4. 我们重印了该卷宗的内容目录和编号为 3.16 的札记. 这份札记共 3 页,所标日期为 1942 年 6 月 6 日. 重印的材料是用钢笔写成的,是罗森塔耳的笔迹. 除了内容目录中的少数几行是用的英文以外,其余都是用的丹麦文.

[内容目录] 385

388 [稿第 1 页,1942 年 6 月 6 日]

汤马斯的和克喇摩斯的电子俘获表示式的比较

首先,汤马斯的表示式对 Z_1 和 Z_2 是不对称的.这起源于计算的性质本身,并起源于这样一件事实:作为初态,引用了电子和核 Z_2 之间的一个固定距离 r,而作为电子已被核 Z_1 所俘获时的末态,却引用了任意的电子束缚态.令 $r = a_0/Z_2$,汤马斯的表示式就变成

$$\pi a_0^2 \frac{64\sqrt{2}}{3} Z_1^{7/2} Z_2^{11/2} s^{-11},$$

式中　$s = V_0/V$.

与此相反,克喇摩斯求得了一个对称的表示式

$$\pi a_0^2 \frac{2^{18}}{5} Z_1^5 Z_2^5 s^8 \{s^2 + (Z_1 + Z_2)^2\}^{-5} \{s^2 + (Z_1 - Z_2)^2\}^{-5}.$$

389 正如基元过程之交互性所要求的那样,这个表示式是完全对称的.关于两个任意定态之间的俘获,克喇摩斯也求出了一个对称的公式,即当在 Z_1 和 Z_2 以及量子数 n_1 和 n_2 之间进行正确的交换时,公式是对称的.

完全抛开对称性的问题,这些公式之所以不一致的原因就在于,汤马斯的力学轨道计算,当 s 像我们[稿第 2 页]假设的那样大于 Z_1 和 Z_2 时是不能保留的,而 s 大于 Z_1 和 Z_2 就意味着,粒子的相对速度大于两个原子中的电子速度.如果我们为了得到一个公共的适用领域而令 $Z_1 = Z_2 = s$,则汤马斯的公式给出

$$\pi a_0^2 30 s^{-2},$$

而克喇摩斯的公式给出

$$\pi a_0^2 17 s^{-2}$$

于是我们看到,如此不同的两个公式给出了两种效应的很接近相同的数量级.两个公式都包含 s^{-2},而至少在原理上这个量是可以在很宽的范围内(从 1 到 100)变化的;和这一事实相比之下,数值的符合当然是次要的.

理解克喇摩斯公式和汤马斯公式对远大于 Z 的 s 值而言之所以不同的原因的一次尝试.

在这儿,克喇摩斯公式变成

$$\pi a_0^2 \cdot \frac{2^{18}}{5} \cdot Z^{10} s^{-12}.$$

首先我们注意,对于电子在碰撞以后的速度和核的速度具有相同数量级的

那些电子和核之间的碰撞来说,截面由下列公式给出

$$\sigma \approx a_0^2 Z\left(\frac{V_0}{V}\right)^4.$$

[稿第 3 页]如果在过程中核间距离具有 R 的数量级,关于电子在碰撞以后可以具有从 0 到 V 的任意速度的一个过程的截面,我们就得到

$$\frac{\sigma_1\sigma_2}{R^2}.$$ 390

关于在过程中相对于核Ⅰ的速度应小于 V 而在过程以前二核之间的距离为 a_2 的那种俘获,我们得到

$$\sigma = \sigma_1\sigma_2\,\frac{1}{R^2}\cdot\left(\frac{V_0}{V}\right)^3\cdot\left(\frac{R}{a_2}\right)^3 = a_0^2 Z_1^5 Z_2^5\cdot\frac{R}{a_0}\left(\frac{V}{V_0}\right)^{-11} = a_0^2 Z_1^5 Z_2^5\left(\frac{V}{V_0}\right)^{-12}\frac{R}{a_0}\,\frac{V}{V_0}$$

这只有当

$$R = a_0\,\frac{V_0}{V} \sim \frac{h}{\mu V} = \lambda_V$$

时才是和克喇摩斯的表示式相符的. 这一结果表明,和经典的预料相反,只有 $R \sim \lambda$ 的那些碰撞才会产生所讨论的效应. 这就必然进一步意味着,在一次 $R > \lambda$ 的碰撞中,各个波必然在核Ⅱ附近干涉而近似地相互抵消;当我们考虑到在计算中曾经照顾到的电子的不同速度时,这个结果就显得是合理的了.

391 # XVII. 关于散射和阻止的演讲

FORELÆSNINGER OVER SPREDNING
OG STOPNING　演讲笔记摘录

1942年9月23日在哥本哈根发表的
第三篇演讲的讲稿

（原书载丹麦文原文和英译本，中译本据英译本）

见第二编《引言》，第6节.

此稿共 43 页，是 1942 年 9 月 9 日到 12 月 2 日在哥本哈根发表的一系列 9 392
篇标题为“Spredning og Stopning af Atompartikler”（原子级粒子的散射和阻止）的演讲的讲稿. 讲稿用钢笔和铅笔写成，是奥格·玻尔的笔迹，用的是丹麦文.

我们在这儿重印了其中编有页码的 6 页，这是 1942 年 9 月 23 日发表的第三篇演讲的讲稿.

所用的符号和 1948 年论文（文 XXII）中的符号基本上相同. L 代表箔片的厚度.

此稿亦见缩微胶片 Bohr MSS no. 16.

397 [稿第 1 页,1942 年 9 月 23 日]

第三讲

开始时重述核碰撞中或者说是从粒子到靶原子质心运动的动能传递中的平均能量传递公式和对平均值的偏差的公式.

关于向靶原子中个体电子的能量传递,我们首先把电子看成自由的,并令 $Z_1 = Z$ 而 $Z_2 = 1$,于是就得到(既然 $M \gg m$):

$$M_0 = m \cdot \frac{M}{m+M} \approx m;\quad \alpha = Z \cdot \frac{e^2}{mV^2} = Z\left(\frac{V_0}{V}\right)^2 \cdot a_0$$

式中 $V_0 = \dfrac{2\pi e^2}{h}$ 而 $\delta T_{\max} = 2mV^2$.

关于向 1 电子[即 $n = 1$ 的电子]的能量损失 $\Delta_1 T$,我们由 2.9* 立即得到

$$\Delta_1 T = 2\pi NL \frac{Z^2 e^4}{mV^2} \ln\left(\frac{\delta T_{\max}}{\delta T^*}\right),$$

式中 $$\frac{\delta T_{\max}}{\delta T^*} = \frac{a^{*2}}{\alpha^2} = \beta^2. \tag{1}$$

正如在核碰撞中一样,我们在这里必须引入碰撞参量的一个极限,以得到收敛性. 极限的问题在这儿是完全不同的.

1. 最初曾经建议令 $a^* = a_o$,从而就有

$$\beta = \frac{1}{Z}\left(\frac{V}{V_0}\right)^2. \tag{2}$$

398 [稿第 2 页]然而这种想法却没有任何的力学基础,因为粒子确实可以影响电子,即使它并不穿过原子的内部. 初看起来我们可能觉得遇到了一个困难,因为原子是中性的,从而在表观上似乎应该不能对它外面的粒子有什么反应. 然而一种更仔细的考虑却表明,这种反应起源于原子的极化,这种极化起源于电子在碰撞过程中相对于核的位移,而这当然就正好给出这种反应.

2. 这种考虑的一个力学推论就是,a^* 必须选得能使碰撞时间 a^*/V 近似地等于绕转时间 τ. 如果我们考虑由一个弹性力束缚在力心上的粒子,我们就得到一个近似的浸渐过程,如果碰撞时间比振动周期长得多的话. 因为,如图 A 所示,电子在碰撞过程中将占据一系列平衡位置,而在碰撞以后将不带动能地回到

---

* $\left[\overline{\Delta T} = \int_1^2 \delta T \, \mathrm{d}W(\delta T) = 2\pi NL \cdot \dfrac{(E_1 E_2)^2}{M_2 V^2} \ln\left(\dfrac{\delta T_2}{\delta T_1}\right).\right]$

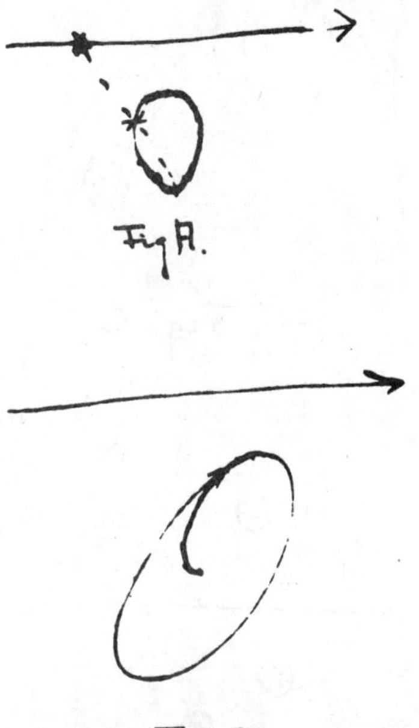

它的初位置. 然而,如果碰撞时间和 τ 相比是很短的,局面就完全不同了. 在起初,当粒子还在很远的地方时,电子的位移将大致如图 A 所示. 然而,在实际的碰撞过程中,电子将表现得像自由电子一样,因为弹性力将来不及起作用. 当粒子又到了很远的地方时,这些力当然就将确定轨道,于是我们就得到如图 B 所示的一个碰撞过程.

一次 $p \gg \alpha$ 的碰撞中的电子轨道的[稿第 3 页]计算表明,电子在碰撞时间之内的位移恰好等于 α. 既然 α 比原子直径小得多,这就表明这种碰撞过程中的位移将发生在原子的内部.

进一步的考虑(参阅 Phil. Mag. 1913)表明,有效的浸渐界限必须取为

$$\frac{a^*}{V} = \frac{\tau}{2\pi} = \frac{1}{2\pi\nu_0} = \frac{h}{2\pi E_0} = \frac{h}{2\pi e^2} 2a_0 = V_0 \cdot 2a_0,$$

于是 β 变成

$$\beta_0 = \frac{2}{Z} \cdot \left(\frac{V}{V_0}\right)^3 \quad \text{而同理就有} \quad \beta_r = \frac{2}{Z} \cdot \frac{V^3}{V_0 V_r^2}. \tag{3}$$ 399

于是我们得到

$$\Delta T = \sum \Delta_r T = 4\pi NL \frac{Z^2 e^4}{mV^2} \sum_r \ln\beta_r. \tag{4}$$

3. 在一段长时间内,人们曾经假设(亨德孙)2 中的计算是不正确的,因为按照量子理论原子只能获得分立的能量. 既然所有这种能量都和电离势能 $I_r = \frac{1}{2} m V_r{}^2$ 具有相同的数量级,人们就建议令 $\delta T^* = I_r$, 由此即得

$$\beta_{I_r}^2 = 4 \cdot \left(\frac{V}{V_r}\right)^2 \quad \beta_{I_r} = 2 \cdot \frac{V}{V_r}. \tag{5}$$

此式将给出

$$\Delta T_{I_r} = 4\pi NL \frac{Z^2 e^4}{mV^2} \cdot \ln\beta_{I_r}. \tag{6}$$

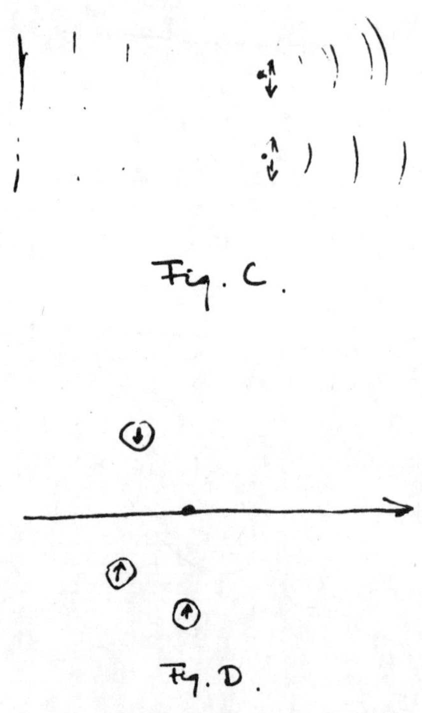

[稿第 4 页]这一公式给出的值只是测量到的能量损失的一半，而且我们通过进一步的考虑也意识到计算程序必然是不对的，而相反地程序 2 却在一些条件下是正确的，那些条件将在下次演讲中再作更进一步的分析. 为了看到这一点，我们将暂时地考虑一下经典理论中和量子理论中关于原子对光的吸收的条件. 在图 C 中，设有一列平面电磁波射在一些原子上，而按照经典理论，这些原子就将开始振动并从而引起次级波的发射. 传给原子的能量将恰恰就是通过和次级波的干涉而从初级波中取走的能量. 然而，按照量子理论，根本不存在向不同的原子传递可观测的小数量能量的问题，而只有其中少数原子中按量子 $h\nu$ 的吸收问题.

400 为了对比，我们在图 D 中画出了一个 α 粒子；按照经典观念，这个 α 粒子将通过向路径附近的原子传递能量而引起一个位移. 于是阻止过程就可以简单地用由于原子的极化而引起的场来加以描述. 不妨说，这种场将在粒子的后面引起比前面更大的电子密度. 按照量子理论，根本不存在这样一种连续的能量传递，而只能存在分立的过程. 然而，这样一些碰撞中的总的能量传递，平均说来却将和经典理论中的相同. 正是对于远距离碰撞来说，[稿第 5 页]条件是和色散理论的条件十分类似的，因为这时力场在整个原子上是均匀的，而这正好就是色散之所以可以如此简单地加以计算的原因. 确实，按照量子理论，根本谈不到一个纯弹性力场中的电子振动，而只能谈到对应于不同跃迁过程的虚振子. 严格说来，我们在公式(4)中必须按各自有其强度的虚振子求和而不是按电子求和. 公式的适用范围只依赖于把近距碰撞看成纯力学碰撞的那种根据(或缺乏根据). 这一点将在下次演讲中再来讨论，但是我们现在却只将看看由粒子引起的电离的问题.

电离

我们由 2.6[†] 求出碰撞数 n_I，式中对于所考虑的电子来说

---

† $\left[\omega_{12}=\int_1^2 \mathrm{d}W(\delta T)=2\pi NL\,\frac{(E_1E_2)^2}{M_2V^2}\left(\frac{1}{\delta T_1}-\frac{1}{\delta T_2}\right).\right]$

$\delta T > I_r$：

$$n_I = 2\pi NL\frac{Z^2e^4}{mV^2}\sum_r\left(\frac{1}{I_r}-\frac{1}{\delta T_{\max}}\right). \tag{7}$$

对于轻物质，我们通常有 $\delta T_{\max} \gg I_r$，从而和式中的第二项可以忽略不计. 对于重物质，求和必须遍及一切 $I_r < \delta T_{\max}$ 的电子.

由汤姆孙导出的这一公式给出了一些比测量到的初级电离小若干倍的值. 这种分歧的原因也可以按照上述的讨论明显地看出. 额外的离子起源于一些碰撞，它们在经典上将导致 $\delta T < I_r$，但是按照量子理论却引起一些分立的过程. 这种过程的数目可以通过将所考虑的总能量损失除以 I 来近似地得到(在一个库仑场中甚至可以精确地得到). 在这些过程中，有大约为$\frac{1}{2}$的一个部分 γ 将导 401
致电离，因此关于总的初级电离我们就得到

$$N_I = n_I + \gamma\sum_r\frac{\Delta_r T - \Delta_{I_r} T}{I_r}. \tag{8}$$

利用(4)、(6)和(7)式，我们就得到

$$N_I = 2\pi NL\frac{Z^2e^4}{mV^2}\sum_r\frac{1}{I_r}\left(1+2\gamma\ln\frac{\beta_r}{\beta_{I_r}}\right) \tag{9}$$

因此，既然 $\beta_r \gg \beta_{I_r}$，最后一项就将有相当的贡献. 这一公式的适用范围也将在以后再来讨论.

403

XVIII. 原子级重粒子对物质的穿透——引言

未发表稿

选自卷宗"穿透"

1942 年 12 月

404 此稿属于在原第 358 页上描述了的材料中的卷宗 8. 它共有 5 页编了页码的打字稿,所标日期为 1942 年 12 月 2 日. 稿上有少数几处无关紧要的手写改笔. 稿子用的是英文.

头三条小注是根据第一页的一份复写纸打字稿重录的,其余各条是编者加上去的.

见第二编《引言》,第 6 节.

[稿第 1 页,1942 年 12 月 2 日] 405

原子级重粒子对物质的穿透

引　言

重原子核在所谓的裂变过程中可以分裂成质量和电荷都相差不大并以大约 100 MeV 的动能而被射出的两个碎片. 这种发现已经提供了研究一些高速粒子对物质的穿透的可能性,而这些粒子的质量和电荷比以前能够用来进行这种研究的那些粒子的质量和电荷大若干倍. 由于裂变碎片的这些性质,在轻粒子的行为方面只有很小重要性的一些特点,在这里就将对整个现象发生决定性的影响了. 尽管对于高速的质子和 α 射线来说,核碰撞只会引起通常是直线的路径的一种偶然的突然偏转,而阻止则几乎完全取决于粒子和它们所遇到的原子中电子之间的相互作用,对于裂变碎片的散射和阻止来说,和这些原子的核的碰撞却将有其相对说来大得多的影响. 同样,在轻粒子的事例中,除了在接近射程终点处的很低速度下以外,电子的俘获是并不重要的,而裂变碎片的大电荷却意味着,它们所携带的束缚电子的平均数甚至在很高的初速下也是很大的,而且是通过不断的俘获而沿着整个射程逐渐增大的.

这些效应在哈恩和斯特拉斯曼发现核裂变以后不久就被清楚地认识到了. 事实上,不但裂变碎片径迹的早期云室照片①显示了每一径迹的许多分支,而且用电离室测量得出的速度-射程曲线②也显示了一些已经得到定性的理论解释的惊人特点③. 另一些[稿第 2 页]很有趣的细节随后就由布若斯特罗、伯吉耳德和劳瑞特森④在本研究所中得出的各种气体中裂变径迹的大批云室照片显示了出来. 除了更多的分支以外,这些径迹特别是在重气体中确实显示了起源于能量
传递不足以引起可见分支的许多核碰撞的连续弯曲. 另外,分支沿射程的分布的 406
进一步分析给出了一种速度-射程曲线,它在射程的颇大部分上显示线性的趋势,而在最后的终点处则陡然下降. 在曲线的这两个部分之间,速度损失率经历一个极小值,引起曲线的一次显著的平坦化.

---

① [F. Joliot, *Observation par la méthode de Wilson des trajectoires de brouillard des produits de l'explosion des noyaux d'uranium*, C. R. Acad. Sci. **208**(1939)647—649.]

② [W. Jentschke and F. Prankl, a) *Untersuchung der schweren Kernbruchstücke beim Zerfall von neutronenbestrahltem Uran und Thorium*, Naturwiss. **27**(1939)134—135; b) *Über die Kerntrümmer aus neutronenbestrahltem Uran*, Phys. Z. **40**(1939)706—713.]

③ [G. Beck and P. Havas, *Sur le ralentissement dans l'air des fragments atomiques resultant de l'explosion de l'uranium*, C. R. Acad. Sci. **208**(1939)1643—1645.]

④ [J. K. Bøggild, K. J. Brostrøm and T. Lauritsen, *Cloud Chamber Studies of Fission Fragment Tracks*, Mat.-Fys. Medd. Dan. Vidensk. Selsk. **18**, no. 4(1940).]

沿着某些一般思路可以理解这些现象，这些思路在笔者的一篇初步的短文[5]中进行了简短的讨论. 特别说来已经指出，射程-速度曲线的初始线性下降对应于和速度成正比的碎片净电荷，而根据电子的俘获和损失在碎片速度仍然远大于原子中束缚得最松的电子的轨道速度的那一部分射程上的平衡，这种效应正是应该被预料得到的. 另外，射程-速度曲线的最后陡然下降，起源于核碰撞的阻止效应；当粒子近似地成为中性时，这种效应和电子碰撞的效应相比就占主导地位了. 在这方面已经指明，径迹的偶然弯曲的统计，已经怎样提供了一种手段来估计核碰撞和电子碰撞在射程的不同部分上对粒子的阻止的相对贡献.

另一些有趣的结果是通过进一步研究裂变碎片的两个主要组的穿透现象而得到的；[稿第 3 页]这两个组的存在最初是通过由单个碎片引起的总电离的测量而揭示出来的(2a,2b). 这种分组现象也可以通过云室径迹分支的统计分析而被追索出来[6]，这种分析给出了关于在分支沿射程的分布方面有所不同的两种径迹的直接证据. 和普遍的论点相一致，已经发现两条射程-速度曲线具有相似的特点，但是，对较重的碎片来说，曲线的线性部分的斜率却比较轻碎片的更小而其最终的下降则更陡. 这些问题的更仔细的理论讨论已在一篇更新的论文[7]中给出，文中更精确地作出了在第一篇短文中指出的种种近似，并把它们和在这段时间内得到的更丰富的实验资料进行了比较[8]. 在该文的后记中，也简单引述
407 了兰姆的一篇理论论文[9]，该文独立地导出了在(5)和(7)中得到的各种结果，并以稍微不同的方式讨论了某些问题. 在这些论文的不久以后，布润宁、克尼普和泰勒[10,11]发表了关于电子俘获和电子损失之平衡的理论考虑和经验证据的更全面的讨论.

在现在这篇论文中，给出了重粒子在物质中的穿透的普遍考虑以及和所能利用的全部实验资料的对比. 特别重视了粒子的电荷和质量的量值对现象的特点及其理论处理具有决定重要性的一切问题. 如所周知，自从开创性的工作以来，高速粒子对物质的穿透理论已经由于原子力学方法的逐渐改进而经历了不

---

⑤ [N. Bohr, *Scattering and Stopping of Fission Fragments*, Phys. Rev. **58**(1940)654—655. 见本卷原第 319 页.]

⑥ [N. Bohr, J. K. Bøggild, K. J. Brostrøm and T. Lauritsen. *Velocity-Range Relation for Fission Fragments*, Phys. Rev. **58**(1940)839—840. 见本卷原第 323 页.]

⑦ [N. Bohr, *Velocity-Range Relation for Fission Fragments*, Phys. Rev. **59**(1941) 270—275. 见本卷原第 327 页.]

⑧ [或许是指由玻尔在文献 7 中引用的论文.]

⑨ [W. E. Lamb, Jr., *Passage of Uranium Fission Fragments Through Matter*, Phys. Rev. **58**(1940)696—702.]

⑩ [J. Knipp and E. Teller, *On the Energy Loss of Heavy Ions*, Phys. Rev. **59**(1941)659—669.]

⑪ [J. H. M. Brunings, J. K. Knipp and E. Teller, *On the Momentum Loss of Heavy Ions*, Phys. Rev. **60**(1941)657—660.]

断的发展. 在起初，由卢瑟福如此成功地用来[稿第 4 页]解释了核碰撞之散射效应的经典力学论点，被证实为⑫至少也可以近似地说明由从粒子到原子中各电子的能量传递引起的电离效应和阻止效应. 即使在由于贝忒对这一问题应用了量子力学方法⑬而得到的巨大进步以后，在一段时间之内也还根本不清楚，为什么经典处理对阻止问题有一种有限得多的适用性，尽管它对散射现象是大体适用的，而且，在彻底检查了所涉及的各种近似方法的适用界限以后，才第一次得到了满意的答案.

人们在本研究所中积极参与了这些问题的讨论——这在很大程度上是受到了 E·威廉斯来访的鼓舞，他的工作我们将在后文中提到. 这些讨论使得布劳赫⑭建立了一个更普遍的阻止公式，此式作为粒子的小电荷和大电荷下的极限情况分别包括了贝忒的公式和原始的经典公式. 然而，一直被认为只有纯理论兴趣的后一极限，却恰好在联系到有关裂变碎片的实验时得到了一种实践的意义. 也是为了追索和高度带电粒子在通过物质时的行为有关的若干问题，我们在这里将在一种广阔的基础上讨论适当方法的问题.

在第 1 节中，我们将为此目的而比较仔细地考查两个带电粒子之间的碰撞 408
这一简单问题. 第 2 节处理核碰撞对重粒子之散射和阻止的贡献，这个问题只有在力学方面才是特别简单的. 第 3 节包含关于电子电离理论和高速粒子之阻止效应理论的发展的一次综述，并特别谈到粒子电荷的影响. [稿第 5 页]在第 4 节中，讨论快速运动粒子对电子的俘获和损失问题，而最后，第 5 节包含关于裂变碎片之射程-速度关系的一种建筑在以前各节所发展起来的论点上的普遍讨论.

---

⑫ [或许是指 G. Wentzel, *Zwei Bemerkungen über die Zerstreuung korpuskularer Strahlen als Beugungserscheinung*, Z. Phys. **40**(1926)590—593.]

⑬ [H. Bethe, *Zur Theorie des Durchgangs schneller Korpuskularstrahlen durch Materie*, Ann. d. Phys. **5**(1930)325—400.]

⑭ [F. Bloch, *Zur Bremsung rasch bewegter Teilchen beim Durchgang durch Materie*. Ann. d. Phys. **16**(1933)285—320.]

409

XIX. 关于能量守恒定律的札记

NOTE OM ENERGISÆTNINGEN

未发表稿

选自卷宗"穿透"

1943 年 3 月

（原书载丹麦文原文和英译本，中译本据英译本）

见第二编《引言》，第 6 节.

此稿属于在原第 358 页上描述了的材料中的卷宗 8,共 2 页打字稿,所标日 410
期为 1943 年 3 月 6 日. 公式用钢笔填写,是奥格·玻尔的笔迹. 原稿用的是丹
麦文.

412 [稿第 1 页 43 年 3 月 6 日]

关于能量守恒定律的札记

快速运动粒子和原子之间的碰撞中的能量守恒问题

正如已经讨论过的那样(玻尔,1924*),按照通常的力学观念来看,碰撞中的能量守恒问题提供了一些特别引人注目的佯谬.按照这些观念,在一次简短的碰撞中,$p/V \sim 1/2\pi\nu_r$,能量传递是不依赖于内力的.另一方面,结果却必须永远是一次电离或原子从它的正常态到一个较高定态的转移,而这些态则只是由原子内力来确定的.因此,在一段时间内,我们曾经假设这只能是一个统计的能量守恒问题,因为只有当碰撞结束以后,原子才有可能不妨说"考虑"应该执行各个可能跃迁过程中的哪一个.

然而,按照量子力学,能量守恒问题却有了另一种面貌,因为,检验在碰撞中能量是否守恒的任何一种尝试都要求准确知道粒子在碰撞以前的能量的可能性.然而,既然粒子的动量和能量的定义是和一个波函数联系在一起的,我们就显然必须要求波包在空间和时间中有一个和能量及动量的定义相对应的延伸范围,而这样一来也就排除了简单的碰撞.保留这一概念的条件显然就是延伸范围很小的一个波包的应用,其延伸范围小得可以使能量的定义中包含一个大于定态之间的能量差的不准量.这种不准量直接起源于粒子和壁障及快门之间的相互作用,那些壁障和快门保证着波包界限所表示的空间-时间定位.

[稿第 2 页]当粒子的质量和原子质量相比是很大的时,动量-能量的不准量只意味着粒子速度的很小不准量,从而碰撞就密切地对应于运动中的一个力心这一通常的力学观念.然而这时我们就没有任何确认能量守恒的可能性而只能限于应用统计守恒性了.在这些统计守恒性中,对应关系是得到保持的,因为在碰撞中被传递的能量的平均值,恰好就是经典地算出的能量.

413 至于此点和量子力学的表述形式相一致,则是因为有下述的事实:波包可以分解成的那些谐和分量中的每一个分量,将在很好的近似下给出和碰撞结果相同的统计分布,从而波包也必然给出这一分布.

* [参阅本卷第一编《引言》,第 9 节.]

XX. 1943年9月间的穿透论文的目录

未发表稿

选自卷宗“穿透”

见第二编《引言》,第6节.

416　此稿属于在原第 358 页上描述了的材料中的卷宗 7,共 2 页打字稿,用的是英文.

417

目　　录

XXI. 黑板照片

采自1948年春季在普林斯顿发表的演讲

见第二编《引言》,第6页.

420 这些照片包括在“在普林斯顿发表的关于穿透的演讲”，1948一稿中，该稿是5页公式和作图，由奥格·玻尔用钢笔写成，而奥格·玻尔也在黑板上写了公式和画了图.

所用的符号和玻尔1948年论文(本卷本编的文XXII)中的符号相同.

此稿亦见缩微胶片 Bohr MSS no. 17.

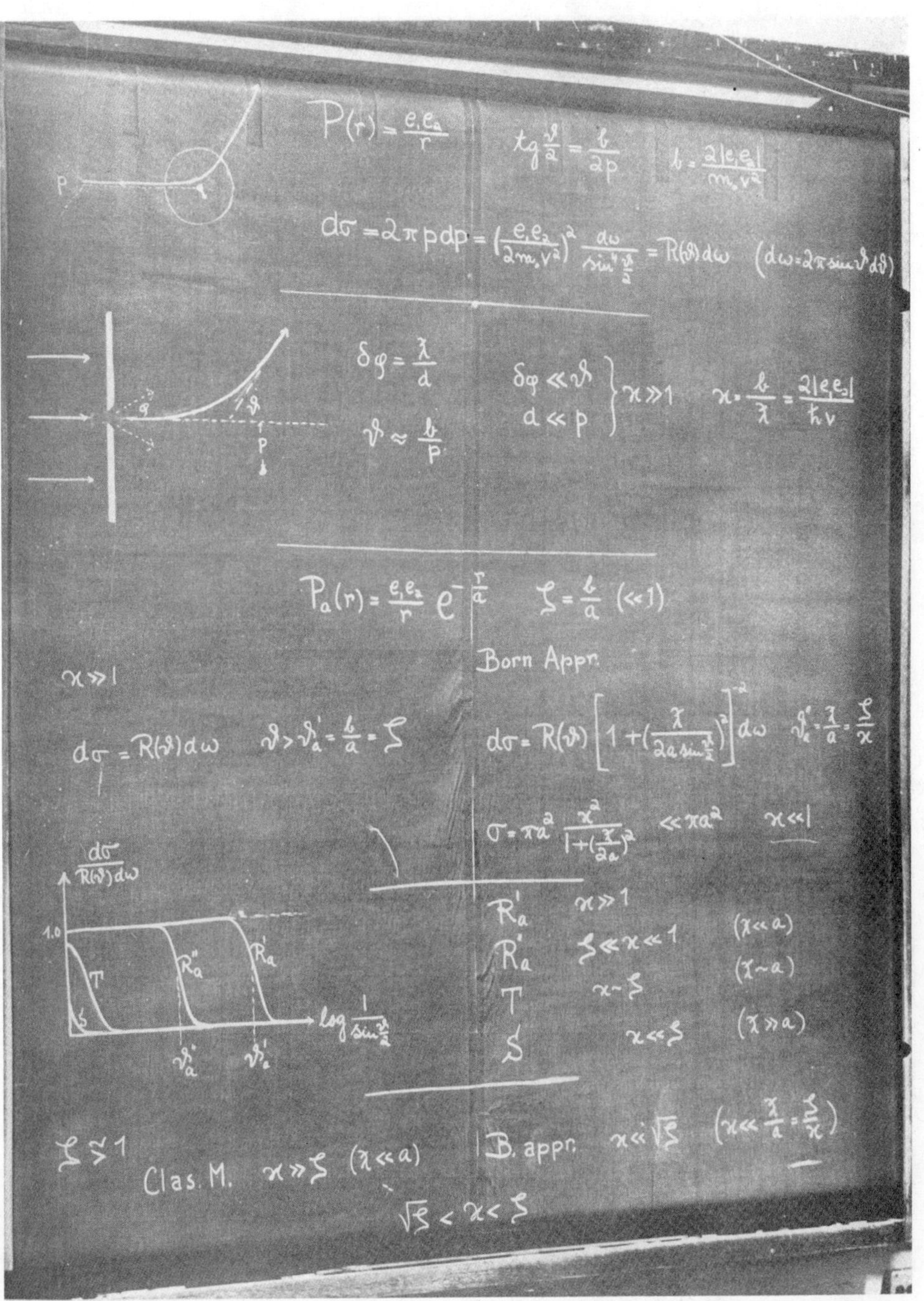
P(r) = e₁e₂ / r
tg ϑ/2 = b / 2p
b = 2|e₁e₂| / m₀v²
dσ = 2π p dp = (e₁e₂ / 2m₀v²)² dω / sin⁴ ϑ/2 = R(ϑ) dω (dω = 2π sin ϑ dϑ)
δφ = λ / d
ϑ ≈ b / p
δφ ≪ ϑ, d ≪ p } κ ≫ 1
κ = b / λ = 2|e₁e₂| / ħv
Pₐ(r) = e₁e₂ / r e^(−r/a)
ζ = b / a (≪1)
Born Appr.
κ ≫ 1
dσ = R(ϑ) dω
ϑ > ϑ'ₐ = b / a = ζ
dσ = R(ϑ) [1 + (λ / 2a sin ϑ/2)²]⁻² dω
σ = πa² κ² / 1 + (λ/2a)² ≪ πa²
κ ≪ 1
dσ / R(ϑ) dω
1.0
T
R''ₐ
R'ₐ
log 1 / sin ϑ/2
ϑ'ₐ
R'ₐ κ ≫ 1
R'ₐ ζ ≪ κ ≪ 1 (λ ≪ a)
T κ ~ ζ (λ ~ a)
S κ ≪ ζ (λ ≫ a)
ζ ≳ 1
Clas. M. κ ≫ ζ (λ ≪ a)
B. appr. κ ≪ √ζ (κ ≪ λ/a = ζ/κ)
√ζ < κ < ζ

$T = T_m \sin^2 \frac{\vartheta}{2}$
$T_m = \frac{2m_1^2 m_2}{(m_1+m_2)^2} V^2$
$d\sigma = B_\nu \frac{dT}{T^2}$
$B_\nu = 2\pi \frac{Z_1^2 Z_2^2 \varepsilon^4}{m_2 V^2}$
$\overline{\Delta_\nu E} = N\Delta R \int T d\sigma = N\Delta R B_\nu \log \frac{T_m}{T_a}$
$\overline{\Psi^2} = N\Delta R \int \varphi^2 d\sigma = \frac{m_2}{m_1} \frac{\overline{\Delta_\nu E}}{E}$
$\omega_I = N\Delta R \int_I^{T_m} d\sigma = N\Delta R B_\varepsilon \sum_s \left(\frac{1}{I_s} - \frac{1}{T_m}\right)$
$B_\varepsilon = 2\pi \frac{Z^2 \varepsilon^4}{\mu V^2}$
$I_s = \frac{1}{2}\mu u_s^2$
$i_s = b \cdot \frac{V}{u_s}$
$\overline{\Delta_\varepsilon E} = N\Delta R B_\varepsilon \sum_s \log \frac{T_m}{D_s}$
$\overline{\Delta_\varepsilon E} = 2N\Delta R B_\varepsilon \sum_i f_i \log \frac{2\mu V^2}{\hbar\omega_i}$
$\approx N\Delta R B_\varepsilon \sum_s \log\left(\frac{T_m}{I_s}\right)^2$
$\left(\frac{T_m}{I_s}\right)^2 = \frac{T_m}{D_s} x^2$
$i_s = x a_s$
$d_s = a_s \frac{2V}{u_s}$
$\frac{i_s}{d_s} = x \frac{u_s}{2V}$
$(d_s^*)^2 = i_s d_s$

XXII. 原子级粒子对物质的穿透

Mat.-Fys. Medd. Dan. Vidensk. Selsk. **18**, no. 8(1948)

见第二编《引言》,第 6 节.

424 此文曾于1953年(第二版)和1960年(第三版)重新影印出版.

Det Kgl. Danske Videnskabernes Selskab.
Mathematisk-fysiske Meddelelser **XVIII**, 8.

THE PENETRATION OF ATOMIC PARTICLES THROUGH MATTER

BY

NIELS BOHR

KØBENHAVN
I KOMMISSION HOS EJNAR MUNKSGAARD
1948

目　录

* [中译者按：此处所标的页码(n)是发表原文的期刊上的页码. n+424=N 就是外文版原书的页码，即中译本的边码.]

427

引　　言

如所周知，高速原子级粒子在通过物质时的散射和阻止现象，以及与此相伴随的电离效应和辐射效应，曾经是有关原子结构的最重要信息来源之一. 自从汤姆孙和卢瑟福的开创性工作以来，穿透现象的分析曾经是不断进步的，而且特别说来曾经给原子力学方法的逐渐改进提供了许多重要的检验. 在这一发展的过程中，在哥本哈根理论物理学研究所中工作的小组曾对课题进行了许多的讨论；在这方面，首先应该追念 E·J·威廉斯的鼓励；他的过早逝世成了很可惋惜的损失. 大约早在十年以前，就订出了由威廉斯和本文作者对问题进行普遍处理的计划，但是，由于战争带来的阻隔，这些计划最终不得不放弃了.

近年来，由于裂变现象的发现，课题曾经重新获得了兴趣. 人们发现，在所谓的裂变过程中，重原子核可以分裂成质量和电荷都相差不大并以大约 100 MeV的动能被射出的两个碎片. 这一现象已经提供了研究一些高速粒子在物质中的穿透的可能性，而各该粒子的质量和电荷都比以前能够用来进行
428 这种研究的粒子的质量和电荷大很多倍. 由于裂变碎片的这些性质，在轻粒子的行为方面只有很小重要性的一些特点，在这里就对整个现象会有决定性的影响了. 关于这些问题，曾经发表了一些实验的和理论的研究，而且，正如以前宣布了的那样，一种更全面的处理早在 1942 年就由笔者开始准备了. 然而，由于某些情况而造成的延期发表，却提供了把这一领域中一些更晚近研究的重要结果也考虑在内的机会.

遵循着原来的计划，课题是用一种宽广的方式来处理的，而重点则放在对更普遍的原理特别是对所用方法的适用范围具有说明性的那些问题上. 因此，其他作者们已经彻底研究过的许多数学细节在这里只是简略地提及，而关于和主题关系不是那么直接的各种问题的论述则用小字印出. 有些地方只给出了定性的处理，这显然可能是需要进一步加工的. 关于许多问题，读者可以在贝忒和利翁斯顿的一篇精彩的论述(1937 年)中以及在即将问世的 R·L·普拉兹曼博士的专著中找到更充分的资料；普拉兹曼曾经很友好地让我看了该书已完成的部分.

在结束这一工作时，作者愿意为了许多发人深思的讨论而向研究所中许

多现在的和早先的合作者表示谢意.作者也为了稿件和插图的准备工作而向斯忒藩·罗森塔耳博士、奥格·玻尔科学硕士和伯尔格·马德森科学硕士特别致谢.

429

第一章　带电粒子在原子场中的散射

§1.1　经典力学中的库仑相互作用

对于有关一个原子级粒子和它所穿过的物质之间的相互作用的处理来说，两个点电荷之间的碰撞问题是具有头等重要性的. 因此，尽管更进一步的考虑证明许多穿透现象本质上依赖于在原子各成分之间作用着的力，而且甚至可能受到阻挡物质中的邻近原子的相互作用的影响，我们却将首先比较详细地考虑简单的库仑相互作用. 在这方面，我们将在这一节中回顾众所周知的用经典方法对问题所作的处理，而且，除了在某些地方提到相对论所带来的修订以外，我们一般为了简单，将假设粒子的相对速度和光速相比是很小的. 在以下各节中，我们将进而讨论量子力学的涵义，特别是讨论加在轨道图景之应用上的限制.

在普通的力学中，以一个和距离平方成反比的力互相吸引或互相推斥的两
430 个粒子之间的碰撞问题，有一个特别简单的解. 在重心为静止的参照系中，如所周知，粒子将沿着以重心为公共焦点的双曲线轨道而运动. 通过引用相对坐标，问题甚至会简化成这样的问题：具有所谓约化质量

$$m_0 = \frac{m_1 m_2}{m_1 + m_2} \tag{1.1.1}$$

的一个粒子在势能为

$$P(r) = \frac{e_1 e_2}{r} \tag{1.1.2}$$

的一个固定的径向场中的运动. 在这些表示式中，m_1、m_2 和 e_1、e_2 分别代表互相碰撞的粒子的质量和电荷，而 r 代表它们之间的距离.

除了比例尺以外，相对轨道是和粒子绕重心的轨道运动相似的；用 θ 代表双曲线的渐近线之间的夹角，即所谓相对偏转角，我们通过一种直截了当的计算就得到(例如参阅 THOMSON 1906，p. 376)

$$\mathrm{tg}\,\frac{\theta}{2}=\frac{b}{2p},\tag{1.1.3}$$

式中 p 为"碰撞参量",定义为假若粒子之间没有作用力则它们即将相互掠过时的距离,而

$$b=\frac{2\mid e_1e_2\mid}{m_0v^2}\tag{1.1.4}$$

是一个依赖于相对速度 v 的距离,而在相斥粒子的事例中,它恰恰就代表在对心碰撞中互相接近到的最小距离.不论对于吸引力还是对于推斥力来说,$\theta\geqslant\frac{\pi}{2}$ 都 431
对应于 $p\leqslant\frac{b}{2}$,从而相对运动中返回散射的截面就是 $\frac{\pi}{4}b^2$. 因此,以后将把 b 叫做"碰撞直径".

根据重心参照系中的运动,粒子的实际速度可以通过叠加上质心的均匀速度 v_c 来简单地求出.在普通的穿透现象中,在下文中称为粒子 1 的入射粒子的速度和物质中原子的热运动速度相比是很大的,在这种现象中,被打中的粒子(粒子 2)常常可以被看成起初是处于静止的,从而我们就有

$$v_c=v\cdot\frac{m_1}{m_1+m_2}.\tag{1.1.5}$$

对于这种事例来说,图 1 就表示了各粒子在一次相对偏转角为 θ 的碰撞以后的速度 v_1 和 v_2 的确定.

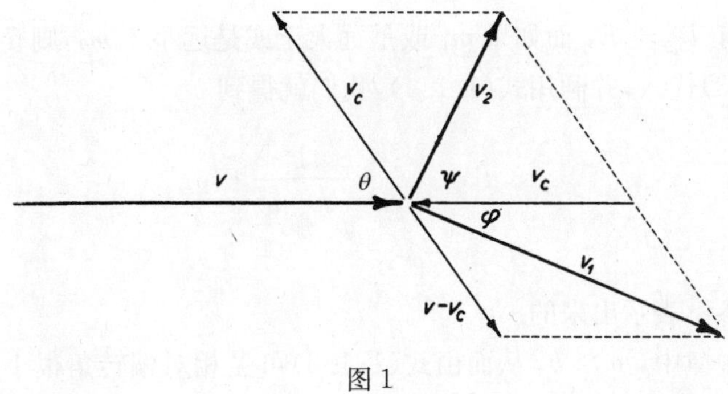

图 1

在应用中,我们最直接关心的是粒子的偏转角 φ 和 ψ 以及碰撞中的能量传 432
递.由图可见,利用(1.1.5)即得

$$\mathrm{tg}\varphi=\frac{(v-v_c)\sin\theta}{v_c+(v-v_c)\cos\theta}=\frac{m_2\sin\theta}{m_1+m_2\cos\theta};\tag{1.1.6}$$

而关于 ψ,我们就简单地得到

$$\psi=\frac{\pi}{2}-\frac{\theta}{2}. \tag{1.1.7}$$

于是,当 θ 从 0 变到 π 时,角 ψ 将从 $\frac{\pi}{2}$ 减小到 0. 然而,φ 和 θ 之间的关系却将依赖于质量比. 如果 $m_1 < m_2$,则角 φ 将随 θ 而持续地从 0 增大到 π,而如果 $m_1 > m_2$,则可以看到 φ 将经历一个小于 $\frac{\pi}{2}$ 的极大值. 在质量相等的特例下,我们简单地有 $\varphi=\frac{\theta}{2}$.

既然另外还有 $v_2=2v_c\sin\frac{\theta}{2}$,我们由式(1.1.5)就得到在碰撞过程中传给粒子 2 的能量 T 如下:

$$T=\frac{1}{2}m_2v_2^2=\frac{2m_1^2m_2}{(m_1+m_2)^2}v^2\sin^2\frac{\theta}{2}=T_m\sin^2\frac{\theta}{2}, \tag{1.1.8}$$

式中 T_m 代表最大能量传递,

$$T_m=2\frac{m_0^2}{m_2}v^2=\frac{4m_1m_2}{(m_1+m_2)^2}E, \tag{1.1.9}$$

m_0 由式(1.1.1)给出,而 E 代表入射粒子的动能,$E=\frac{1}{2}m_1v^2$. 如果 $m_1=m_2$,我们当然就有 $T_m=E$,而如果 m_1 或是远大于或是远小于 m_2,则 $T_m \ll E$. 将 θ 的公式(1.1.3)代入,并利用式(1.1.4),我们就得到

433

$$T=\frac{2e_1^2e_2^2}{m_2v^2}\frac{1}{p^2+\frac{b^2}{4}} \tag{1.1.10}$$

这是用碰撞参量表示出来的.

在远距碰撞中,$p \gg b$,从而由式(1.1.3)可见相对偏转角很小并近似地等于 $\frac{b}{p}$;这时二体问题就变得特别简单. 特别说来,由(1.1.7)可见,被打中的粒子将被碰得运动起来,其运动方向在实际上可以认为垂直于入射粒子的方向. 这一结果也可以通过考虑在远距碰撞过程中作用在粒子 2 上的力而直接得出;在这种碰撞中,粒子 1 的运动可以近似地看成是不受扰动的. 确实,被打粒子平行于

入射粒子方向的位移对一次纯二体碰撞来说将变为无限大,但是,由于对称性的原因,可以看出这样的位移应该并不影响总的动量传递和能量传递.

于是,对于远距碰撞来说,略去碰撞过程中的被打粒子的位移,关于总动量传递 M 我们就得到①,

$$M \approx \int_{-\infty}^{\infty} \frac{|e_1 e_2| p}{(p^2 + v^2 t^2)^{3/2}} dt = \frac{2|e_1 e_2|}{pv}, \tag{1.1.11}$$

由此即得

$$T = \frac{M^2}{2m_2} \approx \frac{2e_1^2 e_2^2}{m_2 v^2} \frac{1}{p^2}, \tag{1.1.12}$$

这恰好对应于 $p \gg b$ 或 $T \ll T_m$ 时的公式(1.1.10). 434

在数量级上,被打粒子垂直于入射粒子路径的位移 q,可以根据动量传递和碰撞的有效时间来简单地估计.既然相互作用的主要部分是在大约为 $2p/v$ 的一段时间内发生的,关于这个位移,我们由(1.1.4)和(1.1.11)就得到

$$q \sim \frac{M}{m_2} \frac{2p}{v} \approx \frac{2|e_1 e_2|}{m_2 v^2} = b\frac{m_0}{m_2}, \tag{1.1.13}$$

这种估计表明,在远距碰撞中,q 和 p 相比是很小的,而且在初级近似下是不依赖于碰撞参量的.

与此同时,作为入射粒子在碰撞过程中的动能损失的根源的,当然就是由这一位移引起的粒子 2 对粒子 1 的作用力的微小改变.事实上,这个力在反抗粒子运动的方向上的分力改变量近似地是 $\frac{e_1 e_2}{p^3} q$,而且,在一段可以和 p 相比的距离上起作用,它就引起一个恰好和(1.1.12)相对应的能量损失.在以下的各章中,我们将例证式地应用这些简单的考虑.

在相对论中,带电粒子之间的碰撞的一种严格处理通常会带来非常繁复的问题.在一个粒子比另一粒子重得多的特例下,问题曾由**达尔文**在忽略辐射力的条件下处理过(1913),他曾证明,对小于某一临界值(此值当速度为光速的一半时近似地等于 b)的碰撞参量来说,异号电荷之间的碰撞甚至会导致电荷的结合.问题的这些特色在量子理论中会大不相同.除了 435
这些特色以外,当然也必须照顾到能量、动量传递和偏转角之间的关系在相对论力学中可能和以上给出的关系相差很大.即将应用于高速粒子径迹的分析的这种关系的一篇综述,近来

① 符号≈表示两个量渐近相等,而符号~则表示两个量具有相同的数量级.

曾由**布拉顿**给出(1948).

在被打粒子的速度一直远小于光速的远距碰撞中,可以很容易地证明 M 和 T 的渐近表示式(1.1.11)和(1.1.12)在相对论事例中仍然成立. 事实上,入射粒子的场将简单地在运动方向上按比值 $\frac{1}{\gamma}=\sqrt{1-\frac{v^2}{c^2}}$ 而发生收缩,而且,在动量的传递方面,伴随的时间的缩短将恰好被力的强度在碰撞过程中的对应增大所补偿. 另一方面,被打粒子的位移 q 却可以比(1.1.13)所给出的小得多. 能量收支的分析在这种事例中是比较复杂的,因为必须照顾到反作用力的滞后作用(参阅 A. Bohr 1948).

§1.2　碰撞的统计. 卢瑟福散射定律

在经典力学中,碰撞参量介于 p 和 $p+\mathrm{d}p$ 之间的碰撞的微分截面 $\mathrm{d}\sigma$ 当然就是 $2\pi p\,\mathrm{d}p$. 于是,利用(1.1.3) 来引入相对运动中的偏转角,我们就得到

$$\mathrm{d}\sigma=\frac{\pi b^2}{4}\cos\frac{\theta}{2}\operatorname{cosec}^3\frac{\theta}{2}\mathrm{d}\theta. \tag{1.2.1}$$

既然对应的立体角是由 $\mathrm{d}\omega=2\pi\sin\theta\mathrm{d}\theta$ 给出的,我们由(1.1.4)就得到

$$\mathrm{d}\sigma=R(\theta)\mathrm{d}\omega=\left(\frac{e_1e_2}{2m_0v^2}\right)^2\operatorname{cosec}^4\frac{\theta}{2}\mathrm{d}\omega, \tag{1.2.2}$$

436 这是根据卢瑟福关于 α 射线散射的基本研究(1911 年)已经众所周知的一个表示式.

公式(1.2.2)可以直接应用于由重核引起的 α 射线的大角散射,这时 θ 近似地等于实际的偏转角 φ,但是,当考虑质量相近的粒子时,为了和实验相比较,就有必要通过表示式(1.1.6)来代入 φ,这一般就会导致更复杂一些的散射定律(Darwin 1914). 然而,在角 θ 很小的远距碰撞中,式(1.2.1)就简化成简单的表示式

$$\mathrm{d}\sigma\approx2\pi\left(\frac{2e_1e_2}{m_0v^2}\right)^2\frac{\mathrm{d}\theta}{\theta^3} \tag{1.2.3}$$

既然(1.1.6)给出 $\varphi\approx\frac{m_2}{m_1+m_2}\theta$, 我们利用式(1.1.1)就得到

$$\mathrm{d}\sigma\approx2\pi\left(\frac{2e_1e_2}{m_1v^2}\right)^2\frac{\mathrm{d}\varphi}{\varphi^3} \tag{1.2.4}$$

对于和光速相近的速度,公式(1.2.2)特别是在大角度下需要修订,而沿着 §1.1 中的论证思路可以看到,在远距碰撞中,相对论的改正简单地就在于在(1.2.4)中把静止质量 m_1 换

成有效质量 $m_1\gamma$.

在量子力学中，整个轨道概念，特别说来是碰撞参量的概念，只有一种有限制的适用性，但是截面的想法却还是可以很方便地应用的. 即使它已不能简单地设想成一个靶面积，但它还是可以用一种等价的方法来定义的，即定义为单位时间内有着指定结果发生的碰撞数除以入射粒子注的流密度. 一般说来，在量子力 437
学中推得的截面，当然可以和由经典力学计算得出的截面具有大不相同的值，但是，在由固定库仑场引起的散射这一特例中，波动力学分析的一个众所周知的结果却是，除了相对论的修正以外，公式(1.2.2)是十分普遍地适用于相对偏转角的统计分布的(GORDON 1928).

可以注意，在量子力学中，当考虑等同粒子之间的碰撞时，我们就遇到一些特殊的特点；在这种碰撞中，出现一些奇特的交换现象，这是和在相互作用的过程中区别个体粒子的不可能性相联系着的. 正如莫特(1930)所证明的那样，在这种事例中，卢瑟福定律必须用下列表示式来代替

$$d\sigma=\left(\frac{e^2}{mv^2}\right)^2\left(\operatorname{cosec}^4\frac{\theta}{2}+\sec^4\frac{\theta}{2}+\begin{bmatrix}+2\\-1\end{bmatrix}\operatorname{cosec}^2\frac{\theta}{2}\sec^2\frac{\theta}{2}\cos\left\{\frac{2e^2}{\hbar v}\operatorname{logtg}\frac{\theta}{2}\right\}\right)d\omega \tag{1.2.5}$$

式中 e 和 m 是粒子的电荷和质量，而$\hbar$是**普朗克**恒量除以 2π. 方括号中的上、下因子分别属于服从玻色-爱因斯坦统计法的自旋为 0 的粒子和服从费米-狄喇克统计法的自旋为$\frac{1}{2}$的粒子. (1.2.5)中的前两项，对应于按照卢瑟福公式得出的其中任一粒子被散射到角区域 $d\omega$ 中去的几率，而其第三项却表示的是交换效应，这是一种纯量子力学的现象.

当不考虑相对论改正和特殊的交换效应时，支配着二体碰撞的那些统计规律在量子力学中和在经典力学中是相同的；由于有这种情况，用经典力学方法求得的穿透理论中的若干结果，就是远远超出了轨道图景的适用范围的. 然而，散射问题和阻止问题的本质特点，却取决于这样一个事实：所穿透的物质并不是 438
由自由粒子组成而是由包含着被核所束缚的电子的原子组成的. 因此，穿透性粒子和物质之间的相互作用就不能用简单的二体碰撞来说明. 这里不但会有作用在入射粒子上的力的部分补偿，而且原子内的结合力也可能影响碰撞的进程. 因此，在许多问题中就有必要照顾到某些带有静态品格或动态品格的屏蔽效应，其影响可能在经典力学中和在量子理论中是本质地不同的.

因此，在本章的以下各节中，我们将试图对屏蔽问题的种种方面作出全面的处理. 我们在这里遇到一些佯谬，它们的阐明提供了量子理论中不确定性概念和

互补性概念之应用的很能说明问题的实例. 这些问题曾经是在引言中提到的那许多讨论的主题，而且曾由不同的作者作出了有趣的阐述(Bloch 1933, Williams 1933，而尤其是 Williams 1945).

§1.3　轨道图景在库仑散射中的适用判据

为了把论证思路弄得尽可能地清楚，我们在开始时将分析轨道图景在带电
439 粒子在固定库仑场中的散射这一简单事例中的无歧义应用的条件. 在图 2 中，设 O 代表力心，而实曲线代表按经典力学所应预期的一个碰撞参量为 p 的粒子的双曲线轨道. D 代表一个适当放置的、固定的带小孔的壁障，其用处是保证粒子路径的具体定位.

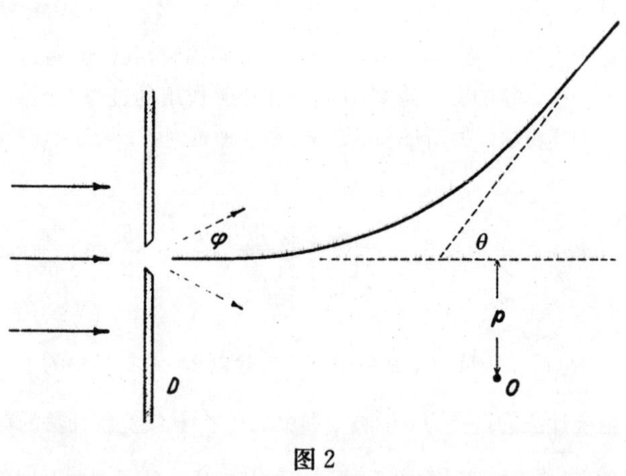

图 2

如所周知，按照量子力学，这样一个壁障的存在将造成一种衍射，如图中的虚线箭头所示，而现在的问题就是，这种衍射和由场引起的粒子偏转相比是很小呢，还是大得完全掩盖了任何的轨道偏转? 在前一情况下，事实上可以建立一些波包，而它们将在很高的近似下沿着经典轨道而运动，而在后一情况下，我们就必须对真正的量子效应有所准备，而那种效应是不能用普通的力学图景来进行任何的分析的.

对于直径为 d 的圆孔来说，按数量级来看，其衍射孔径由下式给出：

440
$$\delta\varphi = \frac{\lambda}{d}, \tag{1.3.1}$$

式中

$$\lambda = \frac{\hbar}{m_0 v} \tag{1.3.2}$$

是德布洛依波长除以 2π. 对于一个截然限定的孔来说，衍射问题是比较复杂的，但是，如果我们假设孔是用部分可透的边沿来适当限定，使得离孔心不同距离处的穿透粒子束强度由一个平方平均偏差为$\dfrac{d}{2}$的高斯误差定律来给出，那么，对于不太大的偏转角来说，我们就得到（参阅 MOTT and MASSEY 1933）一种角度分布，这又是一种高斯分布，其标准偏差恰恰由式(1.3.1)来给出.

既然对偏转角的小值来说我们按照(1.1.3)有

$$\theta \approx \frac{b}{p}, \tag{1.3.3}$$

我们由(1.3.1)就看到，如果 $b \gg \lambda$，则针对碰撞参量 p 的任何给定值都可以选取一个远小于 p 的 d，而同时把衍射基本上限定在小于 θ 的一些角度处. 在这种情况下，我们就可以至少是近似地具体想象一个有着明确碰撞参量的轨道. 当然很明显的是，如果经典力学毕竟能够应用于和小的碰撞参量相对应的大偏转角的计算，波长和碰撞直径相比就必须很小，但是上面这些考虑的兴趣恰恰就在于一个情况的证明，即对于一个库仑场来说，这一条件对于和大的碰撞参量相对应 441
的小偏转角的经典计算之近似应用来说是充分的，这种小偏转角是统计地更加多见的，从而对许多现象是有决定重要性的.

关于一种普通的经典分析在给定情况下所能得到的精确度，必须照顾到这样一个事实：壁障上孔的有限大小蕴涵了确定碰撞参量时的一个不准量，从而即将按照(1.1.3)来预期的偏转角将是以一个标准偏差 $\delta\theta$ 而分布在平均值附近的. 于是，将(1.3.3)求微分并令 $\delta p = \dfrac{d}{2}$，我们就得到

$$\delta\theta = \frac{b}{p^2}\frac{d}{2} = \frac{d}{2b}\theta^2. \tag{1.3.4}$$

现在，作为由壁障和场的联合作用所引起的粒子偏转角的出入程度 $\Delta\theta$ 的一种量度，我们可以取

$$\Delta\theta = \sqrt{(\delta\varphi)^2 + (\delta\theta)^2} \tag{1.3.5}$$

于是利用(1.3.1)和(1.3.4)就得到

$$\Delta\theta \geqslant \sqrt{\frac{\hbar}{b}}\theta, \tag{1.3.6}$$

这就是现象的经典描述所能达到的精确度.

引入符号

$$\kappa = \frac{b}{\lambda}. \tag{1.3.7}$$

442 或者，按照(1.1.4)和(1.3.2)引入

$$\kappa = \frac{2\mid e_1 e_2 \mid}{\hbar v}, \tag{1.3.8}$$

我们就得到

$$\kappa \gg 1 \tag{1.3.9}$$

作为导致卢瑟福公式(1.2.2)的经典考虑之合理性的必要和充分的条件. 随着 κ 值的减小，轨道图景将逐渐失去其适用性，而当 κ 具有 1 的数量级或小于 1 时，这种图景就将毫无物理意义了.

轨道图景之欠妥性的一个有说服力的实例是由在上一节中提到过的等同粒子碰撞中那种典型量子力学的交换效应提供出来的；在那里，按照公式(1.2.5)，正是对于 $\kappa \lesssim 1$ 来说，衍射可以在宽阔的角度区域内按照各自的统计法而比由简单力学所将推得的值大得多或小得多. 甚至对于 $\kappa \gg 1$ 来说，微分截面也和卢瑟福定律并不一致而是按照(1.2.5)并随着 θ 的变化而在经典值附近迅速地振动. 这种佯谬在一个事实中找到了解答，那就是，利用一组适当的壁障来分离互撞粒子的轨道并从而排除交换现象的任何尝试都涉及一种衍射，而这种衍射就将排除散射定律中的量子力学反常性的任何观察(参阅 MOTT 1930). 事实上，可以看到，在 $\kappa \gg 1$ 的情况下由(1.3.6)给出的偏转角的不准量，超过了截面(1.2.5)在那里进行振动的那个角度区间.

同样的考虑也概括了自旋和磁矩之类特定量子力学的粒子性质在碰撞问题中的效应；那些效应不能用经典图景来加以诠释，而且当粒子速度趋近于光速时将具有特殊的重要性. 在这方面，有趣的是判据(1.3.9)在相对论中也能适用. 事实上，上述简单分析的唯一修订就在于用 $m_0\gamma$ 来代替静止质量，而这对结果是没有任何影响的，因为，按照(1.3.8)，κ 的值是和质
443 量无关的. 然而却可以注意到，对于 $v \sim c$ 来说，条件 $\kappa \gg 1$ 不能实现，除非电荷 e_1 和 e_2 比基元单位电荷大得多.

对于以下有关穿透现象的讨论来说，特别重要的就是，除非(1.3.9)得到满足，不然就不可能利用经典图景来得出有关必须预期对卢瑟福散射定律作出改正的任何结论，而那种改正是由于实际场作为屏蔽效应的后果而偏离了纯库仑场的缘故.

§1.4　卢瑟福定律在屏蔽场中的修订

为了分析致散场的屏蔽的特征效应，作为入射粒子在离力心 r 处的势能，我

们将选用简单的表示式

$$P_a(r)=\frac{e_1e_2}{r}\exp\left[-\frac{r}{a}\right],\tag{1.4.1}$$

式中 a 是一个恒定长度，以后我们将称之为“屏蔽参量”. 事实上，这种类型的一个势函数，概括了对我们的讨论来说有兴趣的多数屏蔽问题，而特别说来，(1.4.1)在很高的近似程度下适用于原子内部的静电场. a 在各种事例中的实际值，将在下一章中进行更仔细的讨论；下一章处理的是现在这些考虑对特定穿透现象的应用.

我们即将看到，问题的特性将基本地依赖于 a 和由(1.1.4)定义的未屏蔽场的碰撞直径 b 之比，因此，很方便的一个办法就是引用一个简化符号 444

$$\zeta=\frac{b}{a}.\tag{1.4.2}$$

喏，在很多最重要的穿透现象中，$\zeta\ll 1$，而在这种本节即将特别考虑的事例中，卢瑟福定律一般是会在一个颇大的角度范围内成立的.

如果条件(1.3.9)得到满足，而轨道图景可以应用于简单库仑场中的碰撞，则卢瑟福散射的界限是很容易估计的. 事实上，在碰撞参量 p 和 a 相比是很小的碰撞中，偏转将实际上只在场的未屏蔽部分中发生，从而将在很高的近似下由(1.1.3)给出. 因此，我们将预期散射定律(1.2.2)近似地适用于大于在 $p=a$ 下由(1.1.3)求得的角 θ'_a 的那些角度. 既然在 $\zeta\ll 1$ 的情况下这个角将是很小的，我们就简单地得到

$$\theta'_a\approx\zeta.\tag{1.4.3}$$

对于较大的 p 值，偏转角 θ 将由于场的屏蔽而比和(1.3.3)相对应的情况减小得快得多.

正如由和 §1.3 中的考虑相仿的考虑可以看出的那样，后一情况可能阻碍轨道图景对 $\theta\ll\theta'_a$ 的无歧义应用，但是，如果(1.3.9)得到满足，则在散射分布和(1.2.2)相比成为极其稀少之前，这一极限显然是不会达到的. 因此，对许多目的来说，我们可以简单地忽略角度小于 θ'_a 的散射，并取此角作为卢瑟福分布之适用区域的有效低限. 445

正如已经提到的那样，对于接近于光速的速度来说，散射公式可能需要修订，特别是在近距碰撞方面需要修订，但是，很有兴趣的却是注意到一点，即当假设 θ'_a 很小时关系式(1.4.3)仍将成立，只要在(1.1.4)中把 m_0 换成 $m_0\gamma$ 就行了，而由(1.4.2)可见，这就意味着 ζ 的值将

按因子 γ 而变小.

如果(1.3.9)并不满足,则屏蔽的效应将向我们提出一个典型的量子力学问题,其完备处理依赖于适当波动方程的解.不过,对现在这种讨论的目的来说,考虑精确解将是不必要的,而我们即将看到,可以只考虑玻恩近似方法的第一步.事实上,我们所关心的将只是一种很小的散射效应,以致表示着入射粒子之运动态的平面波实际上将是原封不动地通过力心周围的场,从而衍射可以按照通常的简单办法被描述成来自力心周围所有各空间元的一些子波的叠加.确实,对一个无界限的库仑场来说这种算法并不收敛,但是,恰好是对我们所感兴趣的屏蔽场问题来说,这种困难就不存在了.

对于用(1.4.1)来表示的场来说,所涉及的简单方法在一个相对于坐标系来说的偏转角 θ 下导致散射波的离力心一个很大距离处的振幅 A_s 的表示式如下(参阅 MOTT 1930a, p. 25):

$$A_s(\theta)=\frac{A_i}{\rho}\frac{e_1e_2}{2m_0v^2}\cdot\frac{1}{\sin^2\dfrac{\theta}{2}+\left(\dfrac{\lambda}{2a}\right)^2},\tag{1.4.4}$$

446 式中 A_i 和 λ 是入射波的振幅和波长除以 2π.因此,关于偏转角的统计分布,我们就得到

$$\mathrm{d}\sigma=R(\theta)\left[1+\left(\frac{\lambda}{2a\sin\dfrac{\theta}{2}}\right)^2\right]^{-2}\mathrm{d}\omega,\tag{1.4.5}$$

式中 $R(\theta)$ 由卢瑟福公式(1.2.2)来定义.

如上所述,只有当散射效应小得使入射波通过力场而不受显著的干扰时,导致(1.4.5)的近似算法才是合理的.为了考查这个条件如何依赖于入射粒子的电荷和速度,我们可以简单地考虑通过对一切角度求(1.4.5)的积分而得到的总截面

$$\sigma=\pi a^2\frac{\kappa^2}{1+\left(\dfrac{\lambda}{2a}\right)^2}\tag{1.4.6}$$

并按(1.3.7)将 κ 的值代入此式中.事实上,公式(1.4.6)表明,如果

$$\kappa\ll1,\tag{1.4.7}$$

则对一切 a 值来说 σ 和 πa^2 相比都很小,而 πa^2 则代表单位时间内进入场的未屏

蔽部分中的粒子数. 因此,如果(1.4.7)得到满足,则这些粒子只有一小部分受到偏转,从而导致(1.4.5)的方法可以成立.

至于公式(1.4.5)和一种简单卢瑟福散射之间的关系,可以看到,只有在 a
和λ相比是很大的情况下,才存在使得 $d\sigma$ 和卢瑟福定律密切一致的一个角度区 447
域,而对于$a \ll \lambda$来说,我们就得到按一切角度的均匀散射,正如由简单的论点也可以直接推知的那样. 另外我们还发现,对于$a \gg \lambda$来说,卢瑟福散射区域的有效极限可以取为

$$\theta''_a \approx \frac{\lambda}{a} = \zeta\kappa^{-1}. \tag{1.4.8}$$

很有趣的是注意到,由(1.4.3)和(1.4.8)给出的估计值,对 $\kappa \sim 1$ 的事例也给出相同的结果,而严格说来,在这种事例中,不论是经典轨道图景的应用还是简化的波衍射方法的应用都是没有根据的. 由于这种惊人的缀合,对于 $\zeta \ll 1$ 的情况来说,两种互斥的方法实际上就将概括一切的可能性.

针对恒定的小 ζ 值和不同的 κ 值,实际的角散射分布和卢瑟福定律的一种对比如图 3 所示,图中按照 $\log\operatorname{cosec}\frac{\theta}{2}$ 的不同画出了关于屏蔽场和未屏蔽场的微分截面比值 ξ 的曲线. 曲线 R'_a 代表$\kappa \gg 1$ 的事例,这时 ξ实际上等于 1,直到在 $\theta = \theta'_a$附近的一个窄区域中降到接近于零为止. $\kappa \ll 1$ 的事例由曲线R''_a、T和S来代表. 我们又有一个 ξ实际上等于 1 的区域,以一个 $\theta = \theta''_a$附近的区域为界,在该区域中ξ很快地变为零. 按照(1.4.3)和(1.4.8),R''_a的下降区相对于R'_a的下降区移动了一个距离 $\log\kappa$. 图中各曲线的最陡斜率对应于 $\zeta \sim 10^{-4}$,而曲线 R''_a的κ值
则取为大约等于$\sqrt{\zeta}$. 对应于$\kappa \sim \zeta$或$a \sim \lambda$的曲线 T代表过渡情况,这时散射按一 448
切角度的分布开始显著地偏离卢瑟福定律. 最后,曲线 S代表当κ更小从而$a \ll \lambda$时的球面均匀的角分布.

几乎用不着强调,在图 3 中表示出来的结果,甚至不能通过一种对轨道图景的有限引用来加以诠释. 例如,把 R'_a 和 R''_a之差归因于这种图景在说明碰撞参量小于λ 的碰撞时的失败的任何尝试都将是完全不得要领的. 事实上,这种论点将蕴涵两种分布在大角散射方面的一个差值,而实际的差值却只出现在小角度的极限处. 对$\kappa \ll 1$来说,散射定律事实上是取决于场的一切部分的,而其所取的方式则超出于任何普通的经典分析之外. 特别说来,注意到一点是有兴趣的,按照
经典力学,线度可以和 b 相比的场的中心部分是对一切大角散射负责的,而对于 449
$\kappa \ll 1$来说,正如在(1.4.6)中令 $a \sim b$ 就可以看出的那样,这个中心区域将只引起卢瑟福散射的一个约为 κ^4 的分数部分. 确实,对于库仑势来说,只有线度和λ

相近或大于λ的场区域才会对散射效应有可觉察的贡献.

448 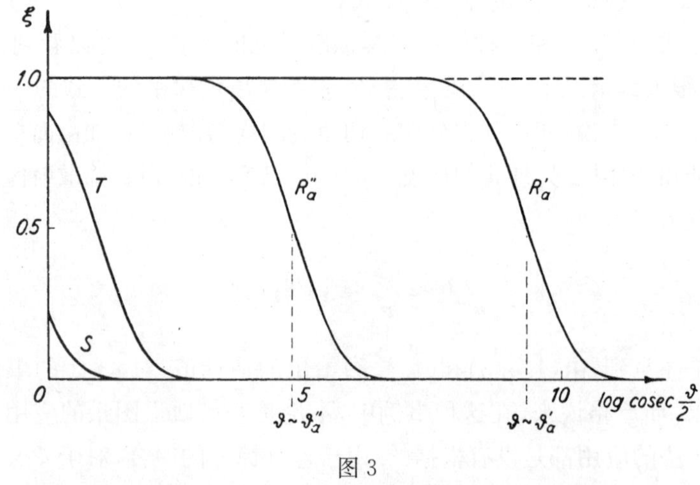

图 3

449　　不同κ值下散射问题之典型特征的有趣例证是由以上各节已经提到的出现在等同粒子的碰撞中的那种交换现象提供的. 对自旋为零的粒子来说,问题特别简单;这时,相对坐标下的碰撞初始阶段由两个标量波列来表示,二波列振幅相等而方向相反,其周相在场的中心上互相重合. 现在,对于$\kappa \ll 1$,这些波将实际上不受干扰地通过场,而且,在任何方向上,来自任一波列的散射波显然都将和从中心散射出来的子波具有相同的周相. 于是我们就将预期、角度为θ的总散射由和单一粒子在固定场中的偏转角θ及$\pi-\theta$相对应的振幅之和的平方来给出. 在κ值很小时,这一结果和公式(1.2.5)相一致,而这恰好就是出现在这一公式的最后一项中的那个量. 在$\kappa \gg 1$的事例中,各个波将不能穿透场,而是相反地将在离中心某一距离处受到突然的偏转,而对于和$\frac{\pi}{2}$相近的角度来说,该距离近似地等于经典碰撞直径b. 对于正好是直角的偏转来说,两个反射波当然将永远周相一致,但是,对于从这一方向的微小偏差ε来说,却将出现约为$\varepsilon \frac{b}{\lambda} = \varepsilon\kappa$的一个周相差,这就引起由公式(1.2.5)显示出来的散射强度中的那些很陡的极大值和极小值.

即使是在固定场中的散射问题中,当粒子速度趋近于光速时,也会出现和κ值有关的反常性. 事实上,正如在§1.1中提到过的那样,经典的相对论式的处理针对数量级为b的碰撞参量给出了奇特的效应,而在$\kappa \ll 1$的情况下则不出现对卢瑟福公式的对应偏差,因为,如上所述,距离小于λ处的场的中心部分对散射并无多大影响. 在后一事例中,如果我们不谈自旋
450 效应,则唯一的改正不过是在散射定律中把m_0换成$m_0\gamma$. 按照(1.3.8),这种改正并不影响导致(1.4.7)的那种论证,而只不过意味着在估计值(1.4.8)中ζ要减小一个倍数γ.

§1.5　过度屏蔽问题

在代表着具有较小屏蔽的库仑场的$\zeta \ll 1$的问题中,正如在上一节中证明

了的那样,我们通常会得到一种散射,它在一个相当大的角度区间中和卢瑟福定律相一致.然而,如果 ζ 和 1 同数量级或甚至大于 1,我们却必须在一切的 κ 值下预期一种和未屏蔽场中的散射定律大不相同的角分布.特别说来,小角散射的大频次将远远不是那么突出,而且散射定律常常可以趋近于一种球面对称的角分布,而对应于一个总截面 σ,这种分布由下式给出:

$$d\sigma = \frac{\sigma}{4\pi} d\omega. \tag{1.5.1}$$

同样,在这样的过度屏蔽问题中,经典力学和简化的波衍射这两种近似方法也分别在颇大的精确度下适用于各式各样的问题,但是这两种方法却不再像在 $\zeta \ll 1$ 的条件下那样在相同的程度上概括一切可能性.事实上,对于 $\zeta \gtrsim 1$ 的事例,我们必须预期这两种近似方法的适用区域由一个中间区域所隔开,而在那个
中间区域中,更加普遍的量子力学方法是必要的.小屏蔽问题所显示出来的那种 451
引人注目的简单性,起源于这样一种情况:只有对纯库仑场来说,两种在物理诠释上互不相容的极端性的近似方法才会导致碰撞效应的相同统计结果.

为了检查轨道图景应用于(1.4.1)型的致散场的条件,我们可以采用一种和在 §1.3 中用过的办法十分类似的办法.既然在现在这种事例中场强对一切 r 值来说都是在一个可以和 a 相比的距离上发生重大变化的,$\lambda \ll b$ 就不再是充分的,而是必须要求 $\lambda \ll a$ 了.不过,即使这个条件满足了,散射也还是只有在一个有限的角度区域中才能用普通的力学来加以说明.事实上,和当 $\kappa \gg 1$ 时轨道图景可以近似地适用于一切角度的库仑散射事例相反,由(1.3.1)就可以推知,用一个适当的壁障来在小于 a 的变动范围内确定碰撞参量的任何尝试,都会使按照(1.3.7)和(1.4.2)来把偏转追索到小于

$$\theta^* \approx \frac{\lambda}{a} = \frac{\zeta}{\kappa} \tag{1.5.2}$$

的地步成为不可能.然而,在许多过度屏蔽的问题中,大角散射却起着主导作用,正如在公式(1.5.1)可以适用的事例中那样.在这样的情况下,如果 $\theta^* \ll 1$,或者,按照(1.5.2)来说是如果

$$\kappa \gg \zeta, \tag{1.5.3}$$

则在经典力学的基础上作出的估计是合理的;这个判据只有在 $\zeta > 1$ 的情况下才是比(1.3.9)局限性更大的.

有时候,经典图景有一个很大的适用范围,但是这种方法对小偏转角的失效却还是对某 452

些问题有很大重要性.一个众所周知的例子是由在一个不可穿透的球上的散射提供出来的,这时球的半径 ρ 和入射粒子或入射辐射的波长 λ 相比是很大的.在这一事例中,尽管经典力学也像几何光学那样导致一种有效截面为 $\pi\rho^2$ 的按一切角度的均匀散射,一种真正波动力学的处理却显示了在可以和 λ/ρ 相比的角度上的附加散射.事实上,仅仅适用于小角度的散射截面就等于忽略衍射时算出的散射,从而总的散射截面就是 $2\pi\rho^2$ (MASSEY and MOHR 1933;并参阅 WERGELAND 1945).

这种"影子"效应的贡献可以很容易地根据普通光学的初等考虑来加以估计(例如参阅 DRUDE 1906,p. 207);按照这种考虑,两组互补的(supplementary)壁障将给出完全等同的衍射图样.于是,通过把球体换成带有半径为 ρ 的圆孔的壁障,就可以立即看到,当 $\lambda \ll \rho$ 时,现在由透过孔的波所形成的衍射图样的强度和一个恰好是 $\pi\rho^2$ 的截面相对应.还可以提到,这种简单的论证同时也证明,截面的加倍是一种和致散物体的几何形状无关的现象.

很有兴趣的是,恰恰是在轨道图景完全失效的 $\lambda > a$ 的事例中,(1.4.7)就不再是应用另一极端性近似方法即简化波衍射方法的必要条件.事实上,由(1.4.6)可知,截面将小于 πa^2,只要 $\kappa < \lambda/2a$,或者,按照(1.3.7)和(1.4.2),只要

$$\kappa \ll \sqrt{\zeta} \tag{1.5.4}$$

就行了;而在 $\zeta \gg 1$ 的过度屏蔽的事例中,这就是比(1.4.7)更加宽广得多的条件.

在(1.5.4)得到满足的事例中,微分截面是由普遍公式(1.4.5)给出的,但是在经典力学可以适用的区域(1.5.3)中,把屏蔽场比拟为一个 n 级势却常常是方便的,即

453
$$P_n(r) = \frac{k_n}{r^n}. \tag{1.5.5}$$

事实上,在离中心为 r 处,由一次对数微分可以看出,对于

$$n = 1 + \frac{r}{a} \quad 和 \quad k_n = e_1 e_2 a^{n-1} \cdot \left(\frac{n-1}{e}\right)^{n-1} \tag{1.5.6}$$

来说,(1.4.1)将按照一种和(1.5.5)相对应的方式而变化.对于 $r \ll a$,我们当然在很高的近似下得到一个库仑场,而屏蔽的影响在大距离处却将意味着有一个在 n 值越来越高时和(1.5.5)相对应的场强度.

在一些应用中,$r = a$ 附近的那一部分场将对偏转有决定作用,而在这一区域中,我们在效果上就有 $n = 2$.对于这样一个场来说,普通的有心运动理论(例如参阅 THOMSON 1906,p. 371)给出了和碰撞参量 p 相对应的偏转

角表示式

$$\theta = \pi \left| \left(1 + \frac{2k_2}{m_0 v^2 p^2}\right)^{-1/2} - 1 \right|. \tag{1.5.7}$$

在吸引力的事例中 $k_2 < 0$，θ 的值在由

$$p_c^2 = \frac{2 \mid k_2 \mid}{m_0 v^2} \tag{1.5.8}$$

给出的临界值 $p = p_c$ 下变为无限大，而对于 $p < p_c$ 来说，相对运动就是一种螺旋线运动，该螺旋线经过无限多次绕转而趋向中心. 当然，这里根本谈不到对一切 p 值严格地应用这种计算的问题，因为只有 $r = a$ 附近的区域中场才是立方反比类型的.

对于小角度，将(1.5.6)中的 k_2 代入(1.5.7)中并利用(1.1.4)和(1.4.2)， 454
我们就得到

$$\theta \approx \frac{\pi}{2e} \zeta \frac{a^2}{p^2} \tag{1.5.9}$$

由此即得微分截面

$$\mathrm{d}\sigma \approx \frac{\pi}{4e} \zeta a^2 \cdot \frac{\mathrm{d}\omega}{\theta^3}. \tag{1.5.10}$$

然而必须记得，这样的公式并不是对任意小的角度都适用. 事实上，当 $p \gg a$ 时，场将比和 $n = 2$ 相对应的情况减小得更快，而且，即使在 $\kappa \gg \zeta$ 的事例中，经典力学也只能适用于大于(1.5.2)所给出的 θ^* 的偏转角.

重要的是，(1.5.10)随 θ 的变化比卢瑟福定律的变化要慢，而在许多应用中，这种情况就意味着小偏转的影响可以忽略. 在这样的事例中，按照(1.5.1)到(1.5.7)，可以认为总有效截面

$$\sigma \sim \pi p_c^2 = \frac{\pi}{e} \zeta a^2, \tag{1.5.11}$$

由(1.5.8) 可见，此式是正比于 v^{-2} 的，而(1.2.2) 则是像 v^{-4} 一样地变化的.

关于 n 幂势场中的散射的一个概观，可以简单地由量纲考虑来得出. 例如，在经典力学可以适用的区域中，散射截面必然正比于 b_n^2，此处

$$b_n = \left(\frac{2 \mid k_n \mid}{m_0 v^2}\right)^{1/n} \tag{1.5.12}$$

此式在 $n=1$ 时对应于(1.1.4)，而且，对于推斥力来说，它就给出互相接近时所能达到的最小距离. 因此我们就有

455 $$d\sigma = b_n^2 \cdot f_n(\theta) d\omega \tag{1.5.13}$$

此处，对于渐增的 n 值来说，角分布 $f_n(\theta)$ 将越来越趋近于由(1.5.1)给出的沿一切方向的均匀散射.

另一方面，在量子力学中，截面除了包含出现在(1.5.1)中的那些量以外还可能包含$\hbar$，从而量纲考虑一般就是不清楚的. 然而，在简单波衍射方法可以适用的事例中，对于由(1.5.5)给出的场来说，截面将和 k_n^2 成正比，于是由(1.5.12)就直接得到

$$d\sigma = b_n^{2n} \lambda^{2-2n} g_n(\theta) d\omega, \tag{1.5.14}$$

式中$\hbar$是通过λ而进入的. 因此，只有在 $n=1$ 的事例中这一散射定律才能和经典表示式相一致.

关于公式(1.5.13)和(1.5.14)之间的比较，可以注意，尽管导致后一公式的近似方法当然对吸引力场和推斥力场都给出相同的结果，这种相同性却只有当 $n=1$ 时才会出现在经典计算中，而在吸引力场的事例中，经典计算甚至会在 $n \geqslant 2$ 时导致奇点. 另一方面，对于一个(1.5.5)型的场，简单波处理却只有对 $1<n<3$ 才会给出收敛的结果.

关于散射问题对 ζ 的依赖关系，我们注意，按照经典力学，一个(1.4.1)型的场中的最小接近距离由下式给出：

$$\frac{\rho}{a} = \zeta \cdot \exp\left[-\frac{\rho}{a}\right]. \tag{1.5.15}$$

对于$\zeta \sim 1$，这一公式给出$\rho \sim a$，从而主要的偏转就出现在和 $n=2$ 相对应的那一部分场中. 对于较大的ζ，我们得到稍大一些的ρ值，从而也得到 n 的较大的有效值. 不过，ρ随ζ的增大将是缓慢的，从而在这样的事例中有效截面实际上可以认为不依赖于 v，而保持为可以和 πa^2 相比.

在过度屏蔽的事例中，如上所述，将存在一个中间区域，而在该区域中不论
456 是轨道图景还是简单波衍射都不能适用. 按照(1.5.3)和(1.5.4)，这一区域对应于

$$\sqrt{\zeta} < \kappa < \zeta; \tag{1.5.16}$$

在这一区域中，我们必须对散射问题的全新特色有所准备；这些特色要求更普遍的量子力学方法的应用.

推斥力场的事例是相对简单的，因为表示着入射粒子的波只能在很小的程度上穿透在距离 a 处迅速上升的势垒. 既然在区域(1.5.16)中我们有 $\lambda > a$，散

射就将是按一切角度均匀分布的，从而有效截面就将在整个区域中都具有πa^2的数量级，而正如我们已经看到的那样，这正好和两个极限$\kappa=\zeta$及$\kappa=\sqrt{\zeta}$处的值相对应. 关于轨道图景以及波动力学微扰方法在中间区域中的不适用性的一个有说服力的实例，由在一个完全不可穿透的球上的散射这一简单问题来提供，这时入射粒子的波长大于球半径a. 如所周知，我们在这一事例中得到对应于总截面$4\pi a^2$的均匀散射分布，这是由波动力学中的边值条件直接推得的一个结果；由于波函数在整个球的内部为零，边值条件就要求入射波列和表示散射粒子的外向球面波在整个球面$r=a$上有数值相等的振幅.

对于吸引力来说，情况就根本不同了. 在这里，波函数在场的内部将密切地
逼近一个"原子"的波函数，该"原子"由电荷为e_1和e_2并具有约化质量m_0的两 457
个粒子构成. 现在，波函数的周相在场的中心部分变成相反的那段距离，可以和由

$$r_0=\frac{\hbar^2}{m_0\mid e_1e_2\mid}\sim\frac{\lambda^2}{b}=a\zeta\kappa^{-2} \tag{1.5.17}$$

给出的"原子半径"相比. 虽然我们在区域(1.5.16)中有和$\kappa<\zeta$相对应的$\lambda>a$，但是我们却看到$r_0<a$，因为$\kappa>\sqrt{\zeta}$，因此，波函数的周相就将在$r=0$和$r=a$之间经历重要的变化. 于是就存在这样一种可能性：依赖于内部波在$r=a$附近的区域中的行为，将出现奇特的量子力学的共振现象，而在该区域内，内部波必须和入射波及出射波缀合在一起. 在这些情况下，散射截面将随着入射粒子的速度而强烈地变化，而且在原理上可以取从零到$4\pi\lambda^2$的任何值.

这样的效应已特别由重原子对电子的衍射显示了出来. 例如，喇姆造尔(Ramsauer 1923)发现，慢电子在惰性气体中的有效碰撞截面和原子的几何截面相比是小得微不足道的. 现象的详细处理(Faxén and Holtsmark 1927)显示了和声学共振问题的深远类似性. 对于较大的电子速度，当λ变得可以和a相比时，曾经观察到了(Arnot 1931)在角散射分布中显示着一些特征性的极大值和极小值的更复杂的散射效应. 这些很敏感地依赖于电子速度
的反常现象(Werner 1931 及 1933)，在波函数在原子内部对球面对称性的偏 458
离中有其根源；这种偏离意味着较高阶的带谐函数的出现(Kalckar 1934). 对于更高的速度，当$\lambda\ll a$从而$\kappa\gg\zeta$时，我们就进入了经典力学可以近似适用的区域.

§1.6　碰撞问题综述

屏蔽库仑场中的散射情况，在图 4 中大致地表示了出来；图中各图解上的每一个点，代表 κ 和 ζ 的一组值. 为了方便，取了 $\log\kappa$ 和 $\log\zeta$ 作为坐标. 斜直线 T 对应于 $\kappa=\zeta$，而直线 U 对应于 $\kappa=\sqrt{\zeta}$. 另外，水平的和垂直影线分别指示经典力学的和简化 波衍射的适用区域. 用 R'_a、R''_a、S、P 和 Q 标明的不同角度区域对应于在以上各节中讨论了的不同类型的碰撞.

在竖直线 L_1 上，ζ 有一个恒定的小值；这条直线是作为 §1.4 中那些考虑的图示而画出的，而 L_1 被横坐标轴以及直线 T 和 U 所分割成的那些线段，恰好就对应于图 3 中表示了的那些事例，那里的曲线 T 和 R''_a 分别对应于 L_1 和 T 及 U 的交点.

459

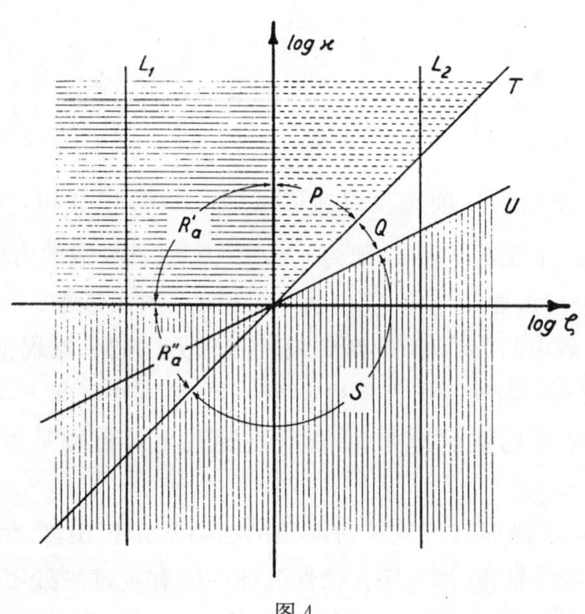

图 4

458 竖直线 L_2 表示一个大的 ζ 值，对应于在 §1.5 中讨论了的过度屏蔽问题. 直线 U 下的部分代表可以用简单波衍射方法来处理的球面均匀散射的区域 S，而直线 T 上的部分则属于区域 P；正如水平的虚影线所表示的那样，经典力学在一
459 定限制下可以在区域 P 中应用. 在没画影线的中间区域 Q 中，两种简化的近似方法都完全失效，这里可能出现量子力学的共振效应.

我们在下文中即将看到，区域 R''_a 和 R'_a 将特别适用于 α 射线、β 射线和裂变碎片之类的快粒子的穿透问题，而区域 P 则特别对应于在涉及来自放射性蜕变的反冲原子之类的较慢粒子时遇到的情况. 为了明确,可以指出,在一切其他参量都固定的碰撞中,速度的变化在图解中对应于沿着平行于U的直线的移动. 可以看到,当$\kappa<\sqrt{\zeta}$时,这样的直线将完全位于画了竖影线的区域中;而当$\kappa>\sqrt{\zeta}$时,这样的直线则既经过简单波衍射和经典力学可以分别应用的区域,也经过这些互斥的方法全都失效的区域.

460

第二章　依赖于核碰撞的穿透现象

§2.1　核碰撞的特征

在第一章所概述的那些简单计算对实际穿透问题的应用中，当然必须照顾到一点，即一般说来由核和电子构成的原子体系之间的碰撞所提出的是一个复杂的多体问题.然而，由于核的质量比电子的质量大得多，我们就可以在很高的近似程度下区别“核碰撞”和“电子碰撞”：在“核碰撞”中，动量和动能被传递给作为整体的阻挡原子的平移运动(弹性碰撞)，而在“电子碰撞”中能量却被传递给原子中的个体电子，引起原子的激发过程和电离过程(非弹性碰撞).后面这些效应在许多事例中正是阻止现象的主要原因.这些效应将在第三章中再来仔细分析，而我们在这儿则将首先考虑比较简单的核碰撞在穿透问题中所起的作用；在核碰撞中，原子中电子的存在只不过造成核力场的一种静电屏蔽而已.

461 于是，在核碰撞中，就有理由应用一种简化的原子模型，而在这种模型中，关于个体电子的束缚情况的特性可以不予考虑，而原子内部的电荷分布则通过例如由汤马斯和费米发展起来的那种适当的统计方法来求得.在许多特殊问题中，常常有必要详细分析这种分布和由此而得出的力场，但是对这里试图进行的一般考查来说，只要记得这样的方法在原子区域的一大部分内导致恰好是在上一章中讨论了的(1.4.1)那种类型的势函数也就够了.将屏蔽距离 a 用氢原子的“半径”

$$a_0 = \frac{\hbar}{\mu \varepsilon^2} \tag{2.1.1}$$

表示出来，此处 μ 和 ε 分别代表电子的质量和电荷，并写出

$$a = \frac{a_0}{s}, \tag{2.1.2}$$

则如所周知，对于一个电荷数为 z 的原子来说，可以得到

$$s = z^{1/3} \tag{2.1.3}$$

来作为屏蔽效应的一种近似的估计. 例如裂变碎片之类的重的穿透性粒子，在整个射程上都会带有为数很大的束缚电子；对于这种粒子来说，总的屏蔽效应当然不但依赖于电子在阻挡原子中的存在，而且也依赖于入射粒子本身的电子屏蔽，从而这通常就是一个比较复杂的问题. 然而，在许多事例中，我们却仍然可以采用一个势(1.4.1)，其屏蔽距离由(2.1.2)给出，而且

$$s=\sqrt{z_1^{2/3}+z_2^{2/3}}, \tag{2.1.4}$$ 462

式中 z_1 和 z_2 代表相互碰撞的原子的原子序数. 事实上，可以证明，这一简单的对称表示式就可以大致地说明两个电荷分布之间的相互作用，而这两个电荷分布都对应于(1.4.1)型的势，其 s 分别等于 $z_1^{1/3}$ 和 $z_2^{1/3}$.

于是，我们在核碰撞的处理中就可以直接应用第一章中的考虑；按照那些考虑，如图 4 所示，不同类型的碰撞问题是用一个量 κ 的值以及碰撞直径 b 和屏蔽参量 a 的比值 ζ 来表征的. 引用氢原子中电子的“速度”

$$v_0=\frac{\varepsilon^2}{\hbar}, \tag{2.1.5}$$

我们由(1.3.8)就得到

$$\kappa=2z_1z_2\frac{v_0}{v}, \tag{2.1.6}$$

而由(1.1.4)、(1.4.2)、(2.1.1)和(2.1.2)就得到

$$\zeta=2z_1z_2s\frac{\mu}{m_0}\left(\frac{v_0}{v}\right)^2. \tag{2.1.7}$$

从这两个表示式中消去 v，就得到

$$\frac{\kappa^2}{\zeta}=\frac{2z_1z_2}{s}\frac{m_0}{\mu}. \tag{2.1.8}$$

此式和以上对于 s 的估计值一起，就证明 κ 是永远大于 $\sqrt{\zeta}$ 的，因此，我们在核碰撞
中只会遇到和图 4 中直线 U 以上的区域相对应的问题. 暂时不考虑电子作为入 463
射粒子的事例，就可以进一步由(2.1.4)和(2.1.7)看到，除非 $v\ll v_0$，我们将有 $\zeta\ll 1$. 事实上，μ 和核质量相比之下的小值，将补偿 z_1 和 z_2 的最大的可能值而有余.

因此，对于快粒子来说，在射程的大部分上，碰撞将属于在图 4 中用 R'_a 和 R''_a 来标明的类型，随 $\kappa>1$ 或 $\kappa<1$ 而定. 由(2.1.6)可以看到，对于 $v<v_0$，我们所遇到的将永远是前一种事例；而对于更大的速度，则经典力学的适用条件 $\kappa>1$

的满足与否将取决于 z_1 和 z_2 的值. 在两种事例中,在大于一个小角度 θ_a 的角度处,散射都将和卢瑟福定律相一致,而对于 $\kappa > 1$ 和 $\kappa < 1$,θ_a 则分别由(1.4.3)和(1.4.8)来给出.

对于和 v_0 相比是很小的粒子速度,我们可以有 $\zeta \lesssim 1$,这对应于一种在一切角度处都和卢瑟福定律不同的散射. 然而,既然除了在速度特别低时以外都可以由(2.1.6)和(2.1.7)得到 $\kappa > \zeta$,问题就将属于在图 4 中用 P 来标明的区域,从而正如在 § 1.5 中讨论过的那样,碰撞在大体上还可以用经典力学来处理. 随着 ζ 值的增大,散射将趋近于一种截面为 $\pi\rho^2$ 的按一切相对角度的均匀分布,此处 ρ 和 a 具有相同的数量级. 不过必须注意,对于非常慢的粒子来说,(2.1.3)或(2.1.4)之类的估计式将不再成立,因为这时相互碰撞的原子将不再能够互相穿透,从而我们可以像在气体分子运动论中一样简单地取各自可以和 a_0 相比的两个原子半径之和来作为 ρ.

464 如果入射粒子是一个电子,则 $z_1 = 1$ 而 $m_0 = \mu$,于是我们由(2.1.7)和(2.1.3)就得到

$$\zeta = 2z_2^{4/3}\left(\frac{v_0}{v}\right)^2. \tag{2.1.9}$$

对于快 β 射线,有 $v \gg z_2^{2/3} v_0$,于是我们就有 $\zeta \ll 1$,从而正如在核粒子的碰撞事例中一样,碰撞将属于 R_a'类型或 R_a''类型,全看

$$\kappa = 2z_2 \frac{v_0}{v} \tag{2.1.10}$$

是大于 1 还是小于 1 而定. 然而对于较小的电子速度来说,当 $\zeta \lesssim 1$ 时,碰撞就在和重粒子碰撞相同的程度上并不属于类型 P. 事实上,早在 $v < v_0 z_2^{1/3}$ 从而 $\lambdabar > a_0 z_2^{-1/3} = a$ 时,我们就已经有 $\kappa < \zeta$;这对应于图 4 中的 Q 区域,而正如在 § 1.5中描述了的那样,在该区域中将出现特征性的量子力学共振效应.

§ 2.2　个体碰撞的频次. 分支分布

支配着原子级粒子之间的个体碰撞的统计定律,在说明 α 射线被物质薄片的散射之类的现象方面有它的直接应用;在那种薄片中,除了在比较少见的情况下会在单独一次近距核碰撞中受到很大的偏转以外,α 射线将通过薄片而基本上并不改变方向或速度. 然而,一般说来,除了更加猛烈的个别效应以外,在穿透
465 问题中还有必要照顾到许许多多碰撞的积累性的结果,那些碰撞个别地看来只产生较小的效应,但是总起来看它们却是一些现象的起因,例如称为复合散射的路径不断弯曲,以及粒子的逐渐变慢.

这种积累性的效应就是以后讨论的主要论题，但是在这一节中，我们将首先讨论少数几个依赖于个别碰撞的问题. 在上一章中已经提到过关于大角散射的研究；作为探索原子结构的一种手段，那种研究曾经是十分重要的. 在这里，我们将简略地考虑分支形成现象；当阻挡物质中的一个原子接受到一个足以在云室中引起一条径迹的能量时，这种现象就会发生，而这种现象的频次和分布则是各种类型的穿透性粒子的典型特征.

由 § 2.1 中的考虑可知，对于 $\zeta \ll 1$ 的快粒子来说，卢瑟福定律将在相对偏转角 θ 的一个颇大的区间中成立，而且，用和主干径迹的夹角 ψ 以及碰撞中的能量传递 T 来表征各分支，我们在这一区域中就由(1.1.7)和(1.2.1)得到用 ψ 表示出来的微分截面

$$d\sigma = \frac{\pi}{2} b^2 \sin\psi \sec^3 \psi d\psi \tag{2.2.1}$$

而且，关于 T 的分布，由(1.1.8)、(1.1.9)和(1.2.2)就得到

$$d\sigma = B_\nu \frac{dT}{T^2}, \tag{2.2.2}$$

式中的下标 ν 指示核碰撞，而且

$$B_\nu = 2\pi \frac{z_1^2 z_2^2 \varepsilon^4}{m_2 v^2}. \tag{2.2.3}$$ 466

求(2.2.2)的积分，即得

$$\sigma = B_\nu \left(\frac{1}{T_1} - \frac{1}{T_2} \right), \tag{2.2.4}$$

这就是能量传递介于 T_1 和 T_2 之间的核碰撞的截面，如果 $T_2 < T_m$ 而 $T > T_a$ 的话；此处 T_m 是由(1.1.9)给出的最大值，而 T_a 是和依赖于场的屏蔽的极限角 θ_a 相对应的 T 值. 既然在所假设的情况下 θ_a 是很小的，我们由(1.1.8)就有 $T_a \ll T_m$.

如果我们考虑穿透着厚度为 ΔR 而每立方厘米中含有 N 个原子的物质层的一个粒子，我们就可以由(2.2.4)直接推出粒子所受到的核碰撞数的统计分布. 事实上，假设 ΔR 被选得足够小，以致几乎在每一个事例中粒子都将穿过薄层而没有多大的速度改变，则特定碰撞的平均数将由下式给出：

$$\omega = N \Delta R \sigma = N \Delta R B_\nu \left(\frac{1}{T_1} - \frac{1}{T_2} \right). \tag{2.2.5}$$

当然,碰撞的频次将受到统计涨落的影响,从而刚好有 n 次碰撞出现在平均值为 ω 的一个 T 的区间中的几率就由众所周知的泊松定律给出

$$P(n)=\frac{\omega^{n}}{n\,!}e^{-\omega}, \tag{2.2.6}$$

此式适用于任何那样的问题,它涉及一些依赖于实际上是无限多次试验的效应,
467 而每一效应出现的几率则小得接近于零.在现在的问题中,代表试验的就是在和
原子线度相比为很长的一段射程上和原子核发生的偶然碰撞.

以上这些公式可以直接应用于快粒子,例如来自放射性蜕变的 α 射线或来自裂变过程的核碎片.事实上,当 $v\sim 5v_0$ 时,公式(2.1.7)针对裂变碎片($z_1\sim 50$)给出的 ζ 值在一切阻挡物质中都约为 10^{-3},而针对 α 射线($z_1=2$)给出的则按照 z_2 的不同而具有数量级 10^{-4} 或 10^{-3}.既然 B_ν 是正比于 z_1^2 的,公式(2.2.5)特别说来就能够说明针对 α 射线和裂变碎片观察到的分支频次的巨大差值:对 α 射线来说,现象只出现在很小一部分粒子上,而在裂变碎片的事例中,每一条径迹通常都显示出许多的分支.通过统计地检视分支在裂变碎片之云室照片径迹的指定长度上的分布(Bøggild, Brostrøm and Lauritsen 1940),甚至已经能够由(2.2.5)得出关于速度-射程关系的一些结论了.此外,有着不同质量和不同电荷的两个主要碎片组的存在,也得到了一种观察的证实,就是说,各径迹的分支分布和(2.2.6)分歧很大,但是却可以用两个这种表示式之和来很好地表示,该二表示式有着和两组粒子的不同电荷及不同速度相对应的不同的 ω 值.

也很有兴趣的是注意到,分支分布的研究给出一种很直接的手段来显示卢
468 瑟福定律和针对 $\zeta\lesssim 1$ 的较慢粒子所应预期的较均匀散射分布之间的差别.事实
上,我们由(1.1.7)和(1.5.1)得到

$$\mathrm{d}\sigma=\sigma\sin 2\psi\,\mathrm{d}\psi, \tag{2.2.7}$$

这是和(2.2.1)大不相同的,特别是对于 $\psi\sim\frac{\pi}{2}$ 的那些不那么猛烈的碰撞来说.例如,在裂变碎片径迹上,绝大多数的分支都和主干成直角,而(2.2.7)型的一种分布却确实已由约里奥(Joliot 1934)在 α 射线蜕变中的慢得多的反冲原子的径迹的云室研究中观察到了.后一结果是和一件事实相一致的,那就是,对于这种速度约为 $\frac{1}{10}v_0$ 的粒子,我们由(2.1.7)就得到数量级为 1 的 ζ 值.

在均匀散射的区域中,我们由(1.1.8)和(1.5.1)就进一步得到

$$\mathrm{d}\sigma=\sigma\frac{\mathrm{d}T}{T_{\mathrm{m}}}, \tag{2.2.8}$$

从而关于 $T_1 < T < T_2$ 的碰撞数，我们就得到

$$\omega = N\Delta R\sigma \frac{T_2 - T_1}{T_m}. \tag{2.2.9}$$

特别说来，这一公式将给出一个射程段 ΔR 上的总分支数，如果我们令 $T_2 = T_m$ 和 $T_1 = T_c$ 的话；此处的 T_c 是传给气体原子核而引起可以看出的分支的最小能量.

在 σ 和相对速度无关的问题中，例如在硬弹性球的碰撞中，我们按照(2.2.9)将预期分支频次会随着 T_m 的减小并趋于 T_c 而沿着射程递减. 然而，约
里奥在他的实验中却发现，除了照片在发生放射性蜕变的那一点附近有一种尚 469
无解释的反常特点以外，分支数是沿着径迹而持续增多的. 这种观察和表示式(1.5.11)符合得很好；按照(1.5.8)，表示式(1.5.11)给出 σ 和 v^{-2} 成正比，而且这也和一个假设相对应，那就是，在反冲粒子和阻挡物质中的核之间的碰撞中，推斥力是近似地按照距离的立方反比规律而变化的. 正如在§1.5中提到过的那样，对于 $\zeta \sim 1$，就应该预期这种类型的力场，而我们已经看到，对于反冲粒子来说，这个条件是大致地得到满足的. 下文即将指明，σ 的简单估计也能说明这些粒子的射程-速度关系.

§2.3 核碰撞的阻止效应

除了由近距核碰撞引起的大角散射和径迹分支以外，一个粒子在穿透物质时还将遭受为数甚多的不太猛烈的碰撞，而如上所述，这些碰撞的积累效应就引起粒子的逐渐停止和复合散射. 我们即将看到，虽然这些阻止现象和散射现象是密切地联系着的，但是，为了尽可能清楚地阐明统计的论点，首先比较详细地考虑一下核阻止问题却是适当的.

为此目的，我们把粒子沿着射程的一个给定部分(在这个部分上，粒子的运
动平均说来变化很小)所遭受的碰撞分成许许多多小组，和能量传递 T 的一些 470
小区间相对应. 因此，粒子的总的能量损失可以写成

$$\Delta E = \sum_i T_i n_i, \tag{2.3.1}$$

式中 n_i，即第 i 个区间中的碰撞数，将按照(2.2.6)而分布在它的平均值 ω_i 附近.

于是，ΔE 的平均值将由下式给出：

$$\overline{\Delta E} = \sum_i T_i \omega_i \tag{2.3.2}$$

而其平均平方偏差是

$$\Omega^2 = \overline{(\Delta E - \overline{\Delta E})^2} = \sum_i T_i^2 \overline{(n_i - \omega_i)^2} = \sum_i T_i^2 \omega_i, \qquad (2.3.3)$$

因为由(2.2.6)可知,n_i 本身的平均平方偏差恰好等于 ω_i. 过渡到 T 的无限小区间的极限并引用微分截面 $\mathrm{d}\sigma$,我们就在§2.2所用的符号下得到

$$\overline{\Delta E} = N\Delta R \int T \mathrm{d}\sigma \qquad (2.3.4)$$

和

$$\Omega^2 = N\Delta R \int T^2 \mathrm{d}\sigma, \qquad (2.3.5)$$

此二式分别适用于一小段射程 ΔR 上的阻止本领和它的涨落.

首先考虑 $\zeta \ll 1$ 的快粒子的情况,对于 $T_a < T < T_m$,微分截面将由(2.2.2)给出. 既然 $T_a \ll T_m$ 而且 $T < T_a$ 的碰撞频次随着 T 的减小而迅速地变
471 得和(2.2.2)相比可以忽略不计,我们在估计核碰撞对原子阻止本领的贡献时就可以在初级近似下略去 $T < T_a$ 的碰撞. 于是我们由(2.3.4)就得到

$$\overline{\Delta_\nu E} = N\Delta R B_\nu \log \frac{T_m}{T_a} \qquad (2.3.6)$$

而且由(2.3.5)就得到

$$\Omega_\nu^2 = N\Delta R B_\nu T_m. \qquad (2.3.7)$$

尽管 $\overline{\Delta_\nu E}$ 的表示式是本质地依赖于 T_a 的,我们在 Ω_ν 的表示式中却简单地取了 $T_a = 0$, 因为对这个表示式来说,如果 $T_a \ll T_m$, 则屏蔽将只是很小的改正量.

至于(2.3.6)中的对数项的宗量,我们由(1.1.8)并分别利用(1.4.3)和(1.4.8)就得到

$$\frac{T_m}{T_a} = \left(\frac{2}{\theta_a}\right)^2 = \begin{cases} \left(\dfrac{2}{\zeta}\right)^2 & \text{若 } x > 1 \\ \left(\dfrac{2}{\zeta}\kappa\right)^2 & \text{若 } x < 1. \end{cases} \qquad (2.3.8)$$

对于裂变碎片那样的高度带电的粒子来说,由(2.1.6)可以看到在所涉及的一切速度下都有 $\kappa > 1$, 但是对于质子、α 射线或电子之类的电荷较小的快粒子来说,我们却可能在轻的阻挡物质中有 $\kappa < 1$. 然而,在 $\zeta \ll 1$ 的事例中,由(2.1.8)却可以推知,表示式(2.3.8)即使在 $\kappa < 1$ 的条件下也将永远比 1 大得多.

正是由于对数宗量的值很大,公式(2.3.6)在 $\zeta \ll 1$ 下就表示一种很高的精确度,尽管所涉及的近似方法是不够细致的. 事实上,关于 T 在 T_a 的邻域中的

分布的任何更详细的估计，都只会导致对数项中的数量级为 1 的改正量. 同样，472
关于在 $\kappa \sim 1$ 的条件下分布函数 R'_a 和 R''_a 之间的过渡的更进一步的考察，在 $\zeta \ll 1$ 的事例中也只会对阻止效应之估计值给出很小的改正量. 另外我们注意，只要对数项还很大，它就对速度的变化很不敏感，尽管宗量依赖于 v. 因此，对于高速粒子来说，按照(2.2.3)，核碰撞中的能量损失率就将以高度的近似按 v^{-2} 的规律而变化. 然而，随着速度的减小而对数项的宗量逐渐减小，$\overline{\Delta_\nu E}$ 却将变化得比 v 还慢. 在这些方面，Ω_ν 的表示式(2.3.7)是特别简单的，因为，按照(1.1.9)，它是不依赖于粒子速度的.

在 $\zeta \gtrsim 1$ 的慢粒子事例中，核阻止效应的一种粗略估计可以通过假设散射对一切立体角都是均匀的来得出；这种散射对应于微分截面的表示式(2.2.8). 对于弱碰撞来说，既然对这一分布的任何偏离都对 $\overline{\Delta_\nu E}$ 的估计以及 Ω_ν 的估计只有较小的重要性，我们由(2.3.4)和(2.3.5)就分别得到

$$\overline{\Delta E_\nu} = \frac{1}{2} N \Delta R \sigma T_m \tag{2.3.9}$$

和

$$\Omega_\nu^2 = \frac{1}{3} N \Delta R \sigma T_m^2. \tag{2.3.10}$$

在 $\zeta \sim 1$ 的特例下，按照(1.5.8)和(1.5.11)，截面 σ 大致地正比于 v^{-2}；这时表示式(2.3.9)就给出一个近似地不依赖于速度的阻止本领. 我们在第五章中即将 473
看到，这样一个能量损失率确实可以说明 α 粒子的射程-速度关系. 在这方面我们可以注意，正是在 $\zeta \gtrsim 1$ 的速度区域中，核碰撞就构成能量损失的主要起源；这和 $\zeta \ll 1$ 的情况恰好相反，在那种情况下电子碰撞常常是在阻止效应中起主导作用的. 在 $\zeta \gg 1$ 的极端情况下，按照 §1.5 中的考虑，σ 的值在一个宽广的速度区间内保持为和气体的分子运动论截面有相同的数量级，从而(2.3.9)给出一个和 v^2 成正比的阻止本领. 这样的条件是应该针对 β 反冲粒子来预料的，那时，对于中等原子序数的放射性物质来说，我们有 $v \sim 10^{-2} v_0$ 和 $\zeta \sim 10^3$.

§2.4 核阻止效应的统计

在 §2.3 中概述了的核阻止效应的初等穿透理论，直接使我们可以估计一个粒子在穿过物质的某一厚度时所遭受的能量损失的平均值 $\overline{\Delta E}$ 和平均平方偏差 Ω^2. 如果 ΔE 的值是按照极大值为 ΔE_0 而半宽度为 Ω_0 的一个标准误差定律

$$W_0(\Delta E) = \frac{1}{\sqrt{2\pi}\Omega_0} \exp\left[-\frac{(\Delta E - \Delta E_0)^2}{2\Omega_0^2}\right] \tag{2.4.1}$$

来分布的，则理论将给出现象的一种全面的说明，因为我们当然简单地有 $\Delta E_0 = \overline{\Delta E}$ 和 $\Omega_0 = \Omega$.

ΔE 的分布将在多大程度上真正由一个(2.4.1)型的公式来给出，首先将取
474 决于被穿透的物质厚度. 例如，对于很薄的层来说，阻止效应将十分不规则，而只依赖于少数几次碰撞. 然而，即使 ΔE 是为数甚多的个体贡献的结果，由几率理论也了解得很清楚的是，只有当所有的个体贡献都小于 Ω，或者说当

$$\Omega > T_m \tag{2.4.2}$$

时，才能预期一个标准误差定律，此处 T_m 是个体碰撞中的能量传递的极大值. 如果这个条件并不满足，则一次单独的碰撞事实上可以对现象有显著的影响，于是分布就可以和高斯定律相差很大. 在这样的情况下，通常是由实验可以直接得出的能量最可几 ΔE 值就不一定再和平均值 $\overline{\Delta E}$ 相重合，同样，射程的离散也不会由 Ω 的值来基本地确定. 因此，在这样的事例中，实验的诠释就需要对 ΔE 的统计分布进行更细致的分析.

属于这一种类的一个问题最初是在 β 射线的阻止中遇到的，那时，在电子碰撞中，$m_1 = m_2 = \mu$，从而等于入射粒子之总动能的 T 值就可能出现. 在这样的情况下，即使物质厚度可以和整个的射程相比，条件(2.4.2)也显然是并不满足的. 因此，在讨论一个 β 射线束的 ΔE 的分布时，就区分了(Bohr 1915)只遭受较
475 小的碰撞而其阻止是典型积累效应的大多数粒子和 ΔE 值主要取决于单独一次猛烈碰撞的少数粒子.

一种近似的处理是通过区分其 T 值是小于还是大于某值 T^* 的碰撞而得出的，T^* 值适当地定义，使得平均说来各粒子大约遭受一次 $T > T^*$ 的碰撞. 至于 $T < T^*$ 的碰撞，则已经证明，合能量损失 $\Delta^* E$ 大体上将按照高斯定律而分布，而更猛烈碰撞的偶尔发生则在 ΔE 的分布中造成一个远远延伸到高斯峰值的宽度以外的"尾部". 问题的详细分析(Williams 1929)已经给出了一些结果，和由这种近似的考虑求出的结果相当一致，从而我们在这里可以只介绍这种简略的方法①.

为了考查对核阻止效应来说能量损失的一种高斯分布的条件(2.4.2)在多大程度上得到满足，我们将首先考虑最重要的问题，即 $\zeta \ll 1$ 的问题. 在这种事例中，由(2.3.7)可知，(2.4.2)是和

① 加在校样上的小注：笔者的注意力曾被引向 L. 朗道的一篇论文(Journ. of Phys. U. S. S. R. **8**, 201(1944)). 朗道曾经通过问题的更严密的数学处理而大大改进了理论；利用这种办法，他已经成功地求得了 $W(\Delta E)$ 的分析表示式.

$$N\Delta RB_\nu > T_m \tag{2.4.3}$$

等价的,或者,按照(2.3.6),是和

$$\overline{\Delta_\nu E} > T_m \log\frac{T_m}{T_a} \tag{2.4.4}$$

等价的.即使是对可以和整个射程相比的ΔR值来说,核碰撞对$\overline{\Delta E}$的贡献当然也 476
永远不会大于$E=\frac{1}{2}m_1v^2$,而且,由于向电子传递的能量,它事实上常常总是小得多.再者,既然在所考虑的事例中对数式和1相比是很大的,那么我们就看到,(2.4.4)得到满足的一个必要条件就是$T_m \ll E$,或者,按照(1.1.9),m_1必须或是远大于或是远小于m_2.然而,只有在$m_1 \gg m_2$的情况下,我们才会遇到一种简单的阻止现象,因为,正如我们在下一节中就会看到的那样,对于$m_1 \ll m_2$的事例来说,恰恰是在(2.4.3)得到满足的情况下,散射将如此之大,以致我们会遇到典型的漫散效应.如果$m_1 \sim m_2$,则局势和高速电子在电子碰撞中的阻止问题十分类似,而如上所述,我们在那种问题中将遇到合能量损失的一种更加复杂的统计分布.

当分析(2.4.2)不满足时的$\Delta_\nu E$的分布时,我们将区分T小于值T^*和T大于值T^*的碰撞,此处T^*定义为

$$T^* = N\Delta RB_\nu, \tag{2.4.5}$$

而且恰恰是在(2.4.3)不成立的那些事例中小于T_m.既然我们将假设当$T_1 = T_a$而$T_2 = T_m$时由(2.2.5)给出的平均碰撞总数是很大的,那就可以进一步推知$T_a \ll T^*$.

首先考虑$T < T^*$的碰撞的效应,仿照(2.3.6),我们就得到由这些碰撞引起的能量损失$\Delta_\nu^* E$的平均值

$$\overline{\Delta_\nu^* E} = N\Delta RB_\nu \log\frac{T^*}{T_a}, \tag{2.4.6}$$

而对应于(2.3.7),由(2.4.5)就得到 477

$$\Omega_\nu^* = N\Delta RB_\nu = T^*. \tag{2.4.7}$$

既然$T^* \gg T_a$,我们由(2.4.6)和(2.4.7)就看到$\overline{\Delta_\nu^* E} \gg \Omega_\nu^*$,而且,既然由(2.4.7)进一步看到对$\overline{\Delta_\nu^* E}$的任何个体的贡献都不大于$\Omega_\nu^*$,我们就可以得出结论说,在初级近似下,$\Delta_\nu^* E$的分布将由一个和(2.4.1)相对应的标准误差定律针

对一个和$\overline{\Delta_\nu^* E}$密切相等的$\Delta E_0$来给出，其宽度$\Omega_0$和$\Omega_\nu^*$具有相同的数量级.

至于$T > T^*$的碰撞，它们的平均数将按照(2.2.5)和(2.4.5)而小于1，尽管在$T^* \ll T_m$的情况下将趋近于1；在这种情况下，条件(2.4.3)是远非满足的，从而$\Delta_\nu T$的分布是和高斯定律相差很大的. 在这些条件下，有些粒子将遭受比T^*大若干倍的能量损失，而且，虽然这种猛烈碰撞的几率是很小的，但是它却比作为$T < T^*$时的积累效应的结果而使能量损失以相应的数量超过$\overline{\Delta_\nu^* T}$的几率要大得多. 然而，粒子中的大多数却将或是不遭受$T > T^*$的任何碰撞，或是遭受一次或少数几次T值只比T^*大一点点的碰撞. 因此就可以推知，$\Delta_\nu E$的分布包括一个窄峰，和一个远远延伸到窄峰宽度以外的平坦的尾部. 另外也可以看到，峰虽然稍微有点不对称，但它却和$\Delta_\nu^* E$的高斯分布很相像. 特别说来，峰的
478 半宽度将和Ω_ν^*可以相比，而峰的极大值的位置将和$\overline{\Delta_\nu^* E}$只差一个和$\Omega_\nu^*$同数量级的量. 至于尾部的形状，由个体能量损失的分布定律(2.2.2)可知，对于和Ω_ν^*相比是很大的$\Delta_\nu E - \overline{\Delta_\nu^* E}$值，几率函数$W(\Delta_\nu E)$将按照$\Delta_\nu E - \overline{\Delta_\nu^* E}$的平方反比规律而递减.

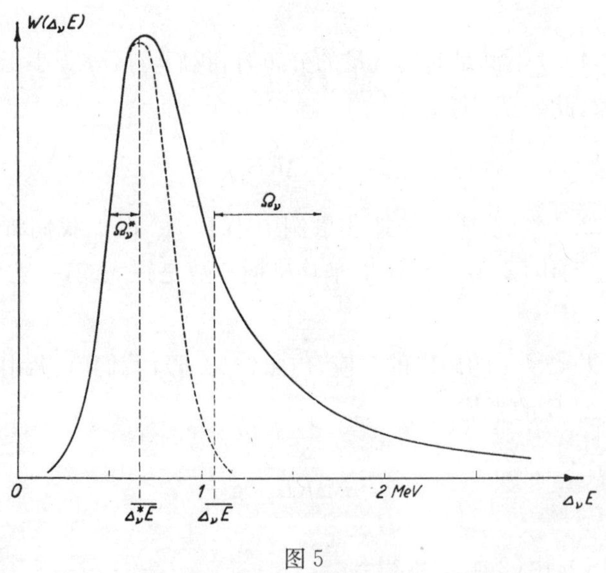

图5

一条典型的离散曲线如图5所示，它表示了对$v \sim v_0$的轻组($Z \sim 38, A \sim 96$)裂变碎片所应预期的$\Delta_\nu E$的分布，碎片通过标准状态下的2毫米的氩，这大致对应于剩余射程的一半. 在这一事例中，由(2.1.7)可见$\zeta \sim 0.09$，从而由(2.3.8)可见，既然$\kappa \gg 1$，就得到一个约为500的$\frac{T_m}{T_a}$值. 由(1.1.9)和(2.2.3)进

一步得到，$N\Delta RB_\nu \sim 0.08T_m$，因此我们由(2.4.5)得到 $40T_a \sim T^* \sim 0.08T_m$.
$\Delta_\nu E$ 的分布用实曲线表示，而 $W(\Delta_\nu^* E)$ 则用虚曲线表示. 关于这些曲线的细节， 479
曾经运用了威廉斯(1929)的更精致的分析. 用 $W(\Delta_\nu E)$ 的极大值位置来表示的 $\overline{\Delta_\nu E}$ 的最可几值，近似地和 $\overline{\Delta_\nu^* E}$ 相重合，而如图所示，由于来自分布曲线的尾部的贡献，$\overline{\Delta_\nu E}$ 却是大得多的. 在所表示的事例中，$\overline{\Delta_\nu^* E}$ 约比 $\overline{\Delta_\nu E}$ 小 40%. 再者，可以看到，峰的半宽度和 Ω_ν^* 有相同的数量级，而图中也表示了它的值的 Ω_ν 则和曲线并无这种简单关系.

在 $\zeta \ll 1$ 的事例中，大多数的碰撞都导致远小于 T_m 的能量损失；相反地，对于 $\zeta \lesssim 1$ 来说，按照(2.2.8)，T 的各种不同值是等几率的，从而合能量损失的分布就具有根本不同的特点. 在这方面，我们将只考虑 $m_1 \gg m_2$ 的事例，因为对于 $m_1 \gtrsim m_2$ 来说，入射粒子几乎在每一次碰撞中都会遭受一次大的偏转，从而阻止和离散的现象就被漫散效应所掩盖. 然而，由(1.1.9)可见，当 $m_1 \gg m_2$ 时，粒子在单独一次碰撞中只能损失它的能量的一个很小的部分；如果这样，和很大平均碰撞数的一段射程相对应的 $\Delta_\nu E$ 的值就将按标准误差定律而分布. 事实上，如果代表碰撞数的 $N\Delta R\sigma$ 远小于 1，则由(2.3.10)可知 $\Omega \gg T_m$，这是和(2.4.2)相对应的.

480

§ 2.5 复 合 散 射

已经提到过，由许多次小的个体偏转的积累效应引起的复合散射现象，是和核阻止效应密切联系着的. 我们即将看到，复合散射事实上常常提供一种估计核碰撞对物质总阻止本领的贡献的直接手段.

在有可能区分大角散射和复合散射的事例中，个体碰撞中的偏转角 φ 大多是很小的，如果粒子在通过一层物质时被散射的合偏转角 Φ 的平均平方值也很小的话；因此我们就有

$$\Psi^2 = \overline{\Phi^2} = \sum_i \varphi_i^2 \omega_i, \tag{2.5.1}$$

在这里，碰撞被分成了一些和 φ 的小区间相对应的组，而 ω_i 则像在(2.3.2)中一样代表第 i 个区间中的平均碰撞数. 引用微分截面 $\mathrm{d}\sigma$，我们也可以仿照(2.3.4)写出

$$\Psi^2 = N\Delta R \int \varphi^2 \mathrm{d}\sigma. \tag{2.5.2}$$

为了强调和阻止现象的密切关系，用能量损失 T 来把在一次碰撞中遭受的偏转角 φ 表示出来是方便的，而在这方面，最简单的办法就是首先考虑只能出现小的

φ 值的 $m_1 \gg m_2$ 的事例. 于是,我们由(1.1.6)就近似地得到

481

$$\varphi = \frac{m_2}{m_1}\sin\theta \tag{2.5.3}$$

或者,按照(1.1.8)把 T 代入,就有

$$\varphi^2 = \frac{4m_2^2}{m_1^2}\frac{T}{T_m}\left(1-\frac{T}{T_m}\right). \tag{2.5.4}$$

因此,利用(2.3.4)和(2.3.5),我们由(2.5.2)就得到

$$\Psi_\nu^2 = \frac{4m_2^2}{m_1^2}\left(\frac{\overline{\Delta_\nu E}}{T_m}-\frac{\Omega_\nu^2}{T_m^2}\right), \tag{2.5.5}$$

式中正如在以上几节中一样,下标 ν 表明我们涉及的是核碰撞的效应.

在较小屏蔽 ($\zeta \ll l$) 的事例中,(2.5.5)的括号中的第一项和第二项之比等于 $\log\dfrac{T_m}{T_a}$,正如由(2.3.6)和(2.3.7)可以看出的那样. 既然 $T_m \gg T_a$,我们在初级近似下就可以忽略第二项,从而利用(1.1.9)并在和 m_1 相比之下略去 m_2,即得

$$\Psi_\nu^2 = \frac{m_2}{m_1}\frac{\overline{\Delta_\nu E}}{E}. \tag{2.5.6}$$

对于过度屏蔽($\zeta \lesssim 1$)来说,应该应用 $\overline{\Delta_\nu E}$ 和 Ω_ν^2 的公式(2.3.9)和(2.3.10),于是我们就得到

$$\Psi_\nu^2 = \frac{1}{3}\frac{m_2}{m_1}\frac{\overline{\Delta_\nu E}}{E}, \tag{2.5.7}$$

因为(2.5.5)的括号中的第二项等于第一项的三分之二. 特别说来,由 Ψ_ν 的这些
482 表示式可以看出,即使 $\overline{\Delta_\nu E}$ 可以和 E 相比,在 $m_1 \gg m_2$ 的情况下合偏转角也将实际上像在(2.5.1)中所预设的那样是很小的.

正如对于在 § 2.4 中考虑了的能量损失一样,一般将有必要比较细致地考察一下散射角的统计分布,而为此目的,我们可以利用一个和(2.4.2)相似的判据. 既然根据(2.5.3)可知最大的个体偏转角 φ_m 等于 m_2/m_1,由(2.5.6)或(2.5.7)就分别可见复合散射将是高斯型的,如果 $\overline{\Delta_\nu E}/E$ 和 m_2/m_1 相比是很大的话. 对于只和少数几次碰撞相对应的很薄的层来说,我们当然不能预期任何这样的简单的统计规律性,但是我们却看到,如果 $\overline{\Delta_\nu E} \sim E$,则在 $m_1 \gg m_2$ 的情况

下 Φ 的分布确实对应于一个标准误差定律，而平均平方偏转角则等于 $\Psi_\nu{}^2$.

如果 m_1 可以和 m_2 相比或小于 m_2，则大的个体偏转可能发生，而现象将主要地依赖于大偏转角和小偏转角的相对频次. 正如在上一节中已经指出的那样，在这方面，我们遇到 $\zeta \ll 1$ 的问题和 $\zeta \gtrsim 1$ 的问题之间的一种本质差别. 事实上，在后一事例中，θ 的分布将是对一切角度为近似均匀的，从而相当一部分碰撞将导致大的偏转角 φ. 因此，如果所考虑射程段上的平均碰撞数是很大的，我们就会遇到入射粒子注的完全漫散. 在 $\zeta \ll 1$ 的事例中，由(2.2.5)可知，大偏转将按照(2.4.3)的是否满足而是多见的或稀少的. 在前一事例中， 483
我们又会遇到典型的漫散问题，而在后一事例中，通常却是可以区分"单次"散射和"复合"散射的.

曾经由玻特(Bothe 1921)和由威廉斯(1939 及 1940)特别考查过的这最后一个问题，和在上一节中讨论过的能量损失问题是密切类似的. 因此，遵照在区分 $\Delta_\nu E$ 的峰分布和尾分布时所用的方法，我们可以在散射问题中区分小于和大于值 φ^* 的偏转角的效应，此处的 φ^* 对应于能量传递为 T^* 的碰撞.

在这样的情况下，关于 $m_1 \gtrsim m_2$ 的核碰撞中的复合散射的一个估计，可以通过和针对 $m_1 \gg m_2$ 来计算 Ψ_ν 时所用的方法相类似的方法来求出. 既然和 $T < T^*$ 的碰撞相对应的偏转角是很小的，我们由(1.1.6)就在很高的近似下得到

$$\varphi = \frac{m_2}{m_1 + m_2}\theta, \tag{2.5.8}$$

于是，由(1.1.8)和(1.1.9)就得到

$$\varphi^2 = \frac{m_2}{m_1}\frac{T}{E}. \tag{2.5.9}$$

如果由 $\varphi < \varphi^*$ 的各个碰撞所造成的合空间偏转角也仍然很小，我们由(2.3.4)和(2.5.2)就得到这些偏转角的平均平方

$$(\Psi_\nu^*)^2 = \frac{m_2}{m_1}\frac{\overline{\Delta_\nu^* E}}{E}, \tag{2.5.10}$$

式中$\overline{\Delta_\nu^* E}$是由所讨论的那些碰撞引起的总的平均能量损失. 既然由 §2.4 中的考虑可知，如果碰撞数很大，则 $\overline{\Delta_\nu^* E} \gg T^*$，那么我们由(2.5.9)和(2.5.10)就看 484
到，在这种事例中有 $\Psi_\nu^* \gg \varphi^*$. 因此就很有理由来区分一种按高斯定律分布的复合散射和一种由卢瑟福定律来给出的单次散射了.

引用$\overline{\Delta_\nu^* E}$的公式(2.4.6)，我们就利用(2.4.5)由(2.5.10)得到一个 Ψ_ν^* 的

表示式，此式和由玻特(1921)导出并由他特别应用于β射线在不同材料中的复合散射研究中的表示式密切重合. β射线的散射问题曾由玻特(1923)考虑过，特别是由威廉斯(1939 及 1940)考虑过；威廉斯也曾经很细致地研究了大于 φ^* 的各个偏转角对平均合偏转角的贡献. 在这方面，指出一点是特别有兴趣的，那就是，恰恰是复合散射现象就提供了一种直接的方法来检验在 $\kappa<1$ 和 $\kappa>1$ 的情况下所应预期的核场屏蔽的不同效应. 事实上，正如威廉斯(1945)所指出的那样，在按照(2.1.6)κ 值是很大的重物质中对 α 粒子散射进行的测量，被发现为和建筑在经典力学上的计算相一致，而对于 $\kappa<1$ 的快β射线来说，简单波动力学的处理却是和实验结果相容的.

在核阻止的问题中，我们用不着涉及相对论效应，因为在很高的速度下电子阻止是完全主导性的，但是在复合散射方面，考虑在 $v\sim c$ 时所应引入的改正却是重要的. 曾由威廉斯(1939)详细处理过的这个问题，由于一个情况而被弄得比较简单了；那情况就是，出现特定
485 相对论效应的很猛烈的碰撞，对复合散射并无多大影响. 因此，必须引入到上述公式中来的主要修订，是起源于粒子的增大了的惯性，从而是可以通过在(2.5.6)和(2.5.10)中把 m_1 换成 $m_1\gamma$ 来加以说明的. 不过，对于很快的粒子来说，当波长变得小于原子线度时，却有必要进一步照顾到由核的有限大小所引起的对库仑散射的偏差. 正如威廉斯(1939)所证明的那样，可以沿着和在§1.4 中所考虑的屏蔽问题相同的思路来加以处理的这后一种效应，意味着卢瑟福分布在大于某一极限值的角度处的一种截止.

如上所述，核碰撞中复合散射和阻止效应之间的密切关系，提供了估计这种碰撞在穿透现象中所起作用的一种手段. 对这种目的来说有重大意义的是，电子碰撞虽然常常对阻止会有决定性的影响，但是对散射却通常只有次级的重要性. 事实上，对很快的粒子来说，原子中每一个电子对 Ψ^2 的贡献，除了对数式中的较小变化以外，可以用关于一个带单位电荷的核的和(2.5.6)或(2.5.10)相对应的表示式来给出，从而最后的 Ψ^2 值可以通过简单地把 z^2 换成 z^2+z 而从这些表示式近似地求得. 对于较小的粒子速度来说，正如由第三章中的考虑可以推知的那样，原子中电子的束缚状况是受碰撞的影响较小的；这时，这些电子的效应主要就在于对核场的屏蔽，而这是已经包括在 Ψ 的估计中的.

于是，根据复合散射的测量结果和在给定射程段上的能量减低的测量结果，就可能利用方程(2.5.6)、(2.5.7)或(2.5.10)来直接确定核碰撞对阻止效应的
486 贡献. 特别说来，快 α 粒子的径迹除了在射程最后阶段以外都几乎是直线这一众所周知的事实，就对应于这样一种情况：几乎全部的能量损失都是由电子碰撞引起的. 然而，在裂变碎片的事例中，云室照片上径迹的显著弯曲的研究(BØGGILD, BROSTRØM and LAURITSEN 1940)，却已经给出了证据，表明核阻止

效应绝不是无足轻重的，而且在速度变得可以和 v_0 相比的射程末尾是甚至会变得占主导地位的. 在第五章中，联系到有关本章中的考虑和核碰撞及电子碰撞对阻止现象及离散现象之相对贡献之间的关系的一种更仔细的讨论，我们将回到上面这些问题上来.

487

第三章　穿透现象中的原子激发和原子电离

§3.1　电离效应和电子阻止效应的经典力学处理

如上所述，在原子和快速运动粒子之间的碰撞中，除了从入射粒子到整个原子的能量和动量的传递以外，还有粒子和原子中各电子之间的一种相互作用也应该照顾到．事实上，这种常常是阻止效应之主要原因的相互作用，可以引起沿着路径的那些原子的电离或激发．正如在引言中已经指出的那样，这些现象的处理曾经是原子力学方法的重要检验，而且在有关经典力学概念在多大程度上可以适当应用以及在什么地方要用正式的量子力学分析的问题上也同样提供了发人深省的教益．为了尽可能清楚地提出主要的论点，回顾一下局势逐渐得到澄清的那种发展将是合适的，而为此目的，我们将首先从普通力学的立脚点来考虑问题．

488 课题原先是由J·J·汤姆孙(1906)提起的，他在原子核被发现的几年以前就讨论了由于和被穿透物质的原子中的电子相碰撞而引起的高速粒子的阻止．假设了这些电子的速度远小于粒子速度，并首先略去原子内力在碰撞时间内的效应，汤姆孙利用和在§1.1中提到的那些考虑相仿的简单力学考虑，推出了关于个体能量之统计分布的一个和(2.2.2)相等价的表示式．于是，按照我们的符号，起初被认为是静止的原子中的电子具有电荷ε和质量μ，一个粒子的电荷数是z_1而其速度是v，而所求得的二者之间的微分碰撞截面就是

$$d\sigma = B_\varepsilon \frac{dT}{T^2}, \tag{3.1.1}$$

式中

$$B_\varepsilon = 2\pi \frac{z_1^2 \varepsilon^4}{\mu v^2}, \tag{3.1.2}$$

下标ε表示电子碰撞，以别于在第二章中考虑了的核碰撞．

特别说来，公式(3.1.1)曾被汤姆孙用来估计快粒子的电离效应，所根据

的假设是，如果传递给电子的能量超过所谓的电离势能，则电离会发生. 因此，如果一个原子中的不同电子用一个下标 s 来标明，而从原子取走第 s 个电子时所需的能量用 I_s 来表示，则对应于(2.2.5)，所产生的离子的平均数应由下式给出：

$$\omega_I = N\Delta RB_\varepsilon \sum_s \left(\frac{1}{I_s} - \frac{1}{T_m}\right), \tag{3.1.3}$$

式中的求和应遍及原子中其电离能 I_s 小于在自由碰撞中所能传递的最大能量 489
T_m 的一切电子. 我们由(1.1.9)就得到

$$T_m = \left(\frac{1}{4}\right) 2\mu v^2, \tag{3.1.4}$$

此处括号中的因子对重的穿透粒子($m_1 \gg m_2 = \mu$)来说应被略去，而只有当入射粒子是一个电子时($m_1 = m_2 = \mu$)才需要照顾到. 在以下的全部讨论中，我们都将应用这种关于不同类型粒子的公式合并方法.

按照以上的假设，在电离过程中消耗的平均能量$(\overline{\Delta_\varepsilon E})_I$ 由(2.3.4)和(3.1.1)得出

$$(\overline{\Delta_\varepsilon E})_I = N\Delta RB_\varepsilon \sum_s \log \frac{T_m}{I_s}, \tag{3.1.5}$$

求和遍及 $I_s < T_m$ 的原子中电子，正如在(3.1.3)中那样. 然而，按照经典力学，我们必须预料能量也可以在碰撞中被传递而并不导致电子从原子中的被取走. 不过也很明显，在这种能量传递的估计中不能完全不考虑原子内部的力场，因为积分式(2.3.4)对趋近于零的 T 的下限是发散的. 在汤姆孙的原始处理中，曾经假设公式(3.1.1)只能对一些 T 值成立，那些值和小于原子中电子间的平均距离的那些碰撞参量相对应，而由于中和效应，平均能量传递被认为在更远距的碰
撞中是小得微不足道的. 在达尔文(1912)使理论适应于有核原子模型的后来尝 490
试中，曾经简单地假设只有粒子穿入原子内部的那种碰撞才对能量损失有所贡献.

尽管粒子和整个原子之间的动量交换是受到周围电子对核场的屏蔽的限制的，但是粒子和原子中电子之间的自由能量交换的界限却基本上并不依赖于未受扰原子内的空间电荷分布. 事实上，原子中各电子的阻止效应首先依赖于它们在碰撞时间内在原子中的位移. 尽管在 $T < I_s$ 的事例中原子内力对电子在碰撞以后的束缚状况是有决定影响的，我们却必须根据普通的力觉来预期，束缚力不可能对能量传递有多大影响，如果粒子和电子之间的相互作用在实际上是局限

在一个远小于原子振动周期的时间阶段中的话. 然而,持续时间大于原子周期的那些碰撞实际上却有一种浸渐过程的品格;在这种过程中,原子在任何时刻都可以认为受到一个静态场的作用,从而如果电子在碰撞过程中的位移并不导致电子从原子中被取走,则碰撞以后的束缚状态将和碰撞以前的束缚状态相同.

因此,在能量传递方面,原子束缚力所引入的不是一种具有静态起源的而是一种具有动态起源的屏蔽. 在估计这种屏蔽的效应时,我们可以把原子比拟为一组谐振子,其中每一个谐振子都是一个束缚在准弹性力场中的电子. 作为这个场的广延的一种量度,我们可以取

491 $$a_s \sim \frac{u_s}{\omega_s}, \tag{3.1.6}$$

式中 ω_s 是第 s 个电子的绕转频率,而 u_s 是由下式定义的一个"轨道" 速度

$$I_s = \frac{1}{2}\mu u_s^2. \tag{3.1.7}$$

对于原子中那些束缚得最松的电子来说,a_s 和 u_s 是和在 §2.1 中引入的 a_0 和 v_0 具有相同的数量级的,而对于那些束缚得较紧的电子来说,则可能有 a_s 比 a_0 小得多而 $u_s \gg v_0$.

从经典力学的观点看来,如果 $v \gg u_s$ 而且又有 $b \ll a_s$,式中 b 是由(1.1.4)定义的碰撞直径的话,碰撞问题就特别简单. 事实上,按数量级来看,其碰撞参量 p 远大于 b 的一次碰撞的持续时间,将由 $\frac{p}{v}$ 来给出,因此,对于由

$$d_s = \frac{v}{\omega_s} \tag{3.1.8}$$

给出的一个 p 值来说,这个持续时间将和 $\frac{1}{\omega_s}$ 相去不远. 对于 $v \gg u_s$,可以看到 $d_s \gg a_s$,于是我们在 $a_s \gg b$ 的条件下也有 $d_s \gg b$. 因此,在这种事例中,我们就可以在 $p \ll d_s$ 时略去束缚力的影响,从而在这种碰撞中 T 的统计分布就将由(3.1.1) 来给出.

用 i_s 代表 $T = I_s$ 时的 p 值,我们就由(1.1.4)、(1.1.10) 和(3.1.7) 得到

$$i_s = \left(\frac{1}{2}\right) b \frac{v}{u_s}, \tag{3.1.9}$$

492 此式适用于 $v \gg u_s$ 和 $a_s \gg b$,这时 $b \ll i_s \ll d_s$. 在这些条件下,$p \gtrsim d_s$ 的一次碰

撞对原子的影响将只是一种微扰，而且，既然 $d_s \gg a_s$，入射粒子所作用的力在所论原子的区域中将实际上是均匀的. 于是，这种碰撞中的能量传递机制，就将是一个问题，它密切地类似于波长大于原子线度的电磁辐射的色散和吸收问题.

于是，在 $v \gg u_s$ 而 $a_s \gg b$ 的事例中，就可以把碰撞分成两组，其中每一组都以自己的方式表现特定的简化，而且，由于两组之间的区别很大，借助于这种简单的分析就可以得到一种高精确度. 细致的计算（BOHR 1913）得出的结果是：总的能量传递由下式给出：

$$\overline{\Delta_\varepsilon E} = N\Delta R B_\varepsilon \sum_s \log\left(k\frac{T_m}{D_s}\right), \tag{3.1.10}$$

式中 k 是一个等于 1.261 的常数①，而 D_s 是在碰撞参量为 d_s 的一次自由碰撞中的能量传递. 既然 $d_s \gg b$，我们由(1.1.4)、(1.1.10)和(3.1.8)就得到

$$\frac{T_m}{D_s} = \left(\frac{2d_s}{b}\right)^2 = \left(\left(\frac{1}{2}\right)\frac{\mu v^3}{z_1 \varepsilon^2 \omega_s}\right)^2. \tag{3.1.11}$$

如果原子中某些电子的 $u_s \gtrsim v$，则问题会有更复杂的品格，而且碰撞也不能像以上那样被分成简单的两组. 然而，这种电子对阻止效应的贡献通常是很小 493
的. 事实上，对 $u_s \gg v$ 来说，我们按照(3.1.4)和(3.1.7)就有 $I_s \gg T_m$，从而束缚力就将阻止电子从原子中被取走，并将使甚至最近距的碰撞也有一种实际上是浸渐的品格. 因此，当估计高速粒子的电子阻止时，我们就可以在初级近似下把(3.1.10)中的求和限制在 $I_s < T_m$ 的电子上.

然而，如果某些 $u_s < v$ 的电子具有小于 b 的 a_s 值，就可能必须在阻止公式和电离公式中引入实质性的改正. 事实上，在这种事例中，i_s 将超过 d_s，从而 d_s 这个量就可能不再代表一个有效的浸渐界限. 在这样的情况下，能量损失可能稍大于(3.1.10)所给出的值，而与此同时，电离却可以比(3.1.3)所给出的小很多. 在§3.3中，当更加细致地考虑理论的适用范围时，我们将回到这个由兰姆(1940)在讨论高度带电的裂变碎片的穿透作用时第一次提出的问题上来. 然而我们可以指出，$a_s > b$ 这个条件对快粒子来说是永远满足的，如果它们的电荷并不比基元单位大很多的话.

在阻止公式(3.1.10)中，并没有把相对论的改正考虑在内，但是也很容易把计算扩充到

① 这个常数可以用欧勒常数 C 表示成 $4e^{-2C}$.

和光速相近的速度. 事实上,对于可以把电子看成自由电子的那种碰撞来说,按照 §1.1 中的那些考虑,如果 $p \gg b$, 则能量传递即使当 $v \sim c$ 时也将由(1.1.12)来给出,因为场按比例
494 $\frac{1}{\gamma}=\sqrt{1-\frac{v^2}{c^2}}$ 而进行的收缩恰好被场强的一个相应增量所补偿. 然而,碰撞持续时间的缩短却意味着,浸渐截止的有效界限将比(3.1.8)增大一个因子 γ. 和导致(3.1.10)的计算相似的一种更仔细的计算(BOHR 1915),不但照顾到了垂直于而且照顾到了平行于入射粒子运动方向的分力;由这种计算推知,除了 d_s 中表明 D_s 将增大一个倍数 γ^2 的因子 γ 以外,对数宗量也必须乘以 $\exp[-v^2/c^2]$.

确实,当 $v \sim c$ 时,必须对 $p \lesssim b$ 的碰撞进行特殊的考虑. 然而,一方面,只要(3.1.10)中的对数项是很大的,这些碰撞对总的能量损失来说就没有多大的重要性;另一方面,在 $v \sim c$ 的最重要事例即 β 射线的事例中,正如在 §2.5 中讨论了的核阻止问题中一样,必须区分平均能量损失和最可几能量损失,而其中不依赖于很近距的碰撞的最可几能量损失对实验的分析来说才是最重要的. 关于这样的能量损失的分布问题,我们将在 §3.4 中再来讨论.

粒子在通过物质时的阻止机制,可以通过一种电场的直接估计来进一步加以阐明,该电场起源于媒质的极化,并对穿透性的粒子起一种制动作用. 这样一种程序如图 6 所示. 图中的中心线 C 代表一个带正电的重粒子的路径,在所论时刻的位置用箭头的起点来代表. 小圆圈代表原子;为了简单,假设每一个原子只包含一个电子,电子的轨道线度和轨道速度是 a 和 u. 我们假设浸渐界限 d 远大于 a, 这对应于 $v \gg u$; 此外还假设 $a > b$, 从而 d 大于电离界限 i. 图中画出了在所考虑的时刻以前的电子轨道,尽管在电离事例中并没有把电子轨道追踪得超
495 出于粒子路径以外. 在浸渐界限以外,各电子的位置对通过粒子而垂直于 C 的平面来说将是完全对称的,从而这些电子不会引起作用在粒子上的任何合力. 然

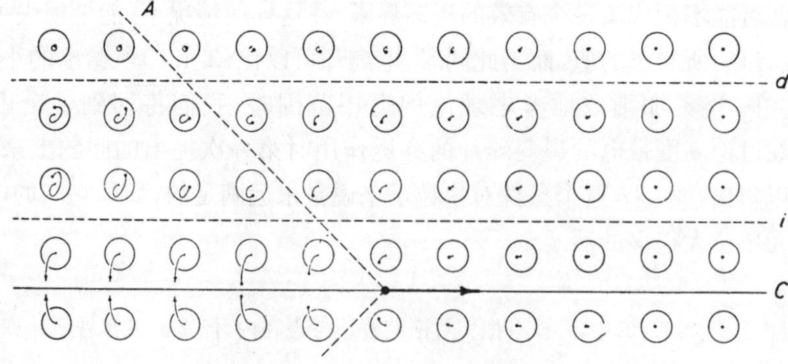

图 6

而，在浸渐界限以内，粒子身后的电子将比它面前的电子离 C 线更近，从而这些电子就会产生一个电场，其方向是和粒子的运动方向相反的.

为了估计场的强度，我们可以简单地计算聚集在粒子的“背影”中的电荷；这个“背影”用包含着所有实际上已经完成了碰撞的那些原子的一个锥体 A 来表示. 既然关于一个自由电子在一次 $p \gg b$ 的碰撞中的位移的量度，按照 §1.1 中的考虑是由 b 给出的，在粒子后面距离 x 处一个厚度为 $\mathrm{d}x$ 的锥体段中，多余电荷就将大致地由 $2\pi\varepsilon Nbx\mathrm{d}x$ 来给出，此处和以前一样 N 代表单位体积中的原子数. 于是，关于这些电荷作用在粒子上的吸引力，我们就得到

$$\mathrm{d}F \approx 2\pi z_1 \varepsilon^2 bN \frac{\mathrm{d}x}{x}, \tag{3.1.12}$$

此式对 $x \gg b$ 成立. 对于较小的 x，垂直于粒子路径的位移将小于 b，从而作为作 496
用在粒子上的总力的一种粗略估计，可以写出

$$F \approx \int_{b/2}^{d} \mathrm{d}F \approx 2\pi z_1 \varepsilon^2 bN \log \frac{2d}{b}, \tag{3.1.13}$$

而由(1.1.4)、(3.1.2)和(3.1.11)可以看出，此式是和(3.1.10)密切重合的. 从此处所指出的观点出发的关于阻止问题的一种更细致的分析，是由 A. 玻尔(1948)给出的.

到此为止，我们一直假设粒子和原子中电子的各次碰撞可以独立地加以考虑. 然而，正如在众所周知的光学问题中一样，我们必须对一个情况有所准备，那就是，媒质的极化在某些情况下可能大大影响在粒子的经过期间作用在各电子上的场. 由斯万(1938)首先指出的这一效应，已由费米(1940)进行了细致的考虑. 他已证明，尽管效应在 $v \sim c$ 时可能意味着阻止本领的大大降低，但是对于 $v \ll c$ 的事例来说改正量却通常是很小的. 不过，正如克喇摩斯(1947)所指出的那样，我们在金属之类的含有自由电子的物质中却遇到一种有趣的例外. 事实上，在这种和 $\omega_s = 0$ 相对应的事例中，浸渐界限(3.1.8)必须换成极化实际上屏蔽了粒子的场的那个距离. 在费米和克喇摩斯的处理中，极化的影响是通过把媒质看成一种介电连续体来加以估计的，然而有趣的是，正如 A · 玻尔(1948)所证 497
明的那样，现象也可以从微观的观点来加以处理，而特别说来，这样就可以更清楚地揭示它和普通的穿透理论的关系. 在这里，相对论效应是通过考虑场的滞后来予以照顾的，而且也对极化效应和由切伦科夫(1934)观察到的奇特辐射现象之间的密切联系进行了讨论. 关于这些现象的理论，已由弗兰克和塔姆(1937)以及塔姆(1939)发展了起来. 他们已经证明，当电子的速度超过了某一光谱域中的光的相速度时，电子就会发出辐射.

§3.2　阻止和电离的量子理论

在上一节中概述了的简单的力学考虑，可以一般地说明电离效应和阻止效应对α射线和β射线的电荷和速度的依赖关系. 电离公式的更细致的检验，在一段时间内受到了区分初级电离效应和次级电离效应的实验困难的阻碍，那种次级效应是由在更猛烈的碰撞中从原子中逸出的快电子所引起的. 但是后来却肯定地证实了，(3.1.3)给出的初级电离过程的次数的值，在许多事例中是小了若干倍的. 另外也发现，阻止公式(3.1.10)是和关于α射线及β射线的测量结果并不充分符合的，而且，特别是在β射线的事例中，公式给出的阻止本领值是比观测值大了不少的.

注意到原子构造之量子理论的随后发展，很自然地就会到普通力学在说明
498 原子反应时的失效中去寻求经典公式的缺点根源，特别说来是到一件事实中去寻求它的根源，那事实就是，在这样的反应中，能量传递只按分立的数量来进行，除非电子是完全地脱离了原子的. 既然激发能量从来不会比电离势能小很多，作为修改阻止公式(3.1.10)的初次尝试，就有人建议(Henderson 1922)把下限简单地换成 I_s，于是表示式(3.1.5)就应该很好地表示总的能量损失. 然而却发现(Fowler 1923)，对于α射线来说，这个公式给出的阻止本领只是实验值的一半.

根据简单的对应关系论点也很快就意识到了，任何修改(3.1.10)的这种办法都是没有道理的(Bohr 1925). 事实上，这里的局势和光学色散问题密切类似；在色散问题中，给定频率和给定强度的虚原子振子对辐射的平均吸收量，在量子理论中和在经典电动力学中恰好相同，而和下述事实无关：按照经典理论，任何大小的能量都可以从辐射场传递到原子振子，而在量子理论中，这样的传递却只能通过个体光量子的吸收来进行.

确实，这里涉及的这些在一段时间内甚至曾经引发了对细致能量平衡的怀疑的佯谬，在考虑持续时间小于电子周期的那种碰撞时是显得特别尖锐的. 事实上，在这种碰撞中，按照普通力学的想法，在确定着定态能级的原子场来得及影响碰撞的进程之前，粒子和电子之间的
499 相互作用就会结束了. 然而在**海森伯**确立了测不准原理以后，在人们认识到守恒定理的明确应用和空间-时间图景的应用是互补的以后，所有这样的表观矛盾就都烟消云散了(Bohr 1928). 特别说来，不可能用任何可以想象的实验装置来在小于原子周期的时间阶段内追踪碰撞的时间进程，而并不在粒子和测量仪器之间交换一个不可控制的大于原子能级间距的能量.

碰撞现象和色散现象之间的类似性，是由费米(1924)用一种很发人深思的方式强调了的；他建议了依据有关高频辐射之吸收的经验资料来估计关于快粒子的原子阻止效应. 为此目的，粒子作用在原子上的干扰力作为时间的函数而被分解成了谐和分量，而每一个分量的效应被比拟成了具有对应频率的电磁波的吸收. 尽管这种办法在近距碰撞方面引起了麻烦，但是，它无论如何在原理上恰恰对更远距的碰撞是适用的，而在这种碰撞中，原子内力的效应对能量传递来说是至关紧要的. 特别说来很明显的就是，对于大于(3.1.8)的碰撞参量来说，碰撞将得到一种浸渐的品格，因为干扰场将不再包括可以引起原子共振的分量.

在发展了真正的量子力学的不久以后，远距碰撞中的能量传递问题就由刚特(1927)进行了详细的处理；他的关于氢的计算，和包括在(3.1.10)的推导中的那些经典力学的想法给出了接近相同的结果. 事实上，量子力学所要求的唯一改
变，就在于把按原子中各个具有指定振动周期的电子的和式换成和引起原子共 500
振的不同虚振子相对应的一些项的和. 既然自由碰撞中的能量传递的统计法在量子力学中和在经典力学中是相同的，一个很诱人的结论就是，除了虚振子方面的改进以外，阻止公式(3.1.10)基本上是正确的. 然而，在电离效应方面，上述论点却意味着经典公式(3.1.3)需要改正. 正如威廉斯(1931)所特别强调的那样，颇大部分的激发效应和电离效应，事实上将起源于远距碰撞中的共振，而按照经典力学，那种碰撞中的能量传递将包括一些远小于 I_s 的个体贡献.

然而，在此期间，贝忒(1930)曾经取得了一次巨大的进步. 通过建筑在玻恩对碰撞问题的处理上的一种全面的量子力学计算，他不但得到了和(3.1.3)不同的电离公式，而且得到了和(3.1.10)大不相同的 $\overline{\Delta_\varepsilon E}$ 的公式. 在以上所用的符号下，贝忒的公式可以写成

$$\overline{\Delta_\varepsilon E} = 2N\Delta RB_\varepsilon \sum_i f_i \log \frac{\left(\frac{1}{2}\right)2\mu v^2}{\hbar\omega_i}, \tag{3.2.1}$$

式中的求和遍及强度为 f_i 而频率为 ω_i 的各个虚原子振子. 很有意义的是，和(3.1.10)不同，(3.2.1)中的对数项并不依赖于入射粒子的电荷，于是由(3.1.2)可知，作为所用近似方法的一个直接推论，阻止本领正比于 z_1^2. 经发现，公式
(3.2.1)是和关于 α 射线之阻止的实验很满意地符合的，特别是在所涉及的原子 501
恒量可以很精确地确定的轻物质中.

为了和以前的阻止公式相比较，贝忒的表示式可以略加简化. 事实上，忽略了电子束缚之间的次要耦合效应，我们可以把各个振子归属于原子中各个电子的跃迁几率. 既然每一个电子的总振子强度和 1 相近，而且关于第 s 个电子的最

重要的跃迁我们有 $\hbar\omega_s \sim I_s$，公式(3. 2. 1)就可以近似地写成

$$\overline{\Delta_\varepsilon E} = 2N\Delta RB_\varepsilon \sum_s \log(2)\,\frac{T_m}{I_s}, \tag{3. 2. 2}$$

这非常接近于(3. 1. 5)所给出的能量传递的两倍. 当比较(3. 2. 2)和(3. 1. 10)时，引用由(1. 3. 8)所定义的 κ 这个量是方便的；在电子碰撞中，按照(2. 1. 6)，这个量可以写成

$$\kappa = 2\,\frac{z_1\varepsilon^2}{\hbar v} = 2z_1\,\frac{v_0}{v}. \tag{3. 2. 3}$$

事实上，对于在两个公式中都已预设的 $T_m \gg I_s$ 来说，通过令 $\hbar\omega_s = I_s$，我们由(3. 1. 4)和(3. 1. 11)就得到

$$\left(\frac{(2)\,T_m}{I_s}\right)^2 = \frac{T_m}{D_s}\cdot\kappa^2. \tag{3. 2. 4}$$

因此我们就看到，除了在这种近似下可以略去的因子 k 以外，两个公式在 $\kappa = 1$
502 时恰好重合，而(3. 2. 1)比(3. 1. 10)给出较小或较大的值，全看 $\kappa < 1$ 或 $\kappa > 1$ 而定.

关于两个公式之间的关系，必须强调，问题不是在一切应用中简单地用(3. 2. 1)来代替(3. 1. 10)，而是每一个公式都有其有限的适用范围. 一方面，$\kappa \ll 1$ 就是在推导(3. 2. 1)时所用的那种量子力学近似方法可以适用的必要和充分的条件；另一方面，正如我们在§1. 3 中已经看到的那样，$\kappa \gg 1$ 恰好就是轨道图景在说明两个点电荷之间的碰撞时可以适用的条件，而且，在这种情况下，补充以简单的对应论证，§3. 1 中的考虑就可以被预期为适当的. 对于快 α 射线和快 β 射线来说，由(3. 2. 3)可见 κ 一般将是远小于 1 的，但是经典公式却曾经在高度带电裂变碎片之穿透的研究中获得了新的兴趣；对于这种碎片来说，κ 是很大的(Bohr 1940 及 1941). 然而，正如在§3. 1 中已经提到的那样，对于这样的高度带电的粒子来说，特殊的考虑却是必要的，因为对于原子中某些 $u_s < v$ 的电子来说，我们可以有 $a_s < b$，而在那种情况下，电离就会超过浸渐截止界限而发生(Lamb 1940).

永远有 $\kappa \ll 1$ 的快电子阻止的相对论处理已由**贝忒**(1932)给出，而且特别是也已由**摩勒**(1932)给出. 经发现，对公式(3. 2. 1)的改正恰恰和在 $v \sim c$ 时必须对(3. 1. 10)作出的改正相同. 这一结果和一件事实密切有关，那就是，经典公式的相对论修正就在于加进一些和用玻恩近似方法导出的一切效应相一致的正比于 z_1^2 的项. 对很猛烈的碰撞来说是很重要的那些

涉及自旋力和交换效应的特殊量子力学特色,在这里可以不予考虑,因为它们对最可几能量 503
损失并无贡献(参阅§3.4).

既然在 $\kappa \sim 1$ 的情况下我们是超出于所用任何近似方法的合理应用范围之外的,(3.2.1)和(3.1.10)在 $\kappa = 1$ 时如此密切地重合这一事实,当然就必须在某种方式下被认为是偶然的. 因此,对理论的范围来说具有很大重要性的就是,布劳赫(1933)做到了发展出阻止问题的一种处理,它导致了 $\overline{\Delta_\varepsilon E}$ 的一个综合性的公式,而此公式在一切的 κ 值下都能适用,只要 $v > u_s$ 而 $b < a_s$ 就可以了. 在小 κ 值的极限下,布劳赫的公式渐近地趋于(3.2.1),而对 $\kappa \gg 1$ 来说,它实际上和(3.1.10)相重合. 而对 κ 的中间值来说,它也绝不和这两个公式中的这一个或那一个相差太大,因此这两个公式就被证实为在很高的近似下是互相补充的了. 这种结果是特别有价值的,因为在许多最重要的应用中 κ 就是既不很大又不很小,从而以前的任何一种推导都不能被认为很精确.

布劳赫的处理建筑在一种推广了的碰撞参量方法上;在这种方法中,碰撞是用从原子核到粒子路径的距离来表征的. 在粒子和束缚在原子中的电子之间的相互作用方面,把碰撞归结为单体问题的这种方法事实上和位形空间中的普通量子力学处理相等效,只要动量的传递远小于入射粒子的总动量就可以了(Mott 1931;并参阅 A. Bohr 1948). 正如在经典处理中一样,碰撞的这样一种描述方法使得区分远距碰撞和近距碰撞成为可能:在远距碰撞中,干扰力在整个 504
原子上是均匀的,而在近距碰撞中,持续时间是远小于原子周期的.

远距碰撞至少当 $b < a_s$ 时可以作为一种简单的色散问题来处理,而在近距碰撞中,正如布劳赫证明了的那样,当估计平均能量损失时却可以不考虑原子中的束缚力. 这种情况使我们可以确定 $\overline{\Delta_\varepsilon E}$ 而不必进行(3.1.10)和(3.2.1)的推导所蕴涵的那种关于个体碰撞中的能量损失的统计分布的细致考查. 然而,在各种其他穿透问题中,特别是在电离效应的讨论中,这样的分析却是必要的.

§3.3 电子碰撞的统计

我们已经看到,在快粒子和原子中电子之间的碰撞中,我们遇到两种特别简单的类型,可以分别称之为"自由碰撞"和"共振效应". 在前一种事例中,我们基本上遇到的是一种二体问题,而在后一件事例中,摆在我们面前的却是一种和在色散理论中遇到的问题相类似的微扰问题. 虽然严格说来我们在这儿所对付的是一些极限事例,但是我们却将看到,事实上可以在广泛的范围内把碰撞分成这样两种简单的类型,并从而对个体能量的统计分布得到一个概括的看法,特别说来就是对这种分布对入射粒子的电荷和速度的依赖关系得到一个概括的看法.

505 为了确定符号,我们指出,如果碰撞的持续时间被认为是短于原子周期的,而且传递给电子的能量是大于电离势能的,则原子中的束缚力对相互作用进程的影响可以在很高的近似下不予考虑,在这样的情况下,我们可以讨论自由碰撞,而碰撞中的个体能量 T 的统计分布将由(3.1.1)来给出.我们关心的一个主要问题将是检查这一公式的适用条件在不同的情况下在 T 的什么范围内得到满足.

如果入射粒子所作用的场在整个原子的区域内实际上是均匀的,而且场的强度很小,以致在每次碰撞中原子激发和原子电离的几率都很小,则简单的共振效应将会发生.在这样的情况下,个体量子力学跃迁过程的统计分布永远可以通过贝忒所用的微扰方法来求得,从而他的结果就可以适当地适用于各种可能的事例,也包括这样一种处理方法对整个穿透问题并不适用的那些事例.再者,由§3.2中的考虑可以推知,在这种类型的碰撞中,确定着阻止效应的平均能量传递和由一种经典计算求得的恰好相同,在那种经典计算中,原子是被当作一组谐振子来处理的.

为了不把论点弄得太复杂,我们在起初将忽视原子结构的更精致的细节,而用一个循环频率 ω_s 和一个长度 a_s 来简单地表征第 s 个电子的束缚情况,此处 ω_s 和电离势能 I_s 由

506

$$I_s = \hbar\omega_s \tag{3.3.1}$$

来联系,而 a_s 由

$$a_s = \frac{\hbar}{\mu u_s} \tag{3.3.2}$$

来定义,式中 u_s 代表由(3.1.7)给出的"轨道"速度. μu_s 和电子在未受扰态中的动量的量子力学期许值具有相同的数量级,而 a_s 则代表电子在其能量不准量并不超过 I_s 的情况下被定位时所能达到的精确度,而且,当束缚态的有效量子数和1相去不远时,a_s 就将是轨道区域的径向线度的一种量度.

正如以前已经指出的那样,由快粒子引起的电子碰撞效应的问题在本质上依赖于由(3.2.3)给出的量 κ 的值,而且,分别处理 $\kappa > 1$ 和 $\kappa < 1$ 的事例是方便的,这样就可以尽可能清楚地显示出这两种事例中的穿透问题的一致性和差异性.

对于 $\kappa > 1$ 来说,入射粒子和一个自由电子之间的个体碰撞可以近似地用轨道图景来描述,而且,为了对碰撞进行分类,我们可以应用§3.1中的考虑.关于和一次 $T = I_s$ 的自由碰撞相对应的碰撞参量 i_s,我们利用(1.1.4)、(3.2.3)和(3.3.2)就由(3.1.9)得到

$$i_s = \kappa a_s, \tag{3.3.3}$$

此式对 $v \gg u_s$ 成立. 关于由(3.1.8)定义的浸渐界限 d_s，我们由(3.1.7)、(3.3.1)和(3.3.2)就有

$$d_s = \frac{v}{\omega_s} = \eta_s a_s, \tag{3.3.4}$$ 507

式中 η_s 是一个合适的简号，

$$\eta_s = \frac{2v}{u_s}. \tag{3.3.5}$$

此外我们还有

$$\frac{d_s}{i_s} = 2\,\frac{a_s}{b} = \eta_s \cdot \kappa^{-1}, \tag{3.3.6}$$

正如从(3.1.9)和(3.3.3)可以看出的那样①.

对于 $\kappa < \eta_s$，由(3.3.6)可知 $i_s < d_s$；在这种情况下，$p < i_s$ 的碰撞可以划归"自由"碰撞一类，因为 $T > I_s$ 而相互作用的持续时间远短于$\frac{1}{\omega_s}$. 另外，我们按照(3.3.3)就有 $i_s > a_s$，从而 $p > i_s$ 的碰撞是属于简单共振的类型的. 于是，在初级近似下，第 s 个电子对阻止作用的贡献就将由下列两项之和来给出：

$$(\overline{\Delta_s E})_f = N\Delta R B_\varepsilon \log \frac{T_m}{I_s} \tag{3.3.7}$$

和

$$(\overline{\Delta_s E})_r = N\Delta R B_\varepsilon \log \frac{I_s}{D_s}, \tag{3.3.8}$$

二者分别代表由自由碰撞和共振效应所引起的能量损失.

于是，自由碰撞中的能量传递就对应于(3.1.5)，而对(3.1.10)的另外贡献 508
则应归因于共振效应. 把对数宗量用 η_s 和 κ 表示出来，利用(3.1.4)、(3.1.7)、(3.2.4)和(3.3.5)就得到

$$\frac{T_m}{I_s} = \eta_s^2 \quad \text{和} \quad \frac{I_s}{D_s} = \eta_s^2 \kappa^{-2}; \tag{3.3.9}$$

---

① 在只有当 $\kappa > 1$ 时才成立的那些公式中，我们略去若入射粒子是电子便应引入的那些额外的数字因子，因为，在这种事例中，对于 $v \gg v_0$ 来说 κ 的值永远是远小于1的.

特别说来，由此可见，对于$\kappa>1$来说，$(\overline{\Delta_s E})_f$是大于$(\overline{\Delta_s E})_r$的. 随着$\kappa$值的增大，共振效应将给出越来越小的贡献，而对于第$s$个电子来说，当$\kappa=\eta_s$时共振效应的贡献就变为零.

如果$\kappa>\eta_s$，则$i_s>d_s$，这时碰撞可以看成“自由”时的p值就不再延伸到i_s，因为当$p>d_s$时碰撞的持续时间将超过$\frac{1}{\omega_s}$. 另一方面，所有$p>d_s$的相互作用都不会具有纯浸渐的品格，因为在碰撞过程中电子的束缚可能被打破. 这也是由一件事实直接显示了的，那就是，当$\kappa>\eta_s$时，在一次自由碰撞的过程中具有b的数量级的电子位移不再远小于原子线度而是可以超过a_s，正如由(3.3.6)可以看到的那样.

为了估计在粒子通过的过程中电离几率仍然具有1的数量级的那个极限的p值d_s^*，我们可以不取$\frac{p}{v}$而取$\frac{1}{\omega_s}$作为$p>d_s$时自由能量传递的持续时间. 于是，通过简单的计算就得到

$$(d_s^*)^2=id_s,\tag{3.3.10}$$

509 对$v>u_s$和$d_s^*>b$成立. 对于$i_s=d_s$，这个表示式给出$d_s^*=d_s$，于是两个区域$\kappa<\eta_s$和$\kappa>\eta_s$就平滑地连接在一起了. 超出d_s之外的电离过程可以比拟为所谓的冷发射；在这种发射中，一个电子被一个静力场从原子中拉了出来(LAMB 1940). 由(1.1.4)、(3.1.9)和(3.3.4)可见，d_s^*不依赖于v；由于这一事实，这样一些考虑就和以前建筑在动力学论点上的估计给出基本上相同的结果.

既然对$p<d_s^*$来说电离过程将在碰撞的比较早的阶段发生，总的能量传递就将和电子是自由电子时的能量传递实际上相同. 因此，用D_s^*代表一次$p=d_s^*$的自由碰撞中的能量传递，我们在初级近似下就有

$$\overline{\Delta_s E}=(\overline{\Delta_s E})_f=N\Delta RB_\varepsilon\log\frac{T_m}{D_s^*},\tag{3.3.11}$$

式中按照(1.1.10)、(3.1.9)、(3.3.6)和(3.3.10)就有

$$\frac{T_m}{D_s^*}=\eta_s^3\kappa^{-1},\tag{3.3.12}$$

当$T_m\gg D_s^*$或$\kappa\ll\eta_s^3$时成立. 对于更大的κ值，当$d_s^*\gtrsim b$时，整个的问题是更加复杂的，因为碰撞将有一个很大的几率导致电子被粒子所俘获. 事实上，在这种事例中，沿着射程的对电子的不断俘获和损失，就是对穿透效应有决定意义的. 这种不断的俘获和损失，是我们在第四章中将更仔细地加以考虑的一个

问题.

当 $\kappa < 1$ 时,经典力学的概念,例如粒子在碰撞过程中的轨道,在说明个体的碰撞效应时是完全失效的. 然而,正如在 § 3.2 中提到的那样,碰撞仍然可以 510
用一个广义的碰撞参量 P 来表征,它等于可以在远小于原子线度的变动范围内定义的从原子的核到入射粒子的路径的距离. 我们在这种基础上即将看到,对于 $\kappa < 1$, 在初级近似下区分"自由"碰撞和"共振"效应也还是可能的,而且这两种事例就分别对应于粒子从原子区域的内部和外部通过的碰撞,或者说分别对应于 $P < a_s$ 和 $P > a_s$ 的碰撞.

在入射粒子和原子中的一个电子之间的近距碰撞的事例中,问题在各个基本方面上是和 § 1.4 中所考虑的散射问题相类似的. 确实,对于 $v \gg u_s$ 来说,碰撞的初始阶段可以在相对坐标下用一个波函数来描述,而这个波函数在一些可以和粒子穿透原子所用时间相比的时间阶段中和一个波包的波函数密切相似,这个波包具有径向线度 a_s, 并以一个明确定义的速度 v 而运动. 波包的有限大小,显然会对散射有一种影响,而这种影响和在 $a \sim a_s$ 时由(1.4.1)给出的那种类型的互碰粒子间的力场的屏蔽相类似. 于是,既然 $\lambda \ll a_s$, 由(1.3.2)和(3.3.2)就可推知,相对坐标下的角散射分布将属于 $R''_a(\theta)$ 类型,即对应于当角度大于 θ''_a 时由(1.4.8)给出的卢瑟福定律.

因此,关于能量传递,我们应该预期一种在 $T > A''_s$ 的条件下由(3.1.1)给出的统计分布,式中按照(1.1.8)应有

$$A''_s = T_m\left(\frac{\theta''_{a_s}}{2}\right)^2 = I_s, \tag{3.3.13}$$

正如由(3.1.4)和(3.3.2)可以看出的那样[①]. 既然这样一来小于 I_s 的能量传递 511
就将是几率很小的,那就可以推知,原子中的束缚力对 T 的分布不可能有多大影响,从而碰撞就可以划归"自由"碰撞一类. 因此, $P < a_s$ 的碰撞对阻止效应的贡献就近似地等于

$$\overline{(\Delta_s E)}_f = N\Delta R B_\varepsilon \log \frac{T_m}{I_s}, \tag{3.3.14}$$

这是和(3.3.7)完全相同的一种估计,对 $1 < \kappa < \eta_s$ 成立.

在 $P > a_s$ 的远距碰撞中,粒子所作用的力在整个原子区域内将近似地是均匀的. 再者,在这样的碰撞中,我们遇到的是一个微扰问题,它对应于这样的事

① 可以注意,如果入射粒子是一个电子,则(3.3.13)从而还有(3.3.14)仍成立,这时依赖于约化质量的 θ''_{a_s} 值将加倍,而 T_m 则变为原值的四分之一.

实：对于 $\kappa < 1$，我们按照(3.3.3)有 $i_s < a_s$，从而经典计算将导致小于 I_s 的能量传递. 于是在量子力学中我们遇到的就是典型的"共振"效应，它们将引起一个平均能量传递，等于根据粒子和原子振子之间的经典相互作用所应预期的值. 于是，$P > a_s$ 的碰撞对阻止效应的贡献就将是

$$(\overline{\Delta_s E})_r = N\Delta RB_\varepsilon \log \frac{A_s'}{D_s}, \tag{3.3.15}$$

式中 A_s' 是在经典力学中针对 $p = a_s$ 算出的平均能量传递.

512 我们由(3.3.13)并由(1.4.3)和(1.4.8)得到

$$A_s' = I_s \kappa^2, \tag{3.3.16}$$

于是利用(3.2.4)就得到

$$(\overline{\Delta_s E})_r = N\Delta RB_\varepsilon \log \frac{(4)T_m}{I_s}, \tag{3.3.17}$$

式中对数宗量的括号中的因子照例是指入射粒子为电子的事例.

可以看出，(3.3.14)和(3.3.17)之和，恰好对应于贝忒的简化形式下的 $\overline{\Delta_\varepsilon E}$ 表示式(3.2.2). 正如已经提到的那样，对 $\kappa > 1$ 来说，$(\overline{\Delta_s E})_r$ 永远小于 $(\overline{\Delta_s E})_f$，但是我们却看到，对 $\kappa < 1$ 来说，两个贡献基本上是相等的，这就和在 § 3.2 中已经提到过的情况相一致，那就是，没有照顾到共振效应的亨德孙公式给出的能量损失大约只是贝忒所求得的值的一半.

为了阐明本节这些考虑，在图 7 中针对不同的 κ 值表示了有关个体能量损失之统计分布的特征面貌的概况. 用Ⅰ、Ⅱ和Ⅲ来标明的事例对应于入射粒子的不同电荷值，而为了对比，速度 v 以及用 I_s 来表征的电子束缚强度在三种事例中都被取为相同. 正如在威廉斯(1931)在相似的问题中所用的那些很有教益的图解中一样，我们取了 $\log \dfrac{T_m}{T}$ 作为横坐标，而取了对能量传递 T 而言的实际微分截面和对应于与一个自由电子相碰撞的方程(3.1.1)之比 ξ 作为纵坐标. 特别
513 说来，这种坐标的选择就意味着，正如由(2.3.4)可以看出的那样，$T_1 < T < T_2$ 的碰撞对 $\overline{\Delta_s E}$ 的贡献，简单地正比于由和 T_1 及 T_2 相对应的竖线所限定的曲线和横轴之间的面积.

图解Ⅰ和Ⅱ对应于 $\kappa > 1$ 的问题. 在Ⅰ中，κ 值取得大于 $\eta_s = \dfrac{2v}{u_s}$，从而 $D_s > I_s$；在这种事例中，所有的碰撞效应至少是近似地可以根据经典力学来加
514 以处理. 这一点用曲线下面整个面积上的竖直影线来标明，该曲线从 T_m 基本上

延伸到D_s^*. 在图中所示的事例中，$D_s \ll T_m$，从而和D_s^*相对应的横坐标大约位于D_s和I_s的正中间，正如由(3.3.10)可以看出的那样.

513

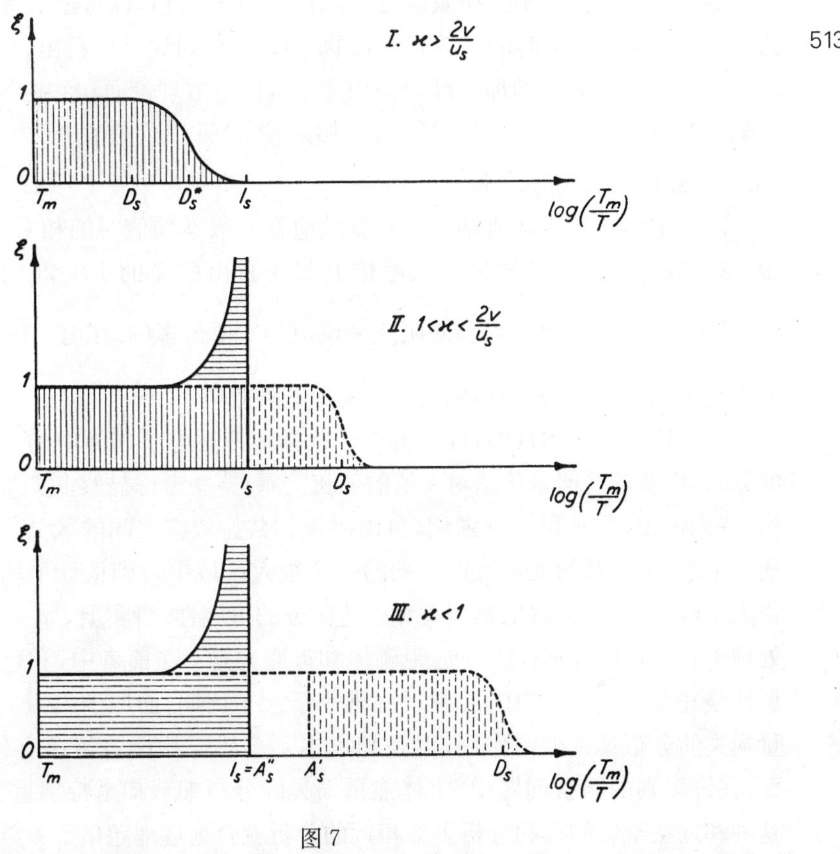

图7

图解Ⅱ表示$1 < \kappa < \dfrac{2v}{u_s}$的事例，这时$I_s > D_s$. 实曲线还是对应于$T$的实际分布，但是为了不使图形过于复杂而作了一点小的简化：这里没有区分引起原子激发过程和$T \sim I_s$的引起原子电离过程的那些分立的共振谱线. 曲线下的面积分成了两个区域，这对应于自由碰撞和共振效应之间的区分. 正如竖直的影线所标明的那样，前一区域可以利用经典力学来加以说明，而水平影线则表明共振效应是真正的量子现象. 虚曲线代表假若一切个体碰撞中的能量传递都可以利用经典力学来计算时所应预期的分布. 既然如上所述这样一种计算给出关于总能量损失的正确结果，打了虚竖直影线的面积就将正好等于代表共振效应中的总能量损失并打了水平影线的面积，尽管该面积的一部分超出于图面以外. 514

图解Ⅲ表示了$\kappa < 1$的事例. 在这里，正如水平影线所指示的那样，实曲线

下的整个面积都对应于一些排除了轨道图景之任何无歧义应用的效应. 虚曲线
515 给出了假若经典力学可以适用时所应预期的分布. 和 $\kappa > 1$ 的事例相反, $T = I_s$ 以外的面积和一个大于共振效应之贡献的能量损失相对应,这是和经典力学公式(3.1.10)在 $\kappa < 1$ 时的失效相一致的. 由以上的讨论可以看出,事实上只有和 $D_s < T < A'_s$ 相对应的那一部分面积才是按照色散理论而和共振效应所引起的贡献相当的. 和 $A'_s < T < A''_s = I_s$ 相对应的面积代表由公式(3.1.10)和(3.2.1)给出的 $\overline{\Delta_s E}$ 值之差.

图 7 中的图解清楚地显示了共振效应在 κ 取不同值时的相对重要性. 在Ⅲ中,这些效应对总能量损失的贡献恰好等于自由碰撞的贡献,而Ⅱ则表明,当 $\kappa > 1$ 时,共振效应是如何会对阻止来说成为次要得多的. 在由Ⅰ表示的 $\kappa > \frac{2v}{u_s}$ 的极端事例中,根本就谈不到任何的简单共振效应.

本节这些考虑的目的,首先就在于概括地考察电子碰撞中的个体能量传递的分布,以及这些能量传递对 κ 值的依赖关系;这些考虑显然多少带有定性的品格. 特别说来,几乎用不着强调,自由碰撞和共振效应之间的区分是有相当的变通余地的. 布劳赫的处理可以在 κ 的一个很大区域中得到估计平均能量损失的很大精确度,这恰恰就依赖于避免上述区分的可能性. 事实上,如上所述,在这种处理中只需要区分那样一些远距碰撞和近距碰撞:在前者中,和色散现象的类
516 似性是完全的;在后者中,持续时间远小于原子周期,而原子内力虽然对个体能量损失的分布具有决定作用,但是却根本不会对平均能量传递有什么影响. 然而,在许多别的微扰问题中,个体能量损失的分布细节却是特别重要的,而以上这种和威廉斯(1932)的分析更加相近的分析就会远远地超出于布劳赫处理的范围之外了.

特别说来,自由碰撞和共振效应之间的区分,使我们可以至少是近似地针对一切的 κ 值来估计沿着射程产生出来的离子数. 不过,为此目的,当然有必要区分导致一个电子被从原子中取走的那些共振效应和只引起原子激发的那些共振效应. 然而,既然对大多数共振效应来说碰撞的持续时间都比原子周期短得多,而且对一个给定的电子来说所有的周期又都具有相同的数量级,那么,在初级近似下,相对跃迁几率就将并不依赖于入射粒子的电荷和速度. 在这种基础上,在以下各节中我们将利用贝忒针对 $\kappa \ll 1$ 导出的结果来针对一切的 κ 值考虑电离问题.

把以上的考虑推广到接近于光速的速度也并无重大困难. 既然 $c = 137v_0$,由(3.2.3)就可以看出,对于 $v \sim c$ 来说,我们永远有 $\kappa \gtrsim 1$,即使对所能想象的最大的 z_1 值也是如此,因

此，在关于阻止公式之相对论改正的考虑中，就可以把讨论只限制在这样的 κ 值方面. 正如在§3.1和§3.2中所指出的那样，入射粒子的场的滞后，不会显著地影响自由碰撞中的能量传递，而只是意味着浸渐界限将增大一个倍数 γ. 因此，尽管关于自由碰撞对 $\overline{\Delta_s E}$ 的贡献的公式 517
(3.3.14)甚至对于 $v\sim c$ 也是基本上正确的，由(3.3.17)给出的共振效应的贡献却将有所增大. 既然 d_s 增大 γ 倍就意味着 D_s 减小到原值的 $1/\gamma^2$，我们就有

$$(\overline{\Delta_s E})_r = N\Delta RB_\varepsilon \log\left(\frac{(4)T_m}{I_s}\gamma^2\right), \tag{3.3.18}$$

这是近似地对应于**贝忒**公式和**摩勒**公式中的相对论改正的. 关于各个共振过程按不同跃迁几率的分布，根据以上所提出的理由，我们在相对论区域中也可以应用**贝忒**的计算结果.

§3.4 高速粒子在轻物质中的穿透

在以上各节中论述了的关于电子碰撞的处理，提供了一种估计一些粒子之阻止效应和电离效应的基础，各该粒子的速度远大于所穿透物质的原子中电子的“轨道”速度. 在氢和氦之类的轻物质中，一切的电子速度都和 v_0 相差不大，从而处理就包括了 $v\gg v_0$ 的高速粒子的事例. 我们在本节中即将看到，在这样的情况下，各式各样的穿透效应可以简单地利用在§3.3中讨论了的自由碰撞和共振效应之间的区分来加以分析.

关于平均能量损失，公式可以综合地写成

$$(\overline{\Delta_\varepsilon E})_f = N\Delta RB_\varepsilon \sum_i \log\left\{\left(\frac{1}{4}\right)\eta_s^2\left[\frac{\kappa}{\eta_s}\right]^{-1}\right\} \tag{3.4.1}$$

以及

$$(\overline{\Delta_\varepsilon E})_r = N\Delta RB_\varepsilon \sum_i \log\{\eta_s^2[\kappa]^{-2}\}, \tag{3.4.2}$$ 518

式中的方括号表明，如果括号中的量小于1，则此量应换为1；求和遍及原子中给出正的对数值的各个电子. 用了这种符号，总的能量损失就可以写成

$$\overline{\Delta_\varepsilon E} = N\Delta RB_\varepsilon \sum_i \log\left\{\left(\frac{1}{4}\right)\eta_s^4[\kappa]^{-2}\left[\frac{\kappa}{\eta_s}\right]\right\}. \tag{3.4.3}$$

正如在§3.1和§3.2中所指出的那样，在很大的 κ 值范围内，$\overline{\Delta_\varepsilon E}$ 的值可以更准确地加以计算而不必引用自由碰撞和共振效应之间的截然区分，但是可以注意，当 $\kappa<\eta_s$ 时，(3.4.3)实际上将和布劳赫公式相重合.

当 $v\sim c$ 时，κ 永远小于1，这时由§3.3中的论点可以推知，尽管 $(\overline{\Delta_\varepsilon E})_f$ 基本上并不受相对论效应的影响，而按照(3.3.18)，共振效应的贡献却将增大到

$$(\overline{\Delta_\varepsilon E})_r = N\Delta RB_\varepsilon \sum_s \log \eta_s^2 \gamma^2, \tag{3.4.4}$$

这是近似地对应于**贝忒**(1932)的和**摩勒**(1932)的公式的.然而,对于大的 γ 值,必须照顾到(FERMI 1940)这样一种情况:原子彼此之间的相互作用(参阅§3.1)意味着共振效应的一种降低,于是阻止本领就变得不依赖于束缚力而只取决于媒质的电子密度了.

正如在核阻止的事例中一样,考虑 $\Delta_\varepsilon E$ 的统计分布也可能是有重要意义的.特别说来,我们将考查确定着所谓射程离散现象的平均平方偏差 Ω_ε^2,这种现象
519 将在§5.4中进行更仔细的考虑.这种现象的最初详细处理,是独立地由弗拉姆(1914和1915)给出并由玻尔(1915)在经典力学之简单考虑的基础上给出的.假设了个体能量损失按(3.1.1)而分布,在(2.3.5)中在和 $T_2 = T_m$ 相比之下略去下限 T_1 并按原子中的 z_2 个电子求和,我们就由(2.3.5)得到

$$\Omega_\varepsilon^2 = N\Delta RB_\varepsilon T_m z_2, \tag{3.4.5}$$

这是一个特别简单的表示式,它按照(3.1.2)及(3.1.4)而和 υ 无关.

在量子力学中,既然对于大的 T 值来说个体能量损失的分布也将由(3.1.1)给出,公式(3.4,5)就应该被预期为代表一种初级近似.在更精确的估计中,必须照顾到(WILLIAMS 1932)这样一种情况:T 的分布只有当 $T \gg I_s$ 时才是由(3.1.1)给出的,而按照经典力学将导致较小能量传递的那些碰撞则实际上是引起 $T \sim I_s$ 的共振效应.对于 $\kappa < 1$ 来说,这个问题曾由利翁斯顿和贝忒(1937)详细考查过,而且处理方法已由蒂苔卡(1937)借助于布劳赫方法而扩充到了所有的 κ 值.然而,(3.4.5)的改正量是很小的,而且,因为增加的项是 η_s^{-1} 的高次项,这些改正量就似乎不会太远地超过现在的方法所能达到的精确度①.

520 当考虑能量损失 $\Delta_\varepsilon E$ 的统计分布时,我们可以按照和§2.4中关于核阻止效应的讨论颇为相同的方式来进行.对应公式中的唯一改变,事实上只是把 $\overline{\Delta_\varepsilon E}$ 中的单一对数项换成 $\overline{\Delta_\varepsilon E}$ 中各对数项之和.因此,在重的入射粒子的事例中 $(m_1 \gg m_2 = \mu)$,我们可以得出结论说,对于不太小的一部分射程说来,电子碰撞中的能量损失将按照半宽度为 Ω_ε 的一个简单的高斯定律来进行分布.然而,如果入射粒子是电子,则分布将具有更复杂的品格,并将基本上包括一个近似的高斯峰和一个远远伸展到半宽度以外的尾部.完全仿照§2.4中的考虑,引入

① 加在校样上的小注:在这方面很有兴趣的是,尽管早期的 α 射线离散的测定给出了比(3.4.5)大一些的 Ω 值,近来建筑在核共振曲线之展宽的测量上的关于质子离散的研究(C. B. MADSEN and P. VENKATESWARLU, Phys. Rev.,排印中)却给出了和简单公式密切符合的结果.

$$T^* = N\Delta RB_\varepsilon z_2 , \quad (3.4.6)$$

就得到最可几能量损失$\overline{\Delta_\varepsilon^* E}$和高斯峰宽度$\Omega_\varepsilon^*$的表示式

$$\overline{\Delta_\varepsilon^* E} = N\Delta RB_\varepsilon \sum_s \log\left\{\frac{1}{4}\eta_s^4 \frac{T^*}{T_m}\right\} \quad (3.4.7)$$

和

$$(\Omega_\varepsilon^*)^2 = N\Delta RB_\varepsilon z_2 T^* . \quad (3.4.8)$$

电离现象的一种简单的概观也可以通过区分自由碰撞和共振效应来得到. 按照定义全都会导致电离的那些自由碰撞的贡献,由汤姆孙公式(3.1.3)来给出,如果$\kappa < \eta_s$的话. 对于更大的κ值,自由碰撞数通过从D_s^*到T_m求$N\Delta R\,\mathrm{d}\sigma$的积分来求得. 于是,略去高次项,我们就得到离子数

$$(\omega_I)_f = N\Delta RB_\varepsilon \sum_s \frac{1}{I_s}\left[\frac{\kappa}{\eta_s}\right]^{-1} . \quad (3.4.9)$$ 521

至于共振效应,由图 7 中所示T在I_s附近的狭窄分布可以推知,涉及第s个粒子的电离过程和激发过程的和数将永远接近于$\overline{(\Delta_s E)_r}$除以$I_s$. 于是,关于离子数,我们就可以写出

$$(\omega_I)_r = N\Delta RB_\varepsilon \sum_s \delta_s \cdot \frac{1}{I_s}\log(\eta_s^2[\kappa]^{-2}) , \quad (3.4.10)$$

式中δ_s是一个数字因子. δ_s的值依赖于共振效应在受激态和电离态之间的分配,从而正如从 § 3.3 中的论点可以看出的那样,它在初级近似下是不依赖于粒子的电荷和速度,而特别说来是不依赖于κ的.

关于氢原子,贝忒(1930)曾经算出δ是 0.28,而且他也曾经试图估计了多电子原子的电离,并特别照顾到了各电子相互耦合的影响. 然而,既然电子屏蔽引起的对库仑场的偏离是被忽略了的,后面这些估计就只是初步性的. 这一点近来曾由凡诺(1946)强调过,他已证明,δ_s可以很重要地依赖于屏蔽. 特别说来,凡诺发现,对于原子中那些主要对电离有贡献的束缚得最松的电子来说,δ_s的不同将近似地补偿I_s的颇大差值. 于是就得到了一种基础来解释其最小电离势能相差甚大的不同物质中的那种电离现象的惊人相似性.

关于导致电离的碰撞的总数,我们由(3.4.9)和(3.4,10)就得到 522

$$\omega_I = N\Delta RB_\varepsilon \sum_s \frac{1}{I_s}\left\{\left[\frac{\kappa}{\eta_s}\right]^{-1} + 2\delta_s \log(\eta_s[\kappa]^{-1})\right\} . \quad (3.4.11)$$

指出一点是有兴趣的，那就是，由于共振效应的贡献，当 $\kappa \ll \eta$ 时，电离可以比由汤姆孙公式(3.1.3)给出的值大若干倍，该公式对于 $\kappa \sim \eta$ 的事例应该是很接近于正确的，而我们已经看到，$\kappa \sim \eta$ 则在很大一部分射程上和裂变碎片的事例相对应．对于 $\kappa \gg \eta$，电离应该比(3.1.3)所给出的小得多．

对于 $v \sim c$，永远有 $\kappa < 1$，这时由§3.3中的论点就可推知，(3.4.11)的唯一改正只来自由(3.3.18)给出的 $(\overline{\Delta_\varepsilon E})_r$ 的增大．于是我们有

$$\omega_I = N\Delta RB_\varepsilon \sum_s \frac{1}{I_s}(1 + 2\delta_s \log\eta_s\gamma), \tag{3.4.12}$$

而对氢来说，此式和由**摩勒**(1932)导出的表示式相对应．

至于电离公式和实验的比较，通常是不可能直接区分初级电离和次级电离的：所谓初级电离就是电子在和入射粒子的碰撞中被打出，而次级电离则是由以一个大于物质之最低电离势能的能量而被逐出的电子所引起的．带有这样的能量的电子实际上只起源于自由碰撞，但是就它们所产生的电离来说，当然共振效应和自由碰撞都是应该考虑在内的．次级电离的准确估计是一种很复杂的问
523 题，这是只能近似地用现在的理论来处理的，因为相当一部分效应将起源于原子和速度具有 v_0 数量级的电子之间的碰撞．

现象的一种分析曾由贝忒(1930)、威廉斯(1932)、巴吉(1937)，特别是由凡诺(1946)尝试过；凡诺发现能够说明这样的实验结果：总的电离对应于每个离子30到40电子伏特的能量消耗，而近似地和物质种类无关．这个量也必须被预期为只是很慢地随入射粒子的电荷和速度而变化，虽然它可以在一定程度上依赖于自由碰撞和共振效应对初级电离来说的相对重要性．特别说来必须指出，每离子的平均能量消耗对裂变碎片和对α粒子来说可能并不完全相同，因为在前一事例中共振效应的贡献要小得多．然而，表明这种差别只会比较小的某些迹象已由拉森(1946)得出．他已经证明，不同物质中单位能量损失的电离之比，对于裂变碎片和对于α粒子来说是很接近于相同的．

§3.5　高速粒子在重物质中的穿透

快速粒子和重原子之间的相互作用问题比在上一节中讨论了的轻物质中的穿透问题具有更加错综复杂的品格．不但原子振子的详细分析将是高度繁复的，
524 而且即使当 $v \gg v_0$ 时，束缚得最紧的那些电子的轨道速度也可能和 v 相近或超过 v，而在那种情况下以上讨论了的简单理论就不再适用了．在 $\kappa < 1$ 的事例中，既有实验结果的一次彻底讨论已由利翁斯顿和贝忒(1937)作出；他们发展了半

经验公式，并且在这方面也对原子中 $u_s \lesssim v$ 的电子对阻止本领的贡献作出了理论的处理.

通过把其原子恒量在远距碰撞中有重要性的原子和汤马斯-费米气体这一简化模型相比拟，布劳赫(1933a)在求得一个综合的阻止公式方面作了有趣的尝试. 尽管这种办法对超过 u_s 之最大值的速度来说可能是合用的，但是把它应用到更小的速度上去却是更加困难的. 因此，对于目的主要在于揭示穿透效应对粒子之电荷和速度的依赖关系的现在这些考虑来说，我们将试图依据以上各节中的讨论并利用原子的一种简单模型来针对一切的 κ 值给出重原子之阻止本领的近似公式. 特别说来，这些估计必须适于用来比较 $\kappa<1$ 的快 α 射线的阻止效应和 κ 比 1 大得多的裂变碎片的阻止效应.

在估计出现在 § 3.4 各公式中的电子速度 u_s 的分布时，写出下式是方便的

$$u_s = \frac{z_s^*}{\nu_s} v_0, \tag{3.5.1}$$

式中 z_s^* 是电子被束缚在那里的那个区域中的场的强度在和氢核的场相比之下
的一种量度，而 ν_s 是所谓有效量子数. 在重原子的事例中，属于 K、L 等等壳层的 525
束缚得最紧的电子，是在有着 $z_s^* \sim z_2$ 的近似库仑式的场中运动的，其 ν_s 值分别和 1、2 等等很相近. 另外，具有 $z_s^* \sim 1$ 的束缚得最松的电子，又具有和 1 同数量级的 ν_s 值. 然而，在一个很大的中间区域中，ν_s 却将具有一个和接近于 $z_2^{1/3}$ 的值相对应的平坦的极大值，这是和用汤马斯-费米统计方法对电子束缚情况所作的分析相一致的一种结果.

于是，既然 z_s^* 近似地代表原子中速度小于 u_s 的电子的数目 $n(u_s)$，我们就有在 $v_0 < u_s < z_2^{2/3} v_0$ 时成立的公式如下：

$$n(u_s) \sim z_2^{1/3} \frac{u_s}{v_0}. \tag{3.5.2}$$

对于这一区域以外的 u_s 值，我们必须用 z_2 和 u_s 的某一函数来作为 n；这个函数对 $u_s \sim v_0$ 来说具有 1 的数量级，而对于 $u_s \sim z_2 v_0$ 来说则趋于 z_2. 然而，为了避免麻烦，我们在现在的概述中将只考虑简单的表示式(3.5.2)，而把它的局限性问题推迟到以下各章关于特殊问题的讨论中去.

关于阻止效应，我们可以首先考虑共振效应之贡献的较简单表示式. 例如，由(3.3.5)和(3.4.2)，我们得到

$$(\overline{\Delta_\varepsilon E})_r = 2N\Delta R B_\varepsilon \int \log\left\{\frac{2v}{u_s}[\kappa]^{-1}\right\} \mathrm{d}n(u_s). \tag{3.5.3}$$

526 在求这个积分的值时，我们可以在初级近似下利用简单表示式(3.5.2)并从 $u_s=0$ 积分到使对数式为零的 u_s 值. 对于束缚得更紧的电子来说，(3.5.3)中的对应项不再适用，这时，在重原子中，这些电子对阻止本领的贡献将只有较小的重要性，如果 $v \gg v_0$ 的话. 于是我们就得到

$$(\overline{\Delta_\varepsilon E})_r = 2N\Delta RB_\varepsilon n_\varepsilon[\kappa]^{-1}, \tag{3.5.4}$$

式中按照(3.5.2)，

$$n_\varepsilon = z_2^{1/3} \cdot \frac{2v}{v_0} \tag{3.5.5}$$

可以看成原子中有效地卷入于阻止现象中的电子数的一种量度.

自由碰撞对阻止效应的贡献可以根据(3.4.1)来加以估计. 只考虑穿透性粒子的质量远大于电子质量的事例，针对 $\kappa<1$ 来从 $u_s=0$ 积分到 $u_s=2v$，而对于 $\kappa>1$ 来说，则必须分成两部分来从 0 到 $2v\kappa^{-1}$ 和从 $2v\kappa^{-1}$ 到 $2v\kappa^{-1/3}$ 求积分(参阅 p. 85[即原第 509 页])，于是我们就得

$$(\overline{\Delta_\varepsilon E})_f = N\Delta RB_\varepsilon n_\varepsilon(3[\kappa]^{-1/3} - [\kappa]^{-1}), \tag{3.5.6}$$

而通过和(3.5.4)相加，我们就得到关于总的能量损失的表示式

$$(\overline{\Delta_\varepsilon E}) = N\Delta RB_\varepsilon n_\varepsilon(3[\kappa]^{-1/3} + [\kappa]^{-1}). \tag{3.5.7}$$

有趣的是，尽管这些考虑相当粗略，但是(3.5.7)在 $\kappa<1$ 时却能给出 $\overline{\Delta_\varepsilon E}$ 对
527 v 和 z_2 的一种和关于 α 射线的观测结果近似对应的依赖关系；按照这种观测，对 α 射线来说，在重物质中的阻止本领在相当大的能量区间中大致地正比于 v^{-1} 并正比于 z_2 的一个和 1/3 相去不远的乘幂. 因此，即使不能指望(3.5.7)的数值多么准确，我们却还是有理由在比较对 α 射线和对裂变碎片的阻止本领时应用这个表示式的.

关于自由碰撞和共振效应对阻止的相对贡献，我们进一步注意到，对于 $\kappa<1$ 来说，两种贡献当然是相等的，而对于 $\kappa>1$ 来说，自由碰撞就很快地变成主导性的，其变化方式甚至比在轻物质中时还要显眼. 例如，对于在很大一部分射程上和裂变碎片的事例相对应的 $\kappa=8$ 的事例来说，共振效应的贡献大约只占 15%.

对 $v\sim c$ 来说，以上各公式的修订是必要的. 不但应该把相对论改正包括进去，而且(3.5.7)所依据的方法也不再合理了，因为，对于很大的 u_s 值来说，我们是超出于简单估计式(3.5.2)的范围以外的. 在这种速度区域中，前面提到的**布劳赫**(1933a)的分析应该更加适用，

而且很有趣的是,关于 n 对 u_s 和 z_2 的依赖关系的基本上相同的结果可以根据比(3.5.2)略微普遍的一些简单公式来求得. 利用这种办法(A. BOHR 1948),也能够估计原子相互作用(参阅 p. 72[即本书原第 496 页])的影响,而对很大的 γ 值来说,这种影响是对阻止效应有决定意义的.

关于对离散现象有决定意义的 $\Delta_\varepsilon E$ 的平均平方偏差,我们不是得到对轻物质适用的(3.4.5),而是正如由导致(3.5.6)的考虑可以看出的那样,得到

$$\Omega_\varepsilon^2 \sim N\Delta R B_\varepsilon T_m n_\varepsilon [\kappa]^{-1/3}, \tag{3.5.8}$$

因为 $n_\varepsilon[\kappa]^{-1/3}$ 代表在自由碰撞中对能量损失贡献很大的那些电子的近似数目. 528

关于电离效应的一种估计,当然可以沿着类似的思路来尝试,但是,既然电离不同于阻止和离散,而是主要依赖于原子中束缚得最松的电子的,我们在此也就是超出于简单近似方法的正式适用范围之外的了.

在本章所有的估计中,粒子速度 v 都曾被假设为远大于 v_0. 然而,对于更低的速度,当 $v \lesssim v_0$ 时,穿透效应的估计就会带来巨大的困难,特别说来,由于入射粒子对电子的俘获过程和损失过程的影响,现象将变得很繁复. 事实上,这些过程不但对粒子在和原子中电子相碰撞时的有效电荷起决定作用,而且随着速度的降低,它们自己也将成为能量传递的一种重要源泉. 在第四章中,联系到关于俘获现象和损失现象的讨论,我们将回到这些问题上来.

529

第四章　原子碰撞中电子的俘获和损失

§4.1 问题综述

高速粒子在通过物质时将俘获电子的最初证据，是由亨德孙(1922)得出的.他观察到，一束 α 射线中含有一部分单倍带电的粒子，而其百分比则随着速度的减低而迅速增大.这种现象由卢瑟福(1924)进行了更细致的考查，他曾证明，在 α 射线的整个射程上，发生着电子的不断俘获和不断损失，而且他甚至能够沿着射程的不同部分测量各过程的频次.例如，经发现，电子损失的有效截面近似地反比于速度而变，而俘获的有效截面则大致地随 v^{-6} 而变.而且，据估计，俘获几率和损失几率之比在所有检查过的物质中是近似相同的.

电子损失可以比拟为一种简单的电离过程，而与此相反，电子俘获却显然是涉及至少三个粒子的相互作用的一种更复杂的现象.这种现象的一种理论处理
530 最初是由否勒(1924)尝试了的；他把 α 射线对电子的俘获和损失之间的平衡比拟成了 He^{++} 和 He^{+} 在一个电子氛围中的热力学平衡，该电子氛围的温度和一个等于 v 的平均电子速度相对应，而其密度和原子中电子分布的密度相近.虽然人们发现这样一些考虑是发人深思地和实验结果相符合的，但是关于热力学平衡的比拟却不能丝毫不差地予以保留，特别是在 α 粒子和轻原子的相互作用方面，因为在轻原子中电子的轨道速度是远小于 v 的.事实上，在这一事例中，各电子相对于 α 粒子而言的速度将具有实际上相同的方向，这是和关于一种热速度分布的要求相反的.

俘获过程的机制的进一步检查也证明，原子中各电子彼此之间的相互作用对俘获现象的影响，和在核场中发生的动量变化的效应相比是很小的.特别说来，有着定性品格的初步考虑(Bohr 1925)表明，俘获和损失之间的平衡应该是在最轻的物质中和在较重的物质中大不相同的.这一点得到了雅科布森(1926)的证实，他发现对高速 α 粒子而言的 σ_c 在氢中和在空气中相比是小得微不足道的，而 σ_l 则在氢中和在其他物质中具有相同的数量级，而且是可以相当准确地加以测定的.关于 α 射线在轻物质和重物质中对电子的俘获的一种详细理论，已由汤马斯(1927)在经典力学的基础上发展起来，而在量子力学的发展以后，俘获

问题就由奥本海默(1928)特别是由布林克曼和克喇摩斯(1930)进行了重新的考
虑.我们即将看到,后一些作者的结果和汤马斯的结果之间的差别,又以一种典 531
型的方式显示了原子力学中不同的近似方法的适用范围.

在以下的各节中,将试图对穿透性粒子对电子的俘获和损失问题作出一般性的概述,并特别注意到现象对粒子的电荷和速度的依赖关系.为此目的,我们将首先考虑不同阻挡物质中的α射线的事例,然后再讨论高度带电粒子在通过物质时的俘获和损失之间的平衡问题.后一问题在关于裂变碎片的行为方面是有其特别兴趣的,这种裂变碎片在整个射程上都带有相当数目的束缚电子,其数目随着碎片的变慢而持续增大.因此,电子碰撞中的有效电荷就沿着路径而发生重大的变化,其结果就是,裂变碎片的射程-速度关系显得和较轻粒子的射程-速度关系有一些奇特的差异.

§4.2 轻核的电子损失截面

如上所述,电子损失问题表现出一种和高速粒子引起电离的问题的密切相
似性,从而可以沿着第三章中那些考虑的思路来加以处理.如果我们考虑α粒子
在那里为静止并受到阻挡物质中各原子的轰击的那个参照系,这种类似性就是
特别清楚的.问题在氢和氦中特别简单,在那里,原子中各电子的轨道线度大于
或接近于α粒子周围的电子束缚态的半径 a_α.事实上,在这一事例中,我们可以 532
在原子互相穿透的近距碰撞中把原子级粒子的电离效应看成近似地相互独立.
对于远大于 v_0 的速度,我们有 $\kappa < 1$,从而按照§3.3中的考虑,所讨论的碰撞
恰好是所谓的"自由碰撞"($P < a_\alpha$(参阅 p.86[即本书原第510页]));在这样的
碰撞中,束缚力可以不予考虑.然而,在更远距的碰撞中($P > a_\alpha$),原子将从电
子被α粒子束缚于其中的那个区域之外掠过,这时中性原子中各个原子级粒子
的效应将在很大程度上互相抵消.因此,只有在 $\kappa < 1$ 的事例中才对由单个带电
粒子引起的电离过程贡献较大的"共振效应",在这儿就将只有较小的重要性.

于是,利用第三章中的符号;我们就有一个初级近似式

$$\sigma_l = \frac{1}{N\Delta R}\sum(\omega_I)_f, \tag{4.2.1}$$

式中的和式涉及核和阻挡物质的原子中的电子的效应.于是我们由(3.4.9)和(3.1.2)就得到

$$\sigma_l = \frac{2\pi\varepsilon^4}{\mu v^2}(z_2^2 + z_2)\frac{1}{I}, \tag{4.2.2}$$

式中 I 是从粒子中取走电子时所需的能量，而 z_2 是被穿透物质的原子序数. 令 $I=\frac{1}{2}\mu z_1^2 v_0^2$ 并按(2.1.1)而引用 a_0^2 来作为截面的一种合适的量度，就可以利用(2.1.5)来把(4.2.2)写成

533 $$\sigma_l = 4\pi a_0^2 z_1^{-2}(z_2^2+z_2)\left(\frac{v_0}{v}\right)^2. \tag{4.2.3}$$

在氢 $(z_2=1)$ 中的 α 粒子$(z_1=2)$的事例中，我们得到

$$\sigma_l = 2\pi a_0^2\left(\frac{v_0}{v}\right)^2, \tag{4.2.4}$$

这是令人满意地和经验数据相符合的一个表示式. 例如，雅科布森(1926)针对 $v\sim 8v_0$ 在标准条件下测得了约为 6×10^{-3} 厘米的电子损失的平均自由程，这对应于 $\sigma_l=3\times10^{-18}$ 厘米^2，而(4.2.4)则给出 $\sigma_l=2.5\times10^{-18}$ 厘米^2.

在原子序数更高的阻挡物质中，束缚得最紧的电子的 $a_s<a_\alpha$；对于这种物质来说，这些电子和原子核即使在近距碰撞中也不再独立地对 α 粒子所携带的电子起作用，而是总的效应更像一个受屏蔽的核场的效应，其结果就是 σ_l 将比(4.2.3)所给出的要小得多. 这一公式对很大 z_2 值的不适用性也可以从一个情况显然看出，那就是[当 z_2 很大时]σ_l 将变得远大于原子大小. 在大 z_2 的极限下，σ_l 的估计是特别简单的，因为原子内部的场将如此之强，以致只要 $v\gg v_0$，则 α 粒子穿入原子区域中的几乎任何碰撞都将导致束缚电子的被取走. 因此，在这种事例中，我们将预期一个 σ_l 值，它和 πa_2^2 具有相同的数量级，而且在很大程度上既不依赖于 v 也不依赖于 z_2.

对于中等大小的 z_2 值，原子场的效应的一种更仔细的分析是必要的. 在这儿，我们有一个和过度屏蔽问题有联系的问题；过度屏蔽问题在 §1.5 中讨论过，而且在 §2.1 中也联系到快电子在核碰撞中的散射而提到过. 在现在的事例
534 中，由(2.1.9)可见，例如对空气来说 $(z_2\sim 8)$，我们针对 $v\sim 6v_0$ 就得到 $\xi\sim 1$. 在这样的 ζ 值下，致偏场在决定性的区域中可以比拟为 $n=2$ 的一个(1.5.5)型的势，这对应于 $r=a=a_0z_2^{-1/3}$ 附近的区域中的一个屏蔽势(1.4.1). 于是，根据(1.5.6)，我们就得到 k 的值

$$k=e^{-1}z_2^{2/3}\varepsilon^2 a_0. \tag{4.2.5}$$

正如在 §1.5 中讨论了的那样，这样一个场中的偏转，对大于(1.5.2)值的角度来说可以利用经典力学来加以处理，而(1.5.2)可以写成

$$\theta^* = z_2^{1/3} \frac{v_0}{v}. \tag{4.2.6}$$

对于我们的目的来说，重要的是把这个角度和对应于一个等于电离能量 $I = \frac{1}{2}\mu z_1^2 v_0^2$ 的能量传递的偏转角 θ_I 相比较. 假设 $z_1 v_0 < v$，我们由(1.1.8)就得到

$$\theta_I = z_1 \frac{v_0}{v}, \tag{4.2.7}$$

这就表明，当 $z_1 \lesssim z_2^{1/3}$ 时，我们可以利用经典力学来近似地说明电离过程.

于是，关于损失截面，我们可以写出 $\sigma_l \sim \pi i^2$，此处 i 是和 $\theta = \theta_I$ 相对应的碰撞参量，而且我们利用(1.5.7)、(4.2.5)和(4.2.7)就得到

$$\sigma_l \sim \pi a_0^2 \cdot z_2^{2/3} z_1^{-1} \left(\frac{v_0}{v}\right). \tag{4.2.8}$$

特别有趣的是这个表示式像 v^{-1} 一样地发生变化，正如卢瑟福针对空气中的 α 535
射线在射程的很大一部分上所发现的那样. 针对 $v \sim 8v_0$，卢瑟福在标准条件下求得了损失的平均自由程为 0.011 毫米，这对应于 $\sigma_0 = 1.6 \times 10^{-17}$ 厘米²，而公式(4.2.8)则给出 $\sigma_l \sim 2 \times 10^{-17}$ 厘米². 注意到计算中所包含的近似性，这里的符合程度可以认为是满意的.

§4.3 α粒子的电子俘获截面

电子损失本质上是一种二体问题，而正如已经强调过的那样，电子俘获却向我们提供一种至少是在三个粒子之间交换能量和动量的现象. 在依据经典力学对问题所作的处理中(THOMAS 1927)，轻物质中的电子俘获被描述成一种双级过程：第一部分就是入射粒子和原子中一个电子之间的碰撞，而该电子在碰撞中获得一个量值为 v 的速度；第二部分就是这个电子和原子核的一次碰撞，其结果就是一次偏转，而在偏转以后电子速度在方向上也和俘获它的粒子的速度密切重合. 既然我们在其中每一个过程中遇到的都是大角散射，人们就可能会预料这样一种计算将给出基本上正确的结果，即使当 κ 这个量远小于 1，而经典图景在碰撞细节的分析中并不适用时也无所谓.

然而必须意识到，在俘获现象中，我们并不是简单地对付两次分离的碰撞，
而正如在第一章所讨论的问题中一样，两次碰撞的个体效应是用离散射中心很 536
远的一些波函数来定义的. 相反地，电子俘获提供给我们的是一个错综复杂的碰撞过程，而对其结果来说，散射子波在原子场互相重叠期间的干涉可能是有决定作用的. 事实上，正如布林克曼和克喇摩斯(1930)在他们借助于玻恩的近似来对

现象作出的细致处理中证明了的那样，俘获几率可以忽略，除非两个核在碰撞中在某些距离处互相掠过，而该距离和对应于速度为 v 的电子的波长 λ 可以相比.因此，并不奇怪的就是，他们的计算得出了 σ_c 对两个核的电荷和它们的相对速度的一种依赖关系，这是和利用经典力学求得的结果根本不同的.

关于核 z_1 对一个束缚在核 z_2 上的电子而言的俘获截面，布林克曼和克喇摩斯推导了一个表示式，而对于远大于轨道速度 z_1v_0 和 z_2v_0 的 v 来说，这个表示式可以近似地写成

$$\sigma_c = \frac{2^{18}}{5}\pi a^2 z_1^5 z_2^5 \left(\frac{v_0}{v}\right)^{12}. \tag{4.3.1}$$

对于更小的速度，计算不能认为有多大的精确性，因为所用的近似方法只有当 $\kappa_1 = 2z_1\dfrac{v_0}{v}$ 和 $\kappa_2 = 2z_2\dfrac{v_0}{v}$ 都很小时才是有道理的. 随 v 的迅速变化意味着，当 $v \gg v_0$ 时 σ_c 就变得极其微小，从而也就解释了雅科布森针对氢中的高速粒子来测量截面的那种努力的负结果.

537 对于和电子在俘获前后的轨道速度具有相同数量级的粒子速度来说，无论是经典力学还是玻恩近似都不能给出准确的结果. 不过，正如可以预料的那样，对于 $\kappa_1 \sim \kappa_2 \sim 1$ 来说，汤马斯的计算以及布林克曼和克喇摩斯的计算都给出了和轨道面积同数量级的截面值. 在这种情况下，俘获截面将可以和损失截面相比，从而粒子将在很大一部分路径上带有一个束缚电子. 这是和关于在氢中或氦中针对慢质子或慢 α 粒子做过的实验相符合的，这些实验曾经针对具有 v_0 的数量级的速度证明，粒子的平均电荷分别和一个单位及两个单位相差颇大.

近来，克尼普和泰勒(1941)曾对这些测量结果进行了讨论. 他们曾经企图根据粒子电荷之平均平方的经验值来估计由于有俘获现象而必须引入于慢 α 粒子或慢质子的阻止公式中的改正量. 然而，当应用这些改正量时却不但必须记得在推导阻止公式时用到的近似式对 $v \sim v_0$ 并不成立，而且也必须记得俘获过程本身在这样的情况下就形成能量传递的颇大的源泉.

关于 α 粒子在重物质中的电子俘获，汤马斯(1927)曾经试图根据经典力学的计算来对 σ_c 作出估计，而且布林克曼和克喇摩斯也作过这种估计. 虽然两种方法都和实验结果达成了近似的符合，但是这种更详细的计算却不能认为有很大的精确性. 事实上，在包含着一些束缚能量很不相同的电子的重原子中，对俘
538 获的主要贡献将起源于轨道速度可以和 v 相比的那些电子，而正是在这种情况下，俘获过程就既不能借助于经典图景来详细追踪，也不能借助于玻恩近似方法来严格处理. 然而，为了以后的讨论起见，指明 σ_c 的一种定性估计可以怎样通过

简单的统计考虑来得出，这却是很有启发性的.

为此目的我们指出，由于原子场的作用，其轨道速度 $u \sim v$ 的电子将在一个和粒子在轨道区域中的通过相对应的时间阶段之内遭受到一个可以和 μv 相比的动量改变量. 于是，在较轻的原子中将要求一次特殊的双级碰撞的那种速度改变量，在这儿就可以起源于任何这样的碰撞：在碰撞中，数量级为 $\frac{1}{2}\mu v^2$ 的一个能量被传给了轨道速度可以和 v 相比的一个电子. 现在，完全独立于 κ 的值，按照(3.1.1)和(3.1.2)，这种碰撞的截面将近似地由下式给出：

$$\sigma \sim 4\pi a_0^2 z_1^2 \left(\frac{v_0}{v}\right)^4. \tag{4.3.2}$$

既然轨道速度 $u \sim v$ 的电子所占原子区域的线度和电子在俘获以后的轨道半径 $a_1 = a_0 z_1^{-1}$ 相比是很小的，由第一种碰撞造成俘获的几率 f 就将和对应于可以和 $z_1 v_0$ 相比的相对于入射粒子而言的那些速度的速度空间分数具有相同的数量级，或者说

$$f \sim z_1^3 \left(\frac{v_0}{v}\right)^3. \tag{4.3.3}$$

另外，按照(3.5.2)，对于 $v \gg v_0$ 来说，原子中轨道速度 u 可以和 v 相比$\Big($譬如 539
$\frac{1}{2}v < u < \frac{3}{2}v\Big)$的电子数 n 近似地是

$$n = z_2^{1/3} \left(\frac{v}{v_0}\right), \tag{4.3.4}$$

因此我们就得到

$$\sigma_c \sim \sigma f n \sim 4\pi a_0^2 z_1^5 z_2^{1/3} \left(\frac{v_0}{v}\right)^6. \tag{4.3.5}$$

这种简单估计是和卢瑟福的结果相符合的，那就是，α 粒子在空气中的 σ_c 近似地正比于 v^{-6}. 此外，对于 $v = 1.8 \times 10^9$ 厘米/秒$\sim 8v_0$ 的 α 射线来说，卢瑟福在标准条件下在空气中测得了和 $\sigma_c = 8 \times 10^{-20}$ 厘米^2 相对应的俘获平均自由程，而建筑在(4.3.5)上的一种估计则给出了 $\sigma_c \sim 10^{-19}$ 厘米^2. 这种密切符合当然或多或少是偶然的，因为所用的近似颇为粗略. 此外，指出另一点也是有趣的，那就是，和 § 4.2 中的 σ_l 的估计相比，公式(4.3.5)给出一个在较重的物质中只是缓慢地随 z_2 而变的 σ_c 和 σ_l 之比，这是和观测结果相一致的.

§4.4　高度带电粒子对电子的俘获和损失之间的平衡

尽管高速的质子或 α 粒子在射程的大部分上只是很少见地带有一个电子的，对于裂变碎片之类的重核来说情况却完全不同；这种碎片甚至在它们的射
540 程的开头处就带有为数很多的束缚电子. 这种差别可以立即用一种情况来加以解释，那就是，这种高度带电的核是能够把电子束缚在轨道速度 u 甚至大于粒子速度 v 之初始值的态中的. 事实上，在和阻挡物质的原子相碰撞时，取走 $u \gg v$ 的电子是不可能的，或者至少是几率很小的，而束缚得较松的电子却很容易在这种碰撞中被取走. 至于俘获，局势就颠倒过来了. 在原子碰撞中，电子很容易被俘获到轨道速度 $u \lesssim v$ 的态中，而俘获到 $u \ll v$ 的态中的情况却是通常和损失相比为很不多见的一种过程. 因此，不必对俘获和损失的截面作出任何细致的估计，我们就可以得出这样的结论：高度带电的核，平均说来将带有一定数目的束缚电子，其数目近似地对应于中性原子中 $u > v$ 的电子数.

在关于裂变碎片之阻止问题的初步讨论中(Bohr 1940 及 1941)，曾经证明射程-速度曲线的一般趋向可以通过建筑在这种假设上的关于有效电荷数 z_1^* 的一种估计来加以说明. 类似的观点也由兰姆(1940)使用过，他把 z_1^* 和一个离子的电荷数等同了起来，该离子是通过取走束缚能量小于 $\frac{1}{2}\mu v^2$ 的所有电子而形成的. 按照(3.5.2)，一个简单的、综合性的 z_1^* 公式由下式给出(Bohr 1941)

$$z_1^* \sim z_1^{1/3} \frac{v}{v_0}, \tag{4.4.1}$$

它适用于区域 $v_0 < v < z_1^{2/3} v_0$ 中的粒子速度. 在利用汤马斯-费米方法对原子中电子的速度分布作出的更细致分析的基础上，克尼普和泰勒(1941)以及布润宁、
541 克尼普和泰勒(1941)曾经尝试了 z_1^* 的更精确的确定，其中包括利用半经验的方法来更好地估计粒子速度和离子中束缚得最松的电子的轨道速度之比. 然而，正如作者们自己强调的那样，关于俘获和损失达成平衡时的一个临界轨道速度的假设本身，就包含着一个相当大的任意性因素.

裂变碎片之电荷的最初直接测量是由波尔菲洛夫(1940)得到的，他根据磁场中路径的曲率估计到初始电荷数约为 20. 既然对来自铀的两个主要裂变碎片组来说，z_1 分别是 38 和 54 而初速度分别约为 $6v_0$ 和 $4v_0$，波尔菲洛夫的估计就是近似地和(4.4.1)相符合的. 近来拉森(1945 及 1946)曾经完成了一种更细致的研究；他已经能够分别测量两个组的电荷，而且也得到了有关 z_1^* 沿一部分射

程的变化的信息.经发现,轻组和重组的初始电荷分别是 20 和 22.这些值又具有估计式(4.4.1)的数量级,尽管根据这一简单公式将会预期轻组的值比重组的值略高一些(参阅 LASSEN 1945).然而,实验结果却很容易用一件事实来解释,那就是,在射程的开头处,较轻的碎片被剥夺了超过中性原子的半数的电子,从而我们就是在这样一个区域中:原子中各电子的有效量子数不能再被认为有一个接近于 $z^{1/3}$ 的恒定值(参阅 p.101[即本书原第 525 页]).这一情况也可以解释
拉森的观察结果,即轻碎片的 z_1^* 随速度的变化,在射程的开头处比和(4.4.1) 542
相对应的变化更慢一些.

在第五章中,我们将比较仔细地讨论裂变碎片的射程-速度关系,特别是考察根据射程和电离的测量可以导出关于碎片有效电荷的什么信息.我们即将看到,实验结果和根据此处提出的简单论点所应预期的 z_1^* 对 z_1 和 v 的依赖关系符合得尚好.虽然人们发现这种依赖关系对一切阻挡物质来说是很接近于相同的,但还是有某种迹象表明,对给定的速度来说,z_1^* 在那些最轻的物质中是稍高一点的;这一点可以解释,其思路和解释 α 粒子在氢中在电子俘获方面的反常行为时的思路大致相同.然而,为了研究这个问题,却必须比在 z_1^* 的近似估计中更仔细地考查一下俘获和损失之间的平衡问题.

关于轻物质,我们可以应用 §4.2 和 §4.3 中的那些考虑.例如,当照顾到为数约为 $z_1^{1/3}\dfrac{v}{v_0}$ 的可取走的电子具有和$\dfrac{1}{2}\mu v^2$ 同数量的电离势能时,我们仿照(4.2.2)和(4.2.3)就得到

$$\sigma_l \sim 4\pi a_0^2 z_1^{1/3} z_2^2 \left(\frac{v_0}{v}\right)^3. \tag{4.4.2}$$

当估计 σ_c 时,可以利用细致平衡原理;按照这条原理,在指定的量子态中把一个电子从一个离子转移到另一个离子中的截面,应该和逆过程的截面相同,正如表
示式(4.3.1)的对称性所指示的那样.确实,一个重离子从一个轻原子俘获一个 543
电子的过程,并不是一个轻离子在和一个重的中性原子相碰撞时的俘获过程的直接的逆过程.不过,离子中外围电子的缺少主要就意味着电子可以被俘获进去的那种空态的增多,而这种效应是由反向过程中可以被俘获的电子数来大致补偿了的.于是,作为近似的估计,我们就可以写出

$$\sigma_c \sim 4\pi a_0^2 z_1^{1/3} z_2^5 \left(\frac{v_0}{v}\right)^6, \tag{4.4.3}$$

这对应于(4.3.5),但是 z_1 和 z_2 已互换.

在重的阻挡物质中,俘获和损失的过程当然是很难详细追踪的,但是显而易

见，在离子进入包含着轨道速度可以和 v 相比的电子的那种原子区域内的任何碰撞中，都将存在一个相当大的在离子和阻挡原子之间交换电子的几率. 由一些和(3.5.1)所蕴涵的考虑相类似的考虑可以推知，离子的径向广延将近似地由下式给出：

$$a_1^* \sim a_0 \frac{\nu_s^2}{z_1^*} \sim a_0 z_1^{1/3} \frac{v_0}{v}, \tag{4.4.4}$$

我们在这里已经令 $\nu_s \sim z_1^{1/3}$ 并按照(4.4.1)引入了 z_1^*. 一个类似的表示式将适用于在交换过程中起作用的那一原子区域的大小. 因此，对于在所考虑的情况下将具有相同的数量级的 σ_l 和 σ_c 来说，作为一种粗略的近似，就很容易想到一个对称的表示式如下

$$\sigma_l \sim \sigma_c \sim \pi a_0^2 (z_1^{1/3} + z_2^{1/3})^2 \left(\frac{v_0}{v}\right)^2. \tag{4.4.5}$$

544 把(4.4.5)和(4.4.2)及(4.4.3)比较一下，我们就注意到截面对 z_2 和 v 的依赖性在重物质中是比在轻物质中小得多的. 特别说来，在前一事例[重物质]中，比值 σ_c/σ_l 永远具有 1 的数量级，而在后一事例[轻物质]中，它却随 v 而迅速减小，而且特别是在氢 $(z_2 = 1)$ 中，它在 $v \gg v_0$ 的情况下将是很小的. 因此，对于这样的速度来说，我们可以像已经提到的那样预期，离子的平均电荷在最轻的物质中将比在较重的物质中大一些，尽管它当然永远保持为和估计式(4.4.1)有相同的数量级.

对下一章中关于裂变碎片之阻止效应的讨论来说，也很重要的是考查这样的重离子在多大程度上可以看成点电荷. 为此目的，我们首先指出，对于自由电子和具有电荷数(4.4.1)的高速离子之间的碰撞来说，我们由(3.2.3)就有

$$\kappa = 2z_1^* \frac{v_0}{v} \sim 2z_1^{1/3}, \tag{4.4.6}$$

而对裂变碎片来说，这是比 1 大得多的. 因此，碰撞可以在很高的近似下根据经典力学来加以处理，而且，按照第一章中的考虑，和电荷 $z_1^* \varepsilon$ 和 $-\varepsilon$ 之间的碰撞相对应的碰撞直径 b，就将是对阻止效应有实质性贡献的最小碰撞参量的一种适当的量度. 通过(1.1.4)和(4.4.4)之间的对比可以看出 $b \sim 2a_1^*$，从而离子的内部结构应该只有很小的影响.

545 如果 v 比 v_0 大得多，则关于裂变碎片的性质及行为的一种概括看法可以借助于简单的论点来得出，但是，对于趋近于 v_0 的速度，问题却会变得更加错综复杂得多. 不但所有关于 z_1^* 的估计当粒子趋于变为中性时会变得很不确切，而且

在电子碰撞中把体系看成点电荷也将不再是有道理的. 然而我们即将看到,电子阻止估计方面的很大出入,却将在这种重粒子射程的终点附近因为核碰撞对阻止效应的压倒影响而成为相对不重要的.

546

第五章　射程-速度关系

§5.1　问题的一般特色

如所周知，射程的测量常常可以提供一种测定高速原子级粒子之初速度的方便手段. 事实上，在许多事例中，多数粒子都将慢慢被阻止下来而并不遭受较大的偏转，因此，一个速度均匀的注就将达到一个相当确定的离源距离. 正是在这方面，在电子的行为和较重粒子的行为之间存在一个重大的差别. 在后一事例中，各个较小碰撞的积累效应将造成一种阻止现象，和一个物体运动着通过一种黏滞媒质时的现象相仿佛，而在前一事例中，由于频繁的大散射，我们却遇到一种和一束电磁辐射的吸收更加类似的现象；在它的传播过程中，电磁辐射是按照指数规律而减弱的.

这种典型的吸收效应，在高速电子穿透重物质的事例中显得特别突出；在这种事例中，甚至在平均能量损失只是总动能的一个很小分数的一段射程上，大角散射也将以很大的几率而出现. 事实上，对快 β 射线来说，阻止本领将正比于物
547 质的原子序数 z_2，而一段射程上的核散射几率则将正比于 z_2^2，例如，一种简单的估计(Bohr 1915)表明，对于中等的 z_2 值来说，一个电子注在各粒子失去其大部分动能之前就受到漫散的几率具有 1 的数量级. 这是和实验相符合的. 按照实验，在最轻的物质中，β 射线具有一个相当确定的射程，而在重物质中，则射线束的强度近似指数地降低. 这个问题已由玻特(1923)依据复合散射的分析进行了更仔细的考虑.

主要的结果可以借助于在第二章和第三章中作出的分析来直接阐明. 例如，由复合散射的公式(2.5.10)，引用对阻止效应有决定作用的电子碰撞中的最可几能量损失，我们就得到

$$(\Psi^*)^2 = z_2^2 \frac{L_\nu}{L_\varepsilon} \frac{\overline{\Delta_\varepsilon^* E}}{E}, \tag{5.1.1}$$

式中 L_ν 和 L_ε 分别代表核阻止公式(2.4.6)和电子阻止公式(3.4.7)中的对数项. 既然 L_ε 可以和 $z_2 L_\nu$ 相比，我们就看到，对于高 z_2 值来说，即使当 $\overline{\Delta_\varepsilon^* E} \ll E$ 时

也可以有 $\Psi^* \sim 1$,而由各对数项的更仔细求值可以推知,只有在最轻的物质中,Ψ^* 才会在 $\overline{\Delta_\varepsilon^* E} \sim E$ 时仍然很小.

在高速重粒子的事例中,散射效应通常只有较小的重要性,从而我们遇到一种相当确定的射程,除了由积累性阻止效应的统计涨落所引起的某种离散以外.假设了 $v \ll c$,并利用和(5.1.1)中的符号相类似的符号,我们就由第二章和第三章中的公式得到

$$\frac{\mathrm{d}v}{\mathrm{d}R} = 2\pi N \frac{(z_1^*)^2 \varepsilon^4}{m_1 \mu v^3} L_\varepsilon + 2\pi N \frac{z_1^2 z_2^2 \varepsilon^4}{m_1 m_2 v^3} L_\nu, \qquad (5.1.2)$$ 548

式中第一项中的 z_1^* 代表粒子在电子碰撞中的有效电荷数,而特别是对高度带电的粒子来说,这个有效电荷数可以由于电子俘获而比 z_1 小得多.

不过,对于超过 v_0 的速度来说,由于分母上 μ 的存在,(5.1.2)中的第一项一般还是比第二项大得多的.对于更小的速度,电子阻止效应的简单理论不再适用,但是,尤其是对大的 z_1 值来说,由于在这个区域中核阻止是起主要作用的,从而我们在初级近似下常常可以把第一项完全略去.然而,由于(5.1.2)的第二项中 z_1^2 这个因子的存在,在该速度下核阻止开始起决定作用的那个 v 值,对裂变碎片之类的粒子来说却比对质子或 α 射线来说要高得多.

对 α 射线来说,核碰撞的影响在云室径迹上表现为紧靠终点处的不规则性,这种影响对射程的测定来说是无足轻重的;但是,在裂变碎片的事例中,核阻止却将在相当一段射程上具有重要性,正如由径迹的明显弯曲可以看到的那样(参阅 p.62[本书原第 486 页]).对于射程问题的更仔细的处理来说具有重大意义的就是,(5.1.2)中的第二项,直到颇低于 v_0 的速度处仍然保持其适用性.不过,正如在§2.3中讨论了的那样,在非常慢的粒子的事例中,是必须应用一个(2.3.9)型的表示式的.

下文讨论的主要目的将是针对有着不同电荷和不同速度的粒子来检查射程-速度关系的特征.在§5.2中,我们将简单地回顾有关质子或 α 射线之类粒子的局势,这时俘获现象只有较小的重要性.在§5.3中,将考虑高度带电粒子的问题,并特别注意到裂变碎片的性质.最后,在§5.4中,我们将简单讨论初速度更小的粒子例如核蜕变中的反冲原子的阻止问题. 549

§5.2 高速轻核的射程关系

由于它在核研究中的实际重要性,质子和 α 射线之类粒子的射程-速度关系曾被人们讨论了很多,而特别是已由利翁斯顿和贝忒(1937)进行了彻底的处理.我们曾经在贝忒理论的基础上针对不同的物质发展了关于阻止本领对速度的依

赖关系的半经验公式. 因此,我们将只借助于第二章和第三章中的考虑来对比较主要的结果作一概括考察.

在射程的一大部分上,我们在这儿可以令 $z_1^* = z_1$ 并忽略核阻止效应. 因此,决定性的一点就是 L_ε 对 z_2 和 v 的依赖关系,在很轻的物质中,对 $v \gg v_0$ 来说,我们近似地有 L_ε 正比于 z_2 并很慢地随 v 而变. 令 $L_\varepsilon = z_2 L$, 通过按(2.1.1)和(2.1.5)来把 a_0 和 v_0 代入,我们就由(5.1.2)得到

550

$$\frac{\mathrm{d}v}{\mathrm{d}R} = 2\pi N a_0^2 \frac{\mu}{m} z_1^2 z_2 \frac{v_0^4}{v^3} L. \tag{5.2.1}$$

对于氢来说,既然 $\kappa \gtrsim 1$, (3.4.3)针对 $v = 10v_0$ 和 $v = 5v_0$ 给出 $L = 12.0$ 和 $L = 9.2$, 而经验值则分别是 $L = 11.7$ 和 $L = 8.9$. 对我们的目的来说并不重要的小的差值是由于,正如由贝忒的详细计算可以知道的那样,在(3.4.3)中确定着 η_s 的 u_s 必须取得比 v_0 稍大一点. 射程可以通过简单地求积分来从(5.2.1)得出

$$R = \frac{1}{8\pi N a_0^2} \frac{m_1}{\mu} \frac{1}{z_1^2 z_2} \left(\frac{v}{v_0}\right)^4 \frac{1}{\bar{L}}, \tag{5.2.2}$$

式中$\bar{L}$是 L 的一个适当的平均值,对于远大于 v_0 的初速度来说,这个平均值比射程开头处的$\bar{L}$大不了多少. 例如,对于 $v = 10v_0$, 必须引入到关于氢的(5.2.2)中来的经验值就是 $L = 9.6$.

在含有轨道速度大于 v 的电子的较重物质中,既然 $\kappa \lesssim 1$, 我们就按照(3.5.5)和(3.5.7)得到一个正比于 v 的 L_ε 值. 令

$$L_\varepsilon = f \frac{v}{v_0},$$

我们就由(5.1.2)得到射程-速度关系式

$$R = \frac{1}{6\pi N a_0^2} \frac{m_1}{\mu} \frac{1}{z_1^2} \left(\frac{v}{v_0}\right)^2 \frac{1}{f}, \tag{5.2.3}$$

此式在对 v 的依赖关系方面可以说明盖革的经验法则. 按照 § 3.5 中的考虑,对于大的 z_2 值来说,所要采用的 f 值应该趋于 $8z_2^{1/3}$. 对于氩,这就应该给出 $f \sim 30$,这是和经验值很接近的.

551 对于 α 射线这样的粒子来说,射程离散现象在实际上看来也是不受核碰撞的影响的,但是在这里却必须比较仔细一些地考虑所涉及的统计问题. 事实上,比较一下关于能量损失在给定射程段上的平均平方偏差 Ω_v^2 和 Ω_ε^2 的表示式

(2.3.7) 和(3.4.5) 就可以看到,Ω_v^2 和 Ω_ε^2 是具有相同的数量级的. 然而,尽管 $\Delta_\varepsilon E$ 的分布对任何不太小的射程段来说都是高斯型的,而 $\Delta_v E$ 的分布,正如由§2.4 中的考虑可以看出的那样,一般却是属于大不相同的类型的,它只在很小一部分粒子上会有能量损失的较大涨落.

关于 $\Delta_\varepsilon E$,我们有一个(2.4.1)型的统计分布,而关于这种分布,我们可以很方便地写出

$$\Omega^2(\Delta_\varepsilon E) = P_\varepsilon \Delta R. \tag{5.2.4}$$

为了估计相应的射程离散,我们可以按下述的方式来进行(参阅 Bohr 1915). $\Delta_\varepsilon E$ 的涨落将引起 ΔR 值的一种对应于固定能量损失的高斯分布,其平均平方偏差是

$$\Omega_\varepsilon^2(\Delta R) = \Omega^2(\Delta_\varepsilon E)\left(\frac{\Delta R}{\Delta E}\right)^2 = P_\varepsilon \Delta E\left(\frac{\Delta E}{\Delta R}\right)^{-3}, \tag{5.2.5}$$

于是,关于总射程的合离散,我们就有

$$\Omega_\varepsilon^2(R) = \int_0^E P_\varepsilon\left(\frac{\mathrm{d}E}{\mathrm{d}R}\right)^{-3}\mathrm{d}E. \tag{5.2.6}$$

既然按照(3.4.5)轻阻挡物质中的 P_ε 不依赖于 v,而按照(3.5.8)重物质中的 P_ε 552
大致地正比于 v,那么由(5.2.6)就可以推知,对于(5.2.2)或(5.2.3)这样的射程-能量关系式来说,对离散的最大贡献的很大一部分是起源于射程的高速段的.

求积分,我们就在上述的符号下得到

$$\frac{\Omega_\varepsilon^2(R)}{R^2} = 4\,\frac{\mu}{m_1}\,\frac{1}{L}, \tag{5.2.7}$$

这适用于轻物质的事例,此处的 L 值在很高的近似下和初速度相对应. 于是,对于氢中的 α 粒子来说,我们将预期一个稍小于 1%的相对射程离散. 对于重物质,利用§3.5 中的综合公式来进行类似的计算,我们就得到适用于不十分快的粒子的公式

$$\frac{\Omega_\varepsilon^2(R)}{R^2} = \frac{3}{4}\,\frac{\mu}{m_1}, \tag{5.2.8}$$

这对应于 α 粒子的一个大约为 1%的相对射程离散,和阻挡物质及初速度无关.

为了估计核碰撞对离散的贡献,我们可以按照和§2.4 中关于能量损失 $\Delta_v E$ 之分布的考虑完全相仿的方式来进行. 例如,让我们用 δR^* 代表由于单独一

次碰撞引起的射程改变量，而且它经过适当选择，以致在整个射程上引起大于 δR^* 的射程损失量的平均碰撞数恰好等于 1. 对应的能量损失 T^* 当然在射程的不同部分上是不同的，而且它将由下式给出：

553 $$T^* = \delta R^* \left(\frac{\mathrm{d}E}{\mathrm{d}R}\right). \tag{5.2.9}$$

既然 $T^* \ll T_m$，按照 δR^* 的定义，我们就由(2.2.5)而实际上可说是在整个射程上得到

$$1 = \int_0^R NB_\nu \frac{1}{T^*}\mathrm{d}R = \frac{1}{\delta R^*}\int_0^E NB_\nu \left(\frac{\mathrm{d}E}{\mathrm{d}R}\right)^{-2}\mathrm{d}E. \tag{5.2.10}$$

关于由导致近似高斯分布的小于 T^* 的各个能量损失所引起的射程涨落，我们由一个和(5.2.6)相仿的表示式并引用 $P_\nu^* = NB_\nu T^*$（参阅(2.4.7)和(5.2.4)）就得到

$$\Omega_\nu^*(R) = \delta R^* = \int_0^E NB_\nu \left(\frac{\mathrm{d}E}{\mathrm{d}R}\right)^{-2}\mathrm{d}E, \tag{5.2.11}$$

在此我们利用了(5.2.9)和(5.2.10).

利用快 α 粒子的射程-速度关系式，我们就借助于(2.2.3)由(5.2.11)而在轻阻挡物质的事例中得到

$$\frac{\Omega_\nu^*(R)}{R} = \frac{z_2\mu}{Lm_2} \tag{5.2.12}$$

而对于重物质则有

$$\frac{\Omega_\nu^*(R)}{R} = \frac{3}{16}\frac{\mu}{m_2}z_2^{5/3}\left(\frac{v_0}{v}\right) \tag{5.2.13}$$

于是通过和(5.2.7)及(5.2.8)的比较就可以看到，即使对最高的 z_2 值来说，
554 $\Omega_\nu^*(R)$ 也只占 $\Omega_\varepsilon(R)$ 的百分之几. 因此，不考虑 α 粒子和核发生一次很猛烈的碰撞以致该粒子损失其能量的颇大部分的那种很少见的事例，核碰撞对快 α 粒子的射程离散的贡献就是完全可以忽略的.

快质子或快 α 射线的离散的实验研究，通常在保证足够确切的条件方面会遇到一些困难，从而得出的值很可能偏高. 然而，瑞顿和维耳金斯(1937)关于快 α 射线的云室研究却给出了一些只比由(5.2.7)和(5.2.8)所将预期的值稍大的值. 更近一些时候，伯吉耳德(1948)通过研究在核反应中被发射出来的质子的云室径迹，已经得出了一些和理论公式密切符合的值. 离散理论的更进一步的有趣

检验是由关于介子在照相乳胶中的射程的测量(LATTES, OCCHIALINI and POWELL 1947)给出的,这种测量针对质量约为 200 μ 而能量约为 4 MeV 的粒子给出了一个约为 4%的相对射程离散. 在这一事例中,既然对氢来说 L 约为 18, 公式(5.2.7)就给出 $\frac{\Omega}{R}=3.3\%$, 而对于重物质来说,公式(5.2.8)就大约给出 6%. 考虑到乳胶是一种轻物质和重物质的混合物,这里的符合程度应该被认为是满意的.

在以上关于轻核粒子的射程和离散的估计中,曾经假设电子碰撞实际上可以说是在整个射程上对阻止有决定的作用. 这对 $v \gg v_0$ 的粒子来说是对的,但是如果初速度趋于 v_0,情况当然就大不相同了. 在这种情况下,射程上核碰撞成为有效果的那个最后段落,可能成为整个射程的一个并非微不足道的部分,而且特别说来可能对射程离散是有重要意义的. 事实上,在射程的这个最后部分上,相 555
对离散的表示式将不是含有电子质量和原子核质量之比,而是只含有核质量和核质量之比,从而可能具有 1 的数量级. 关于当速度只比 v_0 大很少几倍时相对离散就开始显著增大的一种显示,是由伯吉耳德(1948)得到的;他通过测量慢中子反应中所发射的轻核碎片的云室径迹,得到了比按照(5.2.7)或(5.2.8)之类的公式来针对电子碰撞之效应而预料到的大得多的离散.

§5.3 高速重离子的射程关系

裂变碎片之类高度带电粒子的穿透现象,在许多方面和质子及 α 射线所显示的现象显著不同. 例如,利用§2.2 中所讨论的那种分支统计来沿着射程进行的裂变碎片速度的测量表明(BØGGILD, BROSTRØM and LAURITSEN 1940),在射线的开始部分,速度损失率近似地是恒定的;这是和在§5.2 中提到的那种 α 射线的射程-速度关系相反的,该关系的特征就在于 $\mathrm{d}v/\mathrm{d}R$ 将随着速度的减小而迅速增大. 关于裂变碎片沿路径的电离的测量(JENTSCHKE and PRANKL 1939,特别参阅 LASSEN 1946a 及 1948)也显示了电离在射程的开始部分上的降低,这是和 α 射线之电离本领随速度的减小而急剧上升的情况大相径庭的.

关于裂变碎片之穿透的理论讨论,曾由若干作者给出[BECK and HAVAS 556
(1939), BOHR(1940 和 1941), LAMB(1940 和 1941), KNIPP and TELLER(1941)以及 BRUNINGS, KNIPP and TELLER(1941)]. 裂变碎片的和 α 射线的射程-速度曲线之间的典型差别首先取决于电子俘获对有效电荷 z_1^* 的影响. 尽管对射程的结尾部分来说核碰撞在很大程度上是阻止效应的起因,但是在射程的开始部分,(5.1.2)中的第二项和第一项相比却可以忽略不计,从而 z_1^* 沿这一部分射程的变化可以根据 $\mathrm{d}v/\mathrm{d}R$ 的测量结果来直接地加以估计. 于是,在 L_ε 大致地正

比于 v 的较重物质中，由 dv/dR 的近似恒定性就可以推知 z_1^* 很接近于和 v 成正比，这是和(4.4.1)中的简单估计相一致的. 然而，为了更准确地确定 z_1^*，却必须考虑 L_ε 对 κ 这个量的依赖关系，而在这里，和 $\kappa \lesssim 1$ 的 α 粒子事例相反，κ 和 1 相比是很大的，正如由表示式(4.4.6)可以看出的那样；该式给出 $\kappa \sim 8$，近似地不依赖于速度，如果 $v \gg v_0$ 的话.

利用包含在分别适用于轻物质和重物质的(3.4.3)和(3.5.7)中的 L_ε 的表示式，并利用拉森的电离测量结果，可以求得 z_1^* 的初始值，它们对所有的阻挡物质来说接近相等，而且在实验估计和理论估计的误差范围之内和碎片总电荷的直接测量结果(参阅 §4.4)相重合. 和这些实验相一致，我们也求得了 z_1^* 随 v
557 的变化；对重的碎片组来说，这种变化是接近于线性的，而对轻的一组来说，它却在高速区域中随 v 变化得稍慢一些. 这后一特色可以从拉森得到的电离曲线上显然看出；对较轻碎片来说，和对较重碎片来说有所不同，这种曲线在速度减低时显示一种上升的斜率，直到它逐渐采取了一种更加线性的趋势时为止.

正如在 §5.1 中提到过的那样，作为初速度之函数的总射程的估计，对裂变碎片来说是比对 α 射线来说更加复杂的一个问题，这是由于有这样一个事实：和在 α 射线的事例中相反，在裂变碎片的事例中和 $v \lesssim v_0$ 相对应的那一部分射程构成整个射程的一个颇大的部分. 然而，由于射程-速度曲线对 $v > v_0$ 来说是近似线性的，引入一个量 R_{ex} 就是方便的，这个量通过把这一部分曲线简单地外推到 $v = 0$ 来定义.

R_{ex} 的一个表示式可以通过引用在上一章中讨论了的关于 z_1^* 和 L_ε 的估计而从(5.1.2) 得出. 例如，在我们可以应用关于 z_1^* 的(4.4.1) 和关于 L_ε 的(3.5.7) 的 近似程度下，我们就得到关于质量数为 A_1 并具有初电荷 z_1^* 的碎片的射程简单表示式

$$\frac{R_{ex}}{R_\alpha} = 3\,\frac{A_1}{(z_1^*)^2}g_\kappa, \tag{5.3.1}$$

式中为了尽可能消除 L_ε 的估计中的出入，我们把 R_{ex} 和一个初速度相同的 α 粒子 $(\kappa \lesssim 1)$ 的射程 R_α 进行了比较. 在(5.3.1) 中，正如(4.4.6) 所指明的那样，曾经假设 κ 沿着射程为恒定，而 L_ε 则按照(3.5.5) 而正比于 v. g_κ 这个量的值对于 $\kappa \sim$
558 8 来说接近于 2.5，这个量代表裂变碎片的 L_ε 和 α 粒子的 L_ε 相比之下的折算率.

包含在(5.3.1) 中的近似条件，对原子序数不太低的物质中的重碎片组来说应该是很好地满足的，而在这种物质中，也恰恰发现此式和实验数据密切符合. 在轻碎片组的事例中，z_1^* 在射程最初部分上的变化比和(4.4.1) 相对应的变化要稍慢一些，这时我们必须预期 R_{ex} 比和(5.3.1) 相对应的值稍小一些，正如

也已由实验证实了的那样. 在低原子序数的阻挡物质的事例中，必须预期 R_{ex} 和 R_α 之比对初速度的依赖关系稍有不同，因为，和按照(3.4.3) L_ε 只随 v 很慢地变化的高速 α 射线事例相反，对裂变碎片来说，很大的 κ 值和相对地小的 v 值就意味着对数式是比较快地随速度而变的. 然而，通过把(3.4.3)中的 L_ε 代入(5.1.2)中并求积分，我们就得到和实验数据(参阅 LASSEN 1948)近似符合的 R_{ex} 值.

和 κ 在 L_ε 的表示式中的出现有关的特点，也可以在很大程度上说明观察到的相对于 α 射线来说裂变碎片在不同物质中的阻止本领的变化. 例如，假设了对给定的 z_1 和 v 来说 z_1^* 在初级近似下在一切物质中都相同，我们由公式(3.4.3)和(3.5.7) 就将针对 $v\sim 6v_0$ 的裂变碎片预期一个 He 原子和一个 H 原子的阻止本领之比约为 1.5，一个 A 原子和一个 He 原子的阻止本领之比约为 4.2，而对同速度的 α 射线来说，对应的比值则分别是 1.7 和 5.2. 这是和拉森(1948) 的测量 559
结果近似符合的，他发现，对较轻的裂变碎片组来说，所讨论的比值在射程的最初部分上分别是 1.35 和 4.2. 后一个值和理论的估计符合得颇好，而 He 和 H 的阻止本领之比则比当假设 z_1^* 在两种物质中为相同时所应预期的稍小一些. 虽然有关这一点的证据是不确切的，但它却可能是一种迹象，表明被俘获的电子数在氢中比在其他物质中稍小一些，正如由 §4.4 中的考虑也可以料到的那样.

当裂变碎片已被减慢到其速度可以和 v_0 相比或小于 v_0 时，z_1^* 的估计式(4.4.1)就不再成立，而电子碰撞中的有效电荷就将更快地减小了. 结果，阻止效应就将变得很小，而由于碎片还具有很大的能量，射程-速度曲线上就将出现一个很长的尾部，如果增大了的核碰撞的影响并没有抵消这种趋势的话. 作为初级近似暂不考虑 $v<v_0$ 的电子碰撞，这一区域中的速度损失就将取决于直到比 v_0 低许多的速度处仍能成立的(5.1.2)中的第二项. 通过求积分，就得到关于和一个速度 v 相对应的剩余射程 R_0 的表示式

$$R_0=\frac{1}{8\pi N}\frac{m_1m_2}{z_1^2z_2^2\varepsilon^4}v^4\frac{1}{L_\nu},\tag{5.3.2}$$

式中 L_ν 是对数项的平均值，和对应于速度 v 的 L_ν 值很相近.

应该注意，公式(5.3.2)对 $v\ll v_0$ 是不成立的，因为正如在 §2.3 中提到的那样，(5.1.2)中最后一项能够成立的一个条件就是 ζ 这个量要远小于 1. 对于 560
裂变碎片来说，表示式(2.1.7)针对 $v=v_0$ 给出 $\zeta\sim\frac{1}{10}$，而针对 $v=\frac{1}{3}v_0$ 给出 $\zeta\sim 1$，近似地不依赖于阻挡物质. 在更小的速度下，核阻止将由(2.3.9)给出，但是如果 $v\sim v_0$，则所得到的对 R_0 的改正量将是可以忽略的. 然而，对于初速度更小的粒子来说，正如在下一节中即将更仔细地加以讨论的那样，我们却将得到

一种类型大不相同的射程-速度关系式.

和关于电子碰撞的射程公式相反,公式(5.3.2)显式地依赖于 m_2,从而核碰撞的相对重要性可以根据裂变碎片在氢中和在氘中的射程的比较来直接地加以估计.按照伯吉耳德、阿若和西古尔盖尔孙(1947)的测量,D 中的射程在标准条件下事实上约比在 H 中大 7 毫米.现在,根据 R_0 的表示式(5.3.2),我们发现 D 和 H 之间的这个差值密切地对应于 $v=v_0$.因此,在初级近似下我们可以假设,对于大于和小于 v_0 的速度来说,主要的阻止效应是分别起源于电子碰撞和核碰撞的.这种结果也和不同物质中总射程的测量结果符合得很好,这些测量结果可以用 R_{ex} 和 R_0 之和来近似地加以说明(参阅 LASSEN 1948),如果令(5.3.2)中的 v 等于 v_0 的话.

为了估计裂变碎片的射程离散,我们可以利用和§5.2 中的考虑相似的考虑.例如,关于来自电子碰撞的贡献,我们借助于(5.3.1),就由(5.2.6)得到完全类似于(5.2.7)和(5.2.8)的 $\Omega_\varepsilon(R_{ex})/R_{ex}$ 的表示式,只除了由不同的射程-速度
561 关系所引起的稍微不同的数值常数以外.因此,由于裂变碎片的质量 m_1 很大,我们就得到约为 0.1%的相对离散值,而我们即将看到,这和核碰撞对离散的贡献相比是可以忽略的.

在估计核碰撞的贡献时,正如在§5.2 中一样,重要的是首先考虑 $\Delta_\nu E$ 所服从的统计分布定律的类型问题.按照§2.4 中的考虑可以推知,在 $m_1 \gg m_2$ 的轻物质中,我们遇到 $\Delta_\nu E$ 的一种简单的高斯分布,至少在核碰撞对阻止有任何可观影响的射程部分上是如此.在这样的事例中,既然由(2.3.7)给出的 P_ν 不依赖于 v,我们就仿照(5.2.6)得到

$$\Omega_\nu^2(R) = P_\nu \frac{1}{m_1^2}\int_0^v \left(\frac{\mathrm{d}v}{\mathrm{d}R}\right)^{-3} \frac{1}{v^2}\mathrm{d}v. \tag{5.3.3}$$

现在,当速度大于 v_0 时,适用于裂变碎片的 $\mathrm{d}v/\mathrm{d}R$ 将近似地是恒量,从而被积分式按 v^{-2} 而变,而当 $v<v_0$ 时,$\mathrm{d}v/\mathrm{d}R$ 大致地正比于 v^{-3},从而被积分式包含一个因子 v^7.因此就可以推知,离散值本质地依赖于 $v\sim v_0$ 的那个速度区域.为了对 $\Omega_\nu^2(R)$ 作出一种简单的估计,我们可以把积分式分成分别对应于大于和小于 v_0 的速度的两部分,并且在第一和第二部分中分别把 $\mathrm{d}v/\mathrm{d}R$ 换成由(5.1.2)中的第一项和第二项来给出的 $(\mathrm{d}v/\mathrm{d}R)_\varepsilon$ 和 $(\mathrm{d}v/\mathrm{d}R)_\nu$.求出积分的值,我们就发现第二项是占主导地位的,于是,仿照(5.2.7),我们通过引用由(5.3.2)针对 $v=v_0$ 给出的 R_0 值就得到

562
$$\frac{\Omega_\nu^2(R)}{R_0^2} = 4\,\frac{m_2}{m_1}\,\frac{1}{L_\nu}, \tag{5.3.4}$$

式中 L_v 代表适用于 $v \sim v_0$ 的核阻止公式中的对数项. 对于氢，这个公式在射程的最后部分上对应于大约 10%的相对离散，这和大约百分之三的总射程相当，而 R_0 则约占总射程的三分之一. 对于更重的物质，应该预期更大的离散①，但是当 m_2 变得可以和 m_1 相比时却必须应用特殊的考虑，因为这时射程的统计分布将不再是简单高斯型的了.

§5.4 初速度很小的原子的射程关系

对于速度小于 v_0 的粒子来说，我们将预期和高速粒子的穿透现象大不相同的穿透现象. 除了可能在原子场中出现奇特的量子共振效应的慢电子事例以外，我们在这一速度区域中主要遇到的是核碰撞过程，它们在很大程度上是可以借 563
助于简单的力学考虑来说明的(参阅§2.1). 既然 ζ 这个量将可以和 1 相比或大于 1，我们就遇到相对坐标系中的一种实际上可以说是均匀的散射，因此，正如在§2.4 和§2.5 中已经讨论了的那样，我们将预期典型的漫散效应，除非 $m_1 \gg m_2$. 于是，只有在 $m_1 \gg m_2$ 的事例中我们才必须处理明确的射程；我们在来自放射性蜕变的反冲原子在不太重的物质中的阻止方面有一些这种事例的典型实例.

在天然 α 衰变中，$z_1 \sim 90$ 的反冲原子将具有大约为 $\frac{1}{5} v_0$ 的初速度，这对应于 $\zeta \sim 5$，而实际上和 z_2 无关. 在这儿，我们有一个典型的过度屏蔽的事例，而正如在§1.5 中所讨论的那样，有效截面在 $\zeta \lesssim 1$ 的情况下将和 πa^2 具有相同的数量级. 另外，对不太大的 ζ 值来说，场的有效部分将大致是立方反比类型的，它有一个近似地由(1.5.11)给出的 σ 值. 于是，对 $m_1 \gg m_2$ 来说，借助于(2.1.2)和(2.1.7)，阻止公式(2.3.9)就给出

$$\frac{\mathrm{d}E}{\mathrm{d}R} \sim \pi N a_0 z_1^{2/3} z_2 \varepsilon^2, \tag{5.4.1}$$

此式导致一个射程-速度关系式

$$R \sim \frac{1}{2\pi N a_0^2} \frac{1}{z_1^{2/3} z_2} \frac{m_1}{\mu} \left(\frac{v}{v_0}\right)^2, \tag{5.4.2}$$

---

① 加在校样上的小注：近来 S. KATCOFF，J. A. MISKEL 和 C. W. STANLEY(Phys. Rev. **74**, 631,1948)已经通过放射化学的分析而做到了分别研究出现的裂变碎片中的个别同位素在空气中的阻止. 经发现，射程是近似地按照以上所概述的简单理论来随电荷、质量和初能量而变的. 另外，在早先的研究中不能和不同同位素的射程在两个易区分组的每一组中的变化分开的离散，也被发现对一切碎片都约为 5%，这个结果也是和理论预期相一致的.

此处我们已经按照(2.1.1)和(2.1.5)代入了 a_0 和 v_0.

对于其 $z_1 \sim 90$ 的并和 6MeV 的 α 能量相对应的反冲粒子来说，表示式
564 (5.4.2)在标准条件下的氢中给出一个约为 0.4 毫米的射程，这是和实验结果符合得令人满意的；实验结果比较紊乱，但平均说来给出大约$\frac{1}{2}$毫米的射程. 在标准条件下的水蒸气中，约里奥(1934)得到了大约 0.08 毫米的射程，表明氧的阻止本领应该大约是氢的阻止本领的 8 倍，这是和公式(5.4.1)相一致的.

至于射程离散，既然对 $m_1 \gg m_2$ 来说将有能量损失的一种近似高斯式的分布，我们由(2.3.10)和(5.2.6)就得到

$$\frac{\Omega^2(R)}{R^2} = \frac{4}{3}\frac{m_2}{m_1}, \tag{5.4.3}$$

此式在氢中给出一个约为 10%的相对离散值. 在氧中，期许值应为大约 25%，这也和约里奥在水蒸气中观察到的离散具有相同的数量级.

对于更小的速度，当 ζ 变得远大于 1 时，公式(5.4.2)将不再成立，而正如在§2.3 中提到过的那样，这时有效截面将趋于和气体分子运动论截面相重合，这对应于和穿透性粒子的能量成正比的一个能量损失率. 对于 α 反冲来说，这一情况将只在射程的最末端才对射程-速度关系有影响，但是在初速度约为$\frac{1}{1\,000}v_0$的 β 反冲中，它却将对整个的射程都有作用. 这一问题已由雅科布森(1928)更仔细地探讨过了；他在估计反冲原子的阻止时也照顾到了气体原子的热速度的效应. 关于这些现象的实验是很难做的，但是，正如雅科布森所证实了的那样，这些
565 实验在测量的误差范围之内是和理论预期相符合的.

对于速度大于和小于 v_0 的粒子来说，关于阻止机制之典型差异的证据也由电离测量提供了出来. 正如在§3.4 中提到的那样，对于高速粒子来说，电子碰撞对阻止是有决定意义的，这时每离子的能量消耗是大大依赖于电离粒子的电荷和速度的，但是必须预料，如果就像在裂变碎片的射程尾部和在反冲原子的整个射程的事例中一样，很大部分的乃至实际上可说是全部的能量都被直接传给了原子核，则情况将是根本不同的. 在这儿，实验也证明能量损失是和强烈的电离相伴随的；这种电离可能起源于下述事实：无论原子体系之间的初级碰撞过程还是被打原子和阻挡物质中其他原子的碰撞过程，都不是严格浸渐的过程. 然而，很有意义的却是，针对 α 反冲原子来对每离子的能量消耗进行的测量(L. Wertenstein 1913，特别是 B. Madsen 1945)，给出了比 α 射线的值大若干倍的值，这些值是随着能量的减小而迅速增大的. 对于约为$\frac{1}{20}v_0$ 的速度来说，马德

森得出的关于反冲粒子所产生的总离子数对初能量的依赖关系的曲线，对应着电子结构在其中按一种实际上浸渐的方式而起反应的那种原子碰撞，指示了一个几乎趋于零的电离值.

参考文献*) 566

Arnot, F. L. 1931. Proc. Roy, Soc. A **130**, 655. (§ 1.5).

Bagge, E., 1937. Ann. d. Phys. (5) **30**, 72. (§ 3.4).

Beck, G., Havas P., 1939. C. R. **208**, 1643. (§ 5.3).

Bethe, H. A., 1930. Ann. d. Phys. (5)**5**, 325. (§ § 3.2; 3.4).

——1932. Zs. f. Phys. **76**, 293. (§ § 3.2; 3.4).

Blaton, J., 1948. Mat.-fys. Medd., Acad. Copenhagen. **24**, No. 20. (§ 1.1).

Bloch, F. 1933. Ann. d. Phys. (5)**16**, 285. (§ § 1.2; 3.2).

——1933 a. Zs. f. Phys. **81**, 363. (§ 3.5).

Bohr, A., 1948. Mat.-fys. Medd., Acad. Copenhagen. **24**, No. 19. (§ § 1.1; 3.1; 3.2; 3.5).

Bohr, N., 1913. Phil. Mag. (6) **25**, 10. (§ 3.1).

——1915. Phil. Mag. (6) **30**, 581. (§ § 2.4; 3.1; 3.4; 5.1; 5.2).

——1925. Zs. f. Phys. **34**, 142. (§ § 3.2; 4.1).

——1928. Naturwiss. **16**, 245. (§ 3.2).

——1940. Phys. Rev. **58**, 654. (§ § 3.2; 4.4; 5.3).

——1941. Phys. Rev. **59**, 270. (§ § 3.2; 4.4; 5.3).

Bothe, W., 1921. Zs. f. Phys. **4**,300. (§ 2.5).

——1923. Zs. f. Phys. **13**,368. (§ § 2.5; 5.1).

Brinkman, H. C., Kramers, H. A., 1930. Proc. Akad. Amsterdam. **33**, 973 (§ § 4.1; 4.3).

Brunings, J. H. M., Knipp, J. K., Teller, E., 1941. Phys. Rev. **60**, 657. (§ 4.4; 5.3).

Bøggild, J. K., Brostrøm, K. J., Lauritsen, T., 1940. Math.-fys. Medd., Acad. Copenhagen. **18**, No. 4. (§ § 2.2; 2.5; 5.3).

Bøggild, J. K., Arrøe, O. H., Sigurgeirsson, T., 1947. Phys. Rev. **71**, 281. (§ 5.3.).

Bøggild, J. K., 1948. Nature **161**, 810. (§ 5.2).

Čerenkov, P. A., 1934., C. R. Acad. Sci. URSS. **2**, 451. (§ 3.1).

Darwin, C. G., 1912. Phil. Mag. (6)**23**, 901. (§ 3.1).

---

*) 括号中的节次表明在本文中引用的部分.

——1913. Phil. Mag. (6)**25**, 201. (§1. 1).

——1914. Phil. Mag. (6)**27**, 499. (§1. 2).

567 Drude, P., 1906. Lehrbuch der Optik, 2. Aufl., Leipzig. (§1. 5).

Fano, U., 1946. Phys. Rev. **70**, 44. (§3. 4).

Faxén, H., Holtsmark, J., 1927. Zs. f. Phys. **45**, 307. (§1. 5).

Fermi, E., 1924. Zs. f. Phys. **29**, 315. (§3. 2).

——1940. Phys. Rev. **57**, 485. (§§3. 1; 3. 4).

Flamm, L., 1914. Akad. Wiss. Wien, Math. -naturw. Kl. **123**, 1393. (§3. 4).

——1915. Akad. Wiss. Wien, Math. -naturw. Kl. **124**, 597. (§3. 4).

Flammersfeld, A., Jensen, P., Gentner, W., 1943. Zs. f. Phys. **120**, 450. (§5. 3).

Fowler, R. H., 1923. Proc. Cambr. Phil. Soc. **21**, 521. (§3. 2).

——1924. Phil. Mag. (6)**47**, 416. (§4. 1).

Frank, I., Tamm. Jg., 1937. C. R. Acad. Sci. URSS. **14**, 109. (§. 3. 1).

Gaunt, J. A., 1927. Proc. Cambr. Phil. Soc. **23**, 732. (§3. 2).

Gordon, W., 1928. Zs. f. Phys. **48**, 180. (§1. 2).

Henderson, G. H., 1922. Phil. Mag. (6) **44**, 680. (§3. 2).

——1922. Proc. Roy. Soc. **A 102**, 496. (§4. 1).

Jacobsen, J. C., 1926. Nature **117**, 858. (§§4. 1; 4. 2).

——1928. Diss. Copenhagen. (§5. 4).

Jentschke, W., Prankl, F., 1939. Phys. Zs. **40**, 706. (§5. 3).

Joliot, F., 1934. Journ. de Phys. (7)**5**, 219. (§§2. 2; 5. 4).

Kalckar, F., 1934. Math. -fys. Medd., Acad. Copenhagen. **12**, No. 12. (§1. 5).

Knipp, J., Teller, E., 1941. Phys. Rev. **59**, 659. (§§4. 3; 4. 4; 5. 3).

Kramers, H. A., 1947. Physica **13**, 401. (§3. 1).

Lamb JR. W. E., 1940. Phys. Rev. **58**, 696. (§§3. 1; 3. 2; 3. 3; 4. 4; 5. 3).

——1941. Phys. Rev. **59**, 687. (§5. 3).

Lassen, N. O., 1945, Mat. -fys. Medd., Acad. Copenhagen. **23**, No. 2. (§4. 4).

——1946. Phys. Rev. **69**, 137. (§§3. 4; 4. 4; 5. 3).

——1946 a. Phys. Rev. **70**, 577. (§5. 3).

——1918. (to appear shortly). (§5. 3).

Lattes, C. M. G., Occhialini, G. P. S., Powell, C. F., 1947. Nature **160**, 453. (§5. 2).

Livingston, M. Stanley, Bethe, H. A., 1937. Rev. Mod. Phys. **9**, 245. (§§3. 4; 3. 5; 5. 2).

Madsen, B. S., 1945. Mat-fys. Medd., Acad. Copenhagen. **23**. No. 8. (§5. 4).

Massey, H. S. W., Mohr, C. B. O., 1933. Proc. Roy. Soc. A **141**, 434.

(§1.5).

Mott, N. F., 1930. Proc. Roy. Soc. **A 126**, 259. (§§1.2; 1.3).

——1930 a. An Outline of Wave Mechanics. Cambridge. (§1.4).

——1931. Proc. Camb. Phil. Soc. **27**, 553. (§3.2).

Mott, N. F., Massey, H. S. W., 1933. The Theory of Atomic Collisions. Oxford (§1.3).

Møller, Chr., 1932. Ann. d. Phys. (5)**14**, 531. (§§3.2; 3.4).

Oppenheimer, J. R., 1928. Phys. Rev. **31**, 66, 349. (§4.1).

Perfilov, N. A., 1940. C. R. Acad. Sci. URSS. **28**, 426. (§4.4). 568

Ramsauer, A., 1923. Ann. d. Phys. (5)**72**, 345. (§1.5).

Rayton, W. M., Wilkins, T. R., 1937. Phys. Rev. **51**, 818. (§5.2).

Rutherford, E., 1911. Phil. Mag. (6)**21**, 669. (§1.2).

——1924. Phil. Mag. (6)**47**, 277. (§4.1).

Swann, W. F. G., 1938. J. Franklin Inst. **226**, 598. (§3.1).

Tamm, Jg., 1939. Journ. Phys. URSS. **1**, 439. (§3.1).

Thomas, L. H., 1927. Proc. Roy. Soc. **A 114**, 561. (§§4.1; 4.3).

Thomson, J. J., 1906. Conduction of Electricity through Gases. Cambridge. 2. ed. (§§1.1; 1.5; 3.1).

——1912, Phil. Mag. (6)**23**, 449. (§3.1).

Titeica, S., 1937. Bull. Soc. Roumaine Phys. **38**, 81.

Wergeland, H., 1945. Mat. -fys. Medd., Acad. Copenhagen. **23**, No. 14. (§1.5).

Werner, S., 1931. Proc. Roy. Soc. **A 134**, 202. (§1.5).

——1933. Nature **131**, 726. (§1.5).

Wertenstein, L., 1913. Diss. Paris. (§5.4).

Williams, E. J., 1929. Proc. Roy. Soc. **A 125**, 420. (§2.4).

——1931. Proc. Roy. Soc. **A 130**, 328. (§§3.2; 3.3).

——1932. Proc. Roy. Soc. **A 135**, 108. (§§3.3; 3.4).

——1933. Proc. Roy. Soc. **A 139**, 163. (§1.2).

——1939. Proc. Roy. Soc. **A 169**, 531. (§2.5).

——1940. Phys. Rev. **58**, 292. (§2.5).

——1945. Rev. Mod. Phys. **17**, 217. (§§1.2; 2.5).

569

XXⅢ. 在 1948 年的第八届索尔威会议上的讨论发言

Les particules élémentaires, *Rapports et discussions du huitième Conseil de physique*, Bruxelles, 27. 9—2. 10. 1948, R. Stoops, Brussels 1950

570 玻尔在第八届索尔威会议上的其他讨论发言见会议报告集的 p. 108(R. Serber 的报告),p. 120 和 p. 128(C. F. Powell 的报告),pp. 283—284(J. R. Oppenheimer 的报告)和 pp. 376—380(最后的讨论). 并参阅本书第七卷.

见第二编《引言》,第 6 节.

玻尔在 1948 年索尔威会议上的讨论中的发言 571

R. Serber, *Artificial mesons*(人为介子)pp. 89—104. 讨论, pp. 105—109.

第 107 页.

玻尔先生——既已证明介子的射程在所估计的离散范围内是一致的并证实了它们是相同的粒子,现在就可以利用这些射程来检验很有争议的离散理论.

C. F. Powell, *Observations on the Properties of Mesons of the Cosmic Radiation*(关于宇宙辐射介子的性质的观察), pp. 111—119. 讨论, pp. 120—128.

第 125—127 页.

玻尔先生.——在这些问题中,讨论快粒子的阻止似乎是中肯的.

在低于 10^8 厘米/秒的速度下,电子碰撞让位于核碰撞. 这是可以在裂变碎片和 α 粒子的事例中清楚地看出的. 伯吉耳德曾在哥本哈根考察了这一问题,他研究了氢和氘的阻止本领的差别.

在这儿,电子结构是相同的,但是由于氘核的质量较大,氘中的射程就比氢中的射程长 7%.

现在让我们考虑比电子重若干倍的粒子的阻止,例如各种介子的阻止.

在意大利和普林斯顿进行的关于介子在各种物质中的俘获的开创性实验,提出了介子能否被俘获在轨道上和在被核阻止住以前发生衰变的问题. 现在看来是不能的. 研究寿命短于 μ 介子寿命的粒子的俘获,仍然显得是有兴趣的.

在介子射程的末端,核碰撞就变成重要的了. 束缚在物质晶格中的原子的频率远小于原子内的频率,从而它们是像自由粒子一样地起作用的. 在和核的每一次碰撞中,都发生动量交换和能量交换,而这种过程就把速度降低到可以和介子 572
能够在核中被产生时的那些速度相比的值. 于是就出现介子和原子中电子的交换问题.

这是带有高度浸渐性的一个问题. 另一个众所周知的这种性质的问题就是俄歇效应问题. 我们在这里遇到的是比电子重得多的粒子,而且它们在可以相比的原子区域中具有小得多的速度. 发生和俄歇效应相似的任何效应的几率都是小得多的. 我并不是说一个粒子可以在一段可以和 μ 介子寿命相比的时间内被保存.

问题看来在初级近似下并不是自由粒子的碰撞问题,而是强力场中的浸渐变化问题.

如果这些粒子可以在轻物质中生存一段 10^{-10}—10^{-6}[秒]的时间,而且当然在重物质中生存得更短暂得多,那就必须考查介子在溴化银中或在明胶中的阻止问题. 鲍威耳假设了介子有相等的机遇在明胶中或在溴化银中停下来,因为它们占有相等的空间. 但是,由于有这些原子现象,在轻物质中被阻止的机遇是大得多的.

在重物质中,介子有更多的机遇在衰变以前被俘获.

问题也适用于 600 倍电子质量或更重的介子. 如果它们的性质要和 π 介子的性质相比较,这就是一个重要的问题,因为证据是这样的: 其中有些粒子在照相底片中被阻止而并不产生星.

泰勒先生. ——我愿意重提一下费米和我已经做了的关于质量为 200 的 μ 介子的轨道俘获的工作. 我们在这儿遇到的是质量为 800 的介子,这可能会造成某种差别.

对于一个慢速度下的正粒子来说,向电子的能量损失是很小的,而向核的能量损失则很强.

费米和我曾经确证,对于负粒子来说,即使它的能量很小,向电子的能量损失也永远是很重要的. 当粒子被拉向核时,它就获得能量并且又成为能够和电子发生相互作用的了.

玻尔先生. ——这不仅是一个能量的问题,而且是一个频率的问题.

XXIV. 高核电荷快速运动离子对电子的俘获[1]

ELEKTRONINDFANGNING AF HURTIGT BEVÆGEDE IONER MED HØJ KERNELADNING

1952 年 3 月 21 日对丹麦王国科学院的学术报告的提纲

未发表稿

（原书载丹麦文原文和英译本，中译本据英译本）

见第二编《引言》，第 7 节.

574 此稿是玻尔在1952年3月21日向丹麦王国科学院发表学术报告(本卷本编的文XXV)时出示的幻灯片的目录. 稿共3页,用钢笔写出,是林德哈德的笔迹,用的是丹麦文.

所出示的幻灯片的样本,见本卷原第316页.

所用的符号基本上和玻尔1948年的论文(本卷本编的文XXII)中的符号相同.

本稿亦见缩微胶片Bohr MSS no,20.

[稿第 1 页,52 年 3 月 21 日] 576

向丹麦王国科学院发表的演讲

由快速运动带电粒子得来的关于原子的信息.

第 1 号幻灯片. 直线路径,α 穿透亿万个原子.

第 2 号幻灯片. 氢中的核碰撞.

第 3 号幻灯片. 氯中的核碰撞.

第 4 号和第 5 号幻灯片. 空气中的裂变粒子.

第 6 号幻灯片. 氦中的裂变径迹.

第 7 号幻灯片. 氩中的裂变径迹.

速度损失和能量损失的计算.

$$\omega = \Delta R \cdot N \cdot \frac{2\pi e_1^2 e_2^2}{m_0 V^2}\left\{\frac{1}{T_1} - \frac{1}{T_2}\right\}$$

$$m_0 = \frac{m_1 \cdot m_2}{m_1 + m_2}$$

$$\Delta E = \Delta R \cdot N \cdot \frac{4\pi e_1^2 e_2^2}{m_0 V^2}\log\frac{T_2}{T_1}$$

$$\left(\Delta E = \Delta R \cdot N \cdot \frac{4\pi Z_1^2 \varepsilon^4}{\mu V^2}\log\frac{T_2}{T_1}\right)$$

针对 $u_s > V$ 的电子俘获,即

$$Z_1^* = Z_1^{1/3}\frac{V}{V_0}.$$

第 8 号幻灯片. 沿径迹的能量损失,电子碰撞和核碰撞.

[稿第 2 页]

用磁偏转对碎片电荷进行的直接测量.

第 9 号幻灯片. [原稿缺.]

第 10 号幻灯片. 按能量测量进行的分组:

重组: $M = 140, Z = 54$, 氙.

轻组: $M = 96, Z = 38$, 锶.

第 11 号幻灯片. 固体中和气体中的电荷平均值. 577

第 12 号幻灯片. 平均电荷在氢中随压强的变化.

利用受激离子的寿命来对压强依赖性作出的解释.

俘获截面的计算

	氢	氩
轻碎片 $\sigma/\pi a_0^2$	1/20	2
重碎片 $\sigma/\pi a_0^2$	1	15

损失和俘获理论概述.　[稿第 3 页]

第 13 号幻灯片. 拉森关于固体中和气体中的平均电荷的结果.

第 14 号幻灯片. 宇宙铁离子在多层照相底片中的径迹.

第 15 号幻灯片. 由一个宇宙粒子引起的核嬗变.

伯吉耳德的彩色立体图的演示.

579

XXV. 高核电荷快速运动离子对电子的俘获[2]

ELEKTRONINDFANGNING AF HURTIGT BEVÆGEDE IONER MED HØJ KERNELADNING

Overs. Dan. Vidensk. Selsk. Virks. Juni 1951—Maj 1952, p. 49

1952 年 3 月 21 日对丹麦王国科学院的学术报告

摘　要

（原书载丹麦文原文和英译本，中译本据英译本）

关于玻尔在报告中出示的幻灯片的目录，见本卷本编的文 XXIV，并参阅文 580
XXVI 和文 XXVIII.

见第二编《引言》，第 7 节.

581 **尼耳斯·玻尔**提出了一篇报告:《高核电荷快速运动离子对电子的俘获》.

报告中讨论了怎样借助于和J·林德哈德一起进行的简单理论考虑就似乎能够解释N·O·拉森通过在实验上研究裂变碎片在从不同物质中经过时的总电荷而得出的那些有趣结果的主要特色,那种研究发表在本科学院的院报上*.

* [见第二编《引言》中的注160.]

XXVI. 玻尔在 N·O·拉森的博士论文答辩会上的发问笔记 583

未发表稿

1952 年 6 月

（原书载丹麦文原文和英译本，中译本据英译本）

“Kommentarer til Lassens disputats”(对拉森学位论文的评论),1952,一稿 584
共 3 页笔记,用钢笔写成,是奥格·玻尔的笔迹.用的是丹麦文.

拉森的学位论文,《论裂变碎片的总电荷和电离本领》(Munksgaard, Copenhagen 1952)包括关于他的研究的 15 页综述以及列举出来的他的从 1945 年到 1951 年的 10 篇论文.

“答辩委员”是雅科布森和玻尔.丹麦文中的“答辩委员”(opponent)一词是意义广泛的.担任此职的两个人应该可以批评和赞扬学位论文,并对工作及其意义作出总的评价.

所用的符号和玻尔及林德哈德 1954 年的论文(本卷本编的文 XXVIII)中的符号相同.

本稿亦见缩微胶片 Bohr MSS no. 20.

1. 引言： 586

小论文.

大量工作.

博士学位[值得]…早得多,但极其实际*.

2. 原子物理学的发展： 587

大仪器.

欧洲的合作.

同时是用有限的手段进行丰富的研究工作.

见第二编《引言》,第 7 节.

* [玻尔这句话可能是指这样一个事实:拉森的学位论文是他的若干重要研究的综述.]

3. 特殊课题：裂变粒子：

拉森和雅科布森一起进行的重要工作.

借助于云室照片得到的关于裂变粒子的行为问题的洞察（伯吉耳德、布若斯特罗、劳瑞特森）. 电荷沿路径的变化.

4. 拉森的研究

1945：借助于磁场中的偏转来测量电荷.

美妙的技术，但是在这方面第一位答辩委员掌握专门的知识. 在这儿和以后，我将主要论述物理结果的重要性.

对轻组和重组来说分别有 $\varepsilon=20$ 和 22.

和理论结果的比较：

$$n \sim Z^{1/3} \cdot \frac{v}{v_0}\left(v \sim V;\ Z^* \sim Z^{1/3}\frac{V}{v_0}\right)$$

得到 $\varepsilon = 20$ 和 15.

电离(1945,46,—49)；其间还有别的工作.

两组之间的差别.

H 中和 D 中能量损失的变化；和云室照片的比较.

和理论的比较.　　[稿第 2 页]

电荷的测定

$$\varepsilon_{\text{轻}} = 22,\ \varepsilon_{\text{重}} = 21.$$

气体中的 ε 的直接考察；一系列新的意外的观测结果(1949).

图见学位论文.

1. 差别：ε 的变化.

2. 较小的值：气体 $\varepsilon_{\text{轻}} = 16$　$\varepsilon_{\text{重}} = 15$.

3. 压强的影响；受激态的寿命 10^{-11} 秒. 和林德哈德的合作.

4. 跃迁效应；关于过程截面的直接信息；进一步的讨论.

588

$$\sigma_l = \Omega(1+\alpha_l(\tau-\omega))$$

$$\sigma_c = \Omega(1+\alpha_c(\tau-\omega))$$

$$\bar{\tau} = \omega + (\bar{\tau}_0 - \omega)\exp[-\rho\Omega(\alpha_l-\alpha_c)(x-x_0)]$$

$$\overline{(\tau-\bar{\tau})^2} = \frac{1}{\alpha_l-\alpha_c}$$

截面变化的意义.

作为标准的电子损失的考虑(重碎片).

$$\sigma_l = 4\pi a_0^2 Z^{2/3} z^{1/3} \cdot \frac{v_0}{v^*}\left\{1-\frac{v^*}{2V}\right\}^2$$

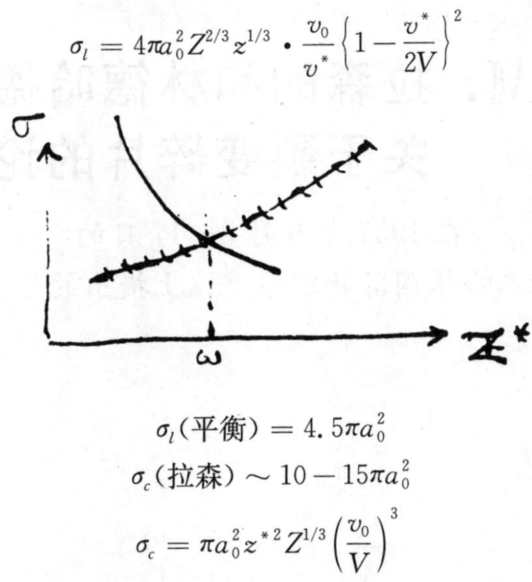

$$\sigma_l(\text{平衡}) = 4.5\pi a_0^2$$

$$\sigma_c(\text{拉森}) \sim 10-15\pi a_0^2$$

$$\sigma_c = \pi a_0^2 z^{*2} Z^{1/3}\left(\frac{v_0}{V}\right)^3$$

$\sigma_l = \sigma_c$，对于 $v^* \approx V$.

轻碎片 ［稿第3页］

H的问题.

固体和气体.

电离.

结论

我希望已经使大家对巨大的进步有一个印象；技术和物理学.感谢拉森对人们的贡献，并祝贺他早就应该获得的博士学位.

589

XXⅧ. 拉森的和林德哈德的关于裂变碎片的论文

在 1952 年 6 月 3—17 日的
哥本哈根国际物理学会议上提出的论文

见第二编《引言》,第 7 节.

油印本《会议报告集》由 O. Kofoed-Hansen、P. Kristensen、M. Scharff 和 590
A. Winther 编辑(p. 3 上有玻尔的短序),共 66 页. 此处引自 pp. 7—8.

玻尔的讨论发言见 p. 16(W. Kohn 的报告)、p. 19(B. Mottelson 的报告)、p. 21(R. Wilson 的报告)、pp. 36—37(W. Heisenberg 的报告)、p. 52(C. Møller 的报告)和 p. 57(A. Wightman 的报告). 也请参阅本书第九卷.

591

哥本哈根核物理学会议,1952

星期二,3/6

N　玻尔教授作了介绍性的发言,向来自国外的与会者们表示欢迎,并简略说明了会议的目的和日程.

N·O·拉森(哥本哈根)

裂变碎片的电荷

裂变碎片所带的总电荷在一个平均值 z^* 附近发生涨落.

玻尔早先估计 $z^* \sim 20$.

波尔菲洛夫对 z^* 作了少数的测量,但结果颇不准确,所以拉森重复了这种测量.

拉森针对穿过各种物质的重裂变碎片和轻裂变碎片通过它们在哥本哈根回旋加速器的磁场中的偏转来测量 z^*,他得到了下列的一套曲线:

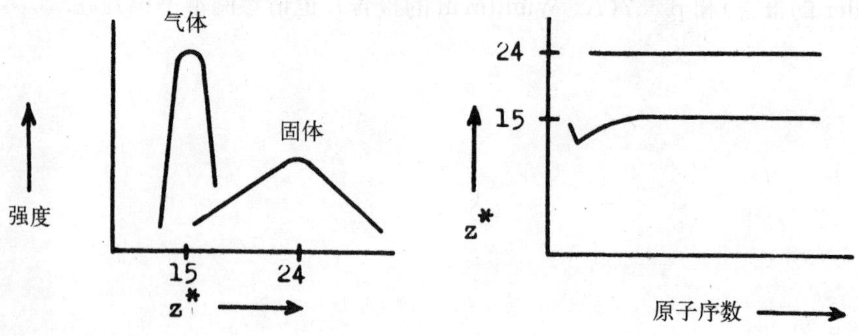

固体中的电荷是通过偏转室中的真空来测量的.因此,固体中 z^* 的变动范围就代表实际的电荷变动范围.气体中的电荷是将气体充入偏转室来测量的,因此能够测量的只是平均电荷,因为电荷会沿着路径发生涨落.因此,气体中曲线的范围就代表仪器的分辨率和两个碎片组中的不均匀性.

碎片永远穿透靶上的一层,从而在渐增的低压强下就得到渐减的 z^*,从固体中的值减到气态阻挡物质中的值.根据 z^* 随压强而变化的斜率,可以估计 $\sigma_{俘获}$.另外,在更高的压强下,z^* 是再次增大的.

文献:拉森,博士论文,哥本哈根大学,1952.

592

J·林德哈德(哥本哈根)

裂变碎片的电荷

拉森的实验可以用俘获过程和损失过程之间的竞争来加以解释.损失的机

制是一个简单的经典碰撞问题，因为导致量子力学共振效应的远距碰撞是受到原子中电子的屏蔽的. 对于高度带电的离子来说，俘获过程起源于电子；那些电子从和离子相距颇远的原子中被拉出；于是各电子就可能没有足以从离子中逸出的能量，这依赖于电子在从原子中被释放时相对于离子而言的速度. 然而，例如氢中那种被束缚得很松的电子却不能以这种方式被俘获，而是当通过离子的电子心时它们才可能通过和离子所带电子的碰撞而被俘获.

这样得出的截面在重物质的情况下是颇大的，和拉森的观测相符合. 截面的绝对值决定趋向损失和俘获之间的平衡的那种趋势，而平衡中的涨落则起源于截面的相对改变.

电荷随高压强而升高的现象用碰撞时间和辐射寿命之间的竞争来解释. 固体中颇高的电荷是因为碰撞不再是彼此独立的.

文献：Bohr, Dan. Mat. Fys. Medd., **18**, no. 8 (1948).

Bell. dissertation, Cornell University, 1950.

Bohr and Lindhard, Dan. Mat. Fys. Medd.，撰写中.

593

XXVIII. 重离子穿透物质时引起的电子俘获和电子损失

(和因斯·林德哈德合撰)

Mat.-Fys. Medd. Dan. Vidensk. Selsk. **28**, no. 7(1954)

见第二编《引言》,第 7 节.

Det Kongelige Danske Videnskabernes Selskab
Matematisk-fysiske Meddelelser, bind **28**, nr. 7

Dan. Mat. Fys. Medd. **28**, no. 7 (1954)

ELECTRON CAPTURE AND LOSS BY HEAVY IONS PENETRATING THROUGH MATTER

BY

NIELS BOHR AND JENS LINDHARD

København
i kommission hos Ejnar Munksgaard
1954

目　录

* ［中译者按：此处所给页码数字(n)是论文原刊页码，外文版原书页码 N=n+594.］

§1. 引　　言 597

和高速粒子在物质中的穿透有关的现象,曾经是关于原子过程的信息的最重要来源. 使得研究具有大质量和大电荷的快速离子的行为成为可能的核裂变的发现,曾经在这方面显示了许多新的有趣的特色,特别是在这种离子对电子的俘获和损失方面. 如所周知,俘获现象和损失现象最初是针对 α 射线而被观察了的,而近来通过在照相乳胶中研究穿透大气上层的具有宇宙起源的高度带电离子的径迹,人们对这种现象重新给予了注意. 不过,关于裂变离子的阻止效应和电离效应的实验,特别是对离子在通过气体和固体时的电荷的直接测量,却提供了有关重离子之电子损失和电子俘获的迄今为止是最详细和最多样的资料.

在早先的一篇论著①中,曾经对和原子级粒子在物质中的穿透相伴随的效应的理论诠释作出了一般性的概述. 特别说来,曾经试图通过估计离子的电荷来说明支配着裂变离子沿路径的能量损失的特殊规律;由于电子俘获和电子损失之间的平衡方面的变动,裂变离子的电荷是随着速度的减低而逐渐减小的. 在路径的开始部分,阻止效应和电离效应主要依赖于和所穿透物质的原子中各电子
的碰撞,而在路径的结尾部分,核碰撞就变得带有决定重要性了. 根据一条假设, 598
即不论通过的是什么物质,具有给定电荷数的裂变粒子所携带的电子数是简单地和它的速度联系着的,这样似乎就能够近似地说明当时已有的实验资料.

然而,近几年来,关于裂变离子在不同物质中的电荷的重要新信息,已经通过 N·O·拉森的持续的彻底探索②而被得到了. 例如,离子注在磁场中的偏转的测量,不但揭示了对早先根据气体中的阻止效应和电离效应而估计出来的电荷值的系统偏差(LASSEN,1949),而且在从固体逸出的裂变离子的平均电荷和速度相同的在气体中通过时的电荷之间揭示了一种没有料到的较大差值. 在气体中,离子注在磁场中的偏转也显示了平均电荷随气体压强的一种较小的但却是明确的增大. 另外,正如拉森所证实的那样,关于离子在从固体进入稀薄气体中时的电荷逐渐调整的详细研究,也使人们能够得出关于在和气体原子碰撞时的电子俘获截面的直接估计.

离子电荷随所穿透物质的密度而变的情况,使我们能够得出关于确定着平衡电荷的那些碰撞过程之机制的若干结论. 例如,快速运动重离子的平均电荷对

---

① N. BOHR(1948). 这篇也对较早的文献作出了概述的论文,在以后引用时将称之为 I.

② 关于这些研究结果的一种概述,见 N·O·拉森的博士论文: On the total charges and the ionizing power of fission fragments,Copenhagen 1952.

所穿透气体的压强的依赖关系就清楚地表明，在损失和俘获之间的平衡中，我们不能像在以前的讨论中那样只考虑电子从离子的基态中被取走或被俘获到该基态中的那些过程，而是也应该考虑涉及一些受激态的过程，各该受激态的寿命可以和离子与气体原子的相继碰撞之间的时间间隔相比. 气体中的和固体中的平均离子电荷之间的显著差别，进一步显示了其寿命比辐射跃迁的寿命短得多的受激离子态中的一些过程的调整的存在.

599 本文试图在简单论点的基础上，对与高度带电粒子在物质中的通过有关的现象作出综合的诠释. 为此目的，我们首先在§2中考虑损失过程和俘获过程之间的平衡的某些一般特色，特别注意到电荷的涨落，以及离子从固体进入气体时的平均电荷的逐渐调整. 在关于多电子离子的构造的一种简化的统计描述的基础上，我们在§3中讨论应该从平均离子电荷的测量以及从阻止效应和电离效应得出的某些直接结论. 在§4中，考虑重离子在和原子碰撞时的电子损失和电子俘获的机制，并试图推导这些过程的截面的近似估计式，特别是在对离子电荷和离子速度以及所穿透物质的原子序数的依赖关系方面. 在这些估计的基础上，在§5中将和有关裂变离子在低压气体中的电荷的实验资料进行比较. 最后，在§6中，联系到关于离子电荷随气体压强的变化以及该电荷在固体中的反常大值的观测，我们来考虑剩余离子激发的效应.

这篇论文的发表因为各种情况而被拖延了下来，但是它的一些部分曾在最近几年的各种会议上报告过. 在发表这篇论文时，我们必须向N·O·拉森博士致以谢意，他在他的实验研究和我们的理论考虑的一些进展阶段中和我们进行了许多益人心智的讨论. 我们也感谢G·I·贝耳博士，他在发表以前很亲切地向我们提供了他关于损失机制和俘获机制的有趣研究的结果.

§2. 重离子对电子的损失和俘获之间的平衡的一般特色

重离子对电子的损失和俘获问题，显示出一些和快速α粒子或快速质子所显示的大不相同的特色；在后一些粒子的事例中，由于裸核的俘获截面与附着于
600 核的电子的损失截面之比很小，核只将在一些中间性的很短的区间中带有一个电子，而这些区间加在一起也只占路径的一个很小的百分比. 然而，在像裂变碎片这样的重离子的事例中，核却将沿着整个的路径都带有许多个电子，其数目由于不断地俘获和损失而在一个平均值附近发生涨落，而该平均值则取决于离子的速度和核电荷，并取决于媒质的性质.

为了简单，让我们考虑穿透气态媒质的一个离子注，媒质的密质如此之低，

以致各离子在两次碰撞之间实际上全都已经回到它们的基态. 因此,离子注在碰撞效应方面的状态,就由带有 τ 个电子的离子数 $N(\tau)$ 来充分地确定. 于是,暂时不考虑涉及多于一个电子的损失过程和俘获过程,我们就得到 $N(\tau)$ 在速度可以看成恒定的一个路径区间中的变化率

$$\frac{\mathrm{d}N(\tau)}{\mathrm{d}x}=\rho\{N(\tau-1)\cdot\sigma_c(\tau-1)+N(\tau+1)\cdot\sigma_l(\tau+1)-N(\tau)\cdot(\sigma_c(\tau)+\sigma_l(\tau))\},\tag{2.1}$$

式中 ρ 是单位体积中的气体原子数,$\sigma_c(\tau)$ 是在碰撞以前带有 τ 个电子的离子俘获一个电子的截面,而 $\sigma_l(\tau)$ 是这样的离子损失一个电子的截面. 关于由离子所携带的平均电子数 $\bar{\tau}=\bar{\tau}(x)$ 的变化率,我们通过简单的求和就由(2.1)得到

$$\frac{\mathrm{d}\,\bar{\tau}}{\mathrm{d}x}=\frac{\mathrm{d}}{\mathrm{d}x}\frac{\Sigma\tau N(\tau)}{N}=\frac{\rho}{N}\Sigma N(\tau)\cdot(\sigma_c(\tau)-\sigma_l(\tau)),\tag{2.2}$$

式中 N 是注中的总离子数.

在由携带多个电子的重离子所形成的注中,τ 在平均值附近的分布将扩展到若干个单位,因此,(2.2)的严格应用就要求详细地知道截面对离子中的电子数的依赖关系. 然而,(2.2)中的求和计算却很容易依据一条假设来完成,那就是,在所讨论的区间中,σ_l 和 σ_c 都很慢地和线性地随 τ 而变化. 于是我们就可以写出

$$\sigma_c(\tau)=\Omega\cdot(1+\alpha_c\cdot(\tau-\omega)),$$ 601

$$\sigma_l(\tau)=\Omega\cdot(1+\alpha_l\cdot(\tau-\omega)),\tag{2.3}$$

式中 α_c 和 α_l 是小于 1 的常数,而 ω 是俘获截面和损失截面具有相等量值 Ω 时的 τ 值. 于是,将表示式(2.3)代入(2.2),我们就得到

$$\frac{\mathrm{d}\,\bar{\tau}}{\mathrm{d}x}=-\rho\Omega\cdot(\alpha_l-\alpha_c)\cdot(\bar{\tau}-\omega),\tag{2.4}$$

求积分,就在点 x_0 上的给定 $\bar{\tau}$ 值下得到注中点 x 上的平均电子数

$$\bar{\tau}(x)=\omega+(\bar{\tau}(x_0)-\omega)\cdot\exp(-\rho\Omega\cdot(\alpha_l-\alpha_c)\cdot(x-x_0))\tag{2.5}$$

按照相应的方式,我们就由(2.1)和(2.3)推出点 x 上电子数的平均平方涨落

$$\overline{\Delta\tau^2}(x)=\frac{1}{\alpha_l-\alpha_c}+\left\{\overline{\Delta\tau^2}(x_0)-\frac{1}{\alpha_l-\alpha_c}\right\}\cdot\exp(-2\rho\Omega\cdot(\alpha_l-\alpha_c)\cdot(x-x_0))\tag{2.6}$$

对于大的$(x-x_0)$值，当(2.6)中的第二项为零时，涨落就将只依赖于$\alpha_l-\alpha_c$，而在平均值周围的分布就将是高斯分布，其半极峰宽度等于$2.35\,(\alpha_l-\alpha_c)^{-1/2}$.

在这些简单的计算中曾经假设，在每一次俘获过程和损失过程中，只有一个电子被转移到离子上或从离子中被取走. 不过，在实际的事例特别是在和重原子的碰撞中，却存在若干个电子被离子俘获或损失的相当大的几率. 然而，这样的效应却可以通过在(2.1)中引入另外一些项而被包括在上面的描述中，那些项和适用于电子数τ改变n个单位的那些碰撞的截面$\sigma_l^n(\tau)$及$\sigma_c^n(\tau)$相对应. 于是，在和(2.3)中的近似同样的近似下写出

602

$$\begin{aligned}\sigma_l^n(\tau)&=\Omega_n\cdot(1+\alpha_l^n(\tau-\omega_n)),\\ \sigma_c^n(\tau)&=\Omega_n\cdot(1+\alpha_c^n(\tau-\omega_n)),\end{aligned}\tag{2.7}$$

我们就能用相同的程序得出对应于(2.5)和(2.6)的平均电荷和涨落的公式，只要把Ω、$\Omega(\alpha_l-\alpha_c)$和$\Omega(\alpha_l-\alpha_c)\omega$分别换成$\sum_n\Omega_n\cdot n^2$、$\sum_n\Omega_n\cdot n\cdot(\alpha_l^n-\alpha_c^n)$和$\sum_n\Omega_n\cdot n\cdot(\alpha_l^n-\alpha_c^n)\omega_n$就行了. 于是，将使电子数改变若干个单位的那种碰撞特别说来可能影响涨落，但是，只要多数碰撞中的n值还小于平均涨落，平均分布就将仍然是近似高斯型的.

在密度较大的媒质中，如果不是全部也是有很大一部分离子将在相继碰撞之间留在它们的受激态中；当考虑这种媒质中的离子电荷的平衡和涨落时，更进一步的考虑是必要的，因为损失截面和俘获截面可能在相当程度上依赖于离子的激发. 然而，利用适当定义的依赖于离子之实际激发程度的损失截面和俘获截面的平均值来进行计算，就可以在和以上相同的简单方式下处理问题. 受激离子态的问题甚至在对于α射线而言的损失和俘获之间的平衡方面也可能必须考虑在内，但是在这一事例中，效应通常只有较小的重要性，因为受激态中的电子束缚能很小，这和带有多个电子的离子的性质相反，此处的激发势能可以只是电离势能的若干分之一.

对于从一个固体表面逸入真空中的裂变离子来说，磁偏转可以在路径的指定点上测量个体粒子的电荷. 然而，在一种气态媒质中，电子的损失和俘获所造成的电荷的不断变化却只允许我们测定电荷在路径的一个相当部分上的平均值. 不过，通过改变偏转室中的气体压强，拉森还是做到详细研究了平均离子电荷从在固体中的值到在气体中已经达成平衡时的值的逐渐下降. 电荷的下降在
603 起初是很快的，显示出电子俘获对电子损失的一种优势，但是后来就逐渐放慢，并且和预料相符，平均离子电荷将通过一种近似指数的规律而趋于一个平坦的极小值(参阅 Lassen，1950，fig. 2). 真空中的离子偏转实验不但给出比气体中

的值更高的平均电荷值，而且也显示了有着近似高斯分布的特征性的电荷涨落(参阅 LASSEN,1950,fig. 1). 我们即将看到，尽管这和离子通过固体时的条件是不同的，这种涨落却能给出有关俘获截面和损失截面对离子电荷的依赖关系的信息，这就补充了可以根据离子进入气体时的平均电荷的逐渐调整而推得的那些结论.

§3. 离子构造的近似描述

高度带电离子和原子之间的碰撞的严格处理向我们提出了一些很繁复的问题. 然而碰撞效应的一种近似的说明却可以借助于原子构造的一种简化描述来得出(参阅 I, §3.5)；在这种描述中，电子的束缚情况用轨道大小和轨道速度这两个简单概念来定义，它们的量度可以取为

$$a_0 = \frac{\hbar^2}{me^2} \text{ 和 } v_0 = \frac{e^2}{\hbar}, \tag{3.1}$$

二者分别代表氢原子基态中电子的[轨道]“半径”和“速度”. 对于离子中或原子中的一个电子，我们按相似方式引入一个表征其轨道区域大小的半径 a 和一个由下式定义的速度 v，

$$I = \frac{1}{2}mv^2, \tag{3.2}$$

式中 I 是束缚能量. 于是，针对核电荷为 Z 的一个原子或离子，我们就写出

$$a = a_0 \cdot \frac{\nu^2}{n}, \qquad v = v_0 \cdot \frac{n}{\nu}, \tag{3.3}$$

式中 ν 可以诠释为束缚态的有效量子数，而 $Z-n$ 则是轨道半径小于 a 从而速度 604
大于 v 的电子数.

对于一个原子的基态来说，ν 可以从适用于束缚得最紧的电子的一个接近于1的值增大到一个宽阔的极大值，而最后又在最外围的原子中电子处减小到数量级为1的值. 对于多电子原子来说，ν 的极大值将很近似地等于 $Z^{1/3}$，从而我们由(3.3)就得到

$$\mathrm{d}n = Z^{1/3} \cdot \frac{\mathrm{d}v}{v_0} \tag{3.4}$$

来作为束缚在一个重原子基态中的大多数电子的速度分布的一个近似表示式. 原子的激发要求有一个或多个电子从正常的被占态转移到未被占的较高能态.

在一个中性的原子中,这样的过程对每一个电子来说将要求一个和束缚能量 I 同数量级的能量交换,尽管在内层电子的事例中这种能量的一部分可以在随后的调整过程中被重新放出,并导致其他电子激发乃至逸出于原子之外. 然而,在实际的碰撞过程中,明确阶段的区分却是受到限制的,这种区分要求碰撞的有效持续时间和原子过程动力学所涉及的时间的更仔细的比较.

简化的描述也近似地适用于总电荷为 Z^* 的重离子的基态,此处 Z^* 对应于核电荷的一个相当大的分数. 不过,既然 ν 的极大值只有当 $Z-n$ 超过 $Z/2$ 时才会达到,应用(3.4)的一个必要条件就是 Z^* 应稍小于核电荷的一半. 此外,对于高度带电离子的激发态来说,由于许多束缚较强的未被占量子态的存在,情况也在若干方面是不同于中性原子的激发态的. 事实上,如果我们用 ν^* 来代表离子基态中束缚得最松的那些电子的有效量子数,并设其电离势能为 I^*,则很大一
605 部分可能的激发过程所要求的能量将只具有 I^*/ν^* 的数量级.

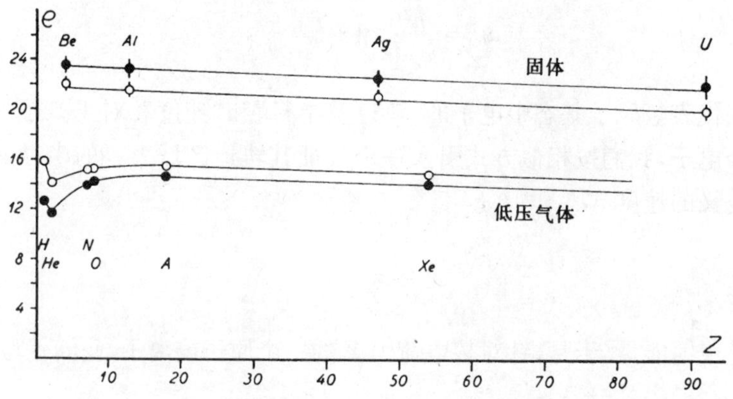

图 1 (LASSEN,1951a,fig. 12). 固体和低压气体中具有初速度的裂变离子的平均平衡电荷. 黑色圆点对应于重碎片组($Z=54$, $V=4v_0$),白圈对应于轻碎片组($Z=38$, $V=6v_0$).

对重离子来说,我们通常必须照顾到电离能量在若干电子上的分布. 不仅仅是在实际的碰撞过程中常常会有多于一个的电子在开始时被激发,而且激发能量在电子中间的再分配甚至在不那么猛烈的碰撞的事例中也会在碰撞之后立即出现. 如果离子的总多余能量超过 I^*,其结果就将是电子在一段时间内的被放出,而那段时间与由辐射过程造成的寿命界限相比是很短的. 对于受激态的寿命和性质的估计来说,也必须记得一个低于 I^* 的激发能量通常将是分配给几个电子的.

关于快速重离子的 Z^* 值的情况,图 1 给出了拉森对固体物质中和低压气体中路径开始部分上的裂变离子电荷的测量结果的一个概貌. 可以看到,除了在最轻气体中的一些有趣的反常以外,离子电荷在两组裂变离子的事例中都近似地和气

体的原子序数无关. 同样的结论也适用于固体中的离子电荷,尽管其绝对值是和气 606
体中的显著不同的,而且两组裂变离子的相对电荷是奇特地颠倒过来的.

这些奇怪特色的解释,当然就要求更仔细地考查离子和所穿透物质的原子之间的碰撞过程,特别是考查离子在碰撞开始时的态. 然而,对于一种初步的讨论来说,可以回想这样一个事实:在基态中,离子的电子俘获和电子损失之间的平衡的一种简略考虑就导致一个结论,即在平衡中,在离子的这个态中被束缚得最松的电子的速度 v^* 应该接近等于离子速度 V. 按照(3.4),我们给出

$$Z^* = Z^{1/3} \cdot \frac{V}{v_0} \tag{3.5}$$

来作为平衡中的离子电荷的一种粗略估计(参阅 I, § 4.4).

对较重的一组裂变离子来说,这种估计和拉森关于低压气体中的平均电荷的直接测量结果密切符合. 事实上,对 $V=4v_0$ 和 $Z=54$ 来说,我们由(3.5)得到一个值 $Z^*=15$, 然而,对轻的一组裂变离子($V=6v_0$, $Z=38$)来说,我们由(3.5)将得到 $Z^*=20$, 而测量到的平均电荷值则约为 16. 完全抛开比较绝对电荷值的根据不谈,相对值方面的这种表观分歧很容易通过记起一件事实来加以解释,那就是,(3.4)只有在 Z^* 稍小于 $Z/2$ 的事例中才是适用的. 这个条件对较重离子组来说是大致满足的,而对较轻裂变离子来说则不满足,结果,(3.5)中的 $Z^{1/3}$ 就必须用一个较小的 ν 值来代替.

两组离子的这种差别也由裂变离子穿透气体时的阻止效应和电离效应很清楚地显示了出来. 作为例证,图 2 中重绘了拉森关于两个组在氩中沿路径的能量损失的结果. 可以看到,各曲线由两部分组成,这两个部分各自对应于大于和小于 v_0 的速度,而且这两段曲线上的阻止效应分别是主要起源于电子碰撞和核碰
撞. 对较重的粒子组来说,能量损失在射程的第一部分上是线性减低的. 但是对 607
较轻的组来说,反常性却出现在射程的开端处,而只有当速度和离子电荷已经从它们的初始值减小了相当多时,线性减低才会出现. 正如在 I(§ 5.3)中提到过的那样,由带电粒子之能量损失的简单理论①可知,在较重的气体中,能量沿路径的线性减低,就意味着 Z^* 和 V 之间的一种对应于(3.5)的比例关系. 对较重的

---

① 这种理论是特地针对粒子电荷和粒子速度的那样一种事例发展起来的,在那种事例中,量子力学的微扰方法在很高的近似下可以适用. 近来已经证明(参阅 LINDHARD and SCHARFF, 1953),在这种基础上,利用原子结构的一种简单的统计处理,就可以在原子序数和粒子速度的广阔区域中说明阻止本领. 正如在 I 中讨论了的那样,在微扰理论的条件并不满足的那种高度带电粒子的事例中,特殊的考虑是必要的. 然而,I(§ 3.5)中所给出的关于重原子阻止本领的估计,却需要一定的改正. 事实上,如果在这种估计中按照林德哈德和沙尔夫的思路. 把电子束缚情况的动力学也考虑在内,则所得的阻止本领将像对相同速度区域中的 α 射线来说一样,不但近似地和离子电荷的平方成正比,并和离子速度成反比,而且还会很近似地按照所穿透物质的原子序数的平方根而变化.

一组裂变离子来说,这种关系显然对射程的一个很大的部分可以适用,而对较轻
608 的离子组来说,$Z^{1/3}$ 却显然必须用一个因子来代替,该因子在起初是随着粒子速度的降低而显著增大的.

607

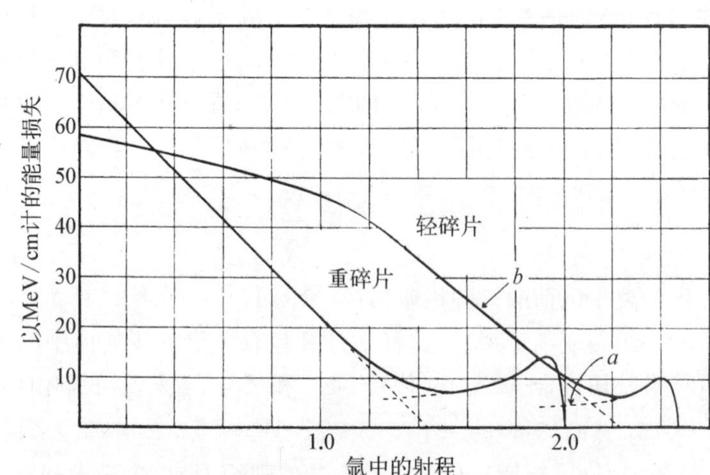

图 2　(LASSEN,1949,fig. 23). 氩中沿裂变离子路径的能量损失. 在极小值以后的路径结尾部分上,由核碰撞引起的能量损失是主要的. 来自核碰撞和电子碰撞的分别贡献的量值(a 和 b),用虚线表示了出来.

608 至于根据重离子的阻止效应和电离效应来对平均离子电荷进行更加定量的估计,那就必须照顾到各种复杂性了. 实际上,根据点电荷之穿透理论而由气体中的电离得出的关于离子电荷的早期估计,导致了一些值,几乎和离子从固体进入真空中时的直接电荷测量结果一样大. 为了解释这种分歧,必须把离子的复杂结构考虑在内. 事实上,在近距碰撞中,原子中的电子将透入到离子的内部中去,而那里的有效核电荷是比 Z^* 高许多的. 在 I 中(§4.4 和 §5.3)曾经推测改正是不重要的,因为作为有效极小碰撞参量而出现在阻止公式中的碰撞直径 b 恰好等于离子的直径. 然而,对裂变离子来说,近距碰撞对阻止效应的贡献却是比较大的,因为较远距的碰撞中的碰撞参量的半浸渐界限只比 b 大少数几倍,这种情况使得阻止本领的准确求值成为困难的了,但是简单的计算却证明,由离子结构引起的改正量,和说明气体中裂变离子电荷的早期估计值与直接电荷测量结果之间的差值所要求的改正量具有相同的数量级.

§4. 电子损失和电子俘获的机制

在高度带电离子和中性原子的碰撞中,电子的束缚情况可能发生相当的变

化，特别是在原子中，那儿的束缚得较松的那些电子将在碰撞的早期阶段受到离子周围的强场的很大影响. 和原子的激发及电离相伴随的能量传递，事实上将是离子的能量损失的主要源泉. 然而，在碰撞中也可能出现另外一些过程，它们将导致离子的激发或由电子俘获和电子损失所引起的离子电荷的改变. 这些过程的严格处理带来一个非常复杂的问题，但是，由于在电子的损失和俘获中被涉及的离子中的束缚态是用很高的量子数来表征的，简单的力学考虑在近似的处理 609
中就是可以应用的，而特别说来在考察不同过程的机制的本质特色时是可以应用的.

在损失过程中，这就是在碰撞中向离子中的电子传递一个足以使电子逸出的能量的问题. 由于离子中相邻电子之间的作用力远小于总的离子场，我们在考虑这样的能量传递时，就可以在初级近似下单独考查在和原子的碰撞过程中各电子所受到的作用力对电子束缚情况的影响. 然而，在估计这些力时，我们只有针对轻原子才能把碰撞比拟为核和原子中各电子的分别碰撞. 对较重的原子来说，有些电子的轨道速度大于粒子速度 V，这时我们就必须照顾到一点，即在碰撞过程中，这些电子将有效地屏蔽核的电荷 ze，它们将和核一起作为一个总电荷数为 z^* 的原子心而起作用，这里的 z^* 近似地等于 $z^* = z^{1/3}(V/v_0)$，和(3.5)相对应. 既然那些更松地束缚在原子核上的电子由于它们的电荷和质量很小而不能单独地向离子传递必要数量的能量，那么，在轻原子中，对损失过程的主要贡献就起源于裸核的直接作用，而在更重的原子中则起源于原子心的直接作用.

为了估计损失截面，我们回想到，在一个静止的自由电子和一个电荷为 z^*e 而速度为 V 的重粒子之间的碰撞中，大于 T 的能量传递的截面由下列众所周知的公式给出(参阅 I，§ 3.1)：

$$\sigma = 2\pi a_0^2 z^{*2} \cdot \left(\frac{v_0}{V}\right)^2 \cdot \left(\frac{mv_0^2}{T} - \frac{mv_0^2}{T_{\max}}\right), \tag{4.1}$$

式中 $T_{\max} = 2mV^2$ 是这种碰撞中的能量传递的上限.

针对离子中的每一个电子引用 $T = mv^2/2$，并借助于公式(3.4)来求和，我们就由(4.1)得到作为损失截面的初级估计的下式

$$\sigma_l = \pi a_0^2 z^{*2} Z^{1/3} \cdot \left(\frac{v_0}{v^*}\right)^3, \tag{4.2}$$ 610

式中 z^* 分别代表轻气体的原子序数或重气体的心电荷数，而离子基态中束缚得最松的电子的束缚情况则用和 V 相近的速度 v^* 来表征.

然而,这样一种粗略的考虑需要不同种类的重大改正.事实上,忽视电子束缚情况在碰撞过程中的效应是说不过去的,因为轨道速度和 V 具有相同的数量级,而且尤其是因为碰撞的持续时间可以和轨道频率* 相比.由于这些情况,关于直接取走离子中电子的截面的估计(4.2)就太大了一些;但是在损失截面的估计中必须考虑到,由于离子中电子束缚情况的事后再调整,只要在碰撞中传给离子的总能量超过束缚得最松的基态中的电子的束缚能量 I^*,电子的逸出就会发生.不过,这些并不能严格分开的各种效应所引起的改正,却可以被指望为大致地互相抵消,而在这方面很有兴趣的就是,贝耳(1953)在稍微不同的简化手续的基础上通过数字计算求出的关于若干和气体中裂变离子的损失截面有关的估计,近似地和更加综合的公式(4.2)相符合.因此我们可以用这个公式来作为分析实验的指南,特别是作为估计损失截面随离子电荷的变化情况的指南.

除了电子损失以外,离子和原子的碰撞还将造成离子的激发.建筑在简单公式(4.1)上的一种估计,事实上给出了和损失截面有着相同数量级的由直接碰撞引起激发的截面.因此,即使部分地激发能量将通过后继的再调整而消耗在电子逸出上,我们也必须推测碰撞将造成离子的激发,其数量平均说来约为 $I^*/2$:在低压气体中,这种激发能量将在碰撞之间通过辐射而耗散掉,但是在更高的压强下我们必须照顾到这些碰撞中的初始离子激发能,结果就是总的损失截面有所
611 增大.例如,通过建筑在(4.1)上的一种简单估计,针对碰撞开始时的一个平均剩余激发能量 εI^*,我们就得到损失截面的一个相对增量 ε.

关于离子对电子的俘获截面的估计,要求更细致一些地考虑原子和离子之间的碰撞进程.事实上,一个电子被离子所俘获的可能性,将大大依赖于它在被原子释放出来时所处的条件.让我们考虑原子中速度为 v 而[轨道]半径为 a 的一个电子,而 v 和 a 由(3.3)来给出.在高度带电离子靠近过来的过程中,电子将受到一个强力场的作用;这个力场引起束缚情况的越来越大的极化,随后就可能把束缚打破.为了估计电子的释放在什么时候发生,我们指出,在由

$$\frac{Z^* e^2}{R^2} = \frac{mv^2}{a} \tag{4.3}$$

给出的二体系间的一个距离 R 处,来自离子的力和原子中的束缚力近似相等.不过还是必须考虑到,电子被释放的可能性并不仅仅取决于力的对比,而是过程的完成将需要一个大约为 a/v 的时间,从而特别是对束缚得较松的电子来说,离子在电子被从原子场中释放出来以前可能已经走过了一段可以和 R 相比的

* “轨道频率”应为“轨道周期”.——中译者注

距离.

在从原子中释放出来以后，电子将被俘获，如果它的相对于离子而言的总能量有负值的话. 在他沿着和此处所遵循的思路相类似的思路而对俘获截面作出的估计中，贝耳(1953)假设了原子中的电子是在离开离子为 R 的距离处以对应于原有束缚态中的动量分布的速度而被释放的. 然而必须考虑到，在原子场和离子场的联合作用下，电子速度的分布将和在孤立原子中时颇为不同，而且，我们
必须预期，在从原子束缚中逐渐解脱出来的过程中，电子速度将大为降低. 于是， 612
在释放过程完成时，我们可以在初级近似下假设电子相对于离子而言的速度将和离子速度相差无几. 在这样的假设下，俘获的条件就是：电子释放过程在效果上是在离开离子的距离小于 R' 处完成的，此处的 R' 由下式确定：

$$\frac{Z^* e^2}{R'} = \frac{1}{2} m V^2. \tag{4.4}$$

在初级近似下假设释放是在距离 R 处发生的，我们就发现，如果 $R < R'$，则俘获发生，其截面为 πR^2，而如果 $R > R'$，则不会有任何俘获. 按照(4.3)和(4.4)可以看出，只有束缚得很强的电子才能对俘获有所贡献. 实际上，在重原子中，贡献将主要来自 $V/2$ 附近的一个较窄的速度区域. 对原子中的各电子求和，我们利用公式(3.3)，就针对一些原子得到总俘获截面的近似表示式

$$\sigma_c = \pi a_0^2 Z^{*2} \cdot z^{1/3} \cdot \left(\frac{v_0}{V}\right)^3, \tag{4.5}$$

如果在这些原子中，相当一部分电子具有可以和 V 相比的速度的话.

尽管这种关于俘获过程的描述是颇为粗略的，公式(4.5)却可以被指望为并不太错，因为 R 和 R' 的估计所带来的不准确性将在对原子中各电子的求和中大大削减. 贝耳(1953)在关于有着不同的电荷和速度的裂变离子在若干种气体中的俘获截面的数字计算中，也注意到了上述情况. 尽管贝耳所用的关于已释放电子的动能的假设是不同的，他的关于重气体的结果却也是和公式(4.5)近似符合的. 另外也应注意到，公式(4.2)和(4.5)就意味着，在一次和重原子的近距碰撞中，若干个电子将被释放并被离子所俘获，而且，由于随后的离子激发能量的再
调整，不同的过程是不能在合效应中严格分开的. 613

至于那些最轻的气体中的俘获，我们却遇到一种大不相同的局势. 事实上，对于高电荷和高速度的离子来说，导致俘获截面(4.5)的那些计算针对束缚在最轻原子中的电子将并不给出任何贡献，因为对于这些电子来说，释放距离 R 将大于使俘获过程成为可能的界限 R'. 为了解释俘获的发生，我们必须考虑到这样一件事实：释放是一个逐渐的过程，从而虽然 R 可以代表平均释放距离，但是

逸出却将是以一个可以和 (v/a) 相比的单位时间的几率而发生的，从而是在一段颇大的路径上发生的. 因此就存在一个小几率，使得一个束缚得很松的电子停留在原子中，直到离开离子的距离小得可以使俘获发生时为止.

过程的详细分析当然是一个很复杂的问题，但是，通过建筑在简单力学概念上的一种估计，并假设电子在离开离子的距离小于 R' 处从原子中释放出的几率具有 $(R'/V)(v/a)$ 的数量级，我们就得到

$$\sigma_c = \pi a_0^2 Z^{*3} \cdot \left(\frac{v_0}{V}\right)^7 \cdot \frac{n'^2}{\nu'^3} \tag{4.6}$$

来作为对原子中束缚得很松的一个电子而言的俘获截面的粗略估计，电子的束缚情况用一个已屏蔽核电荷 $n'e$ 和一个有效量子数 ν' 来表征.

为了讨论剩余的离子激发，我们必须考虑到电子通常是被俘获在高激发态中的. 事实上，对于公式(4.5)可以适用的重原子来说，电子在被一个处于基态的离子俘获以后的平均激发能量将约为 $\frac{2}{3}I^*$，而在(4.6)所涉及的事例中，激发能量通常会更高并很密切地接近于 I^*. 至于在§6 中关于剩余激发能量对更高压强下平衡的影响的检查，我们将进一步注意到，和以上所讨论的由剩余激发引起
614 的损失截面的增大相反，我们必须预期电子束缚的随后再调整所引起的俘获截面的减小. 例如，碰撞开始时的一个数量为 εI^* 的平均剩余激发能量，将在估计式(4.5)中引起一个大小为 $\frac{3}{2}\varepsilon$ 的相对减量，而在(4.6)中引起的相对减量则甚至还要大.

§5. 关于裂变离子在低压气体中引起的俘获和损失的实验资料的讨论

为了确定在§4 中给出的损失截面和俘获截面的近似估计在多大程度上可以用作讨论实验资料的指南，可以回想到，在适当定义了的 z^* 下，估计式(4.2)在轻气体和重气体中都适用于电子损失，而在俘获问题方面，我们却在两种事例中遇到分别导致估计式(4.5)和(4.6)的大不相同的机制. 因此，在和实验资料的比较中，我们将分别处理这两种事例.

在重气体的事例中，原子中多数电子的束缚情况是用可以和离子速度 V 相比或超过 V 的轨道速度来表征的，这时公式(4.2)和(4.5)就给出俘获截面和损失截面随离子电荷的简单变化，而且是在相反方向上的变化. 事实上，俘获估计

式(4.5)正比于 Z^{*2},而损失截面(4.2)则反比于 v^{*3},从而是近似地像 Z^{*-3}一样地变化的.特别说来我们注意到,在所有较重的气体中,两个表示式在一个由 $v^{*}=V$ 给出的束缚得最松的电子的速度值下变成相等,这是和在§3的讨论中所用到的关于平衡电荷的粗略估计相符合的.

利用§2中的符号,我们由(4.2)和(4.5)就针对在平衡中相等的损失截面和俘获截面得到

$$\Omega=\pi a_0^2 Z^{1/2} z^{1/2}\cdot\frac{v_0}{V}. \tag{5.1}$$

然而,关于估计涉及电子俘获和电子损失的碰撞之间的平均自由程[而且这个自由程就确定着平衡电荷对气体压强的依赖关系(参阅§6)],那就必须考虑到,正是在较重的气体中才有若干个电子通常会在碰撞中被交换,从而我们就必须推测会有稍大于和(5.1)相对应的值的一个平均自由程的值. 615

在低压下,图1中给出的实验结果表明,较重气体中的平衡电荷几乎和原子序数无关,这也正是和理论的预期相对应的.然而必须记得,在这样的比较中,我们首先只是处理的损失截面和俘获截面之比,而两种截面的迅速而相反的变化就意味着平衡电荷对这一比值并不多么敏感.因此,重要的就是,表示式(4.2)和(4.5)的数值的一种近似的检验,可以从拉森针对从固体进入气体的离子观察到的过渡效应的研究中得出.

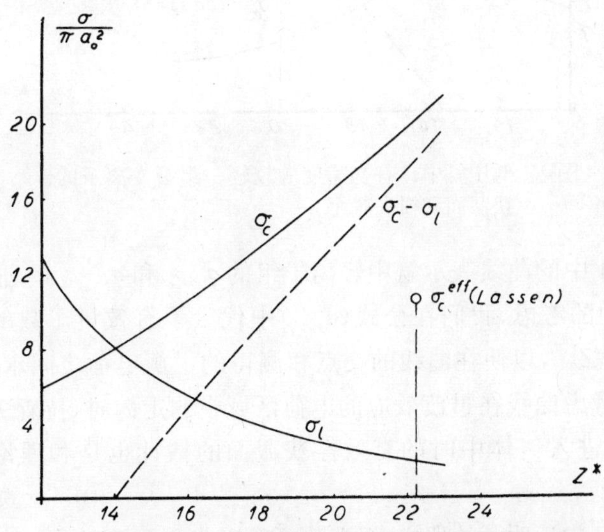

图3　低压氩中具有初速度的较重一组裂变离子的俘获截面和损失截面,作为离子电荷 Z^{*} 的函数.和由拉森估计出来的平均有效俘获截面相比较.

对于在低压氩中具有初速度的较重一组裂变离子来说，作为 Z^* 的函数的
616 σ_l 和 σ_c 的理论估计值由图 3 中的两条曲线来表示. 和平衡电荷相对应的曲线交点，与实验结果密切符合. 图中的虚线表示离子电荷高于平衡电荷时俘获截面和损失截面之差. 另外，图中也表示了拉森针对从固体表面发射出来的重裂变碎片的平均离子电荷而估计了的有效俘获截面. 正如在 §2 中提到过的那样，这种估计是根据离子在进入气室时的电荷减低率推断出来的，而且为了简单曾经假设，在这些效应中，电子损失可以忽略不计，而俘获截面可以认为在所讨论的电荷区间中是恒量. 考虑到我们在这些过渡效应中遇到的是在进室离子电荷和气体中平衡电荷之间的区间中对俘获截面和损失截面之差求平均的问题，那就可以看出，拉森的估计是和图 3 中的截面曲线符合得颇为满意的.

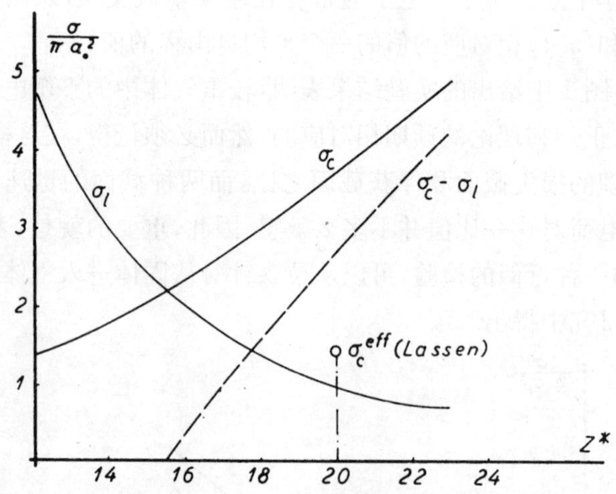

图 4　低压氩中具有初速度的较轻一组裂变离子的俘获截面和损失截面.

同样，图 4 中的曲线表示氩中轻离子组的 σ_l、σ_c 和 σ_c—σ_l 的理论估计值. 不过，按照 §3 中的考虑，我们在公式(4.2)中代入了有效量子数的稍小一些的
617 值而没有引用 $Z^{1/3}$，以便在曲线的交点和测得的平衡电荷之间求得重合性. 也可以看到，当考虑曲线在过渡效应的电荷区域中的走向时，拉森关于轻裂变离子从固体表面进入气体中时的有效俘获截面的估计也是和理论的预期相一致的.

正如在 §2 中证明了的那样，损失截面和俘获截面随离子电荷的变化率，是决定着离子沿路径的电荷涨落的. 公式(4.2)和(4.5)在低压下的较重气体中导致一个值 $1/(\alpha_l - \alpha_c) = Z^*/5$. 尽管气体中的电荷涨落是不能直接测量的，但是

很有兴趣的却是,平均平方涨落的这一估计是近似地和裂变离子从固体逸出时的电荷涨落的观察结果相对应的(LASSEN 1950,1951a).

关于较轻气体中损失和俘获之间的竞争,可以看到,空气中裂变碎片的俘获截面应该是由公式(4.5)近似地给出的,但是出现在损失截面(4.2)中的原子心的电荷,却将比适用于重物质的 $z^{1/3}(V/u_0)$ 这个值稍小一些.因此,可以预期平衡电荷在空气中比在氩中稍小一些,正如也由拉森(参阅图 1)得出了的那样.然而,氦和氢这样的最轻气体中的平均离子电荷方面的反常性,却是特别有趣的.特别是氢中离子电荷的较高的值就表明俘获截面的减小甚至比损失截面的减小还要快一些,而损失截面对那些最轻的元素来说是和 z^2 成正比的.

虽然估计式(4.6)可能并不给出准确的数值结果,但是可以预期,它的随原子序数、离子电荷和离子速度的相对变化还是误差不很大的.这样的依赖关系已经通过把(4.6)和 H_2 中及 He 中具有初速度的轻重裂变组的损失截面(4.2)互相比较而被揭示了出来.在这儿,测量表明,对两组裂变离子来说,平均电荷在 He 中都比在 H_2 中约低 10%.这一情况很容易根据(4.2)和(4.6)来加以解释,因此 σ_l 是像 z^2 一样地变化的,而 σ_c 是接近于和 z^3 成正比的,从而电荷就必然在 He 中会稍小一些.

为了更加定量地和(4.2)及(4.6)进行对比,我们来计算 H_2 中和 He 中两组 618
裂变离子的 σ_c、σ_l 和平衡电荷.要计算作为 Z^* 的函数的 σ_l,必须知道离子中束缚得最松的那些电子的有效量子数 ν^*.对于重的裂变离子组,我们可以令 $\nu^* = Z^{1/3}$,而对于轻组,我们可以取由在低压氩中测得的平衡电荷给出的稍低一些的值,这时假设束缚得最松的电子的速度是 $v^* = V$.平衡电荷的理论估计值见表 1,表中也列出了测得的平衡电荷,从而可以看到符合情况是相当好的.表中也列出了拉森根据从固体进入气体的离子的过渡效应算出的有效俘获截面.和针对进来的离子的电荷值作出的 σ_c 及 σ_l 的理论估计值之差相比较,就可以看出符合性至少在数量级上是如此.

低速裂变离子的平衡电荷的测量(LASSEN,1951a)也显示出重气体和轻气体之间的差别,这也似乎是和理论的估计近似地符合的.例如,观测证明,在氩中,较重离子组的 Z^* 很近似地正比于 V,而较轻组的 Z^* 则更慢地随离子速度而变;这也是和一条假设相一致的,那就是,在两种事例中,离子中束缚最松的电子
的速度 v^* 都密切地等于 V.然而,在那些最轻的气体中,却针对重的和轻的离子 619
组都得到了 Z^* 和 V 之间的比例关系,这对应于 v^* 和 V 之间的一种不同的联系,正如也由(4.2)和(4.6)之间的对比揭示了出来的那样.

618 **表 1**

在 H_2 和 He 中具有初速度的裂变离子的平衡电荷和有效俘获截面(以 πa_0^2 为单位). 关于从铀发出的离子的测量结果(LASSEN, 1951a, 1954)和建筑在(4.2)及(4.6)上的理论估计之间的比较.

	H_2		He	
	重	轻	重	轻
$Z^*_{平衡}$(实验)…	12.7	15.8	11.6	14.1
$Z^*_{平衡}$(理论)…	12.2	15.7	10.9	14
$\sigma_c^{(有效)}$(实验)…	0.9	0.025	3.2	0.3
$\sigma_c-\sigma_l$(理论)…	0.9	0.02	(7.5)	0.2

619

§6. 平均离子电荷对物质密度的依赖关系

即使和原子相碰撞通常会使离子进入受激态中,我们在低压气体中却还是可以假设,这样的激发将在相继碰撞之间通过辐射而耗散掉,而离子的平均电荷就简单地依赖于处于基态的离子对电子的俘获和损失的截面. 然而,在压强较高的气体中或在固体中,我们却必须考虑到离子将在或大或小的程度上停留在受激态中,从而在估计平均离子电荷时必须照顾到剩余激发对损失和俘获之间的平衡的影响.

正如已经提到过的那样,由和原子的碰撞所直接引起的离子的激发能量通常是分配给离子中的电子的,而且,如果该能量大于最小电离势能 $I^* = mv^{*2}/2$,它就会造成随后的电子逸出. 尽管这样的调整在固体中在和原子的相继碰撞之间也许来不及完成,但是,在气体中,甚至在较高压的气体中,我们却可以假设离子在每次碰撞开始时具有一个永远不会超过 I^* 的或多或少分配开来的激发能量. 在较重的气体中. 在一次碰撞以后,平均激发能量约为 $I^*/2$,但是在像氢这样的最轻的气体中,特别是对快速运动的离子来说,俘获却将导致一种很松的电子束缚,而平均激发能量也会比较高一些.

为了估计多大一部分离子激发能量将在气体中的相继碰撞之间被保留下来,我们将假设能量通过辐射而耗散的过程是用一个寿命 τ 来表征的,这就对应于一段离子路程 τV. 因此,引用离子在碰撞之间的平均自由程 λ,我们就通过一种众所周知的方式得到,平均说来将在相继碰撞之间保持其激发能量的离子所占的分数,将由 $\tau V/(\tau V+\lambda)$ 来给出,假设各次碰撞只涉及单一电子的俘获或损 620
失,我们就可以在§2 中的符号下写出 $\lambda=1/(2\Omega\rho)$,于是我们就得到平均剩余激发能量和 I^* 之比 $\bar{\varepsilon}$

$$\bar{\varepsilon}=\frac{\tau V\Omega\rho}{2\tau V\Omega\rho+1}. \tag{6.1}$$

在重气体的事例中,近距碰撞中多电子的损失或俘获的较大几率可能要求在(6.1)中利用一个比由(5.1)给出的 Ω 稍小一些的 Ω 值. 然而,对于那些最轻的气体来说,由于碰撞引起激发而并无电子损失或电子俘获的几率颇大,(6.1)中的 Ω 值却应该换成一个稍大一些的截面.

为了估计剩余激发对损失和俘获之间的平衡的影响,我们将作为(2.3)的直接推广而写出

$$\begin{aligned}\sigma_c&=\Omega\cdot(1-\beta_c\varepsilon+\alpha_c\cdot(\tau-\omega)),\\ \sigma_l&=\Omega\cdot(1+\beta_l\varepsilon+\alpha_l\cdot(\tau-\omega)),\end{aligned} \tag{6.2}$$

式中 Ω 和 ω 也像恒量 α_c 和 α_l 一样是针对基态而言的,而 $\beta_c\varepsilon$ 和 $\beta_l\varepsilon$ 则是针对激发能量 εI^* 而言的各截面的相对改变量.

当不存在激发时,离子的平衡电荷是 $Z-\omega$,因此方程(6.1)和(6.2)就意味着一个平衡电荷的变动量,其量值是

$$\Delta Z^*=\frac{\beta_l+\beta_c}{\alpha_l-\alpha_c}\cdot\bar{\varepsilon}=\frac{\beta_l+\beta_c}{\alpha_l-\alpha_c}\cdot\frac{\tau V\Omega\rho}{2\tau\Omega\rho+1}. \tag{6.3}$$

对于低密度,变动量 ΔZ^* 正比于 ρ,而对于高密度,它却达到一个极大值 $(\beta_l+\beta_c)/2(\alpha_l-\alpha_c)$. 引用和(4.2)、(4.5)及(4.6)相对应的 $\alpha_l-\alpha_c$ 值,并引用在§4 中估计了的 $\beta_l+\beta_c$ 值,我们就得到 ΔZ^* 的极大值在重物质中约为 $Z^*/5$,而在轻物质中则比 $Z^*/5$ 稍大一些. 这种结果和拉森(1951b)的实验符合得很好;在那些实验中,平均电荷似乎随着压强的增高而达到一个比在低压下的值大 3 个单位的恒定值.

较高压强下的恒定电荷值不依赖于辐射的发射,而低压下离子电荷的 621
初始增大却是离子和气体原子的碰撞与激发通过辐射的耗散之间的竞争的直接后果. 以上利用一个有效寿命 τ 来对辐射衰变作出的那种简单描述,是和观察到的离子电荷随压强的近似线性增大相符合的. 表 2 中的 p_1 代表平均离子电荷已经增大了一个单位时的压强,这是根据各种气体中的拉森曲线的斜率估计出来的. 表中也列出了由(6.3)推得的辐射寿命 τ 的对应值.

表 2

针对各种气体中的两组裂变离子测得的 p_1 值(LASSEN 1951a,b),以及对应的寿命. p_1 的不准量可能是大约为 2 的一个因数.

	重 组			轻 组		
	H_2	He	A	H_2	He	A
p_1 毫米	11	12	4	30	15	5
$\tau\times10^{11}$ 秒	2.7	1.2	0.2	4	3.5	0.4

作为一个受激电子态的辐射寿命 τ 的简单估计,我们可以写出

$$\tau \sim \tau_0 \cdot \frac{\nu^5}{Z^{*4}}, \qquad \tau_0 = 0.9\times10^{-10}\ 秒, \tag{6.4}$$

式中 Z^* 是离子的电荷,ν 是一个有效量子数,它比离子基态中束缚得最松的电子的量子数稍高,但二者相差不大. 按照(6.4)来预期的辐射寿命,和由(6.3)推得并列在表 2 中的寿命具有相同的数量级. 另外,和在氩中的相比,氢中和氦中的较大 τ 值也许可以用在较轻气体中所应预期的较小的离子电荷和离子中电子的较高的受激态来加以解释. 不过,这样的更细致的比较却包含着许多不确定性,特别是在 Ω 的估计方面,正如已经提到的那样,Ω 这个量在较轻的气体中可
622 能必须相当地增大,其增大的方式至少可以部分地说明氢中及氦中的 τ 和氩中的 τ 相比之下的较大的估计值.

在压强较低的气体中,我们已经看到相继碰撞之间的时间可以和离子中受激电子态的辐射寿命具有相同的数量级,但是离子在固体中的通过却意味着一种极其迅速的碰撞序列,从而正如在高压气体中一样,激发能量通过辐射而耗散的现象就是可以忽略的. 然而,即使在固体中,碰撞频次 V/λ 也还是小于离子中电子的轨道运动的绕转频率 $\omega = v/a$ 的. 事实上,既然离子中电子的轨道速度可以和 V 相比,上述两个频率之比对较重的原子来说就将近似地等于离子半径和固体中的原子距离之比,而对较轻的原子来说则甚至有更小的值. 因此,就初始阶段来看,个体的俘获过程和损失过程的机制应该在气体中和在固体中没有什么重大的区别,从而这两种事例中的平衡电荷方面的显著差值就直接指示着离子激发能量分布的事后再调整的重要性.

正是在这种再调整方面,固体中碰撞过程的迅速次序就将限制在离子中的各电子之间分配激发能量的可能性. 事实上,把起初属于一个电子的激发能量分配给若干个电子时所需要的时间 $\tau_{分配}$,和绕转频率[周期]相比将是很长的,而且我们可以推测,固体中两次碰撞之间的时间是短于 $\tau_{分配}$ 的. 于是,碰撞和离子电

子间的能量分配之间的竞争，就可能会使离子的激发能量超过最小电离能量 I^*. 平衡中的离子态的描述将变得特别简单，如果可以假设离子的激发能量没有足够的时间来进行再分配的话. 在这种情况下，被俘获在一个受激态中的电子将在同一态中被失去，从而对每一个单独电子态来说都有一种俘获和损失之间的直接竞争.

因此，由于电子损失截面随束缚能量的减低而迅速增大，俘获和损失之间的 623
平衡就会由于离子激发能量之再调整的被压制而有重大的变动，尽管这种再调整本身可能导致电子从离子中被放出. 事实上，在和原子相碰时，离子中的电子可以从束缚速度几乎达到 $2V$ 的态中被取走，从而我们就可以推测，即使在固体中，离子中束缚得更强的电子态也是被占据了的，而由于俘获和损失之间的竞争，在较高的态中则只有少数的电子留下来. 按照沿着这种思路作出的粗略估计，我们发现离子电荷将大约是 $(3/2)\cdot(V/v_0)\nu$，此处 ν 是离子中轨道速度介于 V 和 $2V$ 之间的那些电子的量子数.

图 1 表示了在各种固体和低压气体中测量到的裂变离子的平衡电荷. 可以看到，对于较重的一组裂变离子来说，固体中的电荷近似地和上述估计相对应，因为有效量子数是 $\nu \approx Z^{1/3}$. 然而，对轻组来说，我们针对气体中的电荷值就已经发现 ν 是稍小于 $Z^{1/3}$ 的，而对于固体中的高度剥裂来说，ν 就应该更进一步减小了. 这种情况可以说明下述结果：和在气体中的情况相反，轻组的电荷在固体中会变得稍低于重组的电荷. 图 1 也显示了离子电荷随所穿透物质的原子序数的增大而出现的一种微小的然而是引人注目的减小. 这种效应指示了俘获和损失之间的平衡的一种缓慢的微小变化，这也许是由于在较重物质中被俘获的电子的平均束缚能量较大，从而减小了后继损失的几率的缘故.

虽然如此看来密物质和疏物质中的平均离子电荷之差的许多典型特色似乎都可以用简单的力学论点来加以解释，但是必须强调，我们处理的是一个高度复杂的问题，它的细致处理还需要进一步进行实验的和理论的探讨. 例如，在和实验结果进行更仔细的比较时就必须考虑到，离子在密物质中的高激发，可以在离子刚刚进入真空中以后造成电子从离子中的随后发射，并从而在某种程度上增大测量到的电荷值. 也可以指出，在比较密物质和疏物质对离子的阻止本领时，
必须密切注意这两种事例中具有给定速度的离子的颇大电荷差值. 624

这样一些问题，在比较与重离子对气体媒质的穿透相伴随的现象和照相乳胶中高电荷宇宙离子径迹的惊人观测（例如参阅 Bradt and Peters，1950）时也必须考虑在内. 然而，我们在这些观测中所涉及的丰富资料，却展布在一个很广阔的能量区域中，这个区域比关于裂变离子的实验所涉及的能量区域要广阔得多. 因此，关于确定着这种快速宇宙离子之平衡电荷及该电荷沿照相乳胶中径迹

的变化的电子俘获截面和电子损失截面的估计，显然就要求超出于本论文讨论范围之外的一些考虑.

1953 年 12 月于

哥本哈根大学理论物理学研究所

625

参考文献

G. I. Bell(1953), Phys. Rev. **90**, 548;并参阅 Dissertation, Cornell University, 1951.

N. Bohr(1948), Dan. Mat. Fys. Medd. **18**, no. 8; 这篇论文被称为 I.

H. L. Bradt and B. Peters(1950), Phys. Rev. **77**, 54.

N. O. Lassen(1949), Dan. Mat. Fys. Medd. **25**, no. 11; Phys. Rev. **75**, 1762.

——(1950), Phys. Rev. **79**, 1016.

——(1951a), Dan. Mat. Fys. Medd. **26**, no. 5.

——(1951b), Dan. Mat. Fys. Medd. **26**, no. 12.

——(1952), On the total charges and the ionizing power of fission fragments, Dissertation, Copenhagen.

——(1954), 即将在 Phys. Rev. 上发表.

J. Lindhard and M. Scharff (1953), Dan. Mat. Fys. Medd. **27**, no. 15.

627

附　　录

E·J·威廉斯

普通的空间-时间概念
在碰撞问题中的应用以及
经典理论和玻恩近似的关系

Rev. Mod. Phys. **17**(1945) 217—226

见第二编《引言》,第 2 节和第 4 节.

谨以此文庆祝
尼耳斯·玻尔的60寿辰
——1945年10月7日

629

普通的空间-时间概念在碰撞问题中的应用以及经典理论和玻恩近似的关系

E·J·威廉斯

量子力学不但给出了原子现象的一种完备而精确的说明，而且也通过测不准原理而对普通的经典概念的地位作出了令人满意的诠释. 它指示了这些概念在什么地方适用和在什么地方失效. 这条原理把人们的注意力集中到了观察一个现象的进程而不干扰它的不可能性. 这种干扰有一个有限的极小值，而当所设想的事件由于任何观察尝试所造成的干扰而无法被观察时，现象进程的经典图景的失效就会出现了. 相反地，如果空间-时间图景可以被观察而并不激烈地（在所计算的量方面）干扰现象，则图景是可以允许的.

互相碰撞的粒子之间的很强的相互作用力，很自然地有利于碰撞的经典处理的适用性. 在很弱的相互作用力这另一极端，普遍的量子力学处理就采取一种通常称为玻恩初级近似的极限形式. 在散射问题中，这种近似的一个很简单的图景可以借助于量子力学基本方程的波动形式来构成. 在弱相互作用的条件下，碰撞只引起表示着入射粒子的那一波函数的很小变化. 初级波仿佛是直接通过干扰场而并不受到显著的散射. 在这种条件下，散射波将从每一点发出，而其振幅正比于干扰势并正比于初级波的未受扰振幅. 最后的解可以作为一个简单的干涉问题而被求出. 这种处理在现在这种讨论中的重要有趣之点就在于，适用这种处理时所处的条件，通常是和允许使用经典轨道处理的那些条件互补的. 这就是说，碰撞问题的一种完备的、即使是近似的解，常常可以通过量子力学的这些极限形式的结合来求得.

几乎用不着强调，弱相互作用力极限下的简单波动图景，并不具备强相互作用力极限下那种经典轨道图景的实在性. 在前一种图景中，我们设想一种波动，但是关于所涉及体系的任何观察都不会揭示一种波动或和波动相联系的任何周期性. 波函数在能被赋予一种可观察的意义以前必须翻译成粒子语言. 另一方面，在经典图景中，我们设想一个沿轨道运动的粒子，而在使用这样一种图景的极限条件下，在碰撞过程中的各个相继时间阶段中得出的观察结果，确实会显示出一个沿轨道运动的粒子. 换句话说，在图景中具体想象出来的东西，可以用我们的普通感官来观察. 这就很凑巧地给出了一些问题的答案,例如“电子是波还是粒子”? 它当然是粒子. 波动性质不是电子的性质而是量子力学的性质. 可以注意,对于辐射却不能有同样的说法;这时,在强场的极限下,和波的频率相对应的周期效应是可以观察的. 粒子和辐射的这种区别,对应于作用量子(h)在粒子的波动行为(波长$=h/Mv$)中的出现和它在辐射的粒子行为(光子能量$=h\nu$)中的出现,但它并不出现在辐射的波动性质中.

在下文中,我们将从经典力学的和波动处理的适用性的立脚点来考虑某些 630
碰撞现象. 文中引用了一些和经典轨道处理的成立或失效这一主题有关的实验结果. 在这方面,带电粒子的小角度多次散射和带电粒子的能量损失是很能说明问题的现象. 为了简单,我们并没有到处都给出那些应该和完备的讨论同时出现的详尽规定. 这里处理的某些问题在一篇较早的文章①中更充分地讨论过.

笔者愿意借此机会说明,他是通过学习(1926)于 1913 年和 1915 年发表在《哲学杂志》上的玻尔教授的经典性论文《带电粒子在物质中的通过》②而开始熟悉碰撞理论并对它发生了兴趣的. 后来(1933—1934),笔者有幸和玻尔教授当面讨论了在本文中论述的碰撞问题的这些方面,而这里提到的某些观点则是那种讨论的结果.

散　射

散射问题的初值条件通常是一个明确给定的入射速度和一个无规的碰撞参量——这个参量代表从致散场的中心到入射粒子的未受扰路径的垂直距离. 然而,散射的经典处理却不得不更仔细地把条件加以具体化——无规入射被分成一些分立的入射,其中每一个分立入射都具有确定的碰撞参量,经典偏转角要针对每一条分立轨道来算出,而在实验中实际观测到的统计散射则通过计算结果的再积分来得到. 喏,这种手续只有在一种条件下才是允许的,那条件就是,所设想的附加细节可以被观察而并不在所要计算的量方面激烈地干扰碰撞,而在现在的事例中,所计算的量就是致散场所引起的偏转.

例如,让我们考虑展布在线度约为 a 的有限体积中的一个致散场,而在该体积中,致散势具有 V 的数量级. 在经典处理中,粒子的轨道必须在数量级为 a 的距离范围内明确定义. 这就意味着粒子动量的不准量(或扰动)至少具有 h/a(或者说得更确切些是 $h/2\pi a=\hbar/a$)的数量级. 为了保证经典图景能够成立,这一扰动 h/a 首先就必须比粒子的动量(Mv)小得多,即

$$\hbar/a \ll Mv \text{ 或 } \hbar/Mv \ll a. \tag{1}$$

① E. J. Williams, Science Progress **121**, 14(1936).

② N. Bohr, Phil. Mag. **25**, 10(1913); **30**, 58(1915).

h/Mv 就是德布洛依波长，因此这个条件就可以诠释为构造一个远小于致散场大小的波包的条件. 这个条件，或和它等价的某种条件，曾经常常作为经典处理的唯一条件而被提出.

然而，散射的经典计算不仅具体想象一个明确定义的轨道，而且也具体想象一个明确定义的由碰撞引起的偏转角. 偏转角取决于动量传递，而在所考虑的事例中，动量传递的经典值具有 V/v 的数量级. 因此，只有当动量扰动$\hbar/a$ 也远小于 V/v 即

$$Va/\hbar v \gg 1 \tag{2}$$

时，经典计算才是允许的.

如果碰撞力太弱，以致不足以满足这个条件，则偏转的经典图景确实只是一种空中楼阁. 在这样的条件下，我们必须采用某种避免把无规入射分划开来的做法. 这在经典力学中是不可能做到的，但在量子力学中却可以做到③. 在量子力学中，有着无规碰撞参量的入射粒子可以用一个平面波来表示，于是散射就可以利用求解关于这个波在致散场中的通过的量子力学波动方程来求出，而用不着涉及碰撞参量.

631 这一波动问题的解表明，致散场的每一个体积元 $d\tau$ 将给出次级波，其振幅在离 $d\tau$ 单位距离处是 $(2\pi M/h^2)AVd\tau$，式中 A 是 $d\tau$ 处的振幅. 如果致散力很弱，就可以把 A 看成未受扰入射波在 $d\tau$ 处的振幅——这就是玻恩的初级近似. 在这些条件下［并假设 $\hbar/Mv \ll a$，即(1)式］，确实可以证明致散场内的合次级振幅(即初级波的畸变)具有 $A(Va/\hbar v)$ 的数量级. 因此，以上这种近似方法的适用条件就是

$$Va/\hbar v \ll 1. \tag{3}$$

这个条件恰好和经典处理的适用性条件(2)相反. 如果 $Va/\hbar v \gg 1$，经典轨道就适用；如果 $Va/\hbar v \ll 1$，简单波动处理就适用. 当 $Va/\hbar v$ 具有 1 的数量级时，一种极限形式就和另一种极限形式合而为一，并给出同数量级的散射截面④. 在二者之间，针对相互作用势的一切值，可以给出一个完备的，即使是近似的解. 这就是

③　量子力学不能在经典的精确度下描述一个粒子的位置和动量；这种不可能性常常被看成一种局限性——仿佛是由于不可能精确观察这些东西而必须加以原谅的一种局限性；这当然是错误的. 必须强调的却是经典力学在含糊地描述位置和动量方面的无能为力.

④　在 $Va/\hbar v \ll 1$ 的条件下，如果势在每一地点都按某一比例增大了，则散射波的振幅也按同一比例在每一地点增大. 于是总的散射就按势的平方而增大，而其角度分布则保持不变. 然而，当 $Va/\hbar v$ 已经达到 1 时，对于场强的进一步增大来说，总的散射却实际上保持不变(所有经过场的粒子都在某种程度上被散射)，但是角度分布通常却会变得对大角更有利. 平方反比场是唯一的例外，它在一切场强下都给出相同的角度分布.

经典处理和简单波动处理的互补本性的一个例子.

然而,必须记得关于经典处理的条件(1);就是说,德布洛依波长必须远小于致散场的线度. 如果这个条件不满足,则不管相互作用势有多大,轨道图景也绝不能成立. 许多重要的碰撞问题都属于这个范畴,例如原子对慢电子的散射和原子核对中子的散射. 在这些问题中,相互作用势太强,不能利用简单波动处理,而被散射粒子的德布洛依波长又太大,不能利用经典轨道处理. 在这样的事例中,量子力学的处理必须沿着更高深的思路来进行,例如用法克森和霍耳茨玛克的方法来进行.

由原子核引起的库仑散射

在这一事例中,致散势是 Zze^2/r,式中 Ze 是核的电荷,而 ze 是被散射粒子的电荷.

让我们考虑离核距离具有 r 的数量级处的库仑场引起的散射. 于是,按照上节的符号,$V=Zze^2/r, a=r$,而由(2)可知,经典轨道图景将对这一部分场可以适用,如果

$$Va/\hbar v=(Zze^2/r)r/\hbar v=Zze^2/\hbar v\gg 1 \tag{4}$$

的话. 由(3)可知,波动处理(玻恩近似)是适用的,如果 $Zze^2/\hbar v\ll 1$ 的话. 这些条件是众所周知的. 特别有兴趣的一点是 $Zze^2/\hbar v$ 这个量和 r 无关. 换句话说,经典计算或是适用于场的一切部分(即适用于一切散射角)或是完全不适用,而当它不适用时,简单波动处理就给出整个的解⑤.

经典解用卢瑟福的散射公式来代表,而如所周知,这一公式也代表波动解. 很容易证明,这些量子力学极限形式的必要条件在形式上的重合,只有针对平方反比的力定律才能得到. 在玻恩近似中,散射波的振幅正比于致散势,从而散射截面正比于势的平方. 由量纲考虑可知,对于 n 方反比的相互作用力即对于 $V=k/r^{n-1}$ 来说,散射截面 S 在这种近似下必将具有下列的形式:

$$S=\text{const.}\, k^2 M^{2n-6} v^{2n-8} h^{4-2n}. \tag{5}$$

只有对于平方反比相互作用即 $n=2$ 来说,这个表示式才不包含 h,从而只有在这种事例中,波动散射才和经典散射相等同.

必须注意,虽然角度为 θ 的散射几率在波动处理中和在经典处理中在形式 632
上是相同的,但是引起角度为 θ 的散射的两部分场却并不相同. 在波动处理中,角度为 θ 的散射起源于离核的距离具有 $\hbar/Mv\theta$ 数量级处的库仑场,而在经典处

⑤ 应该注意,如果 $Zze^2/\hbar v\gg 1$,经典条件 $\hbar/Mv\ll r$ 就自然而然地满足. 因为,在上一条件下,相互作用很强,以致大角散射的截面比 $(h/Mv)^2$ 大得多,从而数量级为 h/Mv 的碰撞参量只起一种不足挂齿的作用.

理中，这种散射却起源于离核的距离具有 $Zze^2/Mv^2\theta$ 数量级处的场. 这两个距离之比是 $Zze^2/\hbar v$.

将 hc/e^2 的数值即 137 代入，核散射的经典处理的适用性条件(4)就变成

$$Zz/137\beta \gg 1, \tag{6}$$

式中 $\beta = v/c$. 卢瑟福对他的公式的最初应用涉及的是 α 粒子($z=2, \beta \sim 0.05$)被中等或高原子序数(例如 $Z \sim 50$)的元素所散射的情况. 对于这种事例来说，$Zz/137\beta \sim 20$，因此卢瑟福的经典轨道处理事实上是完全成立的. 因此，经典力学绝没有被完全排除在一切亚原子的现象之外.

和实验相对比多次散射

既然经典散射公式和"波动"散射公式相同，那就也许会显得在上述条件下无歧义地证实核散射的经典处理的适用及波动处理的失效是不可能的. 然而，原子核的库仑场是受到原子中各电子的限制的. 这种屏蔽的效应就在于截止小角度的卢瑟福散射，而从上节以前的一节中的论述可以明显看出，截止的角度在经典处理中和在波动处理中是不同的. 它在波动处理中的值近似地是

$$\theta_m^w = \hbar/Mva, \tag{7}$$

式中 a 是有效屏蔽半径(大致地等于氢半径 $\times Z^{-1/3}$). 在经典处理中，截止发生在

$$\theta_m^{cl} = Zze^2/Mv^2a = (Zz/137\beta)\theta_m^w \tag{8}$$

的区域中. 对于重核对 α 粒子的散射来说，我们已经看到($Zz/138\beta$)约为 20，从而经典截止比波动截止出现在大得多的角度上. 对于金对 α 粒子的散射来说，θ_m^{cl} 的数量级是 $0.20°$ 而 θ_m^w 的数量级则是 $0.01°$. 当然，截止是逐渐的，而且是在大约十倍于这些角度的地方开始的. 罗斯⑥关于金对 α 粒子的散射的实验，在大约 $1°$ 处已经显示了从卢瑟福散射的降低，从而支持了经典处理. 然而，虽然罗斯用了很薄的箔片，但是条件还不足以成为单次散射的条件，而且观察结果也不够全面，还不足以和经典的屏蔽效应进行可靠的对比.

和过去的实验进行更加定量的对比是可能的，如果我们考虑较厚的箔片对 α 粒子的散射的话. 这时的条件是多次散射的条件. 这种多次散射出现在很小角度的区域，而对这种散射来说，卢瑟福的单次散射公式可以写成

$$P(\theta)d\theta = (4\pi NtZ^2z^2e^4/M^2v^4)d\theta/\theta^3 = ktd\theta/\theta^3, \tag{9}$$

⑥ D. C. Rose, Proc. Roy. Soc. **111**, 677(1926).

t 是致散箔片的厚度，而 N 是每立方厘米中的原子数. 最可几散射角亦即算术平均散射角由下列积分确定：

$$S = \int_{\theta_m}^{\theta_1} \theta^2 \cdot kt\,\mathrm{d}\theta/\theta^3 = kt\log(\theta_1/\theta_m), \tag{10}$$

θ_1 是多次散射统计法的一种性质，而且可以适当定义，使得平均说来 α 粒子在穿透箔片时会遭受一次偏转角大于 θ_1 的碰撞. 因此 $\theta_1 = (kt/2)^{1/2}$.

上列积分中的 θ_m 是由屏蔽造成的截止角，而它的值则取决于我们是使用经典处理还是使用波动处理. 既然它出现在一个对数项中，多次散射量对它的值就不是多么敏感的. 然而，对于在实验上考察过的那些事例来说，波动条件和经典条件的差别却并非是不可觉察的，它约为 50%. 下面的表列出了盖革在 1910 年的观测结果⑦，也列出了经典力学和波动处理所分别要求的计算值⑧(表 I). 633

表 I　α 粒子的多次散射($Zze^2/\hbar v > 1$)

致散元素	$Zze^2/\hbar v$	最可几散射角 Θ_p（度）		
		观测值	经典处理	量子处理
金	20	2.1	1.74	3.07
锡	13	1.5	1.43	2.20
银	12	1.5	1.37	2.11
铜	7	1.1	1.04	1.46
铝	3	0.6	0.69	0.85
$\sum\Theta_p$		6.8	6.3	9.7

⑦　H. Geiger, Proc. Roy. Soc. **83**, 492(1910).

⑧　多次散射和积分 S 的确切关系，以及其他的计算细节，已由笔者在别的地方给出[Phys. Rev. **58**, 292(1940)]. 以下几点在以前没提到过，它们可能会使愿意考虑问题的更细致方面的人们感兴趣.

(i) 已经给出的论证并没有指明应该取 $Zze^2/\hbar v$ 的哪一个最佳值来作为波动描述和经典描述之间的分界点. 我们知道它的数量级是 1，但是 1 本身却可以和最佳值颇为不同. 下面的论证可以在这方面给出一点线索. 原于散射之经典计算在 $Zze^2/\hbar v \ll 1$ 时的主要失败是散射太大. 当 $Zze^2/\hbar v \gg 1$ 时，波动处理的主要失败也出现在相同的方面. 如果我们假设，这两种处理在 $Zze^2/\hbar v \sim 1$ 时的部分失败也出现在散射太大的方面，则更正确的处理显然就是给出较小的散射的一种处理. 于是，应该取作原子散射之过渡点的 $Zze^2/\hbar v$ 的最佳值，就是经典散射和波动散射相等或最接近相等时的那个值. 由上述论文中的图(2)得到，这个值大约是 0.6，和 1 颇为接近. 这种论证的一个推论就是，即使更精确的处理也还会得出太大的散射，而且这在 $Zze^2/\hbar v$ 很接近过渡点(即 0.6)时也不一定是微不足道的；在过渡点上，任何一种处理都不像这一种或另一种处理在更大或更小 $Zze^2/\hbar v$ 值下时那样准确. 这种推测可能和表 II 中铅的约 10% 的分歧有关.

(ii) 当 $Zze^2/\hbar v$ 增大时，从波动处理到经典处理的过渡并不是在原子场的一切部分同时出现的. 过渡在边缘部分的较弱的场中出现得较晚. 然而由这种效应引起的过渡的出入主要只对应于 $Zze^2/\hbar v$ 中的一个大约为 2 的因子.

(iii) 由运动粒子引起的原子中电子的极化效应，或许在表 I 和表 II 所涉及的一切事例中都是完全可忽略的. 即使对 α 粒子来说，虽然它们的速度小于所涉及物质原子中的内层电子的轨道速度，作用在这些内层电子上的核场也还是远远超过 α 粒子将在一次碰撞中作用在它们上的平均场的.

可以看到，和量子力学的普遍要求及测不准原理相一致，观测到的散射支持了经典轨道处理. 虽然在这个阶段上几乎不需要量子力学之适用性的实验证据，但是我们还是比较详细地给出了这些结果，因为就笔者所知，它们给出了仅有的例子，明确定量地证实了原子现象中的经典轨道处理在适当条件下的精确性.

对于快电子（$z=1,\beta\sim 1$）的散射来说，量 $Zze^2/\hbar v$ 等于 $Z/137$，从而即使在重元素中也还小于 1. 因此波动处理就是量子力学的适当形式，尤其是对轻元素来说. 表 II 列出了快电子多次散射的实际结果. 实验值是由库耳提乞斯基和拉提歇夫⑨(1942)得出的，用的是 $2\frac{1}{4}$ 兆伏特的电子的多次散射. 波动处理所要求的理论值，是由这两位作者根据笔者的多次散射理论⑩算出的，而不是根据较晚的高德斯密和桑德尔孙⑪的理论算出的，然而这两种理论在数值上却在百分之几的范围内相符合.

关于轻元素的实验结果显然支持了波动处理而不是经典处理，后者给出的散射约大了 25%. 于是，表 I 和表 II 就证实了当 $Zze^2/\hbar v$ 这个量从远大于 1 的值减小到远小于 1 的值时从经典处理到“波动”处理的转换.

表 II　快电子的多次散射($Zze^2/\hbar v<1$)

致散元素	$Zze^2/\hbar v$	高斯分布的半宽度(度)		
		观测值	波动处理	经典处理
铝	0.10	9.5	9.8	12.1
铁	0.20	9.6	9.9	11.9
锡	0.37	10.6	10.9	11.9
铅	0.60	9.6	10.8	10.6

对于快宇宙射线介子（$z=1,\beta\sim 1$），$Zze^2/\hbar v$ 这个量具有和快电子相同的
634 值，即 $Z/137$. 因此，它们的多次散射应该服从波动处理，而事实上人们发现确实如此，符合情况是很好的⑫、⑬. 然而指出一点是有趣的，那就是，在这一事例中，经典处理实际上和波动处理给出相同的公式. 这是因为核的有限大小会在某一个小角度 θ_x 处截止卢瑟福散射. 多次散射积分 S[方程(10)]的上限就是这个 θ_x，而不是由统计法来确定的 θ_1. 用 d 来代表核的线度，则在经典处理中 θ_x 具有

⑨ L. A. Kultichitsky and G. D. Latyshev, Phys. Rev. **61**. 254(1942).
⑩ E. J. Williams, Phys. Rev. **58**, 292(1940).
⑪ S. Goudsmit and J. L. Saunderson, Phys. Rev. **57**, 24(1940).
⑫ E. J. Williams, Proc. Roy. Soc. **169**, 531(1939).
⑬ P. M. S. Blackett and T. G. Wilson, Proc. Roy. Soc. **160**, 304(1937).

Zze^2/Mv^2d 的数量级，在波动处理中它具有$\hbar/Mvd$ 的数量级. 在两种处理中，θ_m 的下限分别具有 Zze^2/Mv^2a 和$\hbar/Mvd$ 的数量级，此处 a 代表原子的线度. 散射积分依赖于比值 θ_x/θ_m，因此它在两种处理中是相同的，近似地等于 a/d，即原子的大小和核的大小之比.

n 方反比场

从量子力学极限形式——对强相互作用力用经典轨道处理而对弱相互作用力用波动处理——的立脚点来考虑这一普遍事例是很有启发意义的.

用 k/r^{n-1} 来表示致散势，对于和散射中心的距离接近到大约为 r 的轨道来说，经典的动量交换一般具有 $(k/r^{n-2})r/v = k/vr^{n-1}$ 的数量级. 为了使轨道图景能够成立，动量交换必须远大于在观测 r 时造成的扰动$\hbar/r$，即

$$k/vr^{n-1} \gg \hbar/r,\text{或 } k/\hbar vr^{n-2} \gg 1. \tag{11}$$

这一结果也可以由条件(2)直接得出，如果我们令 $V = k/r^{n-1}$ 并令 $a=r$ 的话.

对一个线度为 a 的场 V 来说，波动处理的条件(3)就是 $Va/\hbar v \ll 1$，而对 n 方反比场就有

$$k/\hbar vr^{n-2} \ll 1 \tag{12}$$

即和(11)相反.

对 $n=2$ 来说，条件(11)和(12)都不包含 r，这就又一次表明，轨道处理或是对库仑场的一切区域都适用，或是完全不适用. 对于普遍事例来说，我们必须区别数量级为 b 的一个半径以内的和以外的场，此处

$$b = (k/\hbar v)^{1/(n-2)}. \tag{13}$$

如果 $n>2$，则远在 $r=b$ 以内的场会强得足以引起经典的散射，而远在 $r=b$ 以外的场则弱得足以按照波动处理来引起散射. 因此，一般说来，两种极限处理的结合就给出一个虽然近似但却完备的解. 如果 $n<2$，则 $r=b$ 以外的场将引起经典的散射. 这些粗略的结果需要精化，但是它们却为一般地理解 n 方反比场的量子力学散射提供了一个基础. 对于 $n>2$ 的场来说，可以注意以下各点.

(i) 如果分界半径 b 小于德布洛依波长 λ，当然就没有任何服从轨道处理的区域. 在这种条件下可以证明，b 以内的强场心并不会对总的散射有多大增加，从而整个的散射就近似地等于由 $r=b$ 以外的场引起的波动散射. 如果 $n<3$，则 b 以内的场确实会引起重要的效应，这是不能用轨道方法或简单波动方法来处理的.

(ii) 如果 $b \gg \lambda$ 而 $n<3$，则 b 以内的场所引起的经典散射和 r 以外的场所引起的波动散射都会对总的散射有重要的贡献，两种类型散射之间的分界角具有λ/b 的数量级. 然而，如果

$n>3$，则 b 以外的场所引起的总的波动散射却是不重要的. 事实上，$n>3$ 的场减弱得如此之快，以致还在较远部分的场弱得不足以引起经典散射之前，它就几乎弱得不足以引起任何的散射了.

(iii) 最有趣的事例也许是 $n\geqslant 3$ 的吸引力场. 在这种事例中，当 $b\gg\lambda$ 时 b 以内的场将引起经典散射这一普遍法则需要进一步限定. 这些高幂次的吸引力场引起一些通过力心的经典轨道. 这些轨道是用小于某一临界值的碰撞参量来定义的，该临界值具有 $(k/mv^2)^{1/(n-1)}$ 的数量级. 在普遍的量子力学散射理论(例如法克森和霍耳茨玛克方法)中，在处理 $n\geqslant 3$ 的吸引力场方面是有严重困难的. 如在 Mott 和 Massey 的 *Theory of Collisions* 一书的 p. 30 上对 $n=3$ 的处理中就已证明，对于这样的事例是不存在散射问题的普遍解的. 不但波函数在原点上是无限大，而且确定着散射的球谐函数的周相也是不确定的. 由 Mott 和 Massey 的处理可
635 知，这种结论只适用于那些和小于 $(2k/mv^2)^{1/2}$ 的角动量相对应的球谐函数，而这恰好就是通过力心的那些经典轨道的临界角动量. 因此，几乎不容怀疑的就是，通过力心的经典轨道是和普遍量子力学处理中的不定解相对应的.

喏，虽然一般说来半径 b 以内的经典轨道可以被观察而并不严重地扰动最后的偏转，但是这却不适用于那些通过力心的轨道. 粒子对力心的进入和穿透可以被观察，因为随着 r 的减小粒子的动量是比 $1/r$ 更快地增大的. 然而，由这样的观察所引起的扰动却会激烈地改变从力心离开的运动，从而也会激烈地改变最后的偏转. 因此，整个的经典轨道就不能被观察，不论力心有多强. 因此，沿着这样的思路就无法证明关于 $n\geqslant 3$ 的吸引力场的散射问题必然有一个完备解. 然而应该注意，通过半径 b 以内的场但并不通过力心的那些经典轨道，会给出一种小的然而却是可观察的偏转，因此由 $n\geqslant 3$ 的场所引起的小角散射是有一个确定的解的.

和原子碰撞时的能量损失

关于 β 粒子在通过物质时的能量损失率的经典理论，是由玻尔在 1913 年第一次充分作出的[2]. 相对论效应和其他效应由玻尔在 1915 年的较晚论文中考虑过. 在这些论文中提出的作为处理之基础的概念，在许多方面是比经典理论更加普遍的，而且它们现在仍然起着理解能量损失之大多数特色的基础的作用. 在贝忒在 1931 年[14]应用了玻恩的量子力学碰撞理论以前，事实上确实显得玻尔的经典能量损失公式很可能是普遍地对的，即统计地看来是对的. 我们将简单地考虑经典处理的地位，并对贝忒的能量损失公式作一近似的推导.

运动着的 α 粒子或 β 粒子通过引起所穿透原子的激发和电离而损失自己的能量，而问题就在于计算由运动粒子引起的一个原子中电子的扰动. 假如这种扰动不受核的束缚力的影响，则其动力学问题将和库仑散射的问题相等同. 在那种事例中，运动粒子(质量为 M，电荷为 ze)由于和原子中的电子发生相互作用而受到的散射可以近似地由下式给出[参阅(9)式]：

---

⑭ H. Bethe, Ann. d. Phys. **5**, 325(1930).

$$P(\theta)\mathrm{d}\theta = (8\pi NtZz^2e^4/M^2v^4)\mathrm{d}\theta/\theta^3 = k^1 t\mathrm{d}\theta/\theta^3. \tag{14}$$

角度为 θ 的偏转对应于向原子中电子的一个近似等于 $Mv\theta$ 的动量传递，从而对应于一个等于 $(Mv\theta)^2/2m$（$m=$电子质量）的能量传递. θ 的极大值具有 m/M 的数量级. 因此，由 θ 大于某一极小值 Φ_m 的碰撞引起的每厘米的能量损失就是

$$\begin{aligned}\mathrm{d}T/\mathrm{d}x &= \int_{\Phi_m}^{m/M} k^1\mathrm{d}\theta/\theta^3 \cdot (Mv\theta)^2/2m \\ &= (4\pi NZ^2e^4/mv^2)\log(m/M\Phi_m).\end{aligned} \tag{15}$$

束缚力确定 Φ_m 的值. 玻尔在他的 1915 年论文中引入到他的经典理论中来的本质上新的一点就是，只有当碰撞时间可以和原子中电子的自然周期相比或大于该周期时，束缚力才会限制能量传递. 碰撞时间具有 p/v 的数量级，p 是碰撞参量. 由此可知，对小于 ρ 的碰撞参量来说，电子可以看成自由电子；此处

$$\rho \sim v/\nu \sim (v/u)d, \tag{16}$$

ν 代表原子中电子的自然频率，u 代表它的轨道速度，而 d 代表轨道线度或原子线度. 在几乎所有的 α 粒子和 β 粒子的实际事例中，粒子速度 v 都比 u 大得多，因此就有 $\rho \gg d$；也就是说，原子中电子不再表现得有如自由电子时的临界碰撞参量，要比原子线度大得多.

这种论点有多么普遍呢？首先，它是建筑在碰撞时间和碰撞参量的观念上的. 既然 $\rho \gg d$，关于束缚力效应的基本论点就只要求远距碰撞中的碰撞参量的概念. 这种碰撞中的碰撞参量，可以定义为从整个原子或从原子核到运动粒子路径的距离. 因此，这个碰撞参量可以通过只和运动粒子及原子核有关的观测结果
而在实验上测定出来. 对于快粒子（$v \gg u$）来说，这样的观测所引起的扰动只对 636
沿着明确定义的路径而相对于原子运动着的粒子这一空间-时间图景有一种可以忽略的效应，从而这一图景在计算干扰着原子中电子的势时是完全可以应用的⑮.

因此，一个碰撞参量 ρ［参阅(16)式］，在它以内碰撞时间将远小于原子中电子的自然周期，这个概念在量子力学中是完全成立的. 和一个原子中电子相对应的各虚振子的强度之和，等于和一个自由电子相对应的值；这一普遍定理就又意味着，对这些碰撞来说，能量传递统计地说来等于向一个自由电子的能量传递⑯，然而，个体碰撞中的确切能量传递却超出于空间-时间处理的范围之外. 因

⑮　重要的是在这儿注意到，我们并不是要力图研究碰撞对运动粒子的反作用，要作那种研究，将要求观测的干扰应远小于所计算的反作用.

⑯　E. J. Williams, Proc. Roy. Soc. **139**, 163(1933).

为所涉及的碰撞持续时间远小于 $1/\nu$，从而任何在碰撞期间进行的能量测量都将涉及远大于 $h\nu$ 的不准量，也就是远大于所考虑的原子中电子的激发势能或电离势能的不准量.

经典的卢瑟福公式十分普遍地表示了两个自由粒子之间的库仑相互作用.因此，看来似乎玻尔关于平均能量损失的经典公式也应该是普遍成立的，因为我们已经看到这一能量损失统计地说来是和对自由电子的能量损失相同的.

误会当然起源于这样一个事实：如果 $ze^2/\hbar v = z/137\beta$ 这个量远小于 1，则卢瑟福经典公式只是偶然成立的，而且经典处理也并不能正确地给出任何对库仑相互作用的偏离的效应，例如把相互作用限制到小于方程(16)中的 ρ 距离处的那种偏离. 能量损失方面的情况，事实上和多次散射方面的情况很相仿.(10)和(15)的比较就证明，二者都决定于由卢瑟福散射公式给出的散射角的平方的积分. 在多次散射的事例中，积分的下限是由原子中电子对核的屏蔽所引起的卢瑟福散射的截止角. 在能量损失的事例中，下限 Φ_m 是和局限于半径 ρ 处的一个库仑场相对应的截止角，而 ρ 则指示着浸渐条件的开始成立. 正如在核碰撞的事例中那样，这个 Φ_m 是不是由经典力学来给出，取决于运动粒子(ze)和原子中电子(e)之间的相互作用是不是强得足以按照经典轨道处理来引起散射. 正如在方程(7)及(8)中那样，如果 $ze^2/\hbar v \ll 1$，则玻恩近似成立，而

$$\Phi_m^w \sim \hbar/Mv\rho \sim \hbar\nu/Mv^2. \tag{17}$$

如果 $ze^2/\hbar v \gg 1$，则经典处理成立，而

$$\Phi_m^{cl} \sim ze^2/Mv^2\rho \sim (z/137\beta)\Phi_m^w. \tag{18}$$

代入能量损失的公式(15)中，我们就得到：如果 $ze^2/\hbar v \ll 1$，则有

$$\mathrm{d}T/\mathrm{d}x = (4\pi Nz^2e^4/mv^2)\log(g_1 mv^2/\hbar\nu), \tag{19}$$

而如果 $ze^2/\hbar v \gg 1$，则有

$$\mathrm{d}T/\mathrm{d}x = (4\pi Nz^2e^4/mv^2)\log(g_2 mv^2/ze^2\nu). \tag{20}$$

(19)式就是应用玻恩近似而求得的贝忒公式⑭；(20) 就是玻尔的经典公式②. 对数项中的数字系数 g_1 和 g_2 在现在这种近似处理中是待定的. 然而各对数项对它们的值是不敏感的. 曾经进行了详细的计算，这种计算针对类氢原子[14]和氦⑰给出了 g_1 和 g_2 的精确值.

---

⑰ E. J. Williams, Proc. Camb. Phil. Soc. **33**, 179(1937).

以上得出的关于经典公式的和关于玻恩近似的适用条件，是由布劳赫[18]根据量子力学的一种更细致的应用而首先导出的. 计算能量损失的碰撞参量方法和玻恩方法的等价性，是由莫特[19]通过两种方法所要求的条件的等同性的一种 637
详细的数学证明来演示了的. 重要的是要注意，莫特的证明和现在这种建筑在测不准原理上的更普遍的论证，都涉及一个相对于原子核而不是相对于原子中受扰的电子来定义的碰撞参量. 另外，方法充分适用于一切碰撞，近距的和远距的，只要运动粒子够重(例如 α 粒子)，以致即使在最近距的碰撞中也不会被从直线运动扰动多少就行了.

作为和关于多次碰撞的表 I 及表 II 的一种对照，我们给出下面这个能量损失结果的表(表 III). 即使对 α 粒子来说，$ze^2/\hbar v$ 这个量也比 1 小得多，从而在这些事例中对量子力学作出正确表示的就是贝忒的公式而不是玻尔的经典公式.

表 III　能量损失[20]

运动粒子	穿透的气体	初速度和末速度 ($\times 10^{-9}$)	$ze^2/\hbar v$	通过的距离(厘米)		
				观察	波动处理(贝忒)	经典处理(玻尔)
α	氢	2.054—1.709	0.23	19.0	18.9	16.3
α	氢	1.709—1.802	0.25	15.8	16.2	13.7
α	氢	2.054—1.709	0.23	22.6	22.3	18.4
β	氢	5.11—0	0.06	0.76	0.77	0.52
β	氢	4.08—0	0.07	0.37	0.34	0.23

可以看到，由波动处理(玻恩近似)给出的射程，和实验值符合得很好. 然而，实验值却肯定地超过经典公式所给出的值，而且经典公式的失效对 β 粒子最为明显. 这些结果是理所当然的，因为 $ze^2/\hbar v$ 比 1 小得多，而且在 β 粒子的事例中比在 α 粒子的事例中小得多.

一 般 论 述

除了散射和能量损失以外，另外若干碰撞现象也在或多或少的程度上可以用普通的空间-时间概念来加以处理. 干扰场的傅立叶分析方法及其谐和分量和

---

[18] F. Bloch, Ann. d. Physik. **5**, 285(1933).

[19] N. F. Mott, Proc. Camb. Phil. Soc. **27**, 553(1931).

[20] 只给出了关于氢和氦的结果，因为这些包含的计算误差很小. 在 α 粒子的事例中，为了避免在射程尾部由电子的俘获和损失所造成的复杂性，表中给出的是各个快 α 粒子之间的射程差. 对比的细节已在作者的一篇较早的论文中给出(Proc. Roy. Soc. **135**, 108(1932)). 关于氢的理论值，是在一篇较晚的论文(见注[17])中处理了的.

辐射的对比[㉑、㉒]，在本质上依赖于碰撞参量这一普通的空间概念. 这种傅立叶分析方法曾被应用于能量损失、碰撞中的辐射发射、光子在核场中引起的电子偶的产生、两个带电粒子的碰撞中的偶的产生等等[㉑(a)]. 在所有的事例中，确定着方法之是否适用的判据，都是碰撞参量能否被观察而不致激烈地扰乱或模糊了所要计算的量. 在上述各事例中，这是可以做到的.

然而，所涉及的一切碰撞现象都可以用量子力学的定态方法（玻恩方法）来加以处理，而且在某些方面是更加完备地加以处理，而在历史上，大多数碰撞效应的最初的量子力学处理事实上就是用的这种方法[㉓]. 于是就可以问，即使部分地引用经典概念在原理上是完全严格的，引用这些概念的理由到底何在呢？这是有理由的.

首先，已经证实，半经典方法在领会所涉及理论的基本特色和评价形式化结果的预期适用性方面是更加有用得多的. 由速度接近光速的粒子所引起的电离现象，就提供了一个这样的例子. 定态方法对这一现象的应用，正像半经典方法一样给出了电离随能量的对数上升，然而，后一方法很清楚地指明了这种上升并
638 不涉及相对论式的量子力学[⑯、⑳、㉔]——所涉及的力学是非相对论式的，相对性只通过一个匀速运动粒子的场的洛伦兹收缩而被引入. 在其他类型的处理中并不这么明显的这种很可靠的理论基础，在宇宙射线的研究中曾经起了一定的作用，而特别说来是曾使我们能够在积累其他资料以前就排除了电子作为海平面上平均高能宇宙射线粒子的可能性（1934）[㉑(b)]. 半经典方法在这方面的有用性的另一个例子，是由高能电子在核碰撞中的辐射发射提供的. 半经典方法很容易证明，实际上只有对于数量级为 mc^2 或稍小的量子能量，所有的理论效应才会涉及相对论式的量子力学——不论电子的能量多么高. 理论的这种比较简单的特色，在定态处理方法中又是不明显的. 事实上，当贝忒和海特勒最初把后一方法应用于这一问题时，他们曾经提出，当入射电子的德布洛依波长和电子半径同数量级或小于电子半径（即电子能量 $\geqslant 137mc^2$）时，理论可能不再成立. 然而半经典处理却很容易地证明了，这一波长和电子半径之间的关系在这里是根本无所谓的.

然而，半经典方法的以上这些贡献，并不表明超过定态方法的一种根本优越性. 在不同碰撞现象中被涉及的基本理论，无疑地也可以利用后者来阐明，尽管不是那么便当. 然而我们所要强调的却是，半经典方法确实由于使用普通的概念

㉑ E. J. Williams, (a) Proc. Danish Acad. **13**, 4(1935); (b) Phys. Rev. **45**, 129(1934).

㉒ C. F. v. Weizsacker, Zeits. f. Physik **88**, 612(1934).

㉓ 也有例外. 例如，当速度大约超过 0.97c 以后，由很快粒子所引起的电离的对数上升最初是在碰撞参量方法的基础上被证实了的（见注㉔）.

㉔ E. J. Williams, Proc. Roy. Soc, **130**, 328(1931).

而具有明显的基本优点. 我们已经看到,这样的概念可以应用,如果在它们的应用中所设想的东西可以被观察而并不重大地干扰现象的话. 例如,当对碰撞应用半经典方法时,我们所做的就是用光来照射一个或多个碰撞着的粒子并用我们的普通感官来观察所出现的事情. 要超越这样做的可能性就是要有意地限制我们对现象的某些方面的普通的理解,限制就事论事地对待这些方面,就是要不必要地禁戒普通的概念. 例如,重核对 α 粒子的散射($Zze^2/\hbar v \gg 1$)可以充分照明,而且可以看到路程是服从牛顿定律的. 另一方面,轻核对快电子的散射($Zze^2/\hbar v \ll 1$)却要求一种完全的禁戒——现象是百分之百的量子现象. 最后,作为一种有说明性的中间例子,让我们回到由快粒子引起的电离问题. 这个问题允许部分地照明,即允许运动粒子和原子核的照明而不允许原子中电子的照明. 然而这已经足以证明,运动粒子在半径 ρ[第(16)式]以外的不能引起电离,是和粒子场在这种距离处没有频率高得足以电离原子的谐和分量有关的. 这种分量的不存在,和 h 全不相干,而是可以从我们普通的运动概念推知的. 在定态方法中,极限距离 ρ 又出现了,但它是作为一种波动干涉效应而出现的,也就是说,它是一个距离,在那个距离上,由于电离而引起的德布洛依波长的改变量导致一个数量级为 π 的周相差㉕. 这就给出了 ρ 的一种简单的数学图景,但是这个量的真实本质却被掩盖了起来. 定态方法必须揭开这种掩盖,因为它把整个的碰撞看成具有固定总能量的一个体系. 这种方法给出引起电离的粒子的反应(这是半经典方法不能触及的),正如给出原子中电子的扰动一样. 统计处理的这种完备性当然是一个重大的优点,但是它却带来了对普通概念的完全禁戒. 半经典方法在一切可能的地方都解除这种禁戒.

㉕ 用 λ_1 和 λ_2 分别代表运动粒子在引起电离以前和以后的波长,由线度为 ρ 的一个体积发生的次级波将仅仅由于波长的改变而互相干涉而抵消,如果 ρ 和由 $\rho/\lambda_1 - \rho/\lambda_2 \sim 1$ 给出的一个值同数量级或大于该值的话. ρ 确定一个离开原子的最大距离,在这个距离处粒子还可以引起电离. 现在, $\lambda = h/mv$, 因此条件就是 $(\rho m/h)(v_1 - v_2) \sim (\rho/hv)(E_1 - E_2) \sim \rho(\delta E/hv) \sim 1$, 式中 δE 是电离能量,即 $\delta E = h\nu$, 而 ν 是对应的原子频率. 于是 $\rho\nu/v \sim 1$, 即 $\rho \sim v/\nu$, 正如在(16)式中一样.

第三编　通信选(1913—1950) >>>>>

引　言

现将在本卷第一编和第二编的《引言》中引用过的玻尔和别人的来往信件(除少数不重要者外)按其原文重印在这里,以通信人姓名的字母为序.用斯堪的纳维亚各国文字写的信件后面附有英文译文.

编者们曾经按照自己的判断改正了一些“明显的”错误,例如拼法上和标点上的错误.然而我们还是尽量保留了那些“特征性的”错误.

在重印信件时,我们曾经力图把信头等等的排法弄得尽可能密切地和原信相对应.

所收信件前面的目录,列出了《引言》中引用有关信件的页码*,从而读者很容易查到该信件被引用时的前后文.页码上的圆括号表示该信在《引言》只是被提了一下,通常是在小注中被提到的.

小注编号重见于英译文中.

* * *

[中译者按:因受印刷条件的限制,中译本中不再重印原文.原书本卷中未附英译本的德文信件,都由毕玫君译出初稿,再由译者统校;这样的信件都在下面的目录中用星号(*)标出.]

* [中译者按:都用原书页码,即中译本的边码.]

642 所收信件的目录

	原信页码	译文页码	引文页码
帕垂克·M·S·布拉开特			
布拉开特致玻尔,1945年11月22日	649	—	(231)
玻尔致布拉开特,1945年12月9日	649	—	231
菲利克斯·布劳赫			
布劳赫致玻尔*,1932年5月14日	650	—	218
玻尔致布劳赫,1932年6月15日	—	—	219
布劳赫致玻尔*,1932年7月12日	651	—	218
布劳赫致玻尔*,1932年11月5日	653	—	220
布劳赫致玻尔*,1932年11月14日	654	—	(221)
玻尔致布劳赫,1932年11月21日	655	656	221
哈若德·玻尔①			
尼耳斯致哈若德,1912年5月27日	第一卷548	第一卷549	(4),5
尼耳斯致哈若德,1912年6月12日	第一卷554	第一卷555	5,(8),(9)
尼耳斯致哈若德,1912年6月19日	第一卷558	第一卷559	11
尼耳斯致哈若德,1912年7月17日	第一卷560	第一卷561	7
尼耳斯致哈若德,1915年3月2日	第一卷570	第一卷571	14
马科斯·玻恩			
玻尔致玻恩*,1924年12月1日	656	—	31,32,33
玻恩致玻尔*,1924年12月6日	660	—	33,34
玻恩致玻尔*,1926年12月18日	662	—	208
威廉·劳伦斯·布喇格			
布喇格致玻尔,1933年5月16日	664	—	(223)
玛丽·居里			
玻尔致居里,1931年6月10日	664	—	(213)
643 克里夫·科茨伯孙			
科茨伯孙致玻尔,1913年3月23日	665	—	(10)
玻尔致科茨伯孙,1913年4月4日	666	—	(10)
安德雷安·丹尼耳·佛克尔			
佛克尔致玻尔,1916年1月1日	667	—	(22)
佛克尔致玻尔,1916年2月3日	668	—	(22)
玻尔致佛克尔,1916年2月14日	670	—	22

① 《玻尔私人通信》.

续 表

	原信页码	译文页码	引文页码	
佛克尔致玻尔,1917年1月2日	673	—	(24)	
阿夫来德·否勒				
玻尔致否勒,1915年2月23日	第二卷508		14	
喇耳夫·霍瓦尔德·否勒				
玻尔致否勒,1924年12月5日	第五卷334		36	
玻尔致否勒,1925年11月26日	第五卷337		203	
否勒致玻尔,[1925年]12月4日	677		(204)	
否勒致玻尔,1930年2月3日	678		211	
杰姆斯·弗兰克				
弗兰克致玻尔*,1920年11月22日	680	—	(25)	
玻尔致弗兰克*,1921年6月28日	682	—	(27)	
弗兰克致玻尔*,1921年7月12日	684	—	(27)	
玻尔致弗兰克*,1921年7月18日	686	—	(27)	
弗兰克致玻尔*,1921年9月25日	687	—	(27),(29)	
玻尔致弗兰克*,1921年9月27日	690	—	(27),(29)	
弗兰克致玻尔*,1921年9月29日	691	—	(27),(29)	
弗兰克致玻尔*,1922年2月21日	692	—	(29)	
玻尔致弗兰克*,1922年12月29日	693	—	30	
汉斯·马瑞乌斯·汉森				
玻尔致汉森,1914年11月8日	695	696	13	
玻尔致汉森,1915年5月12日	第二卷515	第二卷516	14	
道格拉斯·R·哈特瑞				644
玻尔致哈特瑞,1930年6月5日	698	—	214	
沃尔纳·海森伯				
玻尔致海森伯,1931年12月23日	699	700	216	
玻尔致海森伯,1932年6月27日	701	703	219	
玻尔致海森伯,1932年7月7日	704	705	220	
乔治·H·亨德孙				
玻尔致亨德孙,1922年5月22日	706	—	28	
乔治·德·希维思				
玻尔致希维思,1919年11月30日	706	—	(24)	
希维思致玻尔,1919年12月17日	707	—	24	
弗里茨·卡耳卡尔				
卡耳尔卡致玻尔,1935年7月23日	709	710	228	
奥斯卡·克莱恩				
玻尔致克莱恩,1932年6月28日	711	712	220	
玻尔致克莱恩,1932年10月28日	713	715	220	
马丁·努德森				
玻尔致努德森,[1915年5月]	717	718	(14)	
弗里茨·K·W·考耳若什				
考耳若什致玻尔*,1927年6月23日	719	—	(209)	
玻尔致考耳若什*,1927年8月11日	723	—	209	
考耳若什致玻尔*,1927年8月25日	724	—	(210)	
亨德瑞克·安东尼·克喇摩斯				645
克喇摩斯致玻尔,1942年3月29—31日	726	728	245	

续　表

	原信页码	译文页码	引文页码
玻尔致克喇摩斯,1942年4月27日②	730	731	245
玻尔致克喇摩斯,1943年3月13日②	733	735	246
玻尔致克喇摩斯,1943年9月16日②	—	—	246
克喇摩斯致玻尔,1949年5月11日	736	738	(257)
威利斯·E·兰姆			
兰姆致玻尔,1940年11月2日	739	—	(239)
尼耳斯·奥维·拉森			
拉森致玻尔,1950年3月13日	740	742	(260)
拉森致玻尔,1950年4月1日	745	746	(260)
汤马斯·劳瑞特森			
玻尔致劳瑞特森,1940年12月10日	748	—	239
劳瑞特森致玻尔,1941年3月5日	749	—	239
劳瑞特森致玻尔,1941年4月2日	—	—	240
劳瑞特森致玻尔,1941年7月6日	—	—	245
厄恩耐斯特·马尔斯登			
玻尔致马尔斯登,1913年4月8日	751	—	(8)
哈瑞·密耳顿·密勒			
玻尔致密勒,1933年5月24日	753		223
克瑞斯先·摩勒③			
摩勒致莫特,1931年12月9日	—	—	215
646 内维耳·F·莫特④			
玻尔致莫特,1929年10月1日	754	—	211
莫特致玻尔,1930年4月6日	755	—	(212)
莫特致摩勒,[1931年]12月15日	—	—	216
仁科芳雄			
玻尔致仁科,1940年9月14日	—	—	233
卡尔·维廉·奥席恩			
奥席恩致玻尔,[1913年]2月10日	755	756	(12)
玻尔致奥席恩,1913年2月13日	757	758	(12)
玻尔致奥席恩,1914年9月28日	第二卷557	第二卷560	19
罗伯特·L·普拉兹曼			
普拉兹曼致玻尔,1945年11月21日	759	—	(248)
玻尔致普拉兹曼,1945年12月9日	762	—	248
玻尔致普拉兹曼,1946年4月29日	—	—	249
普拉兹曼致玻尔,1946年6月8日	—	—	(249)
玻尔致普拉兹曼,1946年7月2日	—	—	249
普拉兹曼致玻尔,1949年3月16日	763	—	252
海因里希·若什·封·特若本伯			
若什·v·特若本伯致玻尔*,1920年10月9日	766	—	(25)
玻尔致若什·v·特若本伯*,1920年10月20日	767	—	(25)
647 斯外恩·罗西兰			
罗西兰致克瑞斯先尼亚大学评议会,1921年2月15日	769	770	(27)

② 现归《克喇摩斯科学通信》.

③ 也见"莫特"条.

④ 也见"摩勒"条.

续 表

	原信页码	译文页码	引文页码	
罗西兰致玻尔,1921年7月1日	771	775	(28)	
罗西兰致克瑞斯先尼亚大学评议会,1922年2月26日	779	781	(28)	
斯忒藩·罗森塔耳				
罗森塔耳致玻尔,1946年10月11日	—	—	250	
罗森塔耳致玻尔,1946年11月2日	—	—	250	
欧内特·卢瑟福				
玻尔致卢瑟福,1912年11月4日	第二卷577	—	7	
玻尔致卢瑟福,1916年11月29日	第二卷595	—	16	
玻尔致卢瑟福,1921年10月24日	783	—	(28)	
玻尔致卢瑟福,1921年10月26日	784	—	(28)	
玻尔致卢瑟福,1922年5月22日⑤	785	—	29	
玻尔致卢瑟福,1926年1月27日	第六卷457	—	204	
玻尔致卢瑟福,1926年5月15日	787	—	204	
麦·纳德·萨哈				
萨哈致玻尔,1944年12月24日	788	—	(248)	
爱德华·泰勒				
玻尔致泰勒,1947年12月27日	789	—	252	
约翰·A·惠勒				
玻尔致惠勒,1940年5月27日	790	—	233	
玻尔致惠勒,1947年1月17日	—	—	250	
伊万·杰姆斯·威廉斯				648
威廉斯致玻尔,1929年11月25日	791	—	213	
威廉斯致玻尔,1933年5月17日	791	—	221	
玻尔致威廉斯,1933年5月24日	794	—	223	
威廉斯致玻尔,1934年11月16日	794	—	(226)	
玻尔致威廉斯,1934年12月18日	795	—	226	
威廉斯致玻尔,1935年1月21日	796	—	226	
威廉斯致玻尔,1935年2月9日	797	—	(227)	
玻尔致威廉斯,1935年2月11日	798	—	227	
威廉斯致玻尔,1935年2月17—18日	800	—	(228)	
玻尔致威廉斯,1935年3月16日	803	—	(228)	
威廉斯致玻尔,1935年4月26日	804	—	228	
威廉斯致玻尔,1935年8月5日	805	—	228	
玻尔致皇家学会,1935年11月20日	806	—	(231)	
玻尔致威廉斯,1936年6月27日	807	—	229	
威廉斯致玻尔,1936年8月24日	808	—	229	
玻尔致伦敦大学,1937年11月4日	809	—	(231)	
威廉斯致玻尔,1938年2月15日	810	—	230	
威廉斯致玻尔,1945年8月25日	812	—	231	

⑤ 我们感谢剑桥大学图书馆提供此信的副本.

通 信 正 文

帕垂克·M·S·布拉开特

布拉开特致玻尔,1945 年 11 月 22 日

［打字本］

物理实验室
大 学
曼彻斯特,13.
11 月 22 日,1945

亲爱的玻尔:

你近来大概已经听说了 E·J·威廉斯去世的可悲噩耗. 我正在为皇家学会撰写他的讣文⑥,而且正捉摸不知你有没有关于他在哥本哈根时的任何回忆,那对我的写作将是有用的. 如果我记得不错,他正是当在哥本哈根和你在一起时才最初清楚地显示了他那种用简单的概念来想出基本物理问题的实在惊人的才能.

我对听到你回到自己国家后的近况很感兴趣. 我希望咱们能够再相见,因为有许多事情我将乐于和你讨论. 我在委员会中的工作相当忙碌,而且看来还要忙很长一段时间. 目前来说,我不知应该乐观还是应该悲观! 请代问玻尔夫人和令郎好.

你的忠实的
帕垂克·布拉开特

玻尔致布拉开特,1945 年 12 月 9 日

［复写纸打字本］

［哥本哈根,］12 月 9 日,［19］45

亲爱的布拉开特:

多谢你的亲切来信. 不多几天以前,我从雅科布森那里得悉了威廉斯去世的

---

⑥ 参阅第二编《引言》的注 53,以后简写为 II, n. 53.

可悲噩耗，这真的是一个很可惋惜的损失. 你说得完全对，他在本研究所中完成了最可赞许的工作，而我从他在这儿的停留中感到了自己对他那惊人能力和清晰头脑的深深赏识. 当然，他在较早的研究中已经显示了很大的天赋，但是我们确实通过对互补性之基本问题和基本佯谬的简单阐明的共同兴趣而达到了很密 650
切的接触. 事实上，威廉斯和我曾经计划沿着这种思路写一本有关碰撞现象的论著，但是由于战争造成的阻隔，这一计划竟从未实现.

当我回到丹麦时，我发现尽管当时处境困难，我们研究所中的同事们在我离所期间还是完成了一些有趣的研究，其中的大部分都已收集在丹麦科学院的一卷院报[7]中，这卷院报我们将在不多几天之内给你寄去. 目前我们正希望能够改善我们的工作条件并很快地重开我们的年会. 我用不着多说，如果你能来参加年会或在任何其他对你方便之时前来访问，那将是一大乐事. 你将理解，我的思想也像你的一样是最深刻地萦绕着世界所面临的巨大问题的，而作为一点敬意，现寄上近来发表在《科学》[8]上的一篇短文，它所遵循的思路，和《泰晤士报》[9]上拙文中的思路大致相同. 即问近好.

你的

［尼耳斯·玻尔］

菲利克斯·布劳赫

布劳赫致玻尔，1932 年 5 月 14 日

［手迹］

大 学 莱比锡 C1，14. V. 32.
理论物理学研究所 里内街五号

亲爱的玻尔教授阁下：

久未通信，因为我一直希望等写完我曾经答应您的关于阻止问题的稿子后一并寄去. 但是现在看来稿子在圣临节假期以前不可能写完，因此我至少应该向您报告我已平安返回，并再次衷心感谢我在哥本哈根停留期间从您那里得到的美妙时光和多方鼓舞，我只希望这在我身上将不会是毫无成果的.

使我深感惭愧的是，虽然回到莱比锡已经两个多星期，却还一直没有完全写 651
好关于碰撞的论文. 但是在开始时我有许多事情要做，讲课的事情和烦人的行政事务，而其次是一种数学的清晰阐明并不像我起初所想的那么简单，尽管在原理

⑦ Mat.-Fys. Medd. Dan. Vid按 Selsk. **23**(1945)，这是庆祝玻尔六十寿辰的专号.
⑧ N. Bohr, *A Challenge to Civilization*, Science **102** (1945) 363—364. 重印于本书第十一卷中.
⑨ N. Bohr, *Science and Civilization*, The Times, August 11, 1945. 重印于本书第十一卷中.

上我已经对全部问题有了一个整体的看法. 另一方面,这却使我有了一个希望:所有的东西确实并不像我起初所担心的那样浅显. 现在我要到维也纳(不是到艾伦哈夫特那里去!)去度一周圣临节假期,在那儿大概做不了什么事,但是我希望回来后尽快把事情做完. 摩勒的稿子写完了没有⑩? 若已写完,盼能寄一份给我. 我们目前在讨论班上一直在讨论碰撞问题,从而很乐于看到摩勒的论文.

您对《自然》上发表的艾利斯的观点⑪有何看法? 他认为可以用硬质子打碎那么多元素. 我们觉得这简直是不可靠的. 在铝的事例中,一个 150,000 伏特的质子在经典上可以达到离核 12×10^{-12} 厘米的距离处,而在这么大的距离上还有引起蜕变的一定几率,这在量子力学上看来已经是惊人的了. 当然艾利斯没指出到底有多大的输出. 在锂的事例中,我们和上述的看法相反,认为输出的数量级及其迅速上升是出现在 300,000 到 500,000 伏特之间.

谨向您和尊夫人致候,请代向哥本哈根物理学家们问好,海森伯附笔问候.

您的

F·布劳赫

布劳赫致玻尔,1932 年 7 月 12 日

[手迹]

大　学　　　　莱比锡 C1, 12. VII. 32.

理论物理学研究所　　　　里内街五号

亲爱的教授阁下:

多谢您亲切的来信! 我对在柏林进行的讨论也很感高兴⑫,并且祝贺您在
652 《自然科学》⑬上发表的关于超导性的短文. 我当时的看法绝不是什么"毁灭性的批判",而是认为您的想法中确实可能包含着问题的解. 我只想指出,在估计电流的数量级时应该慎重一些. 在这方面,我确信紧密束缚电子的模型的讨论是和问题有某种关系的. 无论如何,看到您的短文的修订本总是使我感兴趣的.

现在我——终于——把我的碰撞论文⑭的稿子随信寄上,"这曾经由于没有想到的情况而被拖延了". 尽管我并不认为文中有什么东西对您来说是新的,但是我将十分感谢,如果您有一天能够看看它的话.

---

⑩ 见 II, n. 34 及 n. 37.

⑪ C. D. Ellis, *Structure of Atomic Nuclei*, Nature **129** (1932) 674—676.

⑫ 见 1932 年 6 月 27 日玻尔致海森伯的信. 信的丹麦文原文见本卷原第 701 页,英译本见原第 703 页.

⑬ 这篇短文迄未发表. 见稿本 *Supraleitung*, [1932]. 缩微胶片 Bohr MSS no. 13.

⑭ 见 II, n. 40.

现在我必须很抱歉地通知您，关于在 7 月底到哥本哈根去访问的计划恐怕无法实现. 学期大约在 7 月 29 日才结束. 7 月 27 日我们有最后的一次讨论班，洪德很希望我能和他一起主持，因为海森伯不在，他觉得有些孤掌难鸣. 我恐怕不能拒绝他的要求，从而我实在抱歉，不能按时到您那里去.

无论如何，一旦有可能，我将立即通知何时能去，但从上述情况看来，去的可能性是很小的，因为在最近一星期内还要安排考试.

无论如何，如果您同意的话，我愿意在 10 月初前去，那样我就可以待到 10 月底，而如果情况允许，我们就可以充分地讨论碰撞和超导了.

您能惠寄一份超导短文的修订本到我假期间的地址吗?

祝您过一个很好的暑假，并多致意，也向尊夫人和克瑞斯先问好.

您的 F·布劳赫

假期通信处：F·布劳赫.

苏黎世 8. 海园街 12 号

再启者：我和外札克尔按照伽莫夫公式 $W=\exp[-4\pi^2 Ze^2/\hbar v]$ 重新计算了考克若夫特和瓦耳顿[⑮]关于 300,000 伏特质子对铝的和对 Li 的穿透几率之比的研 653
究. 我们发现 $W_{Al}/W_{Li}=4.9\times10^{-8}$ 而不是考克若夫特和瓦耳顿所给出的 $W_{Al}/W_{Li}\sim10^{-2}$，从而我们对他们的测量结果是完全无法理解的!

布劳赫致玻尔，1932 年 11 月 5 日

［手迹］

大 学　　　　　　莱比锡，C1. 5. XI. 32.

理论物理学研究所　　　　　　里内街五号

亲爱的教授阁下：

多谢您的友好来信[⑯]！我直到今天才写回信，因为我一直不知道这段时间将怎样度过；迟迟未能作复，请原谅.

您的要我在圣诞节以前去哥本哈根的建议，我是很愿意采纳的，因此我想请问，我若大约在 12 月 14 日晚间到达哥本哈根(我在 13 日以前不能离开，因为我们那时在这里还有讨论班)并在那里停留到 22 日或 23 日，不知尊意以为如何? 圣诞夜我已经答应到我父母那里去过了.

我很遗憾的是，这一次我不能停留很久，但是我希望在此期间咱们能把您

---

⑮ J. D. Cockcroft and E. T. S. Walton, *Experiments with High Velocity Positive Ions. II. — The Disintegration of Elements by High Velocity Protons*, Proc. Roy. Soc. London **A137** (1932) 229—242.

⑯ 这封信没被找到.

的碰撞研究大大推进一步. 条件当然是这时去访问对您是方便的. 因此请尽快复信,以便我作出安排. 除此以外,在圣诞节以后,我也可以从 1 月 9 日到 16 日前去访问,但那样时间就更短一些. 因此更好的办法是在 1 月份再晚些时候,那样我就可以停留 14 天. 这也许是最好的解. 无论如何,我希望您把我的访问安排在对您最方便的时候. 对我来说,三种方法都是可以的(即圣诞前,1 月 9—16 日,1 月底). 我倾向于最后一种,因为那将使我能够在您那里待得最久.

近来我已经按照汤马斯-费米[17]方法再一次计算了多电子原子的阻止本领. 这很简单,而且进一步给出了阻止本领随原子序数的变化情况;这种变化情况比
654 贝忒通过按各电子的复杂求和而得到的值和实验符合得更好[18].

盼速复,并致候

您的

F·布劳赫

布劳赫致玻尔,1932 年 11 月 14 日

[手迹]

大　学　　莱比锡 C1, 14. XI. 32.

理论物理学研究所　　里内街五号

亲爱的教授阁下:

现在按照约定寄上阻止论文的校样和有关的改动部分. 非常抱歉,这次又拖延了时间,敬请原谅. 但我认为论文不能再压缩得太多,如果它还应该让人能懂的话.

在即将寄上的校样中,我把碰撞粒子的电荷写成 ε,而把能量写成 E,但是,我在交给出版者的论文稿中,却像您在自己的论文中那样把电荷叫做 E 而把能量叫做 T. 我想,这大概不会引起混乱. 若能听到您关于是否还应作些改动或是您已基本同意的意见,我将是很感谢的. 无论如何我将等几天再将校样退回,如果届时还收不到您的信,我就将——按照咱们的原议——径自退回校样了. 好在小的改动还可以在二校中作出.

在这儿,海森伯、洪德和我总是一次又一次地把超导问题当成讨论的主题,但是我们一直想弄明白人们应该如何看待这个问题,而却迄今未能得出任何结果.

---

[17] 见 II,n. 47.

[18] 见 II,n. 11.

另外我也和海森伯谈过了,如果您同意,我可以在12月到哥本哈根去几天.不必说我是很愿意去的,但是请按照您的方便来安排时间.

最后我愿意为了即将在哥本哈根度过的美好日子表示谢意;对于从和您的 655
交谈中得到的教益,我是很感欣慰的.

致以衷心的问候!

您的 F·布劳赫.

玻尔致布劳赫,1932年11月21日

[复写纸打字本]

大 学 漂布塘路15号,哥本哈根东区

理论物理学研究所 12月21日,[19]32

亲爱的布劳赫: 656

收到可喜而有内容的来信,甚谢.我刚才收到了克朗尼希的稿子[19],而由于一次差错,我昨天才收到您自己的论文的发表稿.新的表达方式是很好的,从而我希望您已经将校样退回去了.我一经有时间来仔细阅读这篇论文和克朗尼希的稿件,就会再写信去,而且我正急切地盼望着咱们很快见面以便彻底讨论问题的那种可能性,我自己还没能抽出时间来进行关于碰撞问题的任何工作,因为罗森菲耳德和我不得不在电动力学方面紧张地进行工作,这种问题恰恰在现在已经给我们带来了新的惊奇.尽管如此,我们已经差不多写完了论文[20].这一工作当克莱恩在28日的摩勒论文答辩的不多几天以前到达这里时将可完成.在答辩的一个星期中,克莱恩将协助我写完关于一般生物学问题的小文章[21];该文在会议报告集上的发表不能再拖了.克莱恩在12月的第一个星期内将留在这里,而如果在此以后您有可能到这里来短期访问,那将对我是很合适的.那样我们就可以在圣诞假期以前结束关于碰撞问题的论文了.另一方面,我却不知道莱比锡的圣诞假期在何时开始,以及您在假期中有何计划.

我们所有的人都向您多多致意,

您的忠实,

[尼耳斯·玻尔]

---

[19] 在"玻尔所藏其他作者的稿件"中,有克朗尼希的一份稿子:*Zur Theorie der Supraleitfähigkeit II* (Z. Phys. **80** (1933) 203—216).也有第一部分(Z. Phys. **78** (1932) 744—750)的一份修改过的校样.

[20] N. Bohr and L. Rosenfeld, *Zur Frage der Messbarkeit der elektromagnetischen Feldgrössen*, Mat.-Fys. Medd. Dan. Vidensk. Selsk. **12**, no. 8(1933).见本书第七卷.

[21] N. Bohr, *Light and Life*, IIe Congrès international de la lumière, Copenhague 15—18 août 1932, Copenhagen 1932, pp. XXXVII—XLVI;又载 Nature **131** (1933) 421—423, 457—459.见本书第十卷.

马科斯·玻恩

玻尔致玻恩,1924 年 12 月 1 日

[复写纸打字本]

[哥本哈根,]12 月 1 日,[19]24

亲爱的玻恩:

尽管您自己写信给海森伯说对您和弗兰克合撰的论文[22]并不满意,从而暂
657 时不想讨论它,但我还是愿意非常简短地谈谈几点想法,这些想法是我在最近期间针对别的问题想到的,而且就普遍形式量子理论之适用界限来看是和您所处理的问题有些联系的. 这个问题我在近年来考虑得很多,而且在我的关于量子理论之基本公设的论文[23]中也曾在各个方面不止一次地接触到它. 近来我特别地考虑了 α 射线的阻止所提供的例子. 从力学看来,这里的问题是很简单的,阻止起源于从射线到阻挡物质的原子中电子的能量传递. 把电子看成静止的或在平衡位置附近振动的,能量传递就很容易处理. 因为,只要对一个电子来说碰撞时间比振动周期短得多,我们就可以在碰撞过程中把电子看成自由的,而当碰撞时间比振动周期长得多时,能量传递就是小得微不足道的. 事实上,正如我在以前的一篇论文[24]中所指出的那样,利用这种思路,就可以得到 H_2 和 He 之类的轻气体中 α 射线之阻止的很近似正确的值. 按照量子理论,只要正常态中的电子速度远小于 α 射线的速度从而电子在反应中可以在初级近似下看成静止的,则用这种方法得出的结果是有意义的. 另一方面也很显然,针对能量传递所作出的假设,是和为了阐明原子和慢电子之间的相互碰撞所必须作出的假设相矛盾的. 这种矛盾在近几年中曾由亨德孙[25]和否勒[26]所特别强调过;他们曾经试图修订理论,所用的假设是,只有当碰撞的结果是原子到较高量子态或完全电离态的跃迁时,电子在相互碰撞中才能被看成是自由的. 但是,用这种办法得到的阻止本领却比观察到的阻止本领小得多. 另外我也认为,这样一种处理很难说是有根据的. 因为,按照经典理论已经可以看出,在原子和 α 粒子的相互碰撞以

---

[22] 见 I, n. 104.

[23] N. Bohr, *Über die Anwendung der Quantentheorie auf den Atombau. I. Die Grundpostulate der Quantentheorie*, Z. Phys. **13** (1923) 117—165; *On the Application of the Quantum Theory to Atomic Structure. I. The Fundamental Postulates of the Quantum Theory*, Proc. Camb. Phil. Soc. **22** (1924) Suppl. pp. 1—42. 后一文本见本书第三卷原第 455 页.

[24] 见 I, n. 15.

[25] 见 I, n. 85.

[26] 见 I, n. 88.

及原子和慢电子的相互碰撞之间，是存在着一种根本的区别的. 这种区别可以表 658
征如下：在后一种事例中，可以在一种意义上来处理相互作用，即原子和电子在最后结果中可以结合起来；在前一种事例中，所处理的却是 α 粒子在碰撞过程中的遭遇，这种遭遇基本上不依赖于原子在碰撞以后所处的状态，只有当 α 射线已经离原子很远时，才能按照所考虑的碰撞中的阻止情况来判断被撞击的电子是自由的还是束缚的. 在这样的事例中，我不相信可以承认碰撞的一种描述，在那种描述中只有定态中的跃迁才会发生. 在按照经典计算得出的能量传递不足以引起量子跃迁的条件下在原子中发生了什么情况，这在理论的现状下被认为是一个悬而未决的问题. 按照光量子理论，一个人无疑会说多余的能量将作为一个光量子 $h\nu$ 而被放出. 按照我们关于辐射问题的更晚近的观念，我们却倾向于说，或许会有辐射，但是既然它是在碰撞以后才从自由电子发出的，它就将是由所考虑物质的一些通常的谱线组成的. 在碰撞本身的过程中，辐射是可以忽略的，但是作为碰撞的直接后果，却将在原子中诱发一个使原子处于较高定态中的有限几率.

这样一种观点在能量守恒和动量守恒这些力学原理对原子间相互作用的有限适用性方面给我们打开的眼界，应该给所处理的问题带来特殊的兴趣. 我准备一篇短文[27]已经有些时候了；在这篇短文中，碰撞问题应该按上面叙述了的观点来加以处理. 由于在和辐射问题有关的行为方面很难作出最后的结论，这一短文现在还没有完成.

这种冗长议论的目的只是想要指出，所提到的这种观点或许也能在您和弗兰克所提出的问题的讨论中应用于化学反应方面. 按照我对您的观点的理解，您也强调了碰撞时间和量子化运动的周期之比对反应进程来说的重要性. 阅读您的论文使我得到的印象是，您似乎倾向于用某种不同的方式来理解这一比值所
起的作用. 您和弗兰克提出，引入和这些周期的长度相对应的“有效”碰撞时间， 659
以便能够完全普遍地应用电子碰撞实验的结果.

但是据我看来，在 α 粒子的事例中，根本谈不到用量子考虑来大大改变力学上所预期的碰撞时间的问题，从而人们不得不承认，已由慢电子很好地证实了的那种量子规律的普通表述，在这一事例中是过于狭窄的. 现在我认为，所谓原子间的碰撞，可以理解为两种极限事例之间的一切过渡情况，而且人们必须有所准备，当对应的周期比力学上预期的碰撞时间长得多时，就会在反应中看到具有确定周期性的严格量子化.

作为物理学会的主席，现在我愿趁此机会以学会的名义向您发出邀请，这是

[27] 见 I, n. 101.

克喇摩斯作为前任主席已经和您口头上谈过的.我们希望请您在冬天或春天到这里来就一个和您的最新工作有关的主题发表一次演讲[28].通过对国际科学关系有兴趣的一个丹麦基金会的资助,学会可以付给您600克朗的报酬,并负担您和尊夫人(我们盼望她能和您一同前来)到哥本哈根的往返旅费.我妻子和我很感遗憾的是目前我们的住房简陋,不能请你们到寒舍下榻,但是我们和所有别的丹麦物理学家们都将尽可能地使您和尊夫人在哥本哈根过得舒适而愉快.

由于物理学会会员们的科学基础不尽相同,我们想请您把演讲安排得尽可能通俗易懂一些.但是我们希望在您在哥本哈根的停留期间能在本研究所中举行一些讨论会,以便人们能够了解您关于同一问题的那些不同的更加有趣的观点.

希望您能接受我们的邀请,我们现在已经在盼望您[你们]的来访了.

致以衷心的问候,我的妻子也附笔问候,她正在盼望很快地见到尊夫人

您的很忠实的

[尼耳斯·玻尔]

660 再启者:最近一期《物理学报》上刚刚发表了一篇费米的论文[29],从量子理论的观点处理了碰撞问题.在α射线的阻止中,他假设了原子的反应可以直接联系量子规则来加以描述.和亨德孙及否勒的更加简略的处理相反,他借助于几率定律来计算了碰撞的进程.这里的计算又是在一个没有明言的条件下进行的,那就是,有效碰撞时间是足够地长,以致受到不同频率辐射场作用的原子对α粒子的选择作用可以被照顾在内;即使如此,至少在我看来,这些考虑却是和亨德孙及否勒的处理一样会受到相同的反驳的.由于有了费米的作品,我现在打算完成我的短文并希望能在不多几天之内寄给您一份稿本.

玻恩致玻尔,1924年12月6日

[打字本]

大　学　　　　哥廷根,12月6日,1924

理论物理学研究所　　　　本生街9号.

亲爱的玻尔先生:

您的详细来信使我大为高兴;我把信拿给弗兰克看了,他也非常高兴.在我就您的科学看法发表意见以前,我必须衷心感谢您对我的去哥本哈根的友好邀请.我的妻子和我都很高兴能够再见到您,而且我们也很乐于作这次旅行.1月5

---

[28] 关于这次访问,见本书第五卷原第76页,注158.

[29] 见I, n. 105.

日将在柏林召开德国物理学会的庆祝会;也许最好的办法就是我们在会后就在 1 月 7 日或 8 日动身去哥本哈根.我的助教洪德博士完全可以替我上几次课,从而我不必在 15 日以前赶回.至于发表演讲,我却觉得在哥本哈根物理学家们面前讲话有些怯场,因为他们在原子物理学的一切有兴趣的问题上都是出类拔萃的.不过,如果您愿意的话,我也很乐于就我们在这里详细处理过的一个问题作一汇报,而且也将采用尽可能通俗易懂的形式.最使我高兴的是能够和您、克喇摩斯、海森伯以及别的人们谈论谈论物理学.我和我的妻子曾于 661
1913 年在蜜月旅行中到过哥本哈根,从而我们两个都很高兴能够再看到那个美丽的城市.

现在,谈到您关于物理学的那些说法,我们在此期间也考虑了其中和我们的工作有关的几点.我们同意您的见解,即只有对于和周期相比是足够长的碰撞时间,才能预期由碰撞造成的确切量子化.但是关于在其他情况下发生的是什么事情,关于我们遇到的是能量守恒的失效呢还是存在什么别的出路,我们却还是不十分明确的.弗兰克认为,只要能量够大,一次短时间的碰撞将永远导致电离,因为这时出现的是平移运动的连续储存.但是如果能量小得不足以引起电离,则根本不会导致激发.我自己还没有仔细考虑过,还不清楚这种想法是否在一切事例中都成立.弗兰克今天到柏林去参加一次会议了,从而我们还没有能够对您的信特别是对您关于 α 射线碰撞的看法进行过必要的彻底讨论.在此期间,我们又对自己关于化学结合的专门论文进行了多次的加工,但是一直还不能完全满意.我们放弃了初稿中认为非量子化态的寿命决定于周期的观点,而且意识到不用这条假设也可以得到我们的结果(这些结果很可能是正确的).我们遇到的主要困难如下:譬如说,当一个氯原子和一个钠原子相遇时,在相遇的一瞬间,可能有一个电子从一个原子转入另一个原子中.因此,从这一时刻起,核的进一步接近就可能有两种运动形式,或是作为在接近中只发生变形的原子而运动,或是作为具有很大的相互吸引力的离子而运动.现在我们还看不到任何论据来对这两种事例的几率作出一点判断.最首要的是要回答这样一个问题:电子跳跃的几率是否取决于核的起始振动满足量子条件呢?相反的问题也如此,两个粒子是作为中性原子还是作为离子而分开呢?我现在正企图找出对应关系的论点.但是,此外我们的目的却是要证明,对于形成真正分子的三体碰撞来说,必须基本上不依赖于以上提到的问题.同样的情况也适用于有关准分子之光学活性的结论.

弗兰克和我从头到尾阅读了费米的文章.我们首先对它有这样一种反对意见:在这种做法中,碰撞激发的几率和光激发的几率之间的差别没被考虑在内.费米借助于光学吸收系数来计算了碰撞激发.然而,一次禁戒跃迁的吸收系数可 662

以是零,而一次电子碰撞却确实可以引起同样的跃迁.然而,归根结蒂,这只是一种定量的反驳.您的反对无疑是更加根本的,因为它们也可以应用于量子规则本身.我很盼望能早日读到您的短文.

请转告海森伯,我已经抱着极大的兴趣阅读了他的论文的新版本[30].请代我向他和克喇摩斯致以衷心的问候.我妻子向您和尊夫人致以最良好的祝愿,而且她说她很高兴能够认识你们.

谨致衷心的问候

您的很忠实的

M·玻恩

玻恩致玻尔,1926 年 12 月 18 日

[打字本,有少数手写的改动]

大　学　　　　哥廷根,12 月 18 日,1926

理论物理学研究所　　　　本生街 9 号

亲爱的玻尔先生:

如您所知,这学期约尔丹先生代替了洪德先生来做我的助教.他很想在洪德返回以后也到您那里去待一个学期.因此我今天想请问一下,这对您是不是合适.我相信没有必要再特别向您介绍约尔丹了.他是和洪德完全不同的一个人.他也许在实际成绩方面不那么多产,但他却天性很接近哲学,而且主要是对原理性的问题感兴趣.我认为除了海森伯和泡利以外他是年轻同行中天分最高的一个人.他也是一个很亲切、很可爱的人,而且他肯定会使您感到愉快.联系到泡利和我的一种考虑,他现在又发现了量子力学基础的一种美妙的推广[31],而且我相
663 信这种表述形式已经包含了某些最后的东西,尽管当然还有很多东西仍然没搞清楚.我们将寄给您这篇论文的一份校样.请费神通知我,您是否同意让约尔丹作为洛克菲勒奖学金的领取者到您那里去工作.也许您可以写一封形式适当的信给我,以便我可以把它转寄给特若布瑞治教授[32].

我们现在正等待着海森伯的一次来访,可惜访问时间太短了;我们都对这段时间内哥本哈根的工作进展很感兴趣.最近我们也取得了挺好的进展.首先,温采耳已用一种很简单的方式证明,我的碰撞理论将作为初级近似而给出卢瑟福

㉚ W. Heisenberg, *Über eine Anwendung des Korrespondenzprinzips auf die Frage nach der Polarisation des Fluoreszenzlichtes*, *Z. Phys.* **31** (1925) 617—626.

㉛ 参阅 P. Jordan, *Über eine neue Begründung der Quantenmechanik*, Z. Phys. **40** (1927) 809—838; Nachr. Ges. Wiss. Göttingen Math.-Phys. Kl. 1926, pp. 161—169.

㉜ 奥古斯都·特若布瑞治是洛克菲勒基金国际教育理事会的驻欧代表.

的 α 射线散射公式[33]. 我自己在近几天来做到了系统地得出关于中性氢原子的碰撞公式[34]. 在那儿,人们得到一个公式,它同时也概括了 α 射线的和电子的碰撞. 按照同样的方式,也可以计算激发几率和受激电子的散射,我现在正忙着做这件事. 另外,我的合作者奥本海默先生进一步发展了连续光谱的理论[35]. 我确实愿意再到哥本哈根去和您同度一段时间,但是我的健康状况和经济条件却使我无法实现这种梦想. 弗兰克或许要去一趟俄国;他来信说,那要等到他熬过了诺贝尔授奖仪式以后. 但是他得到这种荣誉确实是件大好事. 弗兰克夫人完全变了样子,简直兴高采烈了.

我妻子和孩子们都很好. 我们大家向您祝贺圣诞,并祝愉快.

您的忠实的

M·玻恩

威廉·劳伦斯·布喇格 664

布喇格致玻尔,1933 年 5 月 16 日

[打字本]

物理实验室
大 学
曼彻斯特
33 年 5 月 16 日

亲爱的玻尔:

近来我写了一封信给你[36],谈到了我们系里的一位讲师 E·J·威廉斯,他正在申请洛克菲勒奖学金. 我在信中问你,他能否在 10 月间到你的研究所中去工作. 既然我们没有收到回音,我恐怕信到时你已动身去美国了. 因此我现在把这封信寄到阮达耳处,因为他或许知道你正在美国的什么地方.

威廉斯是一个很机灵和很热情的人,而且他有许多很好的想法. 我将把他的一些论文寄给你. 通过和你在一起待一年,他将获益匪浅,因此我实在希望你有可能接受他. 索末菲对他的工作评价很高,而且说很乐于支持他领取洛克菲勒奖学金.

---

[33] 见 II, n. 9.

[34] 参阅 M. Born, *Zur Wellenmechanik der Stoßvorgänge*, Nachr. Ges. Wiss. Göttingen Math.-Phys. K1. 1926, pp. 146—160.

[35] 参阅 J. R. Oppenheimer, *Zur Quantentheorie Kontinuierlicher Spektren*, Z. Phys. **41**(1927) 268—293.

[36] 这封信没有被找到.

现寄上威廉斯的一封信[37]，信中描述了他愿意做什么工作.

如果你能够接受威廉斯，请即致函 H·M·密勒博士，通信处是“巴黎，包姆大街 20 号，洛克菲勒基金会办事处”. 时间相当紧迫了，我很盼望能够知道威廉斯得到奖学金，因为我在这边已经安排了某人来代替他.

向你和玻尔夫人致以最亲切的问候，如果夫人和你在一起的话.

你的忠实的

W·L·布喇格

玛丽·居里

玻尔致居里夫人，1931 年 6 月 10 日

［复写纸打字本］

［哥本哈根，］6 月 10 日，［19］31

亲爱的居里夫人：

圣灵降临周中我不在哥本哈根，从而未能及时回复你的 5 月 10 日的亲切来信[38]，十分抱歉！

665 对伊伦·居里夫人关于 α 粒子之离散的研究[39]表示赞赏，肯定是我的一件乐事. 这种现象是有很大兴趣的，因为它给关于原子和快速运动带电粒子之间的相互作用的概念提供了一种检验，而 α 粒子和 β 粒子的阻止和散射的理论处理就是建筑在这些概念上的. 以前根据在离放射源不同距离处测量由 α 粒子注引起的电离的结果而对离散作出的估计，在这方面指示了一些困难，因为估计值太大，不能和理论计算相符. 伊·居里夫人是通过直接比较单个 α 射线在威耳孙云室中造成的径迹长度来研究离散的第一个人，而且很重要的是用这种更直接的方法得出的结果和理论显示了更加好得多的符合，而理论的结果无论如何在数量级上是得到证实了.

去年秋天在那次成功的索尔威会议上见到你，这无论对我妻子还是对我来说都是一大幸事. 我们两人谨向你致以最亲切的问候和最良好的祝愿.

你的很忠实的

［尼耳斯·玻尔］

---

[37] 1933 年 5 月 17 日威廉斯致玻尔的信，信的全文见本卷原第 791 页.

[38] 缩微胶片，BSC，no. 18.

[39] 参阅 I. Curie and F. Joliot, *Sur le nombre d'ions produit par les rayons α du RaC′ dans l'air*, C. R. Acad. Sci. **186** (1928) 1722—1724; **187** (1928) 43—45.

克里夫·科茨伯孙

科茨伯孙致玻尔,1913年3月23日

[手迹]

西区,肯兴顿花园街58号

3月23日,1913

亲爱的先生,

我迟迟未能感谢你寄赠你的《论……的减速理论》一文[40],但是我拖延下来,直到我抽得出时间来检查你所引用的我的论文中的数字.

我对 p. 25[本书本卷原第65页]上第7行中的一个说法甚感不解,那里说,你根据我的实验得出了氦的一个自由[振动]频率 $n=3.72\times10^{16}$. 在你所引用的论文[41]中,对氦来说,数字是 $n_0^2=34\,991.7\times10^{27}$,从而 $n_0=5.84\times10^{15}$,而且 666
我想不出任何因素足以使我猜到你是怎样得到您的数字的.

如果你能抽出时间并愿意告诉我你是怎样得到这一结果的,我将甚为感谢. 我从来没有能够把我的那些数字所给出的氦及其他惰性气体中的电子数和整数等同起来. 在氢的事例中,我在色散电子和电解质中的电荷之间几乎得到了恒等式(参阅 P. R. S. Vol. **83**,1909年,p. 151),但是惰性气体却困惑了我,特别是因为我在根据黏滞性测得的公式 $\mu-1=\dfrac{C}{n_0^2-n^2}$ 中的 C 数及直径和临界温度之间得出了一种很不寻常的关系. 因此,这种形式的一个方程显然是有某种物理意义的(见 Phil. Mag. Jan. 1911,p. 69).

再次感谢你的有趣的论文.

你的忠实的

C·科茨伯孙

玻尔致科茨伯孙,1913年4月4日

[手稿]

物理实验室

曼彻斯特

4-4-1913

亲爱的先生,

感谢你的亲切来信;此信我现在才收到,因为我曾经不在曼彻斯特.

---

[40] 见 I, n. 15.

[41] C. and M. Cuthbertson, *On the Refraction and Dispersion of Air, Oxygen, Nitrogen and Hydrogen, and Their Relations*, Proc. Roy. Soc. London **A83** (1909) 151—171.

我的 $n=3.72\times10^{16}$ 的说法和你的 $n_0^2=34\,991.7\times10^{27}$ 或 $n_0=5.92\times10^{15}$ 的结果之所以不同,是因为 n 不等于 n_0 而却有 $n=2\pi\cdot n_0$. 在我的论文中,n 是通过振动正比于 $\cos nt$ 来定义的,而你的 n_0 则是每秒的振动次数.

我很抱歉,我的写作方式曾经成了误解的原因. 这起源于“频率”这个含糊字眼,而我一般发现,无论如何在德文论文中这个字眼是按照我的论文中的那种意义被使用的.

至于按照诸德的理论来诠释结果的问题,我的意见——我在一篇不久即将问世的论文㊷中已经力图为这种意见提出了理由——却是,根据这种理论算出
667 的每原子中的电子数用不着是整数,因为所讨论的理论使用了一些关于电子运动的假设,而这些假设在实际的原子中是几乎无法满足的.

再次感谢你的亲切来信.

你的忠实的

N·玻尔

安德雷安·丹尼耳·佛克尔

佛克尔致玻尔,1916 年 1 月 1 日

[手迹]

莱顿,1 月 1 日,1916

奥斯特基斯特街 41 号

亲爱的玻尔:

我终于可以寄给你一份我发表在 Phil. Mag. 上的关于爱因斯坦引力理论的文章㊸了. 一年以前,在此文发表以后不久,我当然就想把它寄给你. 但是我当时是一个陆军士兵,没有多少闲空. 一个月以前,我被提升为军官,而且,因为我们的部队驻在莱顿,我就希望能够做点事情.

我很愿意收到你的来信并了解你在曼彻斯特的工作情况. 我记得你曾经答应到莱顿来访问我们,但是在 1914 年那些悲惨的日子里,当你必须越过战线去曼彻斯特时,你当然是走了海路而没走陆路. 你能够告诉我有关曼彻斯特人们的一些消息吗? 那将是使我欣慰的. 请谈谈厄恩耐斯特[卢瑟福]爵士、马尔斯登(他在哪儿?)、马考沃、达尔文、安德雷、罗滨孙、普莱斯.

我从你的文章中得到了许多乐趣. 我在艾伦菲斯特教授的“讨论会”上提到

㊷ 见 I, n. 37.

㊸ A. D. Fokker, *A Summary of Einstein and Grossmann's Theory of Gravitation*, Phil. Mag. **29** (1915) 77—96.

了你的一些看法.如果你能寄给我几篇文章的副本,我将是很高兴的.看到近来发表的正好及时支持了你的理论的某些实验,想必是会使你很快乐的.

致以最良好的祝愿.

你的忠实的
A·D·佛克尔

佛克尔致玻尔,1916年2月3日 668

[手迹]

莱顿,2月3日,1916
奥斯特基斯特街41号

亲爱的玻尔:

请原谅我再次写信谈到你的快速运动的带电粒子㊹.我非常希望了解你对某些问题的看法,特别是因为我已经承担了在洛伦兹的讨论会上谈论这些问题的任务.

一个问题就是支持你的理论并从而支持厄恩耐斯特爵士有关原子结构的看法的实验证据如何.弗瑞德曼女士的实验㊺到底有多大的可靠性呢?我总是听说,闪灼法的个人误差是很可观的.马尔斯登在做这种实验时永远要找另外一个人来核对这种个人误差.弗瑞德曼女士从来没提到一个合作者,而且她得到的关于 α 粒子射程的改变量的证据也是很少的.射程末尾最后一厘米处闪灼曲线的未经说明的巨大斜率仍然存在.你对她的结果的确定性相信到什么程度呢?

我想你知道弗拉姆博士有关这一课题的晚近文章:向维也纳科学院提出的第二篇研究报告㊻,以及发表在艾耳斯特-盖太耳庆祝集上的文章㊼.在更加重要的后一篇文章中,他从实验的方面处理了问题,用一个联系着射程和速度并按照最小二乘式方法适应了观察数据的公式重新得出了马尔斯登和泰勒的结果.这一公式在射程的最末端指示了一个速度(对 RaC 的 α 粒子来说)$0.327\,V_0 = 6.3\times10^8$ 厘米/秒.弗拉姆把这一结果归因于下述事实;找不到速度小于

㊹ 以前的一封信似乎已经遗失.

㊺ F. Friedmann, *Experimentelle Bestimmung der Schwankungen in der Reichweite bei den einzelnen α-Teilchen*, Sitzungsber. d. K. Akad. d. Wiss. Wien, Math.-nat. Kl. **122**, IIa, pp. 1269—1280, 1913.

㊻ L. Flamm, *Theoretische Untersuchungen über Ursache und Größe der Reichweiteschwankungen bei den einzelnen α-Strahlen eines homogenen Bündels*, Sitzungsber. d. K. Akad. d. Wiss. Wien, Math.-nat. Kl. **123**, IIa, pp. 1393—1426, 1914; **124**, IIa, pp. 597—636, 1915.

㊼ L, Flamm, *Die Gesetze des Durchganges der α-Strahlen durch Luft*, 载于 *Arbeiten aus den Gebieten der Physik, Mathematik, Chemie. Festschrift Julius Elster und Hans Geitel* (ed. Karl Bergwitz), Brunswick 1915, pp. 601—622.

$0.415V_0$的任何粒子;于是他提出了一个假说:存在一个在某种界限内**变化着**的(!)临界速度.因此,在离射程终点的不同距离处,α粒子肯定会捉住一个电子而失去其电离和闪灼的本领.这就解释了斜率.

你曾经表示了完全不同的看法.你为什么不相信存在氦核的一个临界速度呢?你也许能够解释一下为什么弗拉姆是错的吧.

669 另外还有一个问题,你若能比较详细地解释一下我也将是很感激的.你发现,$\lambda \gg 1$(见 p. 590[即本卷原第 138 页])的假设在β粒子的事例中是不成立的.因此你采用了另一种办法,并且论证说"如果$\tau = 1$,则具有给定初速的β粒子当穿透物质薄层时所遭受的能量损失的几率分布,将在很靠近$\Delta_\tau T$处显示一个尖锐的极大值,并在其两侧迅速地下降".我不能使自己清楚地弄懂你得出这一结论的那种方法;你的解释在这方面是很短的,这无疑是因为你的计算太长,无法总结在少数几行文章中.我自己无法得出分布几率的一种令人满意的计算.如果我对你的意思了解得不错,你是排除了和距离很近的电子的碰撞的;那些电子位于β粒子路径周围的一个管子中,这对粒子来说是一个灾难性的管子:我的意思是,如果粒子挺倒霉地在这个管子内部碰上了一个电子,它就会不可救药地被从粒子注内打出去,并被宣判为孤独的流放者,而不再和它的同伴粒子一起使劳林孙先生的底片变黑了?你排除这些碰撞当然是完全对的,因为为了比较理论和实验,你所关心的只是那些行为良好的粒子.你为什么取$\tau = 1$呢?

附带提到,劳林孙先生发现,在通过一块金属片以后,β射线的谱线变宽了[48].你是否已经能够对出现在这种展宽中的能量损失的平均改变量作出估计呢?你是否已经把它和理论进行过比较了呢?

我诚恳地希望你不要因为我的这些问题而觉得不耐烦.你或许不会误解它们.我一点儿也不怀疑你的理论是对的,不怀疑你已经打中了问题的要点.因此我希望你能告诉我说,你的理论也可以说明布喇格关于原子量不同的金属层的阻止本领的平方根定律.为什么这一点还没有在你的公式中成为显而易见的呢?我知道提问是容易的而回答是困难的.表面化地说来,人们会通过一种几率规律的感觉来预期,两倍多的电子对穿透性粒子的平均效应将造成$\sqrt{2}$倍的能量损失(试比较复合散射).因此,既然每原子的电子数正比于原子量,布喇格的平方根定律就将得到解释.当然.这种推理就意味着,粒子在碰撞中既可以损失能量也可以获得能量.事实上,到底为什么不应该这样呢?基元的碰撞过程是完全可逆的.只有通过假设电子在碰撞以后所获得的速度远远大于它们在静止原子中的

---

[48] W. F. Rawlinson, *The Decrease in Velocity of β-particles in passing through Matter*, Phil. Mag. **30** (1915) 627—632.

速度，α 粒子的负能量损失才是被排除了的. ——我想你会回答我说，你预料只 670
有当 $n<10$ 即阻挡元素的原子量小于 20 时，p. 585[本卷原第 133 页]上的公式才适用于 α 粒子，从而是用不着预期只对较重的元素才得到证实的布喇格定律的. 如果这是对的，你认为你将找到一条途径来把理论引用到你的原子模型上去吗？

我必须结束了. 如果你能抽暇复信并寄几份你的论文给我，我将是很高兴的.

近来爱因斯坦完成了他的引力理论[49]. 他找到了把他的方程纳入一种绝对协变的形式中去的方法，以及解释水星近日点的久期运动的方法. 洛伦兹经过一番踌躇和计算检验以后已经变得很热心了. 艾伦菲斯特相信，过了一百年以后，爱因斯坦的发现也许将被证实为比这场无休止的毁灭性战争要重要得多.

致以衷心的问候.

你的忠诚的
A·D·佛克尔

玻尔致佛克尔，1916 年 2 月 14 日

[信稿，马格丽特·玻尔的笔迹]

[曼彻斯特，]2 月 14 日，1916

亲爱的佛克尔：

我没能早些复信，甚感抱歉，但是我不能把你要的抽印本寄给你，因为私人已不被允许寄印刷品到中立国家去了，而且我一天天地拖下来，没有给你写信，因为我最近几个星期为了一篇关于量子理论的普遍性质的论文[50]而忙得不可开交. 然后，在昨天，我就收到了你的第二封信，真正多谢了. 我对你的那些想法极感兴趣，并将试着尽可能好地回答这些问题.

关于第一个，即 α 射线的射程改变问题，我和你一样认为现在的实验证据是很不确定的. 我很强烈地猜想，不同观察者之间的分歧，有很大的一部分是起源于放射源的污染. 例如，想想看一点儿油脂就如何能够使射程减小几毫米了. 误差的另一个严重根源是在闪光屏方面. 我不能相信存在一个具有所需数量级的
临界速度. 假如电离作用和感光作用在约为 10^9 厘米每秒的速度处突然停止，我 671
们怎样理解速度小得多的阳射线的很大效应呢？

---

[49] A. Einstein, *Zur allgemeinen Relativitätstheorie*. (*Mit Nachtrag*.), Sitzungsber. Preuss. Akad. Wiss. Jg. 1915, II, pp. 778—786, 799—801; *Erklärung der Perihelbewegung des Merkur aus der allgemeinen Relativitätstheorie*, *ibid.*, pp. 831—839; *Die Feldgleichungen der Gravitation*, *ibid.*, pp. 844—847.

[50] N. Bohr, *On the Application of the Quantum Theory to Periodic Systems*，原拟发表在 Phil. Mag. 的 1916 年 4 月号上. 这篇论文被撤回了，但是后来已经根据校样重印在本书第二卷原第 431 页上.

其次你问起在我的论文的公式(17)中令 $\tau=1$ 的理由. 首先,既然 $\Delta_\tau T$ 只是很少地依赖于 τ 的确切值,$\Delta_\tau T$ 的变化方式就可以由(14)、(16)和(1)看出,由此得到 $\mathrm{d}\Delta_\tau T/\mathrm{d}\tau=Q_\tau$. 另外,如果 τ 不是很大,我们就可以借助于(6)和(14)来直接计算,以得到关于和 $\lambda<\tau$ 相对应的能量损失之几率分布的一个概念. 对于 $\tau=1$, 分布略如[a]所示;对于 $\tau=2$, 略如[b]所示(当我撰写论文时,我画了一些这样的曲线,但是现在已经弄丢了).

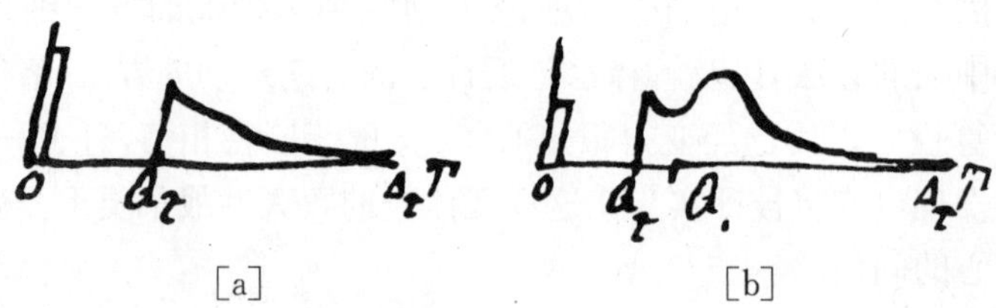

[a]　　[b]

你可以看到,对于 $\tau=1$ 正如对于 $\tau=2$ 一样,任何可以和 $\Delta_\tau T$ 相比的能量损失都是几率非常小的;但是既然公式(8)在 $\tau=2$ 时已经相当近似地成立,而且对于 $\lambda<2$ 来说和 Q_1 同数量级的能量损失已经有颇大的几率,那么你就可以看到,取 $\tau=2$ 已经意味着 $\Delta_\tau T$ 将会太小一些了. 我觉得这是一个很难解释清楚的问题,但是我希望你能了解我的意思. 我在论文中没有涉及细节,为的是不把文章写得太长,而且也因为我想对我所作出的应用来说讨论已经是妥当的了. 如果有人不怕麻烦(那是相当大的麻烦),肯来计算例如对应于 $\lambda<5$ 的能量损失的分布,他当然就会得到关于整个几率分布的很准确的信息. 我很遗憾的是劳林孙没有从他的工作中得出更多的东西. 我曾经希望他应该能够考察你所提到的各点,但是他没有足够的时间,而且我们实验室中也没有测微光度计,他现在已经离开,去制造军用品了. 实验绝不是容易的,而且线条的清晰程度在不同的照片上也是很不相同的. 我希望有人将会承担这整个问题的研究,因为在我看来这样的实验应该给出有关高速电子之动量和能量的许多信息. 另一方面,问题当然没有多大实际兴趣,因为人们不能怀疑所应预料的结果. 最后你讨论了布喇格定律. 我之所以从来没有提到这条定律的原因就是,在我看来,这是起源于一系列纯粹的巧合. 首先,不同物质的阻止本领之比,在很大程度上依赖于射线的速度,而且,如果 α 粒子碰巧具有例如两倍或三倍于它们的实际速度的速度,则定律将甚至不能近似地成立. 其次,确实很难想象定律对例如氢和氦这样的小原子量的
672 元素将适用到多大程度,但这只起源于氢具有一个而氦具有两个电子而它们的原子量却是 1 和 4 这样的奇特性质. 关于碰撞的效应,我和你却有很不相同的看法,即使 $n>10$ 而简单计算的条件并不满足,我也并不认为碰撞可以被看成是可逆的. 在我看来,由量子论的原理可以推知,电子并不能传给 α 粒子以能量,因

为各电子的能量在正常态中已经是最小的了.这就把我引到了另一个问题,这是我打算在论文中详加论述但为了不把论文弄得太长而略去了的.这就是整个计算原理和量于论原理之间的表观对立问题.初看起来似乎可以预料,按照量子论,能量不能被传给一个束缚电子,除非是以量子的形式,而该量子和把电子从原子中完全取走时所需的能量具有相同的数量级.然而,这却并不能导致和有关 α 射线阻止本领的实验相符合;而且更仔细的考虑也证明,关于如果碰撞时间远小于自然振动周期则能量可以按普通方式来传递的这一假设,是和我们为了解释 X 射线等等的散射所必须作出的假设恰好类似的.

我将很高兴听到你对所有这些不同的问题有何想法.我无法形容你的来信使我多么高兴,无法形容在这可怕的时代了解到还有人对这一类问题感兴趣使我多么感到欣慰.你自己的工作进展得如何?我理解你在莱顿的日子一定过得很有趣,我实在希望有一天我自己也能到那里去.听到有关爱因斯坦的伟大发现的消息当然使我极感兴趣,我急于想读读他的论文,但是现在还没有拿到.

在这里,情况已经由于战争而有了很大的变化;达尔文、普灵、罗伯孙、安德雷和弗劳阮斯都在军中服务,而卢瑟福教授也在把全部的时间花在和战争有关的工作上.既然马尔斯登已经到澳大利亚去当教授,你就可以理解已经没剩下多少人来做研究工作了.伊万斯和马考沃就是仅有的人员了.伊万斯仍在研究新谱线;他现在正做谱线结构方面的工作,而且我希望他将得到很有趣的结果[51].你一定听到关于摩斯莱在达达尼尔海峡阵亡的可悲消息了,他本来被认为或许是英国最有前途的青年物理学家.

再次感谢你的亲切来信,并请你代我向在莱顿的人们致意.

你的很忠实的

N·玻尔

佛克尔致玻尔,1917 年 1 月 2 日 673

[手迹]

莱顿,1 月 2 日,1917

奥斯特基斯特街 41 号

亲爱的玻尔:

在去年使我懊悔不已的那些糟糕事情中,没有更早地给你写信就是其中的一件.收到你上一封信以后,不久我就病了,后来我们部队又不得不离开莱顿几

[51] 参阅 E. J. Evans and C. Croxson, *The Structure of the Line of Wave-Length 4686 Å. U.*, Nature **97** (1916) 56—57; *Preliminary Note on the Stark Effect of the 4686 Spectrum Line*, Phil. Mag. **32** (1916) 327—329.

个月，于是我就把写信的事拖了下来. 现在我祝你和你夫人在 1917 年幸福愉快，并特别祝愿欧洲的和平. 协约国给德国的答复使我十分失望. 一件很大的憾事，确切说是一大耻辱的就是布利安和劳合·乔治重复了别人的错误，他们热衷于夸夸其谈而不是把陈词滥调留给街头巷尾那些不负责任的报纸. 这是很令人泄气的. ——不过，我们将等着瞧他们怎样答复威尔逊，以及各自治领首相的伦敦会议将有什么结果.

我很想知道你和克喇摩斯已经承担了什么工作. 艾普斯坦已经处理了你的原子，并使它们能够引起塞曼效应和斯塔克效应[52]；我想他的方式将是使你满意的. 洛伦兹正在讲述这些东西. 另外，帕邢发现[53]否勒光谱中的氦谱线的结构和索末菲的理论符合得很好，这也是可喜的.

你在物质对 α 粒子和 β 粒子的吸收方面做了什么新工作没有? 当我在 4 月间在这里的讨论会上报告了你的 α 粒子的阻止理论时，人们似乎对你和观察结果取得的近似符合颇为满意. 随后我又遇到了一个新的困难，这是我还没有告诉你的. 为了对出现在碰撞中的过程得出一种概念，我近似地画出了 α 射线的和电子的路径. 喏，如果电子被假设为自由的和在起初是静止的，则 α 射线永远会把它拉着来到 α 射线路径的另一边. 你在图中可以看到相对于一个参照系画出的两条双曲线路径，该参照系是随着 α 粒子和电子的公共重心而一起运动的. 你可以看到，电子的末方向几乎是两条渐近线之间的平分线. 图中按相等的时间间隔而同时达到的位置，已用虚线连接了起来. 在位置 6 处，α 射线和电子都位于它们各自双曲线的顶点上，这就是碰撞的中点，时间的一
675 半，而电子肯定是在碰撞"结束"以前被拉向了 α 射线的另一边的. 有鉴于这一事实，就很难在某一初始距离 p 处从电子是自由时的碰撞过渡到电子是束缚时的碰撞. 当我们只注意由 α 粒子交出能量时，这种困难并不会显现出来.

在 5 月、6 月和 7 月中，我完全没有能够工作. 8 月间，我研究了广义相对论. 这确实是很美的，而且我发现在不变性的公式中前进是一大乐事，那些公式很快就不再显得那么可怕了. 爱因斯坦在发表在 Annalen 上的论文中把自己限制到 $\sqrt{-g}=1$ 的坐标系，我不喜欢包含在这一事实中的局限性. 我曾在汉密尔顿原理在这一理论中的应用方面做了一点工作，其应用方式和洛伦兹的不同，我通

[52] P. S. Epstein, *Zur Theorie des Starkeffektes*, Ann. d. Phys. **50** (1916) 489—520; *Zur Quantentheorie*. Ann. d. Phys. **51** (1916) 168—188; *Zur Theorie des Starkeffekts*, Phys. Z. **17** (1916) 148—150.

[53] F. Paschen, *Bohrs Heliumlinien*, Ann. d. Phys. **50** (1916) 901—940.

674

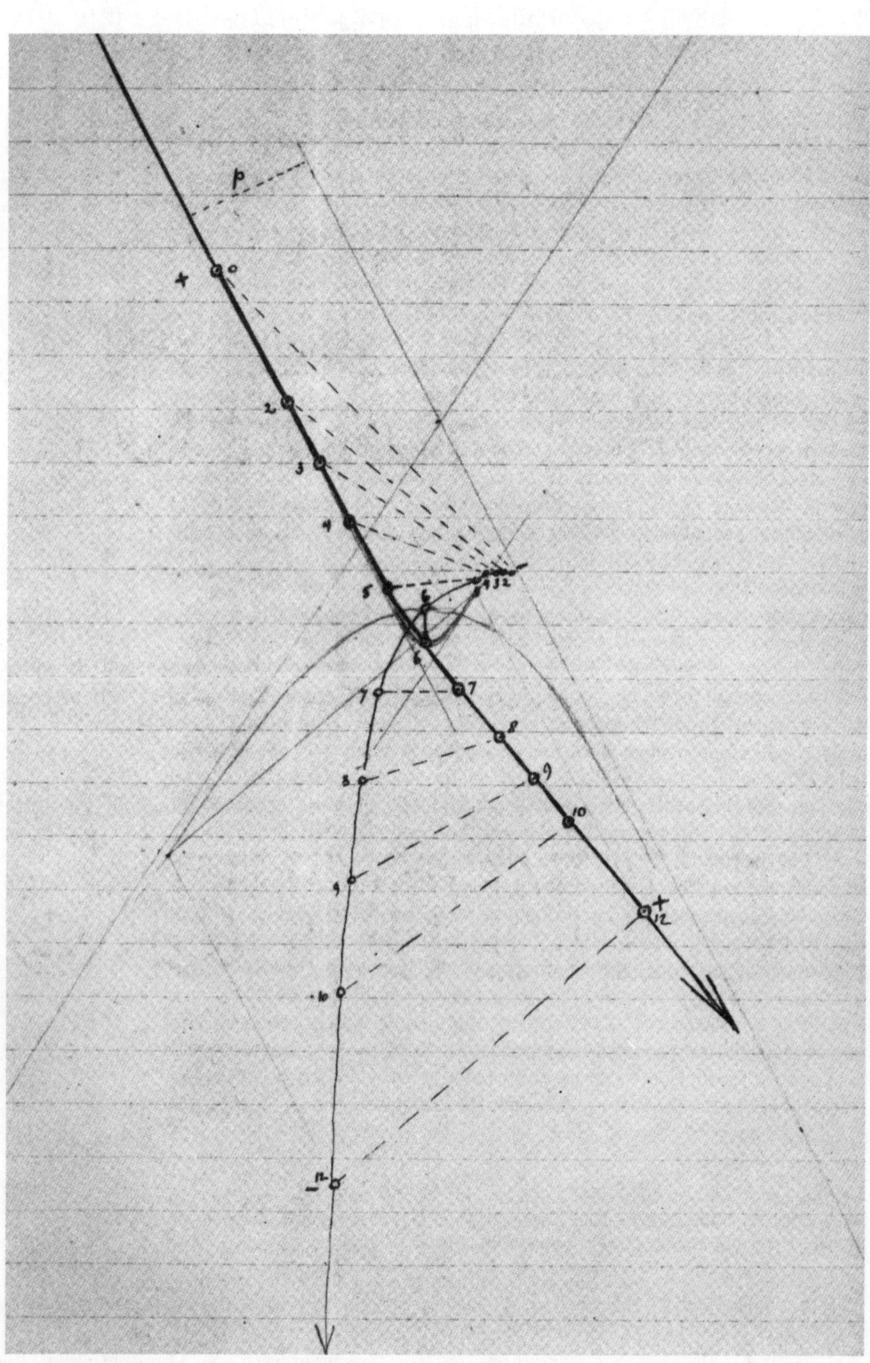

675 过考虑虚位移而推导了动力学张量[54]. 现在我将力图看看理论对瓦耳克尔(曼彻斯特)发表在 1916 年 12 月号 Phil. Mag. 上的实验[55]可以说些什么. 我在 1914 年对瓦耳克尔先生说过,我很高兴他已经做到找出一种感生加速度效应,如果它和爱因斯坦[理论]相符的话.

爱因斯坦曾经在莱顿这里的艾伦菲斯特教授处住了两个星期. 我们很欣赏他的来访. 除了别的事情以外,他告诉了我们一种普朗克辐射公式的推导,所依据的是分子中轨道电子的稳定态的假说[56]. 你也许会对这种推导感兴趣. 它是很短的和很精彩的.

假设发射着辐射的分子在态 $Z_m (m=1, 2, 3, \cdots)$ 中是稳定的,则对应于每一个态有一个确定的能量 ε_m. 从态 Z_n 到态 Z_m 的一次跃迁($n>m$)给出一个具有确定波长的确定的辐射能量 $\varepsilon_n-\varepsilon_m$. 假设许多个发射着辐射的分子在温度 T 下按规律 $N_m = p_m \exp\left[-\varepsilon_m/kT\right]$ 而分布在不同的态中,此处 N_m 是处于态 Z_m 中的分子数.

现在可能存在各分子从态 Z_n 降落到态 Z_m 而自发地发射能量的一个几率,用 $A_{nm}\mathrm{d}t$ 来表示.

设处于态 Z_m 的一个分子(放在密度为 ρ 而其频率和跃迁 Z_n-Z_m 相对应的辐射中)有一个吸收辐射并上升到 Z_n 的几率,用 $\rho B_{mn}\mathrm{d}t$ 来表示;这时假设该几率正比于起作用的辐射的密度.

再设处于态 Z_n 并放在辐射中的一个分子有一个被辐射诱使它发射能量并降落到 Z_m 的几率 $\rho B_{nm}\mathrm{d}t$. 重要之点就存在于这种“负发射”中. 现在你可以看到,一切都将是稳定的,如果

676
$$N_m\rho B_{mn} = N_n(A_{nm}+\rho B_{nm})$$

$$\rho\left(B_{mn}-\frac{p_n}{p_m}B_{nm}\exp\left[\frac{-(\varepsilon_n+\varepsilon_m)}{kT}\right]\right)=A_{nm}\frac{p_n}{p_m}\exp\left[-\frac{(\varepsilon_n-\varepsilon_m)}{kT}\right]$$

$$\rho\left(B_{mn}\exp\left[-\frac{\varepsilon_m-\varepsilon_n}{kT}\right]-\frac{p_n}{p_m}B_{nm}\right)=A_{nm}\frac{p_n}{p_m}.$$

现在再加上这样一条假设:对于高温 $T=\infty$,我们将有 $\rho=\infty$. 这就给出条

[54] 参阅 A. D. Fokker, *Über die virtuellen Verschiebungen des elektromagnetischen und des Schwerefeldes in den Anwendungen des Hamiltonschen Prinzipes*, Versl. K. Akad. van Wet. **25** (1917) 1067—1084.

[55] M. Walker and W. W. Stainer, *An Inquiry into the Possible Existence of Mutual Induction between Masses*, Phil. Mag. **32** (1916) 592—600.

[56] 参阅 A. Einstein, *Strahlungs-Emission und-Absorption nach der Quantentheorie*, Verh. Deutsch. Phys. Ges. **18** (1916) 318—323; *Zur Quantentheorie der Strahlung*, Phys. Z. **18** (1917) 121—128.

件 $p_m B_{mn} = p_n B_{nm}$，从而就有

$$\rho = \frac{A_{nm}/B_{nm}}{\exp\left[\frac{\varepsilon_n - \varepsilon_m}{kT}\right] - 1}.$$

现在再利用维恩定律，即 ρ 的形式应该是 $\rho = C\nu^3 f(\nu/T)$. 我们看到，必须令 $\varepsilon_n - \varepsilon_m = h\nu$，于是普朗克定律就被得出了

$$\rho(\nu)\,\mathrm{d}\nu = \frac{C\nu^3\,\mathrm{d}\nu}{\exp[h\nu/kT] - 1}.$$

这是一种令人很愉快的推导.

我们什么时候能在莱顿这里见到你呢？你也许可以在 4 月间抽出几天时间吧. 在 4 月 12、13、14 日，荷兰物理学家们要在海牙开一个会. 如果我可以希望那时你能成为我的客人，我将是很高兴的. 你和你的夫人（如果她能来的话）将受到我妻子和我的衷心欢迎. 请务必光临.

我愿意听听你在哥本哈根正在怎样把理论物理学推动起来. 我希望得到你的发表物的副本. 韦伯[57]把他的学位论文寄给我了，而且我注意到我可以足够好地阅读丹麦文，因此你的文字对我并不是什么障碍，如果你在战争时期宁愿在你自己的国家发表文章的话.

你有来自马尔斯登、安德雷、普莱斯和罗滨孙的消息吗？可怜的小伙子们呐！——我自己发现训练新兵只在很低的程度上可以和科学工作并行而不悖.

请代我向克喇摩斯问好.

你的很忠实的

A·D·佛克尔

喇耳夫·霍瓦尔德·否勒 677

否勒致玻尔，[1925 年]12 月 4 日

[手迹]

TCC[剑桥三一学院]

12 月 4 日

亲爱的玻尔：

收到来信并得悉你对汤马斯评价很好，甚慰. 他无疑是一个有用之才，而且

---

[57] 关于索菲斯·T·豪耳斯特-韦伯的传记性小注，见本书第一卷原第 501 页. 韦伯论文答辩时，玻尔曾任答辩委员. 关于这篇学位论文，参阅缩微胶片 BSC no. 8 中的韦伯通信，其中一封信见本书第二卷原第 610 页.

我对他也这么看.得悉你今冬不能去瑞士,甚憾,但是艾琳和我希望在明年夏天见到你,如果可能的话.我确实希望咱们能够一起去趟挪威.

关于 α 粒子对电子的俘获和损失,我重读了卢瑟福的论文[58],而且也同意,除了在最低的速度——我想大约是在 $0.29V_0$ 下以外,并不存在直接实验性质的关于 H_2 中的俘获的任何证据.因此我根据汤马斯的计算[59]认为,俘获的任何经典估计值,如果符合得还算好的话,将完全随速度而很快地变化,比实验针对其他物质所指示出来的 V^6 定律或 V^7 定律变化得还要快.这是相当出人意料的,但我想也还是颇有可能的.经过我们讨论以后,我还是很不明白为什么即使在这种低速下经典俘获还并不是小得无法符合.

我已经要求狄喇克把他的一份论文校样[60]寄给你;当然这会是太晚了,对你的《自然》文章[61]不能有什么帮助了.我已经看到你那篇文章的校样,而且给它写了引言.这恐怕不是什么真知灼见之作,而只是杂志编者的一种按语,因为你的文章在发稿之前只在我这里放了48小时,尽管文章的内容对我来说实际上并不是新的!我当然对海森伯的新理论[62]感到了强烈的兴趣,多亏狄喇克,我曾经预期在这种方向上会有迅速的发展,但是泡利关于氢的工作[63]已经大大地领先了——比我目前指望听到的还要领先得多.

678 下次我将告诉卢瑟福说,H 在高速下的俘获问题是有关键重要性的,但是我知道他的整个观察方法在更高的速度下将不适用,因为它依赖于一个初始离散的粒子注.不过,他无疑将找出一种方法,如果可以做到的话.

若能得到海森伯、玻恩和泡利的全部新著作来读一读,我将是极其激动的,而且我正在考虑明年春天对伦敦数学会发表一篇关于新力学的演讲.如果我能做到,那无论如何将是我所能选择的最有希望的主题.但这将是很困难的工作.

---

[58] E. Rutherford, *The Capture and Loss of Electrons by α Particles*, Phil. Mag. **47** (1924) 277—303.

[59] 见 II, n. 4.

[60] P. A. M. Dirac, *The Fundamental Equations of Quantum Mechanics*, Proc. Roy. Soc. London **A109** (1925) 642—653.

[61] N. Bohr, *Atomic Theory and Mechanics*, Nature **116** (1925) 845—852. 和否勒的引言一起重印于本书第五卷原第269页.

[62] W. Heisenberg, *Über quantentheoretische Umdeutung kinematischer und mechanischer Beziehungen*, Z. Phys. **33** (1925) 879—893. 英译本见 B. L. van der Waerden (ed.), *Sources of Quantum Mechanics*, North-Holland Publ. Co., Amsterdam 1967 (reprinted Dover, New York 1968), pp. 261—276.

[63] W. Pauli, *Über das Wasserstoffspektrum vom Standpunkt der neuen Quantenmechanik*, Z. Phys. **36** (1926) 336—363. 英译本见前引 van der Waerden 书的 pp. 387—415.

谨向你的家庭和研究所致以最良好的祝愿.

你的
R·H·否勒

否勒致玻尔,1930 年 2 月 3 日

[手迹]

TCC
2 月 3 日,1930

亲爱的玻尔,

首先向你、你的家庭和你的研究所致以最良好的祝愿.这封信只想告诉你有关这边的理论方面的消息——正在做的工作并不多,但是也有一两件挺好的.我们很高兴能有伽莫夫在这里,而且我想他在核的方面正在真正取得很好的进展.他的一篇论文不久将发表在 Proc. Roy. Soc. 上[64],但是我想他现在正在走得更远,尽管我不太了解细节,无法详告.

这儿的最美妙的东西就是查德威克关于 He 对 α 粒子的散射的新实验[65].我想莫特当和你在一起时就已经在计算反对称性对电子-电子散射的效应了[66].这就导致二分之一的经典散射,例如在 45°处对 20,000 伏特的电子来说;这也由威廉斯通过威耳孙照片上的分支的粗略计数而近似地证实了[67].从那以后,莫特已经应用对称函数而把计算很显然地推广到了 α-He 散射,而且在 45°处求得了两倍的经典散射.利用从一个强钋源发出的 α 粒子,恰好就能在一段射程之外来检验这一点,而在该段射程内占主导地位的则将是由结构引起的对平方反比定律的偏差.查德威克已经做了这件事,而且得到了一条曲线如下

679

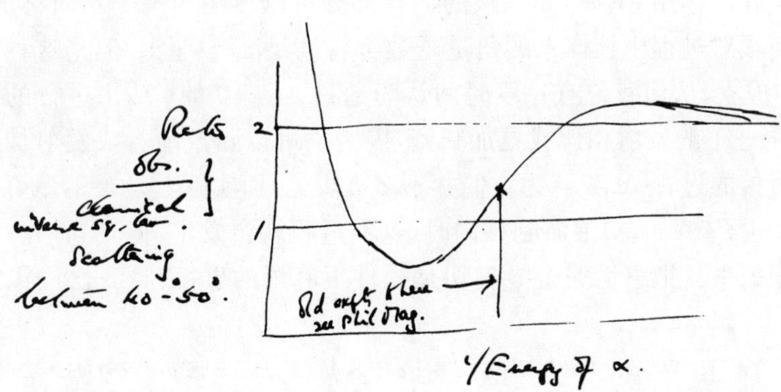

---

[64] G. Gamow, *Mass Defect Curve and Nuclear Constitution*, Proc. Roy. Soc. London **A126** (1930) 632—644.

[65] 见 II. n. 27.

[66] 见 II. n. 18 及 n. 23.

[67] 见 II. n. 28.

而当结构效应逐渐减退时,这条曲线显然给出一个比值 2.

这在我看来似乎是对称函数事例甚至在一个碰撞问题中也有其正确性的一种令人高兴的直接证实.

我非常希望威耳孙已经在磁场对金属电阻的效应的理论方面取得一点进展[68]. 他发现了由于场的塞曼效应对晶格简并方式引起一种效应的可能性. 我正十分急迫地等着从他那里听到详情,并想看看这是否真对. 你应该已经听到迈斯诺[69]攻击卡匹察理论[70]的事了. 当然卡匹察的理论很可能是完全错误的,但是很有趣的是看到,不管迈斯诺说什么,他对金的观察结果却是和卡氏理论完全相符的. 卡匹察不久就会在 Proc. Roy. Soc. 上发表一篇答复[71]. 迈斯诺的观察似乎也表明,任何 T^s 定律都不能真正描述一种接近完美的晶体的电阻,而是在低温下它变化得更快一些,或者,随着温度向着 $T=0$ 的趋近,s 将持续地增大.

在最近,我曾经努力通过异想天开的模型核的运用来努力理解 γ 射线的内转换系数. 我遇到了一个我不懂的明显问题,那就是,下面的转变

$$\left.\begin{matrix}\text{受激核}\\ \text{K 电子}\end{matrix}\right\}\longrightarrow\left\{\begin{matrix}\text{退激核}\\ \text{自由电子}\end{matrix}\right. \qquad \text{(A)}$$

680 可以看成两个阶段

$$\left.\begin{matrix}\gamma\text{ 射线被}\\ \text{核发射}\end{matrix}\right\}+\left\{\begin{matrix}\gamma\text{ 射线被 K 电}\\ \text{子所重新吸收}\end{matrix}\right.$$

而这种转变在没有 γ 射线可被发射时也能够发生——就是说,可以有纯粹的碰撞过程在起作用. 例如,如果核的活性部分可以比喻为一个球对称的体系,则在任何辐射过程中核体系的角量子数都将满足 $\Delta l=\pm 1$. 但是这种限制对(A)并不成立,从而我曾有一段时间认为通过 $\Delta l=0$ 的(A)来进行的发射可以和 $\Delta l=\pm 1$ 的发射相比或更加频繁,因为它可以随意地看成发射加再吸收或看成直接的过程 A. 我认为它们并不多么少见,而实际上是差不多可以相比的. 当 K 电子(譬如说)浪游到核内时,这些过程就会发生. 但是它们并没有做我所希望的事! 把事情完全弄确切是一件很麻烦的事,而且我已经深深地陷

---

[68] 参阅 A. H. Wilson, *The Theory of Electronic Semi-Conductors*, Proc. Roy. Soc. London **A133** (1931) 458—491; *Part II*, Proc. Roy. Soc. London **A134** (1931) 277—287.

[69] W. Meißner and H. Scheffers, *Messungen mit Hilfe von flüssigem Helium. IV. Elektrischer Widerstand von Gold in magnetischen Feldern bei tiefen Temperaturen*, Phys. Z. **30** (1929) 827—836.

[70] P. Kapitza, *The Change of Electrical Conductivity in Strong Magnetic Fields. Part I. — Experimental Results*, Proc. Roy. Soc. London **A123** (1929) 292—372.

[71] P. Kapitza, *The Change of Resistance of Gold Crystals at Very Low Temperatures in a Magnetic Field and Supra-Conductivity*, Proc. Roy. Soc. London **A126** (1930) 683—695.

了进去，从而我想不得不接着干下去并把所有的细节都搞出来了！而到了最后这也许无关紧要.

现在这里有一些关于内转换的很好的测量结果. RaC 的 γ 射线分成三组，它们有着差别很大的内转换系数.

我希望我们不久就会在这里见到你，并且希望当来到时你将有一部分时间到这里来和我们同住.

你的

R·H·否勒

杰姆斯·弗兰克

弗兰克致玻尔，1920 年 11 月 22 日

［打字本，有一处手写的改笔］

威尔海尔姆皇帝
物理化学和电化学研究所

柏林—达莱姆
法拉第路 4—6 号
11 月 22 日，1920

敬爱的玻尔教授阁下：

我没有及早地回复您的来信，实非得已，因为我忙于无休止的讲课、购置仪器和退换设备. 但是我相信现在可以更好地答复您了，因为我们的同事封·希维思来到了这里，并且对您的意图作了一定的阐明. 如果对您合适，我可以在 1 月
末或 2 月 1 日到哥本哈根，我已和封·希维思先生说好，请他在　　公寓给 681
我租一个房间. 现在护照怎么办？能否请您费心到丹麦的司法部门去为我的入境想想办法？我自己在这边也会向公使馆提到您，并同时努力争取.

关于我在您那里的活动，我希望您能坦率地告诉我，您是愿意让我在那里自己进行工作呢，还是让我向一些青年先生们传授某些知识，以便他们熟悉电子碰撞. 如果您考虑的是前一种情况，我想再开始一次电子碰撞实验是没有意义的，因为四个星期的时间连开个头都不够. 于是我倒愿意做做光学问题，例如金属蒸气对光的吸收问题，这是和我最近和格罗特雷恩博士在这里一起进行的工作[72]有关的. 为了不要弄得太冗长，我将在最近几天内把论文写完并立即寄给您一份文稿. 至于电子碰撞问题，我想您可能对碘蒸气的电离和最终离解感兴趣，因为，

[72] 参阅 J. Franck and W. Grotrian, *Bemerkungen über angeregte Atome*, Z. Phys. **4** (1921) 89—99.

根据康普顿的一篇论文[73],在这里也像在氢中一样,电离和离解应该是互相联系着的.这种现象和您在柏林时[74]咱们的讨论有关.可惜当时我还只读到《科学》上康普顿论文[75]的一部分.他宣称,在标准温度下,碘蒸气的电离是从10伏特处开始的,相反地,在温度高到出现部分的离解时,碘蒸气的电离在8.5伏特处就已开始了.他把差值1.5伏特理解为离解功,而且这也是和热学值完全一致的.现在我对这些美国人的论文有些怀疑,而且通过您的理论考虑,我对我们的氢论文[76]的正确诠释也甚感怀疑了.您是否愿意让人们在您的研究所中进一步探讨这个问题呢[?]此外当然还有很大一系列这一类的其他问题,而且,如果我理解无误的话,您似乎想让我替您订购一些进行这种研究的仪器.最好是由我列举出所需的仪器名称,然后请您通知我到底应该买些什么.

682 除了带有铂电极(如果研究化学活性的气体的话)的不可缺少的研究容器以外,还要有一个大约达到60伏特的蓄电池.它不必具有太大的容量,但是必须能够随时接地.在这里,我们不能使用民用电源,因为大家同时用电会造成互相干扰.另外还要一台精密伏特计,一个小的伏特计和几个大容量的手动蓄电池,一个测量丝极电流的不太大的安培计,一个3—5 000欧姆的细导线可变电阻,另一个几百欧姆的可变电阻,用来烧热灯丝的第三个粗线可变电阻,一个灵敏电流计,例如10^{-9}安培的西门子型电流计,一个很好工作的泵(蒸气泵),一个麦克劳压强计和几个优质玻璃阀门.

以上是必要的器件,此外实验室还应该有一些通常的设备,例如玻璃管、润滑油、吹管之类.我相信,在这些设备中,我应该在这边购置那些玻璃仪器.至于其余的东西,我不知道您的实验室中是否已经有了;应该购买什么,请通知.

现在我已经把信写得挺长了,多有打扰,但这也是不得已.我正盼望着和您聚首的时刻的到来.

从12月11日开始,我在哥廷根的通信处将是:Baurat Gerberstrasse 19.届时请把信寄往该处.

致以衷心的问候和最高的谢意.

您的最忠实的

J·弗兰克

---

[73] H. D. Smyth and K. T. Compton. *The Effect of Fluorescence and Dissociation on the Ionizing Potential of Iodine Vapor*, Phys. Rev. **16** (1920) 501—513.

[74] 关于玻尔对柏林的访问,见本书第三卷《引言》的第12节.

[75] K. T. Compton and H. D. Smyth, *Fluorescence, Dissociation and Ionization in Iodine Vapor*, Science **51** (1920) 571—572.

[76] J. Franck, P. Knipping and T. Krüger, *Über eine Zusammenhang zwischen Stoßionisation und der Dissoziationsarbeit neutraler Moleküle*, Verh. Deutsch. Phys. Ges. **21** (1919) 728—732.

玻尔致弗兰克,1921 年 6 月 28 日

[复写纸打字本]

[哥本哈根,]6 月 28 日,[19]21

亲爱的弗兰克:

多谢您的盛意,让赫兹带来了您的报告(77)的修订本*. 了解到这些情况,当然使我非常感兴趣,现将尊稿奉还. 我愿意借此机会请您注意一处小的印刷错误. 683
那和对朗德理论的提及有关,我已经用铅笔在下面画了线.

我觉得身体已经好些了,而且我现在正试图在暑假以前完成一篇关于我的原子结构工作的详细报告(78). 在 9 月初,将有许多青年物理学家到这里来工作. 除了别人以外,克莱恩和罗西兰也要再来,此外还有一位美国的乌登先生(79)将在明年到这里工作一年,他似乎对和碰撞激发有关的问题特别感兴趣. 至于研究所中的实验工作,雅科布森正把他的大部分时间用在 α 射线的射程离散的研究上(80),这种研究似乎已经提供了有趣的结果. 另外他也正在试着把从您那里教[学]到的东西应用到氦谱线的激发的研究(81)中去,这种研究已经提供了很有希望的但还不很确定的结果. 在我们谈论过的这些问题中,我愿意提到,当有一次讨论伍德关于汞蒸气之共振线及其被杂质气体所部分地压制的实验时,我曾经得到了一种很自然的想法,那就是,人们在这里遇到的是一种效应,和克莱恩及罗西兰在反向碰撞理论(82)中所处理的效应相仿,那效应就是通过碰撞而出现的原子从受激态回到正常态的[无辐射]跃迁的可能性. 当有一次和罗西兰谈到这个问题时,他曾向我指出,通过用电子碰撞来进行工作,也许可以更简单地追索 684
这种现象,就是说,如果可能的话,就设法确定并测量由于"非活性"气体的存在而对在这种实验中遇到的光电效应造成的压制. 我不知道这种想法是不是新的,无论如何我们不像您那样了解和这种实验相联系着的实际困难.

---

(77) J. Franck, *Über Lichtanregung und Ionisation von Atomen und Molekülen durch Stöße langsamer Elektronen*, Phys. Z. **22** (1921) 388—391, 409—414, 441—448 及 466—471. 此信所提到的改动在文章的结尾部分.

* 您的稿子[手写的原注].

(78) N. Bohr, *Atomernes Bygning og Stoffernes fysiske og kemiske Egenskaber*, Fys. Tidsskr. **19** (1921) 153—220,又见 Jul. Gjellerups Forlag, Copenhagen 1922. 英译本:*The Structure of the Atom and the Physical and Chemical Properties of the Elements*, 载于 *The Theory of Spectra and Atomic Constitution*, Camb. Univ. Press, 1924, pp. 61—138. 丹麦文原文和英译本见本书第四卷原第 181 页.

(79) 安东·D·乌登是斯堪的纳维亚裔的美国物理学家,他从 1921 年 8 月到 1922 年夏初访问了玻尔的研究所. 在归途中,他害了病,不久就逝世了(见缩微胶片 BSC no. 8). 当他在哥本哈根时,乌登和雅科布森一起进行了实验研究(注(81)),并为玻尔的一些论文准备了英译本(注(78)).

(80) 见 I, n. 68.

(81) 参阅 A. Udden and J. C. Jacobsen, *On the Excitation of the Helium Spectrum by Electronic Bombardment*, Phys. Rev. **23** (1924) 322—326.

(82) 见 I, n. 79.

我们大家都盼望能够早日见到您,并将尽我们所能使您和尊夫人在这里过得愉快. 至于什么时候合适,只要由您选定就行了,我们对什么时候都无所谓. 这边所有的人,特别是我妻子和我,都向您致以友好的问候.

您的
[尼耳斯·玻尔]

弗兰克致玻尔,1921 年 7 月 12 日

[打字本,有手写的改笔和附言]

大　学　　　　　　　　　　　　　　　　哥廷根,7 月 12 日,1921

物理研究所　　　　　　　　　　　　　　　　本生街 9 号

第二实验分部

亲爱的玻尔:

多谢您的亲切来信和友好称呼,这使我也有勇气来这样称呼您,并把您当作一位好朋友来对待了. 您的来信给了我很大的快慰.

当我们很遗憾地得悉您和尊夫人不能在夏天到我们这里来时,我曾经在 4 月中旬给过您一信[83],并且告诉您不必费神给我写复信. 但是现在我不知道您是否注意到了当时那封信的一个重要内容,那就是说我们并没有把秋天的约定看成是您对我们的邀请,因为我们相信您是应该休息一下的. 现为慎重起见,寄上那封信的抄本. 如果您认为只是因为已经约好,我们就应该来,而不管您也许很想休息一下,以便您的神经重归平静以完成您的繁重工作,那是会使我很感抱歉的. 因此我不得不再麻烦您写封信给我,并请绝对坦白地告诉我您是否真正需要
685 我们. 如果确实需要,则我想我们大约可以在 9 月 16 日动身去哥本哈根并在那里待到 10 月 7、8 号. 但是,假如您能最友好地坦白告诉我这种访问会不会成为打扰,那就是我再高兴也没有的事了.

现在谈到您的亲切来信的其他内容. 我想问您,您曾否读过德拜关于电子在原子上的反射的文章. (关于原子间的碰撞力,等等,见 Physikal. Ztschr. [84].)在我看来,这里包含了关于原子中电子运动的一种虽不严格但很明显的证明.

您那有关共振荧光通过克莱恩-罗西兰效应而淬灭的说法使我甚感兴趣,尽管我必须强调我还不十分确信这就是问题的解. 我已经在这里给一位博士研究生指定了课题,让他确证通过和稀有气体原子的碰撞而引起的谱线 2536

---

[83] 1921 年 4 月 15 日弗兰克致玻尔的信. 见缩微胶片 BSC no. 2.

[84] P. Debye, *Molekularkräfte und ihre elektrische Deutung*, Phys. Z. **22** (1921) 302—308.

的展宽[85],而且我宁愿相信展宽将制约共振荧光的淬灭.我希望能够证实,通过和活性气体相碰撞而造成的谱线的展宽及荧光的熄灭,都比通过和稀有气体相碰撞而造成的后果要小得多.很可能,罗西兰的看法可以由此而得到检验.

近来发表了斯庞诺女士的一篇论文[86],论述了当发生能量足以激发量子跃迁的碰撞时由电子碰撞引起量子跃迁的频次.论文一直只得出了输出的数量级.在我看来这是相当大的(约为 0.1%),从而它就给人一个印象,似乎当电子的能量和量子跃迁所需的能量相当接近时输出就达到极大值.另外,从选择原理看来,由电子碰撞引起的禁戒跃迁似乎出现在选择原理所允许的一个激发范围中.

为了不用一封太长的信来麻烦您,现在我必须结束了.我心中还有许多问
题,都等以后再谈吧.考虑到您对我的研究方向的关怀,现寄上一篇关于电子亲 686
和力的小文[87]和咱们谈起过的关于 Hg_2 分子的磁致衰变的短文[88].

我妻子和我谨向您致以衷心的问候.请代向尊夫人及研究所的同道们致候.当我们必须外出时,我们将把孩子们送到瑞典的我岳父家中去,同时我妻子也许在那里住几天.

再次致以衷心的问候.

您的最忠实的

J・弗兰克

承及时寄回了关于电子碰撞的综述文章并指出了印刷错误,附此致谢.

玻尔致弗兰克,1921 年 7 月 18 日

[复写纸打字本]

[哥本哈根,]7 月 18 日,[19]21

亲爱的弗兰克:

多谢您的诚恳而有趣的来信,我从信中看到我的上一封信写得太糟糕了.我完全正常地收到了您的前一封信,只是由于糊涂竟没有在上封信中提起.您不知道我们大家多么欢迎您的来访,而且您所建议的时间也对我们非常合适.对我们来说您的到来不但在实验研究方面具有最大的意义,而且我个人也想借此机会

---

[85] 参阅 G. Cario, *Über Entstehung wahrer Lichtabsorption und scheinbare Koppelung von Quantensprüngen*, Z. Phys. **10** (1922) 185—199.

[86] H. Sponer, *Über die Häufigkeit unelastischer Zusammenstöße von Elektronen mit Quecksilberatomen*, Z. Phys. **7** (1921) 185—200.

[87] J. Franck, *Über eine optische Messung der Elektronenaffinität*, Z. Phys. **5** (1921) 428—432.

[88] J. Franck and W. Grotrian, *Über den Einfluß eines Magnetfeldes auf die Dissoziation angeregter Moleküle*, Z. Phys. **6** (1921) 35—39.

和您彻底讨论讨论那些我们两人都很关心的问题. 目前,正如您所设想的那样,关于我的原子结构观念的那篇报告即将写完了. 可惜我的精力还没有完全恢复,所以这篇报告写得比我所希望的更慢了一些,但是我认为,就我所能预料的来说,报告可望在假期以前完成. 来信的其他内容也都是很有兴趣的,我了解了您和您的学生们的美好而有意义的工作. 在原子体系的稳定性方面,我在正撰写的
687 报告中试着引用了稍许不同的术语. 除了您针对正氦态 S_2 所引用的亚稳性这个适当的名称以外,我还针对仲氦态 S_2 之类的态引用了欠稳性(Astabilität)一词;这种态不像一般的定态那样不稳定,不能在不受外界干扰的情况下进行自发的跃迁,但是当存在较小的外力时,却有一定的跃迁几率. 这是和亚稳态很不相同的,因为我相信从亚稳态出发的和辐射相联系着的跃迁基本上是被排除了的. 按照这种术语,在您的论文中研究过的 Hg 分子可以叫做欠稳的,正如汞的 p_1 态和 p_2 态那样;其中至少 p_1 态在存在电力时可以通过辐射而跃迁到 S_2,正如在这里已由汉森和高岭[89]证明了的那样.

关于斯庞诺女士的输出实验,我相信各式各样跃迁的几率差的一种阐明可以通过碰撞的进一步考察来得出. 关于这个问题,我很想和您谈谈,而且也许可能像咱们有一次谈到过的那样和您合写一篇关于碰撞过程之普遍考察的小论文. 我直到现在还没能抽出时间来发表一些我已考虑了很久的这方面的看法,而且,对此问题有着更多得多的知识和洞察的您,也许会发现我的许多看法都是胡扯. 无论如何,正如已经说过的那样,这一回我们至少会抽出一些时间来认真地彻底讨论一些问题了. 我妻子也和我一样,一想到尊夫人也能同来就满心高兴,而且我们希望能尽力使你们在这里过得很好.

致以友好的问候.

您的最忠实的

[尼耳斯·玻尔]

弗兰克致玻尔,1921 年 9 月 25 日

[手迹]

[哥廷根,]9 月 25 日,1921

亲爱的玻尔:

收到您的亲切来信时我刚从耶拿返回,在那里,我也很高兴地见到了令弟哈
688 若德. 我衷心感谢您的来信和文稿. 我相信我已经弄懂了您的新见解. 在耶拿,索

---

[89] H. M. Hansen, T. Takamine and S. Werner, *On the Effect of Magnetic and Electric Fields on the Mercury Spectrum*, Mat.-Fys. Medd. Dan. Vidensk. Selsk. **5**, no. 3 (1923).

末菲也已经收到了您的信[90]，而且我们就此讨论了很多，我们都对这篇最后的报告甚感新奇. 关于您想把在哥本哈根科学院发表的论文和另外几篇论文译成德文的事[91]，我们也很感高兴. 和玻恩商量了以后，我想向您建议由保罗·赫兹来负责翻译. 您也许知道他那些关于统计力学的文章，这些文章证明他懂得所要翻译的东西. 我还没有和保罗·赫兹谈过，因为他出门去了，我或许会和他妻子谈谈. 我相信我可以说，只要您同意，赫兹是完全可以很热心的. 确实，他是一个有点拖拖拉拉和不拘小节的人，但是他的妻子可以帮忙照顾到必要的速度和条理. 如果赫兹不能这样做(这我在两三天内就会知道)，还有一位柏林的很有才华的青年理论家，名叫卡耳曼. 不过我首先想到的还是赫兹，因为他急需一些额外的收入，也需要来自您的著作的鼓舞. 保罗·赫兹的通信处是：哥廷根，黎曼街 34 号.

其次我要回答的是您那证实由原子间的相互碰撞所引起的无辐射跃迁的实验的问题. 我很担心的是，现在我在您的鼓励下让人做这种工作是不对的. 因此我希望您能本着我们伟大的友情十分明白地告诉我，如果我继续做这件工作或做已经计划的另一件工作，这会不会对您的计划造成干扰. 很显然，如果是那样，我就将放弃这个问题的处理. 我不想保密，因为我认为您和乌登先生有可能走的完全是另一条路，因此我现在把我们这种完全是依据您的鼓励所作出的计划告诉您.

我曾经打算让一个博士研究生做通过掺入稀有气体来淬灭共振荧光谱线 2 536.7的工作，而且当您的第一封信来到时，那工作也已经开始了. 这里的看法是，淬灭将**只是**通过谱线的展宽而造成的，而令我很感兴趣的是，这里将可预期一种也许并不服从德拜-霍耳茨马克理论的展宽，因为稀有气体在自己周围只造成很小的电场. 我从您的来信意识到，这种看法可能是错的，而克莱恩-罗西兰效 689
应则可能是原因. 事实上，按照您的看法，展宽可以很小而淬灭则可以很强. 也可以调整一下卡瑞奥先生的工作方向，以便它不会和您的计划相冲突，如果目前的方向是和它相冲突的话. 因此请您务必来信**十分坦率**地谈谈这件事. 与此密切有关的一个计划如下：如果碰撞导致无辐射的跃迁，则由这个碰撞将得到平动速度很大的原子. 这一点可以在混合气体中看到. 例如，应该能够在 Hg 蒸气和 Na 蒸气的混合物中做到用辐射 2 537 来激发 D 谱线，或是做成类似的实验. 通过这种实验，人们也许可以弄清楚感光剂的作用. 因此，亲爱的玻尔，请您详细地写信给我，我无可比拟地更愿意研究一些别的课题，而不愿意以某种方式用您的想法来

---

[90] 1921 年 9 月 16 日玻尔给索末菲的信，见本书第四卷原第 741 页.

[91] N. Bohr, *Drei Aufsätze über Spektren und Atombau*, Friedr. Vieweg & Sohn, Brunswick 1922; *Über die Quantentheorie der Linienspektren*, Friedr. Vieweg & Sohn, Brunswick 1923. 后者是由保罗·赫兹翻译的.

干扰您的计划.

在耶拿使我特别感兴趣的是喇姆造尔的一件工作[92];我不相信它,但我无法指出实验的毛病所在.喇姆造尔得出的结果是,在氩中,速度很小的电子的自由程是大得惊人的,但是,随着速度的增大,自由程就减小,并大约在 12 伏特处达到气体分子运动论的值,而当速度进一步增大时则以某种方式而慢慢减小.如果这种结果是对的,我就觉得它带有根本性.首先我愿意想到一种未知的误差起源,并从而用另一种方式来检验这个结果.针对氦和氖,喇姆造尔也得到了自由程的一种相似的但却弱得多的随速度的变化.在较早的时候,我们针对氦并没有发现这种情况,但是实验已经完成了很久了,从而微弱的变化可能因为实验不够精密而没被注意到.按照喇姆造尔的结果,这种变化在氩中特别强烈.这里我也许用不着指出推论了,也许这对金属的电导率来说是有一定重要性的,但是如上所述,我越考虑,就越觉得这种结果的可能性很小.请原谅这封信没有打字,因为女秘书不在.我希望这封信对您来说还是可以读懂的.在 9 月 30 日,我要动身去柏林,为期六天.我在那里用我父母的通信处:弗兰克,夏绿蒂堡,柏林诺街 19 号.如果您的时间允许,盼能立即复信,以便我及时对卡瑞奥先生作出进一步的指示.

谨向您并向尊夫人和研究所中的先生们多多致以衷心的问候.

您的忠诚的

J·弗兰克

690 **玻尔致弗兰克,1921 年 9 月 27 日**

[复写纸打字本]

[哥本哈根,]9 月 27 日,[19]21

亲爱的弗兰克:

多谢您的友好来信,现在我赶紧作复.关于无辐射跃迁的实验一事,我在上一封信中提出问题的目的只在于防止这边的工作和您的研究所中的工作互相冲突,因为我从您的一些来信得悉,您很早就已开始做和这个问题有关的工作了,从而我就很想知道你们是打算沿着什么方向来继续工作的.我们在这边想到有可能做的,正如我在 7 月 28 日的信中所提到的那样,只是在一个普通的电子碰撞仪器中探索惰性气体对由跃迁引起的光电效应的影响.如果您的计划中包括了这一点,则正如在我的上一封信中所说过的那样,我们就认为自己不必再做了.我们至今还没有开始准备这样的实验.但是由您的来信我还不能了解情况是

---

[92] 见 I, n. 91.

否如此,或者说,卡瑞奥先生的工作是否是某种根本不同的工作,即是否只是关于由直接照射所激发的现象的研究.关于您所谈到的那些与此有关的有趣考察,我们在这边根本不曾想到过.

我很感谢您的盛情协助,替我寻找一位论文译者.如果保罗·赫兹确实认为可以负责翻译工作,那当然是特别好的.我不知道您是想让我直接给他去信呢,还是您先和他谈谈此事,看他是否真正愿意干.最理想的情况是,如果翻译起来并不需要太长的时间,就可以把我的新论文同时用德文和英文发表;对于这篇论文,我现在正在作最后的润色.至于经费问题,我想肯定能用一种令人满意的方式来加以解决.我现在还很难说定钱数多少,但是我已经为此目的向喇斯克-奥斯特基金会申请了资助,一有详细结果,我就会在一两个星期内写信告诉您.

对于来信所谈喇姆造尔的工作,我当然是特别感兴趣的.如果您能告诉我您
不论以何种方式得悉的正面的或反面的有关情况,我就将非常感谢,因为这个问 691
题是和关于原子结构的普遍看法有着最密切的联系的.

希望这封信能在您动身去柏林以前寄到,致以衷心的问候.

您的

[尼耳斯·玻尔]

弗兰克致玻尔,1921年9月29日

[打字本]

大　学　　　　　　　　　　　　　　　　哥廷根,9月29日,1921

物理研究所　　　　　　　　　　　　　　　　本生街9号

第二实验分部

亲爱的玻尔:

衷心多谢您的及时复信,这封信当我还在哥廷根时就寄到了.我衷心感谢您让我继续做无辐射跃迁的实验.卡瑞奥先生的工作目前不仅涉及汞的共振辐射,而且也涉及电子碰撞所激发的谱线2536的发射.然而我却觉得您在您的实验室中所要实施的是另外一种计划.卡瑞奥先生正在这里力图得到一个用于$\lambda=2536$的强光源,以便通过电子碰撞来激发光.光将直接被光谱仪所接收.现在,实验一方面是要在恒定电流强度下探讨依赖于所加稀有气体压强的光强度,另一方面我们也要用光所激发的共振幅射来做一些类似的实验.关于利用光电效应来在普通的电子碰撞仪器中进行的探讨,我们没有打算进行,因此,如果您不反对,则我将特别高兴看到这两种方法在你们那里和我们这里分别得以实施.在我看来,实验结果的互相补充只能起好的作用,特别是因为通过加入稀有气体来应用电子碰撞的不同方式,可以给出一些也许并不能永远简单地加以诠释的

结果,如果考虑到所加气体对电子和金属原子的碰撞频次的影响的话.在这方面,纯光学方法的一个缺点就是,要得到一个足够均匀的共振光源是很累赘的和很困难的.

692 我已经和保罗·赫兹谈过了,他很愿意承担翻译工作,而且今天就会给您写信.作为一个小心谨慎的人,他说需要6—8周的时间,这当然是说翻译所有的三篇论文.但我还是希望他将进行得快一些.在我们做了关于当电流在氩中通过时的空间电荷之出现的几个简单实验以后,我们希望能够对喇姆造尔结果的正确性发表一些看法;当然,关于喇姆造尔的结果能否禁得住考验,我们自己也是十分好奇的.

致以衷心的问候并祝健康.

您的忠实的

J·弗兰克

弗兰克致玻尔,1922年2月21日

[打字本,有少数手写改笔]

大　学　　哥廷根,2月21日,1922

物理研究所　　本生街9号

第二实验分部

亲爱的玻尔:

今寄上以克莱恩和罗西兰的观念为基础的一篇小论文[93].若能告诉我在您看来我的见解是否有道理,我将甚为高兴.但是,为了节省您的时间,只要请克莱恩先生或罗西兰先生寄一张明信片来也就可以了.

布赫-安德森带来的您的精彩演讲词[78],我已经在家中翻译了出来,就是说,我译成了初稿,然后就和泡利一起设法弄懂它.您所给出的一切思路确实十分奇妙,而这里这些也能按自己的计算方式来理解它的物理学家的好奇心也是未之前闻的.现在您果然能够在6月间到这里来[94],这使我们越发高兴.希耳伯特夫人说,可惜尊夫人不能和您一同前来.这确实是一大憾事.在这里,我还不能报告很多实验方面的事.搬家以后过了一年才算真正能够重新开始做实验.但是我希望从现在起效率将会高一些了.

693 使我很感兴趣而又完全无法阐明的,是我今天从我的朋友古斯塔夫·赫兹

---

[93] J. Franck, *Einige aus der Theorie von Klein und Rosseland zu ziehende Folgerungen über Fluoreszenz, photochemische Prozesse und die Elektronenemission glühender Körper*, Z. Phys. **9** (1922) 259—266.

[94] 关于玻尔在1922年6月间对哥廷根的访问,见本书第四卷《引言》的第7节.

的一封来信中得悉的情况. 赫兹证实了喇姆造尔关于电子在氩中的自由程的结果[95]. 按照他的报道,甚慢电子(约 1 伏特的射线)的自由程比由分子运动论算出的值大得多,而且,随着速度的增大,自由程在大约 12—16 伏特下就将减小为原值的十分之一. 从那以后自由程又随着电子速度的增大而增大. 在我看来,赫兹的实验是没什么毛病的,但我还是很难相信电子越慢就越能畅通无阻地穿透氩原子. 氖却并不显示这种性质.

您很友好地指出,电子越慢,它在原子相碰撞时就越能向原子核靠拢;只有当考虑到电子会受到很强的偏转时,我才能比较正确地理解这种说法. 我还总是在想,有一天将会证实在氩中测量不到真实的自由程,但是我首先不明白的就是这种现象的依据何在. 随着速度的减慢,电子的偏转是不是应该越来越接近于 180°呢? 如果是的,结果就将是可以理解的[96].

现在我要结束了,再次衷心感谢您寄来演讲词. 请代我的妻子和我自己问候尊夫人,同样也问候希维思先生以及研究所中别的同道们.

您的

弗兰克

玻尔致弗兰克,1922 年 12 月 29 日

[复写纸打字本]

[哥本哈根,]12 月 29 日,[19]22

亲爱的弗兰克:

多谢带给我极大快慰的来信. 听到关于您的和关于哥廷根那许多工作的消息,确实令人高兴,而且我对海德[按系"洪德"之误]的论文[97]也甚感兴趣. 您的想法很好,而且将开辟新的道路,如果它受得住考验的话. 我没有得到过这种想 694
法,但是却曾经在一篇关于量子论的基础的文章[23]中表示了认为两个原子体系之间的相互作用服从几率规律的看法,而且我也说明了这种看法应该怎样给您所观测到的出现非弹性碰撞的较大频次提供一种解释,这种碰撞可能对应于辐射跃迁,而和按照对应原理应是被禁戒的那些跃迁有所不同;关于这篇文章,我已拿到了校样,而且以后将把二校的校样寄给您. 这一点确实和海德[洪德]所考虑的问题并无任何直接关系;我提到这一点,只是为了向您指出在他的作品中发展起来的那种新想法,它引向还算和量子论的精神并无矛盾的一种理解. 这当然

[95] 参阅 G. Hertz, *Über die mittlere freie Weglänge von langsamen Elektronen in Neon und Argon*, Physica **2** (1922) 87—89.

[96] 参阅本卷第一编《引言》的第 8 节,特别是 n. 94. 以后将简写为 I, Sect. 8.

[97] 见 I, n. 94.

蕴涵了一个假设,而这个假设和物理现象之通常空间-时间描述比较起来是奇怪的,然而它却属于那样一种假设,即人们必须对它有所准备,而且人们在其他领域中也同样将不得不引用它. 简明地说来事情似乎是这样:我看不出喇姆造尔现象的任何别的简单解释,而且我对物理学中那些确立了的原理甚表怀疑,从而我觉得我没有理由把你们的想法看成毫无意义而不予考虑. 同样,克喇摩斯当然也对这个问题很感兴趣. 可惜他的关于 X 射线谱的论文[98]还没有付印,但是我已经在我的论文中简单地公布了你们的结果. 目前他正为了尽早寄出一篇关于氦原子的重要论文[99]而忙碌着. 但是他希望在很短的时间内结束关于 X 射线的论文,那时我们将立即给您寄去一份文稿.

至于这儿的工作,我必须很遗憾地说,有关第 72 号元素的结果比考斯特尔和希维思[100]起初设想的要不可靠得多.

我对海森伯很感兴趣,他在各方面都给我留下了极好的印象. 请代我感谢他的来信[101],并请转告他,我永远会乐于听到关于他和他的工作的一些消息. 也请代我
695 向寇朗致以衷心的问候,我自己最近也将给他写信. 谨向您和你们全家以及哥廷根的所有共同朋友们致以最良好的新年祝愿. 我妻子和我甚愿在来年夏天前往哥廷根.

您的最忠实的

[尼耳斯·玻尔]

汉斯·马瑞乌斯·汉森

玻尔致汉森,1914 年 11 月 8 日

[手写稿]

维多利亚大街 3 号

迪兹布瑞

曼彻斯特

8-11-1914.

696 亲爱的汉森:

在能够给您写信之前已经拖延得比我所曾设想的更久了,但是在我们能够在新居中安定下来并松一口气以前,有那么多事情要做.

---

[98] H. A. Kramers, *On the Theory of X-Ray Absorption and of the Continuous X-Ray Spectrum*, Phil. Mag. **46** (1923) 836—871.

[99] H. A. Kramers, *Über das Modell des Heliumatoms*, Z. Phys. **13** (1923) 312—341.

[100] 参阅 D. Coster and G. Hevesy, *On the Missing Element of Atomic Number 72*, Nature **111** (1923) 79; *On the New Element Hafnium*, *ibid.*, 182, 252. 并参阅本书第 4 卷《引言》的第 10 节.

[101] 1922 年 11 月 14 日海森伯致玻尔的信,见缩微胶片 BSC no. 3.

我到了这里不久以后，就到伦敦去见了否勒教授．不知您曾否见过《哲学报告》上的他的论文（Phil. Trans. Roy. Soc. A.，**214**，pp. 225—266）？在很大程度上，它似乎支持了黎德伯恒量的推导．和否勒讨论问题使我很高兴，他是一 697
位极其可喜的绅士．他曾经和人们断了很久的来往，因为今年夏天和一个日全蚀观测队一起到俄国去了（观测工作因战争半途而废）．

伊万斯的结果没有更早一些发表，因为他在实验方面遇到了困难[102]．匹克灵的谱线以及 H_α 附近的新谱线是确切地位于按照理论所应存在的位置上的，但是 H_β 附近的谱线却显得挪动了一点．这也许不是一个真正的问题，而是不巧出现了一条氧谱线，该谱线和所要寻找的谱线非常靠近以致部分地掩盖了它．归根结蒂，我们自己也在这种类型的问题方面有过一些经验，而这在光谱学实验中也是可以预料的．现在伊万斯就要结束他的实验了，而其结果也将很快发表．当结束了这一工作时，伊万斯就将开始研究氢谱线的结构；这里有一个很大的希耳伽阶梯光栅，这对这个目的是正好合用的；在早先，斯坦斯菲耳德曾用它研究过绿色汞谱线的结构．当来到这里时，我发现了科尔提斯关于氢谱线波长的精确测定的论文（Proc. Roy. Soc, A. **90**, pp. 605—620）．由于某种误解，他曾经错误地诠释了我的关于电子质量随速度而变的改正因子，并提出了一条和计算毫不相干的曲线，甚至曲线的曲率都弄反了．我想我在那篇论文[103]中必须谈到这一点；该文的撰写已经计划了很久而却迄今没有多大进展；但是既然我现在比较安定下来了，我希望不久就能写完这篇论文了．迄今为止，需要考虑的其他事情实在很多，这不但包括和这边住家的安排有关的事情，而且也包括和实验室工作方面的许多问题有关的事情．能够再次来到这里并参加这里的工作，我是非常高兴的；现在这里当然不像通常那样有许多工作在进行，因为许多人离开了，但是工作也还是相当多的．我已经又开始熟悉了关于 α 射线之散射和阻止的旧算法，而且在以后几天我将和马考沃博士一起开始做几个关于 α 射线的实验．我将随时把进展情况告诉您．当您有时间时，我也非常盼望听到家里的情况如何，以及实验的进展如何，如果您不是忙得来不及考虑这种问题的话．我妻子和我谨向您和尊夫人致以最热情的问候，并希望你们和你们的女儿都过得很好．

您的亲爱的，

尼耳斯·玻尔

请向研究所中的每一个人代致亲切的问候，又及．

---

[102] 参阅 E. J. Evans, *The Spectra of Helium and Hydrogen*, Phil. Mag. **29** (1915) 284—297.

[103] N. Bohr, *On the Series Spectrum of Hydrogen and the Structure of the Atom*, Phil. Mag. **29** (1915) 332—335. 见本书第二卷原第 375 页.

698

道格拉斯·R·哈特瑞

玻尔致哈特瑞,1930 年 6 月 5 日

［复写纸打字本］

［哥本哈根,］6 月 5 日,［19］30

亲爱的哈特瑞:

在回到哥本哈根以后,我们愿意为在曼彻斯特你们家中度过的愉快时光而向你和尊夫人致以最衷心的感谢.又见到贤伉俪和孩子们,见到曼彻斯特的老朋友们,这确是一大快事,而且我从再次进行的我们关于原子问题的讨论中也感到了很大的乐趣.雅科布森和我都感谢你仔细地修改了他的论文并提出了改进的建议.我们已经把论文读完了,现在即将把它寄给《哲学杂志》[104].我和雅科布森又讨论了 α 粒子对自由电子的俘获问题.虽然我们完全同意威廉斯的看法,即我所提出的关于柏尔根·戴维斯和巴恩斯的实验中的速度定义的说法是建筑在一个错误上的[105],但是我们仍然认为,他们的结果在许多方面包含了那么一些佯谬,以致很难同意他们的结论.但是人们当然必须对意外的发现有所准备,而且对这些事的态度我一直和威廉斯很有同感,而在你家中和他的会晤也是我的一大快事.听到莫特过得很好也特别使人高兴.事实上,他是可以对之抱有最大期望的那些更年轻的物理学家之一.

我们大家谨向哈特瑞夫人和你本人致以最亲切的问候和最良好的祝愿.

你的

［尼耳斯·玻尔］

再启者:请费神代我向布喇格和他的实验室中所有的人致意.我已经写信给泡灵[106],祝贺他和高德斯密关于谱线结构的那本美好的书[107]的完成.

699

沃尔纳·海森伯

玻尔致海森伯,1931 年 12 月 23 日

［复写纸打字本］

---

[104] J. C. Jacobsen, *On the Capture of Electrons by Swift α-particles*, Phil. Mag. **10** (1930) 401—412; *Note on Photographic Counting of α-particles*, *ibid.*, 413—416.

[105] 见 II, n. 31 及 n. 32.

[106] 1930 年 6 月 3 日玻尔致泡灵的信,见缩微胶片 BSC no. 24.

[107] L. Pauling and S. Goudsmit, *The Structure of Line Spectra*, McGraw-Hill, New York 1930.

[哥本哈根],[19]31年12月23日

亲爱的海森伯： 700

感谢你的愉快而有内容的来信[108]. 我特别高兴地了解到,假期中你将去挪威,而你认为有可能在1月6日前后到哥本哈根来. 你在研究所中的房间已经给你准备好了,而且我们大家都正在急切地盼望着和你讨论讨论量子理论中那各式各样悬而未决的问题. 在当前,我们全都对碰撞问题很感兴趣. 在这个方面,意见是相当混乱的. 一方面,从一种简单的对应关系的考虑看来,α射线和β射线的阻止本领似乎能够在经典力学的基础上计算出来,只要设想原子被换成一组谐振子,正如在色散问题中的做法一样就行了. 只要把阻止本领看成吸引力或推斥力使得电子密度在α粒子或β粒子的后面增大或减小的结果,这一点就会显得是特别清楚的. 从这种观点看来,阻止本领可以说是起源于原子的极化,正如光线的吸收起源于由极化引起的光的散射一样. 另一方面,我们在贝忒的推理中却还没能找出任何特定的错误. 然而我觉得整个的玻恩近似方法在碰撞问题中是极其危险的. 它在二体问题中作为初级近似而给出正确结果,那不过是巧合而已,因为分别考虑起来,每一种较高的近似也会引起数量级完全相同的贡献. 因此,在一个更复杂的问题中,例如在现在所谈到的问题中,人们就必须对一切种类的意外情况有所准备. 除非你在此期间自
己彻底解决了问题,否则等你到来时咱们就将必须大家出主意了. 我也盼望和 701
你更仔细地讨论讨论罗西实验[109]的诠释. 我们这里的思维是和你的思维沿着相似的方向前进的,但是我们不十分明白你在信中所说的有关这一问题的话. 和我的预期相反,我还没有收到泡利的我估计会责骂我的信[110]. 另外,我并没有打算在我的信中说,我们大家都没有从他的色散佯谬中学到什么新东西;然而我在乌得勒支就已经和他更仔细地讨论了你所强调的密度概念的适用界限.

我们大家都向你致以最良好的圣诞祝愿,并盼望在哥本哈根的会见.

你的

[尼耳斯·玻尔]

再启者:我在和布劳赫讨论所有这些问题时极为满意,附带提到,他在假期中也

[108] 1931年12月15日海森伯致玻尔的信,见缩微胶片BSC no. 20.

[109] 参阅B. Rossi, *Magnetic Experiments on the Cosmic Rays*, Nature **128** (1931) 300—301; *Measurements on the Absorption of the Penetrating Corpuscular Rays coming from Inclined Directions*, *ibid.*, 408.

[110] 关于这一点,请参阅1931年12月8日玻尔致泡利的信. 此信选自 Wolfgang Pauli, *Wissenschaftlicher Briefwechsel mit Bohr, Einstein, Heisenberg u. a., Band II: 1930—1939* (ed. K. v. Meyenn), Springer-Verlag, Berlin 1985; letter [285]. 泡利的复信可能已遗失.

将去挪威. 他刚刚告诉我，他不相信贝忒的结果来自近似方法，而却认为它是来自计算中的什么地方.

玻尔致海森伯，1932 年 6 月 27 日

［复写纸打字本］

［哥本哈根，］6 月 27 日，［19］32

703 亲爱的海森伯：

我去访问克莱恩了，刚刚回来；在访问期间，我们一起写了摩勒博士论文[111]的评语；现在我收到了你的可喜来信，信中附有你关于原子核结构的论文[112]. 因为希望你在莱比锡还能收到信，我现在急忙写信告诉你，我们大家多么欣赏你这篇美好得出奇的论文. 你很容易想象，关于把一切问题都能归因于中子，这在我看来并不是完全陌生的，但是由此能得出关于 α 射线的和 β 射线的发射之间的相互关系的一种如此简单的方法论，这倒真是一个巨大而可喜的意外. 几星期以前，我寄出了罗马会议上的报告[113]的改订稿，现在也寄给你一份，因为你也许有兴趣再看看它，尽管它当然并没有提供任何新东西. 事实上，我只增加了关于对应关系方法对辐射问题的应用局限性的一些说法，它们表示了我在去年冬天回答泡利的责问时的那同一种态度. 我近来对此考虑了很多，而且我越来越强烈地感觉到这里有一种坚强的基础. 如果我们在什么时候能够详细地讨论讨论这个问题，那将是很不错的. 来信所谈关于对哥本哈根的访问的各点使我极为高兴；这种访问是我们大家的一大快事，而且我用不着说，如果当从安阿伯回来时你能在 9 月间到这里来访问一次，我妻子和我都将是非常高兴的. 那时我们将在卡尔斯伯，而将在 9 月中旬来到这里的卢瑟福也将在这里. 如果你能同时前来，那将是非常好的，但是任何对你的旅行计划合适的时间也都将是很好的. 我目前很忙，部分地忙于写几篇关于超导性的小短文[114]和关于角动量及辐射问题的小短文[115]，而部分地忙于联系到中子碰撞和质子的核散射来写一篇关于碰撞问题的文章[116]. 在这方面，确实已经能够全面地理解关于一些佯谬的问题，那些佯谬包括在 α 射线和 β 射线的阻止和电离的量子力学处理之中，而且已经讨论了很久了. 如果你不在意，我在这篇文章中也将写上关于你的论文的几句话——我设

---

[111] 见 II. n. 37.

[112] W. Heisenberg, *Über den Bau der Atomkerne. I*, Z. Phys. **77** (1932) 1—11.

[113] N. Bohr, *Atomic Stability and Conservation Laws*, Atti del Convegno di Fisica Nucleare della "Fondazione Alessandro Volta", Ottobre 1931, Rome 1932, pp. 119—130. 见本书第九卷.

[114] 见 II, n. 44.

[115] 见 II, n. 45.

[116] 参阅本卷第二编文 I 上的编者注，原第 268 页.

想，在我的文章在《自然》上发表的很久以前，你的论文就会发表了. 假如能够在你去美国以前对这一切略作讨论，那就会是很好的了. 在不多几天之内，我自己也将在7月2日到4日动身去布鲁塞尔，去参加下届索尔威会议的预备会. 下届索尔威会议将在一年半以后召开，主题极可能是核结构. 我也许能够路过柏林，并于7月1日到达那里. 我明白你在起行以前一定非常忙，但是你若能来一电
报，说明能否在柏林接我并和我略事交谈，我就将是十分感激的. 我一收到你的 704
电报，就将回电告知我到底能不能来，那既取决于这边的情况也取决于到达布鲁塞尔的预定时间. 如果你不能来，让布劳赫在柏林接我也是很好的. 当然，假如你们两个都能来，那就加倍地美妙了.

我们大家都向你致以最亲切的问候，而如果我们不能见面，则另外祝你旅途顺利. 盼望秋天能在哥本哈根和你相见.

你的

［尼耳斯·玻尔］

玻尔致海森伯，1932年7月7日

［手写稿］

契塔号[116a]

7-7-1932

亲爱的海森伯： 705

我刚刚从布鲁塞尔回来，现在正在和杰尔汝姆、契维兹、雅考布·尼耳森以及克瑞斯先一起乘船去挪威礁滩(Skærgaard)[117]的途中，很抱歉的是在你离开以前没能和你见面，但是我和布劳赫在柏林度过了很愉快的一天，并且在超导性问题方面进行了很有益处的讨论，而且我相信自己在克服布劳赫的忧伤方面在许多重要之点上是成功的. 在罗森菲耳德的协助下，我在回家的路上从列日给《自然科学》寄去了一篇有关这个问题的短文，而我现在则将对这一切多少抱着梦想，直到我从挪威回来并收到校样时为止. 到了那时，布劳赫也将到梯斯维耳德来住一段时间，在那里，我们两个都希望写完我们关于碰撞问题的论文[118]. 既然我在自己的论文中触及了一般的核问题，如果你能立即来封短信，谈谈你关于γ射线散射的想法的目前状况，我就将是很欣慰的. 布劳赫谈了一点这方面的情况，而且这听起来似乎是很有说服力的. 在布鲁塞尔曾经决定，下届索尔威会议

[116a] 契塔号是玻尔和另外几个人合购的一艘游艇.

[117] 所谓"礁滩"是斯堪的纳维亚文中的一个名词，这是指靠近挪威海岸或瑞典海岸的许多部分的一种地区，那里散布着嶙峋的礁石或小岛和小海湾.

[118] 关于布劳赫的论文，参阅 II，n. 40 及 n. 47.

将讨论核问题.将邀请考克若夫特、约里奥和查德威克撰写有关最新实验资料的报告.另外,还要请伽莫夫对 α 射线谱和 β 射线谱之间的关系作一论述,而你和我则被提名为有关更基本的理论问题的一次讨论会的组织者.关于讨论会的安排细节,要等 9 月间你到哥本哈根时由咱们来商订.我正在急切地盼望着和你一起做有关这个计划的工作并谈谈每天都在变化着的物理学中的局势.那时我们或许也能够和杰尔汝姆一起出去坐坐船.同船的所有人们向你致以最热情的问候,并祝旅途顺利愉快.

你的,

尼耳斯·玻尔

706

乔治·H·亨德孙

玻尔致亨德孙,1922 年 5 月 22 日

[复写纸打字本]

[哥本哈根,]5 月 22 日,[19]22

亲爱的亨德孙:

现随信奉还你的有关 α 粒子之离散的美好论文[119],我们这里的人们都对此文很感兴趣.同时我也借此机会说到,在最近几个星期中,我一直在更进一步考虑咱们在剑桥讨论过的那些关于原子和 α 粒子之间的能量传递的问题.我想到,关于只有当原子从一个定态变到另一个定态时这种传递才是可能的这条假设(它对和慢速电子的碰撞来说肯定是对的),对和快速运动粒子的碰撞来说是很难讲得通的,因为粒子当已经又离开原子很远时是很难"知道"起初确立的那个过程的最终结果的.然而,我现在倾向于采取那样一种量子论的观点,它使我对任何这种"老式的"物理论点都甚感怀疑.因此我不能肯定,你的论文中所用的论点并非比我当时所想的更加妥当.我告诉你这一点,因为如果我在剑桥说的那些话竟然使你放弃或推迟了你关于所论问题的计算[120]的任何发表,那我是会甚为遗憾的.

谨向你和卡文迪许的所有人们致以亲切的问候.

你的忠实的

[尼耳斯·玻尔]

---

[119] 见 I, n. 84.

[120] 见 I, n. 85.

乔治·德·希维思

玻尔致希维思,1919 年 11 月 30 日

[手迹]

海勒罗普,吉尔孙路 55 号
哥本哈根 30-11-19

我的亲爱的希维思,

虽然由来信[121]得知你们国家的不幸状况是使我们很难过的,但是听到你打
算在春天到这里来却又使我们大家都很高兴.我无法形容不仅我妻子和我,而且 707
还有所有的丹麦物理学家们是多么盼望你到这里来居留和工作.至于你来的时间,我们认为是越早越好;而且,如果新实验室还没有完全弄好,你也可以同样好地在普通病理学实验室中暂时工作,而正如我告诉过你的那样,镭溶液和射气仪器就是放在那个实验室中的.我刚刚已和这个实验室的主任萨劳芒森教授谈过话,并且把你的计划告诉了他,他将很乐于把镭和一两间客房交给你任意使用.如果你能够快些来,而你又愿意承担锂[122]和其他低原子序数元素对 α 粒子的阻止本领的研究,这也就是一个很好的想法了.关于这种研究,咱们夏天曾经谈起过.我曾经告诉你,我本来打算和一位青年物理学家奥耳森先生[123]一起做这件工作,但是由于缺乏时间和经验,工作一直没有超过预备阶段,我们只试着重做了一些关于 α 射线之众所周知的性质的实验,以期积累经验而已.如果奥耳森先生能够和你一起工作并得到你的指导,那对他当然会是很重要的和很有好处的.因此我将建议他把实验推迟到你来到这里的时候再做,如果不是太迟的话,因为他打算在[明年]夏天离开哥本哈根去参加一个考察队.我写得这么详细,因为我认为这可能是必须提到的一个具有实际重要性的问题,而且是一个我很想听听你的意见的问题.但是我用不着说,在任何时候在这里欢迎你都会使我们很高兴,而且我们当然将尽一切努力把你感兴趣的任何研究手段都交给你随意使用.

我们全家向你致以最亲切的问候,并盼望不久就再见到你.

你的
尼耳斯·玻尔

---

[121] 1919 年 10 月 25 日希维思致玻尔的信.缩微胶片 BSC no. 3.

[122] 见 I, n. 68.

[123] 见 I, n. 65.

希维思致玻尔,1919 年 12 月 17 日

[手迹]

布达佩斯 V,奈道尔路 19 号

1919,12 月 17 日

我的亲爱的玻尔

多谢你的亲切来信,并感谢你代表我和病理学教授谈话的盛情.我可以向你
708 保证,我正抱着最喜悦的心情盼望到哥本哈根来工作并很快再见到你和你们全
家.轻元素的阻止本领的研究是一种很有前途的研究,尽管除了你或许给了他的指引以外我恐怕不能给奥耳森先生以任何重要的指引,我却很乐于和他一起工作.既然他在夏天就必须离开哥本哈根,他最好是现在继续把研究进行下去,因为我还不知道我能否在初春以前到达哥本哈根.这取决于我要用多长时间写完那份稿子[124],这是《电磁手册》的编者格雷兹教授和出版者巴尔特都急于要尽早拿到的.我接受建议,要写一章电解质,一章蓄电和一章离子电导率.第三章可以暂缓,但前两章格雷兹催得很紧.这当然意味着一件大工作,因为电解质是一个大领域,而参考文献也浩如烟海.

在去哥本哈根以前我将到维也纳镭研究所中去看看他们在抽提射气方面的最新改进,而且我也要问问盖革近来的经验.我从盖革得到消息说他将在 2 月间结婚,而且正在不受干扰地在国家[物理-技术]局中工作.

每天的大部分时间我都在伏案工作.我正在高速地工作着,这不仅是要满足格雷兹教授的要求,而且主要是因为我正迫切盼望着到你的实验室中来工作并在哥本哈根过日子.我将很乐于和奥耳森先生一起工作并做你感兴趣的任何种类的工作.

我将告诉你我的工作的改善,并及时告诉你我的维也纳-柏林和哥本哈根之行的动身日期.祝你圣诞愉快,新年幸福,并向你和你亲切的全家致以最亲切的问候.

你的忠实的

G·希维思

你能否设法为我确定存在兰德曼银行的三个月或六个月的生活费数目呢?我将非常感谢你.你或许必须注意到匈牙利克朗的兑换率是极低的.

---

[124] G. v. Hevesy, *Elektrolyse und elektrolytische Polarisation*,载于 L. Graetz, *Handbuch der Elektrizität und des Magnetismus. Band II*, Verlag von Joh. Ambr. Barth, Leipzig 1921, pp. 473—672.

弗里茨·卡耳卡尔 709

卡耳卡尔致玻尔，1935 年 7 月 23 日

［手迹］

7 月 23 日，1935
卡文迪许实验室
剑　桥

亲爱的玻尔教授： 710

我希望您和您的全家度过了一个愉快的假期. 我在英国的留学对我来说是一次伟大的经历；我看到了和学到了很多东西，遇到了许多有趣的人物.

威廉斯上星期六曾到剑桥，这和物理俱乐部的会议有关；他刚刚写成了关于碰撞的文章[125]，现在正在打字，他将寄给您一份，并寄给我一份. 有他的稿子作为进一步加工的基础，我想这实在是很好的. 威廉斯并不认为他能前去参加 9 月的会议，但是他想问问，如果他在会后立即前来并停留几天，这对您是不是方便.

这里有一些人问起过会议的事情：除了别人以外，达尔文教授和拉登堡教授说他们愿意前往. 否勒近来根本不在剑桥，因此我不知道他会不会来. 然而海特勒、莫特和卡斯密尔都说要来，而泰勒则在动身去美国以前很可能没有时间前来.

我曾和马丝依谈过有关 α 粒子的散射的问题，他也像我一样认为有必要更仔细地分析交换（Austausch）效应. 可惜的是，按照我的初步计算，这种效应和直接的散射具有相同的数量级. 果真如此，就将很难在这问题中取得任何的进展了. 在最近一期的 Phys. Rev. 上，发表了豪尔斯利的[126]和白克[127]的关于核能级和 α 粒子散射的两篇长文. 两篇论文都是建筑在完全错误的基础上的；至少他们利用球函数来对实验作出的分析是错的，更不要说他们没有能够把交换效应考虑在内了. 我想，最好的办法就是，当我更多地了解了交换效应时，就在最近写一封 711
有关这种问题的短信给 Phys. Rev. 在剑桥这边，摩尔正在对 α 粒子在氢中和 D_2 中的散射进行考查[128]. 当他提出了结果时，我希望能够开始根据他的散射曲线来计算势函数.

---

[125] 见 II，n. 70.

[126] L. H. Horsley, *Schematic Representation of the Anomalous Scattering by Suitable Nuclear Fields*, Phys. Rev. **48** (1935) 1—6.

[127] G. Beck, *Remarks on the Systematics of Isotopes*, Phys. Rev. **48** (1935) 47—48.

[128] 参阅 C. B. O. Mohr and G. E. Pringle, *The Scattering of Alpha Particles in Helium, Hydrogen and Deuterium*, Proc. Roy. Soc. London **A 160** (1937) 190—206.

我们全都抱着很大的兴趣读了您给摩勒寄来的致爱因斯坦的信[129];摩勒现在把它借给泰勒了.

我正在考虑在 8 月初离开这里,但是我恐怕在 8 月 12 日或 13 日以前到不了研究所.

谨向玻尔夫人和孩子们致以最热情的问候.

忠于您和尊敬您的

弗里茨·卡耳卡尔

奥斯卡·克莱恩

玻尔致克莱恩,1932 年 6 月 28 日

[复写纸打字本]

[哥本哈根,]6 月 28 日,[19]32

712 亲爱的克莱恩:

我在麦耳比斯特兰(Mellbystrand)度过了很愉快的几天,谨向你和你夫人表示感谢.看到那一切是一件快事,我对咱们的工作和你的协助也很满意.现寄上咱们的评议书的正式文本,请你签名后寄回.最方便的办法是请你寄给舒耳兹女士,她然后就可以转寄有关当局了.为了供你参考,也另外寄给你一份.正如你所想象的那样,我从回来后一直有许多事情要过问,但是尽管如此,我在工作中也还取得了某种进展.罗森菲耳德和我也都和摩勒进行过一些很长的讨论.摩勒了解得很清楚,可以在经典处理和量子力学处理之间的相互关系
713 问题方面进行很多的工作,而且他将在他的学位论文[130]的丹麦文总结中比较详细地论述这一点.他刚刚寄出了德文论文[131]的校样,并将在他的假期中进行重写丹麦文总结的工作.到了那时,我希望我的文章也应该已经发表了,如果一切情况顺利的话.目前我正和罗森菲耳德一起做这方面的工作,但是我怀疑我在必须动身去布鲁塞尔以前能够完成它,因此,如果当我航海出游回来以后可以不揣冒昧地带着这篇文章来麻烦你,那将是对我的一大帮助.当我休假完毕以后,此事将迅速进行.就摩勒在处理滞后现象时所引入的对称化这一问题来说,罗森菲耳德已经给我们解决了问题.现寄上他的论文[132]的抽印本;他在

---

[129] N. Bohr, *Can Quantum-Mechanical Description of Physical Reality be Considered Complete?*, Phys. Rev. **48** (1935) 696—702. 载于本书第七卷.

[130] 见 II, n. 37.

[131] 见 II, n. 34.

[132] L. Rosenfeld, *Bemerkung zur korrespondenzmäßigen Behandlung des relativistischen Mehrkörperproblems*, Z, Phys. **73** (1932)253 - 259.

文中证明,方法本身就具有必要的对称性,这事实上就使得摩勒所引入的形式对称化成为多余的了.按照罗森菲耳德的看法,这种方法也和佛克尔的方法并不等价,因为它根本就不允许引入一个汉密尔顿函数.附带提到,当我到家时,我看到了海森伯的一篇美好而有趣的论文[132]的校样;这篇论文指明了可以怎样对α射线和β射线从放射性核中的发射得到一种广泛而系统化的概观,而不必直接触及电子问题.他假设了核的构成单位只是质子和中子,它们是按照量子力学来加以处理的,而β射线发射则被描述成一种中子蜕变,对于这种蜕变来说动量守恒和能量守恒被假设为并不适用.我在去布鲁塞尔的途中可能在柏林和海森伯相见一小会儿,并且更详细地听听这一切.当咱们以后在夏天再会面时,讨论讨论这个问题倒是挺不错的.

我们大家向你和你们全家致以热情的问候.

你的忠实的

[尼耳斯·玻尔]

玻尔致克莱恩,1932 年 10 月 28 日

[复写纸打字本]

[哥本哈根,]10 月 28 日,[19]32

亲爱的克莱恩: 715

承你盛意,答应在上星期到这里来并帮我们忙,实甚感谢,但是又不得不很遗憾地请你暂缓来访,因为我的一切计划都因弗兰克的来访[133]而改变了.附带提到,他的来访是很好的.最主要的是,我很惭愧没有像我答应过的那样给你写信,但是在弗兰克来访以后,我们的计划又因为克朗尼希的来访[134]而有过一些新的变化.克朗尼希是来和我们讨论超导性问题的.他已经写了一篇关于这一课题的文章,或许即将在下一期 Z. Phys. 上发表[135].他设想各电子在低温下形成一个固定的晶格而在金属中传播,而这个晶格在高温下就会熔化.从外表看来,这种诠 716
释和我的诠释有点相像,但是你知道,我相信在从超导性到正常导电性的过渡中包含着一种无法用这样直观的图景来描述的过程.我仍然认为我的解释是正确的解释,但是由于某些困难阻止了我的小论文[136]的完成,所以我还没有发表它,而我在大约一个月以前是曾经费了许多时间试图写完它的.尽管如此,我还是正

---

[133] 根据来宾登记簿,弗兰克在 1932 年 10 月 7(?)—13 日访问了玻尔的研究所.

[134] 克朗尼希在 1932 年 10 月 22—26 日访问了玻尔的研究所.

[135] R. de L. Kronig, *Zur Theorie der Supraleitfähigkeit*, Z. Phys. **78** (1932) 744—750. 并参阅 n. 19.

[136] 见 II, n. **44**.

在考虑加上一段后记就在现有的形式下发表它；在后记中，我既将论述克朗尼希诠释中的困难，也将论述在确认我的诠释以前还有待克服的那些困难. 我们希望不久能在这里见到你，那时我们也许能够更仔细地讨论这个问题. 在上一星期中，我和布劳赫很有兴趣地而又很有收获地讨论了几次碰撞问题. 布劳赫在昨天走掉了，因此当前我是加倍急切地想完成有关这些问题的小论文，而在这篇论文方面，你在今年夏天是帮了我那么多忙的. 然而我必须把所有这些事情都放下来，直到罗森菲耳德和我写完了关于电磁场量的可测量性的论文[20]时为止. 这一工作确实使我得到了十分满意的结果，而且我希望它也会大大有助于局势的澄清. 我们在不多几个星期以前已经走得很远了，但是后来由于有许多人来进行愉快而有益的访问，我们就不得不推迟了工作. 罗森菲耳德将再在这里待十天左右以结束工作，然后他就必须回到列日去讲课了.

我不知道你的任务是怎么安排的，但是假如你能接受研究所的邀请在 11 月间前来访问二或三个星期，那就将使我们大家很高兴而且对我也会大有帮助了. 那样我们就可以在 24 日[实为 11 月 28 日]摩勒的论文答辩以前仔细地讨论他的工作，并在你我之间进行有关的分工，而且你或许也能协助我完成那两篇关于碰撞问题和生物学问题[21]的短论文. 这两篇论文都已经写好了，但我还是很想再和你谈谈它们. 届时你如果倾向于向我们发表几篇演讲，我们大家也会很感谢的. 作为外国客人，我们这里有外斯科夫以及普拉才克以及考普佛曼，此外还有一个很有趣的和很有天赋的印度人钱德拉塞卡. 他们全都对有机会见到你并和你交谈很感兴趣. 钱德拉塞卡正在部分地做着天体物理学方面的工作，他在这方面显然发现了一个迄今未获承认的论点，这对理解星体的结构是有根本意义的[137]. 他也刚刚写完了一篇从一切方面来看都显得很美好的关于量子统计学问题的论文；这是当他在剑桥留学期间在狄喇克的建议下开始的，但是出乎我们所有人的意料之外，狄喇克却一直声称他自己对结果并不满意. 你自己的工作进展得如何？关于你对他的最近著作[138]的基础的批评，狄喇克有何说法？在我们看来，那种批评是相当中肯的.

717 我知道，要你在学期中间到这里来待这么久，这是很不客气的，但是我想，大学当局邀请你来做摩勒学位论文的"答辩委员"[138a]，再加上研究所邀请你到这里来发表几篇演讲(这种邀请可以弄得要多正式有多正式)，这些邀请也许会使你的访

---

[137] 参阅 S. Chandrasekhar. *The Stellar Coefficients of Absorption and Opacity. — Parl II*, Proc. Roy. Soc. London **A 135** (1932) 472—490.

[138] P. A. M. Dirac, *Relativistic Quantum Mechanics*, Proc. Roy. Soc. London **A 136** (1932) 453—464.

[138a] 关于"答辩委员"(opponent——反对者)一词的含意，见原第 584 页上的编者注.

问成为可能的.如果你能大约在 11 月 7 日到来并在这里一直待到月底,那就将是很好的.如果你的夫人愿意到这里住一段时间,并且愿意和你一起到现在确实已经很美的卡尔斯伯去和我们同住,那将是马格丽特和我的一大乐事.但是,如果这次她不能和你同来,我们也希望不久将有另外的机会在我们的住处见到她.

我们全家向你们全家致以热情的问候.

你的

[尼耳斯·玻尔]

马丁·努德森

玻尔致努德森,[1915 年 5 月]

[手写稿]

[曼彻斯特,5 月,1915]

亲爱的努德森教授: 718

直到今天才给您写信,实在抱歉,但是很久以来我对自己下一年的计划不甚了了.情况是,我很想在这里再待一年并完成一些我已经开始的和这边实验室中的实验工作有关的工作,而卢瑟福教授也愿意让我再待一段时间.另一方面,我又很不愿意在这么大的程度上逃避我在丹麦的责任.无论如何,经过若干天的考虑,我已经决定再请一年的假.我肯定地相信,我的停留的这一延长对我将是很重要的,特别从科学上看来是如此,但是我觉得这对我日后在丹麦当一个教师的责任来说也将是很可贵的.

能够来到这里我是非常高兴的,而且我在此也获益甚多;我刚刚已经完成了关于 α 射线和 β 射线的阻止及其所引起的电离的某种理论工作[139],而且我正迫切地盼望着不久以后的一个时刻,那时我将用不着再教课,而可以把我的全部时间都再用来处理辐射问题.卢瑟福教授目前正在做一些很有趣的关于反冲粒子之产生的实验;他希望将从这些实验得出重要的结论.

教课对我也曾是有好处的.上学期我教了热力学,现在正在教电磁理论;用英语讲课也进行得很顺利.

我妻子和我都对到这里来甚感高兴,而且已经受到了那么多友好的接待.我们希望您和您的全家都好,并向您和努德森夫人致以最良好的问候.

您的忠实的

尼耳斯·玻尔

---

[139] 见 I, n. **32**.

719 弗里茨 · K · W · 考耳若什

考耳若什致玻尔,1927 年 6 月 23 日

[打字本,公式为手写]

弗里茨 · 考耳若什博士

物理研究所 1 号

技术学院

格拉茨,奥地利

1927 年 6 月 23 日

N · 玻尔教授阁下

哥本哈根

漂布塘路 15 号,丹麦

尊贵的同道阁下:

如果我由于谈论下面的问题而占用了您的宝贵时间,敬请见谅. 联系到维恩-哈姆斯《物理学手册》的"放射性"卷的编写,目前我正在撰写"β 粒子在物质中的通过"一章,特别是正在为"能量损失"和"β 射程"而工作[140]. 当利用尽可能多的实验资料来检验您在 Phil. Mag. **25**, 10, 1913 及 **30**, 581, 1915 上导出的公式

N°18)　$$\Delta T = \frac{2\pi e^2 E^2 N}{mV^2} \Delta x \Sigma \left\{ \begin{array}{l} \lg \dfrac{k^2 V^2 N n 4x}{4\pi \nu^2} \\ -\lg(1-\beta^2) - \beta^2 \end{array} \right\}$$　(能量损失)

和

N°28)　$$R = \frac{m^2 c^4}{2\pi e^4 N \Sigma} \{ (1-\beta^2)^{1/2} + (1-\beta^2)^{-1/2} - 2 \}$$　(射程)

时,我在这些公式中遇到了两个困难;那就是,用一种方式来处理 $\frac{1}{n}\Sigma \lg \nu^2$ 在一方面的出现和 Δx 在和式 Σ 中的出现,我不知是不是可以允许.

720 1) $\frac{1}{n}\Sigma \lg \nu^2$;按照卢瑟福-玻尔模型,轨道频率 ν 由 $\nu = R \cdot \frac{n^2}{i^2}$ 来给出,如果 R 是黎德伯频率而 i 是转数的话. 因此,例如对氩来说,由于在 K 壳层中有 2 个电子,L 壳层中有 8 个电子而 M 壳层中有 8 个电子,那么就有

$$\frac{1}{n}\Sigma \lg \nu^2 = 2\lg R + 4\lg n - \frac{4}{n}\Sigma \lg i,$$

式中

[140] W. Wien and F. Harms (eds.) *Handbuch der Experimentalphysik*, Bd. 15, K. W. F. Kohlrausch, *Radioaktivität*. Akad. Verl. ges., Leipzig 1928, chapter III.

$$\Sigma \lg i = 2\lg 1 + 8\lg 2 + 8\lg 3.$$

利用这种概略的方式,可以计算出原子体系的几个范例(稀有气体)并得出一条曲线,而根据这条曲线,就可以用内插法得出任何一种原子的 $\frac{1}{n}\Sigma\lg \nu^2$.

例如对铝来说,得到 79.0,从而 $\frac{1}{n}\Sigma\lg \nu^2 = 39.5$;而您在前引第二篇文章中则由 α 测量得出了 39.0. 针对空气得出的是 38.9,而您所得出的则是 38.32. 因此,符合总是很好的.

2) 和式 Σ 中的 Δx 的考虑. 困难特别是出现在公式 28 中. 现在我在一切有实验数据可供应用的地方把 Δx 代成在实验上真正遇到的层厚度. 这时问题就是,公式 28 能否阐明瓦尔德尔在铝中测得的射程(Phil. Mag. **29**, 725, 1915);例如,对于 $\beta = 0.99$,测得的值是 $R = 1.36$ 克/厘米^2,于是在公式 28 中就应把 Δx 代成

$$\Delta x = \frac{R}{2.7} = 0.502 \text{ 厘米}.$$

通过在 1)和 2)中叙述了的两点准备,在普遍惊人的形式下得到了和实验的很好符合,正如可用下列的例子来说明的那样.

a) 由肖恩兰和瓦尔德尔测得的铝中的射程

$\beta =$	0.198	0.30	0.512	0.752	0.882	0.948	0.99
R 的观测值(克/厘米^2)	0.000 25	0.001 17	0.009 5	0.064	0.189	0.440	1.36
R 的计算值(克/厘米^2)	0.000 29	0.001 20	0.010 7	0.072	0.207	0.469	1.52
$\frac{R_{计算}}{R_{观测}} =$	1.16	1.02	1.13	1.12	1.09	1.06	1.11

作为真实射程的计算值 R,大约大了 10%,这是不奇怪的. 值得惊异的是比 721
值的恒定性,这只有当考虑 28 式中后面各因式的变化的同时也考虑和式 Σ 的变化(因为含有 Δx 和 β)时才能得到. 如果在 Σ 中把 Δx 取为恒量,符合程度就差得多了.

b) 按照雷纳德的结果,在较高的 β 下,$\frac{d\beta}{dx}$(减速度)的最可几值如下:

β	0.8	0.9	0.95	0.99
$\frac{d\beta}{dx}$ 观测值	2.3	0.81	0.29	0.025
$\frac{d\beta}{dx}$ 计算值	2.7	0.75	0.24	0.022

对于较小的 β 值,计算值较大,但是这是一些必须观察小 Δx 的事例,而实验中用的 Δx 到底多大一般没有说明. 因此我只好用一个任意选定的 Δx(对应于0.01克/厘米^2)来进行计算,而且必然会得到较大的值,因为 Σ 是随 Δx 而增大的*.

c) 由丹尼茨的测量值可以求得 $\frac{\mathrm{d}(H\rho)}{\mathrm{d}x}$ 的平均值;针对这种平均值,可以特别地通过 $\frac{1}{n}\Sigma\lg\nu^2$ 的值来检验对物质的依赖关系. 尽管这些测量是困难的,却还是得出了理论上预期的变化情况,如下表所示.

物　质	Al	Cu	Sn	Ag	Au
观测值 $\beta^3\cdot\Delta(H\rho)$	29.2	35.3	32.3	31.9	30.8
计算值 $\beta^3\cdot\Delta(H\rho)$	40.9	34.7	29.2	27.9	24.0
比值 $\frac{\text{观测}}{\text{计算}}$	—	1.02	1.11	1.14	1.16

实验值和计算值是用差不多相同的方式根据和不同的速度相联系着的数字得出
722 的. 铝的数据不详. 绝对值符合得不太好,这无关紧要,因为 Δx 又是知道得不够确切的.

现在我只举出了几个并不多么确切的例子. 尊贵的同道阁下,您看,用了您的公式,除了大致估计 Σ 随 β 和随 n 的变化趋向以外,还是可以做许多别的事情的. 现在我的问题如下:

A) $\frac{1}{n}\Sigma\lg\nu^2$ 的计算虽然并不精确但却如此容易,以致我不明白为什么没有作这种计算. 是不是有什么原因阻碍了这种做法呢?

B) 关于 Σ 中 Δx 值的选取,我相信在 28 式中允许 Δx 为变值是不正确的,应该在积分中把它取为恒量. 然而,如果人们主要是要应用 28 式,令 Δx 取任意小的值岂不总是正确的吗?

请您务必答复我这 A 和 B 两个问题. 您对问题肯定比我容易了解得多,因为您研究这个课题已经是 12 年前的事,因为可惜我只有很少的一点理论基础. 一般说来,我认为在这种情况下避免去做根本没什么依据的事情是特别重要的. 雷纳德在《手册》的前一卷中描述了具有一切速度的阴极射线[14],而且他在这样

---

* 例如,对铝和 $\beta=0.8$,有 $\Sigma=13.9$,当 $\Delta x=0.001$ 克/厘米^2
16.3,　　0.01
18.7,　　0.1

[14] W. Wien and F. Harms (eds.), *Handbuch der Experimentalphysik*, Bd. 14, Akad. Verl. ges., Leipzig 1927.

做时强烈地反对理论公式的任何评价. 我完全不愿意把事情弄坏,不愿意通过不适当的表达而授人以柄;另一方面,我却很想指明人们可以怎样利用归纳法来继续前进.

有扰清神,敬请见谅,并望告知如何理解 $\frac{1}{n}\Sigma\lg\nu^2$,主要是如何理解出现在 Σ 中的这个讨厌的 Δx,我在物理上简直完全不能理解它的存在. 我将对您十分感激,而问题本身也将因此而得到进展.

致以最良好的问候,

您的忠实的

F·考耳若什

能否寄赐对我非常重要的两篇大著的抽印本? 甚感! 又及.

玻尔致考耳若什,1927年8月11日 723

[复写纸打字本,有手写的公式]

[哥本哈根,][19]27年8月11日

尊贵的同道阁下:

我刚刚回到哥本哈根,没能及时答复您的亲切而有趣的来信,敬请见谅. 虽然您的问题触及了一些我曾经很关心的事物,但是我在能够对这些问题发表意见以前还是不得不重翻了那些旧论文.

整个的问题现在还处于一种很不明朗的状态,因为以前那些计算所依据的原理当然必须换成近几年发展起来的那种量子理论的新方法. 但是,由于经典理论和量子理论之间的普遍对应关系,这种情况或许只会对结果有很小的影响. 特别由于能量损失和射程的表示式中的对数项的推导是建筑在数量级的估计上的,它们的正确性就是有可能得到保持的. 对于公式的适用性来说特别重要的就是,整个的对数表示式是很大的,从而它所包含各量的定义方面的不确切性就是根本不关紧要的. 让我们首先考虑 ν 这个量. 严格说来,这个量应该理解为电子在其平衡位置附近进行谐振动时的频率. 按照量子理论,这个频率当然必须换成可观测的吸收频率,这就已经意味着一种巨大的任意性,但是从数量级来看,吸收限也许还是可以令人满意的. 我知道这是和您的观点相适应的,尽管由于电子对核电荷的屏蔽作用,当然表示式

$$\nu = R\frac{n^2}{i^2}$$

是没有任何足够的正确性的. 暂时不考虑个体"电子轨道"区域的互相穿插,和第

$\tau+1$ 个电子相对应的吸收限就很可以由表示式 $\nu=R\frac{(n-\tau)^2}{i^2}$ 来给出. 由于轨道穿插而引起的改正量是微不足道的. 但是,屏蔽的这样一种极端的考虑本身,却只会使您的 $\frac{1}{n}\Sigma\log\nu$ 这个量的计算结果大约有两个单位的出入. 采用由伦琴射线谱外推而得到的吸收限也许是有意义的,然而问题却是,由此而给实验者带来的改正到底有没有意义.

724 至于您的关于对数表示式中 Δx 的考虑的问题,我们处理的又是数量级的一种估计. 虽然这种计算程序必然会显得是令人困惑的,但是,正如您已经做过的那样,把射程和 Δx 等同起来进行计算的这种想法本身却是有意义的. 为了论证这一点,特别应该考虑到一个情况,即 β 粒子的速度在轨道的一大部分上只是比较少地减低,而在射程的末尾部分则突然下降.

希望以上这种简略的论述能够满足您的要求,并希望复信过晚能获得您的宽恕. 谨致友好的问候.

您的忠实的

N·玻尔

再启者:很抱歉,我手头已经没有那些旧论文的抽印本了,但我也许可以设法去替您弄到两份.

考耳若什致玻尔,1927 年 8 月 25 日

[手迹]

尊贵的同道阁下:

最衷心地感谢您 8 月 11 日的友好来信. 来信稍晚绝无关系,因为在此期间我已经继续开展了工作. 无论如何我很高兴您对鄙见并没有作出什么根本性的反驳,而我当然是知道鄙见的近似品格的.

我已经为我的见解找到了一种(在我看来)比较满意一点的形式. 因为我由您的复信可以相信您对此事还是有些兴趣的,所以我现在允许自己把有关射程的结果再行奉告.

出发点是您的("真实")射程 R_w 的公式:

A
$$R_w=\frac{m_0^2c^4}{2\pi e^4S}\cdot\frac{1}{L'N}\left(\sqrt{1-\beta^2}+\frac{1}{\sqrt{1-\beta^2}}-2\right)$$

725 式中 m_0, e 是电子的质量和电荷

c 是光速

L'是每立方厘米中的原子数

N 是原子中的电子数(原子序数)

$$\beta=\frac{v_0}{c}$$

$$S=\Sigma\frac{1}{N}\left(\lg\ \frac{1.123^2L'N\Delta x}{4\pi\nu^2}\ \frac{v_0^2}{1-\beta^2}-\beta^2\right)$$

此时不考虑 S 的可变性,而且,由于 $L'N$(即每立方厘米中的电子数) $=\frac{LN}{A}\rho$(此处 $L=$洛喜密特数,$\rho=$密度,$A=$原子量)变化得不很厉害,当 $m_0c^4/2\pi e^4=2.03\times10^{24}$,$A/N=0.5$,而 $S=16$ 时(对于铝和 $\beta\sim0.8$ 的中等速度来说),作为初级近似,就得到

B $$\rho R'_w=\text{恒量}\left(\sqrt{1-\beta^2}+\frac{1}{\sqrt{1-\beta^2}}-2\right)$$

式中

$$\text{恒量}=\frac{m_0c^4}{2\pi e^4}\cdot\frac{A}{LN}\cdot\frac{1}{S}=0.42.$$

附图中的虚线用对数坐标表示了按 B 算出的 $\rho R'_w$ 对 β 的依赖关系[142].

为了更好地比较理论和实验,在 A 式中应把出现在 S 中的 Δx 代成由 B 式算出的近似值 R'_w,并且照顾到 S 随 β 的变化. 于是由 A 式就得到 ρR_w 的二级近似值,如图中的实线所示. 和 W·威耳孙(⊙)、R·W·瓦尔德尔(△)、B·F·J·肖恩兰(+)(按照定义得好得多的取值办法)测得的 ρR_w 实验值相比较,这条曲线给出了特别好的符合性. 当考虑到理论曲线所依据的只是一般的数据,从而和实验条件并不多么适应时,这种符合性就显得更好了.

点虚线给出雷纳德的极限密度 ρ^x,而根据定义和取值方法,它被预期为大于"真实"射程 ρR_w.

我发现这种结果是很令人满意的;人们只要注意到,β 从 0.2 变到 1.0,而 ρR_w 则是在 0.000 250 克/厘米^2 和 1.36 克/厘米^2 之间变化的,也就是按 1∶ 726
10 000的比例而变化的,而且,虽然如此,理论的能力却在于定量地预见实验,不但在随 β 的变化过程方面,而且在绝对值方面!

---

[142] 图已丢失.

再一次衷心感谢您的费心,并致以最良好的问候.

您的忠实的

F·考耳若什

锡哈姆,25 VIII,27

亨德瑞克·安东尼·克喇摩斯

克喇摩斯致玻尔,1942 年 3 月 29 日及 31 日

[手迹]

莱顿,3 月 29 日,1942

728 亲爱的玻尔:

写一封信来表示自己最深刻的感受,就有点像开始一次远征;人们不经过认真的考虑和预先的思索是不会做这种事的. 然而,这样的事务在像我这种性格的人看来是不敢问津的,而这就是一件事实的解释所在,那事实就是,自从 1939 年夏天,或者说自从你给我来了那封或许使我有可能在 1939 年秋天享受一种不受干扰的科学工作的信[143]以后,我还根本没有给你写过信. 我相信你已意识到,由于战争,我不得不放弃了那个计划. 从那时起,你的名字曾经一直写在记事簿上,但是有关的思索显然范围太广了. 是的,事实的确如此;你能不能相信我没有一个星期不梦见关于你的事呢? 有时候一连两三夜都会梦见你. 通常梦见的是正在哥本哈根开一个会;在这些梦境中,研究所常常具有最不可思议的形式和大小. 有一次,它像一座巨大的宫殿一样耸立在哥本哈根一座大公园的高山上,你和你的全家都住在那里地下靠近井的几个很悦目的房间中*. 在有些梦境中,我应该在一个非常奇特的演讲厅中讲话,而我却没有准备,于是只有当突然醒来时才算逃脱了困境.

729 3 月 31 日

现在两天又过去了,我正和我妻子及孩子们在我的家中,他们全都像在这种年月所能做到的那样过得很好. 我是在乌得勒支写了上面那一段话的,那里开了一个讨论会. 我在会上谈论了菲涅耳,他的著作我在 1 月份读了很多. 看到他的思想如何渐臻成熟,并看到他在错误理论的基础上得到正确结果的那种方式,这是十分美好的. 他的天才是和杨的天才完全不同的一种类型. 杨终生都在游戏,尽管是以一种超绝的形式,而菲涅耳则非常深入,而又避免显露才华(我想,由于

---

[143] 1939 年 7 月 4 日玻尔致克喇摩斯的信和 1939 年 7 月 11 日克喇摩斯致玻尔的信,见缩微胶片 BSC no. 22.

* [中译者按:研究所中有一个井,本来准备作为安置光谱学仪器之用,后曾用来储存放射性物质.]

他的健康情况,他也有些不得不然).

近几年来发生了这么多的事情,我们还能收到尊夫人的来信,甚感欣慰.通过"Fysisk Tidsskrift"和"Vidensk. Selskabs Aarbøger"等刊物,我多多少少地追随了你,而我也可以用关于你、关于你在哥本哈根的世界以及关于一般时局的知识来补充我所读到的关于你的一切.我们全都大嚼了你和惠勒的著作;联系到你们在那里用到的过渡态方法,我在 1940 年春天发表的一篇论文(见"Physica"[144])也许会使你感兴趣.我相信我在此文中已对这种方法的可能应用作出了某种阐明.这直接联系了关于 J·A·克瑞斯先森的学位论文的[*]以及关于克瑞斯先森的较晚论文[145]的旧争论,但也和铀的衰变问题有些关系,而我在论文的结尾部分对这种衰变进行了某种程度的详细论述.雅科布森及其合作者们得到的裂变碎片径迹的精彩威耳孙照片[146],对我来说也是一大快事,而你的理论处理[147]则给我带回了关于你的 1912 年工作的,或者——我应该说——你在 1916 年告诉我的有关此事的一切情况的最美妙的回忆.尽管从 1940 年秋天以来我在莱顿已无讲课任务,但是我却一直很忙;不过也往往很难把精力集中到物理学上.目前我的主要课题是有序-无序问题;精确解必然存在,但是我还没有多少时间来紧张地进行这方面的工作.我和万尼尔一起在 1941 年 8 月 1 日的 Phys. Rev. 上发表了一些有趣的结果[148].

这里有一位有能力的和有创造力的青年,A·比伊耳博士;他对到哥本哈根去工作一段时间(主要是做理论工作)很感兴趣.现寄上关于他的工作成绩的一篇综述;一个像摩勒那样的人不难很快发现这都是些什么工作,从而也就可以使你对他的素质有一个印象.如果你认为值得让他到研究所去工作一些时候,你认
为到底有没有可能给他弄到入境批准呢?如果可能,我们将向德国人申请旅行 730
批准并开始给他筹措些钱.他已经不是那么年轻(约 30 岁),而且带着一种自学成才的神气.我可以谈到他的一些更多的情况,但是我将等到知道了他是否受欢迎时再说.

---

[144] H. A. Kramers, *Brownian Motion in a Field of Force and the Diffusion Model of Chemical Reactions*, Physica **7** (1940) 284—304.

* 我还历历在目地记得克瑞斯先森的论文答辩,当时你和布伦斯泰是"答辩委员"[138a],历时二三小时.[关于此点,请参阅 J. A. Christiansen, *En Kemikers Møde med Niels Bohr, hans Institut og hans Theori for Atomernes Elektronfordeling* (一个化学家和尼耳斯·玻尔的会见.他的研究所和他的原子中电子的分布理论),Fys. Tidsskr. **60** (1962) 31—46.]

[145] J. A. Christiansen, *Über eine Erweiterung der* ARRHENIUS schen *Auffassung der chemischen Reaktion*, Z. Phys. Chem. **B33** (1936) 145—155.

[146] 见 II, sect. 5.

[147] 见 II, n. 83 及 n. 89.

[148] H. A. Kramers and C. H. Wannier, *Statistics of the Two-Dimensional Ferromagnet. Parts I & II*, Phys. Rev. **60** (1941) 252—262; 263—276.

还有千百件事情是我愿意和你谈谈的,但是它们几乎没有一件是迫切的,而且我也希望不久就再给你去信.桑尼亚在 1941 年 11 月间结束了荷兰语文的第一级[149];她仍然像你所能想象的那样可爱.彼此家庭间的 10^{10} 次的问候和怀念.

你的

克喇摩斯

玻尔致克喇摩斯,1942 年 4 月 27 日

[打字本]

大　学　　　　　　　　　　　　哥本哈根东区,漂布塘路 15 号

理论物理学研究所　　　　　　　　　　　　4 月 27 日,1942

731 亲爱的克喇摩斯:

无庸赘言,又听到你的消息并收到只有你才能写得出的那种信中的一封信,
732 这是我很久以来得到的最大快慰之一.你最初来到哥本哈根并在这里停留了那么久的那些年头,也将作为某种特殊的东西存留在我的记忆中,而且,不仅是在研究所中,而且也在我所到的许多别的地方,我总是会想起你在丹麦留下来的许多朋友.归根结蒂,我还没有放弃那样一种希望,即我们在 25 年以前当在艾雷基耳德附近的树林中和桑德维格附近的海岸边散步时谈起过的那种哲学的火炬,仍然有一天会出现在人们的面前.

失去了那些永远在研究所给我们以那么多启示的访问,当然是痛苦的,而不论是摩勒还是我都肯定将很高兴,如果比伊耳博士能够来哥本哈根并和我们一起工作一段时间.通过他的著作目录,我们两个都对他的智能上的多才多艺得到了一个强烈的印象,更不用说他的来访将有助于重振我们和你本人的联系并带来关于近几年来你所从事的许多计划的消息了.我实在希望比伊耳博士可能得到旅行的批准,而我一经知道了他的旅行计划的任何细节,当然就将就此问题和丹麦当局进行接触.

我想你大概已经从罗森菲耳德那里听到了摩勒在他的介子理论的研究方面取得的进步[150].你可以想象,对我来说,联系到裂变实验而重新唤起我对碰撞问题以及与此有关的量子力学佯谬的旧兴趣,这曾经是很好的.在目前,我正在为一篇有关整个问题的大论文而工作,但是早就开始了的论文以及其他计划的完成却进行得很慢,因为局势不断带来新的任务.作为我所指的事物的一个例子,

[149] 这是相当于硕士的一种大学学位.

[150] 参阅 C. Møller, *On the Theory of Mesons*, Mat.-Fys. Medd. Dan. Vidensk. Selsk. **18**, no. 6 (1941).

我现在通过出版者寄给你一篇关于"丹麦文化"的短文[151],这是我不得不为由1940年成立的"丹麦协会"出版的一部大书写的引言.

尽管这种年月带来了一些问题,在研究所中进行实验工作也还算可能.在希维思和某些杰出的丹麦生物学家的合作方面,情况更是如此.在彻底改建了回旋加速器以后,雅科布森和拉森已经重新开始了有关裂变问题的工作,而伯吉耳德则继续从他的裂变粒子径迹的研究中得到新的和有趣的结果.布若斯特罗希望完成一个静电起电机的建造,它不久也可以达到几兆伏特;在这种计划中,我们得到了劳瑞特森的儿子的许多协助,而我想你已经听说,这孩子在访问这里的期间和契维兹的女儿结了婚,而且把某种新的生气带进了研究所.自从由于战争的发展而使他和他的夫人不得不回美国去以后,我们是非常想念他的.

喏,现在你知道我们这儿的一些情况了,知道我们怎样同舟共济来保持我们的希望并等待好日子的到来了.从当前的情况来看,我们全家也还算安好,而且所有
的男孩子们也已经或多或少地长大成人了.你知道,奥格想从事物理学的工作,而且 733
我确实正在盼望他在几个月内通过了"第一级"考试以后就开始工作.能够听到桑尼亚的情况也很高兴,而且我们希望情况一旦允许她对这里的访问就会成为事实.

家庭间的最热烈的问候.

你的

尼耳斯·玻尔

玻尔致克喇摩斯,1943年3月13日

[打字本]

大 学 哥本哈根东区,漂布塘路15号

理论物理学研究所 3月13日,1943

亲爱的克喇摩斯: 735

听到你目前不能为你的出门得到旅行批准,我很失望.但是我们仍然希望你能够来,而且,正如我在写信[152]给总领事霍耳斯特-韦伯[153]时所说的那样,在最合适的时候哥本哈根大学打算发给你一份正式的邀请书,请你在来访中发表一系列演讲.附带提到,通过你的来信[154]得悉尽管年头不对但是荷兰的科学研究还在加紧进行,这也是我的一大快事.我们也还从罗森菲耳德那里听到消息;他刚刚

---

[151] N. Bohr, *Dansk Kultur*, 载在 *Danmarks Kultur ved Aar* 1940, Bd. I. Det Danske Selskab, Copenhagen 1941, pp. 9—17. 文章收入本书第十卷中.

[152] 这封信已经丢失.

[153] 关于索福斯·T.霍耳斯特-韦伯的传记性小注,见本书第一卷原第501页.

[154] 1943年2月20日克喇摩斯致玻尔的信,见缩微胶片BSC no. 22.

和摩勒一起完成了一篇关于介子理论的长篇论文,即将发表在丹麦科学院的《院报》上[155]. 然而,给我印象最深的还是你本人能够在那么多不同的基本问题中保持深远的活动和兴趣. 至于我们,我们力图使理论计划和实验计划持续进行,而除了希维思那种被许多丹麦生物学家抱着很大的兴趣来接受并不断给出许多重要结果的在物理-生物学问题方面的伟大工作以外,我们在研究所中还在发展核研究用的各种仪器方面做了艰苦的工作. 特别说来,雅科布森一直在极其紧张地做着改进回旋加速器的工作,我想这不久就会有成果了. 伯吉耳德也曾经很忙,正在做改进云室技术的工作并继续他那裂变粒子径迹的研究. 由于和我的各种任务有关的一些频繁的干扰,我很遗憾地要说我还没有时间来完成我以前写信告诉过你的那篇关于穿透问题的论文,但是我希望很快就能写完它,以便我能真正进行我在很久以前就开始了的有关核问题的其他计划. 近来我得到了奥格的许多协助,我相信他很快就会熟悉理论问题了. 自从艾瑞克完成了化学工程方面的学业以后,他也到研究所来工作了,他在化学方面受到的牢靠教育应该在核的实验研究方面是有价值的. 这些年来的另一件快事是一些有前途的青年人的持
736 续到来,他们给研究所中的工作带来了新的生气. 我们特别对一位从冰岛来的青年人陶尔比约尔恩·席古尔盖尔孙[156]抱有很高的希望,他近来和雅科布森一起利用一种很美好的方法完成了镭 C′寿命的一次新的测定;这种方法所依据的是由先导的 β 射线所造成的放电的阻滞,这就使人们可以得到和随后的 α 射线的重合[157]. 想到放大技术的精化在这种领域中带来的发展,特别是当我们回想起你在这里时雅科布森在获得他那最初的、创造性的镭 C′寿命测定时所不得不克服的可怕的困难[158],这真使人为之神往啊! 摩勒和我近来和赫耳格·霍耳斯特[159]进行了一些很困难的讨论. 他仍然保持着他那种对中性场公设的接触和不幸的爱好. 在这些讨论中,我们有许多的机会来谈起你对我们大家的巨大影响. 好了,所有这些对事物的实用性一面都是废话,而主要是在人类奋斗的这个更严肃的方面我觉得咱们是多么地亲密. 你关于这个问题所说的和所指示的一切,直接到达了我的心中,而且我比自己所能言传的更加切盼像旧日那样和你谈论对未来的

---

[155] C. Møller and L. Rosenfeld, *Electromagnetic Properties of Nuclear Systems on Meson Theory*, Mat. -Fys. Medd. Dan. Vidensk. Selsk. 20, no. 12(1943).

[156] 陶尔比约尔恩·席古尔盖尔孙(1917 年生)是冰岛的物理学开创者之一. 他在冰岛大学当过教授. 席古尔盖尔孙的主要贡献是在和地球物理学特别是和地磁的测定有关的那些领域中的. 他在本世纪的 40 年代和 50 年代的一些较长的时期内在玻尔的研究所中工作过. 参阅下面的注 157.

[157] J. C. Jacobsen and Th. Sigurgeirsson, *The Decay Constant of RaC′*, Mat. -Fys. Medd. Dan. Vidensk. Selsk. **20**, no 11 (1943).

[158] J. C. Jacobsen, *An Experimental Determination of the Rate of Decay of the Short-Life Product Radium C′*, Phil, Mag. **47**(1924) 23—31.

[159] 关于赫耳格-霍耳斯特的传记性小注,见本书第五卷原第 41 页.

希望,那些人们在同样的不变的基础上还敢于抱有的希望,尽管我们周围的变化已经很多了.

马格丽特和我听到有关你的孩子们的消息也很高兴,而且我们希望自己的孩子们将来有机会真正认识他们.

家庭间的最热烈的问候和最衷心的祝愿.

你的

尼耳斯·玻尔

(克喇摩斯致玻尔,1949 年 5 月 11 日)

[手迹]

H·A·克喇摩斯博士,教授

波耳吉斯特路 2 号

乌格斯特盖斯特　　5 月 11 日,1949

亲爱的尼耳斯·玻尔: 738

自从 1 月里收到你的很可欢迎的新年贺信[160]以来,我一直把那封信放在手提包中带着它到处旅行,希望能找到安静的片刻来写信感谢你和答复你. 可惜的是,我的身体还不曾像应该达到的那样好;1 月间我到瑞士去住了几个星期(而且,除了别的事以外,我曾经和泡利有过许多长谈),但是回来以后还有好几次不得不卧床休息. 这方面的好事之一就是,当躺在床上时,我仔细阅读了你的和奥格的关于穿透问题的长篇论文[161]. 这是一件很愉快的事;看到怎样只借助于两段小小的计算就可以几乎了解所有的事情,这真使人欣喜若狂. 两幅插图也特别好,一幅是打了影线||||和☰的,另一幅就是用来了解贝忒的结果及其和你的经典计算及亨德孙的计算的关系的. 所有这一切都唤起了旧日的回忆,而且我很遗憾没有见过威廉斯. 只有一个问题是我想弄明白而至今不懂的,那就是,为什么——在我的关于由自由金属电子引起的 α 粒子的阻止的计算中——$|\log p|$ 中的下限必须是贝忒的极限 $p \sim \hbar/mv$;我看不出这为什么是你所采用的束缚电子之简单模型的推论.

奥格的论文也是极其有趣的. 这里也有一个问题是我不明白的,那就是第 23 页上公式(6.6)的推导. 我没有仔细核对计算,不清楚为什么这里会不出现因子 γ. 奥格现在是在美国吗? 就我所知,这篇论文并没有当作他的博士论文而被提出. 他的博士论文是不是很快就要出现呢?

---

[160] 1948 年 12 月 31 日玻尔致克喇摩斯的信,见"克喇摩斯科学通信",AHQP,缩微胶片 no. 11.

[161] 见 II, n. 130 及 A. Bohr, *Atomic Interaction in Penetration Phenomena*, Mat. -Fys. Medd. Dan. Vidensk. Selsk. **24**, no. 19(1948).

我希望在 9 月 13—17 日的国际科学联合会的会议期间有机会在哥本哈根见到你.我想你那时会在哥本哈根吧?

我明天将动身去弗洛伦萨,去参加国际统计力学会议,而且显然我要充当科学部分的一种主席.意大利人——当然费米除外——在这一领域中几乎没什么活动,但是有些外国人要来:从美国来的有 J·梅厄、昂札格尔、斯累特尔[?],而乌冷贝克不来,真是太可惜了.

关于那些念念不忘的事(人民和科学和社会方面的事),我感觉到我有必要很快就再和你谈谈,即使只是为了在很短的时间内从关于我们命运中那些悲与
739 喜的冥想中解脱出来.近来在瑞士,我梦见过马格丽特——我看见她正在一个公园里坐着——答应支持并协助我逃出纳粹的魔掌,而那些纳粹分子则刚刚在以前的一次大会上(会上除了德国人以外都是俄国人)发誓说我有罪,而且——当我试图为自己辩护时——又说我不许发誓,只许表示自己的希望.不管怎么说,我逃脱了,首先是从监视我的女纳粹分子,而后是从噩梦本身逃脱了.

家庭之间的一千次问候.

你的

汉斯·克喇摩斯

威利斯·E·兰姆

兰姆致玻尔,1940 年 11 月 2 日

[打字本]

纽约市

哥伦比亚大学

物理系

11 月 2 日,1949

亲爱的玻尔教授:

附寄的文章发表在最近一期的《物理学评论》上[162].为防你不能正常地收到这一期刊物,我现在用快信把抽印本寄给你.

看起来,尽管表达方式不同,这篇文章似乎是和你最近致《物理学评论》的信[163]有着密切的联系的.你也许更加重视了射程末尾处的行为,而我则更加重视了它的开头处的行为.

---

[162] 见 II, n. 96.

[163] 见 II, n. 83.

我只想提出,当既作为碎片电荷又作为原子的有效电子数来应用 V/V_0 时,外屏蔽的效应在这两种事例中是不同的.从数量级来看,差值当然并不大.

我将永远抱着喜悦之情回忆你到伯克利和普林斯顿来访问我们时的那些更加愉快的日子.

你的忠实的
威利斯·兰姆

尼耳斯·奥维·拉森 740

拉森致玻尔,1950 年 3 月 13 日

[打字本]

哥本哈根,3 月 13 日,1950

亲爱的玻尔教授: 742

我愿意告诉您关于偏转实验的最近结果的情况,尽管我想我将说得太多而内容却太少.

我已经对装置进行了零点调节,而且只得到了可忽略的我所推测的零点改正量.此外,偏转角本身也调节过了;现在我发现,来自铀的裂变碎片的 $H\rho$ 比以前(1945)[164]大了 5%,但这并不和不准量相抵触.在附寄的曲线上,新的调节并没有照顾在内.

在图Ⅰ和图Ⅱ中,右侧的纵轴表示根据裂变碎片的电荷 e 正比于 v 而沿路径递减的假设算出的 e.既然这一假设在一切事例中并不确切成立,e 的刻度就只能当作一种很粗略的近似来应用,而即使电荷在高压下并不依赖于 p,
也不应该预料有一条完全水平的曲线.如果我们看看例如氩中的情况,我们就 744
可以通过加了和不加一个吸收物(云母,例如参阅 1949 年 11 月 3 日的信)的偏转测量结果的应用来看出,如果 e 是不依赖于 p 的,我们就将针对较重的组预期一条和所得的结果并不矛盾的水平曲线,而对于较轻组来说则偏转在 $p=34$ 毫米下应该比在 $p=12$ 毫米下大 3%.但是曲线却上升了 7%,也就是说上升得太多了一些.这是否超出了不准量的范围,现在还不确定,但是关于氢的结果也在相同的方向上显示了偏差.顺便提到,值得注意的是在加了云母吸收物的测量中只用了低 p 值;我打算探索在高压下会不会得出不同的 $e(v)$ 函数.

很明显,四种气体的曲线是颇为相似的.

---

[164] N. O. Lassen, *Hρ-Distribution of Fission Fragments*, Phys. Rev. **68**(1945)142—143.

743

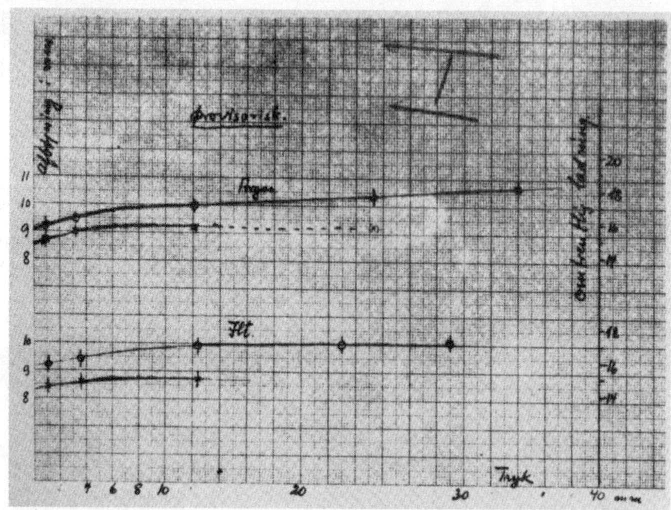

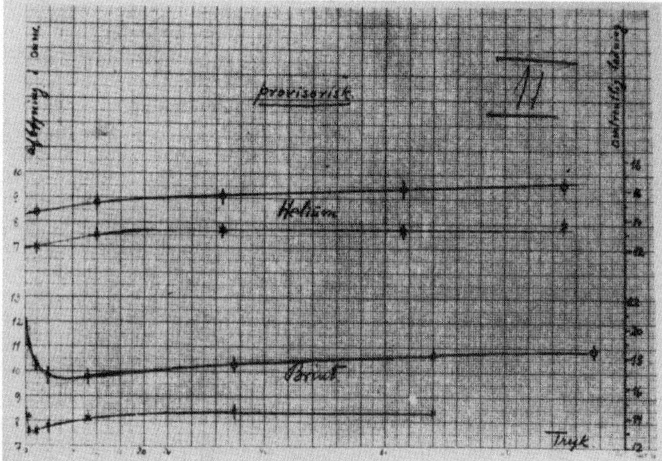

744

III
Fissionspartiklers ladning (provisorisk, 8/3 50).
⊙ L.F.
⊗ H.F.
faste stoffer
luftarter ved Tryk 0.
Be O Al A Ag Xe U
Z ⟶

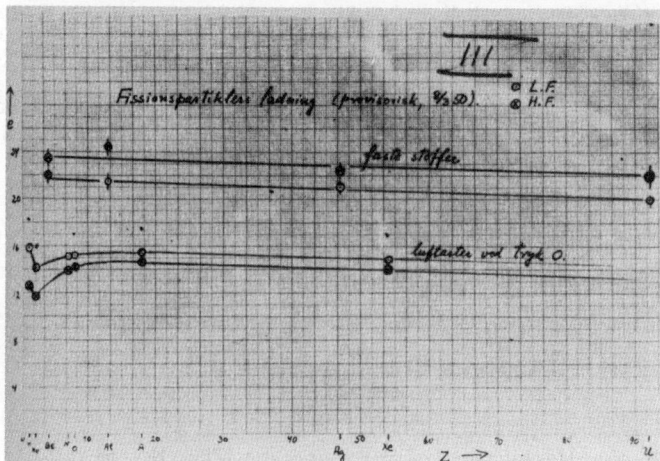

在图Ⅲ中,气体中的电荷是针对 $p\to0$ 给出的. 铅笔记号表示高压下的近似值. 另外还表示出来了四种金属中的电荷. 对于低 Z 值,偏转较大,这被诠释为一个较大 e 值[的结果];然而,也有一种(很小的)可能,大的偏转是起源于裂变碎片在所考虑的物质层中的阻止. 我打算通过测量从一个固定铀层中发出的裂
变碎片的偏转来完成关于 Al 中的电荷的一种更彻底一些的考察,可以通过蒸发 745
来在所用的铀层上逐渐覆盖上一个越来越厚的铝层.

致以亲切的问候.

您的亲近的,

N·O·拉森

拉森致玻尔,1950 年 4 月 1 日

[打字本,有少数手写的改笔]

大　学　　　　漂布塘路 15 号

理论物理学研究所　　　　哥本哈根,丹麦

4 月 1 日,1950

亲爱的玻尔教授: 746

我在 3 月 13 日的信中附寄了几张关于偏转 a 随压强 p 的变化的图解.
关于电荷的变化,我愿意对我的考虑作点补充. 测量结果已经证明,在低 p 747
值($0<p<10$ 毫米氩)下,e 是 p 的函数. 对于氩中的轻组来说,发现 a 在高压下和低压下都随 p 而变,但是,既然 e 和 v 并不是严格成正比的,这也许就可以解释一部分变化. 我愿意讨论的问题就是,a 的全部变化是可以用这种办法来解释呢,还是人们必须设想 e 在比 10 毫米氩更大的 p 值下也依赖于 p.

在实验上,我们有:

$p=34$ 毫米氩时 $a=10.7$ 毫米

$p=12$ 毫米氩时 $a=10.0$ 毫米

通过线性外推,即得

$p=0$ 毫米对应于 $a=9.7$ 毫米,

这是一个应该预料的值,除非在低 p 值下会出现特殊的条件. 因此,a 的变化用一条直线来表示,其斜率对应于每 $\Delta p=34$ 毫米有一个 10%的增量.

另外,在实验上,在 12 毫米的压强下当有和没有一个厚度为 4.6 毫米空气的云母吸收物时在氩中测得的 a 是:

无吸收物时,$a=10.0$

有吸收物时，$a = 10.6$.
于是，在氩中测到的 $a \sim e/mv$ 在路径最初的 4.6 毫米上增大 6%.

在 $p = 34$ 毫米下，在室中经过的距离是 $200 \times 34/760 = 9.0$ 毫米氩. 人们并不是针对已经走过了这样一段距离的粒子来测量 e/mv，而只是在最初 9 毫米上测量 e/mv 的一种平均值，这就是在初级近似下对 $d = 4.5$ 毫米来说的 e/mv. 由于磁场的递减，路径的最初部分是起主导作用的，因此人们更可能会得到对应于 $d \sim 3$ 毫米的 e/mv. 这种考虑是不好的，因为它预先假设了 e/mv 沿路径的一种线性变化；我衷心希望它是错的！

如果我们假设 a 之所以增加只是因为 e 随 v 而变，则按照 II，必须预期 a 将增大 $6\,\frac{3}{4.6} \sim 4\%$. 然而，按照 I，$a$ 将增大 10%.

这应该意味着，对于 $p > 10$，e 也是随 p 而变的. 由于 III 和测量的不准性，我不会接受这种想法，而却相反地宣称并没有什么东西可以证明 e 在 $p > 10$ 毫米(或 $p > 30$) 下并不是恒量，即使要把所有的东西弄妥当也许多少有点困难. 另外，相当显然的就是，如果你在一张图解上有两条直线，你也就有一条连接着的曲线，而这条曲线在实验物理学中很容易变成一条直线，当线上只有三个点的时候.

748 然而，如果 e 随 p 而递增，且其增大率是每 $\Delta p = 3.4$ 毫米增大约 $10 - 4 = 6\%$，则在电离测量中所用的 75—300 毫米的 p 值下，总电荷将和计算出来的有效电荷相差不大.

于是就发生一个问题，即不管怎么样，有效电荷和总电荷是不是相等以及有效电荷是不是依赖于 p. 我打算设法探索这后一个问题，办法就是在相同的距离用压强不同的两个正比计数器来测量裂变碎片的电离，并把它和 α 粒子在相同距离上的电离相比较. 然而，当车间正在制造适当的仪器时，我将继续进行偏转的测量.

也许我可以仅仅提到，在氧中，发现对 $d = 0$ 和 $d = 4.6$ 毫米空气来说 e/mv 是相同的，而且 a 对 $p >$ 约 12 来说是恒定的，就是说，e 恒量 = 约 17 (轻组).

致以亲切的问候.

您的亲近的

N·O·拉森

汤马斯·劳瑞特森

玻尔致劳瑞特森,1940 年 12 月 10 日

[复写纸打字本]

哥本哈根,12 月 10 日,1940

亲爱的汤姆:

由你的电报[165]得知你和爱耳丝平安到达纽约,我们很高兴,而且我想,当这封信寄到时,你们就已经回到帕萨迪纳你们的家中了.我们在这边很想念你们两个,而且急于想从你们那里听到你们全家是否都好以及你觉得工作条件如何.我也切盼知道我们两人都有兴趣的那些领域中的物理研究目前在美国发展得怎样.

在不多几天以前,我收到了 10 月 15 日一期的《物理学评论》,而你或许已经
看到,那里登载了兰姆的一篇论文[166],他独立地得出了许多在哥本哈根已经得出 749
的结果.因此我想,也许最好在我最近的《物理学评论》上的论文[167]中加上一个小段附记,就如随信寄上的这一段一样.如果你能费心替我把它加到校样上去,我就将是很高兴的.同时我也要把一份附记和摩勒致编者的一封短信[168]一起寄给塔特教授;摩勒想要使人们注意到改进一些符号的可能性,那些符号是他在最近的《物理学评论》论文中用来代表各种核粒子的.我也寄给你一份摩勒的短文;如果你能和塔特讨论这一切,我将是很感谢的.——在兰姆的论文中,我也看到了许多裂变碎片之实验研究的文献,这些文献是我们在哥本哈根忽视了的或还不知道的.正如在附记中所论述的那样,我很高兴在我在哥本哈根科学院发表的那篇更充实的论文中有机会评论所有这些问题.这篇论文正在顺利撰写中,我希望在不久的将来就能寄一份校样给你.

肯定也会使你感兴趣的是,伯吉耳德[169]在云室工作中进行得很顺利,而且他近来得到了氦中的碎片径迹的一些很漂亮的照片.布若斯特罗[170]也在静电起电机方面取得了很好的进步,他希望不久就能告诉你说你用在这一事业上的工作和精力并没有白费.

总之,我用不着说我们这整个的集体都不断地抱着感激之情和最好的愿望

---

[165] 这封电报没被找到.

[166] 见 II,n. 96.

[167] 见 II,n. 89.

[168] C. Møller, *Nomenclature of Nuclear Particles*, Phys. Rev. **59**(1941)323.

[169] 关于伯吉耳德的传记性小注,见本卷原第 235 页.

[170] 关于布若斯特罗的传记性小注,见本卷原第 235 页.

来想念你.我们全家也同样很想念你,而我妻子、男孩子们和我自己都向你的父母和爱耳丝和你本人致以最亲切的问候和最衷心的祝愿.

你的

[尼耳斯·玻尔]

劳瑞特孙致玻尔,1941 年 3 月 5 日

[打字本,有手写的附言]

No. 5　　3 月 5 日,1941

亲爱的玻尔教授:

我现在只写一封短信给你,和爱耳丝给她母亲的信一起寄出.我们全都很好和很高兴,而且忙得简直不亦乐乎.你从这封信的日期可以看出,这边已经很快就要到春天了,而且我们已经开始有花香鸟语的天气而不是风雪交加的日子了.

750 我收到了阿斯登博士的一封信,他要向你本人和玻尔夫人和你弟弟致以最亲切的问候.他像通常那样正在教课,而且虽然不能做多少工作,但是却过得很好.

我寄给你一份摩勒的论文.我不久就将用平邮寄去此文的和另一些论文的25 份抽印本.我正在盼望当你的大论文完成以后听到关于它的更多的消息.在你的短论文在 Phys. Rev. 上问世以后不久,我曾经和泰勒谈了很多.看来他和——我想是——普赖森特也正在做相同的工作,即求汤马斯-费米分布的积分,并得到了结果,他们按照和您的方法相似的方法,利用了由 α 粒子得出的实验数据来求出氮核的速-射曲线[171].他们的结果并不能很好地和我们整个的裂变粒子射程相一致——他们不得不调节某些恒量,各该恒量和电子在"原子心"中的俘获和损失的几率有关.当我和他谈话时,他还不知道他在看到你的论文以后是否继续做下去并发表结果,但是我鼓励他继续做下去.

我希望研究所中的情况还好.我还不能不怀念我们在那里度过的那些好时光,而且在哥本哈根和我们的朋友们在一起.希望你能代我们向留在研究所中的所有的人,向玻尔夫人和全家致以最亲切的问候.

你的

汤姆·劳瑞特森

再启者:希维思教授好吗?许多人向我问起他.盼能代我向他致以最良好的问候.

T.

---

[171] 参阅 J. Knipp and E. Teller, *On the Energy Loss of Heavy Ions*, Phys. Rev. **59**(1941)659—669.

三启者:G·P·汤姆孙夫人也很好.她的通信处是:"Peacedale",Rhode Island[罗得岛].

T.

欧内斯特·马尔斯登 751

玻尔致马尔斯登,1913年4月8日

[手稿]

圣·雅科布街3号
哥本哈根
4月8日,1913

亲爱的马尔斯登:

随信寄上努德森的论文[17](只要你还用得着它,你就可以保存它,多久都可以).你可以看到(p. 1000),每秒通过面积为 A 的一个孔的分子数的表示式是

$$\frac{1}{4}\Omega A(N'-N''),$$

式中 N' 和 N'' 是两侧每立方厘米中的分子数,Ω 是分子的平均速度,由 $\Omega=14\,546\left(\frac{T}{M}\right)^{1/2}$ 给出,此处 T 是绝对温度而 M 是分子量.

设有两个室,如图所示

设室 I 和室 II 中每立方厘米中的放射性原子数由 N' 和 N'' 给出.

室 II 中衰变的原子数等于 $N''\cdot V\cdot\lambda$,此处 V 是室 II 的体积.

现在,在平衡态下,我们就有

$$N''V\lambda=(N'-N'')\frac{1}{4}\Omega A$$

从而

$$\left[\frac{1}{4}\right]\Omega=\frac{N''}{N'-N''}\cdot\frac{V}{A}\cdot[\lambda]$$

---

[17] M. Knudsen, *Die Molekularströmung der Gase durch Öffnungen und die Effusion*, Ann. d. Phys. **28**(1909)999—1016.

752 在钢的事例中,$\lambda = 0.178$ 而 $\frac{1}{4}\Omega$ 约为 4×10^3. 最有利的测量条件可能是 $\frac{N''}{N'-N''}=1$,这就要求 $\left[\frac{V}{A}\right]=2\times10^4$. 例如,如果孔的面积是 1 平方毫米,或者说 $A=0.01$,则 V 应该大约等于 200 厘米^3.

在钍的事例中,孔面积和室体积之比在最有利的条件下应该约大 10 倍.

我将对你的结果很感兴趣,而且将很高兴,如果你能告诉我你的实验进行得怎样的话. 然而你在任何条件下都用不着在一篇最后的论文中提到我的名字,因为,当我第一次来到曼彻斯特时竟然不了解德比伦的工作[173]和莱斯利女士的工作[174]. 这全是我的一种不可原谅的无知.

我能再见到你甚感高兴,而且对你和泰勒博士关于 α 射线速度曲线的研究[175]极感兴趣. 至于结果和我的理论的符合性问题,在目前——在卢瑟福发表他的新速度值以前,在指示着原子内部各电子轨道之频率及大小的论文问世以前[正如在我的关于 α 射线的论文(见 p. 27. *l*. 12.)中已经宣布的那样,我将发表有关这方面的计算],我认为可以适当作出的唯一结论只是:新的实验是一种证实以前由泰勒发现的定律[176]的更准确的方法,从而它们也像泰勒的实验一样是普遍地和理论符合的.

联系到这一点而对布喇格定律的任何提及似乎都是不适当的. 看来只是大自然的一种偶然性的就是,氢中和氦中的电子数居然是 1 和 2,而二者的原子量则是 1 和 4,于是吸收和原子量之间的关系就类似于联系着一些 α 射线的吸收的规律;那些 α 射线有着从原子量较高的元素中的[放射性?]物质中放出的速度(在这些元素中,电子数是近似地和原子量成正比的). 情况的巧合是奇特的. 对于 β 射线来说,布喇格定律将只适用于氢和氦,而完全不适用于其他物质.

谨向你和泰勒博士以及实验室中别的人们致以最佳的问候.

你的忠实的

N · 玻尔

---

[173] A. Debierne, *Sur le poids atomique de l'émanation du radium*, C. R. Acad. Sci. **150**(1910) 1740—1743.

[174] M. S. Leslie, *Sur le poids moléculaire de l'émanation du thorium*, C. R. Acad. Sci. **153**(1911) 328—330.

[175] E. Marsden and T. S. Taylor, *The Decrease in Velocity of Alpha Particles in passing through Matter*, Proc. Roy. Soc. London **A88**(1913)443—454.

[176] T. S. Taylor, *On the Retardation of Alpha Rays by Metals and Gases*, Phil. Mag. **18**(1909) 604—619; *A Determination of the Ionization Curve for the Alpha Rays from Polonium in Mercury Vapour*, Phil. Mag. 24(1912)296—301;并参阅 *The Range and Ionization of the Alpha Particle in Simple Gases*, Phil. Mag. **26**(1913)402—410.

哈瑞·密耳顿·密勒[177] 753

玻尔致密勒,1933 年 5 月 24 日

[复写纸打字本,有一处手写的补充]

5 月 24 日
1933

亲爱的密勒博士:

在这里,在帕萨迪纳,我刚刚收到了 W·L·布喇格教授的来信[178]和 E·威廉斯先生的来信[179],后者是布喇格教授的实验室中的一位讲师,他愿意在下一年度中到哥本哈根来工作,如果你能批准他已经申请了的洛克菲勒奖学金的话.因此我现在写信通知你,我们确实很欢迎威廉斯先生到我们的研究所中来参加工作.我想你已经从布喇格教授那边了解到,威廉斯先生曾经在原子碰撞领域中做了优秀的工作,而近几年来我们在哥本哈根曾对这一领域特别感兴趣.因此,他来参加我们的研究就将受到很大的重视,而且我希望这对他本人也会很有好处.

我愿意借此机会表示,希望也能批给泰勒博士一份洛克菲勒奖学金;他现在正在哥廷根,而他对哥本哈根的访问则已经考虑了很久了.然而,由于目前在德国为青年犹太科学家找到长期职位是很困难的,他的申请奖学金的处境就有点复杂化了,不过,正如我在前天给梯斯戴耳博士[180]的信中所说的那样,我有幸在纽约见到了马孙主席[181]并了解到,在目前的非常情况下,洛克菲勒基金会在这种事例中的态度将是尽可能慈善的.

我也非常希望能够不久和你见面并和你面谈这些我非常关心的问题.

我在美国的旅行一直是很愉快的,而我在帕萨迪纳这儿的停留也是一种最有裨益的经历.

致以最亲切的敬礼.

你的忠实的
N·玻尔

---

[177] 密勒是洛克菲勒基金会巴黎办事处的职员.

[178] 1933 年 5 月 16 日布喇格致玻尔的信,见本卷原第 664 页.

[179] 1933 年 5 月 17 日威廉斯致玻尔的信,见本卷原第 791 页.

[180] 维耳布尔·梯斯戴耳是洛克菲勒基金会巴黎办事处的职员.

[181] 马科斯·马孙是洛克菲勒基金会的主席.

754 # 内维耳·F·莫特

玻尔致莫特,1929 年 10 月 1 日

[复写纸打字本]

[哥本哈根,]10 月 1 日,[19]29

亲爱的莫特:

没能及早写信感谢你的亲切来信和你的关于电子碰撞的美好论文[182]的稿子,甚歉.在他最近一次来访问哥本哈根时,泡利和我讨论了这个问题,而且我们两个确实都很欣赏你那有趣的论证.在春天的时候,我确实太匆忙地否认了在小速度碰撞事例中对经典理论的一种偏差.然而,由于当前的任务,我不得不把你的论文放在一边,直到我和卡斯密尔一起到乡下去住几天的时候.我们现在已经更细心地通读了你的计算.虽然我们还没有能够十分确信波函数的归一化问题并不会在某种程度上影响你的结果(关于这一点,卡斯密尔立刻就会给你写信),但是我们两个对于你的论点的坚实性却都是十分满意的;那些论点为量子理论的普遍性提供了如此突出的一个例子.在当前,我又对这一课题很感兴趣,而且正在准备一篇关于量子力学中的统计法和守恒性的说明;在这篇说明中,我也希望对一个观点作出令人信服的论证,那就是,β 射线的放出问题是超出于经典的能量和动量的守恒原理之外的[183].就在这几天,我们正在期待着伽莫夫在去剑桥的路上到这里来作一次短期访问[184],而且我盼望再和他讨论一次这个问题.

我们都向你致以最亲切的问候,并祝在曼彻斯特工作顺利.

你的很忠实的

[尼耳斯·玻尔]

755 **莫特致玻尔,1930 年 4 月 6 日**

[打字本]

曼彻斯特大学

6. 4. 30.

亲爱的玻尔教授:

确实非常感谢你的来信[185].实际上,我并没有考虑在这次复活节去访问哥本

---

[182] 见 II,n. 23.

[183] 见本书第九卷.

[184] 据来宾登记簿,伽莫夫从 1929 年 10 月 14 日到大约 10 月 18 日访问了玻尔的研究所.

[185] 1930 年 4 月 1 日玻尔致莫特的信,缩微胶片 BSC no. 23.

哈根,但是我却非常希望在今年晚些时候去访问,也许在 9 月,如果像我设想的那样到时候那里有人的话.

伽莫夫曾经来这里访问了我们,我们对此甚感欣赏. 他的水滴核(water drop nucleus)[186]是最美的. 我正在试着在金属中的内聚力方面做些工作.

一年以前我和你讨论过的由爱因斯坦-玻色统计法对碰撞中的一对 α 粒子(或费米-狄喇克统计法对电子)的应用所造成的效应,已由查德威克在剑桥在实验上找到了[187]. 他把慢 α 粒子射入了氦中,并在 45 度处观察了散射粒子. 当粒子变得越来越慢,从而人们离结构效应越来越远时,观测到的粒子数和平方反比定律所预言的粒子数之比趋于 2 而不是趋于 1. 我对此当然是颇感高兴的.

我们大家当然都急于要到剑桥去听你的演讲.

致以最良好的祝愿.

你的忠实的

N・F・莫特

卡尔・威尔海姆・奥席恩

奥席恩致玻尔,1912 年[1913 年]2 月 10 日

[手迹]

亲爱的朋友: 756

我想对你和尊夫人的来访表示感谢. 你可以理解,对于一个一年多没有会见过一个科学同道的人来说,这次来访的鼓舞作用是多大啊. 也感谢你那两篇论文[188],我抱着很大的兴趣阅读了它们. 如果我在 α 射线的吸收方面提出了一个问题,请你意识到这只是我的兴趣的一个证明. 问题如下. 通过你的理论,α 射线的吸收和碰撞电离的问题,例如次级阴极射线的发射问题密切地联系了起来. 用你的理论,怎么可能解释氢在这一问题中的特殊地位呢? (例如参阅 Kossel, Ann. d. Ph. 1912[189])是电子的较弱束缚吗?

---

[186] 参阅 G. Gamow, *Constitution of Atomic Nuclei and Radioactivity*, Oxford Univ. Press, 1931, p. 18. 并参阅本书第九卷.

[187] 见 II. n. 27.

[188] N. Bohr, *Note on the Electron Theory of Thermoelectric Phenomena*, Phil. Mag. **23**(1912) 984—986,重印于本书第一卷原第 439 页,以及 I. n. 15.

[189] W. Kossel, *Über die sekundäre Kathodenstrahlung in Gasen in der Nähe des Optimums der Primärgeschwindigkeit*, Ann. d. Phys. **37**(1912)393—424.

再一次感谢你.向尊夫人致以最热烈的问候.

你的朋友
C·W·奥席恩

1912年[1913年]2月10日于罗曼耐斯(Romanäs).

757 **玻尔致奥席恩,1913年2月13日**

[手写稿]

圣·雅科布街3号
哥本哈根,13-2-1913.

758 亲爱的朋友:

多谢你的来信.对于你的问题,我将这样回答:在我看来,和相同密度的其他气体的电离相比,氢的很大电离可以部分地用一个事实来解释,那就是,单位重量的氢中含有近似两倍于其他元素中的电子数;而且可以部分地用另一事实来解释,那就是,氢中的所有电子都束缚得很松,而在其他元素中则也有束缚得较紧的电子.至于电离和吸收之间的关系问题,你或许已经注意到,我在我的论文中曾经有一种幸运的处境,那就是说,我用不着引入任何关于电离怎样发生的假说.对于吸收来说,重要的只是电子在碰撞过程中的运动,而不是它们在碰撞以后的运动.然而,通过p.20上假说(4)的应用,在电离可以作为碰撞的结果而出现的一切事例中,电子在碰撞过程中都可以看成是自由的.电离的问题是很不同的……[改笔看不清楚]一种很美好和很简单的解释已由J·J·汤姆孙在我在p.[11]上所引的论文中给出.(然而汤姆孙的电离值太小,因为他没有考虑到有些逸出的电子将具有够大的速度,从而它们自己也将使一些新原子发生电离.)

至于我在原子方面的工作,我在解释一些体系的可能性方面过了一段艰苦的时间;那些体系是J·J·汤姆孙认为他在阳射线的实验中已经观察到了的[190].例如,要解释一种带正电的氢分子的存在,也就是说,由2个核和仅仅一个电子组成的体系的存在.这在多大程度上会成为我的理论的一个真正的问题,我还说不清;我还没有确信J·J·汤姆孙对实验结果的诠释就是唯一可能的诠释.余俟另函,今晚暂止于此.我妻子和我同此致候.

你的忠实的朋友
尼耳斯·玻尔

---

[190] 参阅J. J. Thomson, *Further Experiments on Positive Rays*, Phil. Mag. **24**(1912)209—253.

罗伯特·L·普拉兹曼 759

普拉兹曼致玻尔,1945年11月21日

[打字本]

耶茨大街7545号.
芝加哥49,伊利诺依
美国
11月21日,1945

亲爱的玻尔教授:

我写这封信来请问一下从1946年夏季开始到你的研究所中来工作一年的可能性.我打算大约在那时回国,写一本叫做《核辐射和物质的相互作用》的书.在最近和爱德华·泰勒教授讨论我的计划时,他向我建议说也许到哥本哈根去写这本书是可能的.他也很热情地自动给你写了一封推荐信.

作为一个青年的化学家和物理学家,我确信用不着多说若能到你的研究所中工作一年将对我有多大好处.由于你和阻止本领及射程之类问题的诠释有着长期而密切的关系,而这些问题构成我计划中的书的一个重要部分,从而上述情况也就显得更加突出了.我不十分清楚,关于我自己我应该向你汇报些什么.请让我说,我曾经在芝加哥大学求学,在查恰瑞亚森教授指导下获得物理学硕士学位,并在弗兰克教授指导下获得物理化学方面的哲学博士学位.完成学业以后,我在马萨诸塞州理工学院的辐射实验室中工作了一年半,在那里研究了磁控微波发生器的工作.从那以后,我一直在芝加哥的冶金学实验室中工作,属于研究辐射之化学效应的一组.正是在这儿,我开始研读并收集即将形成书的核心的资料.

我现在附寄此书内容的一份尝试性的提纲,以便你能够了解我到底打算涉及些什么.我已经写完了第1、2两节,这是相当长的,因为在这两节中为大部分的后继处理发展了理论基础.我愿意全面彻底地涵盖理论,并且包括我能得到的尽可能多的实验数据的批评性的收集和分析.

我非常急于知道你对我的前来是否感兴趣.当然我知道,前面可能有许多困
难,甚至并不是所有的困难都能预见得到.但是我想第一步是要确知你对此事的 760
兴趣.如果你想要知道关于我的或关于我的计划的更多的材料,我将是十分乐于提供的.弗兰克教授也将向你发出一封介绍信,所以我请他把我的和泰勒的信[19]附在他的信中一起寄出.

---

[19] 1945年11月21日弗兰克致玻尔的信,缩微胶片BSC no. 19.泰勒致玻尔的信,编定日期为[1945年10月],缩微胶片BSC no. 25.

我已经向这里的一些适当单位试着申请了资助,我不认为经济事务会成什么问题.

我将迫切地盼望您的回音.

你的忠实的和满怀敬意的,
罗伯特·L·普拉兹曼

核辐射和物质的相互作用

第一编　初级过程

第一章　重的带电基本粒子:总的能量损失

第1节　能量损失的经典理论.

第2节　能量损失的量子理论.

第3节　相对论效应.

第4节　关于能量损失的实验的和理论的定量资料.各元素的阻止本领.

第5节　理论和实验的比较.

第6节　分子结合力和物相对阻止本领的影响.理论和实验.

第二章　重的带电基本粒子:射程

第7节　射程的理论.

第8节　实验的和理论的定量资料.

第9节　分子结合力和物相的影响.

第10节　离散现象.

761 第三章　重的带电基本粒子:个体过程的考虑

第11节　(初级)电离的理论.

第12节　关于初级电离的实验资料.

第13节　(初级)激发的理论.

第14节　关于初级激发的实验资料.

第15节　其他过程(韧致辐射、核碰撞等等)

第四章　电子

第16节　能量损失.

第17节　射程和离散.

第18节　电离.

第19节　激发.

第20节　韧致辐射.

第 21 节　切伦科夫辐射.

第五章　离子

第 22 节　核碰撞.

第 23 节　电荷的增益和损失.

第 24 节　能量损失和射程.

第 25 节　激发和电离.

第六章　中性粒子

第 26 节　中子.

第 27 节　原子.

第七章　电磁辐射

第 28 节　X 射线和 γ 射线的吸收理论.

第 29 节　定量资料.

第二编　次级过程和整体物理过程

第八章　次级过程

第 30 节　次级激发和次级电离.

第 31 节　次级辐射.

第九章　整体过程

第 32 节　整体激发.

第 33 节　整体电离.

第三编　后继物理-化学过程的原理 762

第十章　物理原理

第 34 节　能量耗散.

（离子复合、根复合、辐射损失）

第 35 节　电子能量、振动能量、转动能量和平均能量的相互转换.

第 36 节　中间过程的类型.

（离解过程、离子附着过程、离子复合过程、交换过程）

第 37 节　物相的效应.

第十一章　化学原理

附　录

附录 1　带电粒子的弹性散射.

附录 2 极高能粒子的电离、能量损失和射程.

罗伯特·L·普拉兹曼

1945 年 10 月

玻尔致普拉兹曼,1945 年 12 月 9 日

[打字本]

[哥本哈根,]12 月 9 日,[19]45

亲爱的普拉兹曼博士:

感谢你关于打算到我们研究所来待一年的亲切来信;我可以向你保证,这样的一次来访将是我们所有人的一大快事.我希望你可以在这里度过一段有益的时光,而且我将对和你讨论你打算在所写的书中处理的那些问题很感兴趣.你也许已经从泰勒教授处得悉,联系到在本研究所中进行的关于高速裂变碎片之行为的实验研究,我自己在最近几年内已经重新提起了对阻止问题和散射问题的旧兴趣.不久我们将寄给你一些有关这一工作的论文抽印本[192].你或许已经发
763 现,我们曾经宣布要写一篇更完全和更彻底的探索;这篇东西在我于 1943 年离开丹麦以前已经接近完成了,但是由于我在英国和美国的停留而不得不拖延了下来.然而你希望在不久的将来发表此文,而且当然会寄给你一份抽印本.

希望一等到你的计划定下来就能听到您的消息,致以最亲切的问候和最良好的祝愿.

你的忠实的

[尼耳斯·玻尔]

普拉兹曼致玻尔,1949 年 3 月 16 日

[打字本]

普度大学

物理系

拉斐特,印第安纳

3 月 16 日,1949

亲爱的玻尔教授:

虽然自从我在漂布塘路和你告别以来已经过了若干个月,但是对我们来说这段时间过得如此之快,以致它确实显得只是一段很短的时间.然而,只有到了最近,我们才算在我们新的生活中渐渐安定下来,从而现在我必须把日常工作停

---

[192] 见 II. n. 83、n. 88 和 n. 89.

一停,来向你表示一点点我对我们在欧洲度过的那些奇妙的——实在妙不可言的——岁月的欣赏.

要充分表达我对所学到的东西的感激之情,这是一个可怕的重担.在情感的方面,我和你进行过的那些讨论将在我的有生之年成为我的灵感的源泉,而且我确信,在实践的方面,这些讨论已经给我提供了一些我在以后将享用不尽的概念.对于在你的研究所中工作的这种无法估价的幸运,我确实是感激不已的.我还必须说,尽管我的原始期望是很大的(因为受到研究所的名气和您作为一位师长的那种独一无二的声望的刺激),但是这些期望却被现实所远远超过了.而且我也非常感谢你和玻尔夫人对伊娃和我表示了的那种个人的亲切和友好.在我们的谈话和记忆中,我们生活中的这个阶段已经开始带上了一种"金色的光环"并具备了一种几乎是魔法式的面貌.我最宝爱的记忆之一就是当伊娃初次到达丹麦时你们对她的那种非同寻常的热烈欢迎.

我们两个都很怀念丹麦和我们在那里所分享过的那种安稳的生活方式.我
已经开始相信,在我们这个动荡的现代世界中,丹麦就是一个仙山神岛,在那里,
邮递员仍然穿着深红色的外衣*,而电车司机仍然停下车来帮助老年人过街.而
且使人深感安心的是了解到这根本并不表示国家的条件有什么落后之处.我向
你保证,曾经有许多次,我抱着巨大的喜悦之情向美国朋友们指出,在某些社会 764
进步的方式方面,丹麦比美国**先进**了半个世纪.

事实上,我在使自己适应这里的生活方式和生活节奏方面是有过某种困难的.几乎每一个人都在像疯子似地奔来跑去,而且几乎没有一点时间来静一静或想一想,而尽管如此,所完成的东西却几乎并不更多.例如,物理学已经沿着变成"大企业"的方向大大前进了.这里有一些大的组织和许多小的团体,但是他们全都在尽可能多地求取"收益"(即生产"结果"),以便显示"投资"的良好效果.人们遇得见数以百计的物理学家和化学家,但是很少遇到学者.

在这方面,我们生活在一个小城市中或许是幸运的.拉斐特是很整洁、很宜人的,而且我们有一套小的、但是很精美的住所,我们非常欣赏它.物理系有许多有才干的人,而且是一个很适意的工作处所.当然,有摩勒在这儿就更加适意得多,但是昨天是要命的一天,他终于离开了,而这里没有一个人不为他的离去而感到衷心的惋惜.

上个月,我开始了讲课(现在有两个课题:热力学,初等核物理学),而且很遗憾地发现备课几乎要占用我全部的时间.幸好现在我在这方面似乎已有很大的改进,而现在我也有些时间来进行我自己的钻研了.目前我正在做电晕理论的工

---

* [中译者按:情况至今(1989年)未变.]

作.它的最大缺点——很可能是致命的缺点——就在于效应的绝对量值,而我必须很快就尝试它的一种更可满意的计算.在此期间,马丁·道埃什[193]正在研究Co^{57}的衰变程式,而我则试图对O^{15}的射线谱作出精确的测量,以引起各种β射线谱学家的兴趣(O^{15}的衰变是太阳中微子的主要来源).

我目前主要从事的是不妨称为太阳中微子的可能的"地球化学"效应的东西.(例如,C^{14}由N^{14}的生成.)我在写一篇有关这个课题的短文,写成以后将不揣冒昧地把稿子寄给您[194].应该有许多这样的地球化学效应,全都很小,但是随着我们的测量设备精确度的增高,其中有些效应也许终于会是可以探测的.

我仍然对于原子核嬗变对原子之轨道电子的影响这一普遍问题很感兴趣,而且希望在这种现象的研究方面取得某些进展.而且当然我继续在为我的书而
765 工作——这永远是一种吸引人的工作,然而有时却显得是一种无限期的劳动.下一年,我将讲六个月的有关穿透现象的课,而说来也巧,那时你的大论文将是无比宝贵的,对我和对学生们都是无比宝贵的.

一种凑巧的穿透现象:你知道,明尼苏达的一组人近来关于宇宙射线中的所谓"重粒子"的工作,已经提供了一种新的和迷人的可供研究的粒子.关于这种完全被剥去了电子的原子的实验结果正在很慢地出现,但是我认为现在就开始研究和它们在物质中的通过相伴随的性质,例如它们的所谓"薄化长度"却是重要的.我已经和弗兰克·奥本海默仔细地谈了这个问题,而且发现在明尼苏达没人真正有资格来仔细研究这个现象.不知你或克尼普是否考虑过这个问题?

我对你现在那种关于原子对负介子的俘获的观点非常感兴趣.我不久就将给克尼普去信,并问他能否费心来信谈谈近来在哥本哈根的工作.

我不想试图综述近来在美国的发展,因为我确信你是得到了充分报道的,特别是从摩勒教授和奥格那里(我们正抱着最大的期望等待着奥格今春的来访).一个特别吸引人的问题是关于宇宙射线的起源的解释.泰勒[195]和费米[196]提出了两种敌对的、完全不同的理论,他们正处于很友好、很雄辩的分歧中.尽管我有一种感觉认为很可能其中任何一种理论都不是正确的,但它们肯定都是有趣的.你听说过费米的理论吗?带电粒子被假设通过和宇宙尘埃的缓慢运动的"统计性"磁场相碰撞而被加速,这种磁场在效果上起着重的、缓慢运动的粒子的作用.在许多这样的"碰撞"中,有一个平均的净加速度,因为加速的碰撞由于和稍大的相对

---

[193] 可能是指 M. Deutsch and A. Hedgran, *The Decay of Co^{55}*, Phys. Rev. **75**(1949)1443—1444.

[194] 没有找到任何这样的稿子.

[195] H. Alfven, R. D. Richtmyer and E. Teller, *On the Origin of Cosmic Rays*, Phys. Rev. **75**(1949)892—893.并参阅 R. D. Richtmyer and E. Teller, *On the Origin of Cosmic Rays*, *ibid.*, 1729—1731.

[196] E. Fermi, *On the Origin of Cosmic Radiation*, Phys. Rev. **75**(1949)1169—1174.

速度相对应而比减速的碰撞更加频繁一些.观察到的初级宇宙辐射的能量分布是一种假说性的“年龄”分布的反映;带电粒子不断地被“吸收掉”,只有较老的粒子才能得到大的能量.带电粒子被假设为最初是在由很高速粒子的俘获所导致的核爆炸中形成的.然而,在说明明尼苏达的“重粒子”的最初形成中却存在着困难,而这种粒子很可能会成为这种理论的否定.然而这种理论肯定是巧妙的,即使对费米来说也是巧妙的!

上个月我的最大的乐事之一就是和弗兰克教授进行了几次最有收获的谈话,他现在回到芝加哥去了.他的健康得到了很大的改善,他现在的样子和活动又和从前一样了.另一次愉快的重晤就是和泰勒的见面,但是我只见到了他两次,他忙得不可开交,而且旅行得很多;确实,他不久就要向大学请假一年,到洛 766
斯阿拉莫斯去工作.

恐怕这封信已经写得太长了,从而我必须赶快结束它.我只想再说,我所最珍视的未来希望之一就是再到研究所去待一个时期,而且是在不太长的时间过去以前.我必须首先写完我的书,但是在此以后,回到漂布塘路去就将是我的最主要的雄心了.

附寄的照片是在去年夏天到梯斯维耳德[197]去的一次愉快出游中拍摄的(附带提到,这是用这里现在已有的两种不同的商业方法冲洗的彩色照片).请留下一张作为伊娃和我在那一场合下得到的喜悦的小小纪念,另外一张当然是送给那自豪的[岳]父母的,我们向他们致意.请代向你的家中的其他人们致以最良好的祝愿.

谨向玻尔夫人和你本人致以最好的问候.

你的最忠实的

罗伯特·普拉兹曼

海因里希·若什·封·特若本伯

若什·封·特若本伯致玻尔,1920年10月9日

[手迹]

哥廷根,席勒街20号.

9. X. 20

尊贵的教授阁下:

随函寄上我的一篇关于固体中 α 射线的射程测量的论文[198].我给自己提出的

---

[197] 梯斯维耳德是北西兰海岸上的一个村子,玻尔的消夏别墅就在该村附近.[中译者按:“梯”是北欧的山林之神,“维耳德”义为“涧”——我的朋友 Erik Rüdinger 如是说.]

[198] 见 II,n. 72.

任务是在周期表上尽可能多的元素中研究射程并用一个单一的公式来表示它们. 从氧(泰勒?)到铅,射程可以很好地表示成原子序数和密度的函数. 在此期间我研究过的最初几种元素即氢、氦、锂和铍并不符合这一规律,可惜我迄今还不能从理论上来评价这些关系,但是我相信或许可以从实验结果中引出有关原子构造的结论来.

767 我很感谢您对此问题提出了您的看法. 您(在 Phil. Mag. 上)对粒子性射线通过物质时的情况作出了一种理论的阐明. 我首先想填补我的测量结果中从 Be 到 O 的空白,以便看到和原子序数的简单关系是从哪一种元素开始的[199]. 我也将进行有关较轻原子量的元素之间的化学结合的测量,这种测量最终将阐明起决定作用的只是电子环的组态呢还是也包括核结构的特性.

我本来打算在您的新研究所落成时来哥本哈根,但是我却没有能够实行这种计划,因为我在 9 月 1 日刚刚结婚,从而事情太匆忙了一些. 我们在蜜月旅行中参加了诺伊海姆的自然科学家大会,在那里见到了朗道先生和朗道夫人,他们非常喜欢丹麦. 朗道夫人向我转达了您的问候,我对此十分感谢. 我很乐于有一天能到您的研究所中来访问.

致以最衷心的问候.

您的很忠实的

H·若什·封·特若本伯

[玻尔致若什·封·特若本伯,1920 年 10 月 20 日]

[复写纸打字本]

[哥本哈根,]10 月 20 日,[19]20

尊贵的若什·封·特若本伯博士阁下:

十分感谢您的友好来信和您的关于固体中 α 射线的射程测量的论文. 我对这个问题很感兴趣,而且您的论文在《物理学报》上刚一发表我就抱着最大的兴趣拜读过了. 它意味着一个空白部分的被填补,这从理论的立场来看是很受欢迎的. 您可以看到,我一直试图对 α 射线的吸收作出一种理论说明. 对于原子中只含有不多几个电子的那些元素来说,这种理论得出了简单的结果. 例如,对于 α 射线在氢中和氦中的吸收来说,这种结果是很准确地和测量相符的,从而这种理论或许提供了
768 直接确定轻元素原子中的电子数的最精确方法. 但是,对于一个原子含有许多电子的较重元素来说,简单计算所依据的那些假设却是不太适用的,从而理论并不能给出什么精确的结果,尽管它是永远有能力指示吸收随电子数和随射线速度的一般变化特点的. 因此,关于如何理解例如锂、铍、硼之类元素中的吸收的讨论就是很有

---

[199] 参阅 H. Rausch von Traubenberg, *Ein Beitrag zur Kenntnis der Bremsung von α-Strahlen durch Elemente und Verbindungen* Z. Phys. **5**(1921) 396—403.

意义的，而且，当您的论文问世时，我们正在打算用另外一种方法来测定锂中的吸收；其方法的要点就在于用一个特制的压力器在两个云母片之间压一根锂丝，这样就能得到一个很平行的薄锂片[200]. 和您的美好的简单实验步骤相比，这种办法是很麻烦的，但是它也许能够给出很精确的结果. 近几个月来，我没有很多时间用在这种实验上，而在您的论文发表以后，实验本身当然也就没多大意义了. 我提到这一切，只是为了表明我多么想了解锂中的吸收，因此，得悉您所测到的吸收和理论预期的值符合得很好，这真是我的一大快事. 按照理论，按每原子计算的锂中的吸收率和氢中的吸收率之比，应该由下列表示式给出[201]

式中 E 和 V 代表 α 射线的电荷和速度，$-e$、m 和 ω 代表电子的转数*，而和式是按锂中的三个原子来计算的. 如果按照量子论来估计转数，则得到比值　　，而利用您所测得的射程值，就得到一个值　　. 理论的适用性依赖于一个事实，即对于较轻的元素来说，对数表示式中的宗量是很大的，从而对数式本身的值基本上只依赖于宗量的数量级. 例如，上述比值中的一个因子　　只会导致百分之几的改变量. 您由以上这些说法可以看到，我对您的工作的进一步进展是很感兴趣的，而且我特别想知道有关铍和硼的结果.

如果正如所设想的那样您能到哥本哈根来访问一次新研究所，那将是我的一大乐事. 但是，装修工作比预计的用了更长的时间，从而落成典礼要到 1921 年 769
初才能举行.

谨致衷心的问候，并向朗道贤伉俪和尊夫人致候.

您的很忠实的

[尼耳斯·玻尔]

斯外恩·罗西兰

罗西兰致克瑞斯先尼亚大学评议会，1921 年 2 月 15 日

[复写纸打字本]

哥本哈根，2 月 15 日，1921 770

谨呈

评议会

克瑞斯先尼亚大学

为申请授予奖学金，以便在外国留学事.

---

[200] 见 I, n. 68.

[201] 此处和以下几处都留下了空白.

* [中译者按：此处原文显然有遗漏.]

我从 1920 年 9 月 1 日起,即在哥本哈根大学的理论物理学研究所工作,目的在于详细研习建筑在量子论上的关于物质内部结构的现代观点,这些观点是由本研究所的所长 N·玻尔教授所特别发展起来的.

我近来曾经特别研究了量子论建筑于其上的那些基本概念,而且和 O·克莱恩一起对一些条件进行了一些小小的探讨,而那些条件就是在原子和自由电子的碰撞中可望出现的.现附呈论文稿一份,以供参考;该论文不久即将在《物理学报》
771 上发表[202].我拟于最近的将来一方面继续探索这一问题,一方面更深入地钻研原子所发射的光学光谱的阐释问题.为此目的,延长我在此留学的期限实为非常重要.

附 N·玻尔教授的推荐书一份,敬请查照.

[斯外恩·罗西兰]

1921 年 2 月 15 日

关于 S·罗西兰先生申请奖学金以期在哥本哈根留学一事,我愿意借此机会向贵会提供如下情况:罗西兰先生已在此间停留六个月,在此期间,他一方面研习了和原子结构理论有关的问题,一方面独立地参与了关于这一课题领域的科学探索.他曾经特别集中地研究了电子和原子之间的碰撞效应问题,而且和来自斯德哥尔摩的 O·克莱恩博士一起在这方面搞出了一种有趣的想法;这种想法是他们共同想到的,它涉及了这些碰撞的一种迄今没被注意过的效应的可能性.关于这种想法,他们已经写了一篇小论文,不久即将在《物理学报》上发表.我对罗西兰先生成为物理学家的前途抱有很大的期望.他目前正忙于有关的课题领域的探索,从而我觉得,为了他的原子研究的继续,也为了他在上述科学研究中的继续参与,他在此多待一段时间将是很重要的.

[尼耳斯·玻尔]

罗西兰致玻尔,1921 年 7 月 1 日

[手迹]

博莫恩,7 月 1 日,1921

775 亲爱的玻尔教授:

非常感谢您的来信和推荐书.我一接到推荐书就把申请书寄了出去,而昨天晚上队长来找我,告诉我说一切都安排好了,从而我这件事已经告一段落,至少到明年这个时候为止了.

我利用空闲时间来写了这篇论文[203],而且已经打了 10—12 页字.但是这里

---

[202] 见 I, n. 79.

[203] 这篇作品没有发表.

的环境不适于工作,因此我想当到了文明社会中时我也许必须把它完全改写.从文章的组织来说倒并不缺少什么.它主要是不同元素之高斯恒量的数值计算.

然而这里有少数几个问题的解释我还不能十分肯定.

1) 当在计算中照顾到电子速度时 p_v 空间中的积分限.这时不是简单地引入针对定态算出的界限,而是应该在这里直接把速度计算在内.在和 1913 年的理论同样的近似程度下,运动方程的形式是

$$\frac{\mathrm{d}^2 x}{\mathrm{d}t^2}+\frac{\mu \cdot x}{r^3}=\varphi(t) \qquad \mu=\frac{e \cdot E}{m}$$

对于扰动极小的圆形轨道来说,r 近似地是恒量,即 $\mu/r^3=n^2$. 因此方程就简化为一个二阶非齐次线性微分方程.它的通解(预设为?)具有下列形式:

$$\begin{aligned} x &= A \cdot \cos(nt+\varepsilon)+B \cdot \cos nt \cdot \int_{-\infty}^{t} \frac{1}{\cos^2 nt} \times \left\{\int_{-\infty}^{t} \cos nt \cdot \varphi(t)\mathrm{d}t\right\}\mathrm{d}t \\ &= A \cdot \cos(nt+\varepsilon)+B \cdot Q(t)\cos nt. \end{aligned}$$

此处 $\underset{t=-\infty}{Q(t)}=0$, $\underset{t\to+\infty}{Q(t)}\to$ 恒量.各恒量被确定得使 $t=-\infty$时的运动为圆周运动. 776

于是

$$\sum \frac{1}{2}m\dot{x}^2+\sum \frac{1}{2}n^2x^2\Big|_{-\infty}^{t=\infty}=E$$

就应该是碰撞过程中的能量交换. E 依赖于初始的轨道要素,因此这些要素的平均值必须按通常方法来选取.我想,在您的原始论文中运动方程是通过某种积分来求解的,但是我手头当然没有那篇论文的副本,从而我并不确切地知道微分方程的通解在那种形式下是什么样子.但是我还根本没有完成这种计算,从而也很可能我根据记忆写出的解是错误的.问题是,为了把整个论述做到完备,这种计算岂不是必须包括进去吗?在目前,我还不能一目了然地看到像从前那样引用上限的任何论据.

2) 按照我所作出的近似,计算得出的 $\int Q \cdot \mathrm{d}A=\Delta T$ 和 $\int Q^2 \cdot dA=P \cdot \Delta x$ 的值是 V_2 和 $k=V_1/V_2$ 的函数,V_1、V_2 是电子和 α 粒子的速度.然而,近似计算的先决条件却是,满足

$$\sin^2\frac{\theta}{2}=\frac{1}{1+p^2/a^2}$$

的偏转角 θ 必须很小,即 $p^2/a^2 \gg 1$,从而分母上的 1 可以忽略不计.这种近似或许在 $k \leqslant 0.9$ 时将给出可用的值,但是当 $k=1$ 时它就将成为不可能的,因为对于

这些平行于粒子而运动的电子来说必将有达到 180° 的偏转,从而如果和$(p/a)^2$相比把 1 略去,则按一切组态求的积分将变为无限大. 然而我还是打算采用这种近似,因为并没有绝对的必要令 $k \to 1$. 在积分

$$U = \int_0^T P \cdot \left(\frac{\mathrm{d}x}{\mathrm{d}T}\right)^3 \mathrm{d}T$$

中, P 是k 的函数, $\left(\frac{\mathrm{d}x}{\mathrm{d}T}\right)^3$ 将具有如图 1 所示的变化,而$P(T)$ 实际上必须有如图 2 所示的变化,我想它在 $k=1$ 附近将有一个极大值.

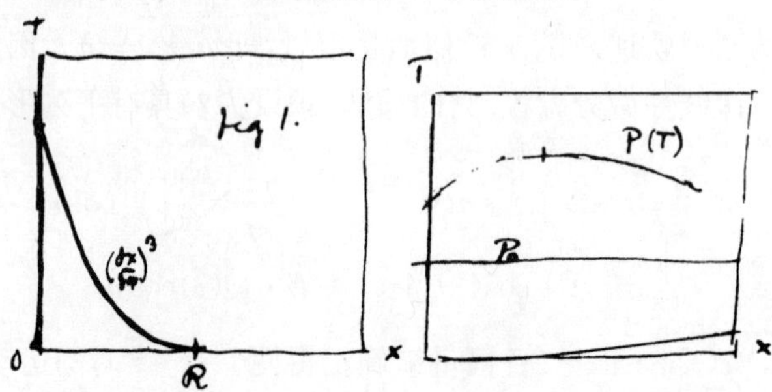

至少对极大值位于 $x=0$ 附近的那些事例来说,我们可以把 P 写到积分号
777 外面,并给它以 T 的初始值(因为乘积 $P \cdot \left(\frac{\mathrm{d}x}{\mathrm{d}T}\right)^3$ 的曲线基本上取决于$\left(\frac{\mathrm{d}x}{\mathrm{d}T}\right)^3$)并得到某种近似. 在最简单的

$$P = 恒量 \cdot \left(1 + \frac{1}{3}\left(\frac{V_1}{V_2}\right)^3 \left(\log\frac{p^2}{a^2} - 1\right)\right)$$

的事例中,求积分的结果表明 P 在积分号内外时的差值是或多或少不关紧要的. 这大约是一个 7/6 左右的因数. ($k > 1$ 是不重要的,因为在那种事例中,只要交换角标的值并使能量损失变号,就得到 $k < 1$ 的事例.)

现在很显然,这些表示式可以表述成一种适于计算的确切形式. 这是毫无疑问的. 而且也一定可能在比以前所做的更好一些的近似下求解下列方程组:

$$\frac{\mathrm{d}^2 x_i}{\mathrm{d}t^2} + \frac{\mu \cdot x_i}{r^3} = \varphi(t), \qquad i = 1,\ 2,\ 3.$$

没有理由把原子物理学中的这种“problème restreinte”(有限的问题)搁置太久,我相信,利用经典方式或沿着类似的思路,就可以得到从粒子到原子的能量传递的初级近似式

$$\delta T = \sum A_i \cdot \int_{-\infty}^{+\infty} \frac{\cos \nu_i t \cdot \mathrm{d}t}{(a^2 + (\tau - t)^2)_{i+1}}$$

但是看来这些积分的计算是很费时间的和很讨厌的，而且积分限$\pm\infty$的采用也可能是有问题的.

目前我还没有什么特定的假期计划. 我最早将于本月 22 日离开这里. 如果没有任何意外情况，我想我将到卑尔根去参加一两天会议，而其余的假期则将在哈尔当格尔(Hardanger)海滨的什么地方度过. 如果您在那时以后 ($t > 22/7$) 到这里来，则陪同您到约通海门(Jotunheimen)之类的地方去旅游一次当然会使我得到最大的快乐. 希维思教授谈到过今年夏天到这里来，但是我想他将在 7 月上旬就来. 那时还有可能出现宜人的天气而我则被困在此地. 我的处境实际上是悲喜剧式的：我有经常的工作——**在厨房中洗碟子**，总计每天约 $3\frac{1}{2}$小时. 除此以外，我是完全自由的. 但是，只因为这样，我要被困在这儿达若干个月，而且明年也将不得不干类似的活儿. 这就是我所说的那种可敬的第一线工作了. 778

既然我已经变成"vaskebjørn"[204]了，我就有许多的时间，从而我希望不久就能够把论文的稿子寄给您. 我愿意特别指出一点：近来，当我计算了电离曲线

$$\left(q = \frac{x - R_0}{R_0 \cdot \rho}\right) \qquad I = N \cdot \int_q^{\infty} \frac{1}{(\varphi - q)^n} \cdot \varepsilon^{-\varphi^2} \cdot \mathrm{d}\varphi$$

时，已经弄清楚了一个情况，即对 $n = 2/5$ 而言(氢)的曲线和对 $n = 1/3$ 而言(空气)的曲线之间的区别就在于$n = 2/5$时的极大值比$n = 1/3$时的极大值要尖锐得多，大致如图所示. 这里涉及的当然不是斜率，而只是能量损失的规律. 春天我在研究所中只针对$n = 2/5$计算了曲线. 我想使用由单一粒子引起的电离的理论表示式是完全不可能的，因为，为了能够把能量值代入您 1915 年论文中的理论表示式中，预先就要求方程

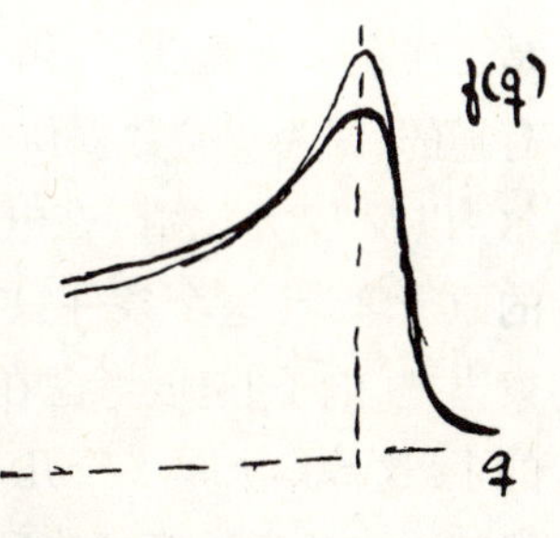

$$x = A\int_z^{z_0} \frac{\mathrm{d}z}{\log z} \qquad z = B \cdot V^4$$

对 z 的解.

我必须立即结束了，因为营房中开午饭的时间已经到了.

[204] 这是挪威文中的一个双关语，无法翻译，指的是他的洗碟子的工作.

听到关于奥斯特基金会的资助的事,实在感到惊喜.我完全无法想象您怎样设法为我解决了这些经济问题.我唯一担心的就是我会使资助者失望.然而我将尽力而为,以期不负盛意.

敬礼.

您的 S·罗西兰

Hj.博莫恩 24.沃斯

779 **罗西兰致克瑞斯先尼亚大学评议会,1922 年 2 月 26 日**

[复写纸打字本]

781 [哥本哈根,]2 月 26 日,[19]22

谨呈大学评议会

我是斯外恩·罗西兰,现在申请延长奖学金的期限,以支持我在哥本哈根大学理论物理学研究所中的研习.在丹麦的喇斯克-奥斯特基金会的国际科学合作的资助和挪威的萨姆·埃第(Sam Eyde)基金会的资助下,我从 1920 年秋天就已经在这个研究所中在玻尔教授的指导下研究特别是和原子结构有关的理论物理学了.在过去的一年中,我特别做了弄清楚可以从与放射线在不同元素中的通过相伴随的那些现象得出什么有关原子结构的结论的工作.在这一课题领域中可能是有兴趣的种种论述将纳入于玻尔教授和我自己的一篇论文[205]中,该文也将包括对课题的一种普遍的概述.这篇论文现在正在撰写中.在这方面我愿意简单地提到,我在过去一年中所曾特别研究的问题,就在于探索原子中电子的运动是否或在多大程度上影响 α 粒子在通过各种元素时所遭受的能量损失.问题是有趣的,因为实验数据似乎和一些理论想法不能相容,那些想法是以前由 N·玻尔[206]以及 L.弗拉姆[46]在电子速度远小于 α 粒子速度的条件下提出的.按照玻尔的原子理论,这个条件只有对原子中最外围的那些电子组才是成立的,因此,考察当把[电子]速度考虑在内时将有什么修订出现在散射理论中就显得是有兴趣的了.这基本上是一个几率问题,在这里,电子相对于 α 粒子路径而言的种种位置就构成几率计算中典型的不可控制的要素.通过把电子的原始速度考虑在内,这些速度的方向就可以作为一个新的不可控制的要素而被包括进来,而该要素的效应就是所要探索的要点.由于问题的动力学复杂性——这时关于力学定律之适用界限的不确定性也起一定的作用,就是说,电子的速度和入射粒子的速度具有相同的数量级——现在还很难作出任何确定的结论,这尤其是因为现有的

---

[205] 这篇论文从来就没有发表,见本书第一编的《引言》,原第 28 页.

[206] 见 I,n.32.

实验资料只在较小的程度上可供理论讨论之用. 另一方面却可以说,速度改正
量的实质本身就表明,在氧中和氮中观察到的粒子的大散射,在很大程度上是由 782
下述事实引起的:这些原子中的电子是以一些和由量子论算出的速度同数量级的速度在运动着的,而这也和由线系光谱及X射线谱得来的数据达成了适当的符合. 这个问题的澄清是特别重要的,因为它似乎可以在两种理论之间作出直接的比较:一种是用静态的或接近静态的体系来进行运算的那些原子理论(刘易斯、朗缪尔和J·J·汤姆孙),另一种是玻尔的原子理论,而对于玻尔的理论来说,电子以很高的、明确定义的速度而运动就是它的一个特征.

玻尔教授关于周期表的基本理论的要点,就是在过去的一年中作出的;随着这一理论的引入,量子论中许多较隐晦的问题已经和以前不同并比以前明朗了. 当在不久的将来写完上述这篇论文时,我打算面对着这些近期概念来继续进行我的关于原子理论的理论探索,而且也许还有实验探索,其细节将在和玻尔教授商酌后制订.

[斯外恩·罗西兰]敬上

1922年2月26日

关于罗西兰先生申请奖学金以继续在本理论物理学研究所留学一事,请允许我借此机会向贵会陈情如下:我对罗西兰先生成为物理学家的前途抱有很大希望;在他在此留学的一年半中,他很辛勤地和很有成果地作了深入研究现代物理学特别是原子结构的工作. 一年以前,他和来自斯德哥尔摩的克莱恩博士一起完成了一篇论文,描述了电子和原子之间的碰撞的一种迄今未被注意的结果. 近来我听到建议说,在这篇论文中提出的那些新思想,曾是弗兰克教授所完成的某些有趣研究的推动力,而如所周知,弗兰克教授的实验工作是曾经对这一课题领域有过深远的影响的. 在过去的一年中,罗西兰先生曾经做了α粒子对物质的穿透问题的工作,而其工作成果不久将在他和本人合撰的一篇论文中加以描述. 我愿意毫不迟疑地说,一段时间的延长留学对罗西兰先生的继续研习原子结构并参加上述这一类的科学活动将是十分重要的.

[尼耳斯·玻尔]

欧内斯特·卢瑟福 783

玻尔致卢瑟福,1921年10月24日

[复写纸打字本]

[哥本哈根,]10月24日,[19]21

亲爱的欧内斯特爵士:

我们这里对于在最近一期的 Phil. Mag. 上看到关于亨德孙先生在你的实

验室中完成的工作[207]的介绍极感兴趣. 不仅仅是我曾经在多年以来对 α 粒子的离散问题有过强烈的兴趣，而且我们这里在最近几个月中一直试图做一些新实验并改进理论的考虑. 例如，雅科布森先生刚刚完成了一篇关于氢中和空气中的电离曲线的实验论文[208]，现在我在把这篇论文寄给《哲学杂志》的同时也寄一份副本给你. 你将看到，雅科布森曾经针对空气得到了在现有的范围内和亨德孙更仔细的测量相一致的结果. 针对氢，他得出了一条电离曲线，其斜率比以前的实验家们得出的更陡一些. 问题的理论一面已由罗西兰先生处理过，他将在不多的几个星期内完成一篇论文[209]. 他通过把原子中电子的速度考虑在内而补足了理论，这是在我的以前作品中为了简单而略去了的一个问题. 罗西兰先生发现有可能主要通过 α 射线的离散来说明电离曲线的最终斜率，而不是像亨德孙似地假设它的较大部分起源于各 α 粒子在其路径终点附近的电离本领的减低.

雅科布森先生不久以前在丹麦医用镭管理局中作为物理学家得到了一个职位，他正在离开哥本哈根去英国作一短期访问，其目的首先是希望在医用镭处理方面获得经验，但是也希望看看英国的物理学学术机关. 我已经不揣冒昧地替他写了一封给你的介绍信，而如果你能允许他看看你的实验室，他将是非常感激的. 他随身带去了一些钍制剂，此种产品的急迫性或许你可以根据您在哥本哈根的停留而记起来. 这种东西曾由雅科布森先生使用过，他在不久以前完成了一篇关于钍的阻止本领的论文[210]，不久就将在这里的科学院中发表. 我
784 理解，你也许愿意得到一些钍制剂来用在你的关于原子核蜕变的工作中. 我当然急于看到关于你的工作[211]的介绍；关于它的迟迟不得发表是在你的上一封信[212]中提到了的. 我自己正为了我的关于原子构造的论文[78]而大忙特忙，我希望不久就把它写完.

我们所有的人都向你的全家和你本人致以最亲切的问候.

你的很忠实的

［尼耳斯・玻尔］

---

[207] G. H. Henderson, *The Range and Ionization of the α Particles from Radium C and Thorium C*, Phil. Mag. **42**(1921)538—551.

[208] 雅科布森的文章从未发表，见下一封信.

[209] 这篇论文没有发表.

[210] 见 I, n. 68.

[211] E. Rutherford and J. Chadwick, *The Artificial Disintegration of Light Elements*, Phil. Mag. **42** (1921)809—825.

[212] 我们找到的这封信以前的一封卢瑟福致玻尔的信，所标日期是 1921 年 9 月 26 日. 然而信中并没有提到卢瑟福论文的拖延发表，因此也许有一封更晚一些的信被遗失了.

玻尔致卢瑟福,1921 年 10 月 26 日

[复写纸打字本]

[哥本哈根,]10 月 26 日,[19]21

亲爱的欧内斯特爵士:

我现在怀着很惭愧的心情给你写信,而且我觉得很肯定,假如你有时间并已经看过雅科布森先生的论文,你就一定会对它有许多批评的意见. 这篇论文是在雅科布森先生动身去英国以前匆忙写成的,而且我几乎没有时间更仔细地核对它的结果. 然而,当后来有机会更深入地看了看这个问题时,我却发现雅科布森先生的工作不论在方法方面还是在结果方面都根本无法和亨德孙很漂亮的工作相比,而且他在论文中对结果的讨论也在许多方面是不妥当的. 因此我立刻从《哲学杂志》要回了这篇论文,而且你可以理解,我对这整个问题是大感惭愧的.

另一方面,罗西兰先生却通过把原子中电子的速度考虑在内而作出了改进理论的很严肃的尝试,而为了检验这种尝试,假如在氢中或许还在像氩之类的高原子序数的气体中也能拿到关于电离曲线的可靠结果,那就会是很有兴趣的了. 因此,如果亨德孙先生还不曾在这方面完成他的工作,而他或别的什么人将用他所用过的同一仪器来进行这种测量,那就会是有很大兴趣的. 假如他居然已经有了进一步的结果,我愿意以罗西兰先生的名义请求知道这方面的信息并表示感谢.

费心之处,尚乞见谅,并致最亲切的问候.

你的很忠实的

[尼耳斯·玻尔]

玻尔致卢瑟福,1922 年 5 月 22 日 785

[打字本]

大 学 哥本哈根东区,漂布塘路 15 号

理论物理学研究所 1922 年 5 月 22 日

亲爱的欧内斯特爵士:

我无法明白,自从我离开英国以来,六个星期已经过去了. 那似乎还只是几天以前的事,那是如此充满了经历和愉快的一段时间,主要是由于当我住在府上时你和卢瑟福夫人对我多方款待. 我觉得很难充分表达自己的感谢之情,但是我常常想到剑桥以及你的家和你的实验室,想到你在那两个地方在大大小小的事情上"照看"我的那种方式. 我自从回到哥本哈根以后就一直想给你写信,但是各种的工作占住了我,而且我也希望能够向你报告最好的消息.

我现在已经弄完了将由剑桥出版社付印的那些小文章[213],而且在几天以前

[213] N. Bohr, *The Theory of Spectra and Atomic Constitution*, Camb. Univ. Press, 1922 (reprinted 1924).

已经把稿子寄出去了.我对艾利斯代为修改译文的方式很为感谢,这不仅是从语文的观点来看,而且由于他在表达的改进和简化方面提了许多很好的建议.我想我也认出了你的手笔和风格,而且对你的帮助也十分感激.

关于你的实验室中的所有工作以及你和我谈到的那些问题,我一直想得很多.再一次在近处看到您的根本性的工作并感受到在你的实验室中正在作出的努力的强度,这是很美妙的.由于时间不够,罗西兰先生和我合写的那篇关于α射线和β射线在物质中的通过的小论文被延误了,但是罗西兰先生正在完成他自己的一篇论文,文中得出了关于电离和X射线的产生的一些颇为有趣的结果[214].联系到这一点,我已经更多地考虑了亨德孙关于α射线之减速的工作,而且不再确信他那些想法是像我当时所想的那样欠妥了.原子和快速运动粒子之间的能量传递这一整个的问题,倒是一个悬而未决的问题.我将同时给亨德孙发一封信[215],因为假如他由于我在剑桥表示的看法而推迟了任何
786 最后的发表,我会是非常遗憾的.如果有机会听到关于布拉开特的工作进展[216]的任何消息,我将非常感谢;我觉得他的工作对问题的解决来说将是最重要的.

在这里,我们还是像通常一样埋在理论问题中,而且在光谱的阐释方面正在持续地取得一些进步.在研究所中,一些小的实验研究曾经给出了相当有趣的结果.例如,雅科布森先生和乌登先生曾经在氦光谱的激发条件[81]中发现对弗兰克关于存在氦的亚稳态的结果的直接支持,而陶尔森先生在拍摄钪的吸收光谱时[217]似乎发现了对作为周期表解释之基础的那些假设的有趣支持.考斯特尔很感激你在他的论文[218]方面对他的帮助.我刚刚听到他说,他已经在他的关于稀土元素的X射线谱的工作方面取得了很有趣的进展,而且已经得到了对理论的很直接的支持.他希望不久就发表一篇有关这一问题的较短论文[219].

在目前,我自己也很忙,要在去哥廷根以前完成几篇关于原子的小论文;我要到哥廷根去待两个星期,我在很久以前就已经答应到那里去发表一系列

---

[214] S. Rosseland, *On the Theory of Ionization by Swiftly Moving Electrified Particles and the Production of Characteristic X-Rays*, Phil. Mag. **45**(1923)65—83.

[215] 1922年5月22日玻尔致亨德孙的信,见本卷原第706页.

[216] 参阅 P. M. S. Blackett, *On the Analysis of α-Ray Photographs*, Proc. Roy. Soc. London **A102** (1923) 294—318; *The Study of Forked α-Ray Tracks*, Proc. Roy. Soc. London **A103**(1923)62—78.

[217] 没找到这样的论文.

[218] D. Coster, *On the Spectra of X-rays and the Theory of Atomic Structure, Parts I—III*, Phil. Mag. **43**(1922)1070—1107.

[219] D. Coster, *On the Spectra of X-rays and the Theory of Atomic Structure, part IV*, Phil. Mag. **44** (1922)546—573.

演讲[220]，但是我在去年不得不拖延了下来. 当我回来时，我想我将需要一次真正的休假，但是然后我就将心无旁骛地去考虑我的关于原子的书；关于这本书，我已经制订了某种计划，而关于它的写作，我正在变得一天比一天热心起来. 按照你的指教，我打算用丹麦文来写这本书，而对此书完全了解的克喇摩斯则已经答应把它译成英文. 我们这里所有的人都从你的和艾利斯的对文章的改笔中学到了很多东西，而且克喇摩斯将力图从中汲取最大程度的裨益；但是书稿当然将必须请一位英国人通读. 我现在想到，如果你果真愿意让克喇摩斯在什么时候到剑桥去待一学期并开设一门关于原子问题的详细课程，一个很方便的方法就是让他在明年春天完成了译稿以后就前去，那样他就可以同时和艾利斯或其他什么可以抽出时间的人一起通读译稿. 为了这种安排，有可能在这边给他筹措一部分必要的旅费，但是我当然不知道你对这整个问题有何想法，从而问题也还不必定下来.

这里的各色人等谨向你的实验室中所有的人致以最亲切的问候，特别是我 787
妻子和我自己谨向你和卢瑟福夫人致候.

你的

N·玻尔

玻尔致卢瑟福，1926 年 5 月 15 日

［复写纸打字本］

［哥本哈根，］5 月 15 日，［19］26

亲爱的欧内斯特爵士：

我刚才已就向皇家学会提名我为外籍会员一事给格拉兹布汝克写了一封公函[221]. 虽然我很珍视这一巨大荣誉，但是我的最大的喜悦来源却还是我的英国朋友们对我亲切同情的表现，而这里首先就是你本人的表现. 我非常盼望再次去英国. 我打算出席在牛津召开的大英协会的会议并希望在那里见到你. 我的计划还没有完全确定；他们曾经要我在 7 月 20 日到爱丁堡去接受一个博士学位[222]. 虽然能够去苏格兰将是一大乐事，但是我还不知道这能否在我这边的所有日程中安排得下.

我们近来在哥本哈根过了一段很忙的时间，很重要的一个原因就是由于克

---

[220] 关于玻尔的哥廷根演讲，请参阅本书第四卷《引言》的第 7 节.

[221] 参阅 1926 年 5 月 14 日玻尔致格拉兹布汝克的信. 信见 Bohr General Correspondence，file：The Royal Society（London），尚未摄制缩微胶片.

[222] 参阅 1926 年 4 月 10 日玻尔致 W·A·弗莱明的信和随后的通信. 信见 Bohr General Correspondence，file：Edinburgh，University of. 尚未摄制缩微胶片.

喇摩斯离此去乌得勒支而引起的巨大变化. 海森伯现在在这里,而我们全都为了讨论量子理论的新发展及其展示的伟大前景而非常忙碌. 实验室的改建工作现在几乎已经完成了. 至于实验工作,雅科布森已经在有关 α 粒子对电子的俘获的考察方面取得了很好的进展;关于这种考察,我在某些时候以前是给您写过信的. 看来他已经得到了结论性的证据,表明高速 α 粒子的俘获和损失之比对氢来说要比对空气来说小得多. 现寄上打算在《自然》上发表的一篇短文[223]的副本,在此文中,雅科布森已经对他的结果作了初步的说明. 他已经得到了一套工作得很好的装置,他现在正用这套装置来把测量扩大到其他气体中去. 希维思还在做钾的分离的工作[224],这种工作现已证实为一种很困难的任务. 此刻他正在弗赖堡,
788 以便弄到一套过冬的住房. 我想你已听说,他的家庭已经扩大,生了一个女儿. 我自己的家庭也很好,但是我妻子近来度过了一段伤心的时间,因为她母亲在几个星期以前只病了几天就去世了.

希望你们全都安好,我妻子和我谨向卢瑟福夫人和你本人以及否勒夫妇致以最亲切的问候,我们都非常盼望否勒夫妇在 9 月间的来访.

你的

[尼耳斯·玻尔]

麦·纳德·萨哈

萨哈致玻尔,1944 年 12 月 24 日

[手迹]

尼德兰广场

辛辛那提

12 月 24 日,1944

亲爱的玻尔教授:

我在英国时听说你已逃出丹麦,而且目前正在这个国家中. 万内瓦·布什博士告诉我说你或许正在普林斯顿,于是我就写这封信,希望碰巧它可以寄到你手.

首先请允许我为了你的逃出纳粹统治而表示我们的衷心快慰.

我正在作为印度政府派出的科学代表团的成员而在这个国家中到处巡视.

---

[223] 见 II, n. 2.

[224] 参阅 G. Hevesy, *The Radioactivity of Potassium*, Nature **120** (1927)838—839; G. v. Hevesy and M. Lögstrup, *Die Trennung der Isotope des Kaliums*, Z. f. anorg. u. allgem. Chemie **171**(1928) 1—13.

我们预料将在 1 月 29 日到 2 月 2 日之间的什么时候去普林斯顿. 如果当我在那里时你能抽出半小时的时间和我谈谈,我将是很高兴的.

我想见你的直接目的是要在一些问题方面得到某种启示;那些问题是你在三十二年以前研究过的. 我近来发表了一篇论文:《论日冕的一种物理理论》[225]. 我在文中试图对艾德伦的不寻常的工作[226]提供一种解释. 可惜我只有一份论文,它是在印度发表的,但是我已经作出安排,将把在华盛顿的地球物理研究所准备的一份这篇论文的通俗本寄给你.

我曾经引用了一些论据,来证明日冕中高度电离的 Fe 和其他原子是由一种
核过程造成的,而这种过程和铀裂变关系密切或完全等同. 这就把带电粒子在太 789
阳大气中的通过问题,把它们通过碰撞而引起电离时的能量损失(二十二年前由你处理过,后来(1940)又在哥本哈根处理过),把这些粒子对电子的俘获(克喇摩斯和布林克曼的工作——Amst. Proc. 1930[227])提到了首要的地位. 我对那时以来所发表的多数文献是熟悉的,但是我并不满足于我们在一切事例中都有满意的解,从而我请求和你交谈一次并得到有关课题的更多启示.

致以最亲切的问候.

你的忠实的

M·N·萨哈

爱德华·泰勒

玻尔致泰勒,1947 年 12 月 27 日

[复写纸打字本]

卡尔斯伯府　　　　哥本哈根,12 月 27 日,1947

瓦耳比

亲爱的爱德华:

我很抱歉没有更早地回复你 11 月 10 日的很亲切的来信,但是这几个月来我们实在太忙. 特别是我曾经努力完成各种的旧论文,它们的发表已经由于战争而拖延了几年. 我现在已经结束了关于穿透问题的论著. 一旦我拿到校样,你就会收到一份完整的论文. 但是我今天只寄去两节的副本,这也许会使你和克尼普

[225] M. N. Saha, *On a Physical Theory of the Solar Corona*, Proc. Natl. Inst. Sci. India **8**(1942) 99—126;并参阅 M. N. Saha, *The Solar Corona*, Nature **149**(1942)524—525.

[226] B. Edlén, *An attempt to identify the emission lines in the spectrum of the solar corona*, Ark. Mat. Astr. Fys. **28B**, no. 1(1942).

[227] 见 II, n. 6.

感兴趣.整个的讨论当然是很一般化的,而且常常是定性的,但是你将看到还是取得了某种进展,特别是在和由拉森作出的关于裂变碎片的电荷以及碎片沿路径产生的电离的那些测量结果[228]的对比方面.

我们在9月我们自己的小会议上都很想念你,但是我非常希望在春天能够见到你并和你讨论许多共同感兴趣的问题,那时我妻子和我将去普林斯顿待几个月.吉姆[229]也将去那里,并将在美国待到9月,而且他希望也能够去芝加哥.

我们大家向你致以最衷心的问候,并向你和米琪及保罗致以最良好的新年祝愿.

你的

[尼耳斯·玻尔]

790 约翰·A·惠勒

玻尔致惠勒,1940年5月27日

[复写纸打字本]

[哥本哈根,]5月27日,[19]40

亲爱的惠勒:

自从你收到我的信以来,多少事情没有在欧洲发生啊!不过我在这封信中不谈那些,因为事情发展得很快,从而今天的一切预测在你收到此信以前就可能已经完全改观了.在此期间,我们正在研究所中尽可能地进行着实验研究和理论研究,而在这方面我特别愿意知道你那边关于我们正在合作的核问题的工作情况如何.自从收到你2月22日的电报以后,我没有听到任何消息,而如果你能打电报通知我那份稿子怎么样了,我将是很感谢的.

不多几个星期以前我收到了阿马耳迪的一封很有趣的来信[230],谈到了一些关于对快中子而言的铀裂变截面的新的测量结果[231].事实上他已经发现,对于能量从1到10兆伏特的中子来说,截面接近于保持恒定,而对于更快的中子来说,截面却是显著地较大的.我在回信中指出,这可以用一些裂变的发生来简单地加以解释,那就是当中子逸出以后留下来的剩余受激核在

---

[228] 关于这一研究的总结,见 II, n. 159.

[229] 杰姆斯(吉姆)·贝克尔是奥格·玻尔在战争期间留在美国时使用的化名.

[230] 1940年4月22日阿马耳迪致玻尔的信;一份复写纸打字本现藏罗马的国家科学院档案馆.

[231] 参阅 E. Amaldi *et al.*, [*On the Fission of Heavy Elements*], Ric. sci. progr. tecn. econ. naz. **11** (1940) 302—311; [*On the Fission of Uranium by Fast Neutrons*], *ibid.*, 413—417.

这种能量下的裂变. 事实上,由于核的偶性质,关于这种裂变的条件是特别有利的.

在这儿,我们近来正忙于讨论在实验室中摄得的裂变碎片云室径迹的一些美好照片,这些照片已经显示了一些对阻止本领理论来说是很有兴趣的特点. 然而,在目前,我们深深感到和世界隔绝了,而且很缺乏美国刊物. 例如,我们没有看到 2 月 1 日以后的任何一期《物理学评论》,因此,如果你能和美国物理学研究会(AIP)安排一下,把我们的刊物用一种有最大可能迅速寄到的办法寄到研究所中来,那确实将是对我们的很大帮助.

我们大家谨向尊夫人和你本人以及在普林斯顿的共同朋友们致以最亲切的问候和最良好的祝愿.

你的

[尼耳斯·玻尔]

伊万·杰姆斯·威廉斯 791

威廉斯致玻尔,1929 年 11 月 25 日

[手迹]

物理实验室

大　学

曼彻斯特

11 月 25 日,1929

亲爱的玻尔教授:

我很高兴能把我关于 β 粒子离散的论文[232]的一份抽印本寄给你. 我所作的计算是你在 1915 年就此课题所作计算的一种继续,从而这有可能唤起你关于曼彻斯特的回忆.

近来我曾经考虑了 β 粒子的平均阻止本领 $(0.25 < v/c < 0.96)$,而且我发现阻止本领近似地对应于你的"经典"公式所要求的值,但是能量损失的分布却和经典值大不相同——几乎所有的能量都是在电离碰撞中损失掉的. 这大致地就是刚特考虑了的那种量子理论所要求的(Proc. Camb. Phil. Soc. **23**, 732)

你的忠实的

E·J·威廉斯

㉜ 见 II, n. 30.

威廉斯致玻尔,1933年5月17日

[手迹]

物理实验室
大　学
曼彻斯特
5月17日,1933

亲爱的玻尔教授:

不久以前我申请过一份洛克菲勒奖学金,以便到大陆上去学习和研究一年物理学.我本来的打算是到柏林的威廉皇帝研究所中去在迈特纳教授的实验室
792 中工作.然而,有鉴于德国当前的政治局势,洛克菲洛委员会无论如何是不太可能选派任何学者去德国学习的,从而他们曾经要求我建议德国以外的一个求学的地方.我曾经考虑了这个问题,而且确信我没有比哥本哈根的你的研究所更好的选择,因此,如果你能允许我到你那里去,我将确实是很高兴的.

我在物理学中的工作曾经主要是在实验方面,而且在我领取奖学金的一年中,如果可能的话我希望进行某种实验的研究.我打算在迈特纳教授的实验室中研究的实验问题是"快β粒子在通过薄箔时所遭受的能量损失的分布".这种研究以前有人做过,最精确的工作是由怀特和密灵顿(1928)做出的[233].我曾经分析了怀特和密灵顿所得到的结果并且发现一种精确的诠释是不可能的.这是因为他们用了云母箔,而云母中相当多的电子具有和在离散现象中所涉及的能量损失同数量级的电离势(~1 000→2 000伏特).我愿意用赛璐珞代替云母来重做他们的实验.赛璐珞并不包含比氧更重的任何东西,从而在诠释实验结果时不应该有任何复杂性.箔中小得多的核致散射也将增大实验精确度,并使较厚的箔也可以应用.通过这种用赛璐珞片来做的实验,应该可以得到

(a) 在从0.5到0.96的v/c下针对Q~1 000→5 000伏特得出$\phi(Q)$的值,精确度约为5→10%.($\phi(Q)\mathrm{d}Q=$能量损失介于Q和$Q+\mathrm{d}Q$之间的碰撞的几率/厘米.)

(b) 最可几能量损失,精确度为百分之几,从而就可以仔细检验相对论改正项$\log(1-\beta^2)-\beta^2$.

关于(a),按照摩勒的理论[234],$\phi(Q)$的量子力学值实际上可以看成和经典值相同,即

---

[233] P. White and G. Millington, *The Velocity Distribution of β-particles after passing through Thin Foils*, Proc. Roy. Soc. London **A120**(1928)701—726.

[234] C. Møller, *Zur Theorie des Durchgangs schneller Elektronen durch Materie*, Ann. d. Phys. **14** (1932)531—585,此处所引见 p. 570.

$$\phi_{\text{理论}}(Q)=\frac{2\pi me^4}{mv^2}\cdot\frac{1}{Q^2} \tag{1}$$

我对怀特和密灵顿的结果的分析给出(2) $\phi(Q)_{\text{观测}} \sim 2\times\phi_{\text{理论}}(Q)$. (1) 虽然适用于自由电子,但也适用于束缚电子,如果 $Q\gg$ 束缚能量的话. 观测值(2) 涉及的是 $Q\sim 1\,000$ 伏特和云母,而因子"2"可能是起源于云母中束缚得很紧的那些电子,尽管这种可能性不太大. 在赛璐珞的事例中,束缚能量的效应将小得多, 793
从而结果将毫不含糊地确定因子"2"是不是起源于束缚力.

上述研究所需要的基本仪器是

(1) 一个磁场,~500 高斯,在 10 厘米平方的面积上为均匀.

(2) 一个 β 粒子放射源,给出一个线能谱. 以前的工作者们所用的通常的源是由镭射气得出的 RaB 和 RaC.

(3) 测量"谱线"用的一个光度计.

如果没有可用的仪器和放射源,也有另外一些"碰撞"问题是我愿意研究的;它们可以用一种云室仪器来研究,如果有这种仪器的话.

最后请允许我再说一次,如果你能够允许我到哥本哈根来在你的研究所中工作,我将确实是很高兴的.

你的忠实的

E·J·威廉斯

(我发表过的关于"碰撞"的论文有:

(1) 快 β 粒子在气体中的通过.

(2) β 粒子的能量损失率.

(3) β 粒子在通过薄箔时的离散现象.

(4) 由慢 β 粒子引起的分支的产生.

(5) α 和 β 粒子在物质中的通过和玻恩理论.

(6) 碰撞参量方法在碰撞中的应用

(附抽印本).)

玻尔致威廉斯,1933 年 5 月 24 日 794

[复写纸打字本]

5 月 24 日
1933

亲爱的威廉斯博士:

我刚刚在帕萨迪纳这儿收到了你的和布喇格教授[235]的来信. 我们确实很欢

---

[235] 1933 年 5 月 16 日 W·L·布喇格致玻尔的信,见本卷原第 664 页.

迎你在下一年到哥本哈根来和我们一起工作.对我以及对摩勒博士来说,讨论我们全都很感兴趣的碰撞问题将是一大快事.我也确信我们能够向你提供继续进行你的实验研究所需要的设备.你愿意进行研究的并在来信中提到的那些问题看来确实是很有兴趣的.然而我想,最好等你到了哥本哈根而且我们已经有机会对这一领域中目前发展得如此迅速的整个形势进行了讨论以后,再来作出任何确定的安排.

从9月1日起,当我们大学开学时,我将在哥本哈根,而你在任何对你方便的时候来开始工作都是会受到欢迎的.

希望对你的来信的这封晚了的复信不会造成你的计划的任何干扰,盼望很快就能在哥本哈根见到你.

你的忠实的

N·玻尔

威廉斯致玻尔,1934年11月16日

[手迹]

物理实验室

曼彻斯特

维多利亚大学

曼彻斯特,13

11月16日,1934

亲爱的玻尔教授:

随函附上我关于γ射线散射实验的说明,这种说明将作为一封通信在《自然》上发表[236].我很抱歉我已经花了太久的时间来把它弄完.

795 它看起来相当长,而实际上这并不超过《自然》上的一页,而且我想,例如在上一星期的(11月10日一期)《自然》上,就有3封这种篇幅的信.然而,如果你认为有些可以删掉的部分,我也是很愿意作出改动的.对于别的建议,我也将乐于听取.

我现在正忙着写我的论文的第二部分,《辐射结果对碰撞的应用》[237].我希望在这个月的月底把它写完.然后我就将能够用12月的大部分时间来撰写我们的合撰论文的第二部分的初稿了.

谨向你和玻尔夫人致以最亲切的问候.

你的很忠实的

E·J·威廉斯

---

[236] E. J. Williams, *Scattering of Hard γ-Rays and Annihilation Radiation*, Nature **135**(1935)266.

[237] 见II,n. 63.

玻尔致威廉斯,1934 年 12 月 18 日

[复写纸打字本]

[哥本哈根,]12 月 18 日,[19]34

亲爱的威廉斯:

谢谢你 12 月 12 日的亲切来信和你关于辐射理论对碰撞问题之应用的论文的前两部分的稿子.稿子看来确实很好,但是我还没有抽出时间来仔细通读它.这一点我当然要在你于 1 月间来哥本哈根以前做到,以便你的论文在你住在这里的期间可以付印.

最近几个星期以来,普莱赛特和惠勒曾经为了 γ 射线的反常散射问题[238]而大忙特忙,而且他们希望能够对你的结果作出一种令人满意的解释.因此我们想,最好暂缓把你的短文推荐给《自然》,等你来到这里并和惠勒彻底讨论了以后再说;惠勒整个冬季都将留在这里,而普莱赛特则在几天以前动身去比利时了.布若斯特罗近些日子也正忙着把你的实验装置再安排得可以使用,以准备你或许像在给雅科布森的信中所提到的那样愿意再作几次测量.

我们都在盼望的你到这里的来访,肯定将是一段忙碌的时间,但是我们大家都将力图使它尽可能地有益处,而且,即使在你留在这儿时咱们做不到完成咱们的合撰论文,咱们至少可以走得很远,以致我可以在卡耳卡尔的协助下很容易地完成它;我近来已经开始和卡耳卡尔讨论一些更加复杂得多的碰撞问题,例如人们在试图解释某些斯塔克效应图样中的有趣不对称性时所遇到的那种碰撞问题.

在圣诞节的一星期中我将和全家外出,但是将在明年初赶回,因此你计划那 796
时到哥本哈根来是对我们非常合适的.

我们大家都向你致以最亲切的问候和最良好的祝愿.

你的

[尼耳斯·玻尔]

威廉斯致玻尔,1935 年 1 月 21 日

[手迹,附打字的《摘要》]

物理实验室

曼彻斯特

维多利亚大学

曼彻斯特,13

1 月 21 日,1935

亲爱的玻尔教授:

我于上星期二平安地回到这里.我在哥本哈根度过了很愉快的两个星期,而

---

[238] 参阅 M. S. Plesset and J. A. Wheeler, *Inelastic Scattering of Quanta with Production of Pairs*, Phys. Rev. **48**(1935)302—306.

且我愿意为了研究所的热情接待而向你特别致谢.

现随信寄上我的关于"辐射理论的结果对碰撞的应用"一文的摘要. 我很遗憾地告诉你,我没能找到去年 10 月间我为关于碰撞的合撰论文所写成的稿子. 然而稿子并不多,我再写一遍也费不了很长的时间. 那时我将把它寄给你. 我也将力图尽可能快地写成关于散射的实验论文[239].

你的很忠实的

E·J·威廉斯

摘　要

本文讨论的是处理某些碰撞问题的一种方法的进一步发展和应用,那就是用一个等价辐射场来代替其中一个碰撞体系的场的方法. 论文分为三部分. 第一部分是通论,涉及方法的适用条件以及匀速运动带电粒子之"等价"辐射场的频谱形式. 方法对特殊问题的应用在第二部分中给出. 下面列举所考虑的问题,并提到所处理的特殊点和所得的结果. 碰撞效应和辐射效应之间的关系在一切事例中都已基本上显示了出来.

797 i) **原子的电离**. 电离碰撞中能量传递的分布,被散射的致电离粒子的和原子中反冲电子的角度分布.

ii) **电子引起的核蜕变**. 蜕变的本性和截面的普遍近似公式. 电子引起的直接蜕变和次级 X 辐射引起的蜕变之间的关系.

iii) **有辐射的碰撞(非相对论式的)**. 长波区域中的 X 辐射强度,以及量子力学公式和经典公式之间的关系.

iv) **有辐射的碰撞(相对论式的)**. 高能电子(能量 $\xi mc^2 \gg mc^2$)的辐射能量损失的分布的近似推导. 证明:能量损失 εmc^2 的计算涉及关于频率 $\nu \sim (\varepsilon/\xi)(mc^2/h)$ 的辐射散射公式的应用,因此,实际上可以认为任何辐射能量损失都不依赖于关于比 mc^2/h 大得多的频率的那种散射公式的应用.

v) **高能光子在核场中的偶产生**. 适用于这一效应的公式由适用于二光子之偶产生的布来特-惠勒公式导出. 计算和关于有辐射碰撞的计算(iv)很相似. 实际上,一些产生偶的碰撞都可以简化成由能量约为 mc^2 的光子所引起的偶产生.

vi) **由两个粒子引起的偶产生**. 公式很容易由适用于光子和核引起的偶产生的公式推出.

---

[239] 我们没有找到这样的论文.

威廉斯致玻尔,1935 年 2 月 9 日

［打字本,有手写的附言］

物理实验室
曼彻斯特
维多利亚大学
曼彻斯特,13
2 月 9 日,1935

亲爱的玻尔教授:

1 月 1 日的《物理学评论》上发表了奥本海默的一篇论文[240],文中讨论了辐射公式和关于高能电子的电离公式的适用性. 他提到了外札克尔的[241]和我本
人的[242]以前的讨论. 他的论文的要点是,"傅立叶分析"论点可能失效,如果干 798
扰场收缩到小于电子半径 σ 的线度 d 的话,而且他强调指出,外札克尔和我忽视了这一点. 然而这样一种失效的可能性是在我的短文中明确地指出了的. 我也简短地考虑了略去 $d<\sigma$ 的碰撞时的效应,而奥本海默的论文也考虑了这种效应,只不过考虑得更详细一些. 你认为我是不是应该在一篇对奥本海默论文的答复中指出这些情况呢? 如果你认为应该并认为附寄的短文可用,我将是很高兴的,如果你肯费心把它推荐给《物理学评论》作为一封给编者的信[243]而予以发表的话.

我还没有写完我的关于"硬 γ 射线的散射"的论文,但是我认为这不会拖得太久了. 近来我的一些时间被用在和布喇格教授一起进行的关于合金中的原子排列的某些计算上[244].

致以最亲切的问候

你的忠实的
E·J·威廉斯

再启者:随函寄上我从前致《物理学评论》的信一份[243],以及我近来致《自然》的关于偶产生的信的抽印本一份[245].

---

[240] 见 II, n. 64.

[241] C. F. v. Weizsäcker, *Ausstrahlung bei Stößen sehr schneller Elektronen*, Z. Phys. **88**(1934)612—625.

[242] E. J. Williams, *Nature of the High Energy Particles of Penetrating Radiation and Status of Ionization and Radiation Formulae*, Phys. Rev. **45**(1934)729—730.

[243] E. J. Williams, *High Energy Formulae*, Phys. Rev. **47**(1935)569—570.

[244] 见 II, n. 68.

[245] E. J. Williams, *Production of Electron-Positron Pairs*, Nature **135**(1935)66.

玻尔致威廉斯,1935 年 2 月 11 日

[复写纸打字本]

[哥本哈根,]2 月 11 日,[19]35

亲爱的威廉斯:

在最近一次科学院的会议上,正式批准了在我们的院报上发表你关于碰撞问题和辐射理论的相互关系的论文,因此现在在排印该文方面不再有任何阻力了[246].在此期间,我们已经在研究所中仔细通读了你的论文,而且有许多问题我们愿意在把论文付印以前听听你的意见.

关于你的论文的头两部分,这些问题只是纯形式性的.现在我把稿子同时寄还.你在稿子上可以看到,卡耳卡尔和惠勒已经标出了一些地方,那里你的公式可能需要小的改正,而特别是你可能需要再次考虑哪儿的 h 是代表旧的普朗克
799 恒量和哪儿的 h 则代表 $h/2\pi$.在辐射理论占有首要地位的一篇论文中,也许最好的办法是永远使用旧的符号而完全避免 $\hbar$ 这个符号.惠勒曾经指出的另一点是,你的短辐射脉冲的谱分量曲线并不具备很正确的形状.惠勒将单独写信和你讨论这一点,这对你的论证来说当然并非关键,而只是一个表达的确切性的问题而已.

然而,正如我们在哥本哈根已经谈到过的那样,更加严重得多的事情却涉及这样一个问题:按现有的形式发表你的论文的第三部分是否妥当?在《物理学评论》上出现了奥本海默的论文以后,这方面的困难也更大一些了;奥本海默这篇论文可能你已经见到了,而关于它的内容,我们在这里已经进行了详细的讨论.当然,奥本海默提出的一切问题,恰恰就是咱们两个都知之甚稔的那些同样的问题.而且我也并不十分同意他把一些论点和经典理论或玻恩理论结合起来的那种方式.你知道,我正在越来越倾向于在实验结果中看到电子理论的一种新的根本方面的迹象;对于这种新的根本方面,经典理论的局限性可能为它留下了余地,但是却没有给出任何的指引.另外,这些困难和玻恩理论的关系也是很微妙的;而且我确实认为,几乎没有什么理由可以像你那样说这种理论不可能对问题有任何影响,正如没有什么理由像奥本海默那样试图把辐射公式的缺点和迄今已经详细讨论过的玻恩理论的那些方面结合起来一样.我认为,在这方面,问题是完全悬而未决的,因为迄今还没有任何人曾经认真地试图把玻恩理论之类的本质上非经典的理论发展到能够真正讨论当前问题的必要程度.

在这些情况下,我认为也许最好在你的论文的第三部分中把那些悬而未决的问题的一切详细讨论全都删去,而把它们留给将来.完全另外的一个问题就在

---

[246] 见 II,n. 63.

于是否应该大大压缩和实验结果的比较. 一方面,这个问题在奥本海默的论文中已经接触到了;另一方面,更切实际的办法也许是在另外一篇短文章中讨论这种问题,而不是在一篇普遍性的论文中讨论它,因为普遍性论文的方法上的兴趣是大体上和这种细节讨论的现状无关的.

你了解,所有这些说法都只意味着一些建议. 为了不至于不必要地拖延你的论文的印刷,我愿意建议你在最后的润色以后立即把论文的前两部分寄回到研究所中来,而在这儿,卡耳卡尔就将负责和印刷者作出安排,因为我自己将为了特别需要的休养而离开几个星期. 然后,当你一旦对论文的最后一部分的形式作出了决定并把它寄给了我们以后,我就将在返回以后立刻关心它,以便整篇论文能够尽可能快地问世.

我希望你在撰写有关你的实验的论文方面进行顺利,我正在切盼着见到它. 800
当我回来时,我也希望以新的精力在卡耳卡尔的合作下重新拣起关于普遍碰撞问题的工作来,而且那时我将再写信告诉你关于和这一工作的完成有关的你到这里访问的最好安排.

我们大家都向你致以最亲切的问候.

你的

[尼耳斯·玻尔]

威廉斯致玻尔,1935 年 2 月 17—18 日

[打字本,有手写的公式和补笔]

大 学

曼彻斯特,13.

2 月 17 日,1935

亲爱的玻尔教授:

非常感谢你为我的关于"辐射和碰撞问题"的论文所费的许多心,同时也感谢研究所中别的人们.

关于论文的讨论高能公式的第三部分,我完全同意你们的看法. 我想只发表头两部分将会好得多. 另外,既然奥本海默在他的论文中详细地求出了略去 $p < \xi(e^2/mc^2)$ 的"可疑"碰撞的后果,正像我在我的论文第三部分中的做法一样,而且他也提到了由多重径迹的不存在指示出来的辐射公式的失效,那么我就认为发表第三部分是完全不必要的了. 这一部分中唯一可能有兴趣的和迄今还没有在别处被讨论过的一点,就是关于高能电子的散射的讨论. 然而这一点在我作为对奥本海默晚近论文的一种可能答复而写成的那篇短文中已经很恰当地提到了.

我很感激卡耳卡尔和惠勒通读我的论文. 所作的改正我也相当同意,只除了一个地方以外;那里的改正将显得是很严重的. 在我的关于电离的公式(15)中,卡耳卡尔曾经把 $\log(mv^2J/Q^2)$ 改成了 $2\log(\hbar vJ/e^2Q)$,此处 $J=$氢的电离势能. 然而这两个表示式是等同的,因为

$$2\log\frac{\hbar vJ}{e^2Q}=\log\frac{\hbar^2v^2J^2}{e^4Q^2}=\log\frac{\hbar^2v^2J}{e^4Q^2}\cdot\frac{me^4}{2\hbar^2}$$

$$=\log\frac{\left(\frac{1}{2}\right)mv^2J}{Q^2}$$

至于我的显示短脉冲之谱分布的图解,那并没有打算画得合乎比例,而是只想
801 用它作为一件事实的一种示意式的表示,那事实就是,当 $\nu\ll v\xi/2\pi p$ 时强度是恒量,在 $\nu\sim v\xi/2\pi p$ 的区域内强度减小,而当 $\nu\gg v\xi/2\pi p$ 时强度可以忽略不计. 为此目的,标有 $\nu\ll v\xi/2\pi p$ 的区域被画得比 $\nu\sim v\xi/2\pi p$ 的区域大了许多,从而强度的下降就被局限在图解上的一个小部分中了. 图解对 $\nu\ll v\xi/2\pi p$ 的夸大并不是没有道理的,因为在多数问题中这样的频率就给出所有的效应. 通过按 $\log\nu$ 来画强度曲线,我当然可以得到所要的效果而仍然保持准确,但是那将不能包括 $\nu=0$. 因此我已经让图解保持了原状,但是增加了一点说明来指出曲线是纯示意性的.

既然现在去掉了第三部分,我就在关于傅立叶分量独立性的讨论中增加了一点简短的说明,来指出这种独立性依赖于运动方程的线性.

我不知道你是否认为有必要寄给《物理学评论》一篇短文,以答复奥本海默并简单地讨论一下高能电子的散射. 然而我随信寄上我上次寄去的短文的稍经修订的文本,请你审阅.(我刚刚收到你的信,说到我的前一短文将被寄给 Phys. Rev. 因此我就不再寄去我所准备的改过的稿子了.)

至于玻恩的新理论,奥本海默认为有两种效应. 第一种就是在我的论文第三部分中提到的那种效应,而事实上也是由玻恩本人考虑了的效应. 那就是,大于 c/σ 的傅立叶频率没有任何效应,此处 $\sigma=e^2/mc^2$. 既然比 c/σ 小得多的频率不受影响,辐射效应也就不受影响. 奥本海默同意这一点.

按照奥本海默的看法,还存在第二种效应. 当由运动核引起的电场大于固有场 e/σ^2 时,这种效应就出现. 我在近来的访问中和惠勒讨论了这一效应,而且我想惠勒同意了一点,即在玻恩的理论中由一个运动粒子引起的电场可以有大于固有场 e/σ^2 的值,因为在他的理论中洛伦兹变换方程是没有改变的. 上限 e/σ^2 只适用于纯电场. 当然,当由运动粒子引起的场叠加在电子的场上时会出现什么情况,那是很难说得出的.

在寄给《物理学评论》(1 月 15 日)的另一篇新近论文中,奥本海默计算了由一个高能电子在核场中引起的电子偶的产生[247]. 他把电子偶的产生看成了由一种辐射在电子自己的场中的"内转换"所引起的次级效应,而那种辐射是在核的 802
作用下由电子自己所发射的. 他实际上只考虑了量子能量 $h\nu \ll \xi mc^2$ 譬如说 $= \varepsilon\xi mc^2$ 的那种辐射的内转换,为的是对电子的反作用可以很小. 然而,在核为静止的参照系 S 中频率为 $\varepsilon\xi mc^2$ 的被发射辐射在电子为静止的参照系 S' 中将变换成频率为 $h\nu' \approx mc^2$ 的辐射. 因此,如果 $\varepsilon \ll 1$,这一频率就太小,不足以产生一个电子偶. 因此我不能看出任何电子偶可以通过在 S 中量子能量 $\ll \xi mc^2$ 的辐射的内转换来产生. 在我看来,奥本海默似乎把由静止源发出的辐射的内转换公式应用到了由运动源发出的辐射的内转换上去了. 对他的处理方式的这种批评不适用于由慢重粒子引起的偶产生,因为在这种事例中并不出现可以和 c 相比的速度. 相当奇怪的是,他得出的关于由高能电子引起的偶产生的结果和我通过傅立叶分析法得出的结果具有相同的形式,他的公式和我的公式只差一个数字因子. 然而在这两种效应之间却不存在任何联系,而实际的效应则是二者的合效应. 不过我还是相信,奥本海默关于"内转换"效应的结果是不正确的,而且这种效应和在我的论文中提到的效应相比是可以忽略的. 然而我将再读一读他的论文,并且更仔细地看看他的计算.

我同时寄去我的论文的改正过的前两部分.

2月18日,星期一

我已经再次细读了奥本海默关于偶产生的论文. 有可能他想到的是电子所发射的辐射在核的场中而不是在电子自己的场中转换成偶. 在这种情况下,他就不能应用一个内转换公式,因为快电子是在离核很远的距离 ($\gg \hbar/mc$) 处发射它们的大部分辐射的. 事实上,由一个快电子在碰撞参量 $<\hbar/mc$ 的一次碰撞中发射的辐射数量,只是所发射的总辐射的一个分数,$\approx 1/\log\xi$. 有可能,奥本海默的处理将适用于这一部分被发射的辐射,所给出的偶产生的截面约为由我所导出的公式来表示的截面的 $\log\xi$ 分之一.

我也刚刚看到斯科贝耳琴的一篇论文,文中对他关于由快 β 粒子引起的正电子的产生的观测结果作出了充分的叙述[248]. 采用他对这种过程之截面的估计, 803
看来对很轻的元素($Z \lesssim 6$)来说,由来自硬 γ 射线的反冲电子产生的偶的数目就

---

[247] J. R. Oppenheimer, *Note on the Production of Pairs by Charged Particles*, Phys. Rev. **47** (1935) 146—147.

[248] D. Skobelzyn and E. Stepanowa, *La production d'électrons positifs par les rayons β*, J. de phys. et le Radium **6** (1935) 1—11.

将是可以和由 γ 射线直接产生的偶的数目相比的. 根据我的关于来自轻元素的湮灭辐射的实验数据,我将试图对这种偶产生给出一个上限.

今天早晨我收到了你的来信,而且我很高兴你同意我那篇作为对奥本海默的可能答复的短文. 文中有一两个地方的措词是我认为还可以改进的. 我将把这些改笔寄给舒耳兹女士,但是如果短文已经寄出,那也无关紧要.

希望你在瑞士过一个愉快的假期,谨向你和玻尔夫人致以最亲切的问候.

你的忠实的

E·J·威廉斯

玻尔致威廉斯,1935 年 3 月 16 日

[复写纸打字本]

[哥本哈根,]3 月 16 日,[19]35

亲爱的威廉斯:

我在阿罗萨收到了你的信和修正后的稿子,当时我想最好打电报通知塔特教授暂缓把短文付印,直到进一步的通知时为止. 在我回来以后,我又和惠勒及卡耳卡尔讨论了整个问题,而既然我们都认为在现有的形式下发表是很妥当的,我今天已经把修订稿给塔特教授寄去了. 此外,我在旅途中由和海森伯及外斯考普的讨论得知,辐射性碰撞的问题以及类似的问题近来已经进入了一个新阶段,因为看来有可能在海森伯的最近论文[249]所讨论的光量子在真空中的相互散射的基础上发展出场论的一种新修订,它和玻恩理论有某种相似之处,但却包含一些本质新的特色,它们有可能为目前的佯谬提供一种令人满意的解答. 然而这种发展还刚刚开始,从而我认为我在你的论文中不提到它乃是完全合理的. 我在旅行
804 中得到了很好的休养,而且现在又和罗森菲耳德一起为了完成我们关于角动量佯谬的论文[250]而紧张地工作着了. 我们一旦结束,我就会再写信给你谈谈咱们其他工作的计划.

我们大家都向你致以最亲切的问候

你的

[尼耳斯·玻尔]

---

[249] W. Heisenberg, *Bemerkungen zur Diracschen Theorie des Positrons*, Z. Phys. **90**(1934) 209—231; *Berichtigung zu der Arbeit*:"*Bemerkungen zur Diracschen Theorie des Positrons*", Z. Phys. **92** (1934) 692. 并参阅 W. Heisenberg and H. Euler, *Folgerungen aus der Diracschen Theorie des Positrons*, Z. Phys. **98**(1935—1936)714—732.

[250] 见 II, n. 45.

威廉斯致玻尔,1935 年 4 月 26 日

[手迹]

物理实验室
曼彻斯特大学
4 月 26 日,1935

亲爱的玻尔教授:

我要很抱歉地告诉你,由于我和布喇格教授一起进行的关于合金中的原子排列的工作,最近两个月来我还没有抽出任何时间来用在关于碰撞的论文和我的关于 γ 射线散射的实验论文上. 我一直和布喇格教授在合写一篇关于合金问题的论文,而且还在写一篇我自己的单独论文[251],而且布喇格教授急于把它们一起发表,并在复活节以前写完. 因此我在上学期决定把我的所有时间都用在这些关于合金的计算上,以便尽可能快地完全脱出身来撰写别的论文. 然而"合金"的计算却比我所想的用了更多的时间,从而我认为,假如我曾经把日程颠倒过来,先做别的论文,那就会更好一些了. 关于合金的论文在实际上已经写完了,下星期就将推荐出去发表. 然后我就将写出一篇关于我们联系到碰撞的普遍处理而讨论了的所有那些问题的说明来. 事实上我已经开始了,而且我将在 5 月底以前把所有的稿子寄给你. 在那以后,我将写出我的关于 γ 射线散射的实验论文. 我建议把这篇论文写得相当地短,尽可能清楚地给出实验结果,但是并不讨论反常散射的理论诠释. 我设想这种讨论正在由惠勒和普莱赛特彻底地作出[238].

谨向你和玻尔夫人致以最亲切的问候.

你的忠实的
E·J·威廉斯

威廉斯致玻尔,1935 年 8 月 5 日 805

[手迹]

布林南塞耳
兰西拜策尔
卡马森郡
英格兰
8 月 5 日,1935

亲爱的玻尔教授:

我现在终于要把关于碰撞的论文寄去了.

---

[251] 见 II,n. 68.

我已经相当全面地写了关于咱们去年讨论了的所有问题的一份说明，为的是最后的论文只要通过对我所写的东西进行改正、修订和删节，而不必再增加什么很新的东西就可以准备就绪．此稿的范围，可以相当好地用它的标题来代表，那就是《空间-时间考虑在碰撞中的应用和局限》[252].

我起初认为，关于散射问题的“简单波动处理”的详细讨论将有点离题太远．然而我现在却认为这并不是很不合适的．第一，因为应用简单波动处理的条件在很多事例中和应用轨道方法的条件是互补的，所以前者确实显现为轨道处理的相反选择．这就使得赋予简单波动处理以比其他形式的量子力学处理更大的重要性成为十分合适的了．第二，在讨论快电子向原子中电子的能量损失时，其能量损失是和非浸渐碰撞中向自由电子的能量损失统计地相同的．为了针对 $Ze^2/hv \ll 1$ 来计算向自由电子的能量损失，必须涉及简单波动处理，因此，联系到散射来较早地讨论它是有用处的．

关于扩充论文使它除轨道方法和简单波动处理以外还包括其他量子力学处理模式(对慢粒子而言)的普遍讨论，恐怕那将用一段很长的时间，从而那也许可以在一篇后继的论文中加以讨论，而那篇论文当然将和我无关了．我觉得，我暂时写出的这篇论文具有一种相当紧凑而确定的范围，而且如果这个范围不必扩充，论文在可付排印以前就可能用不着再作任何激烈的修订了．它的现有范围在效果上就是从测不准原理的立场来对碰撞问题进行的讨论．我想，假如要介绍处
806 理碰撞问题的一切不同的量子力学方法的普遍讨论，这一目的恐怕就不会再明显地突现出来，而且论文恐怕也会变得很长了．然而我只是发表一种意见，而且不论你为论文选择什么样的范围，我总是希望我所写的东西会被证实为有点用处．我几乎用不着说，能够和所建议论文的准备工作发生一点关系，我是很感荣幸的．

大约两个星期以前我在剑桥见到了卡耳卡尔．我已告诉他，就我在曼彻斯特的教学任务来看，我有可能在 9 月 18 日前后来哥本哈根(我在 16 日要在曼彻斯特主持一次考试)，然后在那里停留到 10 月初．我正盼望着这次旅行，而且希望整篇论文也许到 10 月初可以写完．然而我发现自己无力承担这次旅行的费用(在夏天已经买了一部新汽车!)．因此我希望我已经把附寄的这篇论文写得各处都很清楚，足以表达我的用意所在了．我在论文中附加了一份内容目录，还在一

---

[252] 没有找到任何这样的稿子．然而这些问题却在威廉斯的论文中得到了处理，该文已作为附录重印于本卷原第 627 页．

个表中列举了我不十分明白的各点以及我在这篇论文中已经讨论但是咱们从前不曾讨论清楚的各点——例如由一个 n 方反比的场所引起的散射.

我希望你们全都度过了一次愉快的假期. 谨向你和玻尔夫人以及男孩们致以最美好的问候.

你的很忠实的

E·J·威廉斯

玻尔致伦敦皇家学会,1935 年 11 月 20 日

[复写纸打字本]

[哥本哈根,]11 月 20 日,[19]35

亲爱的先生:

前承函示,命我将关于斯密孙研究奖学金申请人 E·J·威廉斯博士的鄙见告知皇家学会理事会. 现寄上致理事会的威廉斯推荐书一份. 此复.

你的忠诚的

[尼耳斯·玻尔]

R·惠克沃茨阁下
皇家学会助理秘书
布尔灵顿府
伦敦,西 1

[哥本哈根,]11 月 20 日,[19]35 807

谨致

皇家学会理事会

布尔灵顿府,伦敦,西 1

诸位先生:

我很荣幸应诸公之邀对斯密孙研究奖学金申请人 E·J·威廉斯博士的科学素质及个人素质表示我的高度评价. 通过他在剑桥和曼彻斯特停留期间完成的一系列实验研究和理论研究,威廉斯博士已经对快速运动粒子在物质中的通过这一重要问题作出了若干有价值的贡献. 当他去年作为洛克菲勒奖学金的领取者留在本研究所中时,他对这一问题和有关问题的理论探索也得到了最成功的继续,此外他还在这儿对于物质对高频辐射的散射完成了一种彻底而重要的探讨. 威廉斯博士对这里的访问使我得到许多和他亲自合作的机会;通过这种合作,我学会了高度赞赏他的科学热情以及他那种实验才能和对理论问题的透彻洞察的稀有结合. 在未来的科学活动方面对威廉斯抱有巨大的期望肯定是有理由的,因此我可以最衷心地推荐他的申请.

你们的忠诚的

[尼耳斯·玻尔]

玻尔致威廉斯,1936 年 6 月 27 日

[复写纸打字本]

[哥本哈根,]6 月 27 日,[19]36

亲爱的威廉斯:

你不能参加我们的会议,我们全都很遗憾.在会议上,我们曾经进行了一些很有教益的讨论.除了别的问题以外,雅科布森报告了他近来的实验;这种实验肯定地反驳了香克兰的实验[253],而且一篇关于这种实验的介绍[254]不久即将和我的
808 一篇评论[255]一起出现在《自然》上.我盼望听到有关你自己的实验的详情,对你的实验我是很感兴趣的.我们大家确实都将很高兴地在秋天在这里见到你,而且我在整个 9 月都将留在哥本哈根.我为了我们在碰撞方面的工作而甚感惭愧,但是由于我去年的害病和以后其他工作的压力,不论是卡耳卡尔还是我都没有能够进行那方面的工作.然而我们都将非常欢迎有一个机会来再和你彻底讨论一下,并力图付出充沛的精力去完成它.

我们大家都向你致以最亲切的问候和最良好的祝愿.

你的

[尼尔斯·玻尔]

威廉斯致玻尔,1936 年 8 月 24 日

[手迹]

物理实验室

曼彻斯特大学

曼彻斯特,13

8 月 24 日,1936

亲爱的玻尔教授:

我在以前的一封信中说我将在 9 月间来哥本哈根.然而我很遗憾的是我将

---

[253] R. S. Shankland, *An Apparent Failure of the Photon Theory of Scattering*, Phys. Rev. **49** (1936)8—13.

[254] J. C. Jacobsen, *Correlation between Scattering and Recoil in the Compton Effect*, Nature **138** (1936)25. 见本书第五卷原第 213 页.

[255] N. Bohr, *Conservation Laws in Quantum Theory*, Nature **138**(1936)25—26. 见本书第五卷原第 213 页.

不能前来.从9月15日到大约20日,在曼彻斯特有一次考试是我必须主持的.另外把我的仪器等等从曼彻斯特搬到利物浦也要用掉我一些时间(下一年我将到利物浦去和查德威克一起工作).然而我希望我现在不能去哥本哈根并不意味着所建议的关于碰撞的普遍论文将被放弃掉.

我去出席了苏黎世的物理学会议,并提交了一篇题为《关于高能电子的理论和实验的一次概观》的论文[256].会议的文集即将出版,等出版后,我将很乐于把我的论文的抽印本寄给你.现在另外寄去我近来在《科学进展》上发表的关于碰撞的一篇一般论述的抽印本[257].

我的关于辐射过程中的能量守恒的实验,导致了和雅科布森及玻特的结果 809
相同的结果.我在苏黎世会议上对这些结果作了介绍,而且一篇短的论述也将出现在《自然》上[258].

谨向你和玻尔夫人致以最亲切的问候.

你的忠实的

E·J·威廉斯

玻尔致伦敦大学,1937年11月4日

[复写纸打字本]

[哥本哈根,]11月4日,[19]37

亲爱的先生:

我很高兴按照你的要求对正在申请比尔白克学院物理学教授职位的E·J·威廉斯博士的科学素质和个人素质表示我的很高评价.

威廉斯博士发表的论文包括许多对原子物理学之重要问题很有价值的实验贡献和理论贡献.威廉斯博士曾经在他的工作中在一种颇不寻常的程度上把现代原子理论的透彻知识和对这一领域中实验技术的全面精通结合了起来.特别说来,他曾经发展了一些简单易懂的理论观点,这些观点不但曾经对若干困难的原子问题的讨论是最有启发性的,而且曾经把他自己和别人引到了对这种问题的解决具有决定意义的一些实验研究.

威廉斯博士在1933—1934年领取洛克菲勒奖学金在本研究所留学,这次留学使我有许多机会和他亲自合作,而通过这种合作,我对他的科学热情和敏锐而

---

[256] 载于 E. Bretscher (ed.), *Kernphysik*, Vorträge gehalten am Physikalischen Institut der Eidgenössischen Technischen Hochschule Zürich im Sommer 1936 (30. Juni-4. Juli), Julius Springer Verlag, Berlin 1936, pp. 123—141.

[257] 见 II, n. 71.

[258] E. J. Williams, *Conservation of Energy and Momentum in Atomic Processes*, Nature **137** (1936) 614—615.

透彻的洞察力以及他那种清楚而明朗地表达哪怕是很复杂的科学课题的罕见才能得到了深刻的印象. 在我看来,对威廉斯博士将来的科学活动和教学活动抱有巨大期望是有理由的,从而我可以最衷心地推荐他的申请.

你的忠诚的

[尼耳斯·玻尔]

S·J·沃尔斯利阁下
伦敦大学学术干事
评议会楼,布鲁姆斯布瑞
伦敦,W. C. l.

810 **威廉斯致玻尔,1938 年 2 月 15 日**

[打字本]

乔治·霍耳特物理实验室
利物浦大学

2 月 15 日,1938

亲爱的玻尔教授:

听到关于卡耳卡尔[去世]的消息使我大为震惊. 他一直是那样地亲切,不但在物理学方面而且在其他事情方面是那样地乐于助人,从而人们将非常怀念他.

你可能记得,我在 9 月份的哥本哈根会议上提到了我得到的一些宇宙射线粒子的威耳孙云室照片,其电离和"磁"曲率指示了一种粒子,其质量比电子质量大得多而比质子质量小得多[259](正如奈德梅耶和安德孙[260]为了解释他们的能量损失测量而建议的那样). 从那时起,类似的证据曾被发表过(例如《物理学评论》上斯垂特的文章[261]),但是也和我自己去年夏天的照片一样,他们的磁曲率中存在误差,而且我认为误差更大一些. 为了确保粒子不是光子,云室中的条件必须使得曲率不太可能是由空气流所引起的. 我可以很高兴地说,我现在已经在关于这一点不可能有什么疑问的条件下得到了一张新粒子径迹的照片. 现在寄上一张加印片. 曲率(曲率半径的倒数)约为由空气运动引起的小的乱真曲率的 20 倍. 后一曲率是根据关于出现在云室相同部分中的邻近照片上的快电子径迹的测量结果来估计的. 另外,由空气运动引起的小的乱真曲率是

---

[259] 参阅 E. J. Williams and E. Pickup, *Heavy Electrons in Cosmic Rays*, Nature **141**(1938)684—685.

[260] S. H. Neddermeyer and C. D. Anderson, *Note on the Nature of Cosmic-Ray Particles*, Phys. Rev. **51**(1937)884—886.

[261] J. C. Street and E. C. Stevenson, *Penetrating Corpuscular Component of the Cosmic Radiation*, Phys, Rev. **51**(1937) 1005.

和这一曲率方向相反的. 电离约为快电子(1兆电子伏特)所引起的电离的 $2\frac{1}{2}$ 倍,而这就对应于约为 $0.5c$ 的速度. 动量(由曲率得来)约为 $70mc$,式中 m 是电子质量. 因此粒子的质量约为150倍电子质量～1/10质子质量.(我从前的照片也指示一个这样大小的质量.)以前(由于不肯定的空气流效应)对这种关于新粒子的证据有怀疑的查德威克教授,认为现在这个例子是有说服力的了. 这也许在适当时候予以发表.

现寄上我致《自然》的关于"K俘获"的信[262]的副本. 在照片上观察到的少数 811
几个正电子的能量约为 10^6 伏特,但是这很可能并不是由相同的活性同位素引起并和K俘获有关的. 正如在致《自然》的短文中所提出的那样,K俘获可能是由一个核引起的,对该核来说,正电子发射在能量上是不可能的.

关于我和牛津出版社安排好出版的《电子粒子在物质中的通过》[263](国际物理学专著丛书)一书,我还没有写多少. 然而我希望到夏末就将写完其大部分. 正如我告诉过卡耳卡尔的那样,我打算用一章来处理从测不准原理的立场来对碰撞作出的普遍讨论,以及经典概念可以适用的范围,等等. 然而有一些问题是我非常希望和你再讨论讨论的. 例如,立方反比或更高次幂的吸引力场所引起的散射就似乎很有趣. 上学期我在这些问题上花了许多时间. 在某些条件下,波函数在原点上变为无限大. 我发现,这是和通过原点(这些场的原点)的经典轨道相对应的. 另外,在初级近似下,散射区域一般可以分成两个部分——一个部分是在某一半径譬如 r' 以内,那里的场足够强,以致可以适用经典轨道处理;另一部分是在 r' 以外,那里的场足够弱,可以用简单波动方法(即玻恩的初级近似法)来处理.

至于发表关于从普遍原理的立场来对碰撞进行的处理的一篇阐述,我当然很愿意尽我的全力,如果你认为我在你撰写有关这一课题的论文方面能助一臂之力的话. 我和许多人讨论过这些问题,例如和布拉开特教授就讨论过. 他们都希望这些东西能够发表. 然而我觉得,既然它们无论如何主要应归功于你,当发表以后,它们应该带有作者的标志.

我很高兴地要说,我已经被任命为阿贝尔瑞茨维茨的物理学教授(虽然任命还不是正式的),而且我愿意深深地感谢你对我的申请的支持. 增加的薪金将使我能够多作一点旅行,而且我很愿意在今年夏天再到哥本哈根来. 如果你那时将忙别的事,我只要和你偶然讨论几次碰撞问题也就十分满意了. 如果你

---

[262] E. J. Williams and E. Pickup, *Nuclear Transformation by K-Electron Capture*, Nature **141** (1938) 199.

[263] 此书从来没有出版.

认为写一篇论文的计划是不切实际的,讨论也会在我的书的方面对我很有帮助.

我近来看到了 A·马尔赫的一篇论文(Zeit. f. Physik, **108**, 128, Dec. 1937),文中讨论的是一个最小波长的存在和关于观察到的宇宙射线粒子在铅板
812 等等中的能量损失的一种建议性的解释. 马尔赫假设了一个最小波长 $\lambda_0 \sim e^2/mc^2$, 并且通过截去 $\lambda < \lambda_0$ 的贝忒-海特勒谱而削减了能量损失. 然而,在发出辐射的电子起初为静止的那个参照系中,外札克尔的[241] 和我自己的[242] 计算却表明所涉及的波长是 $\geqslant h/mc$ 的. 因此我给马尔赫写了信,而且在昨天得到了回复,现将一份副本寄上. 他说,他的关于最小波长的论断必须在核为静止的参照系中来加以考虑. 然而对于这一点他并不能给出任何有说服力的理由. 我在收到回信以前曾经针对有关的问题写了一篇短文,我(在查德威克教授的建议下)打算把它寄给 Zeit. f. Phys. 去发表. 现也寄上这篇短文的一份副本[264]. 我觉得,如果赋予某一坐标系以特殊的优先性,相对论的整个观念和目的就都会被取消,而在我看来马尔赫似乎正是这么做的. 我将很乐于知道你对这一点的看法,以及你认为到底是否值得发表一篇像附寄的稿子这样的短文.

谨向你和玻尔夫人致以最亲切的问候.

你的很忠实的
E·J·威廉斯

威廉斯致玻尔,1945 年 8 月 25 日
[打字本]

D. N. O. R,
阿默勒尔蒂,S. W. 1.
8 月 25 日,1945

亲爱的玻尔教授:

现寄上《经典概念在碰撞中的应用》[265]一文的打字本,这个课题是当我 1933—1934 年在哥本哈根您的研究所中时曾经有幸和你讨论过的. 这是一篇论文的副本,该文我近来已作为投稿寄给了由泡利教授主编的和您的 60 岁寿辰有关的文集.

在当前这种动乱的时代,我并不设想你会有时间把你的思想转向昨天的这

[264] 稿本,*Radiative Energy Loss by High Energy Electrons*. 现藏尼耳斯·玻尔文献馆,属于"玻尔所藏其他作者的稿件"之部;和此稿在一起的是 1938 年 2 月 9 日 A. 马尔赫致威廉斯的信的打字本. 尚未摄制缩微胶片.

[265] 见 II, n. 72. 论文已重印于本卷原第 627 页.

些论题，但是万一你有时间看看它，万一你认为有什么东西可以改变，我将乐于把必要的改动加到校样上去.

对于所处理的某些问题来说，讨论或多或少是新的. 例如，第 8 页上关于多 813
次散射的理论和实验的比较，第一次显示了当库仑相互作用从强 ($Zze^2/\hbar v \gg 1$) 变到弱 ($Zze^2/\hbar v \ll 1$) 时的那种从卢瑟福轨道到简单波动处理（玻恩的初级近似）的有趣过渡. 这种讨论是通过小角度多次散射理论的发展而成为可能的；我在您的研究所中开始发展了这种理论，而后来在利物浦完成了它. 关于由一个一 n 方反比的场引起的散射的普遍讨论（第 9 页和第 10 页），我想也或多或少是新的，但这并不是完备的.

我也寄上我在《自然》上发表的三篇短文的抽印本，其中两篇是在战争刚刚开始以后发表的[266]. 三篇短文对介子的确认作出了贡献，有着**绿色**封面的一篇给出了从一个介子到一个电子的转变的最初直接证据.

谨向你和你的全家致以最亲切的问候和最良好的祝愿.

你的忠实的

E·J·威廉斯

[266] E. J. Williams, *The Average Number of Electrons Accompanying a Cosmic-Ray Meson due to Collisions of the Meson with Atomic Electrons*, Proc. Camb. Phil. Soc. **36**(1940) 183—192; E. J. Williams and G. E. Roberts, *Evidence for Transformation of Mesotrons into Electrons*, Nature **145**(1940) 102—103; E. J. Williams and G. R. Evans, *Transformation of Mesotrons into Electrons*, *ibid.* 818—819.

815

尼耳斯·玻尔文献馆
所藏有关稿本简目

817

引　言

此处列举的卷宗形成尼耳斯·玻尔文献馆中所藏"玻尔稿本"的一部分. 除了另行声明者外,各稿已经以"Bohr MSS"的标题摄制成缩微胶片,对应的缩微胶片编号(简写为 mf.)已针对每一卷宗给出.

各卷宗的标题是由编目者拟定的,方括号中的日期也是这样. 没加括号的日期是据稿本过录的.

页边上对准一个条目的数字,表示本书收录该条目的卷数和页数;如果收录的只是摘录,则数字后面附有 E 字. 收录其英译本的条目,数字后面附有 T 字;而收录手迹照片的条目则数字后面附有 F 字.

818 2[11]—[14]E, F　1　*Physical Experiments, Manchester* 1912 实验室笔记本
8[37]—[41]E, F　及散页,手写[N·玻尔],48 页,英文,mf. 3.

封面(印刷及手写):"物理实验室. 曼彻斯特大学. 姓名:尼耳斯·玻尔". 放射性研究之实验方法课程的实验室笔记. 所标日期从 1912 年 3 月 16 日到 4 月 25 日.

2[41]—[42]E, F　2　*α-Straalers Absorption* 1912

手写[N·玻尔],9 页,丹麦文,mf. 3.

封套上标有字样:"20. Til Afhandling om α-Straalers Absorption. Beregning af Konstanten *k*"(20. 为关于 α 射线之吸收的论文准备. 常数 *k* 的计算). 和 Phil. Mag. 论文(第一编文 III)中第 17—19[本书原第 57—59]页上的积分有关的计算.

8[43]—[46]F　3　*Moving Electrified Particles* [1912]

手写[N·玻尔],1 页,英文,mf. 3.

计算和对 J. J. Thomson: *Ionization by Moving Electrified Particles*, Phil. Mag. 23(**1912**)449—457 一文的一条评论.

2[43]—[44]E, T 4 *Absorption af α-og β-Straaler* 1912

8[73]—[106]T 手写[马格丽特·玻尔、艾伦·玻尔、哈若德·玻尔和 N·玻尔],29 页,丹麦文,mf. 3.

标题页:"Niels Bohr. Om Absorption af α- og β-Straaler. Foredrag holdt i Fysisk Forening September 1912"(尼耳斯·玻尔. 论 α 射线和 β 射线的吸收. 1912 年 9 月对丹麦物理学会发表的演讲). 1912 年 9 月 26 日对丹麦物理学会的演讲稿.

2[45]—[55] 5 *Dispersion og Absorption af α-Straaler* [1912]

E, T, F 手写[N·玻尔和马格丽特·玻尔(写标题)],40 页,丹麦文和英文,mf. 4.

纸板封面标题:"Beregning af *Dispersion og Absorption af α-Straaler* for Atommodeller bestaaende af Elektronringe, der bevæger sig under Tiltrækning fra et fast Punkt(*Rutherford's Atommodel*)"(针对原子模型对 α 射线的漫散和吸收进行的计算,模型包括一些在来自固定点的吸引力下运动着的电子环(卢瑟福原子模型)).

6 *Orbit of Retarded β-Particle* [about 1913] 819

手写[N·玻尔],1 页,英文,mf. 4.

封套标题:"在磁场中被阻滞的 β 粒子的轨道. 10".

2[95]—[99]E 7 *Scattering of α-Particles* [Spring 1914]

手写[马格丽特·玻尔和 N·玻尔],12 页,英文,mf. 4.

封套标题:"21. α 粒子的散射. 量纲计算". 标题:"关于物质对 α 粒子的散射的笔记".

8 *Scattering and Absorption of Recoiled Particles* [1914—1915?]

手写[马格丽特·玻尔和 N·玻尔],13 页,英文和丹麦文,mf. 5.

封套标题:"5. 关于反冲粒子的散射和吸收的计算".

9 *Collision between two Electrons* [1914—1915?]

手写[N·玻尔],5 页,英文,mf. 5.
封套标题:“7. 两个电子之间的碰撞,设速度并不远小于光速”.

10 *Whiddington's Experiments* [1914—1915]
手写[马格丽特·玻尔和 N·玻尔],4 页,英文,mf. 5.
联系到摩斯莱的实验,对惠丁顿实验和色散实验进行的讨论.

8[107]—[114]F 11 *On the Decrease of Velocity* 19 February 1915
手写[N·玻尔],2 页,英文,mf. 5.
标题:“物理讨论会. 曼彻斯特,19 - 2 - 1915. 论 α 射线和 β 射线在通过物质时的速度减低”. 讨论会提纲(有公式).

2[91]—[93]E 12 *Remarks on Absorption* 1915
8[115]—[118]
手写[马格丽特·玻尔和 N·玻尔],5 页,英文,mf. 5.
标题:“关于 α 射线和 β 射线的吸收的普遍论述(在 1915 年 7 月的论文中被略去)”.

820 8[119]—[125]F 13 *Decrease of Velocity* [1915]
手写[N·玻尔和马格丽特·玻尔(写标题)],2 页,英文,mf. 5.
封套标题:“1. 关于 α 射线和 β 射线的速度减低的计算. 未发表的论述”.

8[161]—[165]E 14 *Note on Scattering of α Rays* [1916][①]
手写[马格丽特·玻尔和 N·玻尔],15 页,英文,mf. 5
标题:“关于 α 射线的散射的札记”.

8[167]—[179] 15 *Nyere Arbejder over Atomteorien* 1916
E, T, F
手写[N·玻尔],26 页,丹麦文,mf. 6.
标题:“Forelæsning over ‘nyere Arbejder over Atomteorien’. Efteraaret 1916”(“关于原子理论的晚近工作”的演讲. 1916 年秋). 1916 年 10 月 6 日到 12 月 15 日在哥本哈根大学发表的 10 篇演讲的提纲.

16 *Luftarters Ionisation* 22 February 1917
手写[N·玻尔],3 页,丹麦文,mf. 6.

---

① 编入[1914—1915 年?]

标题:"Referat af nogle nyere Arbejder over Luftarters Ionisation"(关于近来某些有关气体电离的论文的报告). 1917 年 2 月 22 日在丹麦物理学会发表的演讲的提纲.

8[181]—[193]E, T 17 *Virkningen af Sammenstød mellem Atomsystemer og fri elektriske Partikler* [1920]②

手写[N・玻尔和贝忒・舒耳兹]和打字,21 页,丹麦文,mf. 7.

标题:"Om Virkningen af Sammenstød mellem Atomsystemer og fri elektriske Partikler"(论原子体系和自由带电粒子之间的碰撞结果). 1920 年 9 月 3 日在北海地区物理学家会议上发表的演讲的提纲和讲稿.

3[569]—[574]T 18 *Atomteoretiske Problemer* [1924]8 页,丹麦文,尚未摄 821
制缩微胶片.

标题:"Atomteoretiske Problemer"(原子理论的问题). 不完全的草稿.

19 *Atomteori og Mekanik I* 1925 校样,4 页,丹麦文,mf. 11.

论文校样;论文见 Mat. Tidsskr. B., 1925, pp. 104—107,重印于本书第五卷原第 241 页.

5[253]—[268]E, T 20 *Atomteori og Mekanik II* [1925]

手写[不知是谁的笔迹,补笔和改笔是 H・A・克喇摩斯和另一位不是何许人的笔迹]和打字(复写纸打字本),24 页,丹麦文,mf. 11.

手写稿(17 页)显然是收入本书第五卷中(原第 269 页)的《原子理论和力学》一文的较早稿本. 打字稿是论文的开头部分.

9[115]—[118]E 21 *Properties of the Neutron* 1932

打字本和复写纸打字本,有手写的改笔[N・玻尔、O・克莱恩和 L・罗森菲耳德],10 页,英文 mf. 13.

未发表稿,所标日期为 1932 年 4 月 18、19 和 25 日. 标

② 编入[约 1919 年?].

题:《1932 年 4 月 7—13 日在哥本哈根召开的当前原子问题会议上的讲话摘要》和《论中子的性质》.

8[267]—[286]E, T 22 *Atomic Collision Problems* [1932]

手写[N·玻尔、马格丽特·玻尔、O·克莱恩、L·罗森菲耳德和 C·摩勒]、打字本和复写纸打字本,43 页,丹麦文和英文,mf. 13.

草稿和提纲,标题计有:《中子及其性质》、《论中子的性质》、《原子碰撞和有关核蜕变的晓近发现》、"Bemærkninger til Bremseformlen for β-Straaler"(关于 β 射线之阻止的论述)、"Efter α-Straalers Bremsning"(在 α 射线被阻止以后)

822 8[287]—[300] 23 *Collision Problems* 1933—1934[③]

手写[E·J·威廉斯],26 页,英文,mf. 13.

玻尔和威廉斯合撰的未发表论文的草稿.

24 *Journey to USA and Japan* [1937]

手写[汉斯·玻尔、N·玻尔和 F·卡耳卡尔]和复写纸打字本,49 页,英文和丹麦文,mf. 14.

讲稿(45 页),几乎全都标有从 1937 年 1 月 17 日到 6 月底的日期. 封套标题[马格丽特·玻尔]:"Foredrag holdt ved en Film fra Rejsen 20. 11. 1937"(在旅行影片展览会上的讲话,1937 年 11 月 20 日).

25 *Forelæsningsnoter*1938

手写[N·玻尔和另一不知是谁的人的笔迹],18 页,丹麦文,mf. 15.

3 篇演讲的稿子,论述了入射在一个势台阶上的粒子或在库仑场中运动着的粒子的量子力学描述以及有关的问题. 所标日期为 1938 年 11 月 2 日、11 月 9 日和 11 月 16 日. 关于类似问题的计算.

8[307]—[312]E 26 *Scattering and Stopping of Fission Fragments* [1940]

手写[T·劳瑞特森]和打字,10 页,英文,mf. 16.

标题:《裂变粒子的能量损失》和《论裂变碎片的散射和阻止》.

---

③ 编入[1932—1933 年?]

8[313]—[316]T 27 *Urans Fissionsfragmenter* [1940]

复写纸打印本,1 页,丹麦文,mf. 16.

标题:"Om de ved Urankerners Sønderdeling udslyngede Fragmenter"(论在铀核蜕变中放出的碎片). 1940 年 5 月 10 日向丹麦王国科学院提出的科学报告的提纲,列举了将在演讲中出示的幻灯片.

28 *Velocity-Range Relation for Fission Fragments* [1940]

手写[奥格·玻尔、S·罗森塔耳和 T·劳瑞特森],161 页,英文,mf. 16

笔记和草稿. 几乎所有各页都标有从 1940 年 10 月 12 日到 11 月 6 日的日期.

8[335]—[356]E, T 29 *Penetration of Atomic Particles* 1940—1947④ 823

手写本[N·玻尔、奥格·玻尔、艾瑞克·玻尔、S·海耳曼、T·劳瑞特森、L·罗森菲耳德和 S·罗森塔耳]、打字本和复写纸打字本,约 500 页,英文和丹麦文,mf. 18.

材料分装在三个卷宗中:(a)从 1940 年和 1942 年开始的笔记,(b)1943 年的继续,(c)1946 年和 1947 年的继续. 它们都是 1948 年论文(本卷第二编,文 XXII)的材料.

8[357]—[390]E, T 30 *Penetration* 1940—1948

8[403]—[418]E, T 手写本[主要是 N·玻尔、奥格、玻尔和 S·罗森塔耳]、打字本、复写纸打字本和校样,约 1 500 页,英文和丹麦文,尚未摄制缩微胶片.

11 个卷宗,包含的是 1948 年论文(本卷第二编,文 XXII)的材料,时期从 1940 年到 1948 年.

8[391]—[401]E, T 31 *Forelæsninger over Spredning og Stopning* 1942

手写[奥格·玻尔],43 页,丹麦文,mf. 16.

标题:"Spredning og Stopning af Atompartikler"(原子级粒子的散射和阻止). 1942 年 9 月 9 日到 12 月 2 日在哥本哈根发表的 9 篇系列演讲的讲稿.

32 *Lectures on Penetration Phenomena* 1947

手写[奥格·玻尔],31 页,英文,mf. 17.

1947 年春季学期在哥本哈根发表的系列演讲的笔记.

---

④ 编入[1948 年].

8[419]—[422]E　33　*Lecture in Princeton on Penetration Phenomena* 1948

手写[奥格·玻尔],有照片两张,6 页,mf. 17.

标题:"Foredrag Princeton Foraar 1948"(1948 年春,普林斯顿演讲). 演讲中使用的公式和草图,黑板照片.

34　*Electron Capture and Loss* 1950—1953⑤

手写本[J·林德哈德]、打字本和复写纸打字本,166 页,英文和丹麦文,mf. 20.

笔记,所标日期从 1950 年 1 月 6 日到 1953 年 8 月 14 日.

824　8[573]—[577]T　35　*Elektronindfangning af hurtigt bevægede ioner* 1952

手写[J·林德哈德],3 页,丹麦文,mf. 20.

1952 年 3 月 21 日向丹麦王国科学院提出的科学报告的提纲,列举了在演讲中出示过的幻灯片.

8[583]—[588]T　36　*Kommentarer til Lassens disputats* 1952

手写[奥格·玻尔],3 页,丹麦文,mf. 20.

玻尔在 1952 年 6 月 26 日 N·O·拉森的博士论文答辩会上的"发问"的笔记.

⑤　编入[1954 年].

索　　引*

α衰变(α decay)　210，563
阿尔诺特(Arnot)，F. L.　457，566
阿耳芬(Alfvén)，H.　765
阿马耳迪(Amaldi)，E.　790
阿瑞尼乌斯(Arrhenius)，S.　727
阿若(Arrøe)，O. H.　560，566
阿斯登(Aston)，F. W.　750
艾德伦(Edlén)，B.　788
艾耳萨塞(Elsasser)，W.　30
艾耳斯特(Elster)，J.　668
艾利斯(Ellis)，C. D.　651，785f
艾伦菲斯特(Ehrenfest)，P.　22，224，667，670，675
艾伦菲斯特定理(Ehrenfest's theorem)　291f
艾伦哈夫特(Ehrenhaft)，F.　651
艾普斯坦(Epstein)，P. S.　673
爱因斯坦(Einstein)，A.　27，88，104，667，670，672，675，710f
安阿伯(Ann Arbor)　702f
安德雷(Andrade)，E. N. da C.　667，672，676
安德森(Andersen)，H. H.　Ⅵ，101
安德孙(Anderson)，C. D.　235，810
昂札格尔(Onsager)，L.　737f
奥本海默(Oppenheimer)，F.　765
奥本海默(Oppenheimer)，J. R.　205，210，227，372，530，567，570，663，798ff
奥耳森(Olsen)，H　247
奥耳森(Olsen)，J.　*24*，25，707f
奥乞雅里尼(Occhialini)，G. P. S.　554，567
奥日效应(Auger effect)　572
奥斯陆大学(原克瑞斯先尼亚大学)，(University of Oslo〔Kristiania〕)　27f，647，769—771，779—782
奥斯特会议(Oersted Meeting，Ørsted Meeting)，见"北海地区物理学家会议，第一届"(*see* Nordic Physicists' Meeting，First)

---

*　索引据原书迻译，改为汉英对照，并以汉语拼音字母为序. 索引中的页码，是指英文版原书中的页码，即中译本中的边码.
全书中到处可见的条目，如碰撞、电离和量子力学之类，不列索引(但"第一类和第二类碰撞"、"电离势"、"量子力学，相对论式的"等等则已列入).
圆括号中的页码表示偶然提及，例如在小注中提及，而不加括号的页码则表示论述较详之处. 索引中所用的名词不一定和正文中的相同，我们希望多次的交叉参阅将有助于读者确认词条.
页码之间的短横线表示该词条形成那些页上的论题，而页码后面的 f 或 ff 则表示词条出现在紧接该页以后的一页或几页上.
斜体字页码指示传记性小注或提到其他卷中的传记性小注的地方.
集体照片中的人物只有当也在正文中被提到时才列入索引中. 通信人的亲属只有当明确地被谈到而不仅仅是顺便致意时才列入索引中.

图书在版编目（CIP）数据

尼耳斯·玻尔集.第8卷,带电粒子在物质中的穿透：1912～1954／（丹）玻尔(Bohr,N.)著;戈革译. —上海：华东师范大学出版社,2012.5

ISBN 978-7-5617-9561-3

Ⅰ.①尼… Ⅱ.①玻… ②戈… Ⅲ.①玻尔,N.H.D.(1885～1962)-文集②带电粒子-文集 Ⅳ.①Z453.4②O463-53

中国版本图书馆CIP数据核字(2012)第121543号

尼耳斯·玻尔集
第八卷　带电粒子在物质中的穿透(1912—1954)

著　　者　(丹麦)尼耳斯·玻尔
译　　者　戈　革
策划编辑　王　焰
特约策划　黄曙辉
项目编辑　庞　坚
审读编辑　沈毅骅
装帧设计　高　山

出版发行　华东师范大学出版社
社　　址　上海市中山北路3663号　邮编200062
网　　址　www.ecnupress.com.cn
电　　话　021-60821666　行政传真021-62572105
客服电话　021-62865537　门市(邮购)电话　021-62869887
门市地址　上海市中山北路3663号华东师范大学校内先锋路口
网　　店　http://hdsdcbs.tmall.com

印 刷 者　上海中华商务联合印刷有限公司
开　　本　787×1092　16开
印　　张　40.75
字　　数　699千字
版　　次　2012年6月第1版
印　　次　2012年6月第1次
印　　数　1—1500
书　　号　ISBN 978-7-5617-9561-3/O·224
定　　价　146.00元(精)

出 版 人　朱杰人